형사법

쟁점연구

제
2
권

형사법
쟁점연구

제
2
권

박찬걸 지음

CONTENTS

제1강 위치추적 전자감시제도의 소급적용에 대한 비판적 고찰

Ⅰ. 문제의 제기 / 13
Ⅱ. 위치추적 전자감시제도의 연혁과 법적 성격 / 16
Ⅲ. 위치추적 전자감시제도 소급적용의 타당성 여부 검토 / 26
Ⅳ. 글을 마치며 / 40

제2강 형법상 형사미성년자 연령 설정과 소년법상 소년보호처분제도와의 관계

Ⅰ. 문제의 제기 / 45
Ⅱ. 형법상 형사미성년자제도와 소년법상 소년보호처분제도의 운영실태 / 47
Ⅲ. 형사미성년자 연령의 재설정에 대한 검토 / 53
Ⅳ. 글을 마치며 / 65

제3강 성충동 약물치료제도의 시행과 향후 과제

Ⅰ. 문제의 제기 / 71
Ⅱ. 성충동 약물치료제도에 대한 개관 / 74
Ⅲ. 제8조에 의한 성충동 약물치료의 구체적인 검토 / 85
Ⅳ. 제22조에 의한 성충동 약물치료의 구체적인 검토 / 93
Ⅴ. 제25조에 의한 성충동 약물치료의 구체적인 검토 / 99
Ⅵ. 글을 마치며 / 101

제4강 아동학대의 대처현황과 가해자 및 피해자 처우의 개선방안

Ⅰ. 문제의 제기 / 107
Ⅱ. 아동학대의 대처현황 / 109
Ⅲ. 아동학대 가해자 처우의 개선방안 / 129
Ⅳ. 아동학대 피해자 처우의 개선방안 / 139
Ⅴ. 글을 마치며 / 144

CONTENTS

제5강 성폭력범죄 대처를 위한 최근의 개정 형법에 대한 검토

Ⅰ. 문제의 제기 / 151
Ⅱ. 성폭력범죄에 대한 친고죄 규정의 삭제 / 154
Ⅲ. 성폭력범죄의 객체를 '부녀'에서 '사람'으로 변경 / 159
Ⅳ. 유사강간죄의 신설 / 168
Ⅴ. 혼인빙자간음죄의 폐지 / 172
Ⅵ. 글을 마치며 / 176

제6강 최근의 성매매피해자 개념 확대 논의에 대한 검토

Ⅰ. 문제의 제기 / 181
Ⅱ. 최근의 성매매피해자 확대 논의에 대한 검토 / 183
Ⅲ. 성매매피해자 개념의 확대적용 방안 / 190
Ⅳ. 글을 마치며 / 202

제7강 해외 청소년성매매에 대한 실효적인 대응방안

Ⅰ. 문제의 제기 / 209
Ⅱ. 아청법상의 규제 및 평가 / 212
Ⅲ. 관광진흥법상의 규제 및 평가 / 216
Ⅳ. 여권법상의 규제 및 평가 / 220
Ⅴ. 글을 마치며 / 236

제8강 성구매자 재범방지교육(John School)의 함축적 의미

Ⅰ. 문제의 제기 / 243
Ⅱ. 우리나라의 성구매자 재범방지교육 현황 / 245
Ⅲ. 외국의 성구매자 재범방지교육 현황 / 251
Ⅳ. 성구매자 재범방지교육에 대한 평가 / 256
Ⅴ. 글을 마치며 / 269

제9강 성매매범죄의 양형기준안에 대한 검토

Ⅰ. 문제의 제기 / 275
Ⅱ. 19세 이상 대상 성판매 강요의 양형기준안 검토 / 277
Ⅲ. 19세 이상 대상 성매매 알선의 양형기준안 검토 / 288
Ⅳ. 19세 미만 대상 성매수의 양형기준안 검토 / 293
Ⅴ. 글을 마치며 / 301

제10강 부동산 이중매매에 있어서 배임죄의 성립시기

Ⅰ. 문제의 제기 / 307
Ⅱ. 부동산 이중매매의 개념 및 형사처벌의 연혁 / 309
Ⅲ. 부동산 이중매매에 대한 배임죄의 성부(成否) 검토 / 314
Ⅳ. 글을 마치며 / 331

제11강 배임죄의 양형기준과 구체적 사례에 있어서 형량의 문제점

Ⅰ. 문제의 제기 / 337
Ⅱ. 배임죄의 법정형과 양형기준 / 339
Ⅲ. 배임죄에 대한 실제 양형의 실태 / 352
Ⅳ. 기업의 경영행위에 대한 배임죄 적용의 문제점 / 359
Ⅴ. 글을 마치며 / 368

제12강 아동·청소년이용음란물소지죄의 해석론 및 입법론에 대한 검토

Ⅰ. 문제의 제기 / 373
Ⅱ. 아동·청소년이용음란물소지죄의 도입 및 처리현황 / 375
Ⅲ. 아동·청소년이용음란물소지죄에 대한 해석론적 접근 / 381
Ⅳ. 아동·청소년이용음란물소지죄에 대한 입법론적 접근 / 389
Ⅴ. 글을 마치며 / 400

CONTENTS

제13강 통신제한조치 협조의 현황 및 요건의 개선방안

Ⅰ. 문제의 제기 / 405
Ⅱ. 통신제한조치 협조의 현황 / 408
Ⅲ. 통신제한조치 요건의 문제점 및 개선방안 / 414
Ⅳ. 글을 마치며 / 423

제14강 통신제한조치의 집행과 관련된 쟁점 검토

Ⅰ. 문제의 제기 / 429
Ⅱ. 통신제한조치 집행의 통지 문제 / 432
Ⅲ. 통신제한조치 집행의 협조에 필요한 설비의 구비의무 문제 / 440
Ⅳ. 글을 마치며 / 448

제15강 전기통신사업법상 통신자료 제공제도의 문제점과 개선방안

Ⅰ. 문제의 제기 / 453
Ⅱ. 통신자료 제공제도의 주요내용 / 455
Ⅲ. 통신자료를 제공한 전기통신사업자에 대한 손해배상의무의 인정 여부 / 467
Ⅳ. 제19대 국회에 제출된 전기통신사업법 일부개정법률안에 대한 검토 / 478
Ⅴ. 글을 마치며 / 486

제16강 보호처분의 결정 등에 대한 항고권자에 검사 또는 피해자 등을 포함시키지 않는 것의 타당성 여부

Ⅰ. 대상 결정의 주요내용 / 493
Ⅱ. 문제의 제기 / 497
Ⅲ. 소년법상 항고권자 / 499
Ⅳ. 소년법상 항고의 대상 / 510
Ⅴ. 소년법상 항고의 사유 / 513
Ⅵ. 소년법상 항고의 절차 / 520
Ⅶ. 글을 마치며 / 523

제17강 「보호소년 등의 처우에 관한 법률」
　　　　제17차 개정의 주요내용 및 평가

Ⅰ. 문제의 제기 / 529
Ⅱ. 제17차 보처법 개정의 내용 및 평가 / 531
Ⅲ. 글을 마치며: 추가적인 입법적 보완에 대한 제언 / 550

제18강 7호 처분 집행의 법적 근거 명확화에 관한 연구

Ⅰ. 문제의 제기 / 559
Ⅱ. 7호 처분의 의의 및 내용 / 562
Ⅲ. 7호 처분 집행의 법적 근거 명확화에 대한 검토 / 570
Ⅳ. 글을 마치며 / 577

제19강 가정폭력행위자 대상 상담조건부 기소유예처분의
　　　　문제점 및 개선방안

Ⅰ. 문제의 제기 / 581
Ⅱ. 상담조건부 기소유예처분의 도입배경 / 583
Ⅲ. 상담조건부 기소유예처분의 시행 경과 / 587
Ⅳ. 상담조건부 기소유예처분의 문제점 및 개선방안 / 591
Ⅴ. 글을 마치며 / 609

제20강 불량식품범죄에 대한 효과적인 대응방안

Ⅰ. 문제의 제기 / 615
Ⅱ. 불량식품범죄의 개념 및 실태 / 617
Ⅲ. 불량식품범죄에 대한 최근의 대처방안 / 628
Ⅳ. 글을 마치며 / 640

제1강 위치추적 전자감시제도의 소급적용에 대한 비판적 고찰

Ⅰ. 문제의 제기

성폭력범죄는 행위자의 습벽이나 병적인 기질에 의한 경우가 많아 처벌에 의한 범죄 억제의 효과가 크지 않을 수 있다는 점에서 단순한 형벌의 강화는 실효적인 대책으로 보기 어렵고, 양형의 지나친 강화는 일반적인 형사정책적 관점에서도 바람직하지 못하다는 비판이 지속적으로 이어져 왔다. 이와 같은 맥락에서 성폭력범죄자 가운데 상당수는 범죄의 충동을 억제하기 어려운 심리적·정신적인 문제를 가지고 있음에도 기존의 교정 프로그램만으로는 성폭력범죄의 재범 방지를 위한 효과적인 수단이 될 수 없음이 드러나고 있어, 이에 대응하기 위해서는 형벌 이외의 별도의 제재가 필요하다는 주장이 대두되기에 이르렀고,[1] 그 결과 신상정보공개·등록·고지제도, 치료감호제도, 위치추적 전자감시제도, 성충동 약물치료제도[2] 등이 최근에 주목을 받고 있다. 최근의 성범죄 관련 입법 동향이 특정 사건을 계기로 하여 대중영합주의에 편승한 입법부의 조속한 결단이라는 점에서 비판의 시각이 팽배해 있는 가운데,[3] 신설되고 있는 제도들의 장래적인 시행 및 실효성 여부에 대해서는 제도의 도입단계라고 할 수 있는 현재의 입장에서는 섣불리 판단하기가 어려운 감이 없지 않아 있다. 하지만 동 제도들의 소급적용에 대해서는 장래효와

헌법논총 제24집, 헌법재판소, 2013. 11.

1) 대전지방법원 2013. 2. 8. 선고 2012고합512 결정.

2) 이에 더하여 2011. 1. 31. 신상진 의원 등 11인이 제안한 「아동 성폭력범죄자의 외과적 치료에 관한 법률안」(의안번호 10727호)과 2012. 9. 7. 박인숙 의원 등 19인이 제안한 「성폭력범죄자의 외과적 치료에 관한 법률안」(의안번호 1643호)에서는 소위 '물리적 거세' 내지 '외과적 거세'까지 주장되었다. 양 법안은 종국적으로 폐기된 법률안이 되었지만 공통적으로 제안된 이유 중 일부를 살펴보면, "최근 잇따른 아동·청소년 대상 성폭력 범죄가 발생하면서 국민적 인내심은 극에 달하고 있고 국가차원의 확실한 대책이 요구되고 있는 상황인데, 국회에서 약물을 이용한 성충동 억제에 관한 법률이 통과되었지만, 약물치료가 갖고 있는 약물내성과 부작용, 치료단절에 따른 강한 충동력 발생 등 여러 가지 문제점이 지적되고 있는 만큼 근본적인 처방이 될 수 없다"고 밝히고 있다. 이와 같이 항상 국회는 성폭력범죄에 대하여 국가차원의 확실한 대책과 특단의 대책을 마련하고 있다고 얘기하지만, 이러한 대책은 항상 근본적인 처방이 될 수 없음을 스스로 자인하고 있는 입법제안이유서를 남발하고 있다.

3) 대표적으로 김정환, "2013년 성폭력범죄에 대한 형사제재의 모습", 성폭력사범의 사회내처우 현황과 향후 과제, 2013년도 한국보호관찰학회 춘계학술대회 자료집, 2013. 4, 187면; 김종구, "최근 성범죄 관련 법률의 입법과정의 문제점", 법학논총 제34집 제2호, 단국대학교 법학연구소, 2010. 12, 447면; 김태명, "성폭력범죄의 실태와 대책에 대한 비판적 고찰", 형사정책연구 제22권 제3호, 한국형사정책연구원, 2011. 9, 31면; 박찬걸, "성충동 약물치료제도의 시행과 향후 과제", 형사정책연구 제24권 제1호, 한국형사정책연구원, 2013. 3, 291면; 박혜진, "소위 전자장치부착법(특정 성범죄자에 대한 위치추적 전자장치 부착에 관한 법률)에 대한 비판적 고찰", 형사정책 제20권 제2호, 한국형사정책학회, 2008. 12, 230면; 선종수, "성폭력범죄자의 성충동 약물치료에 관한 법률에 대한 비판적 검토", 법학논총 제23권 제2호, 국민대학교 법학연구소, 2011. 2, 84면.

다른 차원에서의 문제가 발생할 수 있는데, 헌법상 보장된 소급효금지의 원칙 내지 소급처벌금지의 원칙의 적용 여부와 그 범위에 관한 것이 그것이다. 주지하다시피 우리 헌법 제12조 제1항은 "모든 국민은 신체의 자유를 가진다. 누구든지 법률에 의하지 아니하고는 체포·구속·압수·수색 또는 심문을 받지 아니하며, 법률과 적법한 절차에 의하지 아니하고는 처벌·보안처분 또는 강제노역을 받지 아니한다"라고 하여 보안처분에 관하여도 법률에 의하도록 규정하고 있고, 헌법 제13조 제1항에서는 "모든 국민은 행위시의 법률에 의하여 범죄를 구성하지 아니하는 행위로 소추되지 아니하며, 동일한 범죄에 대하여 거듭 처벌받지 아니한다"라고 하고 소급효금지의 원칙을 천명하고 있다. 헌법 제12조 제1항과 제13조 제1항을 해석함에 있어서 그 대상이 형벌일 경우에는 별 다른 이견 (異見) 없이 죄형법정주의 또는 소급효금지의 원칙이 적용되는 것으로 파악되어 왔지만, 최근 성폭력범죄에 대처하기 위하여 새롭게 등장한 형벌 이외의 별도의 제재로 분류되는 것에 대하여는 그 적용에 대한 논란이 야기되고 있는 실정이다. 이와 관련하여 최근 헌법재판소는 위치추적 전자감시제도에 대하여 소급적용을 인정하고 있는 (구) 「특정 범죄자에 대한 위치추적 전자장치 부착 등에 관한 법률」(이하에서는 '전자장치부착법'이라고 한다)(2008. 6. 13. 법률 제9112호) 부칙 제2조 제1항(2010. 4. 15. 법률 제10257호로 개정된 것)이 헌법에 위반되지 아니한다고 결정[4]을 한 바 있다.

전자장치부착법이 2010. 4. 15. 법률 제10257호로 개정되기 이전에는, 검사는 공소가 제기된 당해 성폭력범죄사건의 제1심 판결 선고 전까지만 부착명령청구를 할 수 있었기 때문에 (구) 「특정 성폭력범죄자에 대한 위치추적 전자장치 부착에 관한 법률」이 시행된 2008. 9. 1. 이전에 제1심 판결을 선고받은 사람들은 전자장치부착명령의 대상자에 포함되지 않았다. 그런데 2010. 4. 15. 법률 제10257호로 법이 개정되면서 2008. 9. 1. 당시 이미 성폭력범죄 사건의 제1심 판결 선고가 이루어진 사람에 대해서도 부착명령의 청구를 할 수 있는 부칙규정을 두었다. 다만 부착명령 청구 요건에 관하여는 2010. 4. 15. 법률 제10257호로 개정된 전자장치부착법이 아니라 2008. 6. 13. 법률 제9112호로 개정된 (구) 「특정 성폭력범죄자에 대한 위치추적 전자장치 부착에 관한 법률」을 적용하였다. 이에 따라 위치추적 전자감시제도가 처음 도입되어 시행될 때 부착명령의 대상에서 제외되어 있던 사람들이 법 시행 이후 약 1년 7개월이 경과한 시점에 법 개정을 통해 새로이 부착명령 대상에 포함되게 되었다. 그리하여 위치추적 전자감시제도에 대한 소급효금지의 원칙의 적용 여부 및 적용 범위에 대한 위헌성 여부가 문제로 대두되기에 이르렀고,

---

4) 헌법재판소 2012. 12. 27. 선고 2010헌가82, 2012헌바393 결정.

이에 대하여 헌법재판소는 최종적으로 합헌결정을 내리기는 하였지만, 동 결정은 4인의 합헌의견과 함께 4인의 일부 위헌의견 및 1인의 전부 위헌의견 등 5인의 위헌의견이 상존하는 가운데 최종적인 결론에 이르렀기 때문에 논란의 불씨는 여전히 남아 있다고 볼 수 있다.

이상과 같이 위치추적 전자감시제도에 대하여 소급효금지의 원칙이 적용되는지 여부에 대한 문제는 소급효금지의 원칙이 형벌이라는 형사제재만이 존재하였던 시절에 등장하였던 태생적인 한계로 말미암아 해답을 찾기가 여간 어려운 일이 아니다. 형벌이 아닌 보안처분으로 분류되는 제재의 영역에 대해서는 소급효금지의 원칙이 적용되지 않는다고 볼 수도 있겠지만, 형사제재를 형벌과 보안처분으로 양분하는 이원적인 사고방식에 기초한 도식적인 결론으로는 다양한 형사제재가 등장하고 있는 현재의 상황을 제대로 파악하기에는 무리가 있어 보인다. 왜냐하면 그 성격이 완전한 의미의 보안처분 또는 완전한 의미의 형벌로 파악될 수 없고, 양자의 성격을 공통적으로 내포하고 있는 새로운 형사제재들이 계속해서 등장하고 있기 때문이다. 이러한 문제의식에 입각하여 본고는 전자장치부착법의 부칙에서 위치추적 전자감시제도의 소급적인 적용을 인정하고 있는 태도에 대한 비판적인 분석을 함에 그 목적을 두고, 우선 위치추적 전자감시제도의 제정 및 변천과정을 살펴보고, 동 제도의 법적인 성격을 기존의 논의를 토대로 하여 면밀히 검토한다 (Ⅱ). 다음으로 위치추적 전자감시제도의 소급적용을 긍정하는 입장에서 주장되고 있는 논거를 살펴본 후, 이에 대하여 소급처벌금지의 원칙에서 말하는 처벌의 의미, 형벌적 성격을 지니는 보안처분의 등장, 위치추적 전자감시제도에 병과되는 자유의 제한, 가칭 '형집행후 3년이내시법주의'의 문제점, 개정 입법방식의 함의(含意) 등을 중심으로 소급적용을 부정하는 입장에서의 반론을 제기하며(Ⅲ), 논의를 마무리하기로 한다(Ⅳ).

Ⅱ. 위치추적 전자감시제도의 연혁과 법적 성격

1. 위치추적 전자감시제도의 연혁

가. 위치추적 전자감시제도의 시행

성폭력범죄는 결과가 중대하고 재범의 개연성이 높은 범죄이므로 징역형을 선고받는 성폭력범죄자 중에서 다시 성폭력범죄를 범할 위험성이 있다고 인정되는 자에 대하여 위치를 확인할 수 있는 전자장치를 부착하게 하여 그 행적을 추적할 수 있도록 함으로써 성폭력범죄의 재발을 예방할 수 있도록 하기 위하여 2007. 4. 27.「특정 성폭력범죄자에 대한 위치추적 전자장치 부착에 관한 법률」이 법률 제8394호로 제정되어 부칙 제1조에 따라 '공포 후 1년 6개월이 경과한 날'인 2008. 10. 28. 시행될 예정이었다. 하지만 법률 공포 후 안양 초등학생 살인사건, 일산 초등학생 납치미수사건 등 아동을 대상으로 하는 성폭력범죄의 연이은 발생으로 인하여 국민의 불안감이 확산되어 성폭력범죄 재범 방지를 위한 특단의 대책이 필요하게 됨에 따라, 제정 당시의 법 시행일인 2008. 10. 28. 이전인 2008. 6. 13. 일부개정(법률 제9112호)이 이루어졌다. 동법의 주용 내용을 살펴보면, ① 전자장치 부착명령의 기간을 최대 5년에서 최대 10년으로 연장하고(제9조 제1항), ② 위치추적 전자장치 부착자에 대하여 특정지역·장소에의 출입금지, 외출제한 등 특별준수사항 도입 및 준수사항 위반 시 3년 이하의 징역 또는 1천만 원 이하의 벌금에 처하도록 하는 형사처벌 규정을 신설하고(제9조의2 및 제39조), ③ 전자장치 부착명령 집행 중에 다른 범죄로 금고 이상의 형의 집행을 받게 되면 부착명령의 집행을 종료하던 것을 재범에 대한 형의 집행이 완료되면 부착명령의 나머지 기간을 집행하도록 수정하고(제13조 및 제20조),[5] ④ 법 시행일을 2008. 9. 1.로 앞당긴 것(부칙 제1조) 등을 들 수 있다.

---

5) 헌법재판소 2013. 7. 25. 선고 2011헌마781 결정에 의하면 보안처분으로서의 전자장치 부착명령의 가장 중요한 요건은 '재범의 위험성'인데, 실제 재범을 행하여 그 위험성이 현실화 되었음에도 불구하고 부착기간을 진행시켜 종료하게 하는 것은 보안처분의 본질에 맞지 않을 뿐 아니라, 부착명령 회피를 위한 악용의 소지가 있다는 점에서도 부착명령 집행이 불가능한 기간 동안 집행을 정지하는 것 이외에 덜 침해적인 수단이 있다고 보기 어렵고, 이로 인하여 부착명령의 집행이 구금 해제 이후로 연기되어 전자장치 부착으로 인한 기본권 제한을 계속 받게 되나, 특정범죄자의 재범방지 및 재사회화를 꾀하기 위하여 전자장치부착법이 도입된 취지를 고려하면, 침해되는 사익이 공익보다 결코 더 크다고 볼 수 없으므로 법익균형성도

특히 법의 조기시행을 위하여 2007. 4. 27. 제정된 법률 제8394호의 부칙 제1조에 '이 법은 2008년 9월 1일부터 시행한다'고 하여 사후입법인 2008. 6. 13. 개정된 법률 제9112호를 통하여 그 이전에 제정된 법률의 내용에 직접적인 변경을 가하면서까지 법을 앞당겨 시행하도록 한 것과 동시에 2008. 6. 13. 개정된 내용의 적용을 위하여 법률 제9112호의 부칙에서 '이 법은 2008년 9월 1일부터 시행한다'고 각각 규정한 것이 특징이라고 하겠다.

나. 위치추적 전자감시제도의 변천과정

(1) 2009. 5. 8. 일부개정의 내용

제정 법률의 시행 약 8개월 후인 2009. 5. 8. 법률 제9654호(2009. 8. 9. 시행)에 의한 일부개정을 통하여 '미성년자 대상 유괴범죄'에 대한 전자감시를 추가하는 개정이 이루어지면서 법명을 「특정 범죄자에 대한 위치추적 전자장치 부착 등에 관한 법률」로 변경하였다.

(2) 2010. 4. 15. 일부개정의 내용

개정 법률의 시행 약 8개월 후인 2010. 4. 15. 법률 제10257호(2010. 7. 16. 시행)에 의한 일부개정을 통하여 잇따르고 있는 성폭력범죄의 재범 위험에 적극적으로 대처하기 위한 대책이 또 다시 제시되었다. 이는 당시 발생한 조두순 사건과 김길태 사건을 계기로 국민의 분노가 극에 달하자 이에 대응하고자 2010. 3. 31. 일명 원포인트 국회로써 본회의를 개최하여 성폭력 범죄 관련 주요 법률[6]을 일사천리로 통과시킨 것의 일환이라고 할 수 있다. 동법의 주용 내용을 살펴보면, ① 적용대상이 되는 특정범죄에 살인범죄를 추가하고(제2조 제1호), ② 성폭력범죄로 인한 위치추적 전자장치의 부착명령 청구요건 중 횟수의 요건을 2회 이상에서 1회로 하고 형기합계의 요건을 삭제하는 등 청구요건을 완화하고(제5조 제1항), ③ 위치추적 전자장치 부착기간의 상한을 기존 10년에서 법

인정된다고 판시하였다.

6) 이에 대하여 보다 자세한 논의로는 박찬걸, "아동대상 강력범죄 방지를 위한 최근의 입법에 대한 검토", 소년보호연구 제14호, 한국소년정책학회, 2010. 6, 161면 이하 참조.

정형의 상한이 사형 또는 무기징역인 특정범죄의 경우에는 10년 이상 30년 이하, 법정형 중 징역형의 하한이 3년 이상의 유기징역인 특정범죄의 경우에는 3년 이상 20년 이하, 법정형 중 징역형의 하한이 3년 미만의 유기징역인 특정범죄의 경우에는 1년 이상 10년 이하로 각각 상향조정하고, 특히 13세 미만의 아동에 대한 범죄인 경우에는 부착기간의 하한을 2배로 가중하고(제9조 제1항), ④ 위치추적 전자장치 피부착자는 부착기간 동안 의무적으로 보호관찰을 받도록 하고(제9조 제3항), ⑤ 성폭력범죄를 저질렀으나 2008. 9. 1. 이전에 제1심판결을 선고받은 등 현행법으로는 위치추적 전자장치를 부착할 수 없는 경우에도 이 법 시행 당시 형 집행 중이거나 형 집행의 종료 등이 된 후 3년이 지나지 아니한 성폭력범죄자에게는 위치추적 전자장치를 부착할 수 있도록 하고 그 요건과 절차 등을 마련하는 것 등을 들 수 있다. 특히 위치추적 전자감시제도의 소급적용을 위하여 「특정 성폭력범죄자에 대한 위치추적 전자장치 부착에 관한 법률」(법률 제9112호) 일부개정법률 부칙을 부칙 제1조로 하고, 같은 조의 제목으로 '(시행일)'을 삽입하며, 부칙 제2조(제1심판결 후의 부착명령 청구 등에 관한 경과조치 및 적용 특례) 제1항에서 "검사는 성폭력범죄를 저질러 2008년 9월 1일 이전에 제1심판결을 선고받아 이 법(법률 제10257호 특정범죄자에 대한 위치추적 전자장치 부착 등에 관한 법률 일부개정법률을 말한다) 시행 당시 징역형 이상의 형, 치료감호 또는 보호감호(이하 '징역형등'이라 한다)의 집행 종료일까지 6개월 이상이 남은 사람(이하 '출소예정자'라 한다), 징역형등의 집행 종료일까지 6개월 미만이 남은 사람(이하 '출소임박자'라 한다) 및 징역형등의 집행이 종료, 가종료 · 가출소 · 가석방 또는 면제된 후 3년[7]이 경과되지 아니한 사람(이하 '출소자'라 한다)으로서 종전 법(법률 제9112호 특정 성폭력범죄자에 대한 위치추적 전자장치 부착에

---

[7] 이는 최근 3년간 성폭력 범죄자의 70.5%가 3년 이내에 재범을 한 것으로 분석된 것에 대한 조치라고 한다(이형섭, "위치추적 전자감독제도 시행 5년의 현황과 과제", 성폭력사범의 사회내처우 현황과 향후 과제, 2013년도 한국보호관찰학회 춘계학술대회 자료집, 2013. 4, 52면). 하지만 대검찰청의 범죄분석에 따르면 성폭력 재범자 가운데 동종범죄의 재범률은 평균 15.12%에 불과하며, 이를 다시 70.5% 내에서 환산하여 성범죄자 전체로 비교해 보면 약 10%만이 성범죄를 다시 저지른다고 보아야 하는데, 고작 10% 정도의 재범률 방지를 위하여 전자장치를 부착해야 하는지는 의문이다. 또한 재범률의 측면에서도 성범죄가 결코 다른 범죄와 비교할 때 높은 편이라고 단정할 수 없는데, 예를 들면 절도의 동종범죄 재범률은 45.12%, 사기의 동종범죄 재범률은 30.69%, 폭행의 동종범죄 재범률은 39.86%, 상해의 동종범죄 재범률은 40.6% 등으로 나타나고 있다. 전자장치부착법상 준수사항의 적절성 여부에 대한 헌법재판소의 최근 결정(헌법재판소 2012. 12. 27. 선고 2011헌바89 결정)에서는 "……성폭력범죄가 성향 범죄로서 상습성 혹은 재범의 위험성이 매우 높은 범죄라는 점에는 이론의 여지가 없고……"라는 표현까지 등장하지만, 이와 같이 성범죄자의 재범률이 다른 범죄자와 비교하여 훨씬 높다고 단정하는 것은 무리이다. 결국 개정법이 출소 후 '3년 이내'라는 기준점을 설정한 결정적인 원인은 이 기간 동안에 성폭력범죄자의 재범률이 높게 나타나서가 아니라 보다 솔직히 말하자면 김길태라는 특정 범죄인이 출소 후 3년 이내에 재범을 했으니까 이렇게 된 것이지 만약 출소 후 3년 이상 5년 이내에 재범을 했더라면 '5년 이내'라고 하는 다른 기준점이 설정되었을지도 모르는 일이다.

관한 법률 일부개정법률을 말한다) 제5조 제1항 각 호의 어느 하나에 해당하고 성폭력범죄를 다시 저지를 위험성이 있다고 인정되는 사람에 대하여는 종전 법 제5조 제2항, 제7조 및 제9조 제3항에도 불구하고 제1심판결을 한 법원 또는 출소예정자, 출소임박자, 출소자의 주거지 또는 현재지를 관할하는 지방법원(지원을 포함한다)에 부착명령을 청구할 수 있다"라고 하는 규정을 신설하였다.[8] 이와 같은 소급적용을 허용한 법의 시행으로 말미암아 <표 1>에서 보는 바와 같이 2012년까지 총 410명이 형기종료 후 전자장치 부착명령을 받았는데, 2012년의 경우에는 부칙 조항에 대한 위헌심판 중이라는 이유로 인하여 형기종료 대상자 중 부착명령인원이 2011년 대비 59.6% 감소한 특징을 보이고 있다. 하지만 2012. 12. 27. 헌법재판소의 합헌 결정에 따라 최소 2,027명 최대 2,623명이 추가로 부착명령을 받게 될 것으로 예상되고 있다.[9]

〈표-1〉 위치추적 전자감시제도의 연도별 집행인원

단위: 명

연 도	소 계	가석방	가종료	가출소	집행유예	형기종료		
						소 계	일 반	소 급
2008	188	186	1	0	1	0	0	0
2009	347	329	12	0	5	1	1	0
2010	465	306	12	2	29	116	18	98
2011	766	397	6	5	46	312	68	244
2012	526	295	28	2	15	186	118	68
총 계	2,292	1,513	59	9	96	615	205	410

출처: 이형섭, "위치추적 전자감독제도 시행 5년의 현황과 과제", 성폭력사범의 사회내처우 현황과 향후 과제, 2013년도 한국보호관찰학회 춘계학술대회 자료집, 2013. 4, 60면.

(3) 2012. 12. 18. 일부개정의 내용

2012. 12. 18. 법률 제11558호(2012. 12. 18. 시행 등[10])에 의한 일부개정을 통하여

---

8) 동법의 소급적용의 가장 결정적인 원인은 당시 발생한 조두순 사건과 김길태 사건에 있어서 이들에게 위치추적 전자감시제도를 활용할 수 없었다는 점에 기인한다고 볼 수 있다. 즉 법의 공백으로 인하여 성폭력의 습벽이 있는 자를 방치해서는 안 된다는 국민적 공분으로 말미암아 전례를 찾아볼 수 없는 입법적인 모험을 감행한 것이다.

9) http://seoul.co.kr/news/newsView.php?id=20121228001008&spage=11(2013. 7. 21. 최종검색).

10) 부칙 제1조(시행일) 이 법은 공포한 날부터 시행한다. 다만, 제16조 제4항, 제5항 및 제7항, 제16조의2, 제21조의2부터 제21조의8까지, 제32조의2, 제37조, 제39조의 개정규정은 공포 후 6개월이 경과한 날부

특정 범죄자에 대한 형 종료 후 보호관찰제도를 신설하는 개정이 이루어지면서 법명을 「특정 범죄자에 대한 보호관찰 및 전자장치 부착 등에 관한 법률」로 변경하였다. 또한 위치추적 전자장치 부착대상 특정범죄에 강도범죄를 추가하며, 미성년자 및 장애인에 대한 성범죄의 경우 전자장치 부착명령의 청구요건을 완화하고, 수사기관이 전자장치의 수신자료를 열람하는 경우 법원의 허가를 받도록 하되 긴급한 경우 사후허가로 가능하도록 하며, 보호관찰소의 장과 수사기관 간에 피부착자의 위치정보를 공유하도록 하여 고위험 강력범죄로부터 국민의 생명과 안전을 철저히 보호할 수 있도록 하는 등의 개정도 이루어졌다.

2. 위치추적 전자감시제도의 법적 성격

가. 기존의 논의

구체적인 형사제재에 대하여 소급효금지의 원칙이 적용되는지 여부를 판단하기 위해서는 우선 당해 형사제재의 법적 성격이 문제되는데, 위치추적 전자감시제도의 법적 성격과 관련하여 이를 보안처분으로 파악하는 것이 기존의 일반적인 견해[11]라고 할 수 있다. 보안처분으로 파악하는 입장의 주요 논거를 살펴보면, 위치추적 전자감시제도가 재범을 방지하고 사회복귀를 촉진한다는 목적으로 시행되고 있다는 점, 행위자의 특수한 위험성으로 인하여 형벌만으로 그 목적을 달성할 수 없기 때문에 징역형의 선고와는 별도로 부가되는 형사제재라는 점, 위치추적 전자감시제도의 내용에는 전자장치 부착을 통한 감시뿐만 아니라 의무적인 보호관찰이 병행되고 있다는 점, 형법 제41조에서 정한 형벌의 종류에 위치추적 전자감시제도가 포함되어 있지 않다는 점 등을 들 수 있다.

터 시행하고, 제2조 제3호의3, 제5조 제4항부터 제7항까지의 개정규정은 공포 후 1년 6개월이 경과한 날부터 시행한다.

11) 김종호, "성폭력범죄자에 대한 법정형 및 위치추적 전자장치 부착명령과 양형에 관한 특별법 규정들의 위헌 여부", 대법원판례해설 제80호(2009 상반기), 법원도서관, 2009. 12, 902면; 이춘화, "위치추적 전자장치 부착명령의 위헌성 유무", 형사판례연구 제18권, 한국형사판례연구회, 2010. 6, 624면; 이현정·박병주, "재범방지대책에 대한 비판적 검토 - 성폭력범죄를 중심으로-", 한국경찰학회보 제14권 제3호, 한국경찰학회, 2012. 6, 172면; 정현미, "성폭력범죄대책과 전자감시 - '특정 범죄자에 대한 위치추적 전자장치 부착에 관한 법률'의 검토를 중심으로-", 형사정책 제21권 제1호, 한국형사정책학회, 2009. 6, 333면.

이에 대하여 대법원은 위치추적 전자감시제도는 성폭력범죄자의 재범방지와 성행교정을 통한 재사회화를 위하여 그의 행적을 추적하여 위치를 확인할 수 있는 전자장치를 신체에 부착하게 하는 부가적인 조치를 취함으로써 성폭력범죄로부터 국민을 보호함을 목적으로 하는 일종의 보안처분이라고 일관되게 판시[12]하고 있다. 이에 따라 위치추적 전자감시제도는 범죄행위를 한 자에 대한 응보를 주된 목적으로 그 책임을 추궁하는 사후적 처분인 형벌과 구별되어 그 본질을 달리하는 것으로서 형벌에 관한 일사부재리의 원칙이 그대로 적용되지 않으므로 형 집행의 종료 이후에 부착명령을 집행하도록 규정하고 있다고 하더라도 그것이 일사부재리의 원칙에 반한다고 볼 수는 없다고 한다.[13] 또한 이러한 위치추적 전자감시제도의 목적과 성격, 그 운영에 관한 법률의 규정 내용 및 취지 등을 종합해 보면, 위치추적 전자감시제도는 형벌에 관한 소급입법금지의 원칙이 그대로 적용되지 않으므로, 법률이 개정되어 부착명령 기간을 연장하도록 규정하고 있더라도 그것이 소급입법금지의 원칙에 반하지 않으며,[14] 불이익변경금지 원칙의 적용에 있어 그 선고된 형이 피고인에게 불이익하게 변경되었는지 여부에 관한 판단은 형법상 형의 경중을 기준으로 하되 이를 개별적·형식적으로 고찰할 것이 아니라 주문 전체를 고려하여 피고인에게 실질적으로 불이익한지 아닌지를 보아 판단하여야 하지만 위치추적 전자감시제도는 일종의 보안처분으로서 형벌과 구별되어 그 본질을 달리하는 점에서 불이익변경금지 원칙의 적용대상이 아니라고 한다.[15] 이와 같이 대법원은 위치추적 전자감시제도가 형벌이 아닌 보안처분이라는 이유로 인하여 이에 대하여는 일사부재리의 원칙, 소급입법금지의 원칙, 불이익변경금지의 원칙 등이 모두 적용되지 아니한다고 판시하고 있다.

---

12) 대법원 2012. 3. 22. 선고 2011도15057, 2011전도249 전원합의체 판결; 대법원 2011. 7. 28. 선고 2011도5813, 2011전도99 판결("성폭력범죄를 다시 범할 위험성이 있는 사람에 대한 전자장치 부착명령의 청구 요건의 하나로 제5조 제1항 제4호에서 규정한 '16세 미만의 사람에 대하여 성폭력범죄를 저지른 때'란 피부착명령청구자가 저지른 성폭력범죄의 피해자가 16세 미만의 사람인 것을 말하고, 더 나아가 피부착명령청구자가 자신이 저지른 성폭력범죄의 피해자가 16세 미만이라는 점까지 인식하여야 하는 것은 아니라고 할 것이다"); 대법원 2011. 4. 14. 선고 2010도16939, 2010전도159 판결; 대법원 2010. 11. 11. 선고 2010도7955, 2010전도46 판결; 대법원 2009. 5. 14. 선고 2009도1947, 2009전도5 판결("성폭력범죄사건의 양형은 부착명령의 요건에 대한 심사, 그에 따른 부착명령의 선고 여부와 선고되는 부착기간의 결정 등과는 구별되는 것이다. …… 법률 제9조 제5항은 전자감시제도가 보안처분으로서 형벌과는 그 목적이나 심사대상 등을 달리하므로, 이를 징역형의 대체수단으로 취급하여 함부로 형량을 감경하여서는 아니 된다는 당연한 법리를 주의적·선언적으로 규정한 것에 불과한 것이라고 해석될 뿐이고 ……").

13) 대법원 2009. 9. 10. 선고 2009도6061, 2009전도13 판결; 대법원 2009. 5. 14. 선고 2009도1947, 2009전도5 판결.

14) 대법원 2010. 12. 23. 선고 2010도11996, 2010전도86 판결.

15) 대법원 2010. 11. 11. 선고 2010도7955, 2010전도46 판결.

한편 헌법재판소는 "형사제재에 관한 종래의 일반론에 따르면, 형벌은 본질적으로 행위자가 저지른 과거의 불법에 대한 책임을 전제로 부과되는 제재를 뜻함에 반하여, 보안처분은 행위자의 장래 위험성에 근거하여 범죄자의 개선을 통해 범죄를 예방하고 장래의 위험을 방지하여 사회를 보호하기 위해서 형벌에 대신하여 또는 형벌을 보충하여 부과되는 자유의 박탈과 제한 등의 처분을 뜻하는 것으로서, 양자는 그 근거와 목적을 달리하는 형사제재이다. 연혁적으로도 보안처분은 형벌이 적용될 수 없거나 형벌의 효과를 기대할 수 없는 행위자를 개선·치료하고, 이러한 행위자의 위험성으로부터 사회를 보호하기 위한 형사정책적인 필요성에 따라 만든 제재이므로 형벌과 본질적인 차이가 있다. 즉 형벌과 보안처분은 다 같이 형사제재에 해당하지만, 형벌은 책임의 한계 안에서 과거 불법에 대한 응보를 주된 목적으로 하는 제재이고, 보안처분은 장래 재범 위험성을 전제로 범죄를 예방하기 위한 제재인 것이다. 그런데 오늘날에는 형벌과 보안처분의 형태가 다양해지고 형벌 집행에 있어서 범죄자에 대한 특별예방적·형사정책적 관심과 배려를 강조하는 새로운 형사제재수단들, 예를 들어 보호관찰, 사회봉사명령이나 수강명령 등이 등장하면서 형벌과 보안처분의 경계가 모호해지고 있다. 따라서 새로운 형사제재의 법적 성격을 논함에 있어서 종전과 같은 '과거 행위에 대한 응보-재범의 위험성에 따른 사회예방'이라는 이분법적 논리를 단순히 적용하기에는 타당하지 않은 면이 있다"고 전제한 다음, 전자장치 부착명령의 근본적인 목적이 재범방지와 사회방위라는 점, 전자장치 부착명령의 가장 중요한 요건인 '재범의 위험성'에 대해서 관련된 전문가들의 과학적인 사실판단을 참고로 하여 법률가인 검사와 판사가 이를 결정하고 있다는 점, 부착명령의 선고는 특정범죄사건의 양형에 유리하게 참작되어서는 안 된다는 점, 성폭력범죄사건의 양형은 부착명령의 요건에 대한 심사, 그에 따른 부착명령의 선고 여부 및 선고되는 부착기간의 결정 등과는 구별되어야 한다는 점 등을 이유로 전자장치부착법상 전자장치 부착명령은 형벌과 구별되는 보안처분에 해당한다고 파악하였다.[16]

---

16) 헌법재판소 2012. 12. 27. 선고 2010헌가82, 2012헌바393 결정.

나. 검토

(1) 형벌과 보안처분의 구별에 관한 이원적 사고방식의 한계

형벌이 책임에 기초를 둔 형사제재인 반면 보안처분은 행위자의 장래 위험성에 기초를 둔 형사제재임은 분명하다. 하지만 형벌론에서 응보사상을 제거한다면 형사제재에서 형벌과 보안처분의 차이는 본질적인 것이라 하기 어렵다. 왜냐하면 형벌과 보안처분은 국가의 형사제재를 통하여 피고인의 자유를 제한하고 있다는 점에서는 차이가 없기 때문이다. 이는 양 제도에 본질적인 차이가 있는 것이 아니라 정도의 차이만이 존재함을 의미한다. 죄형법정주의의 실질적 의미를 고려할 때 형벌과 보안처분 양자는 모두 국민의 자유와 권리를 제한하고 있다는 공통점을 지니고 있으며, 형벌 이외의 형사제재에 대하여도 실질상 형의 가중과 동일한 결과를 가져오는 것이라면 피고인에게 불리하게 부과할 수는 없는 것이다.[17] 이러한 점에서 보호감호·치료감호와 같은 자유박탈적 보안처분과 보호관찰·사회봉사명령·수강명령과 같은 자유제한적 보안처분의 구별은 동 제도들의 외형적인 측면을 바라보았을 때 구별할 수 있겠으나, 내면에 덮여 있는 실질을 바라보았을 때 책임과 장래의 위험성이라는 모호한 전제를 가지고 구별하기 때문에 이를 일도양단적으로 구별하는 것은 오히려 실질적 법치국가이념에 반한다고 할 수 있다. 왜냐하면 양자 모두 국민의 자유와 권리를 일정 부분 제한하고 있다는 점에서 동일하기 때문이다.

한편 보안처분이 형벌과는 구분되는 제도라는 점에는 이론(異論)이 없는데, 형벌은 형법 제41조에 명문의 규정을 두고 있기 때문에 형벌의 개념과 범위에 대하여는 적어도 해석론적인 측면에서 별다른 다툼이 있을 수가 없기 때문이다. 하지만 보안처분의 개념에 대하여는 형벌에 대한 정의조항과 같은 명문의 규정이 없기 때문에 그 개념설정작업에서 부터 난관에 봉착하게 된다. 일반적으로 보안처분이란 '형벌과 같이 행위자가 범한 불법에 대하여 책임에 근거한 응보가 아니라 범죄자의 개선을 통해 범죄를 예방하고 범죄를 저지른 범인의 장래에 대한 위험을 방지하여 사회를 보호하기 위하여 형(벌) 대신 또는 형(벌)의 보충으로 과하는 자유의 박탈 또는 제한을 포함하여 범인을 격리, 개선하는 일체의 처분'이라고 정의할 수 있겠는데, 여기서 중요한 문제는 현행법상 형식적으로는 보안처분으로 분류되는 것일지라도 실질적으로는 형벌의 성질[18]을 띠고 있는 것도 상당수

---

17) 박찬걸, "전자감시제도의 소급적용에 관한 비판적 검토", 교정학 반세기(허주욱 교수 기념논문집), 한국교정학회, 2010. 9, 257면.

존재할 수 있다는 점이다. 그러므로 형식적 관점에서 해당 제재가 형벌 또는 보안처분으로 구별될 수 있다고 하더라도 양자는 모두 법익보호와 범인의 사회복귀를 위한 제재라는 점에서 목적이 동일하다고 할 수 있고, 범인이 받는 고통도 대동소이하다는 점에서 실질적인 의미에서의 형사제재라는 점은 결코 부인할 수 없다.

이러한 관점에서 위치추적 전자감시제도의 법적 성격을 살펴보면, 먼저 전자장치 부착의 주된 목적은 단순히 '재범의 위험성 있는 범죄자의 재범 방지'에 머무르지 않고, 특정 강력범죄들[19]로 인한 피해의 심각성, 다시 말해 그 범죄들의 죄질이 매우 나쁘고 책임이 무거워 비난가능성이 크다는 점을 고려하여, 기존의 형벌 이외에 전자장치 부착을 통한 위치추적이라는 추가적인 제재를 부가함으로써, 그 범죄를 저지른 자에 대해서는 강하게 책임을 물어 응보적인 관점과 특별예방적인 관점을 관철함과 동시에 일반 국민들에 대해서는 강력한 경고를 고지함으로써 그와 같은 범죄를 저지르지 못하도록 하는 일반예방적인 관점에도 초점이 맞추어져 있다고 보아야 한다. 다음으로 사람의 신체에 전자장치를 강제로 부착시키는 것은 신체의 완전성을 침해받지 않을 개인의 자유를 박탈하는 것으로서, 신체에 대해 직접적으로 가해지는 물리적 침해이다. 단순히 물건을 휴대하는 정도가 아니라 신체에 강제로 부착하는 것을 두고, 이동의 자유 자체는 제한되지 않는다는 이유를 들어 신체의 자유에 대한 직접적인 제한이 없다고 말할 수는 없다. 왜냐하면 위치추적을 위한 전자장치를 신체에 부착하고 하루 24시간 일 년 365일을 생활하여야 하는 자가 실제로 입게 되는 구체적 법익 침해의 효과는 형법이 규정하고 있는 다른 형벌들에 비해 결코 가볍다고 볼 수 없기 때문이다. 현행 전자장치부착법에 의하면 그 법익 침해의 기간은 길게는 30년 내지 45년까지 이어질 수도 있다. 그러므로 전자장치 부착으로 인한 실제적 효과는 형법에 규정된 형벌들, 특히 자격정지나 벌금, 구류, 과료 등과 같은 형벌들과 비교하여, 그 법익 침해의 정도가 오히려 훨씬 크고 심각한 것이라고 평가할 수 있다. 이는 피부착자의 신체 및 정신적인 압박을 수반하여 특별예방목적에 도움이 적을 뿐만 아니라 자유제한의 정도에 있어서 형벌에 상응하는 효과가 있기 때문에 지나치

---

18) 윤영철 교수는 위치추적 전자감시제도의 법적 성격과 관련하여 '오히려 징벌적·규제적 성격이 강하여 심각한 자유의 제한 내지 인격권의 침해를 발생시킬 수 있다는 점'에서 실질적인 형벌로 평가하고 있다. 윤영철, "우리나라의 전자감시제도에 관한 비판적 소고 - '특정 성폭력범죄자에 대한 위치추적 전자장치 부착에 관한 법률'을 중심으로 -", 형사정책연구 제19권 제1호, 한국형사정책연구원, 2008. 9, 210면.

19) 전자장치 부착명령은 전자장치부착법이 처음 제정될 당시 '성폭력범죄'만을 대상으로 하였으나, 이후 법률 개정을 통하여 '미성년자 유괴범죄'와 '살인범죄'를 그 대상으로 추가하였고, 최근에는 살인범죄의 미수범과 강도범죄 등에까지 확대하는 내용으로 전자장치부착법이 다시 한 번 개정되어 2014. 6. 19. 그 시행을 앞두고 있다.

게 범죄자의 인권을 침해할 가능성이 있다.[20]

(2) 양형의 조건과 부착명령의 조건 사이의 상호관련성

전자장치 부착기간에 관한 규정을 살펴보면 해당 범죄행위의 법정형에 비례하여 전자장치의 부착기간을 최장 30년(당해 범죄인이 경합범에 해당할 경우에는 최장 45년)으로 하고 있는데, 이는 단순히 개별 범죄자의 재범 위험성의 정도가 아니라 해당 범죄의 죄질과 책임이 얼마나 무거운지, 다시 말해 그 범죄에 대하여 얼마나 무거운 처벌이 필요한지를 기준으로 하여 전자장치의 부착기간을 정하고 있는 것으로 파악할 수 있다. 이에 대하여 헌법재판소는 "전자장치부착조항이 부착기간을 범죄의 법정형에 따라 규정한 것은 일반적으로 법정형이 무거운 범죄를 저지른 경우 재범의 위험성도 더 크고 범죄의 습벽 또한 강한 것으로 추정되므로 이러한 범죄자의 재범의 위험성과 습벽 등을 고려하여 부착기간의 상향조정과 함께 합리적인 기간 결정을 위한 것이며, '재범의 위험성'의 유무에 따라 전자장치 부착명령의 여부 및 부착기간이 결정되므로 무거운 법정형을 저질렀다고 하여 곧바로 장기간의 전자장치 부착으로 이어지는 것도 아니"라고 한다.[21] 하지만 과거에 범한 강력범죄에 이미 내재되어 있는 범죄행위 자체의 위험성을 부착기간의 결정 시에 고려하고 있는 실무의 태도는 위치추적 전자감시제도의 집행을 통한 개선가능성을 도외시한 채 특별예방의 목적을 망각한 처사라고 할 수 있으며, 위치추적 전자감시제도의 부착청구 원인사실이 대체적으로 범죄사실과 대동소이하며, 부착명령청구서의 내용이 공소장의 내용과 별다른 차이가 없다는 점에서 동일한 행위에 대하여 이중적인 처벌을 하는 것으로도 볼 여지가 있다.

또한 전자장치부착법 제9조 제7항에 의하면 "부착명령의 선고는 특정범죄사건의 양형에 유리하게 참작되어서는 아니 된다"고 규정하고 있는데, 이는 부착기간을 징역형의 형기와 마찬가지로 취급하거나 징역형의 대체수단으로 취급하여 함부로 형량을 감경해서는 안 된다는 취지로 해석해야지,[22] 법관이 양형결정권을 행사함에 있어서 부착기간을 일체

---

20) 권태형, "위치추적 전자장치 부착명령과 불이익변경금지", 형사판례연구 제19호, 한국형사판례연구회, 2011. 6, 462-463면("보안처분의 경우에 있어서도 실질적인 형벌의 성질을 가지고 있는 경우 소급금지원칙이 적용될 수 있다고 할 것이고 …… 개정된 위치추적법 시행 전에 저지른 특정범죄에 대하여도 적용하는 것은 피고인에게 지나친 불이익을 가하는 것으로서 이러한 경우 부착명령을 형벌에 준하는 것으로 보지 않을 수 없는 것이다").

21) 헌법재판소 2012. 12. 27. 선고 2011헌바89 결정.

22) 김종호, 앞의 논문, 904면.

고려해서는 안 된다는 취지로 받아들여서는 아니 된다. 이러한 점에서 부착명령이 사실상 형벌대체적 기능을 수행하고 있다는 점을 전면적으로 부인할 수는 없는 것이다. 사정이 이러하다면 위치추적 전자감시제도에는 형벌대체적 또는 형벌집행적 성격이 존재한다고 보아야 할 것이다.

이러한 점들에 비추어볼 때, 전자장치 부착의 목적은 단순히 재범의 방지뿐만 아니라, 중대한 범죄를 저지른 자에 대하여 그 책임에 상응하는 강력한 처벌을 가하고 일반 국민에 대하여 일반예방적 효과를 위한 강력한 경고를 하려는 것이라고 볼 것이고, 따라서 전자장치의 부착은 형벌적 성격을 갖는 제재라고 하지 않을 수 없다. 결론적으로 위치추적 전자장치 부착명령에 의한 전자감시제도는 성폭력범죄로부터 국민을 보호함을 목적으로 하는 일종의 보안처분이기는 하지만 실질적으로 피부착자의 신체의 자유, 인격권 등 기본권을 제한하는 것이어서 징벌적·규제적 성격이 강한 전자적 형벌과 유사하다. 즉 위치추적 전자감시제도가 형벌과 보안처분의 성격을 모두 가지고 있음을 부인할 수는 없으며, 순수한 보안처분의 측면이 강하다기보다는 순수한 형벌의 측면이 강하다고 할 수 있기 때문에 '형벌적인 성격을 띠고 있는 보안처분'이라고 파악하는 것이 합리적이다.[23]

Ⅲ. 위치추적 전자감시제도 소급적용의 타당성 여부 검토

1. 소급적용을 긍정하는 입장의 논거

소급효금지의 원칙이 형벌의 영역에 적용된다는 점에는 이견이 없다. 하지만 최근 형벌 이외의 형사제재가 다수 등장하게 되면서 과연 이러한 영역의 경우에도 동 원칙이 그대로 적용될 수 있는가라는 의문이 제기되기 시작하였는데, 대표적으로 위치추적 전자감시제도와 같은 보안처분에 대하여도 소급효금지의 원칙이 적용될 수 있는가 하는 것이 그것이다.[24] 이에 대하여 일반적으로 보안처분은 형벌과는 달리 행위자의 장래 재범위험

---

23) 同旨 박상열, "전자감시제도의 입법과 적용방안", 교정연구 제35호, 한국교정학회, 2007, 92면; 박혜진, 앞의 논문, 235면; 윤상민, "형사제재와 소급효금지의 원칙", 법학연구 제38집, 한국법학회, 2010. 5, 216면.
24) 박찬걸, 앞의 논문(각주 17), 247면.

성에 근거하는 것으로서, 행위시가 아닌 재판시의 재범위험성 여부에 대한 판단에 따라 보안처분 선고를 결정하므로 원칙적으로 재판 당시 현행법을 소급적용할 수 있다고 보는 긍정설[25]이 있다. 긍정설의 주요 논거를 살펴보면, ① 죄형법정주의에서 말하는 '형'은 형벌을 의미하는데, 보안처분은 형벌이 아니므로 소급효금지의 원칙이 적용되지 아니한다는 점, ② 독일 형법 제2조 제6항("보안처분에 관하여는 법률에 특별한 규정이 없는 때에는 판결시의 법률에 의한다")[26]에 의하면 법률에 다르게 규정되어 있지 않으면 보안처분에는 소급적용이 가능하다는 점,[27] ③ 보안처분은 과거의 불법에 대한 책임을 묻는 형벌과는 달리 장래에 범죄자의 재범위험성에 근거하여 사회방위라는 차원에서 그 타당성이 인정된다는 점에서, 비록 행위시에 재범위험성이 존재했다고 하더라도 만약 보안처분 판결시에 재범위험성이 더 이상 존재하지 않는다면 보안처분을 선고할 수 있는 필요성은 사라지게 되면 보안처분을 선고할 수 없게 되기 때문에 보안처분의 선고는 행위시법이 아니라 재판시법에 따르는 것이 타당하다는 점 등을 들 수 있다.

헌법재판소도 이와 마찬가지로 ① 전자장치 부착명령의 입법목적은 특정 성폭력범죄자의 성행교정과 재범방지라는 점, ② 전자장치의 부착은 자유를 박탈하는 구금 형식과는 구별된다는 점, ③ 의무적 노동의 부과나 여가시간의 박탈을 내용으로 하지 않는다는 점, ④ 전자장치 부착으로 인하여 일반적 행동의 자유나 인격권이 제한될 수 있으나 피부착자의 위치만이 국가에 노출될 뿐 자신의 행위가 노출되는 것은 아니어서 자신이 원하는 행동을 할 수 있다는 점, ⑤ 전자장치의 부착을 통해서 피부착자의 행동 자체를 통제하는 것이 아니라는 점에서 처벌적인 효과를 나타낸다고 보기 어렵다는 점, ⑥ 일정한 장소에 머무르거나 다른 장소로 이동하는 것에도 그것이 주거 이전이나 출국에 해당하지 않는 한 아무런 제한을 받지 않는다는 점, ⑦ 부착명령의 탄력적 집행을 위하여 3개월마

25) 김혜정, "보호관찰과 형벌불소급의 원칙", 형사판례의 연구 I (지송 이재상 교수화갑기념논문집), 박영사, 2003, 33면; 오삼광, "현행법상 전자감시제도의 문제점과 발전방안에 관한 연구", 서울법학 제20권 제1호, 서울시립대학교 법학연구소, 2012. 5, 324면.

26) Über Maßregeln der Besserung und Sicherung ist, wenn gesetzlich nichts anderesbestimmt ist, nach dem Gesetz zu entscheiden, das zur Zeit der Entscheidung gilt.

27) 하지만 우리나라 형법에는 독일형법 제2조 제6항과 같이 보안처분의 소급효를 인정하는 명문의 규정이 없고, 스위스형법 제1조(Eine Strafe oder Massnahme darf nur wegen einer Tat verhängt werden, die das Gesetz ausdrücklich unter Strafe stellt; 형벌 또는 보안처분은 법률이 명시적으로 처벌하는 행위에 한하여 선고할 수 있다)와 오스트리아형법 제1조 제1항(Eine Strafe oder eine vorbeugende Maßnahme darf nur wegen einer Tat verhängt werden, die unter eine ausdrückliche gesetzliche Strafdrohung fällt und schon zur Zeit ihrer Begehung mit Strafe bedroht war; 형벌 또는 보안처분은 그 행위에 대한 명시적인 처벌규정이 법률에 있고 행위 당시에 이미 처벌될 때에만 과할 수 있다) 등의 경우에는 보안처분이라고 할지라도 죄형법정주의의 적용을 받는다고 규정하고 있는 점에 비추어 볼 때, 이는 입법정책상의 문제이지 논리적 귀결이라고 파악할 수는 없다.

다 가해제를 신청할 수 있게 하여 재범의 위험성이 없다고 인정되는 경우에는 부착명령을 가해제할 수 있도록 하고 있다는 점 등을 주된 이유로 전자장치 부착명령은 범죄행위를 한 사람에 대한 응보를 주된 목적으로 그 책임을 추궁하는 사후적 처분인 전통적 의미의 형벌과 구별되는 '비형벌적' 보안처분으로서 소급효금지원칙이 적용되지 아니한다고 판시하였다.[28] 그 밖에도 소급효를 인정하는 부칙조항이 신설되기 전의 형집행 종료자 등이 자신이 부착명령 대상자가 아니라는 기대를 가졌다고 하더라도, 보안처분인 전자장치 부착에 관한 한 그 신뢰의 보호가치가 크다고 보기 어려우며, 입법자는 재범의 위험성에 대하여 검사와 법원이 판단하도록 하면서 적용요건에 대하여도 완화된 신법을 적용하는 것이 아니라 비교적 엄격했던 구법의 요건을 적용하도록 하고 있고, 부착명령의 청구기간에 대하여도 출소예정자에 대하여는 형집행 종료 3개월 전까지, 출소임박자 또는 출소자 중 부착명령 청구요건에 해당되는 사람에 대하여는 2010. 4. 15. 법률 제10257호로 개정된 전자장치부착법의 시행일인 2010. 7. 15.부터 1년 이내에 법원에 부착명령을 청구하도록 제한하고 있다는 점 등을 감안할 때 소급효를 인정하는 부칙조항이 전자장치 부착명령의 대상자 범위를 소급하여 확대하였다고 하여 대상자들의 신뢰이익의 침해 정도가 과중하다고 볼 수 없다고 한다.

2. 소급적용을 부정하는 입장에서 반론의 제기

가. 소급처벌금지의 원칙에서 말하는 처벌의 의미

헌법 제13조 제1항에 따르면 모든 국민은 행위시의 법률에 의하여 범죄를 구성하지 아니하는 행위로 소추되지 아니한다는 형벌불소급의 원칙을 규정하고 있는데, 위치추적 전자장치 부착명령과 같은 보안처분은 형벌과 같은 차원에서의 적법한 절차와 헌법 제13조 제1항에 정한 죄형법정주의의 원칙에 따라 소급입법금지의 원칙이 적용되어야 한다. 왜냐하면 헌법 제13조 제1항은 가벌성(strafbarkeit)이라는 표현을 하고 있지는 않으며, '소추'라는 의미를 수사, 공소, 재판, 형의 집행뿐만 아니라 보안처분의 부과를 위한 절차의 개시, 청구 및 집행 등을 모두 포함하는 의미로 해석하는 것이 우회적인 방법으로 형

---

28) 헌법재판소 2012. 12. 27. 선고 2010헌가82, 2012헌바393 결정.

벌불소급의 원칙을 유명무실하게 할 위험성을 사전에 차단할 수 있기 때문이다. 또한 우리나라의 헌법은 처음부터 처벌과 보안처분을 구별하여 규정한 것이 아니라 보안처분에 대해서는 제7차 개정헌법(1972. 12. 27.)을 통하여 비로소 등장하게 된 점을 고려할 필요가 있다. 이는 형벌·보안처분·강제노역 등을 불문하고 이러한 종류의 제재는 공통적으로 형사제재의 일종으로서 기본적으로 범죄를 그 전제요건으로 하고 있다는 점에서 일치한다. 그러므로 소급처벌금지의 원칙에서 소급이 금지되는 '처벌'이라 함은 형법 제41조에 규정되어 있는 형식적 의미의 형벌 이외에 실질적인 의미에서 형벌로 파악될 수 있는 형사제재도 포함되는 것으로 해석해야 한다.[29] 만약 소급처벌금지의 원칙이 적용되는 처벌의 범위를 형법이 정한 형벌의 종류에만 한정되는 것으로 보게 되면, 이는 법률(형법)이 헌법 조항의 의미를 결정하는 결과가 되어 부당할 뿐만 아니라, 형법이 정한 형벌 이외의 형태로 새로이 도입되는 형사제재는 그것이 아무리 형벌적 성격을 갖는 경우라고 할지라도 소급처벌이 허용되는 결과가 되는데, 이는 예측가능성과 법적 안정성을 보장하여 자의적 처벌로부터 국민을 보호하고자 하는 소급처벌금지의 원칙의 취지를 완전히 몰각시키는 것이기 때문이다.[30] 그러므로 '형벌의 종류와 정도'를 논함에 있어서 형법 제41조에 국한될 필요는 없으며, 개인이 향유하는 생명, 신체, 자유, 재산, 명예 등의 법익을 제한하는 제재인 한 그 명칭이 형벌이든, 보안처분이든, 강제노역이든 묻지 않고 모두 형사제재의 일종에 해당하기 때문에 이에 포함시킬 필요성이 있다. 또한 헌법 제12조 제1항 후문에서 처벌과 보안처분을 나란히 열거하고 있는 점을 감안하면 형벌과 보안처분을 동일하게 취급하여 죄형법정주의뿐만 아니라 보안처분법정주의도 아울러 규정하고 있는 것으로 보아야 한다.

나. 형벌적 성격을 지니는 보안처분의 등장

보안처분의 범주가 상당히 넓다는 측면에 착안하여 보안처분에 해당한다는 이유로 일괄적으로 소급효금지의 원칙 적용여부를 판단하는 것이 아니라 개별적으로 고찰해야 한다는 견해도 주장되고 있는데, 이에 의하면 보호관찰은 범죄자의 재범의 위험성에 대해

---

29) 이에 대하여 헌법재판소는 헌법 제13조 제1항에서 말하는 '처벌'은 원칙으로 범죄에 대한 국가의 형벌권 실행으로서의 과벌을 의미하는 것이고, 국가가 행하는 일체의 제재나 불이익처분을 모두 그 '처벌'에 포함시킬 수는 없고, 전자장치 부착은 보안처분에 해당하므로 동일한 범죄행위에 대해 형벌과 병과된다고 해서 이중처벌금지원칙에 위반된다고 할 수는 없다는 입장이다(헌법재판소 2012. 12. 27. 선고 2011헌바89 결정).

30) 헌법재판소 2012. 12. 27. 선고 2010헌가82, 2012헌바393 결정 중 재판관 송두환의 전부 위헌의견.

부과하는 것이 아니라 형벌유예로 인한 범죄자의 석방에 따른 위험성에 대처하기 위한 합목적적 조치이므로 소급효금지의 원칙이 적용되지 아니하지만,[31] 감금을 내용으로 하는 (구) 사회보호법상의 보호감호처분과 같은 것은 형벌에 상응하는 강도를 가지고 있으므로 소급효금지의 원칙이 적용된다고 한다.[32] 이와 같이 소급효금지의 원칙의 적용대상으로 어느 범위의 보안처분까지 포섭하느냐 하는 문제를 바라보는 시각에는 약간의 차이가 있는데, 자유제한적 보안처분으로 분류되는 보호관찰, 사회봉사명령, 수강명령 등의 경우는 소급효금지의 원칙이 적용되지 않고, 자유박탈적 보안처분으로 분류되는 보호감호, 치료감호 등의 경우는 소급효금지의 원칙이 적용된다고 보는 견해,[33] 보호관찰은 소급효금지의 원칙이 적용되지 않지만 사회봉사명령과 수강명령은 소급효금지의 원칙이 적용된다고 보는 견해[34] 등의 대립이 그것이다.

이에 대하여 대법원은 보안처분 중 보호관찰의 경우[35]에는 소급적용을 인정하지만 사회봉사명령의 경우[36]에는 소급적용을 부정하고 있으며, 헌법재판소는 보호감호의 경우에 소급적용을 부정하고 있다.[37] 이와 같이 판례가 '형법이 규정한 형벌' 이외의 형사제재에

---

31) 대법원 1997. 6. 13. 선고 97도703 판결.

32) 헌법재판소 1989. 7. 14. 선고 88헌가5 결정.

33) 대표적으로 김병운, "개정 형법 시행 이전에 죄를 범한 자에 대하여 개정 형법에 따른 보호관찰을 명할 수 있는지 여부", 형사재판의 제문제 제3권, 형사실무연구회, 2000, 31-32면(김병운 판사는 97도703 판결은 개정형법 시행 이전의 범죄에 대하여도 보호관찰을 명하는 것이 거의 하급심의 실무관행으로 굳어져 가고 있었던 점을 고려한 판단이라고 한다). 한편 당시 하급심에서 보호관찰을 소급적용하였던 것은 그것이 오히려 피고인에게 유리하다는 실질적 측면을 고려한 것이라는 분석(이재홍, "보호관찰과 형벌불소급의 원칙", 판례월보 제341호, 판례월보사, 1999. 2 29면)이 있다. 즉 피고인에게 실형을 선고해야 할지 집행유예를 선고해야 할지 고민되는 사안에서, 피고인에게 실형을 선고하는 대신에 보호관찰을 병과한 집행유예를 선택함으로써 피고인에게 결과적으로는 유리한 결과를 초래한다는 것이다.

34) 사회봉사명령과 수강명령은 의무적 노동 내지 수강의 부과 및 여가시간의 박탈을 그 내용으로 하기 때문에 보호관찰과는 달리 형벌적 요소를 포함하고 있기 때문에 소급효금지의 원칙이 적용된다(이재홍, 앞의 논문, 36면).

35) 대법원 1997. 6. 13. 선고 97도703 판결: 보호관찰은 형벌이 아니라 보안처분의 성격을 갖는 것으로서, 과거의 불법에 대한 책임에 기초하고 있는 제재가 아니라 장래의 위험성으로부터 행위자를 보호하고 사회를 방위하기 위한 합목적적인 조치이므로, 그에 관하여 반드시 행위 이전에 규정되어 있어야 하는 것은 아니며, 재판시의 규정에 의하여 보호관찰을 받을 것을 명할 수 있다고 보아야 할 것이고, 이와 같은 해석이 형벌불소급의 원칙 내지 죄형법정주의에 위배되는 것이라고 볼 수 없다.

36) 대법원 2008. 7. 24. 자 2008어4 결정.

37) 헌법재판소 1989. 7. 14. 선고 88헌가5 결정: 사회보호법이 규정하고 있는 보호감호처분이 보안처분의 하나이고, 보안처분은 행위자의 사회적 위험성에 근거하여 부과되는 것으로써 행위자의 책임에 근거하여 부과되는 형벌과 구별되는 것이기는 하지만, 상습범에 대한 보안처분인 보호감호처분은 그 처분이 행위자의 범죄행위를 요건으로 하여 형사소송절차에 따라 비로소 과해질 수 있는 것이고, 신체에 대한 자유의 박탈을 그 본질적 내용으로 하고 있는 점에서 역시 형사적 제재의 한 태양이라고 볼 수밖에 없다. …… 상습범 등에 대한 보안처분의 하나로서 신체에 대한 자유의 박탈을 그 내용으로 하는 보호감호처분은 형벌과 같은 차원에서의 적법한 절차와 헌법 제13조 제1항에 정한 죄형법정주의의 원칙에 따라 비

대해서도 일정한 경우에 있어서 소급처벌금지의 원칙이 적용될 수 있음을 인정하고 있는 태도는, 일단 형사제재를 형벌과 보안처분으로 양분한 다음 형벌에 해당하면 당연히 소급효금지의 원칙을 적용하고, 보안처분에 해당하면 다시 그 실질적인 내용을 파악하여 형벌적 성격이 강하다면 소급효금지의 원칙을 적용하고, 그렇지 않다면 소급효금지의 원칙을 적용하지 않는 것으로 해석된다.[38] 또한 보호감호처분과 사회봉사명령의 성격을 형식적으로는 보안처분으로 파악하고 있음에도 불구하고 그 실질적인 내용이 신체의 자유를 제한하고 있음을 중요시하여 소급효금지의 원칙이 적용된다고 판시한 것은 형식적으로는 보안처분으로 분류되는 제재일지라도 그 실질이 형벌과 같은 성질을 띠는 것이 존재할 수 있다는 점을 방증하는 것이라고 하겠다. 그러므로 당해 형사제재가 신체를 구금하는지의 여부 또는 재범위험성을 기초로 부과되는지의 여부를 기준으로 하여 형벌과 보안처분으로 구별하고, 다시 이를 토대로 소급효금지의 원칙의 적용여부를 결정하는 태도는 더 이상 의미가 없게 되었다. 이와 같이 보안처분의 범주가 넓고 그 모습이 다양한 이상, 보안처분에 속한다는 이유만으로 일률적으로 소급효금지원칙이 적용된다거나 그렇지 않다고 단정해서는 안 되고, 보안처분이라는 우회적인 방법으로 형벌불소급의 원칙을 유명무실하게 하는 것을 허용해서도 안 된다. 따라서 보안처분이라고 하더라도 형벌적 성격이 강하여 신체의 자유를 박탈하거나 박탈에 준하는 정도로 신체의 자유를 제한하는 경우에는 소급효금지원칙을 적용하는 것이 법치주의 및 죄형법정주의에 부합한다.[39] 또한 보안처분이 형벌의 한계를 극복 내지는 보완해 줄 수 있는 유용하고 필요한 제도라고 하더라도, 국민의 기본권을 제한하는 형사제재인 보안처분이 아무런 원칙 없이 자의적으로 부과될 수는 없고 그 정당성을 확보하기 위해서는 법치국가적 이념에 상응하는 원리의 한계 안에서 부과되어야 한다. 즉 새로운 종류의 형사상 제재가 형벌적 성격을 갖는 것인지 여부에 대해서는 과거의 이분법적 논리를 그대로 적용하기 어렵기 때문에 보안처분이면서도 형벌적 성격을 갖는 경우가 있다면 이에 대하여도 소급처벌금지의 원칙이 적용되어야 할 것이다. 이러한 측면에서 위치추적 전자감시제도는 성폭력범죄의 재범을 방

로소 과해질 수 있는 것이라 할 수 있고, 따라서 그 요건이 되는 범죄에 관한 한 소급입법에 의한 보호감호처분은 허용될 수 없다고 할 것이다. 그렇다면 비록 신법이 그 부칙 제4조에서 신법시행 당시 이미 재판이 계속 중인 감호사건에 대하여는 신법을 적용하여 처리하도록 규정하고 있지만, 이와 같이 신법이 구법당시 재판이 계속 중이었던 사건에까지 소급하여 적용될 수 있는 것은 실체적인 규정에 관한 한 오로지 구법이 합헌적이어서 유효하였다는 것을 전제로 하고 다시 그 위에 신법이 보다 더 피감호청구인에게 유리하게 변경되었을 경우에 한하는 것이다.

38) 최호진, "사회봉사명령과 소급효금지의 원칙", 법학논총 제31권 제3호, 전남대학교 법학연구소, 2011. 12, 318-319면.

39) 헌법재판소 2012. 12. 27. 선고 2010헌가82, 2012헌바393 결정.

지하고 성폭력범죄로부터 국민을 보호하고자 하는 공익적 목적이 인정된다고 하더라도 피부착자의 신체의 자유 등 기본권 침해의 정도가 과도하여 형벌에 준하는 정도에 이르렀는지를 파악할 필요가 있는데, 이이 대하여는 항을 바꾸어 살펴보도록 한다.

다. 위치추적 전자감시제도에 병과되는 자유의 제한

위치추적 전자감시제도는 범죄자가 사회로 복귀하였을 때 이들에 의한 재범의 방지를 통한 성폭력범죄의 예방이라는 궁극의 목적을 가지고 있는데, 이는 형식적으로 보면 자유박탈적 보안처분이 아니라 자유제한적 보안처분이라고 할 수 있다. 하지만 전자장치를 30년간, 실체적 경합관계가 성립할 경우에는 최대 45년까지(전자장치부착법 제9조 제2항) 부착하고 생활하는 것은 '불편'을 넘어 '불안' 내지 '공포'에 가까울 정도로 극심한 육체적·심리적 부담감을 느끼게 될 것이다. 여기서 위치추적 전자감시제도가 형식적으로 보면 자유의 박탈이 아닌 제한이라고 일반적으로 평가되고 있는데, 과연 그 자유의 제한 정도가 적정한 수준인가 아니면 거의 박탈에 가까운 정도에 이르지는 않았는가 하는 점은 다시 검토해 보아야 한다. 이를 위하여 현행법이 위치추적 전자장치의 부착만으로 재범방지 목적을 효과적으로 달성할 수 없다는 판단하에 다음과 같은 구체적인 의무사항을 추가하여 부과하고 있는 점을 살펴볼 필요가 있다.

첫째, 전자장치부착법 제9조 제3항에 의하면 "부착명령을 선고받은 사람은 부착기간 동안 「보호관찰 등에 관한 법률」에 따른 보호관찰을 받는다"라고 하여, 의무적인 보호관찰을 강제하고 있다. 동 조항은 위치추적 전자감시제도에 대한 소급적용을 인정한 2010. 4. 15. 개정법을 통하여 신설된 규정인데, 이는 위치추적 전자감시제도만으로는 부족한 물적인 감시를 보호관찰제도를 적극적으로 활용하여 인적인 감시까지 병행하겠다는 취지라고 볼 수 있다. 이를 소급적용과 관련하여 보면 과거 1995년 개정형법에서 도입된 성인범에 대한 보호관찰제도를 동법 시행일 이후의 재판에서 부과한 것과 동일한 법적 논쟁이 발생할 수 있다. 이에 대하여 당시 대법원[40]은 보호관찰은 보안처분의 일종이기 때문에 소급효금지의 원칙의 적용을 받지 않는다고 판시한 바 있는데, 13여 년이 지난 지금의 경우에도 그러한 결론을 유지할 수 있는지는 의문이다.[41] 왜냐하면 보호관찰 시행 초기의 부가처분과 현행 보호관찰시의 부가처분은 많은 차이점을 가지고 있기 때문에 자

---

40) 대법원 1997. 6. 13. 선고 97도703 판결.

41) 박찬걸, 앞의 논문(각주 17), 262-263면.

유의 제한 측면을 동일하게 평가할 수 없기 때문이다. 현행 「보호관찰 등에 관한 법률」 제32조에 따른 보호관찰 대상자의 구체적인 준수사항을 살펴보면, 필수적인 준수사항으로서 1. 주거지에 상주하고 생업에 종사할 것, 2. 범죄로 이어지기 쉬운 나쁜 습관을 버리고 선행을 하며 범죄를 저지를 염려가 있는 사람들과 교제하거나 어울리지 말 것, 3. 보호관찰관의 지도·감독에 따르고 방문하면 응대할 것, 4. 주거를 이전하거나 1개월 이상 국내외 여행을 할 때에는 미리 보호관찰관에게 신고할 것 등이 있고, 임의적인 준수사항으로서 1. 야간 등 재범의 기회나 충동을 줄 수 있는 특정 시간대의 외출 제한, 2. 재범의 기회나 충동을 줄 수 있는 특정 지역·장소의 출입 금지, 3. 피해자 등 재범의 대상이 될 우려가 있는 특정인에 대한 접근 금지, 4. 범죄행위로 인한 손해를 회복하기 위하여 노력할 것, 5. 일정한 주거가 없는 자에 대한 거주장소 제한, 6. 사행행위에 빠지지 아니할 것, 7. 일정량 이상의 음주를 하지 말 것, 8. 마약 등 중독성 있는 물질을 사용하지 아니할 것, 9. 「마약류관리에 관한 법률」상의 마약류 투약, 흡연, 섭취 여부에 관한 검사에 따를 것, 10. 그 밖에 보호관찰 대상자의 재범 방지를 위하여 필요하다고 인정되어 대통령령으로 정하는 사항 등이 있는데, 성인범에 대한 보호관찰이 도입된 1995년 당시에는 필수적인 준수사항만이 규정되어 있음에 반하여 현재의 보호관찰시에는 이외에도 여러 가지 종류의 임의적인 준수사항이 병과될 수 있다는 점에서 자유제한의 정도를 동일선상에서 비교하기에는 무리가 있다.

둘째, 전자장치부착법 제9조의2 제1항에 의하면 "법원은 제9조 제1항에 따라 부착명령을 선고하는 경우 부착기간의 범위에서 준수기간을 정하여 다음 각 호의 준수사항 중 하나 이상을 부과할 수 있다. 1. 야간 등 특정 시간대의 외출제한, 2. 특정지역·장소에의 출입금지, 2의2. 주거지역의 제한, 3. 피해자 등 특정인에의 접근금지, 4. 특정범죄 치료 프로그램의 이수, 5. 그 밖에 부착명령을 선고받는 사람의 재범방지와 성행교정을 위하여 필요한 사항"이라고 규정하고 있다. 특히 제4호 사유인 '특정범죄 치료 프로그램의 이수'의 경우 500시간을 초과하지 않은 범위에서 기간을 정할 수 있는데(전자장치부착법 제9조의2 제1항 단서), 이는 일종의 수강명령에 해당한다고 볼 수 있다. 이를 소급적용의 문제와 관련하여 살펴보면, 가정폭력처벌법상의 사회봉사명령 및 수강명령에 대한 소급적용 사안[42]과 유사하다고 볼 수 있는데, 동 판결의 판시사항과 같이 특정한 자에게 의

---

42) 대법원 2008. 7. 24. 자 2008어4 결정: 2006. 7. 말경에 있었던 재항고인의 이 사건 폭행행위에 대하여 현행 가정폭력범죄의 처벌 등에 관한 특례법(이하 '가정폭력처벌법'이라고 한다) 제41조, 제40조 제1항 제5호, 제4호를 적용하여 재항고인에게 6개월간 보호관찰을 받을 것과 200시간의 사회봉사 및 80시간의 수강을 명하고 있는데, 원심이 적용한 보호처분에 관한 위 규정은 이 사건 폭행행위 이후인 2007. 8. 3.

무적 노동을 부과하고 여가시간을 박탈하여 실질적으로는 신체적 자유를 제한하게 되므로, 이에 대하여는 소급효 금지의 원칙이 관철되어야 한다고 본다. 또한 준수사항 가운데 야간 등 특정 시간대의 외출제한, 특정지역·장소에의 출입금지, 주거지역의 제한 등과 관련하여 지나치게 거주·이전의 자유 내지 직업선택의 자유를 제한할 가능성이 있다. 성폭력범죄로 인한 복역 후 출소한 자는 대체적으로 안정된 직업을 구하기 어려운 실정이기 때문에 주로 전문적인 기술을 요하지 아니하는 운전업무, 배달업무, 노동업무 등에 종사하는 것이 일반적이다. 이러한 직종은 다른 직종과는 달리 상대적으로 주·야간을 불문하고 전국적인 이동을 수반하기 마련인데, 위와 같은 준수사항의 부과로 말미암아 출소자들의 기본권을 심히 제한할 뿐만 아니라 사회에 대한 반감을 불러일으켜서 재사회화에 오히려 역행하는 부작용을 초래할 수도 있다.

셋째, 전자장치부착법 제14조 제3항에 의하면 "피부착자는 주거를 이전하거나 7일 이상의 국내여행을 하거나 출국할 때에는 미리 보호관찰관의 허가를 받아야 한다"고 규정하고, 만약 이를 위반한 경우에는 전자장치부착법 제14조의2(부착기간의 연장 등) 제1항 제3호에 따라 1년의 범위에서 부착기간을 연장하거나 전자장치부착법 제9조의2 제1항의 준수사항을 추가 또는 변경하는 결정을 할 수 있다. 이러한 부가적인 제제조치는 정당한 사유 없이 「보호관찰 등에 관한 법률」 제32조에 따른 준수사항을 위반한 경우에도 마찬가지이다.

넷째, 피부착자 또는 보호관찰대상자가 제9조의2 제1항 제3호 또는 제4호의 준수사항을 정당한 사유 없이 위반한 때에는 3년 이하의 징역 또는 1천만 원 이하의 벌금에 처하고(전자장치부착법 제39조 제1항), 정당한 사유 없이 「보호관찰 등에 관한 법률」 제32조 제2항 또는 제3항에 따른 준수사항을 위반하여 같은 법 제38조에 따른 경고를 받은 후 다시 정당한 사유 없이 같은 법 제32조 제2항 또는 제3항에 따른 준수사항을 위반한 경우 1년 이하의 징역 또는 5백만 원 이하의 벌금에 처하며(전자장치부착법 제39조 제2항), 제9조의2 제1항 제1호·제2호·제2호의2 또는 제5호의 준수사항을 정당한 사유 없

법률 제8580호로 개정된 것으로서 개정 전 가정폭력처벌법(이하 '구 가정폭력처벌법'이라고 한다)에는 사회봉사 및 수강명령의 상한이 각각 100시간으로 되어 있다가 위 개정 당시 각각 200시간으로 그 상한이 확대되었다. 그런데 가정폭력처벌법이 정한 보호처분 중의 하나인 사회봉사명령은 가정폭력범죄를 범한 자에 대하여 환경의 조정과 성행의 교정을 목적으로 하는 것으로서 형벌 그 자체가 아니라 보안처분의 성격을 가지는 것이 사실이나, 한편으로 이는 가정폭력범죄행위에 대하여 형사처벌 대신 부과되는 것으로서, 가정폭력범죄를 범한 자에게 의무적 노동을 부과하고 여가시간을 박탈하여 실질적으로는 신체적 자유를 제한하게 되므로, 이에 대하여는 원칙적으로 형벌불소급의 원칙에 따라 행위시법을 적용함이 상당하다.

이 위반한 때에는 1천만 원 이하의 벌금에 처한다(전자장치부착법 제39조 제3항). 이와 같이 피부착자가 준수사항을 위반한 경우에 별도의 형사처벌까지 가능하게 한 것은 피부착자의 일반적 행동의 자유를 제한한다는 점에서 이를 다시 소급적용하게 되면 지나친 과잉개입으로 비추어질 가능성이 농후하며, 재사회화를 목적으로 하는 위치추적 전자감시제도를 보안처분으로 파악하려는 입장과도 조화되기 어렵다.[43]

이상에서 살펴본 바와 같이 현행 위치추적 전자감시제도는 전자장치 부착 그 자체에 대한 자유의 제한에서 더 나아가 수많은 종류의 부가처분을 병과할 수 있는 여지를 두고 있다. 전자장치부착법상 여러 가지의 준수사항의 부과는 전자장치를 부착하여 이미 상당한 자유의 제한을 받고 있는 피부착자의 자유를 더욱 제한하는 조치임은 분명하기 때문에 전자장치 부착과 더불어 준수사항 이행의무를 지게 됨으로써 피부착자가 받게 되는 기본권 제한이 적다고 볼 수 없다는 점은 헌법재판소도 인정하고 있는 부분이다.[44] 이러한 측면에서 기존의 자유를 제한하는 보안처분의 소급효를 논할 때, 동 제도가 자유의 박탈이 아닌 자유의 제한에 해당한다고 하여 소급효를 자동적으로 인정하는 입장은 당연히 지양되어야 한다. 중요한 것은 자유에 대한 제한 정도의 문제인데, 위치추적 전자감시제도의 경우에는 그 정도가 다른 자유제한적 보안처분의 경우와 비교했을 때 심각하다고 평가할 수 있으며, 이는 자유박탈적 보안처분에 준하는 수준에 이르렀다고도 평가가 가능하며, 그 내용이 실질적인 의미의 형벌에 속한다고 볼 여지도 충분하므로 소급효금지의 원칙이 적용되어야 할 것이다.

라. 가칭 '형집행후 3년이내시법주의'의 문제점

소급입법은 신법이 이미 종료된 사실관계나 법률관계에 적용되는지, 아니면 현재 진행 중인 사실관계나 법률관계에 적용되는지에 따라 '진정소급입법'과 '부진정소급입법'으로 구분되는데, 전자는 헌법상 원칙적으로 허용되지 않고 특단의 사정이 있는 경우에만 예외적으로 허용되는 반면, 후자는 원칙적으로 허용되지만 소급효를 요구하는 공익상의 사유와 신뢰보호 요청 사이의 교량과정에서 신뢰보호의 관점이 입법자의 입법형성권에 일정한 제한을 가하게 된다는 데 차이가 있다.[45] 이에 따라 진정소급입법은 개인의 신뢰보

---

43) 김봉수, "전자감시장치 부착의 법적 성격과 확대적용에 대한 비판적 고찰", 법학논고 제36집, 경북대학교 법학연구원, 2011. 6, 70면.
44) 헌법재판소 2012. 12. 27. 선고 2011헌바89 결정.

호와 법적 안정성을 내용으로 하는 법치국가원리에 의하여 특단의 사정이 없는 한 헌법적으로 허용되지 아니하는 것이 원칙이나 예외적으로 국민이 소급입법을 예상할 수 있었거나, 법적 상태가 불확실하고 혼란스러웠거나 하여 보호할 만한 신뢰의 이익이 적은 경우와 소급입법에 의한 당사자의 손실이 없거나 아주 경미한 경우, 그리고 신뢰보호의 요청에 우선하는 심히 중대한 공익상의 사유가 소급입법을 정당화하는 경우에는 허용될 수 있다.[46] 하지만 법적 상태가 불확실하고 혼란스러운 경우라는 소급효금지의 원칙의 예외는 매우 추상적이고 개방적인 표현에 기초하고 있을 뿐만 아니라 국민이 스스로 법적 상황의 소급적인 해명을 미리 고려해야만 하기 때문에[47] 이를 기대하기란 사실상 불가능에 가깝다고도 할 수 있다. 또한 성폭력범죄에 대한 다양한 형사제재가 남발되는 현실 속에서 위치추적 전자감시제도를 소급적용할 만큼 심히 중대한 공익상의 사유가 존재하는지는 의문이라고 할 수 있으며,[48] 개인의 신뢰보호와 법적 안정성을 내용으로 하는 법치국가 원리에 대한 심각한 도전이라고 평가할 수 있다.[49] 그러므로 진정소급입법을 통해서 새로운 보안처분을 부과할 수 있다는 입장은 보안처분의 목적인 '장래의 위험성에 대한 제거'에 주목한 나머지 '장래에 새로운 보안처분을 창설하는 것도 가능하다'는 결론을 도출하는 오류에 빠져 있다는 분석[50]은 타당하다고 본다.

이러한 측면에서 법시행 이전에 이미 판결이 확정되어 수용 중인 사람 또는 형의 집행이 종료된 후 3년이 경과하지 아니한 사람에게 전자장치 부착명령을 부과할 수 있느냐 하는 문제는 기존의 소급효금지 원칙의 문제와는 다른 새로운 차원의 논란을 야기시키고 있음을 명심해야 한다. 기존에는 형벌의 소급적용을 논하는 문제의 영역에서 그 범위와 관련하여, 형법의 시간적 적용범위의 기본적인 원칙인 행위시법주의와 비교하여 이에 대한 예외로서 재판시법주의를 적용하여 피고인에게 불리한 처분을 할 수 있는가에 대한

---

45) 헌법재판소 2009. 5. 28. 선고 2005헌바20·22, 2009헌바30 결정; 헌법재판소 2002. 7. 18. 선고 99헌마574 결정; 헌법재판소 2001. 4. 26. 선고 99헌바55 결정.

46) 헌법재판소 2011. 3. 31. 선고 2008헌바141, 2009헌바14·19·36·247·352, 2010헌바91 결정; 헌법재판소 1999. 7. 22. 선고 97헌바76 결정; 헌법재판소 1996. 2. 16. 선고 96헌가2, 96헌바7, 96헌바13 결정.

47) 이부하, "헌법상 신뢰보호원칙에 대한 고찰 – 신뢰보호원칙의 성립요건과 다른 원칙과의 관계를 중심으로 –", 한양법학 제21권 제4집, 한양법학회, 2010. 11, 161면.

48) 김정환, 앞의 논문, 180면('성폭력범죄로부터 여성과 아동을 보호한다는 공익을 헌정질서파괴범죄자들에 대하여 국가가 실효적으로 소추권을 행사한다는 공익과 대등하게 보는 결과라고 할 수 있다'); 김태명, 앞의 논문, 27면; 송진경, "위치추적 전자감시제도에 대한 비판적 검토", 형사법연구 제23권 제2호, 한국형사법학회, 2011. 6, 319면; 윤상민, 앞의 논문, 215면.

49) 김태명, 앞의 논문, 37면.

50) 송진경, 앞의 논문, 316면.

논의가 그 대상이었다. 즉 피고인의 범죄행위 당시에는 존재하지 않았던 형사제재가 재판 도중에 새롭게 신설되거나 기존에 있었던 형사제재가 가중되는 개정이 있을 경우에 과연 피고인에게 불리한 형사제재를 재판시에 적용할 수 있는가 하는 문제가 그것이었는데, 그 형사제재의 성격이 형벌인 경우에는 피고인에게 불리한 신법을 적용해서는 안 된다는 원칙이 확고하게 자리매김하고 있었다고 해도 과언이 아니다. 이에 대하여 형벌과 달리 보안처분은 피고인에게 불리한 경우에도 소급해서 처벌할 수 있다는 입장과 그렇지 않다는 입장이 대립되어 왔다. 여기서 중요한 것은 이러한 학설의 대립의 전제가 되는 것인데, 그것은 바로 피고인이 아직 재판 도중이라는 것이다. 재판이 아직 확정되기 전(前) 단계의 경우에는 피고인의 신뢰보호의 측면을 다소 감쇄시킬 수 있다는 사정이 존재함을 인정하고 있었던 것이다.[51] 즉 기존에는 형사제재의 적용시점과 관련하여 '행위시법주의'와 '재판시법주의'라는 큰 흐름이 있었는데, 전자장치부착법은 여기에 '형집행시법주의'를 고안해 낸 것에서 모자라 '형집행후 3년이내시법주의'라는 특수한 적용례를 고안해 낸 것이다. 재판시법에 대한 소급적용의 문제에 대해서도 찬반의 견해가 대립하고 있는데, 하물며 '형집행시법주의' 내지 '형집행후 3년이내시법주의'에 대한 소급적용의 문제의 경우에는 현행 입법에 대한 상당한 반대견해의 주장이 예상된다고 하겠다. 실제로 헌법재판소에서도 '형집행후 3년이내시법주의'의 적용에 대해서는 재판관 9인 중 5인이 위헌의 의견을 피력하기도 하였다.[52]

생각건대 형이 확정되어 수감되어 있는 사람에 대해서까지 전자장치 부착명령의 대상을 확대해 소급적용하는 것은 대상자의 신뢰를 크게 저해하는 것이므로 타당하지 않다고 본다. 자신이 저지른 성폭력범죄에 대하여 판결로써 그에 상응하는 형사처벌을 받아 그 형의 집행을 마친 사람들은 자신의 범죄행위로 인한 형사제재가 종료되었다는 신뢰가 형성되었을 것이기 때문에 적어도 형 집행을 종료한 후 아무런 제한 없이 사회에 복귀하여 정상적인 사회생활을 영위하고 있는 사람들을 대상으로 사후에 전자장치 부착을 소급적용할 수 있다고 보는 것은 지나치다고 볼 수밖에 없다.[53] 또한 입법자의 의사에 따라서는 과거의 범죄행위에 대하여 형의 집행을 종료하고 나서도 그 시점으로부터 3년 후, 5년 후 등 언제까지라도 다시 재범의 위험성을 평가받을 수 있다는 정책을 고수함으로써 발생하는 법적 불안정성과 불이익은 재범 방지라는 보안처분의 목적을 충분히 감안한다

---

51) 박찬걸, 앞의 논문(각주 3), 288면.

52) 헌법재판소 2012. 12. 27. 선고 2010헌가82, 2012헌바393 결정.

53) 헌법재판소 2012. 12. 27. 선고 2010헌가82, 2012헌바393 결정 중 재판관 이강국, 재판관 박한철, 재판관 김이수, 재판관 이진성의 일부 위헌의견.

고 하더라도 정당화되기 어렵다.

형사정책적인 입장에서 보다 심각한 문제는 위치추적 전자감시제도에 대한 유례를 찾아볼 수 없는 소급적용의 입법방식이 전자장치부착법의 영역에 국한된 현상이 아니라 다른 보안처분에 대한 소급적 적용으로의 전이현상까지 보이고 있다는 점이다. 예를 들면 「성폭력범죄자의 성충동 약물치료에 관한 법률」의 부칙 제2조(치료명령 청구에 관한 적용례) 제4조 제1항의 개정규정은 이 법 시행 전에 저지른 성폭력범죄에 대하여도 적용한다) 및 부칙 제3조(성폭력 수형자에 대한 치료명령 청구에 관한 적용례) 제22조 제1항의 개정규정은 성폭력범죄를 저질러 이 법 시행 당시 형이 집행 중인 수형자에 대하여도 적용한다)에서 위치추적 전자감시제도의 소급적용에서와 같은 '형집행시법주의'가 개정법을 통하여 신설되었고, 「디엔에이신원확인정보의 이용 및 보호에 관한 법률」 부칙 제2조 제1항에 의하면 이미 형이 확정되어 수형 중인 자에 대하여도 소급하여 디엔에이감식시료를 채취할 수 있도록 하고 있으며,[54] 2010. 4. 15. 법률 제10258호로 제정·공포된 「성폭력범죄의 처벌 등에 관한 특례법」 부칙 제2조 제2항은 신상정보의 공개·고지에 관한 적용례에 관하여 "제37조, 제38조, 제41조 및 제42조는 제37조, 제38조, 제41조 및 제42조의 시행 후 최초로 공개명령 또는 고지명령을 선고받은 대상자부터 적용한다"고 규정하여, 등록대상 성폭력범죄를 범한 자에 대해서는 같은 법 제37조, 제41조의 시행 전에 그 범죄를 범하고 그에 대한 공소제기가 이루어졌다고 하더라도 같은 법 제37조, 제41조의 시행 당시 공개명령 또는 고지명령이 선고되지 아니한 이상 같은 법 제37조, 제41조에 의한 공개명령 또는 고지명령의 대상이 된다고 보고 있다.[55] 이와 더불어 형사사건의 판결이 확정된 후 다시 형벌적 성격이 강하게 녹아 있는 보안처분을 부과하는 것은 형벌과 보안처분을 동시에 부과하는 경우와는 달리 일사부재리의 원칙에도 위배될 소지가 있다.

마. 개정 입법방식의 함의(含意)

위치추적 전자감시제도의 적용대상을 소급적으로 확대하는 입법이 2010. 4. 15. 제10257호로 개정된 법률에 관련조항이나 부칙을 신설하는 형식이 아니라 2008. 6. 13. 법률 제9112호의 부칙 조항을 개정하는 형식으로 된 것은 법률의 개정 연혁과 내용을 파

---

54) 동법상의 부칙이 형벌불소급의 원칙에 위배되는지 여부가 헌법재판소에 위헌법률심판으로 제청되어 (2011헌마156, 326) 현재 계류 중에 있으며, 지난 2013. 7. 11.에는 공개변론을 한 바 있다.

55) 대법원 2011. 10. 30. 선고 2011도9253, 2011전도152 판결.

악하기가 복잡하고 어렵다는 평가를 받을 수 있다. 이에 대하여 헌법재판소는 이러한 방식이 입법기술상 바람직하지 않지만, 이러한 입법방식이 그 자체로 금지되어 있지 않은 이상, 입법방식의 특이성으로 인한 위헌 문제는 제기되지 않는다고 한다.[56] 헌법재판소의 표현대로 이러한 입법방식이 위헌의 문제는 아니라고 할지라도 바람직하지 않은 방식이라면 적어도 그러한 연유에 대해서는 설득력 있는 논거가 되어 있어야 함에도 불구하고 이를 찾아볼 수는 없다. 다만 2010. 12. 9. 전자장치부착법 부칙 제2조 제1항과 관련하여 이루어진 공개변론[57]에서 나타난 자료에 의하면 당시 이러한 방식을 법제처에서 강력하게 주장하였다는 내용이 있을 뿐 이에 대한 구체적인 이유의 적시는 없는 실정이다. 생각건대 이와 같은 매우 이례적인 방식으로의 소급적용은 아마도 소급효를 감추기 위한 암묵적인 시도라고 볼 수 있겠다. 또한 위치추적 전자감시제도를 처음 시행할 때 신중하게 고려하여 마련한 것이 아니라 사회적으로 큰 물의를 일으킨 조두순 사건과 김길태 사건이 발생하자 제도가 시행된 지 약 1년 7개월 만에 부칙조항을 마련하여 전자장치를 부착할 수 있게끔 한, 다소 감정적이자 여론을 지나치게 의식한 대중인기영합주의의 결과라고 할 수 있는 것이다.[58] 왜냐하면 만약 법률 제10257호의 부칙에 전자장치부착법을 제정한 시점을 기준으로 하여 소급적용을 한다는 명문의 규정을 두었더라면 약 1년 7개월 전에 입법해야 할 것을 상당한 기간이 지난 후에 명문화했다는 비판을 면하지 못했을 것임과 동시에 소급적용을 한 흔적이 명백히 드러나는 반면에 법률 제9112호의 부칙에 소급적용을 둠으로 인하여 마치 전자장치부착법을 제정할 당시부터 소급효를 인정하는 조항이 있었던 것으로 착각을 불러일으키기에 충분하기 때문이다.

---

56) 헌법재판소 2012. 12. 27. 선고 2010헌가82, 2012헌바393 결정.

57) 지난 2010. 12. 9. 위치추적 전자감시제도의 소급적용에 대한 위헌여부를 결정하는 데 있어서 참고를 하기 위하여 공개변론을 하였지만, 실제 결정의 선고일시는 이로부터 약 2년여가 지난 2012. 12. 27.로써 그 사이에 당시 공개변론에 참여했던 재판관 가운데 이강국 재판관과 송두환 재판관을 제외한 7명이 퇴임한 이후였다는 사실은 공개변론의 취지에 부합하지 않은 면이 있다고 본다. 그러므로 헌법재판소에서 공개변론을 한 사안에 대하여는 그 결정의 선고일을 다른 사안보다 우선시하여 조속한 시일 내로 조정하는 것이 필요할 것이다.

58) 이는 전자장치부착법의 시행과 관련하여서 법의 조기시행을 위하여 2007. 4. 27. 제정된 법률 제8394호의 부칙 제1조에 '이 법은 2008년 9월 1일부터 시행한다'고 사후입법인 2008. 6. 13. 개정된 법률 제9112호를 통하여 그 이전에 제정된 법률의 내용에 직접적인 변경을 가하면서까지 법을 앞당겨 시행하도록 한 것과도 일맥상통한 측면이 있다. 당시에도 동법의 조기시행의 계기가 된 것은 안양 초등학생 살인사건과 일산 초등학생 납치미수사건이었기 때문이다.

IV. 글을 마치며

입법자는 사회적 충격이 큰 사건이 발생하면 사후에 소급적으로 죄를 정하거나 더 무거운 제재를 가하는 방법으로 대중의 인기에 영합하려는 경향이 있다. 하지만 감성적인 소급 입법으로 침해되는 것은 잠재적으로 범인이 될 수 있는 개인의 자유와 안전 그리고 법적 안전성과 신뢰성이다. 법치국가의 시민들은 행위시 예상하지 못했던 형사제재로 처벌받거나 더 가중해서 처벌받지 않는다는 신뢰와 예측가능성을 가질 때 안정된 시민생활을 영위할 수 있다. 위치추적 전자감시제도를 시행한 지 5년여가 지난 우리나라의 경우에 있어서 동 제도의 효용성에 대한 평가를 내리기에는 성급한 면이 없지 않아 있지만 대체로 소기의 성과는 거두고 있는 것으로 평가된다. 적어도 위치추적 전자감시제도 그 자체의 필요성 내지 정당성의 측면에서는 대체적으로 긍정적인 평가가 내려지고 있는 것이다. 하지만 위치추적 전자감시제도의 필요성을 인정한다고 하더라도 '소급적용을 통한' 필요성은 결코 인정할 수가 없다. 어떠한 형사제도를 시행하기 위해서는 이성적인 판단하에 객관적이고 과학적인 검증절차를 오랜 시간에 걸쳐 신중하게 도입하는 것이 정도(正道)이다. 하지만 위치추적 전자감시제도의 소급적용을 인정한 2010. 4. 15. 개정법은 이러한 기본적인 사상을 무시한 것으로 판단된다. 만약 조두순 사건과 김길태 사건이 언론에 보도되지 않았다고 가정한다면 이러한 입법은 도저히 발의될 수가 없었을 것이 분명하기 때문이다. 전자장치부착법상의 부칙조항은 개정 전 법률로는 전자장치 부착명령의 대상자에 포함되지 아니한 '성폭력범죄자의 재범에 효과적으로 대처할 만한 수단이 없다는 우려' 아래 대상자의 범위를 징역형 등의 집행 중인 사람 내지 징역형 등의 집행이 종료된 뒤 3년이 경과되지 아니한 사람에게까지 확대한 것인데, 효과적으로 대처할 만한 새로운 수단이 등장하면 이 또한 소급효가 정당화될 수 있다는 논리로 활용될 수 있다는 점에서 심각하고도 위험한 발상이라고 하겠다. 최근의 형사입법이 이와 같이 국민여론이라는 정책적인 판단하에 특정한 범죄의 전력을 가진 자에 대한 사회적 편견으로 인하여 헌법적 가치를 무시하는 경향이 있는데, 보안처분에 대하여 소급효금지의 원칙을 적용하지 않는 것은 동 원칙을 형해화하는 결과를 초래함을 명심해야 한다. 그러므로 특정 성범죄자에 대한 국가형벌권의 발동이 그 어느 때보다도 빈번히 그리고 강하게 작용하고 있는 현재의 시점에서 개인의 자유보장이라는 헌법적 가치인 죄형법정주의의 이념을 고려하여 소급효금지의 원칙을 형벌에만 적용할 것이 아니라 형사피고인에게 불리하게 작용할 수 있는 모든 사항에 적용하여야 할 것이다. 형벌과 보안처분은 법익보호와 범죄인의 사회복귀를 목적으로 삼는다는 점에서 같고, 그를 통하여 범인이 당하는 부자유와 고통 또한 유사하기 때문이다. 소급입법금지의 원칙이 범죄행위에 앞서 예견하지 못했던 제재로부터 개인을 보장해 준다는 점에서 동 원칙의 범위에 보안처분을 굳이 배제할 이유가 없는 것이다. 끝으로 이상과 같은 취지를 일목요연하게 표현하고 있는 2010헌가82, 2012헌바393 결정에서 적시된 송두환 재판관의 표현을 재음미해 보며, 현재 우리나라 입법부가 보여주고 있는 형사입법에 대한 전향적인 변화를 기대해 본다.

헌법은 입법자에게 입법권을 부여하면서도 입법자가 넘어설 수 없는 한계를 설정해 놓고 있다. 소급처벌금지원칙도 그중 하나이다. 아무리 강력한 처벌의 필요성이 인정되더라도 미리 법률로 규정해 놓지 않았다면 처벌할 수 없다. 이는 헌법이 범죄 피해자의 고통과 상처를 가볍게 여기거나 범죄자의 인권만을 보호하고자 하는 것이 아니다. 장래에 어떠한 예기치 못한 법률이 만들어져 지금 나의 행위가 사후적으로 처벌받게 될지 누구도 예측할 수 없는 법적 불안이 초래하는 공포와 혼란을 막기 위한 것이다. 국가 형벌권의 자의적 행사로부터 국민 모두를 보호하려는 것이다. 소급처벌금지원칙은 주권자인 국민이 입법자에게 형벌에 관한 입법권을 부여하면서 설정한 한계이다. 입법자는 헌법이 설정해 놓은 입법권의 한계가 경우에 따라 매우 못마땅하고 불편하게 느껴지더라도, 그 한계를 벗어나 입법할 수 없다. 국민의 법감정이나 그에 대한 입법자의 판단보다 항상 헌법이 우선해야 하기 때문이고, 그것이 바로 법치국가의 원리이다.

제2강 형법상 형사미성년자 연령 설정과 소년법상 소년보호 처분제도와의 관계

Ⅰ. 문제의 제기

최근 잇따라 발생하고 있는 학교폭력사건이 심각한 사회문제로 대두되면서 학교폭력근절을 위한 여러 가지 종합적인 대책들이 제시되고 있는데, 이러한 대책들 가운데 초등학생이나 중학교 저학년생에 의해 범해지는 학교폭력에 대해서 강력히 대응하기 위한 일환으로써 형사책임연령을 인하하자는 주장이 등장하였다. 이러한 논의는 가까운 과거에서조차도 찾아볼 수 없었던 새로운 현상이라고 할 수 있는데, 일반적으로 소년범죄의 저연령화, 흉포화, 재범률 증가 등으로 인하여 현행 형법상 형사미성년자 연령이 재설정되어야 하는 것이 아닌가에 대한 의문으로부터 당해 논의가 출발하고 있는 것으로 사료된다. 대표적으로 제19대 국회에서 지난 2012. 12. 7. 강기윤 의원이 대표발의한 형법 일부개정법률안(의안번호: 1903008)[1]에 따르면 형법 제9조(형사미성년자)의 '14세 되지 아니한 자의 행위는 벌하지 아니한다' 가운데 '14세 되지 아니한 자'를 '12세가 되지 아니한 자'로 변경하는 것을 제안하고 있다. 동 법안의 제안이유에 따르면, 현행 형사미성년자 규정은 1953년 형법 제정 당시부터 규정된 것인데, 현재에는 경제 성장, 조기교육의 활성화, 방송·인터넷 등 매체의 발달 등으로 인하여 1953년 당시와는 비교할 수 없을 정도로 인간의 정신적·육체적 성장속도가 빨라졌고 이에 따라 만 14세 미만자의 범죄도 1953년 당시에는 상상할 수도 없었던 집단 성폭행·방화·살인 등으로 날로 흉포화됨에 따라 형사미성년자 규정에 대한 재검토가 요구된다고 밝히고 있다. 제안이유에서 밝히고 있는 소년범죄의 최근 추세에 대한 대책의 하나로서, 국회는 2007. 12. 21. 소년법을 개정하여 소년보호사건의 대상연령을 종래 12세에서 10세로 하향 조정하는 등 이에 대한 입법조치를 한 바 있으나, 형법상 책임연령은 하향 조정하지 않아 이에 대한 불균형성 문제가 제기되고 있으며, 대한변호사협회도 2010. 12. 형사미성년자의 연령을 현행 14세에서 12세로 조정할 필요가 있다는 의견을 법무부에 제시한 바 있었다.[2] 따라서 변화된 시대적 상황을 반영하고 소년법 등 현행 법체계와의 정합성을 제고하기 위하여 형사미성년자의 연령을 12세로 조정함으로써 우리 헌법이 보장하고 있는 피해자의 재판절차진술

---

* 소년보호연구 제22호, 한국소년정책학회, 2013. 6.

1) 본 개정안은 2012. 12. 10. 법제사법위원회에 회부되어, 2013. 4. 22. 상정된 이래 현재까지 심사 중에 있다.

2) 그러나 2011. 3. 법무부에서 형사법개정 특별분과위원회(위원장 이재상 교수)의 자문을 받아 18대 국회에 제출한 형법 총칙 개정안에서는 형사미성년자 연령을 만 14세 미만으로 유지하였다.

권을 보다 충실히 보장하고, 우리 헌법 제10조가 국가에게 부과하고 있는 국민의 기본권 보호의무의 이행을 보다 충실히 하려는 것이라고 한다.[3]

이와 같은 형사책임연령의 인하 논의는 지난 제18대 국회에서도 2011. 11. 11. 이재오 의원이 대표발의한 형법 일부개정법률안(의안번호: 1813846)과 소년법 일부개정법률안(의안번호: 1813848)에서도 제기된 적이 있었는데, 당시 제안된 형법 일부개정법률안에 의하면 형사미성년자의 연령을 종래 14세에서 12세로 조정하고, 형법에서 형사미성년자의 연령을 종래 14세에서 12세로 조정함에 따라 '촉법소년'의 연령을 종래 '10세 이상 14세 미만'에서 '10세 이상 12세 미만'으로 조정하고 관련 규정을 정비할 필요성이 있기 때문에, 제4조 제1항 제2호 중 '14세'를 '12세'로 하고, 소년법 제32조 제3항('제1항 제3호의 처분은 14세 이상의 소년에게만 할 수 있다')을 삭제하고, 소년법 제32조 제4항 중 '제1항 제2호 및 제10호'를 '제1항 제2호·제3호 및 제10호'로 하는 개정안을 제시한 바 있다.

하지만 최근에 나타나고 있는 소년범죄의 특성에 맞추어 효과적으로 대응하는 방안이 형사미성년자 연령 하향조정을 통하여 형사처벌의 가능성을 높이는 것만이 능사라고 볼 수는 없으며, 소년범죄자에 대한 보호처분제도를 교육적 측면에서 다양화, 활성화하는 방안을 고려하는 것이 오히려 더 적합하다고 판단된다. 특히 형사미성년자 연령 인하의 인정논거로 삼고 있는, ① 소년의 정신적·육체적 성장속도의 발달, ② 소년범죄의 저연령화, ③ 소년범죄의 흉포화, ④ 소년법상 촉법소년의 연령인하와 형법상 형사책임의 연령인하와의 상관관계 및 불균형성, ⑤ 피해자의 재판절차진술권 침해 여부 등에 대한 보다 심도 있는 분석이 요구되는 시점이라고 하겠다. 이에 따라 본고에서는 먼저 형법상 형사미성년자제도의 운영실태와 소년법상 소년보호처분제도의 운영실태를 파악하여 각각의 법률에서 양 제도를 어떻게 파악하고 있으며, 실제 운영은 어떻게 이루어지고 있는지를 살펴본다(Ⅱ). 다음으로 형사책임연령의 설정문제와 관련된 주요국의 입법례를 중심으로 그 의미를 파악해 보고, 2007년 소년법 개정 시 비행소년의 연령 인하에 대한 논의에 있어서 거론된 찬반논거들을 분석해 본다. 이러한 논의를 바탕으로 현재 주장되고 있는 형

---

3) 이에 대하여 국회 법제사법위원회에서는 "최근 경제 성장, 조기 교육, 미디어의 발달 등으로 인하여 만 14세 미만자의 범죄가 늘었고, 그에 대한 처벌의 공백이 발생함에 따라 형사미성년자 연령을 낮춰 처벌 범위를 확대하자는 개정안의 취지는 타당한 측면이 있지만, 2007. 12. 저연령 소년 범죄의 증가 현상에 대처하기 위하여 소년법상 촉법소년 연령을 12세 이상에서 10세 이상으로 하향하여 보호처분 대상을 확대하였고, 소년에 대하여는 형벌보다는 교화를 우선시하여 형사책임연령 기준을 상향하는 것이 세계적인 추세이며, 형사미성년자의 연령을 하향하는 경우 국제인권기준과 충돌할 가능성도 있다는 점에서 보다 신중한 검토와 사회적 합의가 요구된다"고 의견을 제시하고 있다(임중호, "형법 일부개정법률안 검토보고서", 국회 법제사법위원회, 2013. 4).

사미성년자의 연령인하 찬성 측의 논거를 비판적인 관점에서 검토하며(Ⅲ), 저연령 소년을 위한 보호처분제도의 개선을 중심으로 글을 마무리하기로 한다(Ⅳ).

Ⅱ. 형법상 형사미성년자제도와 소년법상 소년보호처분제도의 운영실태

1. 형법상 형사미성년자제도의 운영실태

가. 형사미성년자제도의 내용

범죄란 구성요건에 해당하고 위법하며 책임 있는 행위를 말한다. 여기서 범죄성립요건의 세 번째 요건인 책임은 행위자가 법에 따라 행위를 할 수 있었음에도 불구하고 위법하게 행위를 하였다는 규범적 평가, 다시 말하면 구성요건에 해당하는 불법의 비난가능성에 책임의 본질이 있다. 이러한 책임은 법규범에 따라 행위할 수 있는 능력인 책임능력을 전제로 하며, 따라서 행위자에게 책임능력이 없을 때에는 책임도 없다. 사람의 정신적·신체적 발육 정도는 개인에 따라 각기 다르지만 우리나라의 형법은 일률적으로 14세를 기준으로 하여 14세 미만의 자를 책임무능력자로 하여 그 행위를 벌하지 않고 있다. 즉 14세 미만이기만 하면 사물의 변별능력과 그 변별에 따른 행동통제능력이 없다고 간주하고 있는 것이다. 형법 제9조는 1951년의 형법정부초안에서 제시된 내용이 현재까지 변함없이 유지되고 있는 것인데, 당시 14세를 형사책임능력의 연령으로써 획일적으로 규정한 이유는 당시 입법례를 보면 개별적으로 사람의 범죄능력을 측정해서 정하는 나라도 있고, 연령적으로 딱 정하는 나라도 있는데, "연령으로 딱 끊어가지고 하는 이러한 것이 차차 그 명확성이 있기 때문에 14세로 끊는 것이 일반 입법추세가 되어 있습니다"라고 한 엄상섭 의원의 제안설명에서 알 수 있다.[4] 이와 같이 일정한 연령을 기준으로 하

---

4) 형사정책연구원, 형법제정자료집, 1991, 202면.

여 일률적으로 형사책임연령을 정하고 있는 것은 소년의 정신적인 발육 내지 성숙과정은 정신장애의 존부나 정도와는 다르게 일반적이며 정상적인 과정이며, 나아가 육체적·정신적 성숙정도는 소년 개인마다 차이가 심하므로 일정한 정신적 성숙의 정도와 사물의 변별능력이나 행동통제능력의 존부 내지 정도를 각 개인마다 판단·추정하는 것은 곤란하고 부적절하기 때문에 일정한 연령을 기준으로 하여 일률적으로 형사책임연령을 정한 것은 합리적인 방법이라고 할 수 있다. 또한 현행 형사미성년자 규정은 나이 어린 소년의 경우 반사회성이 고정화되어 있지 않으므로 어느 정도 책임이 있는 경우에도 교육적·복지적 조치에 의한 개선가능성이 있다는 점에 비추어 볼 때 강력한 형사처벌 이외의 다른 수단에 의존하는 것이 보다 적절하다는 형사정책적인 측면을 고려한 것이라고 평가할 수 있다.

나. 형사미성년자제도의 실제 운영형태와 재판절차진술권과의 관계

'책임이 없으면 형벌도 없다'(keine Strafe ohne Schuld. nulla poena sine culpa)로 표현되는 책임원칙은 형벌권 발동의 근거인 동시에 제한원리로 작용하고 있는 형사법의 대원칙에 해당한다. 이와 같이 형사법상 책임원칙은 기본권의 최고이념인 인간의 존엄과 가치에 근거한 것으로,[5] 법질서가 부정적으로 평가할 만한 행위를 하지 않은 자에 대해서 형벌을 부과할 수는 없다는 이념을 말한다. 이러한 측면을 고려하여 형법 제9조는 만 14세 되지 아니한 자 중 현실적으로 사물변별능력과 의사결정능력이 있는 자가 있다고 하더라도 이러한 능력이 없는 것으로 간주하는 규정이라고 할 수 있다.[6] 이는 아무리 구성요건에 해당하고 위법성이 있는 행위를 저지른 자라고 할지라도 형사미성년자에 해당한다면 형벌의 책임을 묻지 아니하고 교육 내지 보호의 대상으로 파악하겠다는 국가의 의지를 표명한 것이라고도 할 수 있다. 그러므로 형사미성년자에 대해서는 형법 제41조에 규정된 형벌을 부과할 수는 없기 때문에, 14세 미만의 형사미성년자에 의한 범죄피의사실에 대해서는 책임이 조각되므로 '죄가안됨' 불기소주문을 내리게 된다(검찰사건사무규칙 제69조 제3항 제3호). 다만 만 10세 이상 만 14세 미만의 비행소년에 대해서는 소년법상의 보호처분 등을 부과할 수는 있다.

한편 범죄행위자가 14세 미만이면 형법상 책임이 조각되어 처벌을 받지 않게 되지만,

---

5) 헌법재판소 2004. 12. 16. 선고 2003헌가12 결정.
6) 오영근, 「형법총론(제2판)」, 박영사, 2012, §24/10.

그 결과 행위자가 형사미성년자라는 이유로 헌법상 보장된 피해자의 재판절차진술권이 제한되게 되어, 범죄행위자의 나이에 따라 피해자가 재판절차진술권을 행사함에 있어서 차별적 취급을 받는 불합리가 헌법상 용인될 수 있는지 여부가 문제된 사안에서, 헌법재판소는 "헌법 제27조 제5항이 정한 법률유보는 법률에 의한 기본권의 제한을 목적으로 하는 자유권적 기본권에 대한 법률유보의 경우와는 달리 기본권으로서의 재판절차진술권을 보장하고 있는 헌법규범의 의미와 내용을 법률로써 구체화하기 위한 이른바 기본권형성적 법률유보에 해당하기 때문에, 헌법이 보장하는 형사피해자의 재판절차진술권을 어떠한 내용으로 구체화할 것인가에 관하여는 입법자에게 입법형성의 자유가 부여되고 있으며, 다만 그것이 재량의 범위를 넘어 명백히 불합리한 경우에 비로소 위헌의 문제가 생길 수 있다"고 전제한 다음, 형법 제9조에 규정되어 있는 형사미성년자제도는 헌법에 부합한다고 판시한 바 있다.[7] 또한 헌법재판소는 소년법상 항고권자에 검사 또는 피해자 등을 포함시키지 않는 것이 범죄피해자의 재판절차진술권이라는 헌법상의 원리에 반하지 않는다는 법정의견(4인)을 제시한 바도 있다.[8] 이에 대하여 보충의견(1인)과 헌법불합치의견(3인)은 항고권자의 범위를 축소하고 있는 현행법은 입법적으로 개선될 필요성이 있다고 피력하고 있어서, 과연 소년법상 항고권자에 검사 또는 피해자 등을 포함시키지 않고 있는 것이 타당한가라는 의문은 여전히 불식되지 못하고 있는 상황이라고 할 수 있다.[9]

---

7) 헌법재판소 2003. 9. 25. 선고 2002헌마533 결정("청구외 김○수의 법정대리인인 청구인은, 고양시 일산구 ○○동 소재 ○○초등학교 6학년에 재학 중인 학생들이던 별지 기재 피고소인들 9명이 2001. 4. 23.부터 같은 해 12. 3.까지 당시 같은 초등학교 1년생이던 위 김○수가 부모의 보호를 받지 못하는 시간인 평일 14:50경부터 17:30경 사이에, 위 초등학교 뒤편 ○○공원 ○○ 등에서 위 김○수를 주먹과 돌로 폭행하여 항거불능하게 한 후 성폭행하였다고 주장하면서 위 피고소인들을 성폭력범죄의처벌및피해자보호등에관한법률위반의 혐의로 고소하였다. 피청구인이 2002. 3. 7. 위 피고소인들에 대하여 형법 제9조 소정의 형사미성년자라는 이유로 '죄가안됨' 불기소처분을 하자, 청구인은 12, 13세 소년이라고 하더라도 소년법에 의해 보호사건으로 처리할 수 있는데도 피청구인이 위와 같이 불기소처분을 한 것은 부당하다고 주장하면서 위 불기소처분에 불복하여 검찰청법에 정하여진 절차에 따라 항고·재항고를 제기하였다. 그러나 위 항고 및 재항고가 모두 기각되자 위 불기소처분의 취소 및 14세 미만의 자를 형사미성년자로 규정하고 있는 형법 제9조가 청구인의 헌법상 보장된 평등권 및 재판절차진술권을 침해한다고 주장하면서 이 사건 헌법소원심판을 청구하였다").

8) 헌법재판소 2012. 7. 26. 선고 2011헌마232 결정("청구인은 청소년 간의 싸움으로 인하여 사망한 피해 소년의 아버지인바, 보호소년 최○진에 대하여 장기 소년원 송치를 명한 수원지방법원의 2010. 12. 17.자 결정(수원지방법원 2010푸4624)에 대한 항고심에서 위 결정이 2011. 1. 26. 단기 소년원 송치로 파기 자판되자(수원지방법원 2010크8) 이에 불복하여 대법원에 재항고하였는데, 위 재항고는 2011. 3. 29. 피해자의 아버지는 재항고권자에 해당하지 않는다는 이유로 기각되었다(대법원 2011트3). 그러자 청구인은 2011. 4. 27. 이 사건 헌법소원심판을 청구하였고, 그 다음 날 국선대리인 선임신청을 하였으며, 이에 따라 선임된 국선대리인은 2011. 7. 21. 소년법 제43조 제1항 및 소년심판규칙 제53조가 청구인의 평등권 등 기본권을 침해한다며 이 사건 헌법소원심판을 청구하였다").

9) 현행 소년법은 피해자에 대한 절차참여권을 인정하여 구법보다는 피해자 보호 및 처우에 노력하고 있으나, 가해자가 형사소송절차가 아닌 소년심판절차의 적용을 받는 소년이어서 형사재판이 아닌 소년심판을

2. 소년법상 소년보호처분제도의 운영실태

가. 소년보호처분의 적용대상과 그 내용

소년법은 모든 소년을 그 대상으로 하는 것이 아니라, 반사회성이 있는 소년만을 대상으로 한다. 반사회성이 있는 소년이란 비행소년이라고 할 수 있는데, 이에는 범죄소년, 촉법소년, 우범소년 등이 있다. 또한 반사회성이 있는 소년들의 행위를 가리켜 소년비행(juvenile delinquency)이라고 한다. 이러한 소년비행은 다시 둘로 나누어지는데, 범죄소년과 촉법소년이 행하는 범죄적 비행과 우범소년이 행하는 지위비행이 그것이다. 먼저 범죄소년이란 '죄를 범한 소년'을 말하는데(소년법 제4조 제1항 제1호), 이와 관련하여 형사책임능력이 없는 14세 미만의 형사미성년자는 범죄소년에 포함되지 않기 때문에 범죄소년이란 14세 이상 19세 미만의 자만을 의미한다. 이러한 연령의 제한은 소년법 제4조 제2항의 촉법소년이 '형벌 법령에 저촉되는 행위를 한 10세 이상 14세 미만인 소년'으로 규정되어 있기 때문에 체계적으로 타당하다. 이러한 범죄소년은 검사의 판단에 따라 형사소송절차의 대상이 될 수도 있고, 소년심판절차의 대상이 될 수도 있다.[10] 다음으로 촉법소년이란 '형벌 법령에 저촉되는 행위를 한 10세 이상 14세 미만인 소년'을 말한다(소년법 제4조 제1항 제2호). 촉법소년의 경우에는 형사미성년자이기 때문에 형사절차에서는 당연히 배제되고 보호사건으로만 처리된다. 따라서 경찰이 범죄사건을 수사한 결과 피의자가 촉법소년으로 밝혀진 경우에는 소년법원에 송치하여야 한다. 마지막으로 우범소년이란 일정한 우범사유가 있고 그의 성격이나 환경에 비추어 앞으로 형벌 법령에 저촉되는 행위를 할 우려가 있는 10세 이상 19세 미만인 소년을 말한다(소년법 제4조 제1항 제3호).

소년법 제49조 제1항에 의하면 검사는 소년에 대한 피의사건을 수사한 결과 벌금 이하의 형에 해당하는 범죄이거나 보호처분에 해당하는 사유가 있다고 인정한 때에는 사건

받는다는 이유만으로 가해자에 대한 법원의 결정에 대하여 불복할 수 없게 한 점에 있어서는 그 한계를 보이고 있다. 판단하건대, 소년심판절차의 제1심 및 항고심 절차는 모두 사실심이므로, 범죄행위의 피해자로서는 제1심 절차 못지않게 항고심 절차에서도 피해자 등의 진술권을 통하여 재판진행에 참여할 기회가 충분히 보장되어야 하므로 검사 또는 피해자 등에게 항고권을 인정하여 그 초석을 마련하여야 한다고 본다(박찬걸, "보호처분의 결정 등에 대한 항고권자에 검사 또는 피해자 등을 포함시키지 않는 것의 타당성 여부", 소년보호연구 제21호, 한국소년정책학회, 2013. 2, 153면).

10) 박찬걸, "우범소년 처리의 합리화 방안에 관한 연구", 소년보호연구 제16호, 한국소년정책학회, 2011. 6, 72면.

을 관할 소년부에 송치하여야 한다. 이와 같이 소년에 대한 피의사건을 보호처분의 필요가 있어 소년부로 송치할 것인가는 검사의 재량에 맡겨져 있다고 할 것인데, 검사가 죄가안됨 불기소처분을 한 것은 보호처분의 필요성을 인정하지 않은 것이라고 할 수 있다. 소년부에 송치된 소년에 대하여는 소년법 제32조에서 규정하고 있는 1호 처분부터 10호 처분까지의 보호처분[11]과 소년법 제32조의2에서 규정하고 있는 대안교육 또는 소년의 상담·선도·교화와 관련된 단체나 시설에서의 상담·교육, 야간 등 특정 시간대의 외출을 제한명령, 보호자특별교육 등의 보호관찰처분에 따른 부가처분 등을 부과할 수 있다. 그리고 1호·제2호·제3호·제4호, 제1호·제2호·제3호·제5호, 제4호·제6호, 제5호·제6호, 제5호·제8호 등의 처분 상호 간에는 그 전부 또는 일부를 병합할 수 있다. 한편 14세 미만의 소년에 대해서는 소년법상의 보호처분에 있어서도 그 모두를 적용하지 않도록 연령에 따른 보호처분의 적용 제한 규정이 존재하는데, 제3호(사회봉사명령)의 처분은 14세 이상의 소년에게만 할 수 있고, 제2호(수강명령) 및 제10호(장기소년원송치)의 처분은 12세 이상의 소년에게만 할 수 있는 것이 그것이다.

나. 소년보호처분제도의 실제 운영형태

2006년부터 2010년까지 검찰에서 처리한 소년범죄자 처리 현황을 살펴보면, <표-1>에서 보는 바와 같이 소년범죄자에 대한 기소율은 2006년 이후 지속적으로 감소하고 있는 반면에, 소년보호송치율은 2006년도 20.4%에서 2010년도 33.6%로 급증하여 대체적으로 소년범죄자에 대하여 형사사건으로 처리하기보다는 보호사건으로 처리하려는 경향이 강하게 나타나고 있음을 알 수 있다. 구공판의 비율이 별 다른 변동 없이 유지되고 있음에도 불구하고 전체 기소율이 감소하고 있는 이유는 구약식의 비율 추이에서 발견할 수 있는데, 벌금형을 선고할 수 있는 약식명령청구율의 경우 2006년도 9.9%에서 2010년도 2.8%로 1/3 이하의 수준으로 급감한 현상을 볼 수 있다. 이는 후술하는 바와 같이 소년에 대한 형벌집행의 불합리성에 대한 반성적인 고려에서 비롯된 것으로 파악할 수 있겠다.

---

11) 소년법 제32조(보호처분의 결정) ① 소년부 판사는 심리 결과 보호처분을 할 필요가 있다고 인정하면 결정으로써 다음 각 호의 어느 하나에 해당하는 처분을 하여야 한다. 1. 보호자 또는 보호자를 대신하여 소년을 보호할 수 있는 자에게 감호 위탁, 2. 수강명령, 3. 사회봉사명령, 4. 보호관찰관의 단기 보호관찰, 5. 보호관찰관의 장기 보호관찰, 6.「아동복지법」에 따른 아동복지시설이나 그 밖의 소년보호시설에 감호 위탁, 7. 병원, 요양소 또는 「보호소년 등의 처우에 관한 법률」에 따른 소년의료보호시설에 위탁, 8. 1개월 이내의 소년원 송치, 9. 단기 소년원 송치, 10. 장기 소년원 송치.

〈표-1〉 검찰의 소년범죄처리현황

| 연도 | 계 | 기 소 | | | | 소년보호 송치 | 가정보호 송치 | 성매매보호 송치 |
| | | 소계 | 구공판 | | 구약식 | | | |
			구속	불구속				
2006	69,211 (100.0)	9,315 (13.5)	1,432 (2.1)	1,064 (1.5)	6,819 (9.9)	14,105 (20.4)	20 (0.0)	10 (0.0)
2007	88,104 (100.0)	10,367 (11.8)	1,330 (1.5)	1,485 (1.7)	7,552 (8.6)	23,368 (24.3)	22 (0.0)	21 (0.0)
2008	134,992 (100.0)	15,150 (11.2)	2,096 (1.6)	2,727 (2.0)	10,327 (7.7)	28,360 (21.0)	30 (0.0)	46 (0.0)
2009	113,022 (100.0)	7,796 (6.9)	1,770 (1.6)	2,159 (1.9)	3,866 (3.4)	32,453 (28.7)	37 (0.0)	16 (0.0)
2010	89,776 (100.0)	5,443 (6.1)	1,386 (1.5)	1,527 (1.7)	2,530 (2.8)	30,143 (33.6)	9 (0.0)	11 (0.0)

출처: 법무부 범죄예방정책국, 범죄예방정책 통계연보, 2011, 505면.

한편 2011. 12. 기준 수용상태에 있는 보호소년의 세부현황을 살펴보면, 7호처분 대상자 28명, 8호처분 대상자 80명, 9호처분 대상자 331명, 10호처분 대상자 754명 등 총 1,193명이며,[12] 연령별 수용현황은 <표-2>와 같다.

〈표-2〉 연령별 수용현황(2011년 기준)

구분	총계	12세 미만	12세	13세	14세	15세	16세	17세	18세	19세	20세	기타
총계	9,117	6	44	370	1,021	1,929	2,350	1,958	1,250	146	39	4
보호	2,822	1	1	55	239	583	747	701	437	45	13	-
위탁	6,295	5	43	315	782	1,346	1,603	1,257	813	101	26	4

출처: 법무부 범죄예방정책국, 범죄예방정책 통계연보, 2011, 521면.

---

12) 법무부 범죄예방정책국, 범죄예방정책 통계연보, 2011, 513면.

Ⅲ. 형사미성년자 연령의 재설정에 대한 검토

1. 외국의 입법례

벨기에, 룩셈부르크, 우루과이 등은 18세 미만의 자의 경우 형사책임능력을 부정하고 있으며, 특히 스위스는 18세 미만의 자에 대하여는 소년형법(Jugendstrafgesetzes vom 20. Juni 2003(JStG))을 적용하여 소년에 대한 처벌과 절차상의 특례를 규정하고 있다. 그 밖에도 포르투갈은 16세 미만, 이탈리아, 덴마크, 핀란드, 노르웨이, 스웨덴 등은 15세 미만, 독일, 일본, 오스트리아 등은 14세 미만, 프랑스는 13세 미만, 캐나다, 네덜란드 등은 12세 미만 등을 각각 그 하한선으로 규정하고 있다. 이에 비해 영국[13]과 호주는 형사책임연령을 10세 미만으로 하고 있으며, 10세에서 14세 사이의 소년에 대해서는 원칙적으로는 책임능력이 없는 것으로 추정한 후(doli incapax 추정) 범죄행위 당시 소년이 악의(惡意)로 행위를 하였다는 것이 증명이 되면 추정이 번복될 수 있도록 하고 있었는데, 영국[14]에서는 이러한 doli incapax 추정이 1998년 폐지되었으나[15] 호주에서는 아직까지 유지되고 있다. 미국은 대부분의 주에서 형사책임연령에 관한 규정을 두지 않거나 형사책임하한연령에 관한 규정이 있는 주의 경우에는 7세부터 14세 사이로 규정하고 있는데, 대체적으로 7세 미만은 책임무능력이고, 7세 이상 14세 미만은 책임능력이 추정되지만 반증될 수 있으며, 14세 이상은 원칙적으로 책임능력이 인정된다. 중국은 만 16세인 자의 범죄는 형사책임을 져야 하지만(중국 형법 제17조 제1항), 만 14세 이상 만 16세 미만인 자[16]가 고의살인, 고의상해로 중상을 입히거나 사망, 강간, 강도, 독극물판매, 방화,

---

13) 소년 및 청년에 관한 법률(Children and Young Persons Act of 1933) 제50조(It shall be conclusively presumed that no child under the age of ten years can be guilty of any offence)에 의하면 10세 미만의 자는 형사책임능력이 없다고 규정하고 있다.

14) 잉글랜드와 웨일즈는 10세이지만, 스코틀랜드는 2010년 개정을 통하여 기존 8세에서 12세로 상향조정하였다.

15) 1998년 이전에는 10세 이상 14세 미만의 소년은 책임무능력이 추정되고 검사는 합리적 의심 없이 책임능력을 입증하여 처벌할 수 있었지만, 범죄 및 비행에 관한 법률(Crime and Disorder Act of 1998) 제34조에 의하여 책임무능력 추정규정이 삭제되어 14세 미만의 자도 원칙적으로 책임능력이 있는 것으로 보고 있다.

16) 이러한 연령단계에 있는 자는 지적 발달이 아직 성숙하지 않으며, 생활경력이 많지 않아 대부분 범죄행위가 아직 완전한 변별력과 통제력을 지니지 않음을 고려하여 형법은 그들이 엄중한 범죄에 대하여 약간의 형사책임을 지도록 한 것 이외에 그들이 행한 일반적인 범죄행위에 대해서는 형사책임을 추궁하지 아니한다(孫國祥, "중국 미성년자범죄 형법규범 평술", 비교형사법연구 제10권 제2호, 한국비교형사법학

폭발, 독극물 투여죄의 경우는 형사책임을 져야 한다(중국 형법 제17조 제2항). 한편 만 16세 미만으로 형사처벌을 하지 않는 경우 그의 학부모 또는 보호자를 명하여 가르치고 통제하도록 하여야 한다(중국 형법 제17조 제4항 본문).[17]

이와 같은 외국의 입법례[18]들을 살펴보면 일률적인 형사책임연령을 정하는 것이 일반적이라고 할 수 있으며, 다만 구체적인 연령에 있어서 차이가 나는데, 이는 각국의 역사적, 사회적, 문화적 환경의 차이에서 비롯된 것으로 보인다. 이처럼 형사책임이 면제되는 소년의 연령을 몇 세로 할 것인가의 문제는 소년의 정신적·신체적 성숙도, 교육적·사회적·문화적 영향, 세계 각국의 추세 등 여러 가지 요소를 종합적으로 고려하여 결정되어야 할 입법정책의 문제로서 현저하게 불합리하고 불공정한 것이 아닌 한 입법자의 재량에 속하는 것이다. 하지만 소년의 형사책임 연령 개념을 인정하고 있는 법제도에서는 정서적·정신적·지적 성숙에 관한 사실을 고려하여 그 개시 연령을 과도하게 낮게 책정해서는 아니 된다. 형사책임의 하한선은 역사와 문화에 따라 크게 다르지만, 오늘날의 연구방법에서는 아동이 형사책임의 도덕적·심리적 요인에 따라 행동할 수 있는지 고려하려고 한다. 즉 아동이 식별력, 이해력에 의해 본질적으로 반사회적인 행동에 책임을 질 수 있다고 생각할 수 있는지 고려하는 것이다. 만약 형사책임 연령이 지나치게 낮거나 아예 정해져 있지 않다면 책임이라는 개념은 무의미할 것이다. 일반적으로 비행·범죄에 대한 책임의 개념과 그 밖의 사회적 권리, 책임(혼인연령, 민사재판 등)과의 사이에는 밀접한 관련이 있기 때문에 국제적으로 적용될 수 있는 합리적인 최저연령을 합의하도록 노력하여야 한다(UN소년사법최저기준규칙[19] 제4조).

회, 2008. 12, 582면).

17) 이는 소년범죄에 대하여 관대하게 처리하도록 한 형사정책적인 측면과 소년이 장래에 재범으로 나아가는 것을 사전에 예방하고자 한 측면을 동시에 고려한 것이다(曲新久, "중국 미성년자 형사책임 입법 및 그 완비", 비교형사법연구 제10권 제2호, 한국비교형사법학회, 2008. 12, 410면).

18) 국가별 형사책임 최저연령 규정에 대한 보다 자세한 내용은 이덕인, "형사책임연령 하향에 대한 비판적 고찰 – 형사미성년과 촉법소년을 중심으로 –", 형사정책연구 제23권 제1호, 한국형사정책연구원, 2012. 3, 25-26면 참조.

19) 소년사법의 운영에 관한 유엔최저기준규칙(United Nations Standard Minimum Rules for the Administration of Juvenile Justice; 'The Beijing Rules')은 1985년 제6회 범죄방지 및 범죄자처우에 관한 유엔회의(United Nations Congress on the Prevention of Crime and the Treatment of Offenders)에서 결의되었다. The Beijing Rules은 총 6부, 30개조, 주석 등으로 구성되어 있는데, 이에 대하여 보다 자세한 내용으로는 최병문, "UN소년사법최저기준규칙(Beijing규칙)", 한국형사법학의 오늘(정온 이영란교수 화갑기념논문집), 2008, 638면 이하 참조.

2. 형사미성년자의 연령인하 찬성측의 논거

가. 소년의 신체적 · 정신적 성장의 발달

14세 미만이면 그 의사결정능력이나 사물변별능력이 성인과 비교할 때 현저히 부족하기 때문에 그 행위에 따른 책임을 지우는 것이 부당하다는 근거에서 형사책임을 부정하고 있는 것인데, 형법 제9조가 처음 규정된 1953년과 비교하여 현재의 상황에서는 경제적 발전과 생활의 풍요에 따른 신체적 성장뿐만 아니라 문화적 발달, 교육여건의 호전, 조기교육의 활성화, 매스미디어의 발달, 나아가 인터넷의 발달 등으로 정신적 성장이 매우 빨라진 점을 고려할 때 만 14세를 기준으로 그 미만을 벌하지 않는 것은 매우 불합리한 결과를 초래한다. 이와 같이 형사미성년자 연령의 하향조정은 형사처벌의 영역을 확대함으로써 범죄를 예방하기 위한 단편적인 대책이라거나 여론 종식의 수단이 아니라 변화한 사회의 흐름에 맞추어 그 기준을 합리적으로 변경하기 위한 것이다.[20]

나. 소년범죄의 저연령화와 흉폭화

최근 소년범죄의 특징으로써 저연령화와 흉폭화[21] 등이 문제되고 있기 때문에 이에 대하여 적극적으로 대처할 필요성이 있다. 특히 성범죄의 경우 가해자가 14세 미만인 경우가 급속히 늘어나고 있으며, 초등학교에서의 학교폭력 또한 사회문제로 대두되고 있는 상황과 형법상 책임능력이 행위와 시비선악을 변별하고 그 변별에 따라서 행동을 통제할 수 있는 능력이라는 점에서 통상 중학교 1-2학년까지의 소년에 해당하는 14세 미만이라는 책임연령은 이제는 현실적으로 높다고 하지 않을 수 없다. 실제로 청소년폭력예방재단의 설문조사에서 학교폭력 피해 경험자의 53.6%가 첫 학교폭력을 당한 시기가 초등학교 때라고 응답하였으며, 학교폭력의 주된 연령층이 초등학교 6학년에서 중학교 2학년 사이에 해당하는 11세에서 14세 사이로 낮아졌다는 보고도 있다.[22]

---

20) 이혜미, "형사미성년자 연령 하향조정의 논의와 쟁점", 이슈와 논점 제372호, 국회입법조사처, 2012. 1, 4면.

21) 최근 소년범죄의 특징으로서 저연령화와 흉폭화 현상을 거론하는 것이 일반적인 현상으로 보이는데, 대표적으로 김지선, "소년법 개정에 따른 소년보호정책 동향 연구", 경찰학논총 제4권 제1호, 원광대학교 경찰학연구소, 2009. 5, 9면; 심재무, "한국 소년보호처분제도의 문제점과 그 개선방안", 비교형사법연구 제10권 제2호, 한국비교형사법학회, 2008. 12, 591면 등 다수.

다. 평등권의 침해

14세 미만인 경우에 신체적·정신적 성장이 자신의 행위에 책임을 지기에 충분한 어린이도 존재한다. 그럼에도 불구하고 어린이의 성장정도, 구체적인 경우의 책임능력은 살피지 아니한 채 14세 미만의 가해자라고 하여 벌하지 아니하는 것은 피해자의 입장에서는 가해자의 연령에 따라 불공평한 대우를 받는 것으로서 이는 헌법이 보장하는 평등권을 침해하는 것이다.

라. 재판절차진술권의 침해

가해자의 연령이 만 14세가 되지 아니하였다는 이유로 실체적 발견을 위한 더 이상의 수사를 하지 아니하고 피해자가 진술할 기회조차 주지 않는 것은 헌법 제27조 제5항에서 보장하고 있는 피해자의 재판절차진술권을 침해하는 것이다.[23]

3. 검토: 형사미성년자의 연령인하 찬성측의 논거에 대한 반론의 제기

가. 소년의 신체적·정신적 성장의 발달에 대한 반론

형법 제9조가 1953년 처음 규정될 때와 달리 현재의 상황은 경제적 발전과 생활의 풍족에 따른 신체적 성장 및 정신적 성장이 빨라져 만 14세 미만자의 경우에도 자신의 행위가 위법한 행위로 그 사회적인 책임을 지울 만큼 성장한 어린이도 있을 수 있다. 그러나 일률적으로 만 14세 미만자를 형사적인 책임을 지울 만큼 충분히 성숙한 어린이라고 평가하기에는 아직 이르며, 어린이에 따라 형사책임을 지울 수 있는 경우와 그렇지 못한 경우를 구분하여 처벌하는 것 또한 법적 안정성의 측면에서 매우 불합리하다. 그리고 인간의 이성적 발달정도에 비추어 만 14세 미만자의 책임능력을 인정하지 아니한 것은 합리적 평등이라고 할 것이다. 한 걸음 양보하여 과거의 12세 또는 13세에 해당하는 소년

---

22) 이혜미, 앞의 글, 3면.
23) 이혜미, 앞의 글, 1면.

과 비교하여 요즘의 소년이 신장이나 체중과 같은 육체적인 측면에서 발육상태가 좋아졌다고는 할 수 있겠지만, 정신적인 측면에서도 동일하게 성장하였는지 매우 의문스럽다. 책임능력이라는 것이 육체적인 측면보다는 정신적인 측면을 중요시한다는 점에서 핵가족화, 개인주의, 물질만능주의, 인터넷에서의 익명성 보장으로 인한 폐해의 급증 등으로 대변되는 요즘 시대의 소년들이 과거와 비교하여 정신적인 성숙도가 뛰어나다고 평가하기에는 큰 무리가 있기 때문에 형사미성년자의 연령인하는 타당하지 않다고 본다.

나. 소년범죄의 저연령화 현상에 대한 반론

형사미성년자의 연령인하를 주장하는 입장에서는 공통적으로 최근의 소년범죄가 저연령화 추세를 보이고 있다고 한다. 하지만 다음의 <표-3>과 <표-4>에서 보는 바와 같이 이러한 주장은 크게 설득력이 없는 것으로 판단된다.[24] 다만 과거와 달리 14-15세에 해당하는 소년범죄자의 비율이 증가하였다는 통계자료를 바탕으로 소년범죄의 저연령화를 짐작하는 연구[25]가 있지만, 14-15세의 소년범죄자에 대하여는 현행 법률상으로도 충분히 형사책임을 부과할 수 있기 때문에, 형사책임연령 하한인정의 논거로 사용하기에는 적절하지 못하다고 본다.[26] 즉 소년범죄의 저연령화는 촉법소년이 아닌 하위연령 범죄소년에 해당하는 것이기 때문에 형사책임연령 인하의 논거로는 객관적 설득력이 없는 것이다.[27]

〈표-3〉 경찰단계에서의 10-13세 소년범죄자 인원수

연도	2001	2002	2003	2004	2005	2006	2007	2008	2009	2010	2011
인원	1,378	1,667	1,376	1,503	1,679	1,718	2,602	5,547	2,615	621	316

출처: 경찰백서, 경찰청.

---

24) 이른바 '소년범죄의 저연령화'는 너무나도 자주, 그야말로 툭하면 지적되어 반론의 여지조차 없을 만큼 명백한 사실로 인식되는 경향이 있을 뿐 진실과는 거리가 먼 것이 아닌가 의문이다(최병각, "소년법개정과 소년사법의 건전한 육성", 형사정책연구 제18권 제3호, 한국형사정책연구원, 2007. 9, 1087면).

25) 박광민, "한국의 소년범죄의 동향과 그 대책", 비교형사법연구 제10권 제2호, 한국비교형사법학회, 2008. 12, 463면.

26) 소년범죄자의 저연령화는 뚜렷하게 일정한 추세를 이루고 있는 것이 아니라 고연령화 현상을 보이는 시기도 존재하는 등 특별히 저연령화되었다고 보는 것은 무리가 있다(김병수, "개정소년법의 소년연령 인하와 그 대책", 경찰학연구 제8권 제2호, 경찰대학, 2008. 8, 146면).

27) 정재준, "형사미성년자의 연령 인하 문제를 위한 제언", 형사법연구 제24권 제1호, 한국형사법학회, 2012. 3, 51면.

<表-4> 검찰단계에서의 10-13세 소년범죄자 인원수

연도	2001	2002	2003	2004	2005	2006	2007	2008	2009	2010	2011
인원	509	787	564	213	171	197	324	2,029	1,180	191	102

출처: 범죄분석, 대검찰청.

2008년의 경우 입건된 14세 미만 소년범죄자 5,547명 가운데 검찰로 송치된 인원은 2,029명이고, 2009년의 경우 경찰입건 2,615명에 검찰송치 1,180명, 2010년의 경우 경찰입건 621명에 검찰송치 191명, 2011년의 경우 경찰입건 316명에 검찰송치 102명 등으로 나타나고 있는데, 이는 2008년 이후 촉법소년의 범위가 확대되어 보호처분을 활용할 수 있는 여지가 충분함에도 불구하고 촉법소년들에 대한 검찰송치를 부정적으로 보아 이를 적극적으로 활용하지 않고 경찰단계에서 훈방을 많이 활용하고 있는 것으로 파악할 수 있다. 특히 촉법소년에 해당하는 저연령 소년의 경우에는 보호처분결정을 내리기보다는 가정 내에서의 보호가 적절하다는 입장에서 주로 훈방되고 있는 것이 실무의 현상이다.[28] 이와 같이 형사책임연령을 낮추자고 주장하는 측에서 그 기준으로 제시하고 있는 12세 또는 13세에 해당하는 비행 내지 범죄자의 수가 지난 10여 년 이래 최근에 급감하고 있다는 현상은, 찬성론이 주장하는 소년범죄의 저연령화가 촉법소년을 대상으로 설정된 것이 아니라는 점에서 적절한 논거로 사용될 수 없는 것이다.

다. 소년범죄의 흉폭화 현상에 대한 반론

형사미성년자의 연령인하를 주장하는 입장에서는 공통적으로 최근의 소년범죄가 흉폭화 추세를 보이고 있다고 한다. 하지만 다음의 <표-5>에서 보는 바와 같이 이러한 주장은 크게 설득력이 없는 것으로 판단된다.

---

28) 전영실·기광도, 「저연령 소년의 비행실태 및 대책」, 한국형사정책연구원 연구보고서(09-08), 2009. 12, 205면.

〈표-5〉 검찰단계 10-13세 소년범죄자 중 강력범죄자 인원분포도

		2002	2003	2004	2005	2006	2007	2008	2009	2010	2011
흉악범죄	살인	-	-	-	-	-	-	-	-	-	-
	강도	2	6	-	-	1	2	-	3	-	-
	방화	-	-	2	1	3	1	3	1	3	-
	강간	18	11	-	4	12	6	12	12	8	4
폭력범죄	폭행	5	7	1	2	4	5	7	17	10	2
	상해	18	11	3	4	11	7	12	12	6	4
	협박	-	2	-	-	1	1	-	-	2	-
	공갈	6	1	-	-	-	1	4	2	1	-
	약취유인	-	-	-	-	-	-	-	1	-	-
	체포감금	-	-	-	-	-	-	-	-	-	1
	폭력행위 등 단체구성·활동	-					-				-
	폭력행위 등 처벌에 관한 법률위반	161	172	50	42	20	33	110	42	20	24

출처: 범죄분석, 대검찰청.

<표-5>는 대검찰청이 강력범죄로 분류하고 있는 흉악범죄와 폭력범죄에 대한 최근 10년간 10-13세 소년범죄자 인원분포도를 나타내고 있는 것인데, 보는 바와 같이 2011년의 10-13세에 해당하는 연령의 강력범죄자로 분류되는 소년범죄자의 인원수는 35건으로써, 그 어느 때보다 급감하고 있는 모습을 보이고 있다. 이는 2010년의 경우도 마찬가지인데, 형사미성년자의 연령인하 논의가 등장하기 시작한 시점이 2010년 이후라는 점에서 아이러니컬하다고 할 수 있다. 이와 같이 소년범죄가 점점 더 흉폭화되고 있다는 주장은 정확한 실태분석에 의한 것이 아니라는 점이 명백히 밝혀졌다. 이러한 주장은 언론과 인터넷을 통하여 다루어지고 있는 특정사건을 접하면서 일반인들이 감정적으로 체감하는 것을 추상적으로 표현한 것이라고 보는 것이 오히려 더 정확한 분석이라 하겠다. 특히 2010년 이후 학교폭력의 사태가 사회적으로 큰 반향을 일으키게 된 점이 그 무엇보다도 중요하게 영향을 끼쳤던 것을 보인다. 그러므로 찬성론측에서 주장하고 있는 소년범죄의 흉폭화 논거도 더 이상 받아들일 수 없는 부적절한 논거라고 할 수 있다.

라. 평등권과 재판절차진술권의 침해에 대한 반론

가해자가 형사미성년자인지 여부에 따라 피해자의 재판절차진술권의 행사에 있어서 차별이 발생하나 이는 합리적인 근거에 기한 것이므로 평등권[29]을 침해한다고 보기 어렵다. 이는 형사소송절차에서는 검사에게 상소권이 인정되는 반면에, 소년심판절차에서는 항고권이 인정되지 않는다는 현행법의 태도에서 비롯된 문제이기 때문에, 소년심판절차에서도 검사에게 항고권을 인정하여 피해자에게 간접적으로 불복을 할 수 있는 기회를 제공하는 입법을 통하여 충분히 해결할 수 있는 문제라고 보인다. 이에 대하여는 원심법원에 대하여 불만을 가진 자의 측면에서 볼 때 본질적으로 동일한 부분임에도 불구하고, 어느 일방에게는 일정한 범위 내에서 항고권을 인정해 주면서도 다른 일방에게는 항고의 기회 자체를 원천적으로 봉쇄하고 있다는 것은 평등의 원칙에 반한다는 점, 현행 소년법은 소년심판절차에서 검사의 관여를 전혀 인정하지 않는 것이 아니라 소년심판절차로의 회부에 대한 결정권을 검사에게 부여하는 소년심판절차개시권이라는 권한을 부여하고 있다는 점, 10호 처분이 아닌 다른 보호처분의 결정에 대하여 항고를 한다는 것이 곧바로 형사처분을 하여야 한다는 의사표현이라고 보기에는 무리가 있다는 점, 소년심판절차에서 검사에게 항고권을 인정한다고 하더라도 항고권의 남용으로 인한 절차의 번잡, 불필요한 소송의 지연 등의 폐단이 생긴다고 예단하는 것은 무리이며, 만약 이러한 폐단이 예상된다면 폐단의 상당한 이유를 제시하는 항고기각결정을 통하여 충분히 통제가 가능한 것이지, 항고권 자체를 인정하지 않는 것은 바람직하지 못하다는 점, 보호처분은 소년의 개선과 교화가 주목적이기는 하지만 일반예방이나 응보적 내용도 부차적인 목적으로 평가되며, 주로 소년의 환경과 개인적 특성을 근거로 부과되기는 하지만 행위의 질과 양도 반드시 참작하게 된다는 점, 소년의 비행사실이나 범죄사실이 매우 중할 경우에는 보호처분보다는 형사처분을 행하는 것이 필요하지만, 실무상 실형을 선고하기에는 법정형이 매우 높아 적절한 선고형을 찾기 힘들다는 점, 공범과의 관계에서 처분의 균형이라는 측면에서 소년원 송치가 적절할 수 있다는 점, 소년의 장래 신상의 문제를 고려할 수밖

---

29) 형사미성년자의 연령을 너무 낮게 규정하거나 연령 한계를 없앤다면 책임의 개념은 무의미하게 될 것이며, 14세 미만이라는 연령기준은 다른 국가들의 입법례에 비추어 보더라도 지나치게 높다고 할 수 없다는 점을 고려할 때 형사미성년자를 14세 미만으로 정하고 있는 형법 제9조가 합리적인 재량의 범위를 벗어난 것으로 보기 어렵다. 따라서 인간의 능력은 점진적으로 발달하고 개인 차이가 있는데도 불구하고 입법자가 형법 제9조에서 형사미성년자를 14세를 기준으로 획일적인 구분을 한 것은 실질에 부합하지 않는 경우가 있을 수 있겠지만, 법률관계의 안정과 객관성을 위한 부득이한 조치라고 할 것이다(헌법재판소 2003. 9. 25. 선고 2002헌마533 결정).

에 없다는 점, 항고제도가 원칙적으로 소송당사자에게만 허용된다는 논지를 일관적으로 관철하려면 검사나 피해자뿐만 아니라 사건본인 등도 항고권자가 될 수 없다고 하는 것이 논리일관적이기 때문에 소송의 구조가 직권주의냐 아니면 당사자주의냐 따라 항고권을 인정하는 주체의 범위를 결정하는 것은 타당하지 않다는 점, 오판임이 너무나도 명백한 결정이 이루어지거나 처분의 결정에 있어서 활용된 사실관계에 중대한 오류 또는 원심결정 이후 발견된 새로운 증거의 현출 등이라는 예측할 수 없었던 현상이 실제로 발생한 경우에 있어서 이를 시정할 수 있는 기회조차도 제공할 수 없다는 것이야말로 법치국가의 기본질서를 와해시키는 결과를 초래한다는 점, 일반항고가 판결에 이르는 과정에서 절차상의 사항에 관한 종국전의 재판을 대상으로 함에 반하여 소년법상 소년부 판사의 보호처분의 결정은 사실상 종국재판의 성격을 지니고 있다는 점에서 소년법상의 항고는 일반항고와 비교할 때 종국재판에 대한 불복의 성격이 상대적으로 강하다는 점, 소년심판절차의 제1심 및 항고심 절차는 모두 사실심이므로, 범죄행위의 피해자로서는 제1심 절차 못지않게 항고심 절차에서도 피해자 등의 진술권을 통하여 재판진행에 참여할 기회가 충분히 보장되어야 한다는 점, 소년법상 '보조인'의 고유한 권리인 심리기일출석권의 제한에 대하여는 항고를 인정하면서도 소년법상 '피해자'의 고유한 권리인 심리기일출석권 및 의견진술권의 제한에 대하여는 항고를 인정하지 않는 현행법의 태도는 형평의 원리에 부합하지 않는다는 점, 소년법 제38조 제1항 위반에 따른 항고와 소년법 제38조 제2항 위반에 따른 항고는 동일하게 소년 연령에 대한 중대한 사실오인이 개입된 것임에도 불구하고, 소년법 제38조 제1항의 위반에 대해서는 실제로 항고의 가능성이 거의 없는 반면에 소년법 제38조 제2항의 위반에 대해서는 항고의 가능성이 상당히 높다는 점, 항고법원이 원심의 심리절차 및 소송자료를 그대로 인수하고 다시 원심심판 후에 얻은 새로운 증거도 보충하여 심리할 수 있을 뿐만 아니라 항고법원 스스로가 처분을 할 수 있다는 것은 속심적 성격이 대폭 강화되었다고 평가할 수 있다는 점 등을 그 논거로 들 수 있다.[30]

마. 낙인효과의 방지 필요성

형사책임연령이 인하되면 촉법소년이나 우범소년의 범위가 줄어드는 반면에 범죄소년의 범위가 확대되는데, 일반형사절차를 진행하면서 발생할 수 있는 낙인효과에 대한 대책이 미흡한 실정에서 무작정 범죄소년의 범위를 확장하는 것은 무리가 있다.[31] 또한 소

---

30) 박찬걸, 앞의 글(각주 9), 170-172면.

년에 대한 형벌의 부과는 사회에 대한 반항심을 야기하고 소년이 지니고 있는 잘못된 행동을 고착화시킬 위험성이 상존한다.[32] 왜냐하면 일차적 일탈에 대한 지나친 대응은 오히려 이차적 일탈을 유발하고, 이러한 일탈은 고착화될 것이기 때문이다. 즉 공식적인 사법대응은 오히려 더 큰 부작용을 불러일으킬 수 있는 것이다.

바. 형벌집행의 불합리성

18세 미만인 소년에게는 형법 제70조에 따른 유치선고를 하지 못한다. 다만, 판결선고전 구속되었거나 소년법 제18조 제1항 제3호의 조치가 있었을 때에는 그 구속 또는 위탁의 기간에 해당하는 기간은 노역장에 유치된 것으로 보아 형법 제57조를 적용할 수 있다(소년법 제62조). 이와 같이 현행법은 18세 미만의 소년에 대하여 노역장유치선고를 금지시키고 있는데, 벌금형을 선택하면서 자력이 없는 소년에게 환형유치처분을 못하게 하는 것은 벌금형의 실효성을 제대로 담보할 수 없게 된다는 비판이 가능하다. 또한 18세 미만자에 대하여는 범칙금통고처분도 배제되고 있으며(경범죄처벌법 제5조 제3항), 18-19세의 소년에게 약식절차나 즉결심판을 거쳐 벌금형을 부과하는 것은 반사회성의 제거나 건전한 육성에 큰 도움을 주지 않는다.[33] 특히 형사책임연령을 하향조정하여 12세와 13세의 소년에게 벌금형을 부과할 경우에 그 금액을 과연 납부할 수 있는 능력이 있는 소년이 존재할 것인가에 대해서는 회의적으로 보아야 하며, 오히려 부모로 하여금 벌금을 대납하게 강요하는 결과가 되어 헌법에서 금지하고 있는 연좌제의 현상까지 초래될 위험성이 있다. 그러므로 소년사건에 있어서는 벌금을 징수하는 것보다는 보호처분이나 사회봉사를 적극 활용하는 방안이 타당하다.[34] 또한 벌금형이 아닌 징역형이나 금고형이 선고될 가능성도 있기는 하지만, 저연령 소년에 대하여는 실형보다는 집행유예가 선고될 가능성이 더 높다고 보아야 하며, 이와 같이 전과자로 만드는 것보다는 보호처분을 통하여 보다 교육적·복지적인 차원에서 접근하는 것이 보다 적절한 대응방안이라고 본다.

---

31) 同旨 이정주, "형사책임 연령 인하 논의에 관한 형사정책적 검토", 소년보호연구 제21호, 한국소년정책학회, 2013. 2, 196면; 이진국, 앞의 글, 94면.

32) 장영민, "소년법상의 제 연령 기준에 관한 일 고찰", 법학논집 제9권 제2호, 이화여자대학교 법학연구소, 2005. 2, 100면.

33) 최병각, "소년보호사건으로서의 처리기준: 소년법 제49조 제1항 및 제50조를 중심으로", 이한교교수 정년기념논문집, 2000, 516면.

34) 박찬걸, "소년형사사건의 심판에 있어서 특례조항에 대한 검토 - 소년법 제56조 내지 제67조를 중심으로 - ", 소년보호연구 제18호, 한국소년정책학회, 2012. 2, 140면.

사. 2007년 소년법 개정시 비행소년의 연령 인하의 함축적 의미

2007. 12. 21. 소년법 개정 당시의 상황에서, 민법이나 청소년보호법 등 다른 법률과의 통일성을 유지할 필요가 있었다는 점,[35] 만 19세는 대학생이라는 점, 실무에서 19세의 사건은 다른 소년의 연령층의 사건과 다른 독특한 특성을 보이고 있기 때문에 성인 형사사건과 동일하게 처리할 필요성이 있다는 점, 최근 소년의 발육상태를 감안하면 과거에 비하여 정신적·육체적 발육의 상태가 빨라졌다는 점 등에 비추어 소년법의 적용 상한 연령을 낮출 필요성이 있었고, 소년범 연령이 낮아지고 있다는 점, 촉법소년과 우범소년에 만 10세 이상 12세 미만의 소년을 포함시켜 이들 비행소년의 품행교정과 환경조정을 위해 보호처분 등의 필요한 조치를 할 수 있도록 하는 것이 국제준칙에 부합한다는 점,[36] 만 10세 이상 12세 미만의 소년이 행한 범행의 내용도 사회적으로 문제가 되는 경우가 적지 아니하다는 점, 일반적으로 비행의 시기가 빠른 소년일수록 비행이 상습화될 가능성이 크기 때문에 비행소년의 조기발견과 조기처우를 통해 범죄를 예방할 필요성이 있다는 점,[37] 소년의 정신적·신체적 발육의 정도가 과거에 비해 빨라졌다는 점, 12세 미만자의 요보호성을 인정할 만한 소년이 늘어가고 있는 추세라는 점, 초등학생에 의한 학교폭력이 증가함에 따라 12세 미만자에 대해서도 보호가 요구된다는 점,[38] 촉법소년이 범죄소년으로 발전할 가능성이 크다는 점[39] 등을 이유로 촉법소년 및 우범소년의 하한 연령을 낮출 필요성이 있었다.

이에 따라 소년법의 적용 연령을 기존 20세 미만에서 19세 미만으로 낮추고, 촉법소년 및 우범소년의 연령을 기존 12세 이상에서 10세 이상으로 낮추게 된 것이다. 그리하여 기존에는 범죄를 범할 경우에 보호처분을 할 수 없었던 만 10세와 만 11세의 연령에 해

---

35) 하지만 민법상의 미성년자규정과 청소년보호법상의 청소년규정은 각각 해당 법률의 목적이 상이하기 때문에 연령의 통일이 필연적인 것은 아니라고 할 수 있다.

36) 최병문, "한국의 소년사법과 국제준칙", 비교형사법연구 제10권 제2호, 한국비교형사법학회, 2008. 12, 648면.

37) 강경래, "한·일 개정 소년법에 대한 비판적 고찰", 소년보호연구 제11호, 한국소년정책학회, 2008. 12, 22면. 실제로 당시 개정위원회의 가장 중요한 개정의도는 문제소년에 대해 조기에 개입함으로써 소년의 비행을 예방하는 것이었다(오영근, "개정 소년법의 과제와 전망", 형사정책연구 제19권 제2호, 한국형사정책연구원, 2008. 12, 19면).

38) 이진국, "소년보호대상의 범위에 관한 형사정책적 검토", 형사정책연구 제17권 제1호, 한국형사정책연구원, 2006. 3, 97면.

39) 원혜욱, "개정소년법의 주요쟁점에 관한 검토 - 보호대상을 중심으로 -", 소년보호연구 제11호, 한국소년정책학회, 2008. 12, 45면.

당하는 소년들에 대하여도 소년법을 적용하여 선도 및 교화할 수 있는 길을 마련하였다. 하지만 14세 미만의 자의 범죄행위는 그 책임능력이 조각됨으로써 형벌에 의한 처벌을 받지 않게 되고, 소년법 제4조에서는 형벌법령에 저촉되는 행위를 한 10세 이상의 소년만을 보호처분의 대상으로 하고 있기 때문에 10세 미만의 소년은 범죄행위를 하더라도 어떠한 형사적인 처분이나 제재로부터 면책되고, 그 결과 가해자가 10세 미만일 때에는 피해자로서는 가해자에 대한 어떠한 처벌도 구하지 못한다. 이에 대하여 형법에 형사미성년자 규정을 두면서도 소년법상 보호의 대상이 되는 소년의 연령에는 하한을 두지 않고, 소년법원은 범죄소년 또는 촉법소년에 대한 보호사건의 피해자 등이 피해에 관한 심정, 기타 사건에 관한 의견의 진술을 신청한 때에는 스스로 그 의견을 듣거나, 조사관에게 명하여 그 의견을 듣도록 소년보호사건에서 피해자의 진술권을 인정하는 등, 육체적·정신적으로 미성숙한 소년의 보호를 추구함과 아울러 피해자의 보호에도 만전을 기하는 조치를 취할 필요가 있다고 보는 견해[40]도 있다.

생각건대 2007. 12. 21. 소년법을 개정하여 소년보호사건의 대상연령을 종래 12세에서 10세로 하향 조정하는 등의 입법적인 조치를 한 것은 소년비행이나 범죄에 대하여 국가의 개입을 저연령층으로 확대하겠다는 의도라고 평가할 수 있다. 하지만 이는 촉법소년이나 우범소년에 대한 보호처분의 대상연령 확대를 의미하는 것이지 범죄소년에 대한 형사처벌의 대상연령 확대를 의미하지는 않는다. 그 이유는 만 10세 또는 만 11세에 해당하는 자의 경우 형사처벌보다는 국친주의 사상에 입각하여 보호처분을 하는 것이 타당하기 때문이다. 또한 비행의 초기 단계에서 형사제재를 과하려 하기보다는 비행의 초기 단계에서 교육적·복지적 처분을 함으로써 비행성의 고착화와 이로 인한 범죄소년 또는 성인범죄로의 전락을 미리 예방하고자 하는 것이다.[41] 이와 같은 취지에서 만 12세 또는 만 13세에 해당하는 자에 대한 형사처벌을 확대하고자 주장은 타당하지 않다고 본다. 만 12세 또는 만 13세에 해당하는 자가 범죄행위를 저지른 경우에는 10호 처분을 통하여서도 그 제재의 효과는 충분히 달성될 수 있기 때문이다(제32조 제4항).[42] 또한 2007년 소년법 개정으로 말미암아 10세 이상 14세 미만의 소년에 대하여도 소년법상의 보호처분이 가능해졌기 때문에 형법상의 형사책임연령을 하향조정할 긴급성은 현저히 줄어들었다고 평가할 수 있다.[43]

---

40) 헌법재판소 2003. 9. 25. 선고 2002헌마533 결정 중 재판관 전효숙의 보충의견.
41) 오영근, "개정 소년법의 과제와 전망", 형사정책연구 제19권 제2호, 한국형사정책연구원, 2008. 6, 20-21면.
42) 박찬걸, "18대 국회에 제출된 소년법 개정법률안에 대한 검토", 소년보호연구 제17호, 한국소년정책학회, 2011. 12, 177면.

Ⅳ. 글을 마치며

최근 일각에서 주장하고 있는 형사책임연령 인하에 대해서는 대체적으로 회의적인 시각이 다수 존재하고 있는 것이 사실이다.[44] 이러한 견해를 피력하는 측의 입장에 따르면, 저연령 소년에 대하여 국가의 개입이 전혀 이루어져서는 안 된다는 극단적인 주장을 하는 것이 아니라 형사처벌을 취할 것이 아니라 이보다는 완화된 방법에 의한 조치가 취해져야 한다는 것이 공통적인 의견이다. 이러한 방법으로 제시되는 대표적인 것이 바로 소년법상 보호처분제도의 활용인 것이다. 형사미성년자에 대하여 육체적·정신적 발달의 미성숙이라는 소년의 특성과 교육적 조치에 의한 개선가능성이라는 형사정책적 고려하에 형벌을 과하지 않기로 하더라도, 그 범죄행위에 나타난 반사회성을 제거하고 건전하게 육성하기 위하여 보호처분을 할 필요성은 인정될 수 있으며, 범죄행위자가 14세 미만의 소년이라고 하여 그러한 보호처분의 필요성이 부정되어야 할 이유는 없기 때문이다. 이러한 측면을 고려하여 2007년 소년법의 개정에서 비행소년의 하한연령을 기존의 12세에서 10세로 인하한 것이었다. 하지만 현재의 보호처분제도의 운영에 있어서 저연령 소년에 대한 적절한 보호처분이나 보호시설은 제대로 갖추어져 있다고 평가할 수 없다.[45] 먼저 만 10세 이상의 소년에 대하여는 4호 처분(단기 보호관찰), 5호 처분(장기 보호관찰)이 가능하며, 만 12세 이상의 소년에 대하여는 2호 처분(수강명령)이 가능하다. 10세 이상 14세 미만에 해당하는 저연령 소년에 대한 보호관찰과 관련하여 보호관찰대상자 분류·감독지침 제6장 제33조 내지 제35조에 따르면, 저연령 소년의 경우 보호관찰소를 방문하게 하는 것보다는 가급적 보호관찰대상자의 거주지 등에 대한 현지출장방식을 활용하도록 하고 있으며, 저연령 보호관찰대상자가 재학 중인 학교의 담임교사, 관할 동사무소의 사회복지담당 공무원, 청소년 선도·교화와 관련된 시설 또는 단체에 종사 중인 자, 그 밖의 저연령 보호관찰대상자의 재범방지를 위해 특별범죄예방위원으로 지정할 필요가 있다고 판단되는 자 등의 사회자원을 다른 보호관찰대상자 보다 우선하여 활용하여야 한다. 또한 보호관찰관은 저연령 보호관찰대상자의 개시신고, 보호관찰소 또는 외부기관에서

---

43) 한상훈·천진호, "형법상 책임분야 개정방안", 형사법연구 제21권 제1호, 한국형사법학회, 2009. 3, 93면.

44) 박찬걸, 앞의 글(각주 42), 177면; 이덕인, 앞의 글, 32면; 이정주, 앞의 글, 199면; 이진국, 앞의 글, 94면; 임중호, 앞의 글, 4면; 장영민, 앞의 글, 100-103면; 정재준, 앞의 글, 51-54면; 한상훈·천진호, 앞의 글, 93면.

45) 심재무, 앞의 글, 603-604면; 원혜욱, "한국 소년법의 역사적 발전과정 및 현행법의 문제점과 개선방안", 강원법학 제29권, 강원대학교 비교법학연구소, 2009. 12, 192면.

시행하는 각종 인성 개선프로그램 등에 보호관찰대상자의 보호자도 함께 참석하도록 유도하고, 개시신고 과정에서 보호관찰대상자의 가정환경, 보호자의 보호의지, 교우관계, 범죄내용의 특성 등 향후 재범방지를 위한 구체적인 처우에 필요한 내역을 상세히 파악하여야 한다. 이는 저연령 소년이 보호처분을 받는다고 하더라도 형사사법체계와의 접촉을 최소화하려는 의도로 파악되는데, 저연령 소년의 경우에 있어서는 보호자의 역할이 매우 중요하므로 프로그램의 운영에 있어서 부모의 적극적인 참여를 보장하는 방안이 재고되어야 하겠다. 더불어 특별범죄예방위원 등의 사회자원의 확충과 저연령 소년의 지적 수준에 부합하는 수강명령 프로그램과 인성 개선프로그램의 개발이 동시에 이루어져야 하겠다. 또한 만 10세 이상의 소년에 대하여는 7호 처분, 8호 처분, 9호 처분이 가능하며,[46] 만 12세 이상의 소년에 대하여는 10호 처분이 가능하다.[47] 특히 보호처분 가운데 소년부 송치결정은 범죄행위를 범한 만 10세 내지 14세 미만인 촉법소년들에 대하여 결손가정이거나 보호자의 반사회적 성향 등의 사유로 인하여 보호자들의 적절한 지도 감독을 받지 못할 경우 수용시설에 수용하여 그들을 교화하고자 할 경우에 비로소 소년들을 적절히 지도하고 순화시키려는 교육적 차원에서 행하여지는 것이지 촉법소년들을 처벌하기 위한 것은 아니다. 하지만 소년 처우지침(법무부 훈령 제631호, 2008. 6. 22.)에 따르면 소년원의 15세 미만자는 특성화 및 일반 중·고등학교, 인성교육 운영 소년원으로 분류 이송하도록 되어 있을 뿐 이들에 대한 특별한 처우 프로그램은 설정되어 있지 않다. 소년원의 모든 프로그램은 중학생 또는 고등학생을 대상으로 하는 것으로 되어 있어 초등학생에 해당하는 저연령 소년에게 이를 적용하기에는 부적합하다고 할 수 있다. 그러므로 저연령 소년에 대한 소년원의 특성화, 개별화 프로그램의 개발이 시급한 실정이다. 이와 같이 보호처분의 내실화 및 적합성을 보완한다면 굳이 형사책임연령은 인하하여 초래되는 부작용을 충분히 상쇄할 수 있다고 본다.

---

46) 일본의 경우에는 2007년 소년원법 제2조 제2항을 개정하여 초등소년원의 수용대상을 '약 12세 이상'으로 변경하여 사안에 따라서는 11세 정도의 소년도 소년원 송치의 대상이 될 수 있다(홍태석, "일본의 개정 소년법과 우리나라 소년법의 개정방안", 원광법학 제27권 제1호, 원광대학교 법학연구소, 2011. 3, 112면).

47) 하지만 2009. 11. 현재 7호 처분을 받은 초등학생이 1명 존재할 뿐, 8호 처분 내지 10호 처분을 부과받은 초등학생은 없다(전영실·기광도, 앞의 글, 208면).

제3강 성충동 약물치료제도의 시행과 향후 과제

Ⅰ. 문제의 제기

우리 사회에서 성폭력범죄, 특히 아동을 대상으로 하는 성폭력범죄에 대하여 세계에서 그 유래를 찾아볼 수 없을 만큼의 강성형사정책을 취하게 된 것은 2000년대 후반부터 2010년대 초반까지도 계속하여 발생하고 있는 일련의 사건과 결코 무관하지 않을 것이다. 안양 정성현 사건(2007. 12.), 안산 조두순 사건(2008. 12.), 경기 남부 강호순 사건(2009. 1.), 부산 김길태 사건(2010. 2.), 서울 김수철 사건(2010. 6.), 영화 도가니 사태(2011. 9.), 수원 오원춘 사건(2012. 4.), 나주 고종석 사건(2012. 8.), 방송인 고영욱 사건(2012. 12.) 등과 같이 최근 몇 년 동안 아동 및 여성을 대상으로 하는 흉악한 성범죄가 언론과 인터넷 등을 통하여 급속도로 알려지면서 여론이 악화되자 국회에서는 이에 대한 특단의 대책들을 계속하여 제시하고 있다.[1] 대표적으로 위치추적 전자감시제도의 도입[2] 및 확대시행,[3] 신상정보 공개제도 및 신상정보 등록제도의 확대시행, 신상정보 고지제도의 도입,[4] 소아성기호증 등 정신성적 장애자를 대상으로 하는 치료감호제도의 도입, 형법 및 아동·청소년의 성보호에 관한 법률상의 징역형기 상한조정,[5] 성폭력범죄의 처벌 등에 관한 특례법상의 공소시효 배제·배제대상 확대[6]·특례규정 신설,[7] 형법상 상습강

* 형사정책연구 제24권 제1호, 한국형사정책연구원, 2013. 3.

1) 이에 대하여 보다 자세한 내용으로는 박찬걸, "아동대상 강력범죄 방지를 위한 최근의 입법에 대한 검토", 소년보호연구 제14호, 한국소년정책학회, 2010. 6, 161면 이하 참조.

2) 이에 대하여 보다 자세한 내용으로는 박찬걸, "전자감시제도의 소급적용에 관한 비판적 검토", 「교정학 반세기」, 한국교정학회, 2010. 9, 241면 이하 참조.

3) 2012. 12. 18. 법률 제11558호로 개정된 법률은 특정 범죄자에 대한 형 종료 후 보호관찰제도를 신설하여 법률의 명칭을 「특정 범죄자에 대한 보호관찰 및 전자장치 부착에 관한 법률」로 변경하는 한편, 위치추적 전자장치 부착대상 특정범죄에 강도범죄를 추가하고, 미성년자 및 장애인에 대한 성범죄의 경우 전자장치 부착명령의 청구요건을 완화하는 등의 내용을 보완하였다.

4) 이에 대하여 보다 자세한 내용으로는 박찬걸, "특정 성범죄자의 신상정보 활용제도의 문제점과 개선방안 - 성범죄자 등록·고지·공개제도를 중심으로-", 법학논총 제27집 제4호, 한양대학교 법학연구소, 2010. 12, 99면 이하 참조.

5) 이에 대하여 보다 자세한 내용으로는 박찬걸, "장애인 대상 성폭력범죄에 관한 최근의 입법과 합리적 대처방안 - 일명 '도가니법'에 대한 비판적 검토를 중심으로-", 형사정책 제23권 제2호, 한국형사정책학회, 2011. 12, 61면 이하 참조.

6) 특정 성범죄에 대한 공소시효의 배제는 2011. 11. 17. 법률 제11088호로 개정된 「성폭력범죄의 처벌 등에 관한 특례법」에서 "13세 미만의 여자 및 신체적인 또는 정신적인 장애가 있는 여자에 대하여 「형법」 제297조(강간) 또는 제299조(준강간, 준강제추행)(준강간에 한정한다)의 죄를 범한 경우에는 공소시효를 적용하지 아니한다"고 하여 처음 신설되었지만, 2012. 12. 18. 법률 제11556호로 개정된 「성폭력범죄의 처벌 등에 관한 특례법」에서는 공소시효 배제의 대상을 대폭적으로 확대하였다. 이에 따르면 13세 미만의

간죄 및 유사강간죄의 신설, 성폭력범죄에 대한 친고죄 규정의 폐지,[8] 성폭력범죄자에 대한 성충동 약물치료의 대상자 범위 확대, 성폭력범죄자의 외과적 치료에 관한 법률안 상정 및 폐기 등을 들 수 있다.

성범죄에 대처하고자 하는 이와 같은 일련의 조치 가운데 최근에 세칭 '화학적 거세'라고도 하는 성충동 약물치료 명령이 법원으로부터 내려져 법제정시 존재했던 제도의 장·단점 및 도입찬반론 등에 대한 논의가 다시 한 번 야기되고 있다. 즉 2011. 7. 24. 「성폭력범죄자의 성충동 약물치료에 관한 법률」(법률 제10371호, 2010. 7. 23. 제정[9])(이하에서는 '성충동약물치료법'이라고 한다)[10] 시행 이후 법원에서는 2013. 3. 현재까지 총 3건의 성충동 약물치료 명령을 내렸는데,[11] 먼저 2011. 11.부터 7개월 동안 스마트폰 채팅

사람 및 신체적인 또는 정신적인 장애가 있는 사람에 대하여는 「형법」 제297조(강간), 제298조(강제추행), 제299조(준강간, 준강제추행), 제301조(강간등 상해·치상), 제301조의2(강간등 살인·치사)의 죄, 「성폭력범죄의 처벌 등에 관한 특례법」 제6조 제2항, 제7조 제2항, 제8조, 제9조의 죄, 「아동·청소년의 성보호에 관한 법률」 제9조, 제10조의 죄 등에 대하여 공소시효를 적용하지 아니하고, 「형법」 제301조의2(강간등 살인·치사)의 죄(강간등 살인에 한정한다), 「성폭력범죄의 처벌 등에 관한 특례법」 제9조 제1항의 죄, 「아동·청소년의 성보호에 관한 법률」 제10조 제1항의 죄 등에 대해서는 피해자의 연령과 상관없이 공소시효를 적용하지 아니한다.

7) 이에 대하여 보다 자세한 내용으로는 박찬걸, "공소시효의 정지·연장·배제에 관한 최근의 논의", 형사법의 신동향 제34호, 대검찰청, 2012. 3, 86면 이하 참조

8) 2012. 12. 18. 개정된 형법(법률 제11574호)에 의하면 제296조 및 제306조에 규정되어 있던 친고죄 조항을 삭제하였다.

9) 동법은 2008. 9. 8. 박민식 의원 등 31인이 제안하였으며, 2008. 9. 9. 소관상임위원회에 회부된 후, 2010. 6. 29. 본회의에서 의결(재석의원 180명 중 찬성 137명, 반대 13명, 기권 30명)되었다. 법률안의 제안 후 제정 시까지 2년여의 기간이 소요된 이유는 첫째, 화학적 '거세'라는 방법에 대한 거부감·수치감 등이 작용한 점, 둘째, 특정 약물을 투여함으로써 사람의 신체에 직접적인 침해를 수반한다는 점, 셋째, 특정 약물에 대한 효과와 부작용이 의학적으로 명확히 입증되지 않았다는 점, 넷째, 법안 제안에 즈음하여 위치추적 전자감시제도 및 치료감호제도 등 성범죄자에 대한 다른 종류의 형사제재가 도입되었다는 점 등으로 설명될 수 있다. 또한 동법은 입법과정에서 원안과 달리 ① 화학적 거세라는 용어가 수치심과 거부감 등을 줄 우려가 있어 성충동 약물치료로 수정한 점, ② 약물치료 대상자를 상습적 성폭력범죄자에서 상습성 요건을 삭제하여 초범자도 가능하도록 한 점, ③ 아동을 대상으로 하는 성폭력범죄를 13세 미만에서 16세 미만으로 그 대상을 확대한 점, ④ 약물치료 대상자의 연령을 25세 이상에서 만 19세 이상으로 확대한 점, ⑤ 치료명령을 결정에서 판결로 그 절차를 강화함에 따라 본인 동의를 받지 않도록 한 점, ⑥ 치료명령이 청구되지 아니한 성폭력 수형자에 대해서 본인의 동의하에 치료명령을 법원의 결정으로 하는 제도를 신설한 점, ⑦ 약물치료의 시기를 수용 시에서 출소 2개월 전으로 변경한 점, ⑧ 법 시행 시기를 공포 후 6개월에서 공포 후 1년으로 변경한 점 등에서 변경사항이 발생하였다(국회사무처, 제291회 국회법제사법위원회 회의록 제6호, 2010. 6. 29, 4면).

10) 이에 대하여 보다 자세한 내용으로는 박찬걸·송주영, "성충동 약물치료제도 도입의 문제점과 개선방안", 형사정책 제23권 제1호, 한국형사정책학회, 2011. 6, 227면 이하 참조.

11) 한편 2012. 5. 아동 성폭행 전과 4범인 박 모(46)씨에 대해 성충동 약물치료 명령 3년이 내려졌지만 이는 법무부 치료감호심의위원회 결정에 의한 것으로서 검찰이 청구하여 법원이 선고한 경우와 차이점이 있다. 박 모 씨는 2012. 5. Lucrin이라는 성충동 억제호르몬제를 한 차례 주사로 투여받았으며, 2012. 7. 23. 가출소 후 3개월에 한 번씩 약물투여와 함께 한 달에 한 번 심리 인지치료를 받고 있는 중이다.

을 통해 만난 10대 중반의 여성 청소년 5명과 모두 6차례에 걸쳐 성관계를 맺으면서 알 몸 사진과 성관계 동영상을 찍고 인터넷에 유포시키겠다고 협박해 성폭행한 혐의로 구속 기소된 표 씨(31)에 대하여, 2013. 1. 3. 서울남부지방법원 형사11부(김기영 부장판사)는 징역 15년을 선고하면서, 성충동 약물치료 3년, 신상정보공개 10년, 위치추적 전자장치 부착 20년, 성폭력 치료 프로그램 200시간 이수 등을 명령하였다.[12] 이어서 광주지방법 원 형사2부(이상현 부장판사)는 2013. 1. 17. 남자 어린이를 추행한 혐의(성폭력범죄의 처벌 등에 관한 특례법 위반)로 구속 기소된 강 모(21)씨에 대해 징역 2년 10월을 선고 하면서, 성충동 약물치료 1년, 신상정보공개·고지 5년, 위치추적 전자장치 부착 6년 등 을 명령하였고, 광주지방법원 형사2부(이상현 부장판사)는 2013. 1. 31. 성폭력 범죄의 처벌 등에 관한 특례법(강간 등 살인) 위반, 영리약취유인, 야간주거침입절도 등 혐의로 기소된 고 씨(24)에 대한 1심에서 무기징역을 선고하면서, 성충동 약물치료 5년,[13] 위치 추적 전자장치 부착 30년, 신상정보 공개·고지 5년 등을 명령하였다.

성충동약물치료법은 '사람에 대하여'[14] 성폭력범죄를 저지른 성도착증 환자로서 성폭 력범죄를 다시 범할 위험성이 있다고 인정되는 19세 이상의 사람에 대하여 성충동 약물 치료를 실시하여 성폭력범죄의 재범을 방지하고 사회복귀를 촉진하는 것을 목적으로 하 고 있는데(제1조),[15] 현재의 상황으로는 동법의 완전 폐기는 불가능한 것으로 보인다. 따 라서 도입반대론을 관철하기보다는 시행에 따른 문제점과 보다 나은 개선방안을 모색해 보는 것이 합리적인 방법론이라고 하겠다. 다만 대전지방법원 제12형사부(안병욱 부장판 사)는 2013. 2. 8. 성충동 약물치료에 관한 법률에 대해 헌법재판소에 위헌법률심판을 제

---

12) 재판부에 따르면 "피고인은 강간치상, 특수강도강간 등으로 징역형을 선고받은 적이 있으며 누범 기간에 이번 범행을 저질렀는데, 다수 피해자를 상대로 장기간에 걸쳐 범행했으며 왜곡된 성의식을 갖고 있고 성욕과잉인 것으로 보여 스스로 통제가 불가능한 상태로 판단된다"고 하면서, "피고인이 범행을 자백했 지만 청소년들의 성을 사는 행위를 하고 강간하였으며 그 장면을 촬영하고 협박하는 등 죄질이 극히 불 량하며, 피해자들이 피고인의 강력한 처벌을 바라고 있고, 동종전과가 있음에도 자숙하지 않아 사회로부 터 장기간 격리할 필요가 있다"고 양형이유를 설명하였다. 한편 당해 사건의 피고인은 심신장애와 법리 적 사실오인 등을 항소 사유로 제시한 항소장을 2013. 1. 10. 법원에 제출하였다.

13) 당초 검사는 성충동 약물치료 명령의 최대기한인 15년을 구형하였지만, 재판부는 5년을 인정하고 있는 데, 이는 재범위험성에 대처하기 위한 위치추적 전자장치 부착명령을 그 최대기한인 30년을 선고한 것과 관련하여 유의미한 일이라고 판단된다. 성충동 약물치료의 경우에도 최대치인 15년을 선고하는 것이 일 견 타당해 보일지 모르지만, 아직 동 제도의 실효성이나 부작용 등이 검증되지 않은 상황을 재판부가 고 려한 것이라고 평가할 수 있기 때문이다.

14) 개정법상의 '사람에 대하여'라는 문구는 구법상에 규정된 '16세 미만의 사람에 대하여'라는 문구에서, 피 해자의 연령을 불문하고 성충동 약물치료명령을 할 수 있도록 개정되면서 '16세 미만의' 부분만을 삭제 하여 남게 된 것으로 보이는데, 굳이 '사람에 대하여'라는 문구를 존치시키지 않아도 무방하다고 본다.

15) 이하에서 법률의 명칭이 없이 단순히 법조문만 표기된 것은 성충동약물치료법상의 규정을 의미한다.

청하기로 결정하였는데, 동 재판부는 성충동약물치료법 제4조(치료명령의 청구) 제1항과 제8조(치료명령의 판결 등) 제1항에 대하여 본인의 동의를 구하지 않고 법원의 명령에 의해 강제적으로 집행되는 문제점을 지적한 것으로 보인다. 이에 따라 추가적인 성충동 약물치료명령의 선고 및 시행은 헌법재판소의 결정이 있을 때까지 불가피하게 연기될 것으로 보인다. 이하에서는 먼저 성충동 약물치료와 외과적 치료의 법적 성격 비교, 성충동 약물치료의 대상자 및 부작용 등을 중심으로 성충동 약물치료제도를 개괄적으로 살펴본다(Ⅱ). 그 후 성충동약물치료법에서 규정하고 있는 3가지 유형의 성충동 약물치료, 즉 강제성의 문제, 심리치료 프로그램과의 연계문제, 재범위험성의 판단시점의 문제, 심신상실자에 대한 치료명령 부과의 문제 등을 중심으로 한 제8조에 의한 성충동 약물치료(Ⅲ), 자발적 동의의 문제, 가석방요건 연계의 문제, 이중처벌의 문제, 소급적용의 문제, 비용부담의 문제 등을 중심으로 한 제22조에 의한 성충동 약물치료(Ⅳ), 과잉처벌의 문제, 치료명령 부과 주체의 문제 등을 중심으로 한 제25조에 의한 성충동 약물치료(Ⅴ) 등을 차례대로 살펴본 다음, 우리나라 형사입법의 태도를 비판하면서 논의를 마무리하고자 한다(Ⅵ).

Ⅱ. 성충동 약물치료제도에 대한 개관

1. 성충동 약물치료('화학적 거세')와 외과적 치료('외과적 거세')의 비교

가. 외과적 치료의 법적 성격

거세(去勢)란 주로 동물의 수컷의 생식에 필요한 신체 부위를 훼손시켜 생식 기능이 불가능한 상태로 만드는 행위이고, 수술에 의한 거세를 거세술이라 부르며 수컷에 있어서는 고환의 절제,[16] 암컷에 있어서는 난소절제나 자궁을 적출하는 등의 방법이 있다. 통상 거세는 시술방법에 따라 화학적 거세(chemical castration)와 외과적 거세(surgical castration)로 분류될 수 있는데, 화학적 거세는 성적 충동 관련 호르몬인 '테스토스테론(testosterone)'

---

16) 일반적으로 고환 전체를 제거하는 것이 아니라 생식선의 일부를 절단하는 방법으로 시행한다.

의 분비를 억제하는 호르몬제를 주사하는 방법에 의한 것임에 반하여, 의학적으로 외과적 거세는 성적 충동과 관련되어 있는 호르몬인 테스토스테론을 생성하는 고환을 제거하는 것이고, 이는 약물투여 방법인 화학적 거세와는 달리 원상회복이 불가능하며, 외과적 거세가 시술되는 경우에는 성적 충동이 급격하게 감소될 정도로 당사자의 '테스토스테론'의 분비가 줄어드는데 그 정도는 사춘기 이전의 상태에까지 이른다고 한다. 또한 외과적 거세의 부작용으로는 땀의 증가, 얼굴이나 몸의 탈모, 체중증가 이외에 피부가 부드러워지는 등의 현상이 발생한다고 알려져 있다.

지금까지 외과적 치료와 관련된 법률안은 총 2차례 국회에 제출된 적이 있는데, 먼저 2011. 1. 31.[17] 신상진 의원 등 11인은 「아동 성폭력범죄자의 외과적 치료에 관한 법률안」(의안번호 10727호)을 국회에 제출하였지만,[18] 2012. 5. 29. 18대 국회 임기만료로 인하여 자동 폐기된 바 있다. 동 법률안은 2011. 2. 1. 법제사법위원회에 회부되었고, 국회 법제사법위원회는 2011. 2. 7. 동 법률안에 대하여 국가인권위원회에 의견제시를 요청하였는데, 국가인권위원회는 국회의장에게, 「아동 성폭력범죄자의 외과적 치료에 관한 법률안」(의안번호 10727호)의 제정을 통해 외과적 거세형을 도입하는 것은 바람직하지 않다는 의견을 표명하였다.[19] 이로 인하여 동 법률안은 법제사법위원회 심사를 위한 상정조차 이루어지지 못했다. 이후 2012. 9. 7. 박인숙 의원 등 19인은 「성폭력범죄자의 외과적 치료에 관한 법률안」(의안번호 1643호)을 국회에 제출하였지만, 아동·여성 대상 성폭력 대책 특별위원회는 2012. 11. 19. 본회의에 부의하지 아니하기로 의결하였다.

동 법률안은 성폭력범죄를 저지른 사람 중 상습적 범죄로 교화나 재활을 기대할 수 없

---

17) 이는 당시 시행해 보지도 않은 성충동 약물치료제도가 성범죄 예방에 근본적인 처방이 되지 않는다는 점 등 여러 가지 문제점을 가지고 있으니 동 제도의 보완책으로 물리적 거세를 도입하자는 것인데, 너무나도 근시안적 발상이라고 하지 않을 수 없다. 물리적 거세에서 나타나는 문제점은 성충동 약물치료제도에서 제기되는 문제점보다 그 정도가 더 심각함에도 불구하고 후자가 시행되기도 전에 전자의 제도를 주장하는 것은 최근 형사정책의 악질적인 경향이라고 할 수 있는 중형주의와 대중에 대한 인기영합주의의 발상에 불과하기 때문이다.

18) 동 법률안의 제안이유에 대하여는 "최근 잇따른 아동·청소년 대상 성폭력 범죄가 발생하면서 국민적 인내심은 극에 달하고 있고 국가차원의 확실한 대책이 요구되고 있는 상황인데, 국회에서 약물을 이용한 성충동 억제에 관한 법률이 통과되었지만, 약물치료가 갖고 있는 약물내성과 부작용, 치료단절에 따른 강한 충동력 발생 등 여러 가지 문제점이 지적되고 있는 만큼 근본적인 처방이 될 수 없다. 아동·청소년 대상 성범죄에 대한 경종을 울리며, 거세와 같은 특단의 대책이 마련되어야 할 것이기 때문에 우선적으로 형벌에 '거세'에 관한 근거조항을 마련할 필요가 있으며, 교화나 재활을 기대할 수 없고 재범 발생 위험성이 있다고 인정되는 아동 성폭력 범죄자에게 대해 외과적 치료를 통한 성폭력범죄를 방지할 필요가 있다"고 밝히고 있다. 이러한 제안이유는 2012. 9. 7. 제안된 「성폭력범죄자의 외과적 치료에 관한 법률안」(의안번호 1643호)에서도 그대로 인용되고 있다.

19) 국가인권위원회, "「아동 성폭력범죄자의 외과적 치료에 관한 법률안」과 「형법 일부 개정 법률안」에 대한 의견표명", 국가인권위원회 상임위원회 결정, 2011. 5. 3.

고 재범 발생 위험성이 있다고 인정되는 사람에 대하여 외과적 치료를 통한 성폭력범죄 방지를 목적으로 하고 있는데, '외과적 치료'란 비정상적인 성적 충동이나 욕구로 인하여 더 이상 교화나 재활을 기대할 수 없는 사람에게 성폭력범죄의 재범 발생을 방지하기 위하여 현행 「형법」 제41조 제10호 따라 거세를 실시하는 것을 말한다(동 법률안 제2조 제2호). 검사는 성폭력범죄를 저지른 사람 중 재범의 위험성이 높고 교화나 재활이 어려운 사람에게 외과적 치료를 청구할 수 있는데, 이러한 청구는 공소가 제기된 사건과 이미 성폭력범죄로 징역형 이상의 형이 확정된 치료감호 또는 보호감호 중인 사람에게도 외과적 치료명령을 청구할 수 있다(동 법률안 제4조). 한편 외과적 치료집행은 검사의 지휘를 받아 보호관찰관이 지정한 의사에 의하여 집행한다(동 법률안 제8조 제1항). 이상의 점에 비추어 볼 때 외과적 치료의 법적 성격은 실질적인 측면은 물론이거니와 형식적인 측면에서도 형벌의 일종이라고 판단할 수 있다.

생각건대 치료를 중단함으로써 당사자의 기능이 회복이 가능한 화학적 치료와는 달리 외과적 치료는 원상회복이 불가능하여 성기능이 영구적으로 무력화하게 되는 것으로 당사자 자신의 삶에 중대한 영향을 미침에도 본인의 자발적 동의 없이 강제적으로 이루어지는 것이므로 신체에 관한 자기결정권의 중대한 침해가 될 수 있고, 외과적 치료는 본인의 동의 없이 성범죄자의 고환을 강제적으로 제거하는 방법으로 이루어져 신체의 일부를 영구적으로 제거 한다는 점에서 신체를 훼손당하지 아니할 권리를 침해할 소지가 있다. 또한 거세대상자의 기본권을 덜 제한하는 방식의 '치료' 개념으로 접근하는 보안처분적 성격의 화학적 거세제도가 존재함에도 불구하고 신체의 완전성을 영구적으로 제한하는 외과적 거세제도를 중첩적으로 도입하는 점을 고려할 때 외과적 거세는 침해의 최소성 요건을 충족하지 못하는 것으로 판단된다.

한편 이중처벌금지의 원칙이란 한번 판결이 확정되면 동일한 사건에 대해서는 다시 심판할 수 없다는 '일사부재리의 원칙'이 국가형벌권의 기속원리로 헌법상 선언된 것으로서, 동일한 범죄행위에 대하여 국가가 형벌권을 거듭 행사할 수 없도록 함으로써 국민의 기본권 특히 신체의 자유를 보장하기 위한 것인데, 이미 성폭력 범죄로 징역형 이상의 형이 확정된 치료감호 또는 보호감호 중인 사람에게도 외과적 치료명령을 청구할 수 있도록 하고 있어 이미 형이 확정되어 범죄에 대한 평가가 완료된 자에 대하여 추가로 형벌을 부과하는 것이므로 이중처벌금지의 원칙에 위반될 수 있고,[20] 징역형이 이미 확정

---

20) 국회, "「성폭력범죄자의 외과적 치료에 관한 법률안」 심사보고서", 아동·여성대상 성폭력 대책 특별위원회, 2012. 11. 14.

된 자에게 사후입법에 따라 새로운 형벌의 성격을 갖는 외과적 치료를 추가하는 것이므로 형벌불소급의 원칙에도 위배된다고 본다.

나. 성충동 약물치료의 법적 성격

성충동 약물치료란 비정상적인 성적 충동이나 욕구를 억제하기 위한 조치[21]로서 성도착증 환자에게 약물 투여[22] 및 심리치료 등의 방법으로 도착적인 성기능을 일정기간 동안 약화 또는 정상화하는 치료를 말한다(제2조 제3호). 여기서 성충동 약물치료는 ① 비정상적 성적 충동이나 욕구를 억제하거나 완화하기 위한 것으로서 의학적으로 알려진 것일 것, ② 과도한[23] 신체적 부작용을 초래하지 아니할 것, ③ 의학적으로 알려진 방법대로 시행될 것 등의 요건이 모두 충족되어야 시행될 수 있다(제3조). 또한 심리치료가 반드시 병행되어야 하는데, 이는 자발적인 성충동 조절능력을 향상시키는 것과 함께 보다 나은 약물치료의 효과를 거두기 위한 것이다. 치료명령은 「의료법」에 따른 의사의 진단과 처방에 의한 약물 투여, 「정신보건법」에 따른 정신보건전문요원 등 전문가에 의한 인지행동 치료 등 심리치료 프로그램의 실시 등의 방법으로 집행한다(제14조 제1항). 보호관찰관은 약물 투여의 방법으로 치료명령을 집행할 때에는 치료기관 의사의 진단과 처방에 따라 약물을 투여하여야 하며, 약물 투여와 함께 호르몬 수치 검사를 실시하여야 하며(시행령 제7조 제3항), 보호관찰관은 시행령 제2조 제1항 각 호의 시설 또는 기관 또는 동 기관 외에 「정신보건법」에 따른 정신의료기관 중 법무부장관이 지정한 기관으로 하여금 약물치료를 실시하게 할 수 있다(시행령 제9조 제1항). 이에 따라 약물치료를 실시한 치료기관에 대해서는 예산의 범위에서 치료비용의 전부를 지급하여야 한다(시행령 제9조 제2항).

---

21) 성충동 약물치료가 대상자의 성적 충동을 낮추는 효과는 분명하지만, 대다수의 성범죄자는 상대방을 폭력으로 지배하려는 욕구와 분노를 표현하기 때문에 보다 근본적인 범죄의 원인인 폭력적인 동기까지 억제시키는지 치료를 병행해야 할 것이다.

22) 성적 충동과 관련되는 호르몬인 테스토스테론을 억제하는 호르몬제로는 루프론(Lupron), 졸라덱스 데포(Zoladex Depot), 사이프로테론 아세테이트(Cyproterone Acetate), 데포 프로베라(Depo Provera) 등이 있는데, 이 중 루프론 또는 졸라덱스 데포를 4주에 1회 주사하는 방식(1회 투여 시 약 28만 원 소요)이 가장 일반적이다. 한편 치료명령을 받은 사람에게 투여할 약물은 성호르몬의 생성을 억제·감소시키는 약물 또는 성호르몬이 수용체에 결합하는 것을 방해하는 약물 중에서 법무부장관이 정하여 고시하는 약물로 한다(시행령 제8조 제1항).

23) '과도한' 신체적 부작용을 초래하지 않을 것이라는 점을 그 명문의 요건으로 한 것은 어느 정도의 신체적 부작용은 감수하겠다는 의미인데, 어느 정도가 감수의 대상이고 어느 정도가 과도한 것인지에 대한 구체적인 기준이 없다는 점에서 문제라고 할 수 있다.

이러한 성충동 약물치료의 법적 성격에 대해서는 크게 보안처분으로 보는 입장과 형벌로 보는 입장으로 나눌 수 있겠지만, 현재까지는 이를 순수한 형벌로 보는 견해는 찾아보기 힘들고,[24] 주류적인 견해[25]는 보안처분으로 파악하고 있는 것으로 보인다. 보안처분으로 보는 입장의 논거를 살펴보면, 성충동 약물치료가 재범을 방지하고 사회복귀를 촉진한다는 목적으로 시행된다는 점, 처벌보다는 치료에 초점을 맞추어 강력한 처벌보다는 범죄자의 특성에 맞게 처우하려고 한다는 점, 행위자의 특수한 위험성으로 인하여 형벌만으로 그 목적을 달성할 수 없기 때문에 징역형의 선고와는 별도로 부가되는 형사제재라는 점, 성충동 약물치료의 내용에는 약물 투여뿐만 아니라 심리치료 프로그램의 운영 등도 필수적으로 요구된다는 점 등을 들 수 있다.

형사제재에 관한 종래의 일반론에 따르면, 형벌은 본질적으로 행위자가 저지른 과거의 불법에 대한 책임을 전제로 부과되는 제재를 뜻함에 반하여, 보안처분은 행위자의 장래 위험성에 근거하여 범죄자의 개선을 통해 범죄를 예방하고 장래의 위험을 방지하여 사회를 보호하기 위해서 형벌에 대신하여 또는 형벌을 보충하여 부과되는 자유의 박탈과 제한 등의 처분을 뜻하는 것으로서 양자는 그 근거와 목적을 달리하는 형사제재이다. 연혁적으로도 보안처분은 형벌이 적용될 수 없거나 형벌의 효과를 기대할 수 없는 행위자를 개선·치료하고, 이러한 행위자의 위험성으로부터 사회를 보호하기 위한 형사정책적인 필요성에 따라 만든 제재이므로 형벌과 본질적인 차이가 있다. 즉 형벌과 보안처분은 다 같이 형사제재에 해당하지만, 형벌은 책임의 한계 안에서 과거 불법에 대한 응보를 주된 목적으로 하는 제재이고, 보안처분은 장래 재범 위험성을 전제로 범죄를 예방하기 위한

---

24) 다만 신체형으로서의 형벌의 성격을 부정할 수 없다는 견해(류병관, "성충동약물치료법에 관한 비교법적 고찰", 법학논총 제32권 제2호, 전남대학교 법학연구소, 2012. 8, 436면; 이현정·박병주, "재범방지대책에 대한 비판적 검토-성폭력범죄를 중심으로-", 한국경찰학회보 제14권 제3호, 한국경찰학회, 2012. 6, 174면)는 존재한다.

25) 김희균, "상습적 아동 성폭력범에 대한 화학적 거세도입 가능성에 대한 연구", 형사법연구 제21권 제4호, 한국형사법학회, 2009. 12, 279면; 박봉진, "성폭력범죄자의 성충동약물치료에 관한 법률의 헌법적·형사정책적 검토", 법학연구 제47호, 한국법학회, 2012. 8, 179면; 박상기, "소위 화학적 거세와 성폭력범죄자의 성충동 약물치료에 관한 법률의 문제점", 형사정책연구 제21권 제3호, 한국형사정책연구원, 2010. 9, 218면; 선종수, "성폭력범죄자의 성충동 약물치료에 관한 법률에 대한 비판적 검토", 법학논총 제23권 제2호, 국민대학교 법학연구소, 2011. 2, 70면; 오삼광, "성충동 약물치료제도의 발전방안에 관한 연구", 일감법학 제21호, 건국대학교 법학연구소, 2012. 2, 534면; 이동명·박현정, "상습적 성범죄자처우에 관한 고찰-성충동 약물치료명령을 중심으로-", 법학연구 제42호, 한국법학회, 2011. 5, 219면; 허경미, "성도착사범 처벌의 한계에 관한 연구", 한국공안행정학회보 제20권 제1호, 한국공안행정학회, 2011. 3, 348면; 황만성, "성폭력범죄자에 대한 형사제재의 최근 경향과 쟁점", 한양법학 제22권 제2집, 한양법학회, 2011. 5, 474면; 황일호, "성충동 약물치료의 재범억지 효과성에 관한 연구", 교정연구 제56호, 한국교정학회, 2012. 9, 57면.

제재이다. 그런데 오늘날에는 형벌과 보안처분의 형태가 다양해지고 형벌 집행에 있어서 범죄자에 대한 특별예방적·형사정책적 관심과 배려를 강조하는 새로운 형사제재수단들이 등장하면서 형벌과 보안처분의 경계가 모호해지고 있다. 따라서 새로운 형사제재의 법적 성격을 논함에 있어서 종전과 같은 '과거 행위에 대한 응보 – 재범의 위험성에 따른 사회 예방'이라는 이분법적 논리를 단순히 적용하기에는 타당하지 않은 면이 있다.[26]

생각건대 성충동 약물치료의 근본적인 목적 내지 표면적인 목적은 원칙적으로 재범방지와 사회방위라고 판단된다. 성충동 약물치료의 가장 중요한 요건인 '재범의 위험성'에 대해서 관련된 전문가들의 과학적인 사실판단을 참고로 하여 법률가인 검사와 판사가 이를 결정하고 있으며, 나아가 성범죄자의 죄질, 재범위험성의 경중, 전문가의 의견 등을 종합하여 준수사항 부과 여부 및 부착기간을 차별화하고 있기 때문이다. 또한 성충동 약물치료의 선고는 피고사건의 양형에 유리하게 참작되어서는 안 되고(제8조 제6항), 성폭력범죄사건의 양형은 성충동 약물치료명령의 요건에 대한 심사, 그에 따른 성충동 약물치료명령의 선고 여부 및 선고되는 성충동 약물치료기간의 결정 등과는 구별되어야 하는데, 이는 성충동 약물치료명령이 형벌과 그 목적이나 심사대상 등을 달리하므로 징역형의 대체수단으로 취급하여 함부로 양형을 감경하여서는 안 된다는 점을 명시하고 있는 것이다.

하지만 성충동 약물치료는 신체에 직접 가해지거나 신체의 자유를 박탈하는 정도가 형벌에 준할 정도에 이르기 때문에 형벌로서의 성격도 전적으로 부인할 수 없다. 성충동 약물치료의 주된 목적이 단순히 '재범의 위험성 있는 범죄자의 재범 방지'에 머무르지 않고, 일정한 유형의 성폭력범죄로 인한 피해의 심각성, 다시 말해 그 범죄들의 죄질이 매우 나쁘고 책임이 무거워 비난가능성이 크다는 점을 고려하여, 기존의 형벌 외에 성충동 약물치료라는 추가적인 제재를 부가함으로써, 그 범죄를 저지른 자에 대해서는 강하게 책임을 묻고 비난하는 한편, 일반 국민들에 대해서는 강력한 경고를 고지함으로써 그와 같은 범죄를 저지르지 못하도록 하려는 것으로 보인다. 한편, 성충동 약물치료를 부과하는 목적과 의도가 어떠한지는 '치료기간'을 정하는 기준에서도 찾아 볼 수 있는데, 이는 단순히 개별 범죄자의 재범위험성의 정도가 아니라 해당 범죄의 죄질과 책임이 얼마나 무거운지, 다시 말해 그 범죄에 대하여 얼마나 무거운 처벌이 필요한지를 기준으로 하여 성충동 약물치료의 치료기간을 정하고 있는 것이다.[27] 이러한 점들에 비추어볼 때,

---

26) 헌법재판소 2012. 12. 27. 선고 2010헌가82·2011헌바393(병합) 결정.

27) 이는 최근에 선고된 3건의 치료명령에서도 그대로 나타나고 있다. 2013. 1. 3. 선고된 피고인의 형량이

성충동 약물치료의 목적과 의도는 단순히 재범의 방지뿐만 아니라 중대한 범죄를 저지른 자에 대하여 그 책임에 상응하는 강력한 처벌을 가하고 일반 국민에 대하여 일반예방적 효과를 위한 강력한 경고를 하려는 것이라고 볼 것이기 때문에 성충동 약물치료는 '형벌적 성격을 갖는 보안처분'이라고 하지 않을 수 없다.

2. 성충동 약물치료의 대상자

가. 19세 이상의 성도착증 환자일 것

성충동 약물치료는 일정한 성폭력범죄를 저지른 성도착증 환자 중에서 성폭력범죄를 다시 범할 위험성이 있다고 인정되는 19세 이상의 사람에게 부과할 수 있는 제도이다. 구법에서는 '16세 미만의 사람에 대하여' 성폭력범죄를 저지른 성도착증 환자에 대해서만 부과할 수 있었지만, 개정법은 최근 연이은 부녀자 성폭력 강력범죄를 볼 때 화학적 거세가 필요한 성충동 범죄자를 축소하여 운영할 필요성이 적다고 보이므로, 16세 미만의 사람을 대상으로 하였는지를 불문하고 성폭력 범죄자가 성도착증 환자인 경우에는 성충동 약물치료명령을 부과할 수 있도록 하였다. 대다수의 입법례에서는 '일정한 연령 이하의 아동'을 대상으로 하는 '상습적 성범죄자'를 대상으로 성충동 약물치료를 실시하고 있는 것과는 대조적이다.

여기서 성도착증 환자란 「치료감호법」 제2조 제1항 제3호에 해당하는 사람 및 정신건강의학과 전문의의 감정에 의하여 성적 이상 습벽으로 인하여 자신의 행위를 스스로 통제할 수 없다고 판명된 사람을 말한다(제2조 제1호). 성도착증이란 일반적으로 비정상적인 객체, 상황 또는 개인을 대상으로 한 성적인 환상 및 욕구를 말하는데,[28] 성도착증 환자에 해당하는 판단의 문제에 대한 명확한 근거가 제시되어 있지 못한 실정이며, 이마저도 최종적인 판단은 법관이 할 수 있다는 것이 법원의 일관된 태도[29]라고 할 수 있는데, 의학적으로는 성도착증 환자임에도 불구하고 법적으로는 성도착증 환자로 평가할 수

징역 15년에 성충동 약물치료 3년, 2013. 1. 17. 선고된 피고인의 형량이 징역 2년 10월에 성충동 약물치료 1년, 2013. 1. 31. 선고된 피고인의 형량이 무기징역에 성충동 약물치료 5년인 것 등이 이를 방증하고 있다.

28) 성도착의 개념, 분류, 원인 등에 대한 보다 자세한 논의는 허경미, 앞의 논문, 336-343면 참조.

29) 대법원 2007. 6. 14. 선고 2007도2360 판결; 대법원 1999. 1. 26. 선고 98도3812 판결.

없는 경우도 충분히 예상할 수 있는 대목이다. 법에서는 성도착증이 정신장애라는 것은 인정하지만 구체적으로 어떠한 유형의 성도착을 정신장애의 범주에 포함시킬 것인지는 규정하고 있지 않다.

생각건대 성충동 약물치료의 요건으로 '성도착증 환자'라는 것을 요구하는 것과 관련하여 다음과 같은 비판을 할 수 있을 것이다. 첫째, 성도착증을 정신적 장애로 판단하면서 신체적 장애를 전제로 하는 성충동 약물치료를 하는 것은 모순이라고 본다. 정신적인 장애가 있다면 정신적인 치료, 심리상담, 교육 등에 주안점을 두어야 하는 것이 합당함에도 불구하고, 현행 제도는 오히려 신체적 작용을 중심으로 하는 약물치료가 우선시되는 경향을 보이고 있어 주객이 전도된 것으로 평가된다.

둘째, 성도착사범으로 판정된다면 징역형을 선고할 것이 아니라 치료감호처분을 선고하여 근본적인 치료처우가 가능하도록 해야 함에도 그렇게 하고 있지 않은 부분도 개선되어야 할 것이다.

셋째, 현행법상으로는 1인의 정신건강의학과 전문의가 진단을 하더라도 무방하다고 볼 수 있는데, 전문가라고 할지라도 오진율을 고려한다면 성도착증 환자의 정확한 진단을 위한 정신건강의학과 전문의로 구성된 위원회를 두는 것이 바람직하다고 판단된다.[30] 왜냐하면 전문가라고 할지라도 초범자를 대상으로 의학적으로 성도착증 환자인지 여부를 정확하게 감정할 수 있을 것인가에 대하여는 상당히 회의적이라고 할 수 있기 때문이다.[31]

넷째, 성도착증 환자라고 할지라도 범죄의 성향에 따른 단계별 분류도 필요할 것으로 보인다. 동일한 약물을 대상자 모두에게 동일하게 사용하는 것만이 반드시 바람직한 것이라고는 할 수 없기 때문에 대상자에게 어떠한 약물을 사용할 것인지의 효능을 고려하여 단계별로 약물을 투여해야 할 것이다.[32]

다섯째, 성충동약물치료법은 우리 사회의 성범죄가 특이한 사람에 의해서만 발생하는 것이 아니라 평범하고 정상적인 일반인 또는 친족이나 가까운 지인에 의해서 이루어지고 있으며 그 원인은 성도착증과 같은 정신과적 질병이 아니라는 점을 간과할 수 있다.[33]

---

30) 현행법상으로도 법원은 정신건강의학과 전문의의 진단 또는 감정의견만으로 치료명령 피청구자의 성도착증 여부를 판단하기 어려울 때에는 다른 정신건강의학과 전문의에게 다시 진단 또는 감정을 명할 수 있다(제9조).

31) 조철옥, "아동 성폭력 범죄자의 화학적 거세에 관한 고찰", 치안정책연구 제24권 제2호, 치안정책연구소, 2010. 12, 113면.

32) 이동명·박현정, 앞의 논문, 226면.

33) Patricia Tjaden & Nancy Thoennes, U.S. Dep't of Justice, Extent, Nature And Consequences of Rape Victimization: Findings from The National Violence Against Women Survey 36 fig.14, 23 fig.25, 2006.

이는 오히려 성폭력 범죄에 대한 왜곡된 인식을 초래할 가능성이 높은데, 성폭력 범죄의 실상은 비이성적 성욕을 가진 극소수의 사람에 의해서 야기되는 것이 결코 아니다.[34] 오히려 남녀관계에서 성에 대한 왜곡된 의식, 성적 폭력성에 대하여 관대한 사회적 분위기와 같은 사회환경적 요인을 도외시하고 있다는 점이다.[35] 또한 다양한 형태로 나타나고 있는 성범죄는 가해자의 성기 발기 억제나 성욕 저하만으로 예방이 가능한 것이 아니다. 성폭력범죄의 발생원인이 다양하다는 점, 즉 약물이나 알콜 남용, 반사회적 성향, 폭력적 성향 등 기타 요인에 의해서 성폭력범죄를 상습적으로 범하는 자의 경우 성충동 약물치료에도 불구하고 여전히 성폭력범죄를 할 수 있다는 점을 고려할 때 성도착증 이외의 원인에 의한 성폭력범죄의 재발을 방지하는 데에는 한계가 있다고 판단된다. 이는 모든 성폭력범죄자가 성충동 약물치료로 인하여 효과를 볼 수는 없다는 평가로 귀결되므로, 효과를 볼 수 있는 범죄자를 선별하는 작업의 중요성을 인식하여야만 한다.

나. 일정한 성폭력범죄를 저지를 것

성충동 약물치료의 대상이 되는 성폭력범죄는 ①「아동·청소년의 성보호에 관한 법률」제7조(아동·청소년에 대한 강간·강제추행 등)의 죄, ②「성폭력범죄의 처벌 등에 관한 특례법(이하에서는 '성폭력특례법'이라고 한다)」제3조(특수강도강간 등)부터 제13조(통신매체를 이용한 음란행위)까지의 죄 및 제15조(미수범)의 죄(제3조부터 제9조까지의 미수범만을 말한다), ③「형법」제297조(강간)·제298조(강제추행)·제299조(준강간, 준강제추행)·제300조(미수범)·제301조(강간등 상해·치상)·제301조의2(강간등 살인·치사)·제302조(미성년자등에 대한 간음)·제303조(업무상위력등에 의한 간음)·제305조(미성년자에 대한 간음, 추행)·제339조(강도강간) 및 제340조(해상강도) 제3항(부녀를 강간한 죄만을 말한다)의 죄, ④ ①부터 ③까지의 죄로서 다른 법률에 따라 가중 처벌되는 죄 등을 말한다(제2조 제2호).

하지만 성폭력특례법상 공중밀집장소추행죄 및 통신매체이용음란죄의 경우에도 성충동 약물치료의 대상에 포함시킨 것은 비례성의 원칙에 반한다고 본다. 성충동약물치료법에 의하면 성폭력특례법상 카메라등이용촬영죄는 그 대상에서 제외되어 있는데, 양자를 비

---

34) 정재준, "물리적 거세법안의 의료법적 성격과 한계 - 미국(텍사스주)의 물리적 거세법을 참고하여-", 한국의료법학회지 제20권 제1호, 한국의료법학회, 2012. 6, 20면.
35) 박상기, 앞의 논문, 215면.

교해 보면 전자의 범죄가 후자의 범죄보다 형벌(법정형)의 측면에서 경한 것임을 알 수 있다. 그러므로 상대적으로 경미한 성범죄에 해당하는 공중밀집장소추행죄와 통신매체이용음란죄는 대상범죄에서 삭제되는 것이 타당하다. 또한 형법 제305조의2[36]가 제외되어 있는 것도 문제라고 할 수 있다. 형법 제305조의2에 해당하는 상습범 가중처벌규정은 2010. 4. 15. 신설된 조문인 바, 재범위험성이 농후한 성범죄의 상습범에 대한 적용 제외는 다른 범죄의 적용과 비교할 때 모순이라고 할 수 있다. 이는 아마도 입법상의 중대한 과오라고 보인다.[37]

다. 재범위험성이 있을 것

성폭력범죄자의 재범위험성 평가에 있어서는 현재 전자감시 대상자를 판정할 때 사용하는 성폭력범죄자 위험성 평가기준인 KSORAS(Korea Sex Offenders Risk Assessment)를 적용할 수 있을 것이다. 이에 의하면 총 15개의 요인을 바탕으로 재범위험성을 판단하고 있는데, 구체적으로 피의자 연령, 피의자 혼인관계, 최초 경찰입건 연령, 성폭력범죄의 유형, 성폭력범죄의 횟수, 다른 폭력범죄의 횟수, 총 시설수용기간, 수용기간 동안의 문제행동여부, 피해자 유형, 피해자의 나이, 피해자의 성별, 피해자의 수, 피해자와의 연령차이, 현저한 폭력사용여부, 범행에 대한 책임 등이 그것이다. 하지만 성충동 약물치료 대상자에 대한 재범위험성 평가는 전자감시 대상자와 비교하여 인권침해나 신체의 완전성을 훼손당할 소지가 상대적으로 크기 때문에 더 전문적이고 객관적인 평가기준이 필요할 것으로 보인다.

3. 성충동 약물치료의 부작용 문제

성충동 약물치료에 사용되는 약물이 초래할 수 있는 부작용에 대해서도 많은 논란이 있다. 예를 들어 항남성호르몬제는 체중의 증가, 피로, 두통, 체모의 감소, 답답함, 위장의 장애 등을 포함하는 부작용을, MPA(medroxyprogesterone acetate)는 당뇨병, 담석, 혈

---

36) 형법 제305조의2(상습범) 상습으로 제297조부터 제300조까지, 제302조, 제303조 또는 제305조의 죄를 범한 자는 그 죄에 정한 형의 2분의 1까지 가중한다.

37) 한편 제2조 제2호 라목에 의하면 가목부터 다목까지의 죄로서 '다른' 법률에 따라 가중 처벌되는 죄도 그 대상범죄로 하고 있는데, 여기서 형법 제305조의2는 다른 법률이 아니라 다목에 규정되어 있는 법률이므로 라목에 의해서도 대상범죄라고 할 수는 없다.

전증, 암, 심각한 우울상태, 고혈압, 극단적인 체중의 증가, 피로감의 증대 등의 부작용을 일으킬 수도 있는 것으로 보고되고 있다. 특히 성충동 약물치료에 사용되는 약물들이 인간의 뇌하수체에 직접 작용하여 테스토스테론 생성을 억제한다는 점에서 그 부작용은 뇌에까지도 나타날 수 있다는 우려가 있다. 즉 테스토스테론의 생성과 억제는 뇌와 밀접한 관련이 있는데, 약물들이 뇌의 기능에 부작용을 초래할 수 있는지에 대한 전문적인 분석이 필수적으로 요구된다. 일반적으로 뇌의 기능이 손상되거나 장애가 발생하면 반사회적인 행동이 발생할 가능성이 높은데, 가벼운 뇌기능 장애의 경우에도 반사회적인 행동이나 분노가 표출되고 있는 상황에서 주사의 양이 피임제로 쓰이는 양보다 약 43배가 많다는 점은 그 장기적인 부작용의 심각성을 예단하기 어려운 지경으로 만들고 있다고 본다.

또한 약물치료가 성기능을 저하시키기는 하지만 마비시키지는 못하므로 대상자들이 성기가 아닌 다른 도구나 방식으로 성충동을 만족시키는 방법으로 성범죄를 저지를 가능성도 있다.[38] 이에 따라 보호관찰관은 약물 투여의 방법으로 치료명령을 집행하는 경우에 치료기관의 의사로 하여금 부작용에 대한 검사 및 치료도 함께 실시하게 하여야 한다. 이 경우 치료기관에서 부작용에 대한 검사 및 치료를 실시하기 어려운 때에는 치료기관의 장으로 하여금 「의료법」에 따른 의료기관과 연계하여 부작용에 대한 검사 및 치료를 실시하게 할 수 있다(시행령 제11조 제1항). 검사 결과 치료명령을 받은 사람의 신체에 회복하기 어려운 손상이 발생할 수 있다는 의사의 소견이 있거나 그 밖에 약물 투여에 따른 부작용이 크다고 인정되는 경우에는 약물 투여를 일시 중단할 수 있고, 약물 투여 일시 중단의 승인일부터 1개월마다 치료명령을 받은 사람의 부작용 치료 내용, 신체상태의 변화 및 약물 투여 적합 여부 등에 대한 의사의 진단과 처방 결과를 심사위원회에 보고하여야 한다(시행령 제11조 제2항 및 동조 제5항).

38) 김현우·임유석, "성폭력범죄자에 대한 성충동 약물치료의 문제점 및 개선방안", 사회과학연구 제18권 제2호, 동국대학교 사회과학연구원, 2011. 8, 58면.

Ⅲ. 제8조에 의한 성충동 약물치료의 구체적인 검토

1. 내용

검사는 치료명령 청구대상자에 대하여 정신건강의학과 전문의의 진단이나 감정[39]을 받은 후 치료명령을 청구하여야 하는데(제4조 제2항), 법원은 검사의 치료명령 청구[40]가 이유 있다고 인정하는 때에는 15년의 범위에서 치료기간을 정하여 '판결'로 치료명령을 선고하여야 한다(제8조 제1항). 수형자에 대한 치료명령의 경우에는 '결정'으로 하는 것과 달리 피고사건과 같이 '판결'로써 하는 것은, 전자의 경우에 있어서는 대상자의 동의를 요건으로 하고 있음에 반하여 후자의 경우에 있어서는 강제적으로 이루어지기 때문에 대심적 구조에 의한 반론권의 보장, 엄격한 증거조사의 필요, 절차에 관한 당사자의 참여권 등을 보장하기 위함에 그 이유가 있다.[41] 만약 법원은 피고사건의 심리결과 치료명령을 할 필요가 있다고 인정하는 때에는 검사에게 치료명령의 청구를 요구할 수 있다(제4조 제4항).

한편 치료명령을 선고받은 사람은 치료기간 동안 보호관찰 등에 관한 법률에 따른 보호관찰을 받는다(제8조 제2항). 이에 따라 치료명령을 받은 사람은 치료기간 동안 보호관찰 등에 관한 법률 제32조 제2항 각 호(제4호는 제외한다)의 준수사항과 보호관찰관의 지시에 따라 성실히 약물치료에 응할 것, 보호관찰관의 지시에 따라 정기적으로 호르몬 수치 검사를 받을 것,[42] 보호관찰관의 지시에 따라 인지행동 치료 등 심리치료 프로그

---

[39] 검사는 성충동 약물치료명령을 청구하기 전에 「치료감호법」에 따른 치료감호시설 또는 「정신보건법」에 따른 정신의료기관 중 법무부장관이 지정한 기관의 어느 하나에 해당하는 시설 또는 기관의 정신건강의학과 전문의에게 치료명령 청구대상자에 대한 진단이나 감정을 의뢰하여야 하고, 이에 따라 치료명령피청구자를 진단하거나 감정하는 정신건강의학과 전문의는 치료명령피청구자를 직접 면접하여 진단이나 감정을 실시하여야 하며, 진단이나 감정에 필요하면 심리적·생리적 평가도구를 사용할 수 있다(시행령 제2조). 무엇보다도 치료명령 대상자를 선별하는 기준은 성도착증 환자라고 판단할 수 있는 전문적인 식견이므로 단 한 번의 판단으로 가능한 것이 아니라 여러 번에 걸쳐서 해야 하며, 상담과 판단을 하는 사람도 한 명이 아니라 여러 명에 의해서 해야만 정확한 결과를 낼 수 있을 것이다.

[40] 검사는 사람에 대하여 성폭력범죄를 저지른 성도착증 환자로서 성폭력범죄를 다시 범할 위험성이 있다고 인정되는 19세 이상의 사람에 대하여 약물치료명령을 법원에 청구할 수 있는데(제4조 제1항), 치료명령의 청구는 공소가 제기되거나 치료감호가 독립청구된 성폭력범죄사건의 항소심 변론종결 시까지 하여야 한다(제4조 제3항).

[41] 국회사무처, 제291회 법제사법소위 제3차 회의 법안심사 제1소위원회 회의록, 2010. 6. 29, 10면.

[42] 치료감호시설 또는 지정 치료기관에서 성충동 약물치료시술을 받은 후 가정으로 돌아와서 반대작용을 하

램[43]을 성실히 이수할 것 등의 준수사항을 이행하여야 한다(제10조 제1항). 또한 법원은 치료명령을 선고하는 경우 보호관찰 등에 관한 법률 제32조 제3항 각 호의 준수사항을 부과할 수 있다(제10조 제2항).

2. 구체적인 검토

가. 강제성의 문제

제8조에 의한 약물치료는 대상자 본인의 동의 여부와는 상관없이 강제적인[44] 약물치료를 할 수 있다는 점이 기타의 약물치료와 다른 특징을 가지고 있다.[45] 2008년에 제출된 법률안에 의하면 '화학적 거세 치료 대상자의 동의가 있을 것'이라는 명문의 규정이 있었지만, 그 후 제5차 법제사법위원회 회의에서 자발적 동의 규정을 삭제하였다. 그 이유로는 기존 법률안에서 성충동 약물치료명령을 '결정'의 형식으로 되어 있던 것을 '판

는 남성호르몬제 등을 투약할 경우에는 치료의 실효성이 반감될 수 있다는 점에 대한 대책도 필요하다. 이에 따라 치료명령을 받은 사람은 치료기간 중 상쇄약물의 투약 등의 방법으로 치료의 효과를 해하여서는 아니 되며(제15조 제1항), 보호관찰관은 치료명령을 받은 사람이 이러한 의무를 준수하는지 확인할 필요가 있으면 호르몬 수치 검사 또는 상쇄약물 투약 여부 검사를 실시할 수 있다. 또한 치료명령을 받은 사람은 보호관찰관이 검사를 위하여 소변 등 시료의 제출을 지시할 때에는 이에 따라야 하며, 보호관찰소의 장은 치료명령을 받은 사람이 제출한 소변 등의 시료를 국립과학수사연구원에 송부하여 검사를 의뢰하여야 한다(시행령 제13조). 하지만 보호관찰관의 인력부족 현상으로 말미암아 위와 같은 업무를 제대로 수행할 수 있을지는 의문이다. 2013. 2. 현재 법무부 소속 보호관찰관은 약 1,300여 명에 머무르고 있지만 이들이 수행해야 하는 역할은 갈수록 증가하고 있는 실정이기 때문이다. 특히 최근 몇 년 사이에 성구매자 재범예방교육의 실시, 위치추적 전자감시제도의 도입, 보호관찰대상자의 급증 등은 부족한 인력으로 하여금 과중한 업무 부담을 배가시키고 있다. 이러한 상황에서 치료대상자의 상쇄약물 복용 여부, 약물치료를 피한 도주 방지, 기타 의무와 준수사항의 이행 여부를 제대로 확인하기는 매우 어려울 것으로 판단된다.

43) 인지행동 치료 등 심리치료 프로그램은 1. 인지 왜곡과 일탈적 성적 기호의 수정 2. 치료 동기의 향상 3. 피해자에 대한 공감 능력 증진 4. 사회적응 능력 배양 5. 일탈적 성행동의 재발 방지 6. 그 밖에 성폭력범죄의 재범 방지를 위하여 필요한 사항 등의 내용을 포함하여야 하며, 심리치료프로그램은 성충동 약물치료 기간 동안 월 1회 이상 실시되어야 한다(시행령 제5조).

44) 제35조(벌칙) ① 이 법에 따른 약물치료를 받아야 하는 사람이 도주하거나 정당한 사유 없이 제15조 제1항의 의무를 위반한 때에는 7년 이하의 징역 또는 2천만 원 이하의 벌금에 처한다. ② 이 법에 따른 약물치료를 받아야 하는 사람이 정당한 사유 없이 제10조 제1항 각 호의 준수사항을 위반한 때에는 3년 이하의 징역 또는 1천만 원 이하의 벌금에 처한다. ③ 이 법에 따른 약물치료를 받아야 하는 사람이 정당한 사유 없이 제10조 제2항에 따른 준수사항을 위반한 때에는 1천만 원 이하의 벌금에 처한다.

45) 본인 동의의 생략에 대하여 회의적인 시각으로는 김희균, 앞의 논문, 284면; 박상기, 앞의 논문, 216면. 반대로 당사자의 동의를 전제로 할 필요가 없다는 견해로는 황일호, 앞의 논문, 62면.

결'의 형식으로 변경하여 그 절차를 강화하였기 때문이라고 한다.[46] 이는 종래 약물치료 제도 도입에 관한 논의의 기본전제에 해당하는 당사자의 사전 동의를 배제한 것으로서 가장 첨예한 논란[47]을 불러일으키고 있는데, 다음과 같은 사항이 쟁점으로 파악된다.

첫째, 신체의 처분과 관련된 자기결정권이 침해된다. 치료행위가 정당성을 가지기 위해서는 충분한 설명에 근거한 당사자의 동의가 필수적인 것인데,[48] 제8조에 의한 약물치료는 이를 위반하는 것이다. 즉 신체의 직접적인 침해를 수반하는 행위에 대하여 당사자의 의사를 무시한 치료행위는 아무리 범죄예방의 목적을 관철시킨다고 하더라도 결코 용납될 수 없는 행위이다. 더 나아가 치료라는 미명하에 이루어지는 강제적 치료명령은 단순히 신체의 자유에 대한 제한의 문제가 아니라 특정한 치료를 거부할 수 있는 권리에 관한 문제로도 이해된다. 신체의 자유에 대한 제한과는 달리 치료거부의 권리는 인간의 존엄성에서 유래하는 자기결정권에 속하며 이러한 권리는 본질적인 권리로서 법률에 의하여도 침해될 수 없는 인간존엄의 핵심적 사항이기 때문에 그 어떠한 경우에도 정당화될 수 없다.[49] 또한 이는 현행법상 인정될 수 없는 신체형의 일종이라고 할 수 있다.[50]

둘째, 성행위의 자유와 관련된 자기결정권이 침해된다. 이는 헌법 제10조의 인격권 또는 헌법 제17조의 사생활의 자유에서 도출되는 기본권을 제한하는 것인데,[51] 자발적인 동의를 전제로 한 일시적인 제한은 헌법적으로 용인될 수 있을지 몰라도, 자발적인 동의를 전제로 하지 않는 제한은 기본권 제한의 한계를 일탈한 것으로 파악된다.[52] 병리적

---

46) 국회사무처, 제291회 국회(임시회) 법제사법위원회 회의록, 2010. 6. 29, 4면; 법무부, 「성폭력범죄자의 성충동 약물치료에 관한 법률」 제정 설명자료, 2010. 6. 29.

47) 입법과정에서는 치료명령이 헌법의 한계 내에 있다고 하더라도 그 실행 과정에서 인권침해나 실효성 등에 대해서는 논란이 있을 수 있다는 지적이 있었다(국회사무처, 제278회 국회법제사법위원회 회의록 제19호, 2008. 11. 20, 6면). 하지만 치료명령이 헌법의 한계 내에 있다고 한 표현은 당시 논의에서 당사자의 동의를 전제로 한 것이었다.

48) 선종수, 앞의 논문, 79면; 황성기, "상습적 성범죄 예방수단으로서의 거세에 관한 헌법적 고찰", 공법학연구 제9권 제3호, 한국비교공법학회, 2008. 8, 134면.

49) 황만성, 앞의 논문, 475면.

50) 신체형 금지 원칙의 측면에서 볼 때 외과적 거세(orchidectomy; 고환적출수술)는 절대 불가능하다고 보아야 한다. 외과적 거세의 경우에는 분명히 성적 충동을 감소시켜 성범죄의 재범률을 감소시킬 수는 있지만 유효한 동의를 얻을 수 있을지가 의문이라는 점, 유효한 동의를 하더라도 장래의 범죄를 방지하기 위하여 물리적으로 철회할 수 없는 피해를 입히는 것이 인정될 수 없다는 점 등에서 인정될 수 없는 제도라고 할 수 있다.

51) 황만성 교수는 한 걸음 더 나아가 '건전한 가족제도'의 침해가능성도 내포하고 있다고 한다(황만성, 앞의 논문, 474면).

52) 이러한 측면에서 우리나라의 성충동약물치료법은 외국의 화학적 거세법보다 훨씬 강화된 내용을 담고 있다고 할 수 있다(김종구, "최근 성범죄 관련 법률의 입법 과정의 문제점", 법학논총 제34권 제2호, 단국대학교 법학연구소, 2010. 12, 449면).

성격을 가지는 범죄행위에 대하여 당사자의 동의를 전제로 한 치료가 아니라 인간의 신체에 직접적 침해를 가하여 신체의 완전성을 해하는 수단을 택하는 성충동 약물치료는 범죄인을 최소한의 인격체로서가 아니라 범죄퇴치의 수단으로 취급함으로써 인간의 존엄성을 보장한 헌법 제10조의 이념에 배치된다고 할 것이다. 또한 성충동 약물치료대상자가 유부남일 경우 상대 배우자가 가지고 있는 성행위의 자유에 대한 제한도 문제될 수 있을 것이다.

셋째, 강제적인 약물치료는 강력한 심리적 저항감을 불러일으킬 수 있기 때문에 치료의 효과를 제대로 발현시킬 수가 없다. 특히 당사자의 동의는 당해 프로그램에 대한 적극적인 참여를 유도해서 치료의 효과를 극대화시킬 수 있는 요소라고도 할 수 있다.

생각건대 성충동 약물치료명령은 신체 기능의 일부를 일시적으로 불능화하는 조치이므로 그 조치의 목적 및 효과와 부작용에 대해서 정확한 이해를 수반한 자유의사에 기한 동의가 필수적으로 요구된다고 하겠다. 특히 대상자의 동의는 적극적인 참여를 유도해서 효과를 최대화하는 방안 가운데 하나이다.[53] 하지만 제8조에 의한 약물치료는 동의와 무관하게 강제적으로 시행된다는 문제점이 있다. 이와 같이 성범죄자에 대한 강력한 제재는 당장은 효과가 있어 보일지는 모르지만 재범방지에는 징벌적 성격의 처분이 능사가 아니라는 점을 명심해야 한다. 성충동약물치료법의 제안 당시에는 당사자의 동의를 전제로 한 제도를 중심으로 논의가 진행되었던 점을 상기하면 현행법의 태도는 위헌의 소지까지 불러일으킬 수 있는 큰 문제점을 지니고 있다.[54] 이에 성폭력범죄자에 대하여 약물치료명령을 청구하는 경우에 있어서 약물치료의 내용, 효과, 부작용 등에 관하여 충분히 설명하고 당사자 또는 그 법정대리인의 동의를 받아서 청구하도록 하고 약물치료에 대한 동의사실을 청구서 및 판결서에 기재하도록 할 필요성이 있다. 모든 경우에 있어서 당사자의 동의를 요건으로 하는 것이 타당하지 않는다고 한다면 적어도 초범의 경우만이라도 강제적인 치료명령의 부과는 지양되어야 할 것이다.

외국의 입법례를 살펴보아도 노르웨이, 스웨덴, 핀란드, 덴마크, 프랑스, 독일,[55] 체코,

---

53) 김희균, 앞의 논문, 281면.

54) 同旨 강은영·황만성, 「상습적 성폭력범죄자 거세법에 관한 연구」, 한국형사정책연구원, 2010. 12, 45-46면.

55) 독일의 「자의적 거세 및 기타 치료방법에 관한 법률」(Kastrationsgesetz; Gesetz über die freiwillige Kastration und andere Behandlungsmethoden vom 15.08.1969)에 의하면 거세란 "비정상적인 성욕발현을 억제하기 위한 목적으로 남성의 생식선을 의도적으로 제거하거나 성기능을 지속적으로 불능화시키는 것"이라고 한다(동법 제1조). 25세 이상인 자의 자발적인 동의가 있다면 비정상적인 성적 충동으로 인한 고통이나 범죄예방 등의 목적을 위하여 필요한 경우 의사의 판정에 의해 약물치료를 실시하는데, 특이한 점은 법원의 재판은 필요하지 않다는 점이다. 수형자라고 할지라도 약물치료를 신청할 수 있으며, 본인에 의한 동의 전에 약물치료의

오스트리아, 캐나다 등 대부분의 국가에서도 당사자가 자발적으로 동의하는 경우에 있어서 '불임화조치위원회'(노르웨이), '국가건강복지위원회'(스웨덴), '국가복지국'(핀란드) 등의 기관에 의한 승인을 거쳐 이를 시행하도록 하고 있다. 이와 같이 미국의 5개 주(California,[56] Montana,[57] Georgia,[58] Florida,[59] Louisiana[60])[61]와 폴란드[62]를 제외한 국가에서는 당사자의 동의를 전제로 하여 성충동 약물치료가 실시되고 있다.

나. 심리치료 프로그램과의 연계문제

성충동 약물치료가 중단될 경우에는 다시 성기능이 회복될 수 있다. 즉 약물치료는 성충동의 감소효과를 가져오지만 약물의 섭취를 중단하는 것에 의해 그 기능을 다시 회복할 수 있으므로 재범의 가능성은 항상 존재하는 것이다. 그러므로 효과적인 심리치료가 병행되지 않을 경우에는 기존의 약물치료가 무의미해질 수 있고, 약물치료만으로는 특정 성범죄자의 재범위험성을 억제하는 데 한계가 있기 때문에 심리치료 프로그램[63]과의 연계는 필수적으로 요구된다. 성범죄자에 대한 치료적인 관점에서의 접근 중 약물치료가

효과와 부작용, 다른 치료방법의 고려 등에 대한 상세한 설명이 수반된다. 하지만 독일에서 거세법은 적용되는 경우가 없기 때문에 사실상 사문화된 법으로 인식되고 있다.

56) 13세 미만의 아동을 대상으로 재범 이상의 성범죄를 저지른 자에 대하여만 강제적 화학적 거세를 1997. 1. 1.부터 실시하고 있다(Section 645(b) of the California penal code).

57) 16세 미만의 아동을 대상으로 성범죄를 저지른 자에 대하여 강제적 화학적 거세를 실시하고 있다(Montana Code Annotated 2009, 45-5-512. Chemical treatment of sex offenders).

58) 16세 미만의 아동을 대상으로 가중성폭행(aggravated child molestation)으로 유죄선고를 받은 피고인에 대하여 강제적 화학적 거세 실시하고 있다(Georgia Code-Crimes and Offenses-Title 16, Section 16-6-4).

59) 재범자들에 대해서 강제적 화학적 거세를 실시하고 있다(Florida Code TITLE XLVI CRIMES Chapter 794 SEXUAL BATTERY §794.0235 Administration of medroxyprogesterone acetate(MPA) to persons convicted of sexual battery).

60) 12세 미만의 아동을 대상으로 성범죄를 저지른 자에 대하여 강제적 화학적 거세를 실시하고 있다(Louisiana Code, Title 15, §538-Conditions of probation, parole and suspension or diminution of sentence).

61) 미국에서는 그 밖에도 Oregon, Texas(외과적 거세만을 인정), Wisconsin, Iowa 등에서도 거세제도를 인정하고 있다. 미국의 제도에 대하여 보다 자세한 논의로는 박찬걸·송주영, 앞의 논문, 233-236면; 조성자, "성폭력범죄자의 성충동 약물치료에 관한 법률의 쟁점에 대한 검토-미국 성충동약물치료 주법 규정과의 비교를 중심으로-", 강원법학 제36권, 강원대학교 비교법학연구소, 2012. 6, 383-395면 참조.

62) 폴란드는 2009. 9. 25. 15세 이하의 아동 대상 성폭력범죄자와 직계가족 대상 성폭력범죄자에 대하여 본인의 동의 없이 강제적으로 성충동 약물치료를 시행하는 법안을 통과시킨 바 있다("Poland Okays Forcible Castration Debate", Reuters, 2009. 10. 26).

63) 심리치료 프로그램의 개괄적인 고찰에 대해서는 박상열, "성범죄자처우의 새로운 동향과 그 과제", 형사법의 신동향 제24호, 대검찰청, 2010. 2, 363-371면 참조.

외적인 접근이라면, 심리치료 프로그램은 내적인 접근에 해당하기 때문이다. 즉 성충동 약물치료는 오직 육체적 문제만 통제할 뿐, 정신적 문제는 치료할 수 없다는 점을 인식하여야 하는데,[64] 이러한 점에서 심리치료 프로그램의 원활한 운영이 중요하다고 하겠다. 비교법적으로 살펴보았을 때에도 약물치료만을 단독으로 실시하는 국가는 거의 없으며, 인지행동요법 등에 근거한 그룹치료 또는 개인치료 등의 심리학적 처우를 병행하고 있다.

하지만 우리나라의 경우에는 현재 인지행동요법에 근거한 심리적 처우 프로그램이 확립되어 있다고 볼 수 없는 실정이다. 성충동 약물치료제도의 성공적인 운영을 위해서 심리치료프로그램의 내실화가 시급한 문제로 부각되고 있는 것이다. 오히려 약물치료보다는 심리치료 프로그램의 운영이 동 제도의 성과를 좌우한다고도 볼 수 있기 때문에 재범방지에 더욱 효과적인 교정 프로그램이 활성화되어야 하는데, 수감 기간 동안 성범죄자의 성격장애 등을 완화하거나 제거하기 위한 종합적·의무적·전문적인 교육 및 치료 프로그램이 개발되어야 한다. 충분한 교육시간의 확보, 새로운 재범 방지 프로그램의 개발, 전문가의 양성 등도 병행되어야 한다. 심리치료 프로그램의 내실화를 위하여 매뉴얼의 개발이 이루어져야 하며, 이를 교육하는 전문가의 확보도 시급히 이루어져야 하겠다.

다. 재범위험성 판단시점의 문제

성충동 약물치료명령 청구사건의 판결은 피고사건의 판결과 동시에 선고하여야 한다(제8조 제4항). 즉 제8조에 의한 약물치료의 경우 판사는 징역형의 판결 선고와 동시에 약물치료명령을 하게 되는데, 과연 판결확정시에 대상자의 재범위험성이 제대로 판단될 수 있을 것인가에 대하여 의문이 제기된다. 징역 1-2년이 아니라 10-15년의 형을 복역한 후 그 사람이 재범할 수 있을 것인가 하는 것을 판단하는 것은 상당히 어렵다. 전문가의 감정의견을 참작할 수밖에 없는데, 과연 전문가의 감정이 정확한 것인지에 대한 회의적인 시각 또한 상당하다. 이러한 이유 때문에 국회의 논의과정에서도 상당수의 질의가 재범위험성 판단시점의 실효성에 대한 것이었다.[65] 출소 직전 6개월 정도에 가서 다시 법원이 재범위험성 여부를 결정하는 방식의 도입이 요구된다고 하겠는데, 이에 따라 당시 법률안 제22조의 '치료명령이 청구되지 아니하여' 부분을 '검사는 16세 미만의 사람에

---

64) 표창원, "아동성범죄 방지를 위한 형사정책적 대안 모색", 형사정책 제21권 제2호, 한국형사정책학회, 2009. 12, 25면.

65) 국회사무처, 제291회 국회법제사법위원회 회의록 제6호, 2010. 6. 29, 5-9면.

대하여 성폭력범죄를 저질러 징역형 이상의 형이 확정되었으나 제8조 제1항에 따른 치료명령이 선고되지 아니한 수형자'로 수정한 것이다. 즉 상당기간 후에 출소가 예정된 자에 대하여 치료명령이 청구되어 재범위험성 판단이 곤란할 경우에는 일단 기각을 하고, 이후에 다시 판단하겠다는 취지이다. 한편 제8조에 의한 약물치료명령은 교도소 내에서의 여러 가지 치유프로그램에 대한 신뢰를 무시하는 것이 전제된 것이기도 하다. 교도소에서 수년 또는 수십 년간 교화시키고 행형을 했음에도 불구하고 그 사람에 대해서 교정을 잘못해서 치료명령에 의존할 수밖에 없다고 한다면 현재의 교도소 운영에 심각한 문제점이 있다는 것을 자인하는 것이다.

일반적으로 재범위험성의 판단시기에 대해서는 판결선고시라고 보는 것이 판례의 입장[66]이다. 성폭력범죄의 재범위험성 유무는 피고인의 직업과 환경, 당해 범행 이전의 행적, 그 범행의 동기, 수단, 범행 후의 정황, 개전의 정 등 여러 사정을 종합적으로 평가하여 객관적으로 판단하여야 하고, 이러한 판단은 장래에 대한 가정적 판단이므로 판결시를 기준으로 하여야 한다. 이와 같이 재범위험성의 판단을 행위시가 아니라 판결시를 기준으로 하는 것은 상대적으로 바람직한 태도이지만 절대적인 기준이 될 수는 없다. 형벌을 종료하고 추가적인 사후감독을 받는 경우에도 판결시의 재범위험성 판단을 근거로 제재를 집행하는 것이 사후감독의 실효성을 위해 합리적인 것인지는 의문이기 때문이다.[67] 특히 약물치료의 대상자에 해당하는 범죄인은 대체적으로 중범죄에 해당하는 유형에 속하기 때문에 형기가 장기인 경우가 대부분일 것이다. 예를 들면 13세 미만의 아동에 대하여 성폭력범죄를 저지른 경우에는 법정형의 최하한이 징역 10년이며, 19세 미만의 청소년에 대하여 성폭력범죄를 저지른 경우에는 법정형의 최하한이 징역 5년인 것이다.

그러므로 장기간의 형집행 도중에 판결시에 보였던 재범위험성이 사라지거나 감쇄될 수도 있고, 반대로 판결시에 보이지 않았던 재범위험성이 나타날 수도 있는 상황을 가정하지 않을 수 없다. 이와 같이 재범위험성에 대한 변화된 모습이 발견될 경우를 대비하여 형집행 종료시점에 즈음하여 다시 한 번 재범위험성에 대한 판단을 '필수적으로' 거쳐야 하겠다. 비록 현행법에 의해서도 이러한 판단을 할 수 있도록 되어 있기는 하지만 임의적인 사항이기 때문에 모든 경우에 적용되지 않을 개연성이 있다. 이와 같이 약물치료명령의 선고 시점과 집행 시점에 간극이 생기고 있는 문제점을 해결하기 위해서는 장

---

66) 대법원 2010. 12. 9. 선고 2010도7410·2010전도44 판결; 대법원 2004. 6. 24. 선고 2004감도28 판결 등.

67) 김혜정, "성폭력범죄자 출소 후 감독제도 효율화 방안", 형사정책연구 제19권 제2호, 한국형사정책연구원, 2008. 6, 151면; 설민수, "아동 대상 성폭력범죄자에 대한 성충동약물치료의 실효성과 합헌성 그리고 그 한계", 법조 제59권 제10호, 법조협회, 2010. 10, 44면.

기 수형자의 경우 장기간의 형 집행 과정에서 약물치료명령의 선고 시에 보였던 성도착 증상의 유무 및 정도, 재범위험성에 대한 판단을 형 집행 종료시점에서 다시 한 번 필수적으로 거치도록 할 필요가 있으므로, 5년 이상 장기 복역한 성폭력범죄자에 대하여는 형 집행이 종료되는 시점에 재범위험성 등을 다시 판단하여 약물치료명령의 집행 또는 가해제 여부를 결정하도록 함으로써, 성폭력범죄자에 대한 성충동 약물치료 제도의 실효성을 강화할 필요성이 있다.[68]

라. 심신상실자에 대한 치료명령 부과의 문제

법원은 치료명령 청구가 이유 없다고 인정하는 때, 피고사건에 대하여 무죄(심신상실을 이유로 치료감호가 선고된 경우는 제외한다)·면소·공소기각의 판결 또는 결정을 선고하는 때, 피고사건에 대하여 벌금형을 선고하는 때, 피고사건에 대하여 선고를 유예하거나 집행유예를 선고하는 때 중 어느 하나에 해당하는 때에는 판결로 치료명령 청구를 기각하여야 한다(제8조 제3항). 이 중 문제가 되는 부분은 심신상실자에 대한 치료명령의 부과인데, 이러한 자들에게 의무적인 심리치료프로그램의 시행 등의 부가조치들이 실효성을 담보할 수 있을지가 미지수이다.

---

68) 실제로 2013. 1. 14. 문정림 의원 등 12인이 제안한 「성폭력범죄자의 성충동 약물치료에 관한 법률 일부개정법률안」(의안번호 3317호)에 따르면 "치료명령을 받은 사람이 5년 이상 복역하고 형의 집행이 종료되거나 면제 또는 가석방으로 석방되는 경우 검사는 석방되기 6개월 이내(면제 또는 가석방의 경우에는 그 결정이 있는 즉시)에 재범의 위험성을 조사하여 죄를 다시 범할 위험성이 없다고 인정하는 때에는 심사위원회에 치료명령의 가해제를 신청할 수 있다. 이때 검사는 소속 검찰청 소재지 또는 신청 대상자의 주소를 관할하는 교도소의 장 또는 보호관찰소의 장에게 재범의 위험성 조사에 필요한 사항을 요청할 수 있다"는 규정을 신설하는 내용을 담고 있다.

Ⅳ. 제22조에 의한 성충동 약물치료의 구체적인 검토

1. 내용

검사는 사람에 대하여 성폭력범죄를 저질러 징역형 이상의 형이 확정되었으나 제8조 제1항에 따른 치료명령이 선고되지 아니한 수형자 중 성도착증 환자로서 성폭력범죄를 다시 범할 위험성이 있다고 인정되고 '약물치료를 받는 것을 동의하는 사람에 대하여' 그의 주거지 또는 현재지를 관할하는 지방법원에 치료명령을 청구할 수 있다(제22조 제1항). 이 경우 교도소·구치소의 장은 형법 제72조 제1항의 가석방 요건을 갖춘 성폭력 수형자에 대하여 약물치료의 내용, 방법, 절차, 효과, 부작용, 비용부담 등에 관하여 충분히 설명하고 동의 여부를 확인하여야 하며(제22조 제2항 제1호), 성폭력 수형자가 약물치료에 동의한 경우 수용시설의 장은 지체 없이 수용시설의 소재지를 관할하는 지방검찰청의 검사에게 인적사항과 교정성적 등 필요한 사항을 통보하여야 한다(제22조 제2항 제2호). 검사는 소속 검찰청 소재지 또는 성폭력 수형자의 주소를 관할하는 보호관찰소의 장에게 성폭력 수형자에 대하여 제5조 제1항에 따른 조사를 요청할 수 있다(제22조 제2항 제3호). 이 경우 보호관찰소의 장은 요청을 접수한 날부터 2개월 이내에 조사보고서를 제출하여야 한다(제22조 제2항 제4호). 법원은 치료명령 청구가 이유 있다고 인정하는 때에는 '결정'[69]으로 치료명령을 고지하고 치료명령을 받은 사람에게 준수사항 기재 서면을 송부하여야 한다(제22조 제2항 제6호). 동 결정에 따른 치료기간은 15년을 초과할 수 없다(제22조 제3항). 수용시설의 장은 결정이 확정된 성폭력 수형자에 대하여 법무부령으로 정하는 바에 따라 형의 집행 및 수용자의 처우에 관한 법률 제119조의 가석방심사위원회에 가석방 적격심사를 신청하여야 하고, 이 경우 가석방심사위원회는 성폭력 수형자의 가석방 적격심사를 할 때에는 치료명령이 결정된 사실을 고려하여야 한다(제23조).

한편 제22조에 해당하는 치료명령의 결정을 받은 사람은 치료기간 동안 치료비용을 부담하여야 하는데(제24조), 보호관찰관은 치료명령의 결정을 받은 사람에게 치료행위마다 금액을 특정하여 서면으로 치료비용의 납부를 명하여야 한다. 이후 치료명령을 받은

---

69) 동 결정에 영향을 미칠 법령위반이 있거나 중대한 사실오인이 있는 경우 또는 처분이 현저히 부당한 경우의 어느 하나에 해당하면 결정을 고지받은 날부터 7일 이내에 검사, 성폭력 수형자 본인 또는 그 법정대리인은 고등법원에 항고할 수 있다(제22조 제5항).

사람은 서면을 받은 날부터 30일 이내에 치료비용을 내야 한다. 하지만 치료명령을 받은 사람이 치료비용을 부담할 경제력이 없는 경우에는 치료비용 납부를 명하는 서면을 받을 때마다 관계서류를 보호관찰관에게 제출하여 치료비용 국가 부담 결정을 받아야 한다(시행령 제26조 제1항 내지 제3항).

2. 구체적인 검토

가. 자발적 동의의 문제

제22조에 의한 약물치료는 가석방의 가능성이 있는 수형자가 본인의 동의하에 법원의 결정으로 치료명령을 받은 경우 가석방시 긍정적인 요소로 고려되도록 하고 있다. 물론 약물치료의 동의가 없더라도 가석방에서 당연히 배제되는 것은 아니기 때문에 형식적으로는 동의가 가석방의 요건으로 작용하고 있지는 않지만 실질적으로 보면 동의 내지 동의의 거부가 자유롭게 이루어질지는 미지수이다.[70] 왜냐하면 가석방심사위원회는 성폭력 수형자의 가석방 적격심사를 할 때 치료명령이 결정된 사실을 고려하여야 한다고 규정하여 동의에 기한 치료명령의 결정에 대하여 가석방의 임의적인 고려사항이 아닌 필수적인 고려사항으로 하고 있기 때문이다. 이러한 운영방식은 다음과 같은 점에서 문제될 수 있다.

첫째, 가석방의 가능성이 있는 자는 조기의 사회복귀를 위하여 형식적인 동의를 할 가능성이 높다. 이는 동의라는 의사표시가 외부적으로 존재하는 것에 만족하는 것에 불과하고 이러한 형식의 동의만 있으면 정당화된다는 논리를 취하고 있다. 진정으로 치료를 받을 의사가 없이 단지 수형생활에서 벗어나고자 하는 목적으로 동의를 하게 된다면 필수적으로 병행되는 심리치료 프로그램의 효과가 현저히 떨어질 것이다.

둘째, 동의가 가석방 결정의 필요적인 조건은 아니라고 하지만, 동일한 유형의 성범죄자 가운데 동의를 한 자와 동의를 하지 않은 자가 있다고 가정한다면, 전자의 경우에 가석방의 가능성이 훨씬 높게 나올 수 있다. 실무에서 가석방을 폭넓게 인정하지 않는 경향에 비추어 볼 때 이러한 가능성은 배가된다. 교정시설에서는 약물치료의 동의 여부가 수형자의 가석방시기판단과 직접적으로 관계되므로 실질적으로 동의가 강제될 수밖에 없다.

---

70) 同旨 허경미, "성범죄자에 대한 약물치료명령에 관한 연구", 교정연구 제49호, 한국교정학회, 2010. 12, 184면.

생각건대 가석방과 연계된 성충동 약물치료는 양 제도의 모순적인 성격으로 인하여 그 심사를 엄격하게 해야만 한다. 만약 성충동 약물치료에 동의한 자는 가석방이 보다 쉽게 인정된다는 공식이 성립하게 된다면 가석방 심사 대상자 중 성폭력 범죄자는 형식적이고 자동적으로 약물치료에 동의하는 서류를 제출할 것이다. 이는 진정한 의미에 있어서의 동의가 아님이 자명하다. 따라서 가석방심사위원회는 가석방심사대상자 중 약물치료에 동의한 자의 진정한 의사를 확인하기 위하여 보다 철저한 심사를 거쳐야 할 것이다. 그리하여 진정한 동의로 판단이 되지 않는 경우에 있어서는 가석방에서 과감히 제외시킴으로서 미연에 부진정한 동의를 예방할 수 있을 것이다.

나. 가석방요건 연계의 문제

가석방은 기본적으로 행형성적이 양호하고 사회복귀가 조기에 가능한 자를 대상으로 심사가 되어 적격여부를 판단하는데, 재범위험성이 인정되는 자로 판단되는 자에게 약물치료를 명하면서 가석방하는 것은 논리적으로 모순이다. 성범죄자를 석방시키면서 치료명령을 부과하는 것보다는 오히려 이들을 계속 수용하거나 치료감호를 계속하는 것이 보다 효율적인 법집행이다.[71] 아동 성범죄자에 대하여 가석방시 약물치료가 고려되는 경우는 가석방이 가능하다는 결론을 내린 상태에서 전자감시를 집행하고, 보호관찰을 실시하는데도 불구하고 도저히 마음이 놓이지 않는 경우이다.

다. 이중처벌의 문제

결정의 형식으로 형사처벌과 함께 치료명령을 부과하는 것은 헌법상의 이중처벌금지원칙에 위배될 수 있다. 이중처벌금지 원칙이란 실체판결이 확정되어 판결의 기판력이 발생하면, 그 후 동일 사건에 대해서는 거듭 심판하는 것이 허용되지 않는 원칙을 말한다. 이중처벌에서 말하는 처벌은 형벌뿐만 아니라 형벌과 유사한 성격을 지니고 있는 성충동

---

71) 박상기, 앞의 논문, 217면. 이에 대하여 가석방심사위원회가 전문가들의 도움으로 과학적으로 분류한 결과 호르몬의 과잉이 문제된다는 결론을 내릴 때, 약물치료가 가능하다는 견해(김희균, 앞의 논문, 287면)도 있다. 김희균 교수에 의하면 약물치료는 부작용도 있을 수 있고, 일부 범죄자에게만 효과가 있는 치료방법이기 때문에 분명히 한계는 있다. 그럼에도 약물치료가 부득이하게 필요한 경우가 있는데, 아동에 대한 상습적 성폭력범이 형기를 마치고 나가는데, 기존의 전자감시제도로는 안심이 되지 않는 경우라고 한다. 이때 범죄자는 처벌의 대상이 아닌 치료의 대상으로 바뀌게 되는 것이다.

약물치료도 이에 포함된다고 해석하는 것이 동 원칙을 실질적으로 해석하는 것이다.[72] 한 걸음 물러나서 성충동 약물치료가 이중처벌이 아니라고 하여 모든 제재수단의 정당성이 당연히 인정되는 것은 아니므로, 다른 척도를 기준으로 판단하는 작업을 게을리해서는 아니 된다.[73] 이중처벌이 아니기 때문에 허용된다는 식의 논의는 지양되어야 하며, 오히려 현재와 같이 수많은 형사제재가 부수적으로 부과되는 상황에서는 보다 엄격한 심사를 거쳐 부가처분의 침해성을 판단해야 하겠다.

라. 소급적용의 문제

제8조에 의한 치료명령청구는 이 법 시행 전에 저지른 성폭력범죄에 대하여도 적용한다(부칙 제1조 제2항)고 하여 이른바 '재판시법'을 규정하고 있다. 하지만 이 보다 더 심각한 문제는 부칙 제1조 제3항에서 '제22조 및 제25조에 따른 치료명령은 성폭력범죄를 저질러 이 법 시행 당시 형의 집행 또는 치료감호·보호감호의 집행 중에 있는 성도착증 환자에 대하여도 적용한다'고 하여 이른바 '형집행시법주의'를 취하여 소급적용한 것이다. 그런데 구체적인 사건에서 소급효금지원칙이 적용되는지 여부를 판단하기 위해서는 '범죄'와 '형벌'의 의미에 대한 해석이 필요하게 되는데, 부칙 조항이 소급효금지원칙에 위반되는지 여부를 판단하기 위해서는 우선 성충동 약물치료의 법적 성격이 문제되고, 성충동 약물치료의 법적 성격이 보안처분이거나 혹은 형벌적 성격의 형사제재라면 그러한 제재에 소급효금지원칙이 적용되는지 여부가 문제된다.

죄형법정주의는 어떠한 행위를 처벌하기 위해서는 반드시 성문의 법률에 의하여야 한다는 '성문법률주의'와 행위시에 이미 제정된 법률이 없었다면 사후의 입법으로 소급하여 처벌할 수 없다는 '소급처벌금지'를 핵심 내용으로 한다. 헌법 제13조 제1항 전단의 소급처벌금지의 원칙은 사후에 만들어진 법률로 과거의 행위를 처벌할 수 없음을 의미하는데, 여기서 소급이 금지되는 처벌이 형식적 의미의 형벌만을 의미한다고 볼 수는 없다.

---

72) 同旨 박상기, 앞의 논문, 218-219면; 류병관, 앞의 논문, 436면; 신동일, "성폭력범죄자의 성충동 약물치료에 관한 법률의 평가", 형사정책 제23권 제1호, 한국형사정책학회, 2011. 6, 265면; 이덕인, "강벌주의 형사제재에 대한 비판적 고찰 – 성범죄 처벌과 재범방지정책을 중심으로 –", 형사법연구 제23권 제3호, 한국형사법학회, 2011. 9, 278면. 이에 반하여 이중처벌금지의 원칙에 반하지 않는다는 견해로는 김태명, "성폭력범죄의 실태와 대책에 대한 비판적 고찰", 형사정책연구 제22권 제3호, 한국형사정책연구원, 2011. 9, 36면('화학적 거세가 보안처분이므로 이중처벌금지의 원칙이 적용되지 않는다고 하더라도 비례성의 원칙에 반한다고 볼 여지가 크다'); 설민수, 앞의 논문, 56-59면; 황성기, 앞의 논문, 136면; 황일호, 앞의 논문, 57면.

73) 박찬걸, 앞의 논문(각주 4), 104-105면.

만약 소급처벌금지의 원칙이 적용되는 처벌의 범위를 형법이 정한 형벌의 종류에만 한정되는 것으로 보게 되면, 이는 법률(형법)이 헌법 조항(제13조 제1항 전단)의 의미를 결정하는 결과가 되어 부당할 뿐 아니라, 형법이 정한 형벌 이외의 형태로 새로이 도입되는 형사상 제재는 그것이 아무리 형벌적 성격을 갖는 경우에도 소급처벌이 허용되는 결과가 되는데, 이는 예측가능성과 법적 안정성을 보장하여 자의적 처벌로부터 국민을 보호하고자 하는 취지를 완전히 몰각시키는 것이기 때문이다.[74]

보안처분의 범주가 넓고 그 모습이 다양한 이상, 보안처분에 속한다는 이유만으로 일률적으로 소급효금지원칙이 적용된다거나 그렇지 않다고 단정해서는 안 되고, 보안처분이라는 우회적인 방법으로 형벌불소급의 원칙을 유명무실하게 하는 것을 허용해서도 안 된다. 따라서 보안처분이라 하더라도 형벌적 성격이 강하여 신체의 자유를 박탈하거나 박탈에 준하는 정도로 신체의 자유를 제한하는 경우에는 소급효금지원칙을 적용하는 것이 법치주의 및 죄형법정주의에 부합한다. 보안처분이면서도 형벌적 성격을 갖는 경우가 있을 수 있고, 그러한 보안처분에 대해서는 소급처벌금지의 원칙이 적용되어야 할 것이다. 실제로 헌법재판소는 "보호감호처분은 형벌과 같은 차원에서의 적법한 절차와 헌법 제13조 제1항에 정한 죄형법정주의의 원칙에 따라 비로소 과해질 수 있는 것이라 할 수 있고, 그 요건이 되는 범죄에 관한 한 소급입법에 의한 보호감호처분은 허용될 수 없다"고 판시하여,[75] '형법이 규정한 형벌' 외의 제재에 대해서도 소급처벌금지 원칙이 적용될 수 있음을 명시적으로 밝힌 바 있다.

따라서 형법이 규정하고 있는 형벌 이외의 제재도 그것이 '형벌로서의 성격'을 갖는 경우에는 소급처벌금지의 원칙이 적용된다고 할 것인데, 어떤 형사적 제재를 받는 자에 대한 실제적 효과가 형벌에 준할 정도로 심각한 자유의 제한이라면 그 제재는 '형벌적 성격'을 갖는다고 보아야 한다. 앞에서 살펴본 바와 같이 성충동 약물치료가 형벌적 성격을 갖는 이상, 일정한 범죄를 저지른 자에 대하여 성충동 약물치료를 명하기 위해서는 그 범행 당시에 이미 성충동 약물치료의 근거가 되는 법률이 제정·시행되고 있어야만 한다. 그런데 성충동약물치료법의 부칙조항은 동법이 제정·시행되기 이전에 성폭력범죄를 저지른 자에 대해서도 소급하여 성충동 약물치료를 명할 수 있도록 함으로써 헌법 제13조 제1항 전단이 금지하고 있는 소급처벌을 규정하고 있는 것이다. 과연 아동대상 성범죄의 억제와 예방이라는 공공의 이익이 유죄의 확정판결을 받은 수형자가 누리는 법적

---

74) 헌법재판소 2012. 12. 27. 선고 2010헌가82·2011헌바393(병합) 결정 중 재판관 송두환의 전부 위헌 의견.
75) 헌법재판소 1989. 7. 14. 선고 88헌가5 결정.

신뢰보다 월등히 우선시되는지는 의문이다. 이는 최근의 성범죄자에 대한 형사제재의 남발현상 속에 모든 경우의 법적 조치가 소급효를 인정하는 추세와 관련이 있는데, 이러한 형태의 입법은 실질적인 의미의 죄형법정주의의 정신에 위배된다고 본다.

한편 법시행 이전에 이미 판결이 확정되어 수용 중인 사람에게 성충동 약물치료를 부과할 수 있느냐 하는 문제는 기존의 보안처분에 대한 소급효금지 원칙의 논란과는 다른 새로운 차원의 문제를 야기하고 있다. 기존에는 보안처분의 소급적용을 논하는 문제의 영역으로, 형법의 시간적 적용범위의 기본적인 원칙인 행위시법주의와 관련하여 이에 대한 예외로서 재판시법을 적용하여 피고인에게 불리한 처분을 할 수 있는가에 대한 논의가 그 대상이었다. 즉 피고인의 범죄행위 당시에는 존재하지 않았던 형사제재가 재판 도중에 새롭게 신설되거나 기존에 있었던 형사제재가 가중되는 개정이 있을 경우에 과연 이렇게 피고인에게 불리한 형사제재를 재판 시에 적용할 수 있는가 하는 문제가 그것이었다. 이에 대하여 형벌과 달리 보안처분은 피고인에게 불리한 경우에도 소급해서 처벌할 수 있다는 입장과 그렇지 않다는 입장이 대립되어 왔다. 여기서 중요한 것은 이러한 학설의 대립의 전제가 되는 것인데, 그것은 바로 피고인이 아직 재판 도중이라는 것이다. 재판이 아직 확정되기 전 단계의 경우에는 피고인의 신뢰보호의 측면을 다소 감쇄시킬 수 있다는 사정이 존재한다는 착상이 있는 것이다. 즉 기존에는 형사법의 적용시점에 관하여 '행위시법'과 '재판시법'이라는 큰 흐름이 있었는데, 성충동약물치료법은 여기에 '형집행시법'을 고안해 낸 것이다.[76] 재판시법에 대한 소급적용의 문제에 대해서도 찬반의 견해가 대립하고 있는데, 하물며 '형집행시법'에 대한 소급적용의 문제의 경우에는 현행 입법에 대한 상당한 반대견해의 주장이 예상된다고 하겠다.[77] 생각건대 형이 확정되어 수감되어 있는 사람에 대해서까지 성충동 약물치료의 대상을 확대해 소급적용하는 것은 대상자의 신뢰를 크게 저해하는 것이므로 타당하지 않다고 본다. 이와 더불어 형사사건의 판결이 확정된 후 다시 형벌적 성격이 강하게 녹아 있는 보안처분을 부과하는 것은 형벌과 보안처분을 동시에 부과하는 경우와는 달리 일사부재리의 원칙에도 위배될 소지가 있다.

---

76) 이 보다 더 심각한 문제는 성범죄자에 대한 신상공개제도와 위치추적 전자감시제도는 '형집행 후 3년이내시법주의'라는 세계에서 그 유래를 찾아볼 수 없는 소급효를 인정하고 있다는 점이다.

77) 하지만 애석하게도 위치추적 전자감시제도에 대한 형집행시법주의의 채택과 관련하여 제기된 위헌법률심판 및 헌법소원에서 헌법재판소 재판관 9인 중 8인은 그 합헌성을 인정하였다(헌법재판소 2012. 12. 27. 선고 2010헌가82·2011헌바393(병합) 결정).

마. 비용부담의 문제

미국의 경우에 있어서도 성충동 약물치료를 위한 재정적 부담이 많은 주에서의 확대시행을 어렵게 하는 요인으로 작용하고 있을 정도로 비용부담은 제도의 시행에 있어서 선결되어야 할 과제에 속한다. 우리나라의 경우 제22조에 의한 약물치료의 경우에 있어서는 그 비용을 대상자가 부담하도록 하는 것을 원칙으로 규정하고 있는 것도 재정부담에서 연유한다고 볼 수 있다. 일반적으로 성충동 약물치료의 연간 1인당 비용은 약물치료 180만 원, 호르몬수치 및 부작용 검사 50만 원, 심리치료 270만 원 등 약 500만 원으로 추산되고 있다.

하지만 치료명령을 받은 사람에게 적지 않은 비용을 전가하는 것은 바람직하지 못하다. 이러한 운용방식이 인정된다면 제8조에 의한 치료명령제도가 형해화될 가능성이 크기 때문이다. 즉 판결 당시에 피고인에게 성충동 약물치료명령을 할 경우에는 그 비용을 국가가 부담하기 때문에 재정적인 측면을 고려하여 판결 당시에 치료명령을 부과하지 않고 형 집행 도중에 부가하는 형식인 제22조에 의한 치료명령제도의 이용이라는 편법적인 수단이 동원될 것이다. 또한 다른 두 가지 형태의 치료명령을 받는 자 사이와의 관계에서 형평성이 문제될 수도 있다. 그러므로 치료비용을 대상자에게 부담지우는 형식은 탈피되어야 한다고 본다.

Ⅴ. 제25조에 의한 성충동 약물치료의 구체적인 검토

1. 내용

치료감호법 제37조에 따른 치료감호심의위원회는 성폭력범죄자 중 성도착증 환자로서 치료감호의 집행 중 가종료 또는 치료위탁되는 피치료감호자나 보호감호의 집행 중 가출소되는 피보호감호자에 대하여 보호관찰 기간의 범위에서 치료명령을 부과할 수 있다(제25조 제1항). 치료감호심의위원회는 치료명령을 부과하는 결정을 할 경우에는 결정일 전

6개월 이내에 실시한 정신건강의학과 전문의의 진단 또는 감정 결과를 반드시 참작하여 야 하고(동조 제2항), 즉시 가종료자 등의 주거지를 관할하는 보호관찰소의 장에게 통보 하여야 한다(동조 제3항). 또한 치료감호심의위원회는 치료기간의 범위에서 준수기간을 정하여 보호관찰 등에 관한 법률 제32조 제3항 각 호의 준수사항 중 하나 이상을 부과 할 수 있다(제26조).

2. 구체적인 검토

가. 과잉처벌의 문제

아동을 대상으로 성범죄를 저지른 자는 현행법에 의하면 수십 가지의 형사제재가 부과 된다. 즉 하나의 형벌에 수십 가지의 보안처분이 부과되고 있는 형상이다. 특정 성범죄자 의 경우 중한 징역형의 부과, 신상정보의 공개·등록·고지, 위치추적 전자감시, 치료감 호, 보호관찰, 수강명령 등과 더불어 이제는 성충동 약물치료까지도 행할 수 있게 되었 다. 이러한 보안처분은 장래에 대한 예방적 성격에서 부과되는 제재인데, 그 핵심적인 표 지는 재범위험성에 있다. 문제는 형벌과 구별되는 보안처분임에도 불구하고 형의 양정에 서 재범위험성이 고려되는 현상이라고 할 수 있다. 이는 이중평가금지의 원칙에 위배되 는 것으로, 만약 재범위험성이 형량 결정시 고려되었다면 보안처분 결정시에도 이러한 점이 반영되어야 하겠다. 또한 제8조의 성충동 약물치료에서 문제되고 있는 강제적인 명 령과 소급효 금지의 원칙 위반 등도 동일하게 문제된다.

나. 치료명령 부과 주체의 문제

법원이 아닌 치료감호심의위원회라는 행정기관이 치료명령을 부과하는 것은 적법절차 의 원칙과 관련하여 문제될 수 있다. 부과의 대상이 신체훼손적 성질을 가지고 있는 성 충동 약물치료명령이라는 점에서 그 심각성이 배가된다. 즉 약물치료는 대상자의 생리적 기능의 손상을 가져오는데, 이러한 침해행위를 수반하는 명령을 사법부가 아닌 법집행기 관이 교정처우로서 직접적으로 부과할 수 있는지의 타당성에 의문이 제기된다.[78] 다만 성충동 약물치료의 종료 여부에 대한 결정권 및 성충동 약물치료에 대한 관리·감독권을 치료감호심의위원회가 행사하는 것은 가능하다고 본다.[79]

Ⅵ. 글을 마치며

최근의 형사입법자는 사회적 충격이 큰 사건이 발생하면 사후에 소급적으로 죄를 정하거나 더 무거운 제재를 가하는 방법으로 대중의 반향에 영합하려는 경향이 있다. 감성적인 소급 입법으로 침해되는 것은 잠재적으로 범인이 될 수 있는 개인의 자유와 안전 그리고 법적 안전성과 신뢰성이다. 법치국가의 시민들은 행위시 예상하지 못했던 형사제재로써 처벌받거나 더 가중해서 처벌받지 않는다는 신뢰와 예측가능성을 가질 때 안정된 시민생활을 영위할 수 있다. 어떠한 형사사법제도를 시행하기 위해서는 이성적인 판단하에 객관적이고 과학적인 검증절차를 오랜 시간에 걸쳐 신중하게 도입하는 것이 정도(正道)이다. 하지만 성충동약물치료법의 제정과정에서 보여준 우리 입법자의 행태는 위와 같은 기본적인 생각과는 거리가 멀어 보인다고 평가되는 것이 중론이다. 만약 제2의 조두순 사건이라고 할 수 있는 2010. 6. 7. 발생한 김수철 사건이 언론에 보도되지 않았고 이로 인하여 국민들의 광분이 일어나지 않았다고 가정한다면 2008. 9. 9. 소관 상임위원회에 회부되어 2년여 가까이 표류하고 있던 법안이 2010. 6. 29. 단 하루 만에 소관 상임위원회를 통과하여 본회의에 상정되어 의결까지 단행해버리는 속전속결의 입법과정은 도저히 상상할 수 없었을지도 모른다. 대중의 여론이 악화되고 정치권에 대한 비판이 거세지자 국회 차원에서는 국민들을 안심시켜야 할 필요성이 생기게 된 것이고, 무엇인가 일을 하고 있다는 생색을 내고 싶었을 것이다. 그리고 이러한 생색은 여·야 할 것 없이 공통적으로 강한 정책을 들고 나오는 것과 동시에 최대한 빠른 시일 내에 결단을 내려야 강한 인상을 남길 것이라고 생각한 모양이다. 전형적인 대중영합주의적인 발상이자 포퓰리즘적 현상임과 동시에 상징적 형사입법의 예라고 평가할 만하다. 이러는 와중에 제대

---

78) 강은영·황만성, 앞의 보고서, 93면; 박상기, 앞의 논문, 216면.

79) 이와 관련하여 헌법재판소는 치료감호의 종료 여부를 사회보호위원회가 결정할 수 있는 권한에 대하여 적법절차에 위배된다고 볼 수 없다고 판시하였다(헌법재판소 2005. 2. 3. 선고 2003헌바1 결정).

로 된 반대 토론의 절차는 무시되었고, 형사정책 전문가 또는 의료 전문가 등에 의한 법리적, 의학적 검토는 생략되었다. 충분한 견제세력이 존재하지 않았던 것도 사실이지만, 견제의 목소리가 외면되었던 것도 사실이다. 대중의 감정에 합세한 정치권의 힘은 성충동 약물치료제도가 가지고 있는 여러 가지 인권침해적인 요소들을 일거에 잠재워 버렸다. 다음은 2011. 1. 31. 신상진 의원 등 11인이 제안한 「아동 성폭력범죄자의 외과적 치료에 관한 법률안」(의안번호 10727호)과 2012. 9. 7. 박인숙 의원 등 19인이 제안한 「성폭력범죄자의 외과적 치료에 관한 법률안」(의안번호 1643호)에서 공통적으로 주장하였다가 결국은 폐기된 법률안의 제안이유 중 일부이다.

최근 잇따른 아동·청소년 대상 성폭력 범죄가 발생하면서 국민적 인내심은 극에 달하고 있고 국가차원의 확실한 대책이 요구되고 있는 상황인데, 국회에서 약물을 이용한 성충동 억제에 관한 법률이 통과되었지만, 약물치료가 갖고 있는 약물내성과 부작용, 치료단절에 따른 강한 충동력 발생 등 여러 가지 문제점이 지적되고 있는 만큼 근본적인 처방이 될 수 없다.

국회는 국가차원의 확실한 대책과 특단의 대책을 마련하고 있다고 얘기한다. 하지만 약물치료가 갖고 있는 약물내성과 부작용, 치료단절에 따른 강한 충동력 발생 등 여러 가지 문제점이 지적되어 근본적인 처방이 될 수 없다고도 스스로 자인하고 있는 모순을 보여주고 있다. 그러면서 성충동약물치료법이 시행되기도 전에 훨씬 인권침해적인 요소를 가지고 있는 외과적 치료라는 카드를 들고 나왔다. 성범죄에 대한 근본적인 처방이 될 수 없는 성충동약물치료법을 통과시켰던 동료의원들을 비웃기라도 하듯이 말이다. 문제는 여기서 그치지 않는다. 보다 더 심각한 문제는 이러한 입법의 형태가 사라지지 않고 앞으로도 지속될 것이라는 깊은 우려에 있다. 국가가 국민에게 행사할 수 있는 가장 강력한 권한이라고 할 수 있는 형사제재는 다른 어떠한 조치보다도 신중에 신중을 기하여야만 한다. '가장 확실한 대책'을 마련하기에 앞서 '가장 신중한 대책'이 전제되어야만 그 형사제재의 정당성과 효율성을 배가시킬 수 있다. 이러한 점에서 성충동 약물치료제도에 대해서도 다각적인 관점에서의 재검토가 요구된다고 하겠다. 제정된 법률은 항상 개정의 대상이 되기 마련이고, 개정의 폭은 동 법률이 인권침해적인 요소를 내포하는 정도에 상응하는 만큼, 성충동약물치료법은 대폭적인 개정의 대상으로서 계속적인 검토를 하여야 할 것이다.

제4강 아동학대의 대처현황과 가해자 및 피해자 처우의 개선방안

Ⅰ. 문제의 제기

아동[1]학대는 학대 당시 피해아동에게 육체적·정신적인 고통을 수반하는 것에 그치지 않고 학대의 경험으로 인하여 장래에 있어서 정서장애, 신체장애, 행동장애 등의 여러 가지 장애요인을 유발할 가능성이 매우 크기 때문에 결코 가정의 문제로 치부하여 묵인하여서는 안 되며, 사회 및 국가의 적극적인 개입이 요구된다고 하겠다. 또한 어린 시절에 경험한 학대는 타인의 고통에 대한 무감각성, 양심의 가책의 결여, 적개심이나 분노에 기초한 공격적 성향 등의 주된 원인으로 작용하여 청소년기 비행과 범죄로 이어지는 결과를 초래하기도 한다. 최근의 각종 강력범죄를 저지른 범인 대부분이 어린 시절 아동학대를 당하는 등 불우한 어린 시절을 보냈다는 공통점을 가지고 있다는 분석이 있을 정도로 아동학대의 문제는 우리 사회를 이끌어나갈 미래세대에 관한 문제이기도 하다. 이와 같은 아동학대의 부작용에 대처하기 위하여 1961. 12. 30. 제정된 (구) 아동복리법[2]은 2000. 1. 12. 대폭적인 개정을 통하여 아동학대에 대한 국가의 개입이 본격화됨에 따라 전국에 아동보호전문기관이 설치되기 시작하였고, 이후에도 지속적으로 아동학대의 예방 및 개입을 위한 체계가 보완·발전하는 등의 노력이 이루어지고 있다. 하지만 이러한 노력에도 불구하고 우리나라의 연간 아동학대 발생률을 산출한 결과 25.3%[3]의 아동들이 아동학대를 경험하고 있는 것으로 나타나고 있는데,[4] 이를 통계청에서 집계한 2012년 추계 인구자료 따라 2012년 기준 국내 아동의 수를 총 9,578,186명으로 기준으로 하여 살펴보면, 약 2,423,281명의 아동이 아동학대를 경험하고 있는 것으로 분석된다. 하지만 2012년 기준 아동보호전문기관에 신고·접수된 건수는 총 10,943건(응급아동학대의심사례 및 아동학대의심사례 8,979건, 중복신고 34건, 일반상담 1,930건 등)[5]에 불과하여, 아동학대 추정

---

* 소년보호연구 제24호, 한국소년정책학회, 2014. 2.

1) 아동복지법 제3조 제1호에 의하면 '아동'이란 18세 미만인 사람을 말한다.

2) 동법은 1981. 4. 13. 전부개정을 통하여 아동복지법으로 법명의 변경이 있었다.

3) 경미한 학대까지 포함한 좀 더 포괄적인 기준에 의하면 발생율이 60.3%에 이르는 것으로 조사되었다.

4) 보건복지부·숙명여자대학교 산학협력단, 「아동학대 실태조사」, 2011, 75면. 본 조사는 18세 미만 아동이 있는 전국 5,051가구를 대상으로 아동학대의 발생현황을 파악한 것으로써, 경미한 학대는 제외하였으며, 미취학아동은 주양육자의 응답을, 만 7세 이상 아동은 아동의 응답을 그 기준으로 산출하였다.

5) 아동학대는 그 내용에 따라 응급아동학대의심사례, 아동학대의심사례, 중복신고, 일반상담 등으로 분류되는데, 응급아동학대의심사례란 신고 당시 아동이 학대로 인한 응급한 상태에 처하여 아동의 안전을 위해 12시간 이내에 현장출동이 요구되는 사례를 말하며, 아동학대의심사례란 학대로 의심되는 사례 중 응급아동학대의심사례를 제외한 사례를 말한다. 그리고 중복신고란 응급아동학대의심사례 또는 아동학대의심사

치의 약 0.45%만이 신고·접수되고 있으며, 이 가운데 아동학대사례로 최종 판정된 경우가 6,403건에 불과하여, 아동학대 추정치의 약 0.26%만이 아동학대로 인한 조치가 강구되는 현상을 보이고 있다.

한편 피해아동의 학대후유증이 청소년들의 학교폭력 등 사회문제로 이어지는 근원이 될 수 있다고 지적하고 있는 등 아동학대의 조기발견 및 치료가 중요한 과제로 제기되고 있는 상황에서, 지난 2012. 8. 5. 아동보호전문기관의 친권상실 선고 청구제도 마련, 신고의무자군 확대, 아동학대 예방 홍보 강화 등의 내용이 포함된 아동복지법의 전부개정법이 시행됨에 따라 전(全) 국민의 아동학대예방에 대한 관심 및 인식이 증대될 것으로 기대된다. 이와 같은 시대상황에 부응하고자 본고에서는 아동학대의 실태를 기반으로 하여 아동복지법상에 나타난 가해행위자 및 피해아동에 대한 대응의 발전방안을 모색해 보고자 한다. 아동학대의 문제를 효과적으로 해결하기 위해서는 우선적으로 아동학대의 실태를 파악해 보는 것이 필요하기 때문에 아동복지법상에 규정된 아동학대의 개념을 살펴보고, 아동학대의 처리현황을 아동학대의 신고현황과 아동학대의 발생현황을 중심으로 파악해 본다. 이후 아동보호전문기관, 사법경찰관리, 가정법원 등을 중심으로 아동학대와 관련된 유관기관의 역할을 알아본다(Ⅱ). 다음으로 일반적인 조치, 서비스 제공조치, 친권제한조치, 형사처분조치 등에 대한 현황의 문제점 및 개선방안을 중심으로 아동학대 가해자 처우의 개선방안을 살펴보고(Ⅲ), 보호조치·임시조치의 문제점 및 개선방안을 중심으로 아동학대 피해자 처우의 개선방안을 검토하며(Ⅳ), 논의를 마무리하기로 한다(Ⅴ).

례로 접수되었으나 사례판정 이전에 동일한 학대행위의심자에 의한 학대가 의심되어 다시 접수된 사례를 말하며, 일반상담이란 자녀양육 상담 등 학대와 관계없는 사례를 말한다. 2012년 아동보호전문기관에 아동학대 신고접수 건수는 총 10,943건인데, 이는 응급아동학대의심사례 1,368건(12.5%), 아동학대의심사례 7,611건(69.6%), 중복신고 34건(0.3%), 일반상담 1,930건(17.6%) 등의 분포를 보이고 있으며, 이 가운데 1,510건(13.8%)은 재신고 사례에 해당한다(보건복지부·중앙아동보호전문기관, 「2012 전국아동학대 현황 보고서」, 2013. 6, 51-52면).

Ⅱ. 아동학대의 대처현황

1. 아동학대의 개념

아동복지법(2013. 3. 23 법률 제11690호 타법개정)[6]에 의하면 아동학대란 보호자[7]를 포함한 성인[8]이 아동의 건강 또는 복지를 해치거나 정상적 발달을 저해할 수 있는 신체적・정신적・성적 폭력이나 가혹행위를 하는 것과 아동의 보호자가 아동을 유기하거나 방임하는 것을 말한다(제3조 제7호).[9] 이와 같이 아동복지법상 아동학대의 세부유형은

---

6) 이하에서 법률의 명칭이 없이 단순히 법조문만 표기된 것은 아동복지법상의 규정을 의미한다. 한편 「아동학대범죄의 처벌 등에 관한 특례법」 제정에 따라 관련 조문을 정리하기 위하여 2013. 12. 31. 아동복지법 일부개정법률안(대안)이 국회에서 의결되어 공포 후 8개월 뒤에 시행될 예정이다.

7) 보호자란 친권자, 후견인, 아동을 보호・양육・교육하거나 그러한 의무가 있는 자 또는 업무・고용 등의 관계로 사실상 아동을 보호・감독하는 자를 말한다(제3조 제3호).

8) 이에 대하여 현재 아동학대의 주체가 성인으로 한정되어 있는 것을 누구든지 학대행위를 한 경우로 확대하여 아동보호전문기관의 아동학대 보호 범위를 확대하고 학대 피해아동에 대한 보호를 더욱 두텁게 하려는 취지의 개정안(2012. 7. 18.자 박남춘의원 대표발의 아동복지법 일부개정법률안(의안번호 730))이 상정되어 있다. 생각건대 현행법은 아동학대를 성인에 의하여 일어나는 것으로 정의하고 있으나, 학대행위자 연령이 19세 이하인 경우가 2011년의 경우에는 총 6,058건 중 38건(0.6%), 2012년의 경우에는 총 6,403건 중 39건(0.6%) 등으로 각각 나타나 미성년자에 의한 학대행위도 발생하고 있는 것은 사실이다. 하지만 2013. 7. 1.부터 민법상 성인의 연령이 기존 만 20세 이상에서 만 19세 이상으로 변경되어 19세 이상 20세 미만의 연령대에 속하는 학대행위자도 아동복지법의 적용을 받을 수가 있어서 굳이 동 연령대를 위하여 아동학대의 주체범위를 확대할 필요성은 없다고 본다.

9) 아동학대에 관하여는 「아동복지법」 이외에 「가정폭력범죄의 처벌 등에 관한 특례법」, 「성폭력범죄의 처벌 등에 관한 특례법」, 「청소년보호법」, 「아동・청소년의 성보호에 관한 법률」 등에서도 이를 규율하고 있다. 아동복지법은 아동학대 전반에 관한 사항을 규정하고 있고, 아동학대 예방, 피해자 보호・지원에 관한 업무 및 아동보호전문기관에 관한 업무는 보건복지부가 담당하고 있으나, 아동학대범죄의 처벌과 절차에 관한 업무는 법무부가 담당하고 있는 관계로 인하여 아동학대 사건에 대하여 소관 부처가 능동적으로 대처하는 데 한계가 있다는 점, 아동학대범죄의 처벌에 관한 규정들이 여러 법률에 개별적으로 산재되어 있어 유기적인 관련성을 갖지 못하고 있다는 점, 개별 법률에서 단편적이고 개별적으로 규정하는 데 그치고 있어 아동학대자의 처벌 및 피해자 보호에 관한 내용을 종합적으로 담아내지 못하고 있다는 점 등으로 인하여 아동학대에 관하여 처벌특례법(가칭 「아동학대 범죄의 처벌 등에 관한 특례법」)과 아동학대예방 및 피해자 지원에 관한 내용을 분리하여 입법할 필요성은 충분하다고 본다. 이와 유사하게 가정폭력범죄가 1997년 분리 입법을 통해 「가정폭력범죄의 처벌 등에 관한 특례법」은 법무부 소관으로, 「가정폭력범죄의 방지 및 피해자 보호 등에 관한 법률」은 여성부 소관으로 각각 변경되었으며, 성매매범죄의 경우에도 2004년 「성매매알선 등 행위의 처벌에 관한 법률」은 법무부 소관으로, 「성매매 방지 및 피해자 보호 등에 관한 법률」은 여성부 소관으로 분리 입법되었고, 최근에는 2010년 성폭력범죄가 「성폭력범죄의 처벌 등에 관한 특례법」은 법무부 소관으로, 「성폭력방지 및 피해자보호 등에 관한 법률」은 여성가족부 소관으로 각각 분리 입법된 적이 있다. 이러한 추세에 따라 지난 2013. 12. 31. 아동학대범죄의 처벌 등에 관한 특례법안이 국회를 통과한 바 있다.

① 신체적 폭력, ② 정신적 폭력, ③ 성적 폭력, ④ 가혹행위, ⑤ 유기행위, ⑥ 방임행위 등 총 6가지로 규정하고 있지만, 실무에서는 아동학대의 유형으로 ① 신체학대, ② 정서학대, ③ 성학대, ④ 방임 등 총 4가지의 형태로 분류하는 것이 일반적인 현상이다.

여기서 신체학대란 보호자를 포함한 성인이 아동에게 의도적으로 신체적 손상을 입히거나 신체적 손상을 입도록 허용한 모든 행위를 말하고, 정서학대란 보호자를 포함한 성인이 아동에게 행하는 언어적 모욕, 정서적 위협, 감금이나 억제 기타 가학적인 행위를 말하며, 성학대란 보호자를 포함한 성인이 자신의 성적 욕구 충족을 목적으로 18세 미만의 아동과 함께 하는 모든 성적 행위를 의미하며, 방임이란 보호자가 아동에게 반복적으로 아동양육과 보호를 소홀히 함으로써 아동의 정상적인 발달을 저해할 수 있는 모든 행위(물리적 방임,[10] 교육적 방임, 의료적 방임 등)와 유기(보호자가 아동을 보호하지 않고 버리는 행위)를 말한다.[11]

〈표-1〉 아동학대의 유형

분류	내용	구체적 행위
신체적 학대	보호자를 포함한 성인이 아동에게 우발적인 사고가 아닌 상황에서 신체적 손상을 입히거나 또는 신체손상을 입도록 허용한 모든 행위를 말하며 생후 36개월 이하의 영아에게 가해진 체벌은 어떠한 상황에서도 심각한 신체학대이다.	- 멍, 화상, 찢김, 골절, 장기파열, 기능 손상의 원인이 되는 행위 - 물건을 던지는 행위 - 떠밀고 움켜잡는 행위 - 뺨을 때리는 행위 - 물건을 사용하여 때리는 행위 - 발로 차거나 물어뜯고 주먹으로 치는 행위 - 두들겨 패는 행위 - 총·칼 등의 흉기, 화학물질 혹은 약물 등을 사용하여 신체에 상해를 입히는 행위 - 반복적으로 꼬집는 행위 - 전기충격 - 물에 빠뜨리는 행위 - 뾰족한 도구(바늘, 포크, 이쑤시개 등)를 이용하여 찌르는 행위 - 할퀴는 행위 - 몸을 거꾸로 매다는 행위 - 36개월 이하의 영아에게 가해진 체벌 등

---

10) 물리적 방임이란 기본적인 의식주 제공 등 아동의 기본적인 보호 및 양육을 소홀히 하는 모든 행위를 포함하는 것으로써 신체적 방임이라고도 부를 수 있다.

11) 보건복지부, 「아동분야 사업안내」, 2012.

정서적 학대	정서학대란 보호자를 포함한 성인이 아동에게 행하는 언어적 모욕, 정서적 위협, 감금이나 억제, 기타 가학적인 행위를 말하며 언어적, 정신적, 심리적 학대라고도 한다. 정서학대는 눈에 두드러지게 보이는 것도 아니고 당장 그 결과가 심각하게 나타나지 않기 때문에 그냥 지나칠 수도 있다는 점에서 더욱 유의하여야 한다.	- 원망적·거부적·적대적 또는 경멸적인 언어폭력 등 - 잠을 재우지 않는 것 - 벌거벗겨 내는 행위 - 삭발을 시키거나 강제적으로 머리를 자르는 행위 - 형제나 친구 등과 비교하는 행위, 차별, 편애 - 가족 내에서 왕따 시키는 행위 - 아동이 가정폭력을 목격하도록 하는 행위(아동이 보는 앞에서 자주 부부싸움을 하거나 배우자를 폭행하는 행위 등) - 아동을 시설 등에 버리겠다고 반복적으로 위협하거나, 짐을 싸서 내보내는 행위 - 미성년자 출입금지 업소에 지속적으로 아동을 데리고 다니는 행위 - 돈을 벌어 오라고 위협하거나, 아동의 나이에 적절하지 않은 과도한 일을 시키는 행위 - 보호자의 종교행위 강요 - 다른 아동을 학대하도록 강요하는 행위 등
성학대	성학대란 보호자를 포함한 성인이 자신의 성적 충족을 목적으로 18세 미만의 아동과 함께 하는 모든 성적 행위를 말한다. 가족 내 성학대는 가족 및 친인척 사이에서 발생하는 형태를 말하며, 가족외부의 성학대는 아동과 안면이 있는 사람 혹은 낯선 사람에게서 발생되는 형태를 말한다. 일반적으로 강간은 두려움이나 강압적인 힘으로 성적 행위를 하는 것을 의미한다. 아동 성학대 역시 두려움이나 힘을 이용하지만 다른 방법도 사용한다. 놀이를 통해 착각하게 하거나 아동을 사랑하는 사람들로부터 심리적으로 고립되도록 조정하고, 성인의 권위로 강요하며, 움직일 수 없도록 물리적인 억압을 하며, 위협이나 공포를 조성한다.	- 성적 유희, 성기 및 자위행위 장면의 노출, 포르노비디오를 아동에게 보여주거나 포르노물을 판매하는 행위, 관음증 등의 행위 - 성기삽입, 성적 접촉(성인이 아동에게 자신의 성기나 신체를 만지도록 하거나 아동의 성기를 만지는 행위, 아동의 옷을 강제로 벗기거나 키스를 하는 행위, 드라이 성교, 디지털섹스, 구강성교, 항문성교, 애무 등), 강간 등과 같은 접촉 행위 - 아동매춘이나 매매 등의 행위 - 보호자의 부부관계 및 자위행위 목격 등으로 아동이 부적절하게 성에 노출되는 것 등 - 성매매 업소에 아동을 데리고 가는 행위 등

| 방임 | 방임은 아동이 위험한 환경에 처하거나 충분한 영양을 공급 받지 못해 발육부진이 되는 경우가 많으며, 나이 어린 아동에게는 치명적인 결과(장애)를 가져오거나 사망에까지 이르게 한다. 또한, 발달상황에 놓여있는 아동에게 다양한 측면에서 잠재되어 있는 파생적인 문제들이 발견될 수 있다. 예를 들면 청결하지 않은 외모에서 오는 집단 따돌림, 사회문제행동의 피해자 혹은 가해자가 되기도 한다. 유기란 보호자가 아동을 보호하지 않고 버리는 행위를 말한다. | - 물리적 방임(기본적인 의식주를 제공하지 않는 행위, 상해와 위험으로부터 아동을 보호하지 않는 행위, 불결한 환경이나 위험한 상태에 아동을 방치하는 행위, 아동의 출생신고를 하지 않는 행위, 보호자가 아동들을 가정 내 두고 가출한 경우, 보호자가 아동을 병원에 입원시키고 사라진 경우, 보호자가 아동을 시설 근처에 두고 사라진 경우, 보호자가 친족에게 연락하지 않고 무작정 아동을 친족 집 근처에 두고 사라진 경우 등)
- 교육적 방임(보호자가 아동을 학교(의무교육)에 보내지 않거나 아동의 무단결석을 허용하는 행위, 학교 준비물을 챙겨주지 않는 행위, 특별한 교육적 욕구를 소홀히 하는 행위 등)
- 의료적 방임(아동에게 필요한 의료적 처치를 하지 않는 행위, 예방 접종이 필요한 아동에게 예방 접종을 실시하지 않는 행위, 장애 아동에 대한 치료적 개입을 거부하는 경우 등) |

출처: http://korea1391.org/new index/

그리고 아동학대의 세부적인 유형별 현황을 살펴보면 다음과 같다.

<표-2> 아동학대의 세부적인 유형별 현황

유 형		건수(비율)
신체학대		461(7.2)
정서학대		936(14.6)
성학대		278(4.3)
방 임		1,713(26.8)
중복학대	신체학대 · 정서학대	1,746(27.3)
	신체학대 · 성학대	23(0.4)
	신체학대 · 방임	134(2.1)
	정서학대 · 성학대	52(0.8)
	정서학대 · 방임	546(8.5)
	성학대 · 방임	7(0.1)
	신체학대 · 정서학대 · 성학대	58(0.9)
	신체학대 · 정서학대 · 방임	421(6.6)
	신체학대 · 성학대 · 방임	2(0.0)
	정서학대 · 성학대 · 방임	13(0.2)
	신체학대 · 정서학대 · 성학대 · 방임	13(0.2)
계		6,403(100.0)

출처: 보건복지부 · 중앙아동보호전문기관, 「2012 전국아동학대 현황보고서」,[12] 2013. 6, 92면.

<표-2>에 의하면 개별적인 학대의 유형으로서 방임이 가장 높은 수치를 차지하고 있고, 그다음으로 정서학대, 신체학대, 성학대의 순으로 나타나고 있다. 하지만 아동학대의 개념에 정서학대나 방임과 같은 유형을 포함할 경우에는 그 범위가 지나치게 넓어질 수 있고, 이로 인하여 아동학대에 대한 대처의 방식도 변화될 수 있다. 정서학대의 유형에 있어서 '형제나 친구 등과 비교하는 행위, 차별, 편애'의 비율이 다른 유형의 경우보다 훨씬 빈번하게 발생하는 것으로 보고[13]되고 있으며, 경우에 따라서는 부적절한 애착관계의 형성, 아동이 필요로 하는 정서적 반응의 결여, 부적절한 양육방식 등을 내용으로 하는 정서적 방임을 아동학대의 한 유형으로 포섭하려는 견해[14]도 있는데, 이는 아동학대 개념의 무한한 확장을 초래함과 동시에 아동학대에 대한 적절한 조치 방안 강구에 크게 도움이 되지 않는다는 측면에서 이를 제외하는 것이 타당하다. 그러므로 정서학대나 방임의 유형은 신체학대나 성학대와 같이 피해아동에게 심각한 영향을 미치는 행위로 한정할 필요성이 있으며, 이러한 행위들이 상당기간 지속성을 띨 경우에 한해서 학대로 판정해야 할 것이다.

　　또한 아동학대의 세부적인 요형 가운데 방임이 가장 높은 비율을 차지하고 있는데, 이는 부모에 대한 양육지원 등의 서비스가 확충되어야 함을 여실히 보여주는 결과라고 하겠다. 더불어서 방임은 정서학대와 함께 절대 다수의 비율을 차지하고 있는데, 이러한 유형은 신체학대 또는 성학대와 달리 외상이 나타나지 않는다는 점에 주목해야 한다.[15] 이러한 특성으로 인하여 아동학대의 조사에는 전문성과 경험이 풍부한 아동보호전문기관이 주도적인 위치를 가지고서 임해야 할 필요성이 인정된다. 왜냐하면 상대적으로 비전문성을 띠고 있는 수사기관이 아동학대사건에 개입할 경우에는 원활한 조사가 이루어질 수 없을 뿐만 아니라 신체학대나 성학대의 수준에 이르지 않은 정서학대나 방임의 경우에는 구체적인 범죄의 구성요건해당성을 충족시키는 단계에 이르지 않는 경우가 많아[16] 별 다

---

12) 본 자료는 아동보호전문기관에 아동학대사례가 신고 접수된 이후, 국가 아동학대전산시스템에 입력된 통계자료를 바탕으로 분석된 것이며, 해당기간은 2012. 1. 1.부터 2012. 12. 31.까지이다.

13) 이서원·한지숙·조유진, "초등학생의 가정내 학대 실태에 관한 연구 - 경기도 지역을 중심으로 -", 아시아아동복지연구 제9권 제3호, 대한아동복지학회, 2011. 12, 113-114면.

14) 보건복지부·숙명여자대학교 산학협력단, 「아동학대 실태조사」, 2011, 13면.

15) 정서학대는 눈에 보이지 않고 그 결과가 당장 나타나지 않기 때문에 그 후유증을 모르는 채 지나칠 수도 있다는 점에서 문제의 심각성이 있다(김미정·이경은·염동문, "메타분석을 활용한 정서학대 발생에 영향을 미치는 요인에 관한 연구: 부모요인을 중심으로", 한국청소년연구 제24권 제3호, 한국청소년정책연구원, 2013, 209면; 이복희, "부모의 아동학대와 아동의 적응변인 연구", 교육문화연구 제13권 제1호, 인하대학교 교육연구소, 2007. 6, 116면).

16) 정서학대는 국가형벌권 행사의 대상이라기보다는 행위자와 아동과의 정서적 교감을 향상시킨다든가 심

른 조치를 취하지 않고 사건을 종결시킬 가능성도 많을 것이기 때문이다.

한편 형법 제273조 제1항에 의하면 "자기의 보호 또는 감독을 받는 사람을 학대한 자는 2년 이하의 징역 또는 500만 원 이하의 벌금에 처한다"고 규정하고 있는데, 여기서 말하는 '학대'라 함은 육체적으로 고통을 주거나 정신적으로 차별대우를 하는 행위를 가리키고, 이러한 학대행위는 형법의 규정체제상 학대와 유기의 죄가 같은 장에 위치하고 있는 점 등에 비추어 단순히 상대방의 인격에 대한 반인륜적 침해만으로는 부족하고 적어도 유기에 준할 정도에 이르러야 한다.[17] 이와 같이 아동복지법상의 학대개념과 형법상의 학대개념은 서로 상이한 모습을 보이고 있는데, 아동복지법의 학대개념에는 소극적 의미의 방임행위까지 포함되기 때문에 광의의 의미로 해석되고 있다. 이는 형법상 학대개념이 범죄의 구성요건요소로 규정되어 있어서 이에 대한 효과가 형벌권의 발동이라는 점이라는 것에 비하여 아동복지법상 학대개념은 비록 범죄로 규정하고 있기는 하지만, 형사처벌에 주안점을 두는 것이 아니라 아동의 복지를 위하여 보호처분이나 절차상의 특칙을 염두에 두고 규정되어 있다는 차이점에 그 원인이 있다고 보아야 한다.

참고로 아동복지법 제17조(금지행위)에서는 누구든지 ① 아동을 매매하는 행위, ② 아동에게 음행을 시키거나 음행을 매개하는 행위,[18] ③ 아동의 신체에 손상을 주는 학대행위,[19] ④ 아동에게 성적 수치심을 주는 성희롱·성폭력 등의 학대행위, ⑤ 아동의 정신건강 및 발달에 해를 끼치는 정서적 학대행위,[20] ⑥ 자신의 보호·감독을 받는 아동을 유기하거나 의식주를 포함한 기본적 보호·양육·치료 및 교육을 소홀히 하는 방임행위, ⑦ 장애를 가진 아동을 공중에 관람시키는 행위, ⑧ 아동에게 구걸을 시키거나 아동을 이용하여 구걸하는 행위, ⑨ 공중의 오락 또는 흥행을 목적으로 아동의 건강 또는 안전에 유해한 곡예를 시키는 행위,[21] ⑩ 정당한 권한을 가진 알선기관 외의 자가 아동의 양육을 알선하고 금품을 취득하거나 금품을 요구 또는 약속하는 행위, ⑪ 아동을 위하여

리적 치료를 우선해야 할 사안들이다(김혜경, "아동복지법상 금지규정의 형사법적 검토", 형사정책연구 제21권 제1호, 한국형사정책연구원, 2010. 3, 49면).

17) 대법원 2000. 4. 25. 선고 2000도223 판결.

18) 동 유형은 2013. 12. 31. 의결된 아동복지법 일부개정법률안(대안)에 의하면 "아동에게 음란한 행위를 시키거나 이를 매개하는 행위 또는 아동에게 성적 수치심을 주는 성희롱 등의 성적 학대행위"로 변경되었다.

19) 동 유형은 2013. 12. 31. 의결된 아동복지법 일부개정법률안(대안)에 의하면 "아동의 신체에 손상을 주거나 신체의 건강 및 발달을 해치는 신체적 학대행위"로 변경되었다.

20) 동 유형은 2013. 12. 31. 의결된 아동복지법 일부개정법률안(대안)에 의하면 삭제되었다.

21) 동 유형은 2013. 12. 31. 의결된 아동복지법 일부개정법률안(대안)에 의하면 "공중의 오락 또는 흥행을 목적으로 아동의 건강 또는 안전에 유해한 곡예를 시키는 행위 또는 이를 위해 아동을 제3자에게 인도하는 행위"로 변경되었다.

증여 또는 급여된 금품을 그 목적 외의 용도로 사용하는 행위 중 어느 하나에 해당하는 행위를 하여서는 아니 된다고 규정하고 있는데, 이 중 제3호 내지 제6호까지는 전형적인 아동학대의 유형에 해당하지만, 제1호, 제2호 및 제7호 내지 제11호까지의 내용은 아동학대의 유형으로 일반적으로 거론되지 않는 행위들이라고 할 수 있다. 이는 이러한 행위들이 극히 드물거나 다른 특별법을 통하여 당해 행위를 규율하여 굳이 아동복지법에 의하여 처리할 필요성이 없는 것으로 평가할 수 있다. 또한 제4호 내지 제6호의 규정은 5년 이하의 징역 또는 3천만 원 이하의 벌금이라는 형사처벌의 대상으로 삼고 있는 조항[22]이라는 측면에서 볼 때, 매우 불명확하게 되어 있어 죄형법정주의의 명확성 원칙에 반할 소지가 매우 크다고 보인다. 예를 들면 성희롱은 다른 법률에서 형사처벌의 대상으로 삼고 있지 않다는 점, 성폭력의 개념이 무엇인지 이에 대한 정의규정이 없다는 점, 가장 전형적인 성폭력에 해당할 수 있는 아동에 대한 강간·강제추행은 「아동·청소년의 성보호에 관한 법률」에 의하여 훨씬 중하게 처벌되고 있다는 점, 정신건강 및 발달에 해를 끼치는 정서적인 학대행위 또는 의식주를 포함한 기본적 보호·양육·치료 및 교육을 소홀히 하는 방임행위를 판단함에 있어서 어느 정도의 범위까지를 인정할 것인지가 매우 애매모호하다는 점 등에서 아동복지법 제17조는 아동학대에 대한 형사처벌의 근거조항으로서의 역할을 수행하기가 어려운 측면이 있다고 할 수 있다. 이는 아동복지법에서 규제하고 있는 아동학대의 유형을 모두 형사처벌의 대상으로 삼고자 하는 과욕에서 나타는 문제점으로써, 모든 아동학대를 범죄로 바라보는 시각에서 탈피하여 형사처벌이 아닌 다른 적절한 제제조치를 통한 해결방안을 모색하는 것이 보다 바람직하다고 본다.

---

22) 제71조(벌칙) ① 제17조를 위반한 자는 다음 각 호의 구분에 따라 처벌한다.
　　1. 제1호(「아동·청소년의 성보호에 관한 법률」 제12조에 따른 매매는 제외한다) 또는 제2호에 해당하는 행위를 한 자는 10년 이하의 징역 또는 5천만 원 이하의 벌금에 처한다.
　　2. 제3호부터 제8호까지의 규정에 해당하는 행위를 한 자는 5년 이하의 징역 또는 3천만 원 이하의 벌금에 처한다.
　　3. 제10호 또는 제11호에 해당하는 행위를 한 자는 3년 이하의 징역 또는 2천만 원 이하의 벌금에 처한다.
　　4. 제9호에 해당하는 행위를 한 자는 1년 이하의 징역 또는 500만 원 이하의 벌금에 처한다.

2. 아동학대의 처리현황

가. 아동학대의 신고현황

(1) 아동학대 신고자의 유형

누구든지 아동학대를 알게 된 경우에는 아동보호전문기관 또는 수사기관에 신고할 수 있는데(제25조 제1항),[23] 특정 직업군에 해당하는 사람은 그 직무상 아동학대를 알게 된 경우에는 즉시 아동보호전문기관 또는 수사기관에 신고하여야 한다(제25조 제2항).[24] 만약 신고의무자가 아동학대를 신고하지 아니할 경우에는 300만 원 이하의 과태료를 부과한다(제75조 제1항 제1호). 이와 같이 아동학대 신고자의 유형은 신고의무자와 비신고의무자로 구분할 수 있는데, 2012년에 응급아동학대의심사례와 아동학대의심사례로 신고 접수된 8,979건을 바탕으로 신고자의 유형을 살펴보면 다음과 같다.

〈표-3〉 아동학대 신고자의 유형

단위: 건(%)

신고의무자		비신고의무자	
교 원	732(8.2)	부 모	1,433(16.0)
의료인	85(0.9)	이웃·친구	970(10.8)
아동복지시설 종사자	424(4.7)	친인척	452(5.0)
장애인복지시설 종사자	28(0.3)	경 찰	425(4.7)
보육 교직원	166(1.8)	종교인	45(0.5)
유치원 종사자	84(0.9)	사회복지관련 종사자	1,689(18.8)
학원 및 교습소 종사자	13(0.1)	낯선 사람	92(1.0)
소방구급대원	16(0.2)	아동 본인	158(1.8)

---

23) 일반인으로 하여금 아동학대 신고포상금제와 같은 인센티브를 부여함으로써 아동학대에 대한 일반인의 신고율을 확대할 수 있는 방안을 강구할 필요가 있을 것이다. 참고로 일본의 「아동학대의 방지 등에 관한 법률」 제6조 제1항에 의하면, "아동학대를 받았다고 생각되는 아동을 발견한 자는 신속하게 이것을 市町村, 都道府縣에 설치한 복지사무소 또는 아동상담소 또는 아동위원을 개입시켜 市町村, 都道府縣에 설치한 복지사무소 또는 아동상담소에 통고하여야만 한다"고 하여 모든 사람에게 신고의무를 부과하고 있다.

24) 이에 대하여 아동관련시설 종사자들에게는 아동학대가 의심할 만한 정황이 있는 경우에도 신고의무를 부과하는 개정안(2012. 7. 18.자 박남춘의원 대표발의 아동복지법 일부개정법률안(의안번호 730))이 상정되어 있다.

응급구조사	0(0.0)	형제·자매	63(0.7)
의료기사	4(0.0)	익 명	12(0.1)
성매매피해상담소 및 지원시설 종사자	39(0.4)	기 타	324(3.6)
성폭력피해상담소 및 지원시설 종사자	51(0.6)		
한부모가족복지시설 종사자	13(0.1)		
가정폭력피해자보호시설 및 상담소 종사자	233(2.6)		
사회복지전담공무원	904(10.1)		
아동복지전담공무원	102(1.1)		
사회복지시설 종사자	157(1.7)		
가정위탁지원센터 종사자	15(0.2)		
건강가정지원센터 종사자	21(0.2)		
다문화가족지원센터 종사자	27(0.3)		
정신보건센터 종사자	34(0.4)		
청소년시설 및 단체 종사자	123(1.4)		
청소년보호센터 및 재활센터 종사자	45(0.5)		
소 계	3,316(36.9)	소 계	5,663(63.1)

출처: 보건복지부·중앙아동보호전문기관, 「2012 전국아동학대 현황보고서」, 2013. 6, 57면.

<표-3>에 의하면 아동학대 신고의무자의 신고율이 36.9%에 불과한데, 이는 신고에 따른 보호체계가 제대로 마련되어 있지 않은 현상에서 그 원인을 찾을 수 있겠다.[25] 그러므로 신고에 의한 보복행위가 두려워서 신고를 기피하는 현상을 바로잡기 위해서 신고자에 대한 신변보호조치가 이루어져야 하겠다.[26] 또한 아동학대의 경우에는 학대행위자에게 형사처벌보다는 보호처분을 우선시함으로써 신고자들의 부담을 줄여줄 필요성이 있다.[27] 그리고 사법경찰관리는 현행법상 신고의무자는 아니지만, 가정폭력범죄 등 다른 범죄의 수사과정에서 아동학대사례가 발견되는 경우에는 그 사실을 아동보호전문기관에 통보하는 등의 연계체계 제도화의 근거를 마련하여 아동학대 피해자가 필요한 보호와 서비스를 받을 수 있도록 할 필요성이 있다.

---

25) 실제로 아동복지시설 종사자들은 아동학대 신고제도의 활성화를 위하여 우선적으로 신고에 따른 보호체계의 마련을 손꼽았다. 이러한 설문조사의 결과는 윤선오·박복숙, "아동복지시설 종사자들의 아동학대 및 신고의무제에 대한 인식 연구", 복지행정논총 제21권 제2호, 한국복지행정학회, 2011. 12, 49면 이하 참조.

26) 同旨 이찬엽, "아동학대에 관한 형사법적 고찰", 일감법학 제20호, 건국대학교 법학연구소, 2011. 8, 367면.

27) 문영희, "학대피해아동 보호를 위한 시스템의 효율화 방안", 피해자학연구 제18권 제2호, 한국피해자학회, 2010. 10, 100면.

(2) 아동학대 신고의 접수경로

2012년 기준 아동학대 신고의 접수경로를 살펴보면, 아동학대 신고전화인 1577-1391에 의한 경우 9,720건(88.8%), 보건복지콜센터 129에 의한 경우 426건(3.9%), 안전신고센터 119에 의한 경우 13건(0.1%), 아동보호전문기관의 인터넷에 의한 경우 93건(0.8%), 기관방문의 경우 691건(6.3%) 등으로 나타났다.[28] 최초 129 또는 119에 의한 접수를 해당 아동보호전문기관으로 원활하게 이관될 수 있기 위한 기관 간 긴밀한 협조체계의 구축이 필요하다고 본다.

나. 아동학대의 발생현황

(1) 일반적인 발생현황

아동보호전문기관에서는 응급아동학대의심사례와 아동학대의심사례를 바탕으로 아동학대의 여부를 판정하는데, 현장조사의 내용, 아동학대 스크리닝(screening) 척도의 결과, 기관 내 자체 사례회의 및 사례판정위원회의 결과 등을 바탕으로 아동학대사례, 잠재위험사례, 일반사례 등으로 최종판정을 한다.[29] 먼저 아동학대사례란 학대 정황이 명확히 드러나 아동학대로 판단할 증거가 분명한 경우를 말하며, 이는 세부적으로 신체학대, 정서학대, 성학대, 방임 등으로 나누어진다. 다음으로 잠재위험사례란 신고 당시 실제로 학대가 발생하지 않았으나 학대 발생의 가능성이 높아 주의를 기울여야 하는 경우를 말하며, 학대가 발생된 것으로 추정되지만 관련 증거가 미비하여 학대로 판정하기 어려운 경우도 포함한다. 끝으로 일반사례란 신고 접수 시 아동학대의심사례로 판단하였으나 현장조사 결과 학대가 발생하지 않은 경우를 말한다. 2012년에 응급아동학대의심사례와 아동학대의심사례로 신고 접수된 8,979건을 바탕으로 아동학대사례로 판정된 경우가 6,403건 (71.3%), 잠재위험사례로 판정된 경우가 721건(8.0%), 일반사례로 판정된 경우가 1,855건(20.7%) 등으로 각각 집계되었다.[30]

---

28) 보건복지부·중앙아동보호전문기관,「2012 전국아동학대 현황보고서」, 2013. 6, 61면.

29) 아동보호전문기관에 신고된 사례만을 기준으로 분석한다는 점에서 전체적인 아동학대의 발생실태를 파악함에는 한계가 있다.

30) 보건복지부·중앙아동보호전문기관,「2012 전국아동학대 현황보고서」, 2013. 6, 67면.

〈표-4〉 연도별 아동학대 신고 접수 현황

단위: 건(%)

연 도	아동학대의심사례	중복신고	일반상담	계
2001년	2,606(63.1)	-	1,527(36.9)	4,133(100.0)
2002년	2,946(71.7)	-	1,165(28.3)	4,111(100.0)
2003년	3,536(71.0)	-	1,447(29.0)	4,983(100.0)
2004년	4,880(69.7)	-	2,118(30.3)	6,998(100.0)
2005년	5,761(72.0)	-	2,239(28.0)	8,000(100.0)
2006년	6,452(72.5)	-	2,451(27.5)	8,903(100.0)
2007년	7,083(74.7)	-	2,395(25.3)	9,478(100.0)
2008년	7,219(75.4)	77-	2,351(24.6)	9,570(100.0)
2009년	7,354(79.0)	101(1.1)	1,854(19.9)	9,309(100.0)
2010년	7,406(80.5)	89(1.0)	1,704(18.5)	9,199(100.0)
2011년	8,325(82.1)	84(0.8)	1,737(17.1)	10,146(100.0)
2012년	8,979(88.1)	34(0.3)	1,930(17.6)	10,943(100.0)

출처: 보건복지부·중앙아동보호전문기관, 「2012 전국아동학대 현황보고서」, 2013. 6, 185면.

아동학대의심사례는 매년 증가하는 추세를 보이고 있는데, 처음 집계를 하기 시작한 2001년의 경우 2,606건의 의심사례가 발생하였지만, 2012년의 경우 8,979건으로 약 4배 정도가 증가한 것을 알 수 있다. 이는 아동보호전문기관의 증설과 더불어 언론을 통하여 아동학대가 지속적으로 노출되면서 국민의 관심이 증대된 것이 신고 접수의 증가현상으로 이어진 것으로 분석된다. 또한 과거와 달리 아동의 인권을 바라보는 인식이 높아졌고, 아동학대의 범주를 점차적으로 확대해석하는 것도 그 원인으로 분석된다.

(2) 아동학대의 피해현황

2012년 기준 아동학대사례로 판정된 6,403건을 대상으로 피해아동의 성별을 살펴보면 남아가 2,368건(37.0%), 여아가 4,035건(63.0%)으로 여아의 수가 상대적으로 많은 것으로 나타났고, 피해아동의 연령분포를 살펴보면 다음과 같다.

<표-5> 피해아동의 연령분포

단위: 건(%)

연령	1세 미만	1세	2세	3세	4세	5세	6세	7세	8세	9세	10세	11세	12세	13세	14세	15세	16세	17세
건수	338 (5.3)	241 (3.8)	234 (3.7)	267 (4.2)	319 (5.0)	255 (4.0)	300 (4.7)	353 (5.5)	345 (5.4)	377 (5.9)	425 (6.6)	491 (7.7)	530 (8.3)	513 (8.0)	521 (8.1)	418 (6.5)	304 (4.7)	172 (2.7)

출처: 보건복지부·중앙아동보호전문기관, 「2012 전국아동학대 현황보고서」, 2013. 6, 76면.

학령기에 해당하는 아동의 비율이 비학령기에 해당하는 아동의 비율보다 높은 것은 교사를 포함한 아동학대 신고의무자에 의하여 학대사실이 발견될 가능성이 높다는 점, 비학령기의 아동은 외부환경의 노출이 상대적으로 적고, 본인의 의사를 표현하는 데 일정한 한계가 있다는 점 등에서 그 이유를 찾을 수 있다. 또한 15세 이후에는 다른 연령대에 비하여 학대의 비율이 점차적으로 줄어드는데, 동 시기는 육체적·정신적으로 성숙되는 시기이기 때문에 학대에 대한 저항능력이 있을 뿐만 아니라 이를 인식할 수밖에 없는 학대행위자의 태도 등에서 비롯된 것으로 보인다.

(3) 아동학대의 가해현황

2012년 기준 아동학대사례로 판정된 6,403건을 대상으로 학대행위자의 성별을 살펴보면 남성이 3,613건(56.4%), 여성이 2,769건(43.2%), 미상이 21건(0.3%)으로 남성이 여성에 비하여 1.3배 정도 많은 것으로 나타났고, 학대행위자의 연령분포 및 학대행위자와 피해아동과의 관계를 살펴보면 다음과 같다.

<표-6> 학대행위자의 연령분포

단위: 건(%)

연 령	19세 이하	20~29세	30~39세	40~49세	50~59세	60~69세	70세 이상	파악 안 됨	계
건 수	39 (0.6)	614 (9.6)	2,040 (31.9)	2,586 (40.4)	757 (11.8)	177 (2.8)	106 (1.7)	84 (1.3)	6,403 (100.0)

출처: 보건복지부·중앙아동보호전문기관, 「2012 전국아동학대 현황보고서」, 2013. 6, 82면.

<표-7> 학대행위자와 피해아동과의 관계

단위: 건(%)

관 계		건 수
부 모	친 부	3,013(47.1)
	친 모	2,090(32.6)
	계 부	74(1.2)
	계 모	151(2.4)
	양 부	23(0.4)
	양 모	19(0.3)
친 척	친조부	74(1.2)
	친조모	104(1.6)
	외조부	14(0.2)
	외조모	48(0.7)
	친인척	175(2.7)
	형제, 자매	20(0.3)
타 인	부·모의 동거인	75(1.2)
	유치원 종사자	31(0.5)
	교원	16(0.2)
	학원 및 교습소 종사자	37(0.6)
	보육 교직원	110(1.7)
	아동복지시설 종사자	99(1.5)
	기타 시설 종사자	20(0.3)
	이웃	60(0.9)
	낯선 사람	48(0.7)
	위탁부	0(0.0)
	위탁모	3(0.0)
	베이비시터	6(0.1)
기 타		70(1.1)
파악 안 됨		23(0.3)

출처: 보건복지부·중앙아동보호전문기관, 「2012 전국아동학대 현황보고서」, 2013. 6, 84면.

<표-7>에서 주의 깊게 살펴보아야 할 부분이 2012년에 발생한 아동학대사례인 6,403 건 가운데 부모에 의한 아동학대사례가 5,370건으로 약 83.9%를 차지하고 있다는 점인데, 이는 2011년도의 83.1%와 대동소이하다.

<표-8> 학대행위자의 주요 10가지 특성

단위: 건(%)

특 성	건수(비율) * 중복 포함
양육태도 및 방법 부족	6,762(30.4)
사회적·경제적 스트레스 및 고립	5,180(23.3)
부부 및 가족갈등	2,249(10.1)
성격 및 기질문제	1,780(8.0)
중독문제	1,509(6.8)
폭력성	1,022(4.6)
특성 없음	582(2.6)
어릴 적 학대경험	456(2.1)
나태 및 무기력	439(2.0)
위생문제	361(1.6)

출처: 보건복지부·중앙아동보호전문기관, 「2012 전국아동학대 현황보고서」, 2013. 6, 88면.

<표-8>에 의하면 부모에 의한 학대 사례가 가장 높은 비율로 나타나고 있는 가운데 양육태도 및 방법 부족(30.4%), 사회적·경제적 스트레스 및 고립(23.3%), 부부 및 가족갈등(10.1%), 성격 및 기질문제(8.0%) 등이 학대행위자의 두드러지는 특성으로 나타나고 있는데, 이는 학대행위자들이 심리적인 문제를 가지고 있는 경우가 상당히 많은 것으로 파악되는 대목이라고 할 수 있다. 이는 처벌보다는 교육·치료·상담 등을 통하여 학대 행위자의 개선을 이끌어내는 것이 아동학대에 대처하기 위한 중요한 과제라는 점이라고 평가할 수 있다. 특히 최근의 생계형 방임사례가 증가하고 있는 부분에 대해서는 저소득 층 가정을 대상으로 하는 가족지원[31]이나 수급권의 연계, 아동수당의 지급 등을 통한 경제적 지원과 지역아동센터 등의 복지기관 뿐만 아니라 학교의 방과후 프로그램의 활성화 등 지역사회에서의 보호가 강화되어야 할 것이다.[32] 한편 약물이나 알코올 등에 의한 중독은 아동학대를 유발할 수 있는 핵심 요인 가운데 하나라고 할 수 있는데, 중요한 것은 이는 어디까지나 신체적 학대에 해당할 뿐 성적 학대나 방임에는 해당되지 않는다는 연구결과[33]를 주목할 필요가 있다. 즉 아동학대의 예방 및 억제를 위해서는 아동학대의 유

---

31) 홍미·김효진, "아동학대 및 방임실태와 정책과제", 보건복지포럼 제128호, 한국보건사회연구원, 2007. 6, 55면.

32) 김평화·윤혜미, "아동학대가 아동의 정서결핍과 공격성에 미치는 영향", 한국아동복지학 제41호, 한국아동복지학회, 2013. 3, 232면.

33) 조윤오, "부모의 음주행동이 아동학대에 미치는 영향", 피해자학연구 제19권 제2호, 한국피해자학회, 2011. 10, 70-71면.

형별로 개별적으로 접근하는 방식이 효율적이라고 판단된다.

출처: http://korea1391.org/new_index/

〈그림-1〉 아동학대 사례업무진행도

3. 아동학대와 관련된 유관기관의 역할

가. 아동보호전문기관

우리나라의 아동학대 예방사업의 주무부처는 보건복지부이며, 보건복지부의 위탁기관인 중앙아동보호전문기관과 지방자치단체의 위탁기관인 지역아동보호전문기관이 중추적인 역할을 담당하고 있다. 즉 국가는 아동학대예방사업을 활성화하고 지역 간 연계체계를 구축하기 위하여 중앙아동보호전문기관을 두고(제45조 제1항), 지방자치단체는 학대받은 아동의 발견, 보호, 치료에 대한 신속처리 및 아동학대예방을 담당하는 지역아동보호전문기관을 시·도 및 시·군·구에 둔다. 다만, 시·도지사는 조례로 정하는 바에 따라 둘 이상의 시·군·구를 통합하여 하나의 지역아동보호전문기관을 설치·운영할 수 있다(제45조 제2항). 이와 같이 아동보호전문기관은 그 역할에 따라 중앙아동보호전문기관과 지역아동보호전문기관으로 구분되며, 2013. 11. 기준 1개의 중앙아동보호전문기관과 47개의 지역아동보호전문기관이 운영되고 있는데, 2003년 기준 1개의 중앙아동보호전문기관과 18개의 지역아동보호전문기관이 있었던 것과 비교해 보면 10년 사이에 약 2.5배의 증설이 이루어진 것이다.

〈표-9〉 아동보호전문기관의 현황 및 기관당 아동수(2012년 기준[34])

단위: 명, 개소, 건

구 분	추계아동인구[35] (만 0세-17세)	아동보호전문기관의 수	기관당 아동수	아동학대사례
서울특별시	1,658,089	7	236,870	720
부산광역시	573,189	2	286,595	347
대구광역시	476,266	1	476,266	180
인천광역시	549,206	2	274,603	334
광주광역시	329,799	1	329,799	100
대전광역시	316,504	1	316,504	148
울산광역시	239,468	1	239,468	146
경기도	2,501,580	8	312,698	1,496
강원도	278,216	3	92,739	275
충청북도	302,429	3	100,810	437

---

34) 2013. 11. 현재 서울특별시에 1개소, 인천광역시에 1개소가 추가적으로 개설되어 있다.

충청남도	409,750	2	204,875	334
전라북도	352,883	3	117,628	400
전라남도	338,011	3	112,670	354
경상북도	469,907	4	117,477	480
경상남도	657,484	2	328,742	507
제주특별자치도	125,405	2	62,703	145
계	9,578,186	45	212,849	6,403

출처: 보건복지부·중앙아동보호전문기관, 「2012 전국아동학대 현황보고서」, 2013. 6, 71면.

아동보호전문기관의 주요 업무를 살펴보면, 중앙아동보호전문기관에서는 지역아동보호전문기관에 대한 지원, 아동학대예방사업과 관련된 연구 및 자료발간, 효율적인 아동학대예방사업을 위한 연계체제 구축, 아동학대예방사업을 위한 프로그램 개발 및 평가, 상담원 직무교육, 아동학대예방 관련 교육 및 홍보, 아동보호전문기관 전산시스템 구축 및 운영, 그 밖에 대통령령으로 정하는 아동학대예방사업과 관련된 업무 등을 수행하며(제46조 제1항), 지역아동보호전문기관에서는 아동학대 신고접수, 현장조사 및 응급보호, 피해아동·아동학대행위자를 위한 상담 및 교육, 아동학대예방 교육 및 홍보, 피해아동 가정의 사후관리, 아동학대사례판정위원회 설치·운영 및 자체사례회의 운영, 그 밖에 대통령령으로 정하는 아동학대예방사업과 관련된 업무 등을 수행하고 있다(제46조 제2항). 지역아동보호전문기관에서는 1577-1391, 129, 119, 인터넷 홈페이지 등을 통하여 아동학대를 접수받고 있으며, 위기 상황에 신속하게 대응하기 위하여 24시간 운영하는 방식을 취하고 있다. 중앙아동보호전문기관에서는 아동학대사례를 담당하지 않으며, 신고접수 전화에 한해서는 타 기관 의뢰 또는 일반상담을 실시하고 있다. 아동학대사건에 대하여 아동보호전문기관이 1차적으로 개입하는 대응체계를 유지하고 있는 결정적인 이유는 아동학대의 특성상 수사기관보다는 아동보호전문기관이 조사, 평가, 대응 등에 훨씬 적합하다는 사고에 기인한 것으로 파악된다. 하지만 현재의 아동보호전문기관의 수와 인력[36]은 한국사회에서 발생하고 있는 아동학대의 실태에 비추어 볼 때 턱없이 적은 수에 불과한 실정이다. 향후 추가적인 기관의 수 및 인력의 증편과 예산의 편성이 필요한 부분이라고 하겠다.

---

35) 추계아동인구는 통계청의 2012년 추계인구 자료 참조(www.kosis.kr).

36) 2012. 9. 기준 아동보호전문기관 인력은 총 391명으로, 관장 46명, 상담원 292명, 임상치료전문인력 35명, 사무원 17명, 전산직 1명 등으로 구성되어 있다.

나. 그 밖의 유관기관

아동학대와 관련하여 지역아동보호전문기관과 깊은 관련성을 가지고 있는 기관이 사법경찰관리라고 할 수 있는데, 아동학대신고를 접수한 아동보호전문기관 직원이나 사법경찰관리는 지체 없이 아동학대의 현장에 출동하여야 한다. 이 경우 아동보호전문기관의 장이나 수사기관의 장은 서로 아동학대 현장에 동행하여 줄 것을 요청할 수 있고, 요청받은 아동보호전문기관의 장 또는 수사기관의 장은 정당한 사유가 없으면 그 소속 직원이나 사법경찰관리를 아동학대 현장에 동행하도록 조치하여야 한다(제27조 제1항).[37] 이와 같은 양 기관 상호 간의 동행출동요청제도는 2011년 개정법을 통하여 도입된 것이다. 아동학대 신고를 접수한 아동보호전문기관의 직원이나 사법경찰관리는 아동학대가 행하여지고 있는 것으로 신고된 현장 또는 학대아동사건 조사를 위한 관련 장소[38]에 출입하여 아동 또는 관계인에 대하여 조사를 하거나 질문을 할 수 있다(제27조 제6항).[39] 이와 같이 현장조사를 하는 목적은 피해아동 및 학대행위자 등 관련인을 통하여 자료를 수집함으로써 학대 발생 여부 및 위험 정도에 대한 파악에 있어서 정확성을 높이고, 피해아동에 대한 적절한 조치를 취하기 위함이다. 아동보호전문기관에 아동학대로 신고 접수된 사례 중 응급아동학대의심사례로 판단되는 경우에는 12시간, 아동학대의심사례로 판단되는 경우에는 72시간 이내에 반드시 현장에 출동하여야 하며, 상황에 따라서는 여러 차례의 현장조사가 이루어질 수도 있다. 2012년의 경우 응급아동학대의심사례 및 아동학대의심사례에 해당하는 8,979건을 대상으로 총 16,935회의 현장조사를 실시하였으며, 의심사

---

37) 일본의 경우에도 「아동학대의 방지 등에 관한 법률」 제10조 제3항에서 "경찰서장은 제1항의 규정에 의한 원조의 요구를 받은 경우에 아동의 생명 또는 신체의 안전을 확인하거나 또는 확보하기 위해 필요하다고 인정하는 때에는 신속하게 소속경찰관에게 동항의 직무집행을 원조하기 위해 필요한 경찰관직무집행법 그외 법령이 정하는 것에 의한 조치를 강구하도록 노력하여야 한다"고 규정하여, 아동상담소가 현장조사를 거부당하여 개입이 곤란한 경우에 경찰이 개입할 수 있는 법적 근거를 마련하였다.

38) 이에 대하여 관련 장소에의 출입까지 허용하는 것은 영장주의에 반할 소지가 있다는 견해(박지영, "아동학대 사건의 처리방향 및 특례법 제정의 필요성", 저스티스 제134호, 한국법학원, 2013. 2, 33-34면)가 있다. 즉 아동보호전문기관은 수사기관이 아니라 아동복지기관의 성격을 가지므로 원칙적으로 피해아동 보호를 위해 정보수집의 범위에 국한된 행위와 출입장소 역시 신고된 장소로 제한할 필요가 있다는 것이다.

39) 2011년 개정법을 통하여 아동보호전문기관의 직원에 의한 현장조사를 위한 장소출입권과 관계자면담권이 도입되었는데, 아동학대행위자는 제25조에 따른 신고로 현장에 출동한 아동보호전문기관의 직원이나 사법경찰관리가 업무를 수행할 때에 폭행·협박이나 현장 조사를 거부하는 등 그 업무 수행을 방해하는 행위를 하여서는 아니 되고(제27조 제5항), 만약 이를 위반하여 폭행이나 협박을 하거나 현장 조사를 거부하는 등 업무 수행을 방해한 자에게는 1년 이하의 징역 또는 500만 원 이하의 벌금에 처한다(제71조 제2항 제2호). 하지만 민간인 신분의 아동보호전문기관의 직원에게 강제권한을 부여하고, 이를 위반한 자에게 형사처벌까지 가능하게 한 점은 타당하지 않다고 본다.

례 한 건당 약 1.9회의 현장조사가 이루어진 것으로 나타났다.[40)]

　이와 같이 현행법에 의하면 아동학대현장에 출동하는 경우에 있어서 사법경찰관리가 동행을 하여야 하는데, 실제에 있어서는 아동보호전문기관의 직원만이 출동하는 경우가 훨씬 많다는 문제점이 있다. 2010년 기준 현장조사가 이루어진 총 11,520건 가운데 사법경찰관리가 동행한 횟수가 겨우 195회에 불과했다는 점이 이를 잘 보여주고 있다. 이는 제27조 제1항을 위반하여 사법경찰관리가 동행을 정당한 사유 없이 거부하더라도 이를 강제할 수 없다는 점과 위반에 대한 제재규정이 존재하지 않음에서 나타나는 폐해라고 본다. 이에 따라 민간인 신분인 아동보호전문기관의 직원이 현장조사 시 아동학대행위자의 폭행이나 협박에 적절하게 대응하지 못하는 사례[41)]가 빈발[42)]하여 결국에는 피해아동의 구제에 많은 어려움이 존재하게 된다.[43)] 그러므로 아동학대를 전담하는 경찰에게는 아동학대에 대한 접근방법 등을 교육시켜야 하며, 일반 경찰에게는 아동보호전문기관의 직원과 동행해야 할 필요성 등에 대한 교육이 이루어져야 하며,[44)] 보다 적극적인 사법경찰관리와의 공조체계가 구축되어야 하는 부분이라고 본다. 더 나아가 즉각적인 현장출동을 독려하고 책임의 소재를 판단하기 위하여 응급조치를 위한 출동시한을 구체적으로 한정할 필요도 있다.[45)]

　또한 아동학대에 대하여 보다 효과적으로 대처하기 위해서는 아동보호전문기관과 가정

---

40) 보건복지부·중앙아동보호전문기관, 「2012 전국아동학대 현황보고서」, 2013. 6, 65면.

41) 상담원에 대한 신변위협행위는 형법상 폭행죄, 협박죄, 업무방해죄 등에 해당할 것이기 때문에 고소 등을 통하여 적극적인 처벌을 강구할 수도 있을 것이다. 하지만 아동학대사례에 대하여 지속적인 관찰과 보호서비스를 제공해야 하는 상담원의 입장에서는 신변위협에 대하여 고소 등으로 대응하는 것은 사례개입을 더욱 어렵게 할 뿐만 아니라 피해아동의 보호에도 악영향을 주기 때문에 현실성이 없다고 보아야 한다(이호중, "아동학대개입시 상담원의 신변보호를 위한 법제도적 개선방안", 서강법학 제11권 제1호, 서강대학교 법학연구소, 2009. 6, 382면).

42) 이에 대하여 제대로 된 조사를 할 수 있도록 강력한 조사권한을 부여하고, 이를 정당한 이유 없이 거부하는 경우에는 현장조사 거부자에 대하여 처벌할 수 있는 규정을 마련할 것이 요청된다는 견해로는 문영희, "아동학대의 의의와 실태 및 대처방안에 관한 고찰", 한양법학 제20권 제3호, 한양법학회, 2009. 8, 565면.

43) 이에 대하여 2007. 6. 1. 개정된 일본의 「아동학대의 방지 등에 관한 법률」에 의하면 현장조사의 거부에 대해 재차의 호출을 전제로 하여 이를 거부하면 재판소의 허가를 얻어 臨檢이라고 하는 강제집행의 수단을 아동상담소에 부여하고 있다. 이와 같이 아동상담소에 일정한 강제집행권을 부여하고 있다는 점이 우리나라의 아동복지법과 다른 특징이라고 하겠다. 일본의 아동학대 대응체계에 대한 보다 자세한 논의로는 강동욱, "일본에서의 아동학대에 대한 대응체제와 법제도", 법과정책연구 제10권 제3호, 한국법정책학회, 2010. 12, 912면 이하 참조.

44) 김경태, "아동학대 피해자에 대한 지원체계에 관한 연구", 피해자학연구 제12권 제2호, 한국피해자학회, 2004. 10, 226면.

45) 문영희, "개정 아동복지법과 아동학대", 한양법학 제23권 제1호, 한양법학회, 2012. 2, 226면.

법원 사이에 긴밀한 협력관계를 구축하는 것이 무엇보다도 중요하다고 할 수 있다. 대표적으로 아동보호전문기관이 수사기관 또는 지방자치단체를 경유하지 않고 곧바로 가정법원에 일정한 조치를 요청할 수 있는 권한의 부여가 필요하다. 이는 아동학대사건에 있어서 전문성을 띠는 기관이 주도적으로 조치를 취할 수 있도록 해야 하기 때문이다. 넓은 의미로써 아동학대의 개념을 본다면, 아동의 복리를 저해할 수 있는 일체의 행위라고 할 수 있는데, 이러한 행위는 수사기관이 개입하여야 하는 영역이 그리 많지 않다. 실제로 2012년 기준 아동학대 사건 총 6,403건 가운데 고소·고발은 473건에 불과하여 약 7%의 정도에 불과한데, 이는 심각하고 중대한 아동학대의 사례에 있어서만 수사기관이 그 역할을 하고 있는 것이다. 나머지 93%의 아동학대 사례는 수사기관의 개입이 필요 없을 정도의 사안인데, 모든 아동학대 사례에 수사기관이 개입하는 것 자체가 행정의 비효율성을 초래하는 것이다. 그러므로 아동보호전문기관에게 자체적으로 가정법원에 일정한 조치를 요구할 수 있는 권한의 부여가 필요한 것이다.

그 밖에도 지역사회에서는 아동보호전문기관의 역할수행을 분담하여 공유할 필요성이 있다. 예를 들면 생계형 방임의 경우에는 아동보호전문기관이 지역아동센터[46]나 돌봄교실에 연락을 취하여 아동의 적절한 보호를 요청할 수 있을 것이며, 의료적 방임의 경우에는 아동보호전문기관이 지역의료기관과 연계할 필요성이 있을 것이다. 아동학대의 주요 원인으로 파악되고 있는 경제적 빈곤, 부부간의 불화, 사회적 지지망의 결여, 알코올 및 약물의 중독 등은 모두 거시적이고 포괄적인 복지서비스가 요구되는 사안인데, 이러한 통합적인 서비스는 특정 기관이 담당하기에는 무리가 있기 때문에 지역사회의 관련 기관들의 연계 및 협력이 반드시 필요하다. 이에 따라 시·군구청, 읍·면사무소, 동주민센터, 교육기관, 여성 및 가정관련기관, 아동복지시설, 사회복지기관, 자원봉사단(아동지킴이), 부녀회, 종교단체, 학교의 어머니회, 보건소 등의 아동관련 시설이나 기관을 효율적으로 활용할 수 있는 협력시스템을 구축하여 아동학대를 조기에 발견하고 신속한 조치가 이루어질 수 있도록 주의를 기울여야 할 것이다. 이를 위하여 아동보호전문기관이 직접 다른 아동관련기관에 협조를 요청할 수 있는 권한이 부여되어야 하며, 이러한 협조요청을 받은 해당 기관은 정당한 이유 없이 이를 거절할 수 없도록 하는 방안이 강구될 필요성이 있다.[47] 또한 사법경찰관리 또는 아동보호전문기관의 직원이 피해아동을 아동학

---

46) 지역아동센터는 지역사회 아동의 보호·교육, 건전한 놀이와 오락의 제공, 보호자와 지역사회의 연계 등 아동의 건전육성을 위하여 종합적인 아동복지서비스를 제공하는 시설로서, 2011년 현재 전국 3,690개소에 종사자 수는 8,042명의 규모를 가지고 있다.

47) 김상용, "아동학대 방지와 피해아동 보호를 위한 새로운 법체계의 구축을 위한 연구", 법학논문집 제36

대 관련 보호시설로 인도하거나 긴급치료가 필요한 피해아동을 의료기관으로 인도하려는 때에는 해당 보호시설 또는 의료기관은 대통령령으로 정하는 특별한 경우를 제외하고는 이를 거부할 수 없도록 할 필요가 있으며, 보호시설 또는 의료기관이 피해아동의 응급조치 요청에 대하여 정당한 이유 없이 거부할 경우에는 일정한 금액의 과태료를 부과할 수 있도록 해야 할 것이다.[48]

Ⅲ. 아동학대 가해자 처우의 개선방안

1. 일반적인 조치현황의 문제점 및 개선방안

가. 문제점

2012년에 신고 접수된 아동학대사례 6,403건을 바탕으로 학대행위자에 대한 조치현황을 살펴보면 다음과 같다.

〈표-10〉 아동학대사례 유형별 학대행위자 최종조치결과

단위: 건, %, 중복포함

조치결과	신체학대	정서학대	성학대	방임	계
지속관찰	2,299(80.4)	3,096(81.8)	128(28.7)	2,295(80.6)	7,818(78.7)
고소·고발	185(6.5)	172(4.5)	231(51.8)	73(2.6)	661(6.7)
아동과의 분리	185(6.5)	242(6.4)	23(5.2)	141(4.9)	591(5.9)
만나지 못함	185(6.5)	275(7.3)	64(14.3)	340(11.9)	868(8.7)
계	2,858(100.0)	3,785(100.0)	446(100.0)	2,849(100.0)	9,938(100.0)

출처: 보건복지부·중앙아동보호전문기관, 「2012 전국아동학대 현황보고서」, 2013. 6, 114면.

집 제3호, 중앙대학교 법학연구원, 2012. 12, 111면; 여진주, "아동학대 발생요인에 대한 생태학적 분석 - 경상북도 동부권 아동을 대상으로-", 보건사회연구 제28권 제1호, 한국보건사회연구원, 2008. 6, 22면.

48) 참고로 「아동·청소년의 성보호에 관한 법률」 제37조에서는 피해아동·청소년 등의 상담 및 치료를 위해 상담시설 또는 성폭력 전담의료기관에게 상담·치료프로그램을 제공하도록 요청하면서 정당한 이유 없이 요청을 거부할 수 없도록 하고, 이를 위반하는 경우에는 1천만 원 이하의 과태료를 부과하고 있다.

<표-10>에서 지속관찰이란 아동보호전문기관에서 학대행위자에게 필요한 상담 및 교육을 실시하거나 다시 학대가 발생하는지에 대해 모니터링을 실시하는 경우를 말한다. 고소·고발의 비율이 상대적으로 낮은 것은 학대행위자 대부분이 피해아동의 부모이기 때문에 고소·고발을 통한 법적인 처벌보다는 교육 및 상담으로 학대행위를 교정하려는 경향이 강하기 때문인 것으로 분석된다. 또한 현행 아동복지법에서는 형법상의 학대죄와 비교할 때 중한 법정형을 두고 있으며, 보호처분을 선고할 수 있는 명문의 규정이 없다는 점도 사법기관으로의 개입여지를 축소하는 역할을 하는 것으로 판단된다.[49] 그리고 현행 아동복지법에는 학대행위자에 대한 퇴거, 피해아동에 대한 접근금지 등의 긴급임시조치에 대한 법적인 근거가 없다. 가정폭력특례법에 따르면 가정폭력행위자를 가정으로부터 격리시킬 수 있는 근거가 마련되어 있으나, 아동학대행위자의 경우에는 현장조사시 주거지에서 퇴거시키는 등의 조치를 취할 수가 없어 부득이하게 피해아동을 시설 등으로 데려오고 있는 실정이다. 또한 현행 아동복지법에는 형사절차 없이 피해자가 보호명령을 청구할 수 있는 규정이 없기 때문에 친권자인 학대행위자의 접근, 전화, 아동의 시설퇴거 강제 등의 행동을 제재할 수 있는 법적인 근거가 없다. 이와 같이 아동학대를 한 보호자의 양육방식을 교정하기 위한 상담·교육 등을 법률적으로 강제할 방법이 마련되어 있지 않아, 전반적으로 가정을 회복하기 위한 조치가 미흡한 것으로 평가되고 있다.[50]

나. 개선방안

가정법원은 아동의 보호를 위하여 직권 또는 피해아동, 피해아동의 법정대리인(아동학대행위자를 제외한다) 및 아동보호전문기관의 장의 요청에 따라 결정으로 아동학대행위자에 대하여 ① 피해아동 또는 그 가족의 주거·학교·직장 등에서 100미터 이내의 접근금지명령, ② 피해아동 또는 그 가족에 대한 전기통신사업법 제2조 제1호의 전기통신을 이용한 접근금지명령, ③ 아동이 거주하는 주택에서의 퇴거 및 출입금지명령, ④ 상담 및 교육수강명령, ⑤ 그 밖에 아동의 보호를 위하여 필요하다고 인정하는 조치 중 어느 하나에 해당하는 보호조치를 할 수 있으며, 가정법원은 6개월마다 보호조치의 연장 또는 종료에 관하여 심리하여 결정하여야 한다.[51] 또한 가정법원은 직권 또는 피해아동,

---

49) 김종세, "아동인권과 아동학대-아동인권수준 제고방안-", 법학연구 제31호, 한국법학회, 2008. 8, 66면.

50) 문영희, "학대피해아동 보호를 위한 시스템의 효율화 방안", 피해자학연구 제18권 제2호, 한국피해자학회, 2010. 10, 99면; 이여진, 『아동복지법상 학대 피해아동 보호의 문제점과 개선방안』, 현안보고서 제180호, 국회입법조사처, 2012. 12, 15면, 32-33면.

피해아동의 법정대리인(아동학대행위자를 제외한다) 및 아동보호전문기관의 장의 요청으로 보호조치의 결정이 있을 때까지 보호조치를 임시로 할 수 있도록 하여 임시보호조치의 규정을 신설해야 하고, 이 경우 그 기간은 1개월을 초과할 수 없도록 해야 한다.

2. 서비스 제공현황의 문제점 및 개선방안

가. 문제점

<표-7>에서 살펴본 바와 같이 피해아동 대다수가 부모로부터 학대를 받고 있기 때문에 아동학대와 재발 방지를 위해서는 학대행위자에 대한 개입은 매우 중요하다고 할 수 있다. 2012년 한 해 동안 학대행위자에게 제공한 서비스 횟수는 총 45,073회인데, 이 중 2012년 이전에 접수된 사례가 16,212회, 2012년에 접수된 사례가 28,861회로 나타났다.

<표-11> 학대행위자에 대한 서비스 제공 현황

단위: 회(%)

서비스제공의 유형		2012년 이전 신고사례	2012년 신고사례
상담서비스	개별상담	11,412(70.4)	18,716(64.8)
	집단상담	71(0.4)	225(0.8)
	기관상담	1,361(8.4)	3,453(12.0)
	주변인상담	57(0.4)	163(0.6)
	소 계	12,901(79.6)	22,557(78.2)
의료서비스	검진 및 검사	14(0.1)	64(0.2)
	입원치료	1,329(8.2)	3,198(11.1)
	통원치료	120(0.7)	892(3.1)
	소 계	1,463(9.0)	4,154(14.4)
심리치료서비스	심리검사	42(0.3)	204(0.7)
	심리치료	1,185(7.3)	1,142(4.0)
	소 계	1,227(7.6)	1,346(4.7)

---

51) 2013. 3. 19.자 강동원의원 대표발의 아동복지법 일부개정법률안(의안번호 4132) 참조.

지원서비스	가정지원서비스	289(1.8)	430(1.5)
	사회복지서비스기관연결	20(0.1)	98(0.3)
	공적지원연결	5(0.0)	13(0.0)
	소 계	314(1.9)	541(1.9)
기 타		307(1.9)	263(0.9)
계		16,212(100.0)	28,861(100.0)

출처: 보건복지부·중앙아동보호전문기관, 「2012 전국아동학대 현황보고서」, 2013. 6, 122면.

학대행위자에 대한 서비스 제공 가운데 상담서비스가 약 80%를 차지하고 있는데, 이는 치료적 개입을 위한 전문적인 상담이 아니라 전화 또는 가정방문 등을 통하여 근황을 파악하는 정도의 기초적인 상담에 불과하다는 문제점이 지적된다. 이는 학대행위자들이 전문적인 교육과 치료적인 상담을 피하려는 경향이 강한 반면에, 이를 강제하기 위한 법적인 근거가 미비한 것이 그 원인이라고 할 수 있다. 2012년 기준 피해아동에 대한 서비스 제공현황이 228,707건임에 비하여 아동학대행위자에 대한 서비스 제공현황이 45,073건에 불과한 것은 학대행위자의 경우 아동보호전문기관의 개입을 거부하는 경우가 많고, 이러한 경우에 서비스의 참여를 강제할 만한 법적인 근거가 없기 때문이다. 현행법상 아동보호전문기관의 장은 아동의 안전 확보와 재학대 방지, 건전한 가정기능의 유지 등을 위하여 피해아동 및 보호자를 포함한 피해아동의 가족에게 상담, 교육 및 의료적·심리적 치료 등의 필요한 지원을 제공하여야 하고(제29조 제1항), 보호자를 포함한 피해아동의 가족은 아동보호전문기관이 제공하는 지원에 성실하게 참여하여야 하지만(제29조 제3항), 제29조 제3항을 위반할 경우를 대비한 제재규정이 없는 것이다. 그리고 학대행위자가 부모인 경우에는 학대사실 자체를 부인하는 경우가 많아 동의와 설득에 의하여 학대행위자를 효과적인 처우프로그램에 대한 서비스에 참여하도록 유도하기가 쉽지가 않은 상황이다.[52]

나. 개선방안

학대행위자에 대한 서비스 체계를 보다 효율적으로 운영하기 위해서는 부모가 당해 서비스를 거부하는 경우에 있어서 아동보호전문기관이 가정법원에 연락을 취하여 부모에

---

[52] 이호중, "아동학대에 대한 대응시스템의 문제점과 전문법원제도의 도입방안 – 피학대아동에 대한 보호서비스와 친권제한 등의 유기적 연계를 중심으로 –", 피해자학연구 제15권 제2호, 한국피해자학회, 2007. 10, 228-229면.

대해서 서비스를 받으라는 명령을 할 수 있는 명문의 규정을 둘 필요성이 있다. 이러한 서비스의 제공은 학대행위자를 형사처벌하거나 보안처분을 부과하는 경우에는 의무적으로 병행해야 할 것이고, 학대가 경미할 경우에는 형사처벌이나 보안처분을 부과하지 않는 것을 전제로 하여 일정한 서비스를 상당한 기간 동안 이수하도록 하는 방안도 고려해 볼 수 있겠다.[53]

3. 친권제한조치 현황의 문제점 및 개선방안

가. 문제점

시·도지사, 시장·군수·구청장 또는 검사는 아동의 친권자가 그 친권을 남용하거나 현저한 비행이나 아동학대, 그 밖에 친권을 행사할 수 없는 중대한 사유가 있는 것을 발견한 경우 아동의 복지를 위하여 필요하다고 인정할 때에는 법원에 친권행사의 제한 또는 친권상실의 선고를 청구하여야 하고(제18조 제1항),[54] 아동복지전담기관의 장,[55] 아동복지시설의 장 및 초·중등교육법에 따른 학교의 장은 제18조 제1항의 사유에 해당하는 경우 시·도지사, 시장·군수·구청장 또는 검사에게 법원에 친권행사의 제한 또는 친권상실의 선고를 청구하도록 요청할 수 있다(제18조 제2항). 시·도지사, 시장·군수·구청장 또는 검사는 친권행사의 제한 또는 친권상실의 선고 청구를 요청받은 경우에는 요청받은 날부터 30일 내에 청구 여부를 결정한 후 해당 요청기관에 청구 또는 미청구 요지 및 이유를 서면으로 알려야 하며(제18조 제4항), 처리결과를 통보받은 아동복지전담기관의 장, 아동복지시설의 장 및 학교의 장은 그 처리결과에 대하여 이의가 있을 경우 통보받은 날부터 30일 내에 직접[56] 법원에 친권상실[57]의 제한 또는 친권상실의 선고를

---

53) 강동욱, "아동학대행위자와 그에 대한 조치에 관한 고찰", 한양법학 제22권 제2호, 한양법학회, 2011. 5, 109면.

54) 2011년 개정법을 통하여 친권제한 청구사유에 '아동학대'를 명시적으로 규정하였고, 청구권자에 '검사' 를 추가하였다. 하지만 아동학대는 친권남용의 대표적인 사례이기 때문에 독립적인 의미는 그다지 없는 것으로 보인다.

55) 아동복지전담기관이란 제45조에 따른 아동보호전문기관(47개소)과 제48조에 따른 가정위탁지원센터(18 개소)를 말한다(제3조 제9호).

56) 2011년 개정법을 통하여 지방자치단체의 장이 법원에 친권제한 또는 상실의 청구를 하지 않을 경우에도 아동보호전문기관의 장이 직접 법원에 이를 청구할 수 있는 길이 마련되었다.

청구할 수 있다(제18조 제5항).

부모의 친권 남용으로 인한 아동학대에 대한 대책으로서 현행법은 아동학대를 한 부모의 친권행사를 제한하거나 친권을 상실시킬 수 있도록 하고 있으나, 청구권자를 시·도지사, 시장·군수·구청장, 검사에 한정하여 현실적으로 부모의 친권상실 등의 청구가 거의 이루어지지 않고 있다. 2001년부터 2010년 8월까지 아동보호전문기관이 학대행위자인 부모에 대한 친권행사의 제한 또는 상실을 시·도지사에게 요청한 경우에 그 요청이 승인된 경우가 1건뿐이었고, 친족이나 검사에 의한 청구가 승인된 경우가 5건, 재판과정에서 판사가 직권으로 친권자의 친권행사를 제한 또는 상실시킨 경우가 3건 등 총 9건에 불과하다.[58] 시·도지사, 시장·군수·구청장의 경우 지역 내에서의 갈등 등을 이유로 친권상실 등의 청구를 하는 것을 기피하는 경향을 보이고 있고, 검사 역시 아동보호사건에 관하여 법리적인 측면에 치중하여 보수적인 입장을 취하는 경우가 많아 실제로 아동학대를 한 부모에 대한 친권상실 등의 청구가 이루어지지 않고 있는 것으로 분석된다.

2012년을 기준으로 하여 볼 때 대부분의 아동학대사건이 가정 내(86.6%)에서 발생하고 있는 것으로 나타나고 있으며, 아동학대행위자도 부모(83.1%)[59]인 경우가 대다수인 것으로 보고되고 있어 가정 내 부모에 의한 아동학대에 대한 대책 마련이 사회적인 문제로 대두되고 있다. 이와 같이 현재 문제되고 있는 아동학대 사례의 대부분은 부모에 의하여 이루어지고 있음에도 불구하고, 부모의 친권을 효과적으로 제한할 수 있는 법률적 근거가 마련되어 있지 아니하여 보호 중인 피해아동이 아동학대행위자에게 되돌아가 다시 학대당하는 사례(부모에 의한 재학대가 전체 재학대 신고의 86.6%를 차지하는 것으로 나타남)가 빈발하고 있는 것이다.

나. 개선방안

외국의 입법례를 살펴보면, 일본의 경우에는 아동복지법 제33조의7에 의거하여 이미

---

57) 제18조 제4항에 의하면 시·도지사, 시장·군수·구청장 또는 검사는 친권'행사'의 제한 또는 친권상실의 선고 청구를 요청받은 경우라고 되어 있으나, 제18조 제5항에서는 친권'상실'의 제한 또는 친권상실의 선고를 청구하도록 하고 있어, 명백한 입법적 오류로 보인다. 이에 2013. 8. 8.자 서영교의원 대표발의 아동복지법 일부개정법률안(의안번호 6308)과 2013. 3. 19.자 강동원의원 대표발의 아동복지법 일부개정법률안(의안번호 4132)에서는 제18조 제5항의 '친권상실'을 '친권행사'로 개정하는 내용을 담고 있다.

58) 중앙아동보호전문기관, 「학대피해아동 보호를 위한 정책개발 회의 (제2차) 자료집」, 2011. 9. 16.

59) 이러한 수치는 매년 대동소이한데, 아동학대행위자가 부모인 비율은 2007년도 81.1%, 2008년도 84.6%, 2009년도 83.3.%, 2010년도 83.2%, 2011년도 83.2% 등으로 각각 집계되고 있다.

우리나라의 아동보호전문기관에 해당하는 아동상담소의 장에게도 친권상실 등의 청구권한을 부여하고 있다. 프랑스의 경우에는 형사법원이 친권을 상실시킬 수 있도록 하고 있는데, 부모가 아동을 상대로 한 범죄행위에 가담하여 유죄판결을 받은 경우(프랑스 민법 제378조 제1항) 또는 부모가 자녀를 학대하거나 상습적으로 과도하게 음주를 하거나 마약을 복용하는 경우, 자녀를 돌보지 않거나 지도를 하지 않는 경우 등으로 인하여 아동의 안전, 건강, 심리 등이 명백하게 위험에 처하게 된 경우(프랑스 민법 제378-1조 제1항)에는 친권상실을 부과할 수 있다. 즉 친권자가 이러한 사유로 인하여 유죄판결을 받았다면 친권을 상실시킬 만한 충분한 사유가 입증되었다고 평가하여 별도의 소송절차를 굳이 거칠 필요가 없다는 것으로 해석된다. 특히 아동학대를 한 친권자가 유죄판결을 받았으나 아직 친권을 상실하지 않은 상태에 있을 경우, 친권의 남용으로 인한 피해아동의 보호조치가 신속하게 행해질 수 있다는 점[60]에서 도입을 고려해 보아야 할 것이다. 또한 미성년자에 대하여 친권을 보유한 자가 성적 침해행위를 한 경우에 법원은 친권의 전부 또는 일부의 상실을 반드시 선고해야 하고(프랑스 형법 제227-27-3조 제1항), 법원은 피해자의 형제자매에 대한 친권도 박탈할 수 있도록 규정하고 있다(프랑스 형법 제227-27-3조 제2항).

생각건대 아동학대사건에 관하여 전문성이 있는 아동보호전문기관의 장에게도 시·도지사, 시장·군수·구청장, 검사와 동일하게 친권행사의 제한 또는 친권상실의 1차적인 청구권한을 부여할 필요성이 있다. 참고로 가정위탁지원센터의 경우 친권제한·친권상실 청구 및 선고 관련 건수는 없는 것으로 파악[61]되고 있기 때문에 청구권자에서 제외하여도 무방하다. 이와 동시에 가정법원의 신속한 처리를 보장하기 위하여 아동보호전문기관과 가정법원 사이에 긴밀한 협력체계를 구축하고, 아동보호전문기관이 긴급한 상황에서 가정법원에 직접 연락을 취하는 경우에는 법원에서 직권으로 아동의 보호를 위하여 친권행사를 정지시키는 등의 임시조치를 취할 수 있어야 하겠다.[62] 이는 현실적으로 학대의 대부분이 가정 내 부모에 의하여 이루어지는 경우가 많고, 실질적으로 아동학대 사건이 고소·고발되어 친권행사의 제한 또는 친권상실의 선고 판결까지 평균 6개월 이상의 기간이 소요되는 것으로 나타나고 있으며, 그 기간 동안 친권자에 의한 아동학대 재발 우려가 크므로 친권선고판결 이전에 법원이 임시로 부모의 친권행사의 정지를 명하는 임시

---

60) 여하윤, "프랑스에서의 아동학대 방지 관련 법제", 법학논문집 제36집 제3호, 중앙대학교 법학연구원, 2012. 12, 175면.

61) 2013. 3. 7.자 이자스민의원 대표발의 아동복지법 일부개정법률안(의안번호 3983) 참조.

62) 김상용, 앞의 글, 76-77면.

처분을 할 수 있도록 하는 방안을 적극적으로 고려해 보아야 한다. 그러므로 피해아동의 부모에 대한 친권 상실 등의 조치에 앞서 아동의 복리를 위하여 긴급한 필요가 있는 경우에는 가정법원이 임시로 친권행사의 정지를 명할 수 있도록 하는 등 아동학대의 조기발견 및 치료를 위한 제반여건을 마련할 필요성이 있다.[63] 또한 피해아동의 보호시설 입소, 가정위탁[64] 등의 격리조치를 취하는 경우에는 이를 실효성 있게 담보해 주기 위한 수단으로서 친권제한조치가 수반되어야 한다는 점을 이해해야 한다. 이에 따라 피해아동에 대한 보호조치와 친권제한조치를 동시에 진행할 수 있는 시스템의 구축이 필요하다고 본다.

4. 형사처분 현황의 문제점 및 개선방안

가. 문제점

2012년 기준 학대행위자를 대상으로 고소·고발조치가 이루어진 473건을 분석해 보면, 다음과 같다.

〈표-12〉 학대행위자에 대한 고소·고발의 경과

구 분		건 수
경찰수사	수사 중	130(27.5)
	내사종결	35(7.4)
	소 계	165(34.9)
검찰수사	수사 중	85(18.0)
	불기소	38(8.0)
	소 계	123(26.0)
재판진행 중	제1심 진행	53(11.2)
	제2심 진행	24(5.1)
	소 계	77(16.3)

---

63) 2012. 7. 18.자 박남춘의원 대표발의 아동복지법 일부개정법률안(의안번호 730) 참조.

64) '가정위탁'이란 보호대상아동의 보호를 위하여 성범죄, 가정폭력, 아동학대, 정신질환 등의 전력이 없는 보건복지부령으로 정하는 기준에 적합한 가정에 보호대상아동을 일정 기간 위탁하는 것을 말한다(제3조 제6호).

판결	보안처분	접근행위제한	6(1.3)
		전기통신이용 접근제한	2(0.4)
		사회봉사	7(1.5)
		수강명령	3(0.6)
		보호관찰	7(1.5)
		상담위탁	3(0.6)
	소 계		28(5.9)
	형사처벌	징 역	60(12.7)
		벌 금	6(1.3)
		집행유예	14(3.0)
	소 계		80(16.9)
계			473(100.0)

출처: 보건복지부·중앙아동보호전문기관, 「2012 전국아동학대 현황보고서」, 2013. 6, 115면.

2012년 기준 아동학대 사건 총 6,403건 가운데 고소·고발은 473건에 불과하여 약 7%의 정도에 불과한데, 이는 아동학대사건의 약 80% 이상이 가정 내에서 부모에 의하여 자행된다는 점에서 학대행위자에 대한 형사처벌로는 오히려 가정의 파탄 내지 아동의 유기로 연결될 수 있다는 점에서 고소·고발에 대하여 소극적인 입장을 취하기 때문인 것으로 분석된다. 또한 아동복지법 제71조에는 학대행위자에 대한 형사처벌 규정을 두고는 있지만, 보호관찰·수강명령·사회봉사명령 등과 같은 보안처분을 부과할 수 있는 근거규정이 없는 상황이다. 이에 따라 「가정폭력범죄의 처벌 등에 관한 특례법」이나 「성폭력범죄의 처벌 등에 관한 특례법」의 적용을 받지 않는 학대유형도 존재하고 있는 실정이어서, 아동학대에 대하여 보다 실효성이 있는 대책이라고 할 수 있는 보안처분을 부과할 수 없는 사례가 빈번하게 등장하고 있다.

나. 개선방안

아동학대의 가해자가 가족구성원이고, 폭력범죄인 경우에는 「가정폭력범죄의 처벌 등에 관한 특례법」에 따라 보호처분, 수강명령 등이 가능하지만, 심각한 신체적 상해가 아닌 가정 내 방임, 정서학대사례 또는 가정구성원 이외의 자에 의한 아동학대 사례에는 적용하지 못하므로 아동복지법에서 보호처분, 수강명령 등을 부과할 수 있도록 해야 한다.[65] 즉 아동학대에 대한 제재수단으로서 징역형 또는 벌금형과 같은 형사처분만으로는 학대행위자의 성행 교정에 한계가 있기 때문에 치료명령·수강명령·사회봉사명령 등을 별도로 선고할 수 있는 법적인 근거를 아동복지법에 마련하여야 할 것이다. 그리고 중한 아동학대가 발생하여 실형을 선고하거나 벌금형을 부과할 경우에 있어서는 부가적인 조치로서 치료명령이나 수강명령 등의 보안처분을 의무적으로 부과하여 가해행위자의 성행 교정과 재발방지에 도움이 되어야 할 것이다. 그러므로 아동학대로 인하여 기소유예 이상의 처분을 받은 경우에는 수강명령[66] 및 아동양육 교육프로그램[67]의 이수명령 등을 부과하도록 의무화할 필요성이 있다. 만약 신설될 아동복지법상의 보호처분이 확정되는 경우에는 그 아동학대행위자에 대하여 동일한 범죄사실로 다시 공소를 제기할 수 없도록 할 필요성이 있다.

한편 보건복지부가 발표한 2011년도 전국아동학대현황보고서에 따르면 어린이집, 복지시설, 학교, 병원 등 가정 외의 장소에서의 아동학대가 전체 아동학대 건수의 약 13%를 차지하고 있는 것으로 파악되고 있지만, 현행법은 아동학대범죄로 처벌을 받은 아동학대 경력자가 아동관련기관 등에 취업하는 것에 대한 규제가 없어 아동관련기관을 이용하는 아동이 아동학대에 노출될 위험이 매우 높아 이에 대한 대책이 요구되고 있다. 그러므로 아동학대 경력자가 아동관련기관에 취업하는 것을 제한하는 규정을 신설할 필요성[68]이 있는데, 아동학대관련범죄로 형벌을 선고받아 확정된 자는 그 형벌의 전부 또는 일부의 집행종료, 집행유예·면제된 날부터 일정기간 동안 아동 관련 기관의 운영이나 취업 등을 제한하고, 보건복지부장관 또는 관계 중앙행정기관의 장은 직접 또는 관계기관 조회 등의 방법으로 점검·확인하여 그의 해임을 요구할 수 있도록 할 필요성이 있다. 하지만 아동학대 관련 범죄의 심각성과 피해자에게 미치는 영향 및 아동학대 재범방지를 위하여 아동학대범죄경력자가 일정 기간 아동관련 직종에 취업하는 것을 제한할 필요성은 인정되지만, 아동학대범죄의 다양한 종류 및 형벌 내용에 관계없이 일률적으로 취업제한규정을 두는 것은 과잉금지의 원칙에 위배될 소지가 있으므로, 범죄의 종류 또는 형벌에 따라 제한을 달리할 필요성이 있다.

---

65) 同旨 곽병선, "아동학대 현상과 법적 고찰", 법학연구 제20호, 한국법학회, 2005. 11, 17면.

66) 주된 내용으로는 아동학대의 위험성, 피해아동의 병리적 징후, 아동과의 관계설정, 대화요령, 보호자로서의 역할과 의무 등을 상정할 수 있을 것이다(허경미, "아동학대사범의 교정정책 방향 연구", 교정연구 제18호, 한국교정학회, 2003. 3, 246면).

67) 특히 아동성학대 예방프로그램의 구성과 운영방식에 대하여 자세한 것으로는 김오남, "부모의 아동성학대 예방에 대한 실태와 요구도 및 교육프로그램 구성", 한국가정관리학회지 제22권 제4호, 한국가정관리학회, 2004. 8, 78-82면 참조.

68) 2012. 6. 28.자 김기선의원 대표발의 아동복지법 일부개정법률안(의안번호 361) 참조.

Ⅳ. 아동학대 피해자 처우의 개선방안

1. 보호조치의 문제점 및 개선방안

가. 문제점

시·도지사 또는 시장·군수·구청장은 그 관할 구역에서 보호대상아동을 발견하거나 보호자의 의뢰를 받은 때에는 아동의 최상의 이익을 위하여 ① 전담공무원 또는 아동위원에게 보호대상아동 또는 그 보호자에 대한 상담·지도를 수행하게 하는 것, ② 보호자 또는 대리양육을 원하는 연고자에 대하여 그 가정에서 아동을 보호·양육할 수 있도록 필요한 조치를 하는 것, ③ 아동의 보호를 희망하는 사람에게 가정위탁하는 것, ④ 보호대상아동을 그 보호조치에 적합한 아동복지시설에 입소시키는 것, ⑤ 약물 및 알코올 중독, 정서·행동·발달 장애, 성폭력 피해 등으로 특수한 치료나 요양 등의 보호를 필요로 하는 아동을 전문치료기관 또는 요양소에 입원 또는 입소시키는 것, ⑥ 「입양특례법」에 따른 입양과 관련하여 필요한 조치를 하는 것 중의 어느 하나에 해당하는 보호조치를 하여야 한다(제15조 제1항). 여기서 '보호대상아동'이란 보호자가 없거나 보호자로부터 이탈된 아동 또는 보호자가 아동을 학대하는 경우 등 그 보호자가 아동을 양육하기에 적당하지 아니하거나 양육할 능력이 없는 경우의 아동을 말하는데(제3조 제4호), 이는 아동복지법상의 보호처분이 원래 아동학대를 염두에 두고 마련된 것이 아니라 고아·미아 등 소위 '요보호아동'에 대하여 지방행정기관이 임시적으로 보호조치를 취하도록 하기 위한 것이라는 점을 알 수 있다.[69] 한편 시·도지사 또는 시장·군수·구청장은 보호조치를 취함에 있어서 제15조 제1항 제1호 및 제2호의 보호조치가 적합하지 아니한 경우에 한해서만 예외적으로 보호대상아동에 대하여 제15조 제1항 제3호부터 제6호까지의 보호조치를 할 수 있도록 하여(제15조 제2항), 격리보호보다는 원가정보호를 우선적으로 고려하도록 하고 있다. 다음은 2012년에 신고 접수된 아동학대사례 6,403건을 바탕으로 피해아동에 대한 조치현황을 유형별로 살펴본 것이다.

---

69) 이호중, "학대피해아동의 보호를 위한 법체계의 개선방향", 저스티스 제134호, 한국법학원, 2013. 2, 6면.

〈표-13〉 아동학대사례 유형별 피해아동 최종조치결과

단위: 건, %, 중복포함

최종조치		신체학대	정서학대	성학대	방임	계
원가정보호		1,852(64.8)	2,461(65.0)	201(45.1)	1,650(57.9)	6,164(62.0)
격리보호	친족보호	289(10.1)	378(10.0)	59(13.2)	197(6.9)	923(9.3)
	연고자에 의한 보호	20(0.7)	31(0.8)	9(2.0)	29(1.0)	89(0.9)
	가정위탁	5(0.2)	17(0.4)	2(0.4)	22(0.8)	46(0.5)
	일시보호	202(7.1)	262(6.9)	72(16.1)	289(10.1)	825(8.3)
	장기보호	273(9.6)	359(9.5)	64(14.3)	488(17.1)	1,184(11.9)
	병원입원	18(0.6)	15(0.4)	5(1.1)	19(0.7)	57(0.6)
	소 계	807(28.2)	1,062(28.1)	211(47.3)	1,044(36.6)	3,124(31.4)
사 망		5(0.2)	5(0.1)	0(0.0)	8(0.3)	18(0.2)
가정복귀		194(6.8)	257(6.8)	34(7.6)	147(5.2)	632(6.4)
계		2,858(100.0)	3,785(100.0)	446(100.0)	2,849(100.0)	9,938(100.0)

출처: 보건복지부·중앙아동보호전문기관, 「2012 전국아동학대 현황보고서」, 2013. 6, 111면.

<표-13>에서 보는 바와 같이 신고된 피해아동에 대한 조치의 대부분이 '원가정보호'라는 점은 학대행위자의 성행을 교정하고, 해당 가정의 환경을 개선시키지 않고서는 아동학대가 재발할 가능성이 매우 높을 것이라는 점을 보여주는 것이다. 그리고 피해아동을 학대행위자로부터 격리하는 보호조치가 법원의 판결이 아닌 지방자치단체장이 승인하는 행정처분에 의해 이루어지고 있어 피해아동의 보호에 어려움이 있는 실정이다. 왜냐하면 피해아동을 보호하기 위한 보호조치를 지방자치단체장이 부과하지 않을 경우에는 아동보호전문기관은 피해아동을 친권자인 아동학대행위자에게 돌려보낼 수밖에 없어[70] 피해아동에 대한 보호에 한계가 노출되기 때문이다. 또한 법원의 판결이 아닌 행정처분으로 내려지는 보호조치의 수범자는 피해아동이나 학대행위자가 아니라 보호조치를 이행하는 아동보호전문기관이기 때문에 학대행위자가 아동의 격리보호에 대하여 협조하지 않고 아동의 인도를 요구할 경우에는 아동을 보호하고 있는 시설이나 위탁부모 측에서는

---

70) 아동복지법 시행령 제16조에 의하면 법 제15조 제1항 제2호부터 제4호까지의 보호조치를 받고 있는 보호대상아동의 보호자가 해당 보호대상아동을 양육하려는 경우에는 해당 보호대상아동을 보호 중인 가정이나 아동복지시설을 관할하는 시·도지사 또는 시장·군수·구청장에게 보건복지부령으로 정하는 아동 귀가 신청서를 제출하여야 하고, 이러한 귀가 신청을 받은 시·도지사 또는 시장·군수·구청장은 아동복지시설의 장 또는 가정위탁지원센터의 장의 의견을 들어 해당 보호대상아동을 귀가하게 할 수 있다고 하여 친권자가 귀가신청을 하면 원칙적으로 귀가시키도록 규정하고 있다. 다만, 보호자의 성품·행실이 불량하거나 보호자의 심신장애, 마약 또는 유독물질의 중독 또는 감염병질환 등으로 인하여 보호대상아동을 귀가시키는 것이 적당하지 아니하다고 인정되는 경우에는 그러하지 아니하다.

이를 거부할 수 있는 법적인 근거도 없는 실정이다.[71]

한편 2012년 한 해 동안 피해아동에게 제공한 서비스 횟수는 총 228,707회인데, 이 중 2012년 이전에 접수된 사례가 88,329회(38.6%), 2012년에 접수된 사례가 140,378회(61.4%)로 나타났다. 2012년 이전에 접수된 사례에 대한 서비스가 지속적으로 행해지고 있다는 점은 학대로 인한 후유증이 단기적으로 쉽게 해소되지 않음을 의미하는 것이다.

<표-14> 피해아동에 대한 서비스 제공 현황

단위: 회(%)

서비스의 유형		2012년 이전 신고사례	2012년 신고사례
상담서비스	개별상담[72]	15,322(17.3)	22,725(16.2)
	집단상담[73]	360(0.4)	560(0.4)
	기관상담[74]	18,183(20.6)	35,539(25.3)
	주변인상담	856(1.0)	1,844(1.3)
	소 계	34,721(39.3)	60,668(43.2)
의료서비스	검진 및 검사	113(0.1)	629(0.4)
	입원치료	1,497(1.7)	2,205(1.6)
	통원치료	368(0.4)	570(0.4)
	소 계	1,978(2.2)	3,404(2.4)
심리치료서비스	심리검사	359(0.4)	1,440(1.0)
	심리치료	9,262(10.5)	8,247(5.9)
	소 계	9,621(10.9)	9,687(6.9)
가족기능강화서비스	가정지원서비스[75]	3,972(4.5)	8,099(5.8)
	사회복지서비스기관연결[76]	2,136(2.4)	1,045(0.7)
	공적지원연결[77]	70(0.1)	319(0.2)
	소 계	6,178(7.0)	9,463(6.7)
일시보호서비스		27,154(30.7)	50,187(35.8)
고소·고발지원서비스		129(0.1)	451(0.3)
기 타		8,548(9.7)	6,518(4.6)
계		88,329(100.0)	140,378(100.0)

출처: 보건복지부·중앙아동보호전문기관, 「2012 전국아동학대 현황보고서」, 2013. 6, 119면.

71) 이여진, 앞의 글, 15면.

72) 개별상담이란 피해아동, 학대행위자, 부모, 가족과의 개별적인 상담서비스를 말한다.

73) 집단상담이란 피해아동, 학대행위자, 부모, 가족에게 집단을 이루어 실시하는 상담서비스를 말한다.

74) 기관상담이란 피해아동, 학대행위자, 부모, 가족에게 서비스를 제공하기 위하여 학교, 주민자치센터, 사회복지기관, 병원 등 다른 기관과 실시한 상담서비스를 말한다.

75) 가정지원서비스란 피해아동 가정 또는 학대행위자 가정을 지원하기 위하여 아동보호전문기관에서 직접

나. 개선방안

피해아동의 정서적인 발달차원에서 격리보호보다는 원가정보호가 도움이 될 수 있겠지만, 이는 가정의 기능을 회복시키는 절차와 반드시 병행되어야만 적절한 보호조치가 될 수 있을 것이라고 사료된다. 그러므로 단순한 상담서비스에 치중되어 있는 현재의 상황에서 탈피하여 가정의 기능회복과 바람직한 양육기술을 위한 가족기능강화프로그램의 구성 및 운영에 노력을 기울여야 하겠다. 예를 들면 학업성적이 다소 좋지 않은 아동이 학업성적이 좋은 아동과 비교했을 때 학대경험이 많은 것으로 드러나고 있는데,[78] 이의 해결을 위해서 부모의 자녀에 대한 학업 스트레스를 해소할 수 있는 부모교육 및 부모참여 프로그램의 활성화를 생각해 볼 수 있다.

격리보호를 하는 것은 피해아동을 위험한 환경으로부터 벗어나게 하는 것이 주된 목적이라고 할 수 있겠지만, 언젠가는 가정으로 복귀를 해야 하는 종국의 과정이 남아 있는 상황에서 가정으로부터의 격리는 피해아동의 발달에 심각한 폐해로 작용할 수 있다는 점을 명심해야 한다. 그러므로 아동학대로 인한 피해아동을 보호자로부터 격리하는 것은 친권의 일시적인 제한으로도 볼 수 있기 때문에 보호조치처분을 행정처분으로 할 것이 아니라 가정법원을 통한 사법적인 조치로 행하여 학대행위자에게 법원의 판결에 대한 구속력을 발동할 수 있도록 해야 하겠다. 그리고 격리 여부에 대한 결정과정에서는 각계 전문가들의 충분한 의견검토가 필수적으로 병행되어야 할 것이며, 효율적인 전문가집단의 구성 및 운영방식 등에 대한 논의도 이루어져야 할 것이다.

한편 아동학대의 조기발견 내지 주기적인 점검이라는 차원의 일환으로서 현재 시행되고 있는 「국민건강보험법」에 따른 영유아건강검진제도 등의 기회를 활용하여 아동학대 여부를 조기에 확인하는 것이 필요하다고 본다.[79] 그러므로 보호자는 아동이 건강검진을 받을 수 있도록 필요한 조치를 하여야 하며, 아동건강검진 항목에는 아동학대 여부를 확

제공하는 서비스를 의미한다.

76) 사회복지서비스기관연결이란 아동보호전문기관에서 직접 서비스를 제공하지 않고 지역 내 사회복지서비스기관(지역사회복지관, 지역아동센터, 상담소 등)을 연계하여 피해아동 및 학대행위자, 부모 및 가족에 대하여 다양한 서비스를 제공할 수 있도록 연계하는 것을 의미한다.

77) 공적지원연결이란 피해아동 뿐만 아니라 학대가 발생한 가정의 기능회복 및 강화를 위하여 생계급여, 주거급여, 교육급여, 의료급여, 자활지원 등의 공적지원이 가능하도록 연결하는 것을 의미한다.

78) 이서원·한지숙·조유진, 앞의 글, 121면.

79) 노충래, 「아동학대 조기발견체계 구축을 통한 아동학대 발생방지 방안 마련」, 법무부 용역과제, 2012. 3, 142면; 2013. 1. 16.자 정희수의원 대표발의 아동복지법 일부개정법률안(의안번호 3335) 참조.

인할 수 있는 지표를 포함시켜야 한다.

2. 임시조치의 문제점과 개선방안

가. 문제점

아동보호전문기관의 장 또는 수사기관의 장은 아동학대행위자로부터 아동을 격리하거나 치료가 필요할 때에는 아동보호전문기관 또는 의료기관에 인도하는 등 아동이 안전한 곳에서 보호받을 수 있도록 조치하여야 하고(제27조 제2항), 아동을 격리하여 보호하는 경우 그 사실을 관할 시·도지사 또는 시장·군수·구청장에게 즉시 통보하여야 하고, 그 격리기간은 72시간을 넘을 수 없다. 다만 대통령령으로 정하는 사유가 있는 경우에는 시·도지사 또는 시장·군수·구청장의 사전승인을 받아 48시간 이내에서 연장할 수 있다(제27조 제3항).

하지만 1차 격리기간인 72시간은 피해아동의 보호 목적을 달성하기에는 지나치게 짧은 기간이고, 격리기간 연장에 필요한 시·도지사 또는 시장·군수·구청장의 사전승인에 관해서는 일률적인 기준이 없어 각 지방자치단체 담당 공무원의 재량에 따라 격리기간 연장의 승인 여부가 좌우되는 불합리성이 존재하고 있다. 또한 격리 등의 임시조치를 취한 경우에도 부모가 친권자임을 주장하여 아동의 인도를 요청할 경우에 이를 거부할 수 있는 권한이 없기 때문에 어쩔 수 없이 가정으로 다시 돌려보내는 경우가 발생하고 있다. 즉 격리기간이 경과하면 친권자의 인도요구가 수용될 수밖에 없는 구조로 되어 있는 것이다. 다만 아동보호전문기관의 장 또는 수사기관의 장은 제27조 제3항에 따른 격리기간이 끝나기 전에 대통령령으로 정하는 바에 따라 피해아동의 보호와 학대의 방지를 위하여 제15조 제1항 제2호부터 제4호까지의 규정에 따른 보호조치 등을 시·도지사 또는 시·군·구청장에게 의뢰할 수는 있다(제27조 제4항). 그러나 격리기간이 경과되기 전에 이러한 조치를 취한다는 것이 현실적으로 매우 어렵고, 실제로 제15조 제1항 제2호부터 제4호의 조치가 이루어졌다고 하더라도 친권자가 위탁부모 등을 찾아가서 아동의 인도를 요구하면 학대가정으로 돌려보내야 하는 불합리가 발생하고 있다.

나. 개선방안

생각건대 친권자의 아동에 대한 부당한 인도청구를 방지하기 위해서는 친권의 제한에 대한 임시조치가 신속하게 이루어질 수 있도록 할 필요성이 있다. 그러므로 앞서 친권행사 제한 등의 개선방안에서 다룬 바와 같이 아동보호전문기관이 긴급한 상황에서 가정법원에 직접 연락을 취하는 경우에는 법원에서 직권으로 아동의 보호를 위하여 친권행사를 정지시키는 등의 임시조치를 취할 수 있어야 하겠다. 결국 긴급조치를 행정처분이 아니라 법원의 명령에 의하도록 하는 것이 타당하다.

한편 학대 피해아동의 격리기간을 168시간(7일)으로 늘리고 피해아동의 보호자가 요청하는 경우나 아동보호전문기관의 장 또는 수사기관의 장이 필요하다고 인정하는 경우 등은 격리기간을 72시간 이내에서 재연장할 수 있도록 하며, 이후 격리기간을 재연장할 필요성이 있는 경우에는 아동보호전문기관의 장 또는 수사기관의 장이 지방자치단체의 장의 사전 승인을 받아 1회에 한하여 72시간 이내에서 재연장할 수 있도록 함으로써 피해아동을 학대 위험 및 2차 피해로부터 안전하게 보호하고 격리조치 제도의 합리성을 높이려는 개정안[80]이 상정되어 있다.

V. 글을 마치며

이상에서는 아동복지법상의 제반규정을 기초로 하여 현재 아동학대의 대처현황과 가해자 및 피해자 처우의 문제점을 지적하며, 이에 대한 합리적인 개선방안을 도출해 보았다. 현행 법령상의 여러 가지 문제점이 내포하고 있는 본질적인 원인은 아동학대와 관련된 기관들 상호간의 다기관 연계체계가 제대로 확립되어 있지 않다는 점에서 찾을 수 있었는데, 이를 중심으로 하여 다음과 같은 제안을 하는 것으로서 논의를 마무리하고자 한다.

첫째, 아동학대 개념의 무한한 확장을 초래함과 동시에 아동학대에 대한 적절한 조치방안 강구에 크게 도움이 되지 않는다는 측면에서, 정서학대나 방임의 유형은 신체학대

---

80) 2013. 8. 8.자 서영교의원 대표발의 아동복지법 일부개정법률안(의안번호 6308).

나 성학대와 같이 피해아동에게 심각한 영향을 미치는 행위로 한정할 필요성이 있으며, 이러한 행위들이 상당기간 지속성을 띨 경우에 한해서 학대로 판정해야 할 것이다.

둘째, 신고에 의한 보복행위가 두려워서 신고를 기피하는 현상을 바로잡기 위해서 신고자에 대한 신변보호조치가 이루어져야 하겠는데, 학대행위자에게 형사처벌보다는 보호처분을 우선시함으로써 신고자들의 부담을 줄여줄 필요성이 있다. 그리고 사법경찰관리는 현행법상 신고의무자는 아니지만, 가정폭력범죄 등 다른 범죄의 수사과정에서 아동학대사례가 발견되는 경우에는 그 사실을 아동보호전문기관에 통보하는 등의 연계체계 제도화의 근거를 마련하여 아동학대 피해자가 필요한 보호와 서비스를 받을 수 있도록 할 필요성이 있다.

셋째, 아동학대사건에 대하여 아동보호전문기관이 1차적으로 개입하는 대응체계를 유지하고 있는 결정적인 이유는 아동학대의 특성상 수사기관보다는 아동보호전문기관이 조사, 평가, 대응 등에 훨씬 적합하다는 사고에 기인한 것으로 파악된다. 하지만 현재의 아동보호전문기관의 수와 인력은 발생하고 있는 아동학대의 실태에 비추어 볼 때 턱없이 적은 수에 불과한 실정이기 때문에 향후 추가적인 기관의 수 및 인력의 증편과 예산의 편성이 필요하다.

넷째, 아동학대를 전담하는 경찰에게는 아동학대에 대한 접근방법 등을 교육시켜야 하며, 일반 경찰에게는 아동보호전문기관의 직원과 동행해야 할 필요성 등에 대한 교육이 이루어져야 하며, 보다 적극적인 사법경찰관리와의 공조체계가 구축되어야 한다. 더 나아가 즉각적인 현장출동을 독려하고 책임의 소재를 판단하기 위하여 응급조치를 위한 출동 시한을 구체적으로 한정할 필요도 있다.

다섯째, 아동학대에 대하여 보다 효과적으로 대처하기 위해서는 아동보호전문기관과 가정법원 사이에 긴밀한 협력관계를 구축하는 것이 무엇보다도 중요한데, 아동보호전문기관이 수사기관 또는 지방자치단체를 경유하지 않고 곧바로 가정법원에 일정한 조치를 요청할 수 있는 권한의 부여가 필요하다. 또한 지역사회에서는 아동보호전문기관의 역할수행을 분담하여 공유할 필요성이 있는데, 생계형 방임의 경우에는 아동보호전문기관이 지역아동센터나 돌봄교실에 연락을 취하여 아동의 적절한 보호를 요청할 수 있을 것이며, 의료적 방임의 경우에는 아동보호전문기관이 지역의료기관과 연계할 필요성이 있을 것이다. 아동학대의 주요 원인으로 파악되고 있는 경제적 빈곤, 부부간의 불화, 사회적 지지망의 결여, 알코올 및 약물의 중독 등은 모두 거시적이고 포괄적인 복지서비스가 요구되는 사안인데, 이러한 통합적인 서비스는 특정 기관이 담당하기에는 무리가 있기 때문에 지역사회의 관련 기관들의 연계 및 협력이 반드시 필요하다. 이에 따라 시·군구청, 읍·면사무소, 동주민센터, 교육기관, 여성 및 가정관련기관, 아동복지시설, 사회복지기관, 자원봉사단(아동지킴이), 부녀회, 종교단체, 학교의 어머니회, 보건소 등의 아동관련 시설이나 기관을 효율적으로 활용할 수 있는 협력시스템을 구축하여 아동학대를 조기에 발견하고 신속한 조치가 이루어질 수 있도록 주의를 기울여야 할 것이다.

여섯째, 학대행위자에 대한 서비스 체계를 보다 효율적으로 운영하기 위해서는 부모가 당해 서비스를 거부하는 경우에 있어서 아동보호전문기관이 가정법원에 연락을 취하여 부모에 대해서 서비스를 받으라는 명령을 할 수 있는 명문의 규정을 둘 필요성이 있다. 이러한 서비스의 제공은 학대행위자를 형사처벌하거나 보안처분을 부과하는 경우에는 의무적으로 병행해야 할 것이고, 학대가 경미할 경우에는 형사처벌이나 보안처분을 부과하지 않는 것을 전제로 하여 일정한 서비스를 상당한 기간 동안 이수하도록 하는 방안도 고려해 볼 수 있겠다.

일곱째, 아동학대사건에 관하여 전문성이 있는 아동보호전문기관의 장에게도 시·도지사, 시장·군수·구청장, 검사와 동일하게 친권행사의 제한 또는 친권상실의 1차적인 청구권한을 부여할 필요성이 있다. 현실적으로 학대의 대부분이 가정 내 부모에 의하여 이루어지는 경우가 많고, 실질적으로 아동학대 사건이 고소·고발되어 친권행사의 제한 또는 친권상실의 선고 판결까지 평균 6개월 이상의 기간이 소요되는 것으로 나타나고 있으며, 그 기간 동안 친권자에 의한 아동학대 재발 우려가 크므로 친권선고판결 이전에 법원이 임시로 부모의 친권행사의 정지를 명하는 임시처분을 할 수 있도록 하는 방안을 적극적으로 고려해 보아야 한다. 그러므로 피해아동의 부모에 대한 친권 상실 등의 조치에 앞서 아동의 복리를 위하여 긴급한 필요가 있는 경우에는 가정법원이 임시로 친권행사의 정지를 명할 수 있도록 하는 등 아동학대의 조기발견 및 치료를 위한 제반여건을 마련할 필요성이 있다. 또한 피해아동의 보호시설 입소, 가정위탁 등의 격리조치를 취하는 경우에는 이를 실효성 있게 담보해 주기 위한 수단으로서 친권제한조치가 수반되어야 한다는 점을 이해해야 한다.

여덟째, 아동학대에 대한 제재수단으로서 징역형 또는 벌금형과 같은 형사처분만으로는 학대행위자의 성행 교정에 한계가 있기 때문에 치료명령·수강명령·사회봉사명령 등을 별도로 선고할 수 있는 법적인 근거를 아동복지법에 마련하여야 할 것이다. 그리고 중한 아동학대가 발생하여 실형을 선고하거나 벌금형을 부과할 경우에 있어서는 부가적인 조치로서 치료명령이나 수강명령 등의 보안처분을 의무적으로 부과하여 가해행위자의 성행교정과 재발방지에 도움이 되어야 할 것이다. 그러므로 아동학대로 인하여 기소유예 이상의 처분을 받은 경우에는 수강명령 및 아동양육 교육프로그램의 이수명령 등을 부과하도록 의무화할 필요성이 있다. 만약 신설될 아동복지법상의 보호처분이 확정되는 경우에는 그 아동학대행위자에 대하여 동일한 범죄사실로 다시 공소를 제기할 수 없도록 할 필요성이 있다.

아홉째, 단순한 상담서비스에 치중되어 있는 현재의 상황에서 탈피하여 가정의 기능회복과 바람직한 양육기술을 위한 가족기능강화프로그램의 구성 및 운영에 노력을 기울여야 하겠다. 또한 격리보호를 하는 것은 피해아동을 위험한 환경으로부터 벗어나게 하는 것이 주된 목적이라고 할 수 있겠지만, 언젠가는 가정으로 복귀를 해야 하는 종국의 과정이 남아 있는 상황에서 가정으로부터의 격리는 피해아동의 발달에 심각한 폐해로 작용할 수 있기 때문에, 보호조치처분을 행정처분으로 할 것이 아니라 가정법원을 통한 사법적인 조치로 행하여 학대행위자에게 법원의 판결에 대한 구속력을 발동할 수 있도록 해야 하겠다.

제5강 성폭력범죄 대처를 위한 최근의 개정 형법에 대한 검토

Ⅰ. 문제의 제기

제19대 국회가 개원한 후 최초의 형법개정이 지난 2012. 12. 18. 단행되었다. 국회는 기존에 제출되었던 총 5건의 형법 일부개정법률안[1]을 심사한 결과 제311회 국회(정기회) 법제사법위원회 제14차(2012. 11. 22.) 회의에서 본회의에 부의하지 아니하기로 하고, 국회법 제51조에 따라 위원회 대안으로 제안하기로 의결하였는데, 이에 의하여 의안번호 제2751호로 제안된 형법 일부개정법률안(대안)을 2012. 11. 22. 원안 그대로 가결한 것이다. 이후 2012. 12. 7. 정부로 이송되어, 2012. 12. 18. 공포되었는데, 이는 지난 2010. 4. 15. 이후 약 2년 8개월 만의 일이며, 제정 형법이 시행된 이래 총 11번째를 맞이하는 개정이라고 할 수 있다.[2]

---

* 한양법학 제42집, 한양법학회, 2013. 5.

1) 2012. 8. 7. 회부된 유승희의원 등 33인이 제안한 형법 일부개정법률안(제1056호), 2012. 8. 14. 회부된 김현숙의원 등 12인이 제안한 형법 일부개정법률안(제1123호), 2012. 9. 6. 회부된 조경태의원 등 10인이 제안한 형법 일부개정법률안(제1590호), 2012. 9. 13. 회부된 권성동의원 등 13인이 제안한 형법 일부개정법률안(제1742호), 2012. 9. 20. 회부된 김상희의원 등 12인이 제안한 형법 일부개정법률안(제1874호) 등이 그것이다.

2) 한편 2013. 4. 5. 제12차 형법 개정이 이루어졌는데, 주요 내용을 살펴보면, 첫째, 현행 범죄단체조직죄는 법정형의 제한 없이 범죄를 목적으로 단체를 조직하기만 하면 구성요건에 해당하게 되어 그 처벌범위가 너무 넓다는 비판이 제기되어 왔으며, 「국제연합국제조직범죄방지협약」도 법정형이 장기 4년 이상인 범죄를 목적으로 하는 단체를 조직하는 행위 등을 범죄화하도록 규정하여 범위를 제한하고 있으며, 현재는 범죄단체에는 이르지 못하였으나 그 위험성이 큰 범죄집단을 조직한 경우에 관한 처벌이 미비한 실정이다. 이에 '사형, 무기 또는 장기 4년 이상의 징역'에 해당하는 범죄를 목적으로 하는 단체의 조직 행위를 처벌하도록 하여 그 범위를 제한함으로써 「국제연합국제조직범죄방지협약」의 내용과 조화를 이루게 하는 한편, 범죄단체뿐만 아니라 이에 이르지 못한 범죄집단을 조직한 경우에도 처벌하도록 하였다. 둘째, 도박죄는 그 객체에 '재산상의 이익'도 포함되는 것으로 해석상 인정되고 있으나 현재는 그 객체를 '재물'로 한정하여 규정하고 있음. 한편, 인터넷 상에 도박사이트를 개설하여 전자화폐나 온라인으로 결제하도록 하는 경우 판례상 도박개장죄로 처벌하고 있으나 현재는 '도박을 개장'한 경우를 처벌하도록 규정되어 있어 도박할 수 있는 사이버 공간을 제공한 경우 처벌되지 않는 것으로 비추어 질 수 있음. 또한, 최근 도박장소 등의 개설이나 복표발매로 인한 수입이 범죄단체의 운영자금 등으로 사용되는 등 도박장소 등의 개설이나 복표발매로 인하여 각종 사회문제가 발생하고 있음. 이에 도박죄의 객체에 '재물'뿐만 아니라 '재산상의 이익'도 포함됨을 명확하게 하기 위하여 도박죄의 구성요건 중 '재물로써' 부분을 삭제하고, 도박하는 장소뿐만 아니라 도박하는 공간을 개설한 경우도 처벌할 수 있도록 규정을 명확화하는 한편, 도박장소의 개설과 복표발매죄가 「국제연합국제조직범죄방지협약」의 대상범죄가 될 수 있도록 법정형을 '3년 이하의 징역 또는 2천만 원 이하의 벌금'에서 '5년 이하의 징역 또는 3천만 원 이하의 벌금'으로 상향하고, 그 밖에 복표발매중개 및 복표취득죄도 물가 인상률 등을 고려하여 법정형을 현실화 함. 셋째, 「인신매매방지의정서」의 이행입법으로 장명을 '약취와 유인의 죄'에서 '약취, 유인 및 인신매매의 죄'로 변경하고 인신매매 관련 처벌조항을 신설하는 한편, 목적범 형태의 약취, 유인 등의 죄에 '추행, 간음, 결혼, 영리, 국외이송 목적' 외에도 '노동력 착취, 성매매와 성적 착취, 장기적출' 등 신종범죄를 목적으로 하는 경우를 추가함. 또한 결과적 가중범을 신설하되 상해와 치상, 살인과 치사 등의 법정형을 구분하여 책임주의에

국회는 "사회가 다층화되고 복잡하게 발달함에 따라 성범죄도 역시 다양한 양상을 띠고 변화하고 있으나 현행 형법에서는 이러한 변화의 양상을 미처 담아내지 못하고 있는데, 유사성교행위만 하더라도 독일, 프랑스 등 선진 외국에서는 강간의 기준을 '신체에의 삽입'에 두고 강간죄에 포섭하여 엄하게 처벌하고 있는 것에 반하여 우리나라는 '성기간의 삽입'만을 강간죄로 처벌하고 이와 유사한 성교행위는 강제추행죄로 처벌하고 있고, 게다가 강간죄의 객체를 '부녀'로 한정하는 문제점이 있다. 또한 피해자의 사생활과 인격을 보호한다는 명분을 가지고 추행·간음 목적 약취·유인·수수·은닉죄 및 강간죄 등 성범죄를 친고죄로 규정하고 있으나, 피해자의 고소 취하를 얻어내기 위하여 가해자 측이 피해자를 협박하거나 명예훼손으로 역고소하는 경우가 많아 문제로 지적되고 있고, 형법 체계가 성폭력을 중대한 범죄로 규정하고 있음에도 친고죄로 규정하고 있는 것은 형법 체계에도 맞지 아니하며, 혼인빙자간음죄의 경우 기소되거나 처벌받는 경우가 거의 없어 법적 실효성이 낮을 뿐 아니라, 혼인빙자간음죄의 대상을 '음행의 상습 없는 부녀'로 한정하는 것 자체가 여성의 성적 주체성을 훼손하는 규정이므로 이 규정들은 폐지되어야 할 것이다. 따라서 변화된 시대상황을 반영하여 다양화된 성범죄에 효과적으로 대처하기 위하여 유사강간죄를 신설하고, 성범죄의 객체를 '부녀'에서 '사람'으로 확대하며, 친고죄 및 혼인빙자간음죄를 폐지하는 것"을 주된 개정의 이유라고 밝히고 있다.

우리 사회에서 성폭력범죄에 대하여 세계에서 그 유래를 찾아볼 수 없을 만큼의 강성 형사정책을 취하게 된 것은 2000년대 후반부터 2010년대 초반까지도 계속하여 발생하고 있는 일련의 사건과 결코 무관하지 않을 것이다. 안양 정성현 사건(2007. 12.), 안산 조두순 사건(2008. 12.), 경기 남부 강호순 사건(2009. 1.), 부산 김길태 사건(2010. 2.), 서울 김수철 사건(2010. 6.), 영화 도가니 사태(2011. 9.), 수원 오원춘 사건(2012. 4.), 나주 고종석 사건(2012. 8.), 방송인 고영욱 사건(2012. 12.) 등과 같이 최근 몇 년 동안 아동 및 여성을 대상으로 하는 흉악한 성범죄가 언론과 인터넷 등을 통하여 급속도로 알려지면서 여론이 악화되자 국회에서는 이에 대한 특단의 대책들을 계속하여 제시하고 있다.[3] 형사 특별법상의 대처방안으로서 대표적인 것으로는 위치추적 전자감시제도의 도입[4] 및 확대

부합하도록 하고, 종래 방조범 형태로 인정되던 약취, 유인, 인신매매 등을 위하여 사람을 모집, 운송, 전달하는 행위를 독자적인 구성요건으로 처벌하도록 하며, 인류에 대한 공통적인 범죄인 약취, 유인과 인신매매죄의 규정이 대한민국 영역 밖에서 죄를 범한 외국인에게도 적용될 수 있도록 세계주의 규정을 도입함.

3) 이에 대하여 보다 자세한 내용으로는 박찬걸, "아동대상 강력범죄 방지를 위한 최근의 입법에 대한 검토", 소년보호연구 제14호, 한국소년정책학회, 2010. 6, 161면 이하 참조.

4) 이에 대하여 보다 자세한 내용으로는 박찬걸, "전자감시제도의 소급적용에 관한 비판적 검토", 「교정학 반세기」, 한국교정학회, 2010. 9, 241면 이하 참조.

시행,5) 신상정보 공개제도 및 신상정보 등록제도의 확대시행, 신상정보 고지제도의 도입,6) 소아성기호증 등 정신성적 장애자를 대상으로 하는 치료감호제도의 도입, 아동·청소년의 성보호에 관한 법률(이하에서는 '아청법'이라고 한다)상의 징역형기 상한조정,7) 성폭력범죄의 처벌 등에 관한 특례법(이하에서는 '성폭력특례법'이라고 한다)상의 공소시효 배제·배제대상 확대8)·특례규정 신설,9) 성폭력범죄자에 대한 성충동 약물치료의 시행10) 및 대상자 범위 확대,11) 성폭력범죄자의 외과적 치료에 관한 법률안 상정 및 폐기 등을 들 수 있다. 이와 같은 일련의 입법적인 추세는 기본법이자 일반법인 형법전의 개정에도 영향을 미쳤는바, 징역형기의 상한조정·상습강간죄의 신설·무기징역의 가석방 요건 상향조정 등을 내용으로 하는 2010. 4. 15. 개정과 성폭력범죄에 대한 친고죄 규정의 폐지·성폭력범죄의 객체 확대·유사강간죄의 신설 등을 내용으로 하는 2012. 12. 18. 개정 등이 그것이다. 이하에서는 최근에 국회를 통과하여 2013. 6. 19. 시행을 앞두고 있는 제11차 개정 형법의 주요 내용 및 배경을 살펴 본 후, 개별조문에 대한 구체적인 평가를 시도해 보도록 한다.

---

5) 2012. 12. 18. 법률 제11558호로 개정된 법률은 특정 범죄자에 대한 형 종료 후 보호관찰제도를 신설하여 법률의 명칭을 「특정 범죄자에 대한 보호관찰 및 전자장치 부착에 관한 법률」로 변경하는 한편, 위치추적 전자장치 부착대상 특정범죄에 강도범죄를 추가하고, 미성년자 및 장애인에 대한 성범죄의 경우 전자장치 부착명령의 청구요건을 완화하는 등의 내용을 보완하였다.

6) 이에 대하여 보다 자세한 내용으로는 박찬걸, "특정 성범죄자의 신상정보 활용제도의 문제점과 개선방안 -성범죄자 등록·고지·공개제도를 중심으로-", 법학논총 제27집 제4호, 한양대학교 법학연구소, 2010. 12, 99면 이하 참조.

7) 이에 대하여 보다 자세한 내용으로는 박찬걸, "장애인 대상 성폭력범죄에 관한 최근의 입법과 합리적 대처방안- 일명 '도가니법'에 대한 비판적 검토를 중심으로-", 형사정책 제23권 제2호, 한국형사정책학회, 2011. 12, 61면 이하 참조.

8) 특정 성범죄에 대한 공소시효의 배제는 2011. 11. 17. 법률 제11088호로 개정된 「성폭력범죄의 처벌 등에 관한 특례법」에서 "13세 미만의 여자 및 신체적인 또는 정신적인 장애가 있는 여자에 대하여 「형법」제297조(강간) 또는 제299조(준강간, 준강제추행)(준강간에 한정한다)의 죄를 범한 경우에는 공소시효를 적용하지 아니한다"고 하여 처음 신설되었지만, 2012. 12. 18. 법률 제11556호로 개정된 「성폭력범죄의 처벌 등에 관한 특례법」에서는 공소시효 배제의 대상을 대폭적으로 확대하였다.

9) 이에 대하여 보다 자세한 내용으로는 박찬걸, "공소시효의 정지·연장·배제에 관한 최근의 논의", 형사법의 신동향 제34호, 대검찰청, 2012. 3, 86면 이하 참조.

10) 이에 대하여 보다 자세한 내용으로는 박찬걸·송주영, "성충동 약물치료제도 도입의 문제점과 개선방안", 형사정책 제23권 제1호, 한국형사정책학회, 2011. 6, 227면 이하 참조.

11) 이에 대하여 보다 자세한 내용으로는 박찬걸, "성충동 약물치료제도의 시행과 향후과제", 형사정책연구 제24권 제1호, 한국형사정책연구원, 2013. 3, 265면 이하 참조.

Ⅱ. 성폭력범죄에 대한 친고죄 규정의 삭제

1. 개정의 배경 및 내용

원칙적으로 형벌권은 국가가 독점적으로 가지는 권한이기 때문에 피해자의 의사를 고려하지 않고 직권으로 발동될 수 있는 성질을 지니고 있다. 우리나라의 경우에도 형사소송법 제246조에서 공소는 검사가 제기한다고 하여 국가소추주의를 명문으로 인정하고 있다. 하지만 예외적으로 공공의 이익보다 사적인 이익을 더 중시할 수 있는 영역, 피해법익이 경미한 영역, 가해자와 피해자간에 특별한 관계가 있는 영역, 가해자와 피해자 사이의 사적인 해결이 보다 바람직한 영역 등에 해당하는 특정한 범죄군에 있어서는 피해자의 고소가 있는 경우에만 검사가 공소를 제기할 수 있도록 하고 있는데, 이러한 특정 범죄군을 친고죄라고 칭하고 있다. 이러한 친고죄의 취지에 따라 형법상 성폭력범죄는 대부분 친고죄로 규정되어 있는데, 제32장 강간과 추행의 죄 가운데에서는 제297조[12] 내지 제300조와 제302조 내지 제305조의 죄는 고소가 있어야 공소를 제기할 수 있다(제306조). 그리하여 강간등상해·치상죄(제301조), 강간등살인·치사죄(제301조의2), 상습강간죄(제305조의2) 등을 제외한 나머지 제32장에 편제된 성폭력범죄는 모두 친고죄로 되어 있다. 또한 제288조 제1항, 제292조 제1항 또는 제293조 제2항의 각 죄 중 추행 또는 간음의 목적으로 약취, 유인, 수수 또는 은닉한 죄, 제291조의 죄와 그 미수범은 고소가 있어야 공소를 제기할 수 있다(제296조).

하지만 이에 대하여 친고죄가 보호하고자 하는 피해자의 명예가 과연 무엇인지 그 실체가 확인되지 않고 있다는 점,[13] 특수강간죄는 비친고죄로 되어 있는데 이는 친고죄 규정을 통한 성범죄 피해자의 명예를 보호하고 있다는 체계의 일관성이 인정되지 못하다는 점,[14] 성문화의 변화로 인하여 더 이상 여성의 정조가 아닌 성적 자기결정권으로 성범죄의 보호법익이 변화된 지금은 성범죄 피해사실의 외부 공표로 인한 피해자의 명예에 대

---

12) 이하에서 법률의 명칭 없이 해당 조문만 표기된 것은 형법전의 조문을 의미한다.

13) 한석현·이재일, 「성범죄 처벌법규의 체계적 정비방안」, 정책보고서 제8호, 국회입법조사처, 2011. 12, 146면.

14) 유숙영, "성폭력범죄의 친고죄적용에 대한 검토", 한국여성학 제19권 제1호, 한국여성학회, 2003. 4, 221면; 전보경, "성폭력범죄 관련법상 친고죄 규정에 대한 비판적 고찰", 동아법학 제56호, 동아대학교 법학연구소, 2012. 8, 236면; 한석현·이재일, 앞의 보고서, 147면.

한 침해보다도 비친고죄로 규정하여 국가형벌권을 통한 성범죄의 단호하고 철저한 수사와 처벌이라는 공공의 이익이 더 중요한 시기라는 점, 피해자의 고소취소를 얻어내기 위하여 가해자 측이 피해자를 협박하는 사례가 있다는 점, 성폭력의 불법성에 비추어 볼 때 단지 피해자의 고소가 없다는 이유만으로 범죄자의 형사처벌이 불가능하다면 이는 형사사법의 중대한 결함이라는 점,[15] 외국의 입법례를 살펴보면, 스위스, 러시아, 프랑스 등의 경우에는 강간죄에 대한 친고죄 규정이 없으며, 독일의 경우에는 1876년 강간죄를 비친고죄로 개정하였고, 대만의 경우에는 1999년 강간죄를 비친고죄로 개정하였다는 점, 성범죄에 대한 사회적 분노가 높은 우리의 현재 현실에 있어서는 이에 대한 예방을 위하여 형법의 기능을 강화해야 한다는 점, 피해자의 명예와 인격보호라는 친고죄의 근거가 예외 없이 설명될 수 없다는 점,[16] 성범죄 피해자의 상처가 금전적 보상으로 치유될 수 있을지는 의문이라는 점, 자율적인 해결을 위한 시도에 있어서 피해자와 그 가족의 신상만 공개되어 오히려 피해자의 피해만 키우는 결과를 초래한다는 점[17] 등을 이유로 성폭력범죄에 대한 친고죄의 인정을 부정하는 견해가 최근에 급격히 대두되었다. 이에 국회는 추행·간음 목적 약취·유인·수수·은닉죄 및 강간죄 등 성범죄에 관하여 고소가 있어야 공소를 제기할 수 있도록 한 제296조와 제306조를 삭제하였다. 다만 개정 형법은 부칙 제1조에 의해 2013. 6. 19.부터 시행될 예정이지만, 제296조 및 제306조의 개정 규정은 개정 형법 시행 후 최초로 저지른 범죄부터 적용하고 있다(부칙 제2조).

2. 구체적인 평가

대법원은 친고죄를 인정하는 이유를 크게 두 가지의 유형으로 파악하고 있는데, 그 하나는 범죄를 소추해서 그 사실을 일반에게 알리는 것이 도리어 피해자에게 불이익을 줄 우려가 있기 때문에 이와 같은 경우에는 피해자의 처벌희망의 의사표시가 있어야 비로소 소추해서 처벌할 수 있게 하는 것이고, 또 하나는 비교적 경미하고 주로 피해자 개인의 법익을 침해하는 범죄에 관하여 구태여 피해자의 의사나 감정을 무시하면서까지 처벌할 필요가 없기 때문에 이와 같은 경우에는 피해자로부터 아무런 말이 없으면 소추하지 아

---

15) 형법개정연구회, 『형사법개정연구(Ⅳ) - 형법각칙 개정안-』, 한국형사정책연구원, 2009. 12, 203면.
16) 전보경, 앞의 논문, 234면.
17) 한석현·이재일, 앞의 보고서, 156면.

니하고 피해자가 처벌을 희망하여 올 경우에 그때에 논하게 하겠다는 것이다.[18] 이와 같이 친고죄의 인정근거와 관련하여서는 피해자의 보호, 피해법익의 경미성, 형법상의 보충성의 원칙 등이 일반적으로 거론되고 있다. 하지만 일반적으로 '성폭력범죄'에 대한 친고죄의 인정근거로 피해법익의 경미성을 제시하기는 어렵기 때문에 피해자의 사생활 내지 명예보호 또는 보충성의 원칙에 주안점을 두고 있는 것이 사실이며, 판례[19]도 이를 수긍하고 있다.

먼저 형사절차에서는 항상 범죄혐의를 규명하여 피고인을 처벌하려는 일반인의 이익과 피해자의 사생활 보호라는 이익이 충돌하게 되는데, 수사 또는 재판과정에서 피해자가 공개하고 싶어 하지 않는 사생활이 외부에 드러나기도 하고, 가해자와 조우하거나 기억하기 싫은 과거의 기억을 상기해야 하며, 그러한 피해사실들을 피해자 자신의 진술을 통해 구체적으로 밝혀야 하는 심리적·육체적인 부담감을 가지게 된다. 그러므로 형법은 피해자의 사생활 보호를 위하여 범죄로 인해 침해된 피해자 자신의 명예회복을 포기할 권리뿐만 아니라 고소의 불제기 또는 고소의 취소 등을 통하여 형사절차의 진행을 중단시킬 권리를 피해자에게 인정하는 것이다.[20] 다음으로 성폭력범죄에 대한 친고죄의 인정근거를 형법의 보충성의 원칙에서 찾는 견해에 따르면 범죄에 대하여 피해자와 가해자가 자율적으로 해결할 수 있으면 그들의 자율적 해결을 우선시하고, 이것이 불가능할 경우에 한해서만 국가가 개입해야 한다고 한다.

이상과 같은 성폭력범죄에 대한 친고죄 인정의 근거를 전제로 비친고죄를 주장하는 측의 논거를 비판해 보면 다음과 같다. 첫째, 일부 성폭력범죄는 친고죄로 규정하면서도 일부 성폭력범죄에 대해서는 비친고죄로 규정하고 있는 것은 체계일관성의 모순이라는 지적에 대해서는, 강간등상해·치상죄, 강간등살인·치사죄, 특수강간죄 등을 비친고죄로 하는 것은 일반적인 강간범죄와 비교할 때 행위의 불법성이 현저히 크기 때문에 개인의 의사와 상관없이 국가가 개입하겠다는 의지의 표현이라고 할 수 있는데, 이는 다른 것을 다르게 평가하는 것이기 때문에 체계일관성과는 아무런 상관이 없는 것이다.

둘째, 피해자의 명예보호, 피해법익의 경미성, 특별한 인적 관계성이라는 개별적인 범죄에 대한 친고죄 존재의 근거를 가지고서 친고죄 전반에 대한 존재이유에 적용하여 그 부당성을 지적에 것에 대해서는, 친고죄의 인정 근거는 개별적인 범죄에 따라 고유한 취

---

18) 대법원 1994. 4. 26. 선고 93도1689 판결.

19) 대법원 2002. 5. 16. 선고 2002도51 전원합의체 판결("강간죄를 친고죄로 정한 취지가 피해자의 명예와 인격을 보호하기 위하여 공소권의 행사 여부를 피해자의 의사에 따르도록 제한하려는 데 있는 이상……").

20) 김선복, "친고죄에 대한 고찰", 형사법연구 제10호, 한국형사법학회, 1998, 172면.

지가 있는 것이기 때문에 모든 친고죄에 대하여 각각의 고유한 취지를 동시에 접목시키는 것은 무리라고 판단된다. 모든 친고죄 규정에 공통적으로 인정할 수 있는 취지를 요구하는 것 자체가 부당하고, 각각의 범죄에서 도출되는 특수성을 감안하여 개별적으로 파악하는 것이 제도의 취지에 부합한다고 본다.

셋째, 친고죄의 도입취지와 달리 성폭력범죄가 줄거나 예방되고 있지 않다는 지적에 대해서는, 친고죄를 유지하고 있는 이유가 성폭력범죄율을 낮추기 위함이 절대 아니라고 반박할 수 있다. 성폭력범죄에 있어서 친고죄는 피해자의 보호에 충실한 입장으로써 수사과정 또는 재판과정에서 발생할 수 있는 제2차 피해의 방지, 피해사실의 누설로 인한 피해자의 명예실추 방지, 민사상 손해배상 및 형사합의에 있어서 피해자에게 유리한 위치의 선점 등을 주된 이유로 하고 있는 것이지 결코 범죄율을 줄이거나 범죄를 예방하는 수단으로 작용하고 있는 것이 아니다.

넷째, 성폭력범죄를 저지른 가해자들이 친고죄의 혜택으로 처벌을 받지 않게 되고, 우리 사회에서 성폭력범죄가 용인될 수 있다는 인식을 심어줄 수 있다는 지적에 대해서는, 고소권의 불행사 또는 고소의 취소 등으로 인하여 가해자가 형사절차에서 배제되는 것은 친고죄의 본질적인 혜택이 아니라 부수적인 효과라고 보아야 한다. 가해자에게 인정되는 부수적인 효과로 인하여 피해자에게 인정되는 수사 및 소송절차 불관여의 권한을 전적으로 배제하는 것은 현재의 피해자 보호사상에 부합하지 않는다.

다섯째, 피해자의 명예나 사생활에 대한 침해보다도 비친고죄로 규정하여 국가형벌권을 통한 성범죄의 단호하고 철저한 수사와 처벌이라는 공공의 이익이 더 중요한 시기라는 지적에 대해서는, 가해자의 처벌을 바라는 다수의 의사가 피해자의 사생활 보호라는 피해자 고유의 의사를 결코 압도할 수 없다는 점을 강조할 수 있다. 여기서 말하는 다수는 피해자와 아무런 상관이 없는 제3자의 입장에서 재판절차의 진행을 주장하겠지만, 만약 피해자의 가족, 친구 등 피해자와 상관이 있는 제3자의 입장이라면 좀 더 피해자의 의사를 존중하는 입장을 취할 것이 분명하기 때문이다.

생각건대 형법상 성폭력범죄에 대한 친고죄 조항의 전면적인 폐지는 피해자에게 너무나 가혹한 결과를 초래할 수 있다고 사료된다. 그렇다고 하여 현재의 친고죄 조항이 전적으로 타당하다고 말할 수는 없다. 따라서 제296조와 제306조에서 규율하는 여러 가지 범죄들을 대상으로 개별적인 판단을 하여 친고죄 적용 여부에 대한 검토를 하는 것이 가장 바람직한 대안이라고 본다.

먼저 제297조(강간), 제297조의2(유사강간), 제298조(강제추행), 제299조(준강간, 준강제추행), 제300조(미수범) 등의 죄에 있어서 피해자는 제302조와 제305조와 달리 일반적인 성인이기 때문에 친고죄가 유지되어야 한다고 본다. 사리분별능력과 의사판단능력을 어느 정도 갖추고 있는 성인의 입장에서 냉철하게 판단하여 재판절차의 진행 여부를 결정하는 것이 보다 바람직하기 때문이다. 다만 친고죄를 존치시키는 경우에도 고소기간을 제한하는 규정은 폐지되는 것이 타당하다. 왜냐하면 친고죄의 취지는 형사소추권의 발동 여부가 장기간 개인의 의사에 좌우되는 것을 방지한다는 고소기간 제한의 취지와는 양립되지 않는 측면이 있기 때문이다.[21]

다음으로 미성년자간음죄(제302조)는 아청법 제7조 제5항에 의해, 심신미약자간음죄(제302조)는 성폭력특례법 제6조 제5항 및 동조 제6항에 의해, 13세 미만의 미성년자에 대한 간음 및 추행죄(제305조)는 아청법 제7조에 의해 각각 사문화되었다고 할 수 있는데, 성폭력특례법 및 아청법에서는 이러한 범죄들을 비친고죄로 하고 있기 때문에 형법상 동 범죄들도 비친고죄로 규정하는 것이 타당하다고 본다. 또한 업무상위력등에 의한 간음죄(제303조 제1항)와 피구금자간음죄(제303조 제2항)는 성폭력특례법 제10조 제1항에서 업무상위력등에 의한 추행죄 및 성폭력특례법 제10조 제2항에서 피구금자추행죄 등을 각각 비친고죄로 규정하고 있는 것과의 형평성에 차원에서 비친고죄로 하는 것이 타당하다.

마지막으로 추행 또는 간음의 목적으로 약취, 유인, 수수 또는 은닉한 죄는 약취와 유인뿐만 아니라 간음과 추행이 포함된 중한 범죄라고 평가할 수 있다. 미성년자를 약취 또는 유인한 경우에도 간음, 추행의 목적이 있는 경우에는 제288조 제1항의 범죄가 성립하여 친고죄의 적용을 받게 되는데, 이는 미성년자가 단순히 약취, 유인된 경우에 있어서 비친고죄로 규정하고 있는 것과의 형평성에 어긋난다고 본다. 이러한 약취, 유인, 수수, 은닉 등의 범죄는 결코 가벼운 범죄로 평가될 수 없으며, 조직화되고 있는 현실에 비추어 국가에 의한 직권개입이 요구된다고 할 것이므로 비친고죄로 하는 것이 타당하다.

---

21) 김택수, "형사절차상 성폭력 피해자의 보호와 지위강화 – 프랑스와 한국간의 비교법적 고찰을 중심으로 – ", 형사정책연구 제20권 제3호, 한국형사정책연구원, 2009. 9, 179면.

Ⅲ. 성폭력범죄의 객체를 '부녀'에서 '사람'으로 변경

1. 개정의 배경 및 내용

개정 전 형법 제297조 등에서는 성범죄의 객체를 '부녀'라고 하여, 피해자를 여성에 한정하고 있었는데, 대법원은 강간죄의 객체를 여성으로 한정하고 있는 형법규정은 헌법상 평등의 원칙에 어긋나는 것이 아니라고 하였다.[22] 이에 따라 남성은 강제추행죄의 객체가 될 뿐이고, 단지 간음행위의 객체로 군형법 제92조의5에서 규정하는 계간죄(鷄姦罪)의 대상이 될 뿐이다. 이와 같이 강간죄의 피해자로 여성만을 보호하는 것은 폭행·협박에 의한 강제적인 간음의 상태를 겪는 남성의 성적 자기결정권은 상대적으로 '약하게' 보호한다는 의미로 해석될 수도 있다. 하지만 여성의 사회적 지위의 향상으로 인하여 남성도 사회적 약자로써 폭행·협박에 의한 강간의 피해자가 될 수도 있고, 비단 사회적 지위를 논하지 않더라도 남성이 피해자가 되는 경우를 전적으로 배제할 수는 없는 노릇이다. 이러한 경우에 있어서 그 피해의 심각성은 여성의 경우보다 오히려 더 크다고 볼 여지도 있다. 또한 강간죄의 보호법익인 성적 자기결정권이 여성에게만 있는 것은 아니기 때문에[23] 당연히 강간죄의 객체에 여성뿐만 아니라 남성을 포함시켜, 개인의 성적 자기결정권이 침해되는 모든 경우를 대비해야 할 필요성이 제기되었다. 이에 제242조(음행매개죄) 중 "未成年 또는 淫行의 常習없는 婦女를"을 "사람을"로 하고, 제288조 제2항(추업 사용 목적 부녀매매죄),[24] 제297조(강간죄), 제303조 제1항(업무상 위력등에 의한 간음죄), 제303조 제2항(피구금부녀간음죄), 제339조(강도강간죄), 제340조 제3항(해상강도강간) 중 "婦女를"을 각각 "사람을"로 하며, 제305조(미성년자의제간음죄) 중 "13歲 未滿의 婦女를 姦淫하거나 13歲 未滿의 사람에게 醜行을 한 者"를 "13세 미만의 사

---

22) 대법원 1967. 2. 28. 선고 67도1 판결.

23) 이에 대하여 남성의 성적 자기결정권을 침해하는 행위보다는 여성의 성적 자기결정권을 침해하는 범죄의 불법이 훨씬 강한 것으로 평가되는데, 이는 성과 관련된 인간의 행태가 남성과 여성 사이에 현격한 차이가 있기 때문이라고 하는 견해(김성천·김형준, 「형법각론(제2판)」, 동현출판사, 2006, 226-227면)가 있다.

24) 개정 형법 제288조(추행 등 목적 약취, 유인 등) ① 추행, 간음, 결혼 또는 영리의 목적으로 사람을 약취 또는 유인한 사람은 1년 이상 10년 이하의 징역에 처한다. ② 노동력 착취, 성매매와 성적 착취, 장기적 출을 목적으로 사람을 약취 또는 유인한 사람은 2년 이상 15년 이하의 징역에 처한다. ③ 국외에 이송할 목적으로 사람을 약취 또는 유인하거나 약취 또는 유인된 사람을 국외에 이송한 사람도 제2항과 동일한 형으로 처벌한다.

람에 대하여 간음 또는 추행을 한 자"로 각각 변경하였다. 남성이 강간죄의 객체에서 제외되어야 할 특별한 이유도 없기 때문에[25] 개정법이 그 객체를 사람으로 변경한 것은 타당한 것으로 평가된다. 이와 관련하여 강간죄의 주체적인 측면에서 여자의 경우에도 공동정범·교사범·방조범 등의 형태[26]가 아닌 '단독'정범의 형태로 범행을 완수할 수 있게 되었다.

2. 구체적인 평가

가. 강간피해자로서 '성전환자'의 인정

강간피해자로서 성전환자의 인정 여부와 관련하여서 적극설과 소극설의 대립이 있어 왔는데, 먼저 적극설은 성전환자도 강간의 피해자가 될 수 있다고 보는 입장으로 다수설에 해당한다. 그 근거로는 첫째, 성전환여성을 강간죄의 객체로 삼는 것은 허용된 확대해석에 해당할지언정 금지된 유추해석은 아니라는 점,[27] 둘째, 강간죄의 객체를 단순히 성염색체를 기준으로 판단할 수 없고, (구) 호적기재 사항을 기준으로 판단하는 것도 부당하기 때문에 몸도 마음도 여성인 사람은 여성으로 보는 것이 옳다는 점,[28] 셋째, 성전환자를 현실적으로 보호할 필요성이 있다는 점,[29] 넷째, 강간죄의 보호법익이 성적 자기결정권의 자유를 의미한다면 성염색체의 구조에 의해 결정되는 생물학적 성만이 아니라 자신을 여성으로 여기고 현실적으로 생활을 하는 사회적 성까지도 포함한다고 해석해야 하며[30] 사회적·규범적 성까지를 고려한다고 하면서도 발생학적인 성인 성염색체의 구성

---

25) "……강간이 남성에 의하여 감행됨을 보통으로 하는 실정에 비추어……"라고 판시한 45년 전의 판례(대법원 1967. 2. 28. 선고 67도1 판결)는 사회의 변화에 따라 더 이상 그 명분을 찾기 어려운 듯하다.

26) 대법원 1998. 2. 27. 선고, 97도1757 판결. 동 판결은 여성에 대하여 성폭력특례법상의 합동강간죄를 인정한 사안이다.

27) 김일수·서보학 ,「새로 쓴 형법각론(제7판)」, 박영사, 2007, 160면; 박상기,「형법각론(제8판)」, 박영사, 2011, 145면.

28) 김성천·김형준, 앞의 책, 231면; 정영일,「형법각론(개정판)」, 박영사, 2008, 141면.

29) 정성근·박광민,「형법각론(제3판)」, 삼지원, 2008, 170면.

30) 정현미, "성전환수술자의 강간죄의 객체 여부", 형사판례연구 제6권, 한국형사판례연구회, 1999, 180면. 이에 반해 형법이 성적 자기결정권을 침해하는 범죄를 남자와 여자의 성기결합에 의한 강간과 그 이외의 강제추행으로 2분한 자체의 모순으로 인한 구조적 문제점의 해결 없이는 이 문제를 완벽하게 해결하는 것이 불가능하다고 보는 견해(이정원,「형법각론」, 공개 제1판, 2008, 201-202면)도 있다.

을 판단인자로 고려하는 것은 사회적·규범적 성 및 사회일반인의 평가와 태도를 무위로 돌리는 논증태도라고 할 수 있다는 점,[31] 다섯째, 현재의 관점에서 볼 때 성전환자에 대한 사회적 통념이 상당히 변화되었다는 점[32] 등을 들 수 있다.

다음으로 소극설은 성전환자는 강간의 피해자가 될 수 없다고 보는 입장으로 소수설에 해당한다. 그 근거로는 첫째, 강간죄의 객체를 여자에 한정한 것은 여자의 육체적·생리적 차이를 고려한 것이라는 점에 비추어, 여자로 성전환수술을 했다고 하여도 임신과 출산의 능력이 없는 이상 강간죄의 객체가 될 수 없다는 점,[33] 둘째, 대법원이 성전환을 합법화하고 있지 않은 이상 임의적으로 강간죄의 객체를 확대하는 것은 법적 안정성에 문제가 있다는 점[34] 등을 들 수 있다.

이에 대하여 판례의 태도는 절충설의 입장이라고 평가할 수 있는데, 먼저 1996년도 사안에서 대법원[35]은 그 객체성을 부정하면서, 형법 제297조에서 말하는 부녀, 즉 여자에 해당하는지의 여부는 발생학적인 성인 성염색체의 구성을 기본적인 요소로 하여 성선, 외부성기를 비롯한 신체의 외관은 물론이고 심리적, 정신적인 성, 그리고 사회생활에서 수행하는 주관적, 개인적인 성역할(성전환의 경우에는 그 전후를 포함하여) 및 이에 대한 일반인의 평가나 태도 등 모든 요소를 종합적으로 고려하여 사회통념에 따라 결정하여야 할 것이라고 하여, 남성에서 여성으로 성전환한 사람은 여성으로 볼 수 없어 강간죄의 객체인 부녀에 포함시키지 않아 피고인을 강제추행치상죄로 의율하였다. 하지만 2009년도 사안에서 대법원[36]은 강간죄의 객체는 부녀로서 여자를 가리키는 것이므로, 강간죄의 성립을 인정하기 위하여는 피해자를 법률상 여자로 인정할 수 있어야 한다고 전제하면서,

---

31) 김성돈, 「형법각론(제2판)」, 성균관대학교 출판부, 2009, 158면(따라서 여성으로서의 성귀속감을 가지고 또한 성전환수술을 통하여 사회일반인들도 여성으로 평가하고 있는 자에 대해서는 호적정정 이전이라도 성적 자기결정권의 주체성을 인정하여 여성이라고 하는 것이 타당하다); 진계호·이존걸, 「형법각론(제6판)」, 대왕사, 2008, 193면.

32) 권오걸, 「형법각론」, 형설출판사, 2009, 171면. 사회통념 자체가 변화되면 강간죄의 객체의 해석에도 영향을 미칠 것이라는 견해로는 이영란, 「형법학(각론강의)」, 형설출판사, 2008, 165면.

33) 임웅, 「형법각론(제3정판)」, 법문사, 2011, 170면(행위자가 성전환수술을 한 자를 여자라고 생각하고 강간한 경우에는 강간죄의 불능미수범과 강제추행죄의 고의기수범의 상상적 경합이 된다); 손동권, 「형법각론(제2개정판)」, 율곡출판사, 2006, §12/6.

34) 배종대, 「형법각론(제6전정판)」, 홍문사, 2006, §46/4.

35) 대법원 1996. 6. 11. 선고 96도791 판결. 동 판결은 제1심(서울지방법원 1995. 10. 11. 선고 95고합516 판결)과 제2심(서울고등법원 1996. 2. 23. 선고 95노2876 판결)의 판단을 그대로 유지한 것이다.

36) 대법원 2009. 9. 10. 선고 2009도3580 판결. 동 판결도 제1심(부산지방법원 2009. 2. 18. 선고 2008고합669 판결)과 제2심(부산고등법원 2009. 4. 22. 선고 2009노204 판결)의 판단을 그대로 유지한 것이다. 특히 본 사건의 제1심을 담당했던 부산지방법원 제5형사부(고종주, 김태규, 허익수 판사)는 2009. 1. 16. 강간죄의 객체로서 법률상의 아내를 최초로 인정한 판결을 한 재판부이기도 하다.

"종래에는 사람의 성을 성염색체와 이에 따른 생식기·성기 등 생물학적인 요소에 따라 결정하여 왔으나 근래에 와서는 생물학적인 요소뿐 아니라 개인이 스스로 인식하는 남성 또는 여성으로의 귀속감 및 개인이 남성 또는 여성으로서 적합하다고 사회적으로 승인된 행동·태도·성격적 특징 등의 성역할을 수행하는 측면, 즉 정신적·사회적 요소들 역시 사람의 성을 결정하는 요소 중의 하나로 인정받게 되었으므로, 성의 결정에 있어 생물학적 요소와 정신적·사회적 요소를 종합적으로 고려하여야 한다"고 판시하여 1996년도 판결과는 달리 그 객체성을 인정하여, 성전환자를 강간한 피고인에게 성폭력특례법 제5조 제1항을 적용해 주거침입강간죄를 인정하였다. 이는 성에 대한 법인식의 큰 변화가 진행되고 있음을 의미한다.[37]

이와 같이 성전환자의 강간죄 피해자성이 직접적인 문제가 된 사안은 1996년도 대법원 판결과 2009년도 대법원 판결이 있는데, 약 13년이라는 시간적인 간격을 두고 나온 두 판결은 서로 정반대의 결론을 취하고 있다. 이 기간 동안 우리 사회의 성의식이나 성문화가 급변하였다는 점도 상이한 결론의 주요한 원인이 되었겠지만, 무엇보다 중요한 것은 두 사안의 사실관계에 있어서 차이점이 존재한다는 점이다. 2009년도 대법원 판결이 전원합의체 판결의 형식을 취하지 않아 1996년도 대법원 판결을 파기하지 않은 이유도 이러한 점에 기인한다.[38] 강간죄의 보호법익이 성적 자기결정권의 자유를 의미한다면 성염색체의 구조에 의해 결정되는 생물학적 성이 여성인 자만을 그 피해자로 인정하기보다는 자신을 여성으로 여기고 현실적으로 여성으로서 생활을 하는 사회적 성까지 고려해서 판단하는 것이 합당하다. 사람의 성을 gender가 아닌 오로지 sex를 기준으로 판단하는 방식은 구시대의 유물이다. 2009년도 판결은 이러한 기존의 입장을 바꾸어 생물학적 성(sex)보다 사회적 성(gender)에 보다 중점을 두어 판단한 것으로 높이 평가될 수 있다. 하지만 이러한 논의는 개정법을 통하여 더 이상 실익이 없게 되었다. 왜냐하면 강간죄의 객체가 부녀에서 사람으로 변경되었기 때문에 피해자가 여성인지 남성인지는 범죄의 성립에 전혀 영향을 미치지 않게 되었고, 다만 사람의 인정 여부만이 문제로 되었기 때문이다.

---

37) 이용식, "판례를 통해서 본 성(性)에 대한 법인식의 변화", 형사법연구 제21권 제4호, 한국형사법학회, 2009. 12, 304면.

38) 박찬걸, "강간피해자로서 '성전환자'의 인정 여부에 관한 검토", 피해자학연구 제18권 제1호, 한국피해자학회, 2010. 4, 94-102면 참조.

나. 강간피해자로서 '배우자'의 인정

강간죄의 피해자로서 '배우자'의 인정 여부와 관련하여서는, 먼저 부부관계의 특수성을 고려할 때 부부 사이에 강간죄는 성립할 수 없다는 소극설[39]이 있는데, 이러한 소극설을 형법학계의 다수설이라고 보는 학설이 다수설인 것 같다. 하지만 다수설이 주장하는 논거는 2013년 현재 그다지 설득력이 있어 보이지는 않는다. 이에 따라 소극설이 다수설이라고 말하기는 어려운 듯한데,[40] 오히려 소극설과 적극설 모두가 다수설이 되었다고도 볼 수 있다. 소극설의 주요 논거로는 아내강간죄를 일반화하는 경우에는 부부 사이의 내밀한 성행위에 신뢰관계를 유지할 수 없고, 그로 인해 태어난 아이는 강간에 의해 태어난 아이로 전락시킬 수 있다는 점,[41] 민법상 부부는 동거의무(민법 제826조 제1항)가 있고, 동거의무는 성생활을 함께할 의무를 내포하는 것이라는 점,[42] 남편에 의한 강간을 제외하는 것은 아내강간에 대한 형법의 개입이 실효성 있는 효과를 거두지 못할 것이라는 점, 극히 사적인 영역인 부부간의 성행위에까지 형벌권을 동원하여 문제를 해결하고자 하는 것은 형벌권의 남용이라는 점 등을 들 수 있다.

다음으로 배우자강간을 인정하자는 적극설이 있는데,[43] 그 주요 논거로는 부부관계가 특수하고 동거의 의무가 있다고는 하나, 남편이 자신의 배우자를 폭행·협박해서 강제로 간음해도 좋다거나 강제로 남편 마음대로 육체적인 관계를 가져도 좋다는 것을 의미하는 것은 아니라는 점,[44] 강간죄의 보호법익이 성적 의사결정의 자유라고 본다면 법률상의 아내도 강간죄의 객체가 될 수 있다고 해야 하는 점,[45] 부부간의 동거의무가 성관계에 응할 의무를 포함하고는 있지만, 성관계를 지속적으로 거절할 경우 이혼사유는 될 수 있을지언정 형법상의 강간행위까지 정당화시켜주는 것은 아니라는 점,[46] 현행 형법상 남편

---

39) 권오걸, 앞의 책, 170면; 김일수·서보학, 앞의 책, 160면; 배종대, 앞의 책, §46/4; 정영일, 앞의 책, 117면; 임웅, 앞의 책, 169-170면; 손동권, 앞의 책, §12/7; 이정원, 앞의 책, 205면; 정성근·박광민, 앞의 책, 170면.

40) 최근의 여론 조사에서도 아내강간을 인정하는 입장이 오히려 지배적인 견해로 나타났다(법률신문 2009. 1. 22.자 참조).

41) 손동권, 앞의 책, §12/7.

42) 임웅, 앞의 책, 168면("부부간의 성생활이 법률상 의무 없는 행위가 아니므로 강요죄도 성립하지 않는다. 단지 그 수단으로 행해진 폭행·협박만을 폭행죄 내지 협박죄로 처벌할 수 있을 뿐이다").

43) 조국, 「형사법의 성편향(제2판)」, 박영사, 2004, 31-32면; 김성천·김형준, 앞의 책, 231면; 오영근, 「형법각론(제2판)」, 박영사, 2012, §11/9; 김성돈, 앞의 책, 157면.

44) 김성천·김형준, 앞의 책, 231면.

45) 오영근, 앞의 책, §11/9.

이 아내를 폭행·협박하는 경우 폭행죄 내지 협박죄가 성립한다고 보지 않을 수 없고, 실무적으로도 그에 따라 형사처벌을 하고 있음이 명백한데, 그것보다 법정형이나 죄질이 훨씬 더 무거운 강간죄에 대하여 특별한 근거도 없이 이를 부정하는 것은 죄질의 균형에 맞지 않다는 점 등을 들 수 있다. 한편 정상적인 부부 사이라면 강간죄는 성립할 수 없지만 이혼소송을 진행 중이거나 별거중인 경우에는 부부사이라도 강간죄가 성립할 수 있다는 절충설[47])이 있는데, 적극설이 혼인관계의 정상성 여부를 묻지 않고 법적 요건만으로 아내강간죄를 인정하는 반면에 절충설은 혼인관계의 정상성 여부를 아내강간죄 인정의 핵심표지로 본다.

이와 관련하여 우리나라에서 아내강간의 문제를 본격적으로 다룬 최초의 사안은 70도29 판결[48])이라고 할 수 있는데, 대법원은 설사 남편이 강제로 처를 간음하였다 하여도 강간죄는 성립되지 아니한다고 판시하였다. 하지만 70도29 판결을 예로 들면서 부부사이의 강간 자체를 우리 대법원이 인정하지 않는다고 해석하는 것은 금물이다. 70도29 판결은 아내강간 자체를 부정하는 것이 아니라 부부 사이에 '실질적인 부부관계'가 있는지를 핵심기준으로 강간죄 성립 여부를 판단하는 입장을 취하는 것으로 보아야 하기 때문이다. 즉 제한적인 범위, 예를 들면 부부 사이의 실질적인 부부관계가 파탄 난 정도에 이른 경우에는 부부 사이에도 강간죄가 성립할 수도 있다는 것이 판례의 정확한 입장이다. 하지만 정상적인 부부관계에서는 강간죄가 성립할 수 없음도 분명히 나타낸 것으로 볼 수 있다.

이후 2009. 1. 16. 부산지방법원은 우리나라에서 최초로 정상적인 부부 사이의 강간을 인정하여 피고인에게 특수강간죄로 징역 2년 6개월에 집행유예 3년의 형을 선고하였다.[49]) 또한 비슷한 시기인 2009. 2. 12. 대법원은 이혼을 앞두고 별거 중인 아내를 흉기로 위협해 간음한 피고인에 대하여 특수강간죄를 적용하여, 징역 6개월을 선고한 원심을 확정했다.[50]) 재판부는 "혼인관계가 존속하는 상태에서 남편이 처의 의사에 반하여 폭행

46) 이종갑, "아내강간의 성립에 대한 소고", 한양법학 제23집, 한양법학회, 2008. 6, 414-415면.

47) 박상기, 앞의 책, 144-145면.

48) 대법원 1970. 3. 10. 선고 70도29 판결. 同旨 대법원 1965. 3. 30. 선고 65도45 판결.

49) 부산지방법원 2009. 1. 16. 선고 2008고합808 판결. 우리나라에서 처음으로 부부 사이의 강간죄를 인정한 재판으로써 세간의 주목을 받아 최종 결과에 대한 귀추가 주목되었지만 동 사건의 피고인이 억울함을 호소하며 2009. 1. 20. 오후 부산 남구 자택에서 목을 매 자살을 함으로써 당혹하게 하였다. 피고인은 판결에 강력히 반발하여 1심 선고 후 즉각 항소한 상태였다. 하지만 재판 도중에 피고인이 사망하였기 때문에 형사소송법 제328조 제1항 제2호의 사유(피고인이 사망하거나 피고인인 법인이 존속하지 아니하게 되었을 때)에 의하여 공소기각 결정으로 사건은 종결되었다. 한 가지 주목할 점은 아내강간을 인정하는 이 사건의 심리과정에서 강간죄의 객체에 대한 소송 주체간의 다툼이 전혀 없었다는 것이다. 검사는 특수강간죄로 피고인을 기소하였고, 이에 피고인은 범행 일체를 자백하고 변호인 또한 법리 등에 관하여 특별한 의견을 제시하지 않았던 것이다.

또는 협박으로 성교행위를 한 경우 강간죄가 성립하는지 여부는 별론으로 하더라도, 적어도 당사자 사이에 혼인관계가 파탄되었을 뿐만 아니라 더 이상 혼인관계를 지속할 의사가 없고 이혼의사의 합치가 있어 실질적인 부부관계가 인정될 수 없는 상태에 이르렀다면, 법률상의 배우자인 처도 강간죄의 객체가 된다"고 판시하였는데, 이는 대법원이 부부간에도 강간죄의 성립가능성을 열어 놓은 것은 진일보한 것이다. 동 판결은 아내강간을 인정한 최초의 대법원 판결이라는 점에서 의미[51]가 있으나, 아쉬운 점이 있다면 부부 사이의 강간죄 성립여부 문제에 대해서 소위 절충설을 취하고 있다는 점이다. 하지만 대법원의 이와 같은 절충설적인 입장은 2013. 5. 16. 전원합의체판결[52]로 변경되었는데, 대법원은 동 판결에서 "형법은 법률상 처를 강간죄의 객체에서 제외하는 명문의 규정을 두고 있지 않으므로, 문언해석상으로도 법률상 처가 강간죄의 객체에 포함된다고 새기는 것에 아무런 제한이 없다. …… 결론적으로 헌법이 보장하는 혼인과 가족생활의 내용, 가정에서의 성폭력에 대한 인식의 변화, 형법의 체계와 그 개정경과, 강간죄의 보호법익과 부부의 동거의무의 내용 등에 비추어 보면, 형법 제297조가 정한 강간죄의 객체인 부녀에는 법률상 처가 포함되고, 혼인관계가 파탄된 경우뿐만 아니라 실질적인 혼인관계가 유지되고 있는 경우에도 남편이 반항을 불가능하게 하거나 현저히 곤란하게 할 정도의 폭행이나 협박을 가하여 아내를 간음한 경우에는 강간죄가 성립한다"고 판시함으로써 대법원 1970. 3. 10. 선고 70도29 판결을 파기하여 소위 적극설의 입장을 받아들였다. 이와 같은 법원의 전향적인 판결들의 등장, (가정) 사회의 급격한 변화, 여성의 인권 내지 지위의 신장 등에 따라 배우자강간, 특히 아내강간죄를 부정해 오던 기존의 다수설이 과연 현재에도 유지될 수 있는가 하는 의문이 들기 때문에 부부간의 별거나 이혼소송과 관계없이 배우자에 대한 강간죄는 성립한다고 보아야 한다. 실질적인 혼인관계가 파탄 난 상황에서 강간이 이루어지면 강간죄의 성립이 쉽게 인정되는 측면이 있음을 부인할 수는 없다. 현실의 경우 대부분의 배우자강간 사건은 이러한 경우에 발생할 것이기 때문이다. 하지만 실질적인 혼인관계가 유지되고 있는 상황에서 강간이 발생하지 않으리라는 확신은 금물이다. 오히려 이러한 경우의 피해가 더욱 심각하다. 또한 우리 형법은 강간죄가 발생하는 상황에 따라 처벌의 차이를 인정하고 있지도 않다. 단지 그 어떠한 경우라도

---

50) 대법원 2009. 2. 12. 선고 2008도8601 판결.

51) 학설과 판례가 아내강간행위를 강간죄로 인정하지 않다가 최근 변화를 보이는 것은 여자와 가정에 대한 의식 변화를 말해주는 것이라고 보는 견해[김혜정, "시대의 변화에 따른 강간죄의 객체 및 행위태양에 관한 재구성", 비교형사법연구 제9권 제1호, 한국비교형사법학회, 2007, 196면]가 있다.

52) 대법원 2013. 5. 16. 선고 2012도14788, 2012전도252(병합) 전원합의체판결.

최협의의[53] 폭행과 협박을 사용하여 간음하면 강간죄가 성립하는 것이다. 한걸음 양보하여 부부관계의 실질적인 관계의 유무에 의한 판단을 존중하더라도 결론은 달라지지 않는다. 과연 부부관계가 실질적으로 유지되는 경우와 실질적으로 유지되지 않는 경우는 어떠한 경우인가? 예를 들어 남편이 아내를 강간하는 행위가 있는 상황이 과연 부부관계가 실질적으로 유지되고 있는 상황이라고 과감히 말할 수 있겠는가?[54] 또한 개정 형법상의 '사람'에 혼인중의 배우자가 제외된다고 볼 아무런 근거가 없다. 현행 법률로도 충분히 배우자에 대한 강간행위를 처벌할 수 있다. 따라서 이를 벌하기 위하여 특별법의 입법에 나아갈 것까지 없다. 일각에서는 '배우자(아내)강간죄'를 별도로 규정하자는 움직임도 있으나, 현행법으로도 충분히 해결할 수 있는 것을 굳이 새롭게 규정하여 엄벌하자는 주장은 옥상옥(屋上屋)에 불과한 것으로 보인다. 따라서 부부라고 하여 달리 볼 것이 아니라 일반적인 강간사건처럼 법을 적용하고 판단하여야 할 것이다. 이와 같이 배우자강간은 현행 형법으로도 충분히 처벌이 가능하지만, 고소하는 경우가 드물고, 고소하더라도 중간에 취하하는 경우가 많기 때문에 제대로 집행되지 않고 있을 뿐이라고 보아야 한다.

다. 간음매개죄의 행위태양 확대의 필요성

현행 형법 제242조에 의하면 "영리의 목적으로 미성년 또는 음행의 상습 없는 부녀를 매개하여 간음하게 한 자는 3년 이하의 징역 또는 1천 500만 원 이하의 벌금에 처한다"고 하여 간음[55]매개죄를 규정하고 있었는데, 개정법은 이 중 '미성년 또는 음행의 상습 없는 부녀'를 '사람'으로 변경하였다. 그리하여 '영리의 목적으로 사람을 매개하여 간음하게 한 자'를 처벌할 수 있게 되어, 매개의 대상이 미성년자[56]이건 성년자이건, 음행의

---

53) 폭행이나 협박이 최협의의 정도에 이르지 않은 경우에는 강간죄가 성립하지 않는다고 보는 것이 현재의 다수설과 판례의 태도이다. 이는 현행 강간죄의 형벌이 최하 징역 3년 이상으로 규정되어 있다는 측면이 강하게 작용한 것이다. 즉 강간죄로 벌금형이나 단기자유형을 부과하는 것이 원천적으로 불가능하기 때문에 최대한 죄의 성립을 제한하고자 하는 것이다. 이러한 현실에서 비동의간음죄의 신설 논란이 불거지고 있다.

54) 박찬걸, "강간죄의 객체로서 '아내'의 인정 여부에 관한 소고", 법학논총 제26집 제2호, 한양대학교 법학연구소, 2009. 6, 99면.

55) 본죄의 표제는 '음행매개'로 되어 있지만 매개의 대상행위가 '음행'이 아니라 '간음'이기 때문에 간음매개죄라고 표현하는 것이 바람직하다고 본다. 또한 음행의 인정범위가 간음의 인정범위보다 훨씬 크기 때문에 음행을 매개하였다고 할지라도 반드시 형법 제242조에 의해 처벌할 수 없는 것도 죄명 변경의 필요성이라고 하겠다.

56) 미성년자에 대한 음행매개죄의 성립에는 그 미성년자가 음행의 상습이 있거나 그 음행에 자진 동의한 사실은 하등 영향을 미치는 것이 아니다(대법원 1955. 7. 8. 선고 4288형상37 판결).

상습이 있는 부녀이건 음행의 상습이 없는 부녀이건, 여성이건 남성이건 등을 불문하고 그 모두로 확장되었다.

먼저 형법상의 간음매개죄와 비교해야 할 범죄가 형사특별법에 존재하는데, 영업으로 성매매알선 등 행위를 한 사람은 7년 이하의 징역 또는 7천만 원 이하의 벌금에 처하고 (성매매특별법 제19조 제2항 제1호), 영업으로 아동·청소년의 성을 사는 행위의 장소를 제공·알선하는 업소에 아동·청소년을 고용하도록 한 자는 7년 이상의 유기징역에 처하고 있는 것(아청법 제15조 제1항 제4호)이 그것이다. 청소년이 아닌 자에 대한 간음매개죄는 성매매특별법 제19조 제2항 제1호가 특별법으로서 우선 적용되고, 청소년인 자에 대한 간음매개죄는 아청법 제15조 제1항 제4호가 특별법으로서 우선 적용되기 때문에 사실상 형법 제242조는 사문화되었다고도 볼 수 있다. 하지만 간음매개죄의 적용범위가 제한되고 있는 또 다른 이유는 구성요건 중 '간음하게 한 자'라는 부분의 해석과 관련되어 있다. 간음이란 일반적으로 성교행위를 의미하는데, 성교행위란 남성의 성기와 여성의 성기가 서로 삽입되는 것을 의미한다.[57] 이는 성행위와 구분되는 개념으로서 일종의 성행위의 하위개념에 해당한다고 볼 수 있다. 한편 개정법은 제297조의2를 신설하여 유사강간죄를 인정하고 있는데, 이는 기존의 성기삽입행위는 아니지만 이와 유사한 불법성을 지닌 유사성교행위를 강제추행죄가 아닌 독립된 범죄의 유형으로 처벌하고자 하는 의도라고 할 수 있다. 이를 감안하면 간음매개죄에 있어서 매개자가 간음(성교행위)을 매개하지 않고 유사성교행위를 매개한다면 형법을 적용할 수 없는 불합리한 점이 생긴다. 과거와 달리 최근의 매개행위가 성기삽입행위를 하지 않는 신종·변종업소에 대한 매개로 변화되고 있는 점을 고려한다면 간음매개죄의 행위태양에 '간음하게 한 자'뿐만 아니라 '유사성교행위를 하게 한 자'도 포함시키는 것이 타당하다.[58]

---

57) 윤동호, 「형법각칙 개정연구(4) - 개인적 법익에 관한 죄(3): 성범죄 규정-」, 한국형사정책연구원, 2007. 12, 18면.

58) 다만 미성년자에 대한 매개행위와는 별도로 성인에 대한 매개행위를 형사처벌의 대상으로 하는 것이 타당한가에 대해서는 검토의 여지가 있다고 본다.

Ⅳ. 유사강간죄의 신설

1. 개정의 배경 및 내용

구강, 항문 등 신체의 내부에 성기를 넣는 행위 또는 성기, 항문에 손가락 등 신체의 일부 또는 도구를 넣는 행위는 비정상적이고 변태적인 성행위로서 폭행 또는 협박에 기하여 이와 같은 행위를 가하는 경우 그 침해 결과가 강간에 비하여 결코 작다고 볼 수 없다. 더욱이 폭행 또는 협박에 의하여 의사를 억압하여 그와 같은 범죄행위를 실행한 경우에는 인격적인 침해가 발생할 뿐 아니라 그 침해로 인한 신체의 손상 위험도 매우 높은 것이다.59) 그러므로 폭행 또는 협박에 기하여 이와 같은 유사성교행위를 하는 행위는 그 죄질과 범정이 매우 무겁고 비난가능성 또한 매우 높은 행위라고 할 수 있다. 하지만 개정 전의 형법에 따르면 이러한 유형의 범죄는 강간죄의 구성요건을 충족할 수가 없었고, 단지 법정형이 상대적으로 낮은 강제추행죄로 의율할 수밖에 없는 불합리한 점이 발생하고 있었다.

한편 형법 이외의 형사특별법에서는 13세 미만의 사람에 대하여 폭행이나 협박으로 구강·항문 등 신체(성기는 제외한다)의 내부에 성기를 넣는 행위 또는 성기·항문에 손가락 등 신체(성기는 제외한다)의 일부나 도구를 넣는 행위 중의 어느 하나에 해당하는 행위를 한 사람은 7년 이상의 유기징역에 처하며(성폭력특례법 제7조 제2항), 13세 이상의 아동·청소년에 대하여 이러한 행위를 한 자는 5년 이상의 유기징역에 처한다(아청법 제7조 제2항). 또한 신체적인 또는 정신적인 장애가 있는 사람에 대하여 폭행이나 협박으로 유사강간행위를 한 사람은 5년 이상의 유기징역에 처한다(성폭력특례법 제6조 제2항).

이와 같이 현행법에 따르면 '13세 미만의 사람', '아동·청소년', '신체적인 또는 정신적인 장애가 있는 사람' 등에 대하여 폭행 또는 협박에 기하여 유사성교행위를 하면 강간죄와 강제추행죄 사이 정도의 불법성을 인정하여 별도의 독립적인 유형의 범죄로 규정하고 있는데, 이를 위에서 살펴 본 3가지 유형의 사람에 대해서만 적용하는 것에서 한 걸음 나아가 모든 사람에 대하여 적용할 필요성이 있고, 이를 일반법인 형법에서 의율할 필요성이 대두되었다. 그리하여 제297조의2(유사강간)를 신설하여 "폭행 또는 협박으로

---

59) 헌법재판소 2011. 11. 24. 선고 2011헌바54 결정.

사람에 대하여 구강, 항문 등 신체(성기는 제외한다)의 내부에 성기를 넣거나 성기, 항문에 손가락 등 신체(성기는 제외한다)의 일부 또는 도구를 넣는 행위를 한 사람은 2년 이상의 유기징역에 처한다"고 규정하기에 이르렀다.

2. 구체적인 평가

가. 유사강간죄 신설의 타당성

형법에서는 성폭력범죄의 행위태양으로서 이성(異性) 간의 성기삽입행위를 의미하는 간음행위와 객관적으로 일반인의 성적 수치심이나 혐오감을 일으키게 하는 일체의 행위를 의미하는 추행행위 등 2개의 유형만을 규정하고 있었다. 여기서 일반적으로 강제추행이란 상대방의 성적 수치심이나 혐오감을 불러일으키는 성기삽입 이외의 일체의 행위를 말하는 것으로서, 강간의 경우에 비해 그 피해가 상대적으로 경미하고 불법의 정도도 낮은 경우를 포함하고 있을 뿐만 아니라 강간의 경우보다 죄질이 나쁘고 피해가 중대한 경우도 포함하고 있다. 그런데 폭행 또는 협박으로 구강, 항문 등 신체의 내부에 성기를 넣는 행위와 폭행 또는 협박으로 성기, 항문에 손가락 등 신체의 일부 또는 도구를 넣는 행위는 강제추행의 경우 가운데 그 정도가 가장 심한 경우라고 평가할 수 있을 뿐만 아니라 일반적으로 다른 형태의 강제추행행위와는 질적으로 다르다고 평가할 수 있다. 왜냐하면 이러한 행위는 피해자의 인격과 신체에 대한 침해가 심대하여 오랫동안 심각한 정신적, 정서적 장애를 발생시키고 그 후유증으로 장기간 정상적인 사회생활에 큰 지장을 초래할 가능성이 있기 때문이다. 그럼에도 불구하고 이러한 유형에 대해서는 형법상 별도로 규율하는 조항이 없기 때문에 강제추행으로 처벌되고 있을 뿐만 아니라 다른 형사특별법과 비교하여 볼 때 일반 성인에 대한 강제유사성교행위의 행사를 차별적으로 취급하고 있는 불합리가 존재하고 있었던 것이 사실이다. 이러한 불합리를 시정하기 위한 개정 형법의 태도는 성범죄를 보다 세분화하여 이에 상응하는 불법의 양만큼 가해자를 개별적으로 처벌하고자 하는 것으로서, 비례성의 원칙에 부합할 뿐만 아니라 다른 형사특별법 및 형법 체계 내에서의 정합성에도 부응한다고 판단된다.

나. 구성요건의 해석

유사강간죄는 2가지 유형의 강제유사성교행위를 규정하고 있는데, 사람에 대하여 ① 폭행 또는 협박으로 구강, 항문 등 신체의 내부에 성기를 넣는 행위, ② 폭행 또는 협박으로 성기, 항문에 손가락 등 신체의 일부 또는 도구를 넣는 행위 등이 그것이다. 여기서 유사강간죄의 구성요건 해석에 있어서 문제가 되는 부분은 '폭행 또는 협박'의 정도라고 판단된다. 유사강간죄의 법정형은 2년 이상의 징역으로서, 강간죄(3년 이상의 징역)보다는 낮지만, 강제추행죄(10년 이하의 징역 또는 1천 500만 원 이하의 벌금)보다는 높게 책정되어 있는데, 이는 그 불법성의 정도가 강간죄와 강제추행죄의 중간 정도에 해당한다고 본 것이다. 그런데 유사강간죄의 본질을 무엇으로 파악할 것인가에 대해서는 현재로서 명확하게 파악할 수 없는데, 이는 유사강간죄가 강간죄의 일종인지 아니면 강제추행죄의 일종인지에 대한 논란으로 귀결되는 것이다. 일반적으로 강간죄가 성립하려면 가해자의 폭행·협박은 '피해자의 항거를 불가능하게 하거나 현저히 곤란하게 할 정도의 것'이어야 하지만,[60] 강제추행죄는 폭행 또는 협박을 가하여 사람을 추행함으로써 성립하는 것으로서 그 폭행 또는 협박이 '항거를 곤란하게 할 정도일 것'을 요한다.[61] 만약 유사강간죄를 강간죄의 일종으로 파악한다면 폭행 또는 협박의 정도도 강간죄의 그것과 동일한 정도를 요구할 것이고, 다만 행위태양이 성기의 삽입이 아니라는 점으로 인하여 형이 감경되는 것으로 파악하여 유사강간죄를 강간죄에 대한 감경적 구성요건으로 볼 것이다. 하지만 유사강간죄를 강제추행죄의 일종으로 파악한다면 폭행 또는 협박의 정도도 강제추행죄의 그것과 동일한 정도를 요구할 것이고, 다만 행위태양이 일반적인 추행의 정도를 과도하게 벗어났다는 점으로 인하여 형이 가중되는 것으로 파악하여 유사강간죄를 강제추행죄에 대한 가중적 구성요건으로 볼 것이다. 생각건대 유사강간죄는 강간죄의 감경적 구성요건으로 파악하고, 폭행 또는 협박의 정도는 피해자의 항거를 불가능하게 하거나 현저히 곤란하게 할 정도의 것을 요구하는 것이 보다 타당하다고 본다. 왜냐하면 강간죄가 제297조에 규정되어 있고, 바로 다음인 제297조의2에 유사강간죄가 규정되어 있다는 점, 죄명에 있어서 유사강제추행죄가 아니라 유사강간죄라고 명명한 점, '신체의 내부에 성기를 넣는 행위' 또는 '신체의 일부 또는 도구를 넣는 행위'라고 하여 간음행위와 유사하게 일종의 삽입행위를 구성요건으로 하고 있는 점, 다소 광범위한 범위에서 인

---

60) 대법원 2010. 11. 11. 선고 2010도9633 판결.
61) 대법원 2012. 7. 26. 선고 2011도8805 판결.

정되는 추행행위에 나타나는 불법성의 차이보다는 상대적으로 구체적인 범위에서 인정되는 강간행위에 나타나는 불법성의 크기와 비견될 수 있다는 점 등을 고려할 때 강간죄의 일종으로 파악할 수 있기 때문이다.

한편 유사강간죄에서 규정하고 있는 강제유사성교행위와 비교해야 할 것으로써 성매매처벌법 제2조 제1항 제1호 (나)목에서 규정하고 있는 유사성교행위가 있다. 성매매처벌법상의 유사성교행위 규정은 이전에 성행위로 표현하였던 것을 2004. 3. 22. 성매매처벌법의 제정 시부터 성교행위에 추가적으로 규정한 것으로, '구강·항문 등 신체의 일부 또는 도구를 이용한 유사성교행위'라고 표현되어 있다. 여기서 문제는 유사성교행위와 강제유사성교행위의 차이점이라고 할 수 있는데, 이는 '이용행위'와 '삽입행위'의 차이라고도 할 수 있다. 예를 들어 입이나 손(발, 유방 등 기타 신체의 일부[62])을 타인의 성기에 직접 접촉하는 경우에 그것이 신체의 내부로 삽입되지 않고 표면적인 접촉에 그치는 경우에는 유사성교행위에 해당[63]하지만, 강제유사성교행위에는 해당하지 않는다. 이러한 차이점은 범죄의 기수시점의 시간적 차별화로 귀결되는데, 개정 형법상 유사강간죄는 강간죄의 감경구성요건을 규정한 것으로 기수시점은 대법원의 삽입설에 의하여 '삽입행위' 시이다. 반면 성매매처벌법상 성매매죄의 기수시점은 대법원의 성적 만족설에 의하여 '이용행위' 시이다. 이처럼 대법원이 성행위의 태양에 따라 기수시점에 차등을 보이는 이유는 아마도 상대방의 성적 자기결정권의 침해 유무에 의한 판단으로 보인다.[64] 유사강간죄는 상대방의 성적 자기결정권이 침해된 행위태양이므로 보다 강력한 침해유형을 요구한 것이고, 성매매처벌법상 성매매죄는 상대방의 성적 자기결정권이 침해되지 않는 행위태양이므로 보다 덜 강력한 침해유형을 요구한 것이다. 결론적으로 신체의 일부를 이용하여 항문, 구강 등을 통하여 신체 내부로 삽입하는 행위만이 강제유사성교행위에 포함되고, 입 또는 손 등 신체의 일부를 이용하여 타인의 성기에 직접 접촉하는 경우라도 그것이 신체 내부로 삽입되지 않고 표면적인 접촉에 그치는 행위는 유사강간죄가 아니라 강제추행죄로 의율해야 할 것이다.

---

62) 청소년성보호법(안) 제2조 제4항 제2호에 의하면 '입 또는 손을 타인의 성기에 직접 접촉하는 경우'로 유사성교행위의 개념을 정의하고 있었다. 문제는 입과 손이 아닌 기타의 신체, 즉 발이나 유방 등을 이용한 경우가 유사성교행위에 해당하는가도 면밀히 살펴볼 필요가 있다.

63) 대법원 2006. 10. 26. 선고 2005도8130 판결.

64) 박찬걸, "성매매죄의 개념에 관한 연구", 법학논총 제26집 제1호, 한양대학교 법학연구소, 2009. 3, 467-468면.

Ⅴ. 혼인빙자간음죄의 폐지

1. 개정의 배경 및 내용

개정 전 형법 제304조는 "혼인을 빙자하거나 기타 위계로서 음행의 상습 없는 부녀를 기망하여 간음한 자는 2년 이하의 징역 또는 500만 원 이하의 벌금에 처한다"고 규정하여 혼인을 빙자하여 부녀를 간음한 행위를 형사처벌의 대상으로 삼고 있었다. 1953년 형법 제정 이전의 의용 형법에는 동죄에 대한 처벌조항이 없었지만, 형법 제정 당시 일본 형법가안의 영향을 받아 성안된 것이라고 할 수 있다.[65] 제정 이후 존폐론에 대한 논의가 지속적으로 이어져 왔고, 1992년의 형법 개정법률안에서 동죄를 폐지하기로 논의[66]된 바 있으나, 1995년의 형법개정에는 반영되지 아니하였다. 그러던 중 혼인빙자간음죄에 대한 위헌소원에서 헌법재판소의 2002년도 제1차 결정[67]에서는 7(합헌):2(위헌)의 의견으로 합헌의견이 우세하였으나, 2009년도 제2차 결정[68]에서는 3(합헌):6(위헌)의 의견으로 위헌의견의 우세로 변화[69]되었다. 이에 우리 입법자는 위헌론의 요소들을 종합적으로 고려하여 실효성이 미약하고, 여성의 성적 주체성을 훼손하는 혼인빙자간음죄를 폐지하기에 이르렀다.

---

65) 일본은 현행 형법이나 (구) 형법에 혼인빙자간음죄에 대한 처벌규정이 없고, 다만 (구) 형법의 개정시안이었던 형법가안에 그 처벌규정이 있었다.

66) 법무부, 「형법개정법률안 제안이유서」, 1992. 10, 15면.

67) 2002. 10. 31. 99헌바40,2002헌바50(병합) 결정. 다만 합헌의견에서도 "입법자로서는 혼인빙자간음죄의 폐지론자들이 그 논거로 제시하는바, 첫째 개인의 사생활 영역에 속하는 남녀 간의 내밀한 성적 문제에 법이 지나치게 개입하는 것은 부적절하고, 둘째 세계적으로도 혼인빙자간음행위를 처벌하는 입법례가 드물며, 셋째 이 사건 법률조항이 협박을 하거나 위자료를 받아내기 위한 수단으로 악용되는 경우가 많고, 넷째 국가 형벌로서의 처단기능이 많이 약화되었으며, 다섯째 형사정책적으로도 형벌의 억지효과가 거의 없고, 여섯째 여성 보호의 실효성도 의문이라는 점 등에 대한 면밀한 관찰을 통하여 혼인빙자간음죄를 앞으로도 계속 존치할 것인지 여부에 관한 진지한 접근이 필요하다고 보인다"고 피력하여 간접적으로나마 입법적인 개선을 촉구하고 있다.

68) 2009. 11. 26. 2008헌바58, 2009헌바191(병합) 결정.

69) 이는 헌법재판소가 선고한 형법조항에 대한 최초의 단순위헌결정이라는 점에서 그 의미가 매우 크다고 할 수 있는데, 형법조항에 대한 법률상의 비범죄화를 이끌어 내기 위한 시도라는 점이 그것이다(박찬걸, "비범죄화의 유형에 관한 연구", 저스티스 제117호, 한국법학원, 2010. 6, 105면).

2. 구체적인 평가

가. 혼인빙자간음죄 폐지의 타당성

혼인빙자간음죄를 폐지하기로 한 입법적인 결단에 대해서는 전적으로 찬성하는 바인데, 그 구체적인 이유를 살펴보면, 혼인빙자간음죄는 독자적인 인격체로서 자기 책임 아래 성적 자기결정권을 행사할 수 있는 여성의 능력을 부인함으로써 여성의 존엄과 가치에 반하여 그의 인격권을 침해하고 있다는 점, 여성에 대한 인식이 일방적인 보호대상으로 바라보던 남성주의적 시각에서 벗어나 이제는 보호객체로만 보는 것 자체를 여성비하로 평가할 만큼 양성평등의 관점에서 여성을 남성과 마찬가지로 성적 자기결정권에 대한 책임의 주체로 이해해야 한다는 점,[70] 과거에 비하여 혼인빙자간음행위가 적발되고 처벌까지 되는 비율이 매우 낮아져서 국가형벌로서의 처단 기능이 현저히 약화되었고, 형사정책적으로도 형벌의 억지효과가 거의 없다는 점, 국가의 소추권이 모든 혼인빙자를 추급하기에는 역부족이라는 점 때문에 불가피하게 선별적이고 자의적인 처벌이 초래되는데 이것은 법의 신뢰를 손상할 뿐이라는 점, 수범자에게 혼인빙자간음죄의 규범력이 높지 않고 고소인에 의한 남용의 위험성이 많다는 점,[71] 혼인을 약속한 사실이 인정되더라도 피고소인인 남성은 간음한 후의 사정변경을 주장하므로 그 범의의 입증이 쉽지 않다는 점, 비록 여성의 입장에서도 그 상대 남성이 결혼을 약속하면서 성행위를 요구한다고 하더라도 혼전 성관계를 가질 것인지 아닌지는 여성 스스로 판단하고 그에 따르는 책임도 스스로 지는 것이 원칙이라는 점,[72] 오늘날 성적 자기결정권의 관점에서 보면 음행의 상습 없는 부녀와 음행의 상습 있는 부녀를 구별하여 형법적 보호를 달리 하는 것은 헌법상 명백한 차별에 해당한다는 점,[73] 혼인빙자간음죄가 보호의 객체를 '음행의 상습 없는 부녀'로 한정한 것은 여성을 정숙한 여자와 정숙하지 않은 여자로 구별하고, 후자의 부당한 고소로부터 남성을 보호하기 위한 조치였다는 점[74] 등을 들 수 있다.

---

70) 이용식, 앞의 논문, 297면.

71) 조국, "혼인빙자간음죄 위헌론 소고", 형사법연구 제21권 제3호, 한국형사법학회, 2009. 9, 261면.

72) 형법개정연구회, 앞의 보고서, 195면.

73) 이호중, "성형법 담론에서 섹슈얼리티의 논의지형과 한계 - 혼인빙자간음죄와 간통죄 폐지논의를 중심으로 -" 형사정책 제23권 제1호, 한국형사정책학회, 2011. 6, 345면.

74) 박정미, "음행의 상습 없는 부녀란 누구인가? - 형법, 포스트식민성, 여성 섹슈얼리티, 1953-1960년-", 사회와 역사 제94집, 한국사회사학회, 2012. 6, 288면.

나. '일반 성인에 대한 위계에 의한 간음죄'의 불처벌 문제점

헌법재판소는 2009년도 위헌결정에서 "형법 제304조 중 '혼인을 빙자하여 음행의 상습 없는 부녀를 기망하여 간음한 자' 부분은 헌법에 위반된다"라고 주문함으로써 제304조 전체가 위헌인 것이 아니라 '여러 가지' 위계에 의한 간음죄 가운데에서 '혼인을 빙자하는' 위계에 의한 간음죄만이 위헌이라고 판시하고 있다. 즉 제304조를 가리켜 흔히 혼인빙자간음죄라고 통칭하여, 마치 혼인을 빙자하는 행위 자체를 처벌하는 조항인 것처럼 오인하는 경향이 있으나, 혼인을 빙자하는 것은 위계의 한 예시에 불과한 것이므로, 실질적으로 제304조는 '위계에 의한 간음죄'를 규정한 것이라고 평가할 수 있다.[75] 상황이 이러함에도 불구하고 개정 형법은 제304조 그 자체를 삭제하였기 때문에 혼인을 빙자하여 간음하는 행위뿐만 아니라 그 밖의 위계를 사용하여 간음하는 행위에 대해서까지도 처벌의 대상에서 제외시키는 결과를 초래하였다.

현행법은 여러 규정을 통하여 '위계에 의한 간음죄'를 형사처벌의 대상으로 삼고 있는데, 예를 들면 미성년자 또는 심신미약자에 대한 위계에 의한 간음죄(형법 제302조), 업무, 고용 기타 관계로 인하여 자기의 보호 또는 감독을 받는 사람에 대한 위계에 의한 간음죄(형법 제303조 제1항), 신체적인 또는 정신적인 장애가 있는 사람에 대한 위계에 의한 간음죄(성폭력특례법 제6조 제5항), 13세 미만의 사람에 대한 위계에 의한 간음죄(성폭력특례법 제7조 제5항), 아동·청소년에 대한 위계에 의한 간음죄(아청법 제7조 제5항) 등이 그것이다. 여기서 중요한 것은 위계에 의한 간음죄의 행위객체라고 할 수 있는데, 제1유형으로서 '미성년자', '아동·청소년', '13세 미만의 사람' 등과 같이 일정 연령 이하의 사람에 대한 범죄와 제2유형으로서 '심신미약자', '업무, 고용 기타 관계로 인하여 자기의 보호 또는 감독을 받는 사람', '신체적인 또는 정신적인 장애가 있는 사람' 등과 같이 일정한 상태에 있는 사람에 대한 범죄를 규율함으로서, '일반 성인에 대한 위계에 의한 간음죄'는 처벌의 대상으로 삼고 있지 않다는 것이다. 개정 전 형법에 의해서도 제304조를 통하여 '음행의 상습 없는 부녀'에 대한 위계에 의한 간음죄만을 처벌하고 있었고, '일반 성인에 대한 위계에 의한 간음죄'는 처벌하고 있지 않았다.

생각건대 헌법재판소는 '성인의 성적인 의사결정에 폭행·협박·위력의 강압적 요인이 개입하는 등 사회적 해악을 초래할 때에만 가해자를 강간죄 또는 업무상 위력 등에 의한 간음죄 등으로 처벌받게 하면 족할 것이고, 그 이외의 경우는 자신의 책임에 맡겨

---

75) 2009. 11. 26. 2008헌바58, 2009헌바191(병합) 결정 중 재판관 송두환의 반대의견에 대한 보충의견.

야 하고 형법이 개입할 분야가 아니'라고 판단하고 있지만,[76] '위계(僞計)'란 사람을 적극적으로 기망하여 착오를 일으키게 하고 그를 이용하여 범행목적을 달성하는 것을 가리키는 것인데, 이러한 위계에 의한 간음의 대상에서 일반 성인을 제외시키는 것은 바람직하지 않다고 본다. 이에 대하여 대법원[77]은 위계라고 함은 '행위자가 간음의 목적으로 상대방에게 오인, 착각, 부지를 일으키고는 상대방의 그러한 심적 상태를 이용하여 간음의 목적을 달성하는 것을 말하는 것이고, 여기에서 오인, 착각, 부지란 간음행위 자체에 대한 오인, 착각, 부지를 말하는 것이지, 간음행위와 불가분적 관련성이 인정되지 않는 다른 조건에 관한 오인, 착각, 부지를 가리키는 것은 아니'라고 하여, 실제에 있어서 위계에 의한 간음의 범위를 상당히 축소시키고 있다. 그리하여 현행법은 성적 행위의 의미를 이해하고 있는 일반 성인에 대하여는 동죄를 적용할 수 없다는 결단을 내리고 있는데, 굳이 오인, 착각, 부지를 간음행위 자체에 대한 오인, 착각, 부지에 국한시켜서 이해할 필요는 없으며, 간음행위와 불가분적 관련성이 인정되지 않는 다른 조건에 관한 오인, 착각, 부지도 위계에 의한 간음의 유형으로 볼 필요성이 있다.[78] 왜냐하면 일반 성인에 대하여도 이러한 유형의 범죄가 발생할 가능성은 충분히 있으며, 또한 이를 처벌할 필요성도 완전히 배제할 수 없기 때문이다. 성관계의 동기 중 특히 비난할 여지가 있는 것으로 평가되는 것으로서, 예컨대 무상증여를 빙자하거나 채무면제를 빙자하는 등의 방법으로 재산을 이용한 간음행위 등을 들 수 있을 것인데, 이러한 빙자행위가 위계에 해당한다고 판단되고 나아가 그 위계행위와 간음행위와의 사이에 법률상 상당인과관계가 있다고 판단되는 경우에는 범죄로 의율할 필요성은 충분히 있는 것이다. 이는 위에서 살펴본 제2유형의 위계에 의한 간음죄를 통하여 해당 직위를 이용한 간음행위를 처벌할 수 있는 것에서도 확인할 수 있다. 또한 2012. 2. 10. 민법의 개정(법률 제11300호)으로 인하여 성년의 연령이 기존의 20세에서 19세로 하향조정되었고, 동 제도가 2013. 7. 1.부터 시행될 예정이기 때문에 성년의 범위가 확대된 점도 일반 성인(특히 대학교 저학년생, 사회초년생 등)에 대한 위계에 의한 간음죄의 처벌필요성이 있는 것으로 사료된다.

---

76) 2009. 11. 26. 2008헌바58, 2009헌바191(병합) 결정.

77) 대법원 2002. 7. 12. 선고 2002도2029 판결.

78) 다만 간음행위 자체에 대한 오인, 착각, 부지를 일으키는 행위는 현재와 같이 일정한 연령 이하의 사람 또는 일정한 상태의 사람에게 적용하여 형벌을 가중하고, 간음행위와 불가분적 관련성이 인정되지 않는 다른 조건에 관한 오인, 착각, 부지를 일으키는 행위에 대해서는 전자의 경우와 비교할 때 상대적으로 형벌이 낮은 형태로 규율하면 될 것이다.

Ⅵ. 글을 마치며

제11차 형법개정은 형사법의 기본법이라고 할 수 있는 형법의 발전적인 개정에 대한 입법부의 태도가 지나치게 미온적인 것이 아닌가 하는 의구심을 자아내기에 충분하다고 본다. 동 개정의 대상은 크게 4가지라고 할 수 있는데, 친고죄 규정의 폐지, 성폭력범죄의 객체 확대, 유사강간죄의 신설, 혼인빙자간음죄의 폐지 등이 그것이다. 먼저 친고죄 규정의 폐지와 유사강간죄의 신설은 형사특별법인 성폭력특례법과 아청법에서 취하고 있는 태도를 뒤늦게 받아들인 모습을 취하고 있다. 미성년자 또는 13세 미만의 자 등에 대한 비친고죄화, 강제유사성교행위를 별도의 독립된 구성요건으로 두어 성폭력범죄를 세분화하고 있는 것 등은 이미 형사특별법의 개정을 통하여 시행되고 있던 내용들이다. 또한 트랜스젠더 또는 법률상의 배우자가 강간죄의 객체에 해당되는지 여부에 대해서는 대법원 판례를 통하여 긍정설이 과거와 달리 우세를 보이기 시작하였고, 혼인빙자간음죄의 위헌성은 헌법재판소의 결정을 통하여 확인되었다. 이와 같이 기본법의 개정을 다른 형사특별법의 추세에 부합하기 위하여 또는 사법부의 판단에 부합하기 위하여 시행한다는 것은 보다 발전적인 방향으로의 개정작업과는 거리가 멀어 보인다. 입법이 사회의 변화를 추적하는 현상이 일반적인 것이라고는 하나 그러한 입법의 형태가 항상 이상적일 수만은 없다. 게다가 특별법을 통한 사회변화의 부응은 일반법을 통한 그것보다 훨씬 더 쉽게 진행될 가능성이 있기 때문에 개정작업의 정도(正道)라고는 할 수 없다. 물론 제11차 형법개정의 주요 내용은 그 자체적인 측면에서는 전반적으로 긍정적으로 평가할 수 있는 것이 사실이다. 하지만 보다 세부적인 검토를 해 보면 충분한 시간을 두고 전체적인 법률의 체계정합성에 부합할 수 있는 완성도 높은 개정에 이르지 못한 것은 아쉬움으로 다가온다. 예를 들면, 제297조 내지 제300조의 범죄에 대한 전면적인 비친고죄화, 간음매개죄에 있어서 유사성교행위의 불포함 문제, 혼인빙자간음죄의 폐지를 위한 제304조의 전면적인 삭제로 인한 '일반 성인에 대한 위계에 의한 간음죄'의 불처벌 문제 등이 그것이라고 할 수 있는데, 보다 근원적인 문제는 형사특별법에 산재해 있는 성범죄 처벌 조항에 대한 형법전의 편입이 전혀 이루어지지 않았다는 점이다. 향후 기본법으로서의 형법이 가지는 고유한 가치를 높이기 위한 전향적인 개정작업이 이루어지기를 기대하며 논의를 마무리하기로 한다.

제6강 최근의 성매매피해자 개념 확대 논의에 대한 검토

Ⅰ. 문제의 제기

「성매매알선 등 행위의 처벌에 관한 법률」(법률 제11731호; 2013. 4. 5. 타법개정, 이하에서는 '성매매처벌법'이라고 한다)과 「성매매방지 및 피해자보호 등에 관한 법률」(법률 제11285호; 2012. 2. 1. 일부개정, 이하에서는 '성매매피해자보호법'이라고 한다)[1]에서는 기존의 윤락행위등방지법과는 달리 '성매매피해자'라는 개념을 새롭게 도입하고 있다. 성매매특별법의 시행으로 폐지된 (구) 윤락행위등방지법에 의하면 성매매피해자 개념을 인정하지 않았기 때문에 성매매여성의 경우 대부분 범죄자로서 처벌대상에 해당할 뿐이었지만, 현행법은 성매매여성과 관련하여 성매매범죄자와 성매매피해자로 양분하여 전자에 대해서만 형사처벌을 가하는 이원적 입법주의를 채택하고 있는 것이다. 이와 같이 성매매를 한 경우에 있어서 일정한 요건이 충족되면 형사처벌의 대상인 범죄자가 아니라 피해자로서 보호의 대상이 된다는 점을 분명히 한 것은 성매매피해자의 인권과 권리보호의 측면에서 볼 때 바람직한 것으로 평가할 수 있다. 하지만 이러한 입법적인 상황에서 과연 성매매된 자(성매매피해자)와 성매매한 자(성매매범죄자)의 구별을 어떻게 할 것인가와 현행 성매매피해자의 개념규정에서 정의하고 있는 유형 이외에 별도의 유형을 추가적으로 상정하여 그 개념을 확장하는 것이 보다 바람직하지 않은가 하는 문제를 새롭게 제기할 수 있을 것이다. 왜냐하면 성매매된 자로 분류되면 법의 보호를 받아 처벌대상에서 제외되지만, 성매매한 자로 분류되면 처벌대상이 된다는 점에 비추어 볼 때, 양자의 구별기준[2]은 상당히 중요한 의미를 가진다고 평가할 수 있기 때문이다. 또한 현행 실무

---

* 형사정책연구 제25권 제1호, 한국형사정책연구원, 2014. 3.

[1] 이하에서 성매매처벌법과 성매매피해자보호법을 모두 지칭할 때에는 '성매매특별법'이라는 용어를 쓰기로 한다.

[2] 성매매피해자의 입증을 원활하게 하기 위해서는 성매매피해자 추정규정을 두는 것이 가장 바람직하다고 보지만, 형사소송의 일반이론과 관련하여 수용되기는 힘들다고 본다. 성매매피해자는 자신이 성매매피해자라는 사실만 주장하면 되고, 수사기관은 성매매피해자가 아닌 피의자임을 입증하도록 하는 것인데, 이는 실제 성매매피해자의 신고 및 고소를 촉진할 뿐만 아니라 단속된 성매매여성 중 성매매피해자의 비율도 증가시키는 역할을 할 것이다. 하지만 2004년 성매매방지법 제정과정에서도 그러하였듯이 이를 그대로 수용하기란 힘든 여건을 감안하여, 성매매처벌법 제6조 제2항에서 말하는 '필요한 조치'를 보다 세부적으로 정하는 것이 현실적인 방안이라고 본다. 즉 검사 또는 사법경찰관은 수사과정에서 피의자 또는 참고인이 성매매피해자에 해당한다고 볼 만한 상당한 이유가 있을 때에는 지체 없이 법정대리인, 친족 또는 변호인에게 통지하고, 신변보호, 수사의 비공개, 친족 또는 지원시설·성매매피해상담소에의 인계 등 그 보호에 필요한 조치를 하여야 하는데, 기존의 수사관행이 선불금의 문제는 민사의 영역으로 파악하여 이를 주장하는 성매매피해자에 대한 적극적인 조치가 미비한 점이 있었으나, 선불금의 존재 그 자체가 인정되는 경우에 성매매피해자로 파악하게 된다면 이러한 주장은 형사사건으로의 전환을 의미하여 수사기관

의 태도가 성매매여성에 대하여 성매매피해자로써의 인정 여부를 검토해 보기에 앞서 성매매사범의 일종으로 파악하여 범죄자로 취급하는 원인이 과연 어디에 있는지, 그러한 원인의 근본적인 기저에는 현행법상의 규정이 지나치게 피해자성을 협소하게 인정할 수밖에 없는 구조로 되어 있는 것은 아닌지 여부에 대한 심도 있는 논의의 필요성이 있다고 본다.

이러한 문제의식에 입각하여 본고에서는 최근의 성매매여성에 대한 성매매피해자성 확대와 관련된 공론의 장을 제공하고 있는 2013. 9. 12.자 남인순의원 대표발의 성매매처벌법 전부개정법률안(의안번호 6803) 및 2013. 5. 31.자 김상희의원 대표발의 성매매처벌법 일부개정법률안(의안번호 5246)의 내용을 살펴본다. 이에 의하면 성판매여성을 전적으로 성매매피해자로 파악하여 이들에 대한 비범죄화 조치를 취하고 있는데, 이러한 개정안의 태도에 대한 적절성 여부를 비판적으로 검토함과 동시에 2012. 12. 13. 서울북부지방법원(2012고정2220)의 위헌제청 후 헌법재판소에 2013. 1. 4. 접수되어 2013헌가2 사건으로 현재 심리가 진행 중에 있는 성매매처벌법 제21조 제1항의 위헌 여부에 대한 의의 및 평가를 병행해 본다(Ⅱ). 다음으로 이러한 논의에 대한 비판적인 검토 후 그 대안으로써 현행법상의 성매매피해자 관련 규정을 구체적으로 분설하여 이에 대한 해석론 및 입법론적 문제점을 지적하고 합리적인 개선방안을 제시해 보도록 하는데, 특히 성매매피해자규정의 확대방안에 방점을 두고 검토해 보기로 한다. 이를 위해 성매매처벌법 제2조 제1항 제4호에 규정되어 있는 4가지 유형의 성매매피해자 개념 가운데 '위계, 위력, 그 밖에 이에 준하는 방법으로 성매매를 강요당한 사람'에 있어서 '권유·유인에 의한 방법'의 추가 및 '강요'의 삭제, '청소년, 사물을 변별하거나 의사를 결정할 능력이 없거나 미약한 사람 또는 대통령령으로 정하는 중대한 장애가 있는 사람으로서 성매매를 하도록 알선·유인된 사람'에 있어서 청소년의 독자적인 항목화 및 대통령령의 삭제, '성매매 목적의 인신매매를 당한 사람'에 있어서 성인의 포함 등이라는 보완을 통하여 피해자 개념을 확대 적용할 수 있는 방안을 제시해 보며(Ⅲ), 논의를 마무리하기로 한다(Ⅳ).

의 보다 적극적인 조치가 기대된다고 본다. 이에 따라 성매매피해자를 그렇지 않은 자와 구별할 수 있는 보다 세부적인 수사 매뉴얼의 개발 작업이 병행되어야 하겠다.

II. 최근의 성매매피해자 확대 논의에 대한 검토

1. 성매매처벌법 개정법률안에 대한 검토

가. 남인순 의원안의 내용

2013. 9. 12.자 남인순의원 대표발의 성매매처벌법 전부개정법률안(의안번호 6803)에 의하면, 기존 성매매행위의 근절에서 관점을 변경하여 성매도행위의 비범죄화 및 성매수행위와 성매매 알선행위의 근절을 표방하면서 우리나라 성매매 대응정책의 획기적인 변화를 주장하고 있다. 동 법안의 제안이유에 의하면, 성매매여성을 피해자와 행위자로 구분하여 피해자의 성매매행위에 대해서는 처벌하지 않지만 성매매행위자에 대해서는 처벌하도록 함으로써 결과적으로 성매매여성이 성매매행위자가 되어 처벌을 받게 됨으로써 여성들의 인권을 제대로 보호하지 못하고 있는 문제와 날로 다변화되고 있는 성산업의 현실을 제대로 반영하지 못한다는 지적이 있는 실정인데, 이에 현행법을 전면개정하여 성매수행위가 성착취행위[3]임을 분명히 함과 동시에 성매수 대상이 된 사람들에 대한 인권보호를 통해 성산업의 축소와 성평등한 사회실현을 앞당기고자 하는 것이라고 밝히고 있다. 즉 남인순의원안은 기존의 「성매매알선 등 행위의 처벌에 관한 법률」의 명칭 자체를 「성매수 및 성매수 알선 등 범죄의 처벌에 관한 법률」로 개정하면서, 성매수 및 성매수 알선 등 범죄, 성착취 목적의 인신매매 범죄를 근절하고자 한다. 동시에 2013. 9. 12.자 남인순의원 대표발의 성매매피해자보호법 전부개정법률안(의안번호 6804)에 의하면, '성매매' 대신 '성매수' 및 '성매수 대상자'로 명칭을 분리·정의하여 성매수 대상인 여성을 피해자로 정립하고 있다.

---

3) 이와 같이 성매매를 여성에 대한 폭력이자 성적 착취행위로 개념의 전환을 하고, 성매수자와 성매수알선 행위자를 처벌하는 방식으로 목적과 정의규정을 개정하여야 한다는 견해로는 정미례, "『성매매방지 및 피해자보호 등에 관한 법률 전부개정법률안』에 대한 의견", 「성매매방지 및 피해자보호 등에 관한 법률 전부개정법률안 공청회」, 국회여성가족위원회, 2013. 12. 20, 58면.

나. 김상희 의원안의 내용

2013. 5. 31.자 김상희의원 대표발의 성매매처벌법 일부개정법률안(의안번호 5246)에 의하면, 성매매여성이 강요나 억압 등에 의하지 아니한 경우에는 자발적 성매매라고 하여 처벌의 대상이 되고 있는 실정이지만, 성매매는 본질적으로 사회적 약자인 여성이 금전적 필요 때문에 자신의 신체를 상대방의 지배 아래 예속시키는 것이므로 현재 자발적 성매매를 전제한 처벌 규정과 성적 자기결정권이라는 주장 모두 부당한 측면이 있으며, 이렇게 볼 때 성매매여성을 처벌하는 것 역시 성매매의 본질에 반하는 문제가 있다고 지적하고 있다. 그리하여 성매매여성을 자발적 성매매자로 처벌하는 것을 방지하기 위하여 성매매여성을 성매매피해자로 보아 처벌대상에서 제외하는 것을 주장한다. 동 개정안에 의하면 성매매처벌법 제2조 제1항 제4호에서 '성매매피해자'란 성을 파는 행위를 한 사람을 말하는데, 다만 성매매알선 등 행위를 하거나 이를 교사·방조한 사람과 성매매목적의 인신매매를 하거나 이를 교사·방조한 사람 중 어느 하나에 해당하는 사람에 대하여는 그러하지 아니한다고 규정하여, 원칙적으로 성매매여성에 대한 전면적인 비범죄화를 위한 입법적인 개선방안을 제시하고 있다. 결국 동 법안은 성매매여성을 자발적 성매매자로 인정하여 처벌하는 것을 방지하기 위하여 성매매여성을 성매매피해자로 보아 처벌대상에서 제외하려는 것이 주된 목적이라고 하겠다.

다. 검토

양 법안은 공통적으로 성판매여성을 원칙적으로 모두 비범죄화하고 있는데, 이러한 개정안의 태도는 기존에 한국여성단체연합을 필두로 한 일부 여성단체들이 성구매자 및 알선업자 등 중간매개자는 처벌하되, 성매매여성은 비범죄화하자고 주장하는 것과 일맥상통한 측면이 있다.[4] 과거에도 성매매처벌법 제정 과정에서 성매매여성에 대한 비범죄화가 계속 주장되었고, 성매매처벌법의 제정초안에도 성을 파는 모든 자를 성매매의 피해자로 규정하고 있었으나, 법안의 검토과정에서 법적 형평성과 국민 정서상 받아들여지지

---

4) 양 법안은 성매매여성을 전부 비범죄화하고 성매수자 및 성매매알선자의 처벌을 주된 목표로 하고 있는데, 2004년 일부 여성단체가 제시했던 성매매방지법 입법안에 포함되어 있던 성매매된 자의 추정규정을 뛰어 넘어 성매매여성의 전면적인 비범죄화를 추구하고 있는 것으로 평가된다(윤덕경·황정임·황의정·박찬걸·배삼희, 「성매매방지법상 성매매피해자 개념 확대에 관한 연구」, 한국여성인권진흥원, 2013. 10, 10면).

않을 것이라는 이유로 명문화되지는 못하였던 사실이 있다.[5] 생각건대 양 법안의 입법적인 주장은 다음과 같은 6가지의 측면에서 타당하지 않다고 본다.

첫째, 자발적 성매매행위에 대하여 국가형벌권을 개입시키는 것이 개인의 성적 자기결정권에 대한 제한이라고 할 수는 있지만, 이러한 성매매 행위는 선량한 성풍속을 저해한다는 점에서 공공복리 또는 사회질서의 유지의 관점에서 제한이 가능한 것이기 때문에 국가에 의한 간섭은 가능한 것이다. 즉 강요나 착취가 없는 성매매행위를 처벌할 것인가는 기본적으로 입법정책상의 문제이지 그 본질이 처벌할 수 없는 개인의 성적 자유의 영역에 속한다고 단정할 수는 없다. 이와 관련하여 헌법재판소도 2012. 12. 27. 선고 2011헌바235 결정을 통하여 "외관상 강요되지 않은 성매매행위도 인간의 성을 상품화함으로써 성 판매자의 인격적 자율성을 침해할 수 있으며, 성매매산업이 번창할수록 자금과 노동력의 정상적인 흐름을 왜곡해 산업구조를 기형화시키는 점에서 사회적으로 매우 유해하다. 따라서 외관상 강요된 것인지 여부를 불문하고 성매매행위를 금지하는 것은 정당하다"고 판시한 점을 참고할 필요가 있다.

둘째, 과거에는 폭력, 납치, 협박 등의 강압으로 인하여 비자발적 성매매가 성행하여 이로 인한 여성 피해자들의 보호가 문제됨에 따라 성매매처벌법 및 성매매방지법에서 성매매피해자에 대한 구조·지원 등을 규정하였는데, 최근의 성매매는 비자발적 성매매보다 자발적 성매매의 규모가 훨씬 크다고 할 수 있다. 이와 같이 최근에는 과거와 달리 적극적 그리고 자발적으로 성매매를 하는 여성들이 증가하고 있으므로 이들을 처벌하지 않는 것은 대향적 지위에 있는 남성을 차별하는 문제가 발생할 수 있다. 즉 성판매여성만을 비범죄화할 경우에는 성구매남성과의 대향범으로서 자발적 의사에 따라 성매매에 나선 여성과 그 상대방이 된 남성을 성별에 따라 차별하는 결과가 되어 결국 성매매 자체에 대한 합법화가 불가피해지기 때문에, 성매매 근절을 통한 건전한 성풍속 유지를 할 수 없게 되는 결과를 초래할 수도 있다.

셋째, 성매매여성의 비범죄화는 이러한 행위가 규범적으로 허용된다는 그릇된 인식을 강화시킬 수 있는 문제점도 내포하고 있다. 성판매행위가 사실상 합법화될 경우 육체적으로 힘든 노동을 수행하고 더 적은 소득을 얻고 있는 다양한 직종의 여성 노동자들로서

---

5) 당시 여성운동단체연합은 성매매여성의 비범죄화안을 주장하였으나 국회 법제사법위원회의 원활한 통과를 감안한 결과 그 부분을 철회하여 초안 작성 과정에서 쌍방처벌주의로 조정하였다. 이는 성매매에 대한 기존의 관념을 전환하여 여성만을 비범죄화할 경우 가부장적 이데올로기가 강한 한국에서의 사회적 저항을 감안한 것이라고 평가된다. 정현미, "『성매매방지 및 피해자보호 등에 관한 법률 전부개정법률안』에 대한 의견", 「성매매방지 및 피해자보호 등에 관한 법률 전부개정법률안 공청회」, 국회여성가족위원회, 2013. 12. 20, 69면.

는 높은 소득을 얻을 수 있다는 기대감에 성산업에 종사하고자 하는 유혹을 느낄 가능성 역시 없지 않을 것이며, 이는 현재 난립한 성산업의 구조를 더욱 활성화시킬 수 있는 우려가 있다. 특히 성적 호기심이 왕성한 청소년에게 성매매에 대한 그릇된 인식을 심어줄 가능성이 매우 크다고 할 수 있다.

넷째, 성판매행위를 처벌하지 않는다면 성구매행위도 처벌하지 않는 것이 성적 자기결정권의 완전한 보장이라고 주장될 수 있으며, 이와 같이 성매매 행위를 처벌하지 않으면 성매매 알선·권유·유인자 및 장소 제공자에 대한 처벌근거도 결국에는 상실하게 될 가능성이 있다. 이는 성의 상품화를 부추기고 성산업을 무한히 확장하는 부작용을 초래할 것이다. 현재와 같이 수많은 불법 성산업이 창궐하고 있는 실정을 볼 때, '건전한 성풍속 확보'를 통한 사회질서 유지라는 목적을 위하여 처벌대상에 자발적인 성매매를 포함하는 것은 불가피하다고 볼 수 있다.

다섯째, 인신매매금지 및 타인의 성매매행위에 의한 착취금지에 관한 협약 (Convention for the Suppression of the Traffic in Persons and of the Explotation of the Prostitution of Others) 제1조 및 제2조에 의하면, 성매매를 목적으로 소개하거나 유혹 또는 유괴하는 자, 타인의 성매매행위를 통하여 착취를 하는 자를 처벌할 것을 권고하고 있으며, 여성에 대한 모든 형태의 차별철폐에 관한 협약(CEDAW: Convention on the Elimination of All Forms of Discrimination Against Women) 제6조에 의하면, "당사국은 여성에 대한 모든 형태의 인신매매 및 성매매에 의한 착취를 금지하기 위하여 입법을 포함한 모든 적절한 조치를 취해야 한다"고 규정하고 있다. 또한 2011. 7. 29.자 여성차별철폐위원회 최종견해(Concluding Observation) 제23조에 의하면, 위원회는 본 협약 제6조를 완전히 이행하게 하기 위하여 이전의 권고(CEDAW/C/KOR/CO/6)를 반복하면서, 당사국이 일련의 행동을 하기를 촉구하고 있는데, 이 가운데 제23조d에 따르면 "성매매를 비범죄화하고 성산업에 개입된 여성들을 처벌하기 위한 목적으로 형법을 포함한 성매매 관련 정책과 관련 법안들을 검토하라"(Review its prostitution policy and relevant legislation, including the Criminal Code, with a view to decriminalizing prostitution and punishing women involved in the sex trade)고 규정하고 있다. 이와 같이 '성산업에 개입된 여성의 처벌을 금지하는 것'은 중간알선업자가 개입된 성매매(성산업)의 영역에 있는 여성들을 특별히 보호하라고 권고하는 것이기 때문에, 자발적 성매매를 포함한 모든 성판매여성을 비범죄화하라는 취지로 해석하는 것은 부당하다. 이와 같이 여러 국제협약은 성매매와 관련한 착취를 금지하고자 하는 것이지 자발적 성매매행위를 처벌하는 것을 여성에 대한 차별로 인식하고 규정한 것이 결코 아니라고 할 수 있다.

여섯째, 성매매는 개인적 차원의 성적 자기결정권으로 접근되기보다는 사회경제적 약자의 보호차원에서 접근되어야 한다는 시각도 존재하는 것이 사실이다. 이러한 진영에서는 성매매여성을 성착취의 피해자로 파악하여 처벌의 대상이 아닌 보호의 대상이라고 주장하지만, 2004년 성매매처벌법 제정 당시 성판매여성의 비범죄화 논의를 거친 끝에 일정한 요건을 갖춘 성매매피해자에 대해서만 비범죄화하기로 사회적인 합의를 본 바가 있다. 만약 성매매피해자가 아닌 자발적 성매매 여성에 대해 사회 구조적으로 성매매를 할 수 밖에 없다는 논리에 근거하여 이들을 모두 피해자로 규정한다면, 이는 성매매여성을 능동적이고 인격적인 주체가 아닌 수동적이고 피동적인 객체로서 파악하여 오히려 성매매여성을 비하하는 논리로 악용될 소지가 있다. 아청법에서 모든 성판매청소년을 비범죄화의 대상으로 삼고 있는 것은 청소년이라는 특수성을 감안한 것이라고 할 수 있는데, 성인의 경우에도 성판매자를 전적으로 비범죄화하자는 것은 이들을 청소년 수준의 성숙도만을 보유하고 있는 존재로 파악하는 것으로써, 이들에 대한 인격적 모독이라고도 할 수 있다. 2014년을 살고 있는 대한민국의 여성을 가부장적 문화구조가 지배했던 과거의 전통사회에서 살았던 여성과 비교하는 것은 시대착오적인 발상이며, 이는 헌법재판소의 2009년도 혼인빙자간음죄 위헌결정6)에서도 이미 확인된 바 있다. 이와 같이 개정안의 태도는 성매매여성을 유아시(幼兒視)함으로써 모든 성매매여성을 보호한다는 미명 아래 사실상 국가 스스로가 여성의 성적 자기결정권을 완전히 부인하는 것이 되므로, 성판매여성의 전면적인 비범죄화를 통하여 보호하고자 하는 여성의 성적 자기결정권은 여성의 존엄과 가치에 역행하는 것이다. 또한 헌법재판소 2011. 10. 25. 선고 2011헌가1 결정에서도 "성인은 미성년자보다 신체적·정신적으로 성숙하여 성적 자기결정권의 온전한 주체이므로 강제력이나 위계를 수반하지 않은 성인의 성매매는 성인의 성적 자기결정권의 행사라고 볼 수 있고, 경제활동이 어려운 청소년과 달리 굳이 성매매가 아니더라도 더 다양한 직업 영역에 접근하여 생계를 유지할 수 있으므로 성매도자도 처벌의 대상이 된다"고 판시한 바 있다. 한편 다른 대부분의 범죄에 있어서도 사회적·경제적 약자의 지위에서 생계 등을 위하여 범죄를 저지르는 경우가 많다고 할 수 있는데, 유독 성매매의 경우에만 성매매여성이 사회적·경제적 약자라는 이유로 성착취의 사실상 피해자라는 논리에 근거하여 처벌의 대상에서 제외된다고 보는 것은 형평의 관점에서 바람직하지 않다고 본다.

---

6) 헌법재판소 2009. 11. 26. 선고 2008헌바58, 2009헌바191(병합) 결정.

결론적으로 현행법은 강요 또는 성착취된 성매매여성을 성매매피해자로 인정하고 있기 때문에 이를 통하여 일정한 요건을 갖춘 여성에 대하여 형사처벌의 대상에서 제외시킬 수 있는 방안이 마련되어 있는 상황이라고 할 수 있다. 다만 수사기관에서 성매매피해자를 거의 인정하고 있지 않아 자의적인 법집행이라는 심각한 문제[7]는 반드시 시정되어야 할 것인데, 이러한 문제의 해결은 수사 과정에서 성매매피해 사실 인정을 최대한 적극적으로 하여 성매매피해여성이 처벌받지 않도록 제도와 절차의 보완이 필수적으로 병행되어야 할 것이지, 모든 성매매여성을 비범죄화하여 피해자로 간주하는 법개정을 통해서 해결하는 것은 지나친 성급화의 오류를 범하고 있는 것이라고 할 수 있다. 결국 성매매여성의 인권을 보다 효과적으로 향상시키기 위해서는 성매매처벌법상 성매매피해자 규정의 정비를 통하여 피해자의 범위를 확대하는 방안을 모색해야 할 것이라고 본다.

2. 성매매처벌법 제21조 제1항 위헌제청사건에 대한 검토

가. 위헌제청의 과정

서울북부지방법원 2012고정2220 성매매알선등행위의처벌에관한법률위반(성매매알선등) 사건의 피고인은 2012. 7. 7. 서울 동대문구 전농동 588-35 7호집에서 이○○에게서 13만 원을 받고 성교함으로써 성매매행위를 하였다는 공소사실로 기소되었다. 피고인의 변호인은 당해사건의 적용법조인 성매매알선 등 행위의 처벌에 관한 법률(2004. 3. 22. 법률 제7196호로 제정되고, 2011. 5. 23. 법률 제10659호로 개정된 것) 제21조 제1항이 헌법에 위반된다는 이유로 피고인을 대리하여 위헌법률심판제청신청을 하였다. 이에 서울북부지방법원 오원춘 판사는 성매매처벌법 제21조 제1항이 위헌이라고 의심할만한 이유가 있다고 판단하여 위헌 여부심판을 2012. 12. 13. 제청하였고,[8] 헌법재판소는 2013. 1. 4. 이를 접수하여 현재 심리 중(2013헌가2)에 있는데, 동 사건은 성매매여성을 형사처벌하는 규정 자체에 대한 위헌성 여부를 심사하는 최초의 심판이라는 점에서 그 결과가 주

---

7) 이와 관련하여 성매매피해자 개념은 오히려 여성들에게 입증책임을 전가시켜 업주 등을 신고하여 성매매를 근절하는데 큰 장애물이 되고 있다는 지적(이소아, "『성매매방지 및 피해자보호 등에 관한 법률 전부개정법률안』에 대한 의견", 「성매매방지 및 피해자보호 등에 관한 법률 전부개정법률안 공청회」, 국회여성가족위원회, 2013. 12. 20, 35면)은 경청할 만하다.

8) 2012. 12. 13. 선고 2012초기1262 결정.

목되고 있다.

나. 검토

현행 성매매처벌법 제21조 제1항에 의하면 "성매매를 한 사람은 1년 이하의 징역이나 300만 원 이하의 벌금·구류 또는 과료에 처한다"고 규정하여, (구) 윤락행위등방지법상의 처벌조항과 동일한 규정을 유지하고 있다. 여기서의 성매매를 한 사람은 청소년과 성매매피해자로 분류되는 성인을 제외한 범위의 자라고 할 수 있는데, 기존의 헌법재판소에서 청소년 및 성매매피해자에 의한 성매매와 성인에 의한 성매매에 대한 시각이 어떠했는지를 살펴보는 것은 2013헌가2사건의 향후 추이를 어느 정도 예측할 수 있을 것으로 사료된다. 즉 성인 간에 합의하에 이루어진 성매매행위의 법적 성격과 관련하여 최근 헌법재판소가 내린 결정9)이 있어 주요한 참고자료가 될 수 있을 것으로 보인다.

헌법재판소는 지난 2011. 10. 25. 아동·청소년의 성보호에 관한 법률 제12조 제1항 제2호 위헌제청사건(2011헌가1)에서 다음과 같이 판시하고 있는데, "성매매처벌법 제2조 제4호는 '성매매피해자'를 위계, 위력, 마약 등에 의해 성매매를 강요당하거나 성매매 목적의 인신매매를 당한 자, 미성년자나 변별능력이 없는 자 등으로 정의하고 있어, **강제력이나 위계 등에 의하지 아니한 상태에서 성매매를 택한 성인의 경우에는 성매매의 피해자로 보지 않고 있다.** 성인은 미성년자보다 신체적·정신적으로 성숙하여 성적 자기결정권의 온전한 주체이므로 **강제력이나 위계를 수반하지 않은 성인의 성매매는 성인의 성적 자기결정권의 행사라고 볼 수 있고,** 경제활동이 어려운 청소년과 달리 굳이 성매매가 아니더라도 더 다양한 직업 영역에 접근하여 생계를 유지할 수 있으므로 성매도자도 처벌의 대상이 된다. 결과적으로 성인의 성매매를 영업적으로 알선하는 자는 선량한 성풍속이라는 사회적 법익을 침해하는 데에 그 가벌성이 있을 뿐이다. 반면, 아동·청소년을 대상으로 한 성매매는 단순히 선량한 성풍속이라는 사회적 법익을 침해하는 데 지나지

---

9) 제청신청인은 2010. 4. 24.부터 같은 달 30.까지 만 14세의 여자 청소년 3명을 30분에 2만 원씩 주기로 하고 자신이 운영하는 속칭 '키스방'의 종업원으로 고용하여 그곳을 찾은 손님들로부터 돈을 받고 위 청소년들과 키스를 하거나 가슴 등을 빨고 만지게 하고, 2010. 6. 8. 그중 한 명의 청소년으로 하여금 손님과 성교 행위를 하게 함으로써 청소년의 성을 사는 행위를 알선하는 것을 업으로 하였다는 내용의 아동·청소년의 성보호에 관한 법률위반(영업알선행위) 등으로 징역 3년 6월을 선고받았다(청주지방법원 2010고합121). 이에 제청신청인은 대전고등법원에 항소한 후 항소심계속 중{대전고등법원(청주) 2010노164}, 아동·청소년의 성보호에 관한 법률 제12조 제1항 제2호에 대하여 위헌법률심판제청신청을 하였고(2011초기11), 위 법원은 위 신청을 받아들여 2010. 12. 30. 이 사건 위헌법률심판을 제청하였다.

않는 것이 아니라 아직 가치관과 판단능력이 성숙되지 못하고 사회적 · 경제적인 지위도 열악한 아동 · 청소년을 금전적으로 유혹하여 간음함으로써 그들의 원활한 인격형성을 방해하고, 건강한 사회구성원으로 성장하여야 할 아동 · 청소년의 신체와 정신에 손상을 입힌다는 점에 있어서 그 가별성이 가중된다. 이와 같이 아동 · 청소년에 대한 성매매의 영업적 알선행위는 그 보호법익과 죄질에 있어 성인에 대한 성매매의 영업적 알선행위보다 훨씬 더 무거운 범죄이므로 이 사건 법률조항이 아동 · 청소년의 성매매 영업알선행위를 성인의 성매매 영업알선행위보다 훨씬 더 무겁게 처벌하고 있다 하여 형벌의 체계정당성에 반하여 평등원칙에 위반된다고 할 수 없다"(강조는 인용자)고 하여, 강제력이나 위계를 수반하지 않은 성인의 성매매는 성인의 성적 자기결정권의 행사라고 천명하고 있다. 이는 성매매와 관련한 기존 우리나라 현행법의 체계를 무시할 수 없다는 의사를 표현한 것이라고 볼 수 있는데, 성매매처벌법상의 성매매피해자 규정이 그 기준점으로 작용하고 있는 것이다. 즉 성매매처벌법에 따르면 강제력이나 위계 등의 일정한 조건을 충족하지 않은 상황에서 이루어진 성인간의 성매매의 경우에는 성매매피해자로 보지 않고 형사처벌의 대상으로 삼고 있는 것이다. 왜냐하면 성인은 아동 · 청소년과는 달리 신체적 · 정신적으로 성숙하여 성적 자기결정권의 온전한 주체이므로 강제력이나 위계를 수반하지 않은 성인의 성매매는 성인의 성적 자기결정권의 행사라고 볼 수 있고, 경제활동이 어려운 아동 · 청소년과 달리 굳이 성매매가 아니더라도 더 다양한 직업 영역에 접근하여 생계를 유지할 수 있기 때문이다. 2011헌가1 사건에 있어서 재판관 전원이 일치된 의견을 나타내어, 결정문에 대한 별개의 소수의견이나 반대의견이 없었던 점으로 미루어 보아 2013헌가2 사건이 위헌으로 결정되기는 사실상 매우 어려운 것으로 분석할 수 있겠다.

Ⅲ. 성매매피해자 개념의 확대적용 방안

1. 성매매피해자 범위의 확대 필요성

2004년 제정된 성매매처벌법이 동법의 제정으로 인하여 폐지된 윤락행위등방지법과 구별되는 중요한 요소 가운데 하나로써 일정한 경우에 있어서의 성판매여성을 제한적으로나마 성매매피해자로 인정하여 형사처벌의 대상에서 제외하였다는 점을 들 수 있다. 이러한 입법적인 조치는 법 제정 당시 모든 성판매여성을 비범죄화하고자 하였던 일부의 견해가 쉽게 받아들여지지 않을 것이라는 판단 하에 일종의 타협점으로 탄생된 규정이라고 평가할 수 있는데, 지난 10년간의 시행과정 동안 성판매여성이 현행 법규상의 성매매피해자성을 인정받아 처음부터 형사처벌의 대상에 제외된 사례를 찾아보기 힘들다는 심각한 문제점이 노출되고 있는 상황이다. 실제로 여성가족부가 2010. 12. 발간한 「2010 성매매 실태조사」에 의하면, 조사 결과 성매매피해자로 인정한 사건은 단 1건도 존재하지 않아 실무상 사문화되어 있는 것으로 판별되었는데, 이는 입법 당시 규율하려고 하였던 성매매 실태와 현재의 실태 사이에 상당히 큰 간극이 존재한다고 할 수 있다.[10] 이러한 원인은 여러 가지의 측면에서 분석될 수 있겠지만, 그 무엇보다도 중요한 원인이자 문제의 근원이라고 할 수 있는 것은 현행법상의 성매매피해자 규정이 과연 현실세계의 성매매 실태를 제대로 반영하고 있는지, 규정의 엄격성으로 인하여 실제 적용대상이 될 수 있는 사안을 포섭할 수 없는 현상이 존재하는지 여부 등에 대한 검토가 우선적으로 논의될 필요성이 있다고 본다. 이하에서는 현행법상의 규정을 중심으로 피해자성을 확대할 수 있는 구체적인 방안에 대하여 검토해 보기로 한다.

2. 위계, 위력, 그 밖에 이에 준하는 방법으로 성매매를 강요당한 사람

가. '권유·유인에 의한 방법'의 추가

위계란 상대방의 무지 또는 착오를 이용하여 범죄의 목적을 달성하는 것으로서, 진실의 은폐·기망뿐만 아니라 유혹도 포함하는 개념으로 보는 것이 일반적인 견해[11]라고 할 수 있다. 하지만 이에 그치지 않고 위계라는 용어 이외에 '권유·유인에 의한 방법으로 성매매를 강요당한 사람'의 경우에도 성매매피해자의 유형으로 별도로 규정할 필요성이 있다. 왜냐하면 대법원은 형법 제302조 소정의 위계에 의한 심신미약자간음죄에 있어서 위계라고 함은 행위자가 간음의 목적으로 상대방에게 오인, 착각, 부지를 일으키고는

---

10) 여성가족부, 「2010 성매매 실태조사」, 2010. 12, 537면.

11) 윤덕경·변화순·박선영, 「성매매방지법상 성매매피해자에 관한 연구」, 한국여성개발원, 2005. 12, 40면.

상대방의 그러한 심적 상태를 이용하여 간음의 목적을 달성하는 것을 말하는 것이고, 여기에서 오인, 착각, 부지란 간음행위 자체에 대한 오인, 착각, 부지를 말하는 것이지, 간음행위와 불가분적 관련성이 인정되지 않는 다른 조건에 관한 오인, 착각, 부지를 가리키는 것은 아니라고 일관되게 판시하여,[12] 위계의 대상을 성행위 자체에 대한 오인, 착각, 부지에 국한하는 해석을 시도하고 있다. 이러한 태도에 따르면 위계로 인하여 성매매를 강요한다는 것은 성행위의 의미를 알지 못하는 자로 하여금 속여서 성행위를 강요하는 것에 국한되기 때문에 문제가 발생하는 것이다. 판례가 태도를 바꾸어 오인, 착각, 부지의 대상을 성행위가 아니라 성행위와 불가분적 관련성이 인정되지 않는 다른 조건을 그 대상으로 삼는다면 이러한 문제는 자동적으로 해결되겠지만, 이러한 판례변경을 마냥 기다릴 수는 없는 상황이기 때문에 '권유·유인에 의한 방법으로 성매매를 강요당한 사람'이라는 독립된 성매매피해자유형을 규정하는 것이 바람직하다. 이는 신·변종 성매매업소의 알선업자가 성매매여성에게 처음 제시한 조건과 다른 조건을 강요할 경우에 적용될 수 있을 것으로 기대된다. 또한 성매매처벌법 제2조 제1항 제2호에서 성매매알선 등의 행위태양으로 '성매매를 알선, 권유, 유인 또는 강요하는 행위'를 규정하고 있는바, 강요의 유사한 유형으로서 권유 및 유인이라는 기준을 제시하고 있는 것과 비교할 때 통일적인 법체계에 부합된다고 판단된다. 이에 더하여 현행법상으로는 위계·위력 그 밖에 이에 준하는 방법으로 '성매매를 강요당한 사람'이 성매매피해자로 인정되지만, 성매매의 강요는 위계·위력 그 밖에 이에 준하는 방법 그 자체로도 인정될 수 있기 때문에 '성매매를 강요당한 사람'을 '성을 파는 행위를 하게 된 사람'으로 수정하는 것이 타당하다. 왜냐하면 현행법에 의하면 위계, 위력 등이 입증되더라도 이에 더하여 이러한 유형력의 행사가 강요행위에 해당할 경우에 한해서 성매매피해자성을 인정하기 때문에 적용에 있어서 협소성이 나타나기 때문이다. 또한 위계, 위력 등이 있음을 인지하면서도 자발적으로 성을 파는 행위에도 피해자성을 인정할 수 있는지가 논란이 될 수 있겠으나, 이러한 상황에서의 '자발성'은 진정한 의미에서의 자발성이라고 평가할 수 없기 때문에 위계, 위력 등의 유형력 행사라는 존재 그 자체가 인정된다면 피해자성을 인정하는 데 있어서 별 무리는 없을 것이라고 본다.

---

12) 대법원 2002. 7. 12. 선고 2002도2029 판결.

나. '이에 준하는 방법'의 범위와 관련하여

현행법은 성매매를 강요하는 방법으로 '위계·위력' 이외에도 '이에 준하는 방법'을 명시함으로써 성매매피해자의 범위를 넓히고 있다. 여기서 '이에 준하는 방법'의 하나의 예시로써 선불금 등의 명목으로 받은 금전을 기화로 성매매를 강요하는 것을 들 수 있다. 선불금 등과 관련해서는 성매매처벌법 제2조 제1항 제4호 라목의 성매매피해자성을 인정하는 기준으로도 작용하고 있지만, 라목에서는 인신매매의 행위태양으로 '인계행위'와 연관되어 있는 반면에, 가목에서는 그렇지 않다는 점에서 독자적인 성매매피해자성의 판단준거로서 활용될 수 있다.[13]

그 밖에도 일각에서는 '이에 준하는 방법'의 일환으로서 '사회적·경제적 취약함으로 인하여 성을 팔 수 밖에 없는 위치에 있는 상태'도 포섭하려는 주장이 제기되기도 하지만, 이를 명문의 규정으로 둘 경우에는 이로 인한 성매매피해자의 식별 자체가 애매모호할 뿐만 아니라 사회적·경제적 취약이라는 기준의 한계설정이 어렵다는 점에서 받아들이기는 힘들다고 본다. 예를 들면 「이러닝(전자학습)산업 발전 및 이러닝 활용 촉진에 관한 법률 시행령」 제13조의2 및 「사회적기업 육성법」 제2조 제2호 등에서는 '취약계층'이라는 용어와 관련하여, 가구 월평균 소득이 전국 가구 월평균 소득의 100분의 60 이하인 사람, 북한이탈주민, 결혼이민자 등을 거론하고 있는데, 이러한 자들을 곧바로 성매매피해자로 인정하게 된다면 다른 성매매피해자의 유형과 비교할 때 피해자성의 인정 여부 기준시점과 관련하여 문제가 발생할 수도 있다. 즉 다른 성매매피해자의 유형은 성매매 행위 당시를 기준으로 피해자성 여부가 결정되는데 비하여, 사회적 취약계층을 원인으로 하는 성매매피해자는 성매매 행위 이전에 이미 피해자성이 결정되어 있다는 점에서 이들이 오히려 성매매업에 종사하는 것을 방관하거나 묵인하는 역효과를 초래할 가능성도 배제할 수 없다. 이러한 이치는 모자보건법상 인공임신중절의 새로운 유형으로서 '사회적·경제적 이유'에 의한 인공임신중절의 추가 논의가 아직까지 우리 사회가 선뜻 받아들일 수 있는 상황이 아니라는 이유와 일맥상통한다. 다만 '사회적·경제적 취약성'을 가지고 있는 자가 성매매피해자로 인정받기 위하여는 다른 유형의 성매매피해자 개념을 확대하는 방안을 사용하여 우회적으로 이를 인정할 수는 있겠다. 예를 들면 '선불금 등 금품이나 그 밖의 재산상의 이익을 제공하거나 제공하기로 약속한 상태에서 성매매를 한 자'

---

13) 박찬걸, "성매매처벌법상 성매매피해자 규정에 대한 검토", 피해자학연구 제20권 제1호, 한국피해자학회, 2012. 4, 328면.

또는 '불법원인으로 인한 채무관계에 의해서 성매매를 행한 사람'을 독립적인 성매매피해자로써 인정하게 된다면 대다수의 사회적·경제적 취약성을 가지는 여성들이 이에 해당하여 피해자성을 인정받기가 훨씬 수월해질 것이다.

3. 청소년, 사물을 변별하거나 의사를 결정할 능력이 없거나 미약한 사람 또는 대통령령으로 정하는 중대한 장애가 있는 사람으로서 성매매를 하도록 알선·유인된 사람

가. 현행법의 구조

현행 성매매처벌법 제2조 제1항 제4호 다목은 '청소년, 사물을 변별하거나 의사를 결정할 능력이 없거나 미약한 사람 또는 대통령령으로 정하는 중대한 장애가 있는 사람으로서 성매매를 하도록 알선·유인된 사람'이라고 규정하고 있는데, 이는 다시 세부적으로 두 가지의 유형의 성매매피해자를 인정하는 것이라고 분석된다. 그 하나는 청소년이 기만 하면 다른 어떠한 상황의 고려 없이 국친사상에 입각하여 곧바로 성매매피해자성을 인정하겠다는 것이고, 다른 하나는 '사물을 변별하거나 의사를 결정할 능력이 없거나 미약한 사람 또는 대통령령으로 정하는 중대한 장애가 있는 사람으로서 성매매를 하도록 알선·유인된 사람'이라는 성매매피해자 유형을 상정하고 있는 것이다.

생각건대 성매매처벌법 제2조 제1항 제4호 다목의 규정방식과 관련하여 청소년과 사물을 변별하거나 의사를 결정할 능력이 없거나 미약한 사람이 병렬적으로 나열되어 있기 때문에 경우에 따라 청소년이라고 할지라도 '성매매를 하도록 알선·유인된 사람'이어야만 성매매피해자로 인정될 여지가 있다고 본다. 물론 청소년이 '성매매를 하도록 알선·유인된 사람'의 수식을 받지 않는 것으로 해석하는 것이 전혀 불가능한 것은 아니지만, 오해의 소지를 없애기 위해서는 청소년을 독자적인 항목으로 규율하는 입법방식이 보다 적절한 표현이라고 판단된다. 그러므로 제2조 제1항 제4호 다목에서 '청소년'이라고 규정하고, 제2조 제1항 제4호 라목을 제2조 제1항 제4호 마목으로 변경하고, 제2조 제1항 제4호 라목에서 '사물을 변별하거나 의사를 결정할 능력이 없거나 미약한 사람으로서 성매매를 하도록 알선·유인된 사람'이라고 개정하는 것이 타당하다.

한편 사물을 변별하거나 의사를 결정할 능력이 없거나 미약한 사람은 그 자체로서 성매매피해자가 되는 것이 아니라 반드시 '성매매를 하도록 알선·유인'된 경우이어야 한다. 그런데 제2조 제1항 제2호 가목에 의하면 성매매알선 등 행위란 성매매를 '알선, 권유, 유인 또는 강요'하는 행위라고 되어 있는데, 제2조 제1항 제4호 다목에서 규정하고 있는 사람은 성매매를 하도록 '알선·유인'된 경우에만 성매매피해자로 인정하고 있다. 이러한 규정방식으로 인하여 과연 사물을 변별하거나 의사를 결정할 능력이 없거나 미약한 사람이 성매매를 하도록 '권유·강요'된 경우에 있어서 성매매피해자성을 인정할 수 있는지가 문제될 수 있다. 생각건대 성매매알선 등 행위에 해당하는 4가지 행위태양 가운데, 상대적으로 가장 불법성이 적은 권유행위와 가장 불법성이 큰 강요행위를 제외하고 알선·유인행위만을 상정하고 있는 것은 입법상의 불비라고 판단되므로, 권유·강요행위도 추가하는 것이 바람직하다. 결론적으로 제2조 제1항 제4호 라목은 '사물을 변별하거나 의사를 결정할 능력이 없거나 미약한 사람으로서 성매매를 하도록 알선, 권유, 유인 또는 강요된 사람'이 되어야 할 것이다.

나. 청소년의 피해자성 인정 여부

청소년의 성매매피해자성의 인정여부에 대해서는 이를 인정하는 견해와 부정하는 견해의 대립[14]이 있기는 하지만, 청소년의 연령을 고려할 때 사물을 변별하거나 의사를 결정할 능력이 성인에 비하여 미약한 경우로 파악되는바, 이러한 자들을 상대로 일반성인과 동일하게 형사처벌하는 것은 무리한 과잉입법이라고 판단된다. 생각건대 현행법상 성매매청소년에 대하여 형사처벌은 불가능하지만 소년법상의 보호처분이나 아청법상의 보호처분 등은 충분히 가능하다는 인식을 심어 주어, 청소년은 상습적으로 성매매를 해도 어떠한 제재도 부과받지 않는다는 오해를 불식시킬 필요성이 있다.[15] 이에 따라 현행법에 명시적으로 규정되어 있는 여러 가지 보호처분을 적극적으로 활용하여야 하며, 보호시설이나 상담소의 확충을 통하여 운용의 내실화를 기해야만 하겠다. 특히 성매매를 적극적으로 유발하는 청소년, 직업형·기업형 성매매청소년 등에 대하여는 보호처분의 여지를 확대할 필요성이 있다. 왜냐하면 성매매처벌법 제6조 제1항에 의하면 '성매매피해자의 성매매는 처벌하지 아니한다'고 규정되어 있는데, 여기서의 처벌이란 형사처벌을 의미하

---

14) 이하의 견해 대립에 대한 내용은 박찬걸, 앞의 논문, 330-332면 참조.
15) 박찬걸, 앞의 논문, 332면.

는 것이지 보호처분 등 일체의 제재를 모두 포함하는 개념으로는 해석할 수 없기 때문이다. 오히려 상습적인 성매매를 행하는 청소년에게는 적절한 보호처분을 부과하는 것이 이들이 성매매행위로 재차 유입되지 않는데 효과적일 수 있다.

다. '대통령령으로 정하는 중대한 장애가 있는 사람'의 범위와 관련하여

'사물을 변별하거나 의사를 결정할 능력이 없거나 미약한 사람 또는 대통령령으로 정하는 중대한 장애가 있는 사람으로서 성매매를 하도록 알선·유인된 사람'도 독립적인 성매매피해자로서 인정되고 있는데, 여기서 '대통령령이 정하는 중대한 장애가 있는 자'라고 함은 성매매처벌법 시행령 제2조 관련 별표에서 규정한 사람 또는 이에 준하는 사람으로서 타인의 보호·감독이 없으면 정상적으로 일상생활 또는 사회생활을 영위하기 어렵고, 이로 인하여 타인의 부당한 압력이나 기망·유인에 대한 저항능력이 취약한 사람을 말한다(성매매처벌법 시행령 제2조). 하지만 성매매처벌법 시행령 제2조 및 별표에서 규정하고 있는 대통령령으로 정하는 중대한 장애가 있는 사람의 범주에 해당하는 사람은 전단 부분의 '사물을 변별하거나 의사를 결정할 능력이 없거나 미약한 사람'의 범주에 충분히 포섭이 가능하다고 보이며, 설사 대통령령으로 정하는 중대한 장애가 있는 사람의 범주에 해당하는 사람이라고 할지라도 해석에 의하여 사물을 변별하거나 의사를 결정할 능력이 없거나 미약한 사람의 범주에 포함될 수 있기 때문에 별도로 후단 부분을 중복적으로 규정할 필요성은 없다고 판단된다. 이러한 중복적인 규정으로 말미암아 오히려 대통령령에 포섭되지 아니한 중대하지 아니한 장애를 가진 자의 피해자성 인정 여부가 논란이 되는 것도 문제가 있기 때문이다.

또한 현행 대통령령이 규정하고 있는 7가지 유형의 사유들은 매우 엄격하게 해석되고 있기 때문에 실제로 이를 통하여 성매매피해자성을 인정받는 것은 매우 힘든 실정이다. 현실적으로는 지능지수가 70 이하인 경우보다는 지능지수가 70에서 90 사이에 해당하는 경계성 정신장애의 경우가 성매매 현장에 있어서는 더욱 빈번한 것으로 파악된다. 그러므로 실제 수사나 재판과정에서 성매매피해자로서의 심신미약자를 인정함에 있어서 이러한 경계성 정신장애를 포함하는 방향으로의 전향적인 태도가 절실히 요구된다고 보인다. 이는 현행법이 대통령령에 규정하고 있는 자 뿐만 아니라 '이에 준하는 사람'으로서 타인의 보호나 감독이 없으면 정상적으로 일상생활 또는 사회생활을 영위하기 어렵고, 이로 인하여 타인의 부당한 압력이나 기망·유인에 대한 저항능력이 취약한 사람을 별도로 성매매피해자로 인정하는 취지와 부합하는 것이다.

이와 관련하여 경계성 장애인과의 성매매를 성폭력특례법 및 아청법상의 장애인에 대한 간음죄로 파악하여 성구매자를 성폭력범으로 처벌하자는 견해도 피력될 수 있지만, 이는 타당하지 않다고 본다. 왜냐하면 성폭력특례법 및 아청법상의 장애인에 대한 간음죄에서의 장애인과 성매매방지법상의 장애인의 특성을 살펴보면, 전자의 경우에는 상대방이 장애인이라는 상황에 대한 인식이 어느 정도 있는 경우인 반면에 후자의 경우에는 그러한 인식 자체가 없는 경우가 많을 것이기 때문에 이를 단순히 비교하는 것은 무리이기 때문이다. 예를 들면 장애인에 대한 간음죄가 성립하기 위하여 필요한 주관적 구성요건으로서의 고의는 상대방이 장애인이라는 인식과 인용이 있어야 하는데, 장애인을 대상으로 간음을 시도하려는 자는 폭행 또는 협박을 사용하지 않고도 보다 손쉽게 간음행위를 할 수 있다는 점을 가지고서 실행으로 나아가는 경우가 일반적인 것인데 반하여, 성매매방지법상의 장애인 개념설정은 일반인이 아닌 장애인과의 성매매를 가중처벌하거나 구성요건을 완화하여 범죄의 성립을 쉽게 인정하기 위해서 등장한 것이 아니라 단지 성매매행위자가 장애인인 경우에 이를 성매매피해자로 보아 처벌을 하지 않기 위하여 설정된 것이라고 할 수 있다. 또한 성구매자의 입장에서도 장애인인 정을 인식한 상태에서 성매매로 나아간 경우라기보다는 그렇지 못한 상태에서 성매매로 나아간 경우를 충분히 상정할 수 있기 때문에 이러한 행위 모두를 성폭력범죄로 파악하여 가중처벌하는 것은 무리가 있는 것이다.

4. 성매매 목적의 인신매매를 당한 사람

가. 현행법의 태도

'성매매 목적의 인신매매'라 함은 '가. 성을 파는 행위 또는 형법 제245조에 따른 음란행위를 하게 하거나, 성교행위 등 음란한 내용을 표현하는 사진·영상물 등의 촬영 대상으로 삼을 목적으로 위계, 위력, 그 밖에 이에 준하는 방법으로 대상자를 지배·관리하면서 제3자에게 인계하는 행위, 나. 가목과 같은 목적으로 청소년보호법 제2조 제1호에 따른 청소년, 사물을 변별하거나 의사를 결정할 능력이 없거나 미약한 사람 또는 대통령령으로 정하는 중대한 장애가 있는 사람이나 그를 보호·감독하는 사람에게 선불금 등 금품이나 그 밖의 재산상의 이익을 제공하거나 제공하기로 약속하고 대상자를 지배·관리하면서 제3자에게 인계하는 행위, 다. 가목 및 나목의 행위가 행하여지는 것을 알면서 가목과 같은 목적이나 전매를 위하여 대상자를 인계받는 행위, 라. 가목부터 다목까지의 행위를 위하여 대상자를 모집·이동·은닉하는 행위' 중 어느 하나에 해당하는 행위를 하는 것을 말하고(성매매처벌법 제2조 제1항 제3호), 선불금 제공 등의 방법으로 대상자의 동의를 받은 경우라도 그 의사에 반하여 이탈을 제지한 경우(제1호) 또는 다른 사람을 고용·감독하는 사람, 출입국·직업을 알선하는 사람 또는 그를 보조하는 사람이 성을 파는 행위를 하게 할 목적으로 여권이나 여권을 갈음하는 증명서를 채무이행 확보 등의 명목으로 받은 경우(제2호) 중 어느 하나에 해당하는 경우에는 대상자를 제2조 제1항 제3호 가목에 따른 지배·관리하에 둔 것으로 본다(성매매처벌법 제2조 제2항 제1호 및 제2호).

한편 2013. 4. 5. 개정된 형법에 따르면 '성매매와 성적 착취'를 목적으로 사람을 약취 또는 유인한 사람은 2년 이상 15년 이하의 징역에 처하고(형법 제288조 제2항), 국외에 이송할 목적으로 사람을 약취 또는 유인하거나 약취 또는 유인된 사람을 국외에 이송한 사람도 동일한 형으로 처벌한다(형법 제288조 제3항). 또한 성매매와 성적 착취를 목적으로 사람을 매매한 사람은 2년 이상 15년 이하의 징역에 처하고(형법 제289조 제3항), 국외에 이송할 목적으로 사람을 매매하거나 매매된 사람을 국외로 이송한 사람도 동일한 형으로 처벌(형법 제289조 제4항)하도록 하고 있다. 이는 목적범 형태의 약취, 유인 등의 죄에 '추행, 간음, 결혼, 영리, 국외이송 목적' 외에도 '노동력 착취, 성매매와 성적 착취, 장기적출' 등 신종범죄를 목적으로 하는 경우를 추가한 것인데, 이에 따라 형법상 성매매 목적의 인신매매죄와 성매매처벌법상 성매매 목적의 인신매매죄 양자의 관계가 문제될 수 있지만, 이는 입법적으로 이미 해결되었다고 할 수 있다. 즉 2013. 4. 5. 형법의 개정과 동시에 성매매처벌법도 개정이 이루어졌는데, 그중 하나가 (구) 성매매처벌법(2013. 4. 5. 개정되기 전의 법) 제18조 제3항 제3호에서 규정하고 있던 '성매매 목적의 인신매매를 한 사람'을 삭제한 것이다. 이에 따라 기존에 성매매 목적의 인신매매를 한 사람에 대하여는 성매매처벌법에 따라 3년 이상 30년 이하의 유기징역에 처해졌지만, 현행법에 의하면 형법에 의거하여 2년 이상 15년 이하의 징역으로 처할 수 있다. '성매매 목적의 인신매매죄'에 대하여 세계주의를 도입하여 대한민국 영역 밖에서 죄를 범한 외국인에 대하여도 우리나라의 법률을 적용하여 처벌할 수 있도록 한 기본적인 취지에는 공감하지만, 그 법정형에 있어서 하한은 2/3의 수준으로 상한은 1/2의 수준으로 하향조정한 점, 성매매 목적으로 사람을 약취 또는 유인한 경우와 성매매 목적으로 사람을 매매한 경우는 양자의 불법성에 있어서 차이가 있음에도 동일한 법정형으로 규정하고 있는 점, 국내이송의 경우와 국외이송의 경우를 동일한 법정형으로 의율하고 있다는 점 등은 재고의 여지가 있다고 본다.

나. 검토

먼저 성매매처벌법 제2조 제1항 제3호 가목의 '위계, 위력, 그 밖에 이에 준하는 방법으로 대상자를 지배·관리하면서 제3자에게 인계하는 행위'는 '위계, 위력, 권유, 유인 그 밖에 이에 준하는 방법으로 대상자를 지배·관리하면서 제3자에게 인계하는 행위'로 수정할 필요가 있는데, 그 이유에 대해서는 앞서 설명한 바와 같다. 다음으로 제2조 제1항 제3호 나목의 '가목과 같은 목적으로 청소년보호법 제2조 제1호에 따른 청소년, 사물을 변별하거나 의사를 결정할 능력이 없거나 미약한 사람 또는 대통령령으로 정하는 중대한 장애가 있는 사람이나 그를 보호·감독하는 사람에게 선불금 등 금품이나 그 밖의 재산상의 이익을 제공하거나 제공하기로 약속하고 대상자를 지배·관리하면서 제3자에게 인계하는 행위'는 '가목과 같은 목적으로 선불금 등 금품이나 그 밖의 재산상의 이익을 제공하거나 제공하기로 약속하고 대상자를 지배·관리하면서 제3자에게 인계하는 행위'로 수정하여야 한다. 왜냐하면 성매매처벌법 제2조 제1항 제3호 나목상의 성매매 목적의 인신매매가 성립하기 위해서는 그 대상이 청소년 또는 사물을 변별하거나 의사를 결정할 능력이 없거나 미약한 사람 또는 대통령령으로 정하는 중대한 장애가 있는 사람에 한정되어 있는 관계로 일반성인의 경우에는 해당사항이 없어 가목과 같은 목적으로 선불금 등 금품이나 그 밖의 재산상의 이익을 제공하거나 제공하기로 약속하더라도 성매매목적의 인신매매로 파악하기가 힘들기 때문이다.

하지만 일반 성인의 경우라고 할지라도 현실적으로 선불금 등을 매개로 하여 지배·관리를 당하면서 성매매를 강요당하거나 제3자에게 인계되는 경우가 자주 발생하고 있는데, 이러한 현상에 적극적으로 대처하기 위하여 성매매알선 등 행위를 한 사람, 성을 파는 행위를 할 사람을 고용·모집하거나 그 직업을 소개·알선한 사람, 성매매 목적의 인신매매를 한 사람 중 어느 하나에 해당하는 사람이 그 행위와 관련하여 성을 파는 행위를 하였거나 할 사람에게 가지는 채권은 그 계약의 형식이나 명목에 관계없이 무효로 하고 있으며, 그 채권을 양도하거나 그 채무를 인수한 경우에도 또한 같다고 규정하고 있는 것이다(성매매처벌법 제10조 제1항). 이러한 불법원인채권무효조항은 이른바 선불금 등이 성매매여성에게 성매매를 강요하는 실질적인 역할을 하고 있는 현실을 반영한 규정이라고 하겠다. 그러므로 모든 대상자를 포괄할 수 있도록 성매매 목적의 인신매매 규정을 개정할 필요성이 있는 것이다. 이를 통하여 앞으로는 성매매강요의 수단으로 활용되고 있는 선불금 등에 대한 불법원인채권무효조항의 보다 적극적이고 확실한 적용이 이루어져야 하겠다.

한편 성매매처벌법 제10조는 성매매알선 등 행위를 한 사람 또는 성을 파는 행위를 할 사람을 고용한 사람이 그 행위와 관련하여 성을 파는 행위를 하였거나 할 사람에게 가지는 채권은 그 계약의 형식이나 명목에 관계없이 무효로 한다고 규정하고 있고, 부당이득의 반환청구가 금지되는 사유로 민법 제746조가 규정하는 불법원인급여는 그 원인이 되는 행위가 선량한 풍속 기타 사회질서에 반하는 경우를 말하는바, 성매매행위 및 그것을 유인·강요하는 행위는 선량한 풍속 기타 사회질서에 반하므로, 성매매행위를 할 사람을 고용함에 있어 성매매의 유인·권유·강요의 수단으로 이용되는 선불금 등 명목으로 제공한 금품이나 그 밖의 재산상 이익 등은 불법원인급여에 해당하여 그 반환을 청구할 수 없고, 나아가 성매매의 직접적 대가로서 제공한 경제적 이익뿐만 아니라 성매매를 전제하고 지급하였거나 성매매와 관련성이 있는 경제적 이익이면 모두 불법원인급여에 해당하여 반환을 청구할 수 없다고 보아야 한다.[16] 이와 같이 성매매처벌법 제10조의 불법원인채권무효조항을 보다 현실적으로 운용하기 위해서는 선불금 등의 명목으로 채무관계가 이루어져 있는 사람의 경우에도 성매매피해자의 한 유형으로 상정할 필요성이 있다. 즉 성매매처벌법 제2조 제1항 제4호 바목을 신설하여 '제10조에서 규정하고 있는 불법원인으로 인한 채무관계에 의해서 성매매를 행한 사람'의 경우에도 독자적인 성매매피해자로 인정할 필요성이 있는데, 이는 제2조 제1항 제3호 나목과 달리 인계행위가 없더라도 성매매피해자성을 인정하기 위한 것이다. 이와 같이 신설될 바목의 경우에는 단순히 불법원인으로 인한 채무관계가 형성되어 있기만 하면 곧바로 성매매피해자를 인정하

---

16) 대법원 2013. 6. 14. 선고 2011다65174판결. 동 사안은 김 모(25)씨 등 티켓다방 종업원 2명이 '성매매행위를 조건으로 한 선불금 대여는 불법이므로 이를 무효화하고 대신 손해배상금을 달라'며 A다방 업주 박모(45)씨를 상대로 제기한 소송에서 원고 패소로 판결한 원심을 깨고 사건을 부산지법으로 돌려보낸 사건인데, 재판부는 '원고들을 포함한 A다방 여종업원들이 속칭 티켓 배달을 나가 윤락행위를 한 점, 결근 시 하루 25만 원을 종업원 수입에서 제하거나 선불금에 더하는 등의 불리한 고용조건이 윤락행위의 원인이 된 점 등을 감안하면 피고는 윤락행위를 유인·조장하는 위치에 있었다고 봐야 한다. 따라서 선불금 대여는 원고들의 윤락행위를 전제한 경제적 이익으로서 민법상 반사회질서 법률행위이기 때문에 무효로 봐야 함에도 불구하고 이를 유효하다고 판단한 원심은 법리를 오해한 위법이 있다'고 판시하였다.

는 것으로서 이를 수단으로 성매매가 강요되었다는 인과관계의 입증 자체를 요구하지 않는다는 점에서 성매매피해자성을 확대할 수 있는 적절한 방안으로 평가된다. 일반적으로 선불금 등의 존재에 대한 입증을 하는 것은 이로 인하여 성매매가 강요되었다는 인과관계를 입증하는 것과 비교하여 볼 때 훨씬 완화된 입증의 형태이기 때문에 성매매피해자의 입장에서는 피의자의 지위를 벗어나기 위한 좋은 수단이 될 것이다.

동시에 검사 또는 사법경찰관은 불법원인과 관련된 것으로 의심되는 채무의 불이행을 이유로 고소·고발된 사건을 수사할 때에는 금품이나 그 밖의 재산상의 이익 제공이 성매매의 유인·강요 수단이나 성매매 업소로부터의 이탈방지 수단으로 이용되었는지를 확인하여 수사에 참작하는 것에 그치지 아니하고 이러한 불법원인과 관련된 것으로 의심되는 채권·채무관계의 형성을 이유로 하는 것에 대한 형사처벌 조항을 별도로 신설하는 것이야 말로 이러한 행위의 근절을 위한 최소한의 대처방안이라고 할 수 있을 것이다. 현행법에 의하면 선불금 등 금품이나 그 밖의 재산상의 이익을 제공하거나 제공하기로 약속하고 대상자를 지배·관리하면서 제3자에게 인계하는 행위를 처벌의 대상으로 삼고 있기는 하지만 그 대상자가 (1) 청소년, (2) 사물을 변별하거나 의사를 결정할 능력이 없거나 미약한 사람, (3) 대통령령으로 정하는 중대한 장애가 있는 사람 등에 국한되어 있기 때문에 성인의 경우에는 해당사항이 없는 실정이다. 따라서 모든 대상자를 포괄할 수 있도록 성매매 목적의 인신매매 규정을 개정할 필요성이 있는 것이다. 이러한 입법적인 보완조치가 이루어지면 그 동안 논란이 되었던 선불금 사기죄에 대한 면책의 효과가 보다 쉽게 인정될 수 있을 것이다. 현행법상 선불금 등의 채무는 성매매처벌법 제10조에 의해 무효이고, 또한 민법 제746조의 불법원인급여이기 때문에 반환할 의무가 없지만, 선불금 등의 채무가 무효일지라도 사기죄로 처벌이 가능하다고 할 수 있다. 이와 같이 선불금 관련 사건에서 성매매여성에게 사기죄를 인정함에 있어서 그 대상이 주로 청소년이 아닌 성인인 경우가 대다수를 차지하고 있었던 것인데, 이는 성매매처벌법 제2조 제1항 제3호 나목에 의하여 성매매 목적의 인신매매 대상이 청소년에 국한되어 있었기 때문이라고 할 수 있다. 그리하여 성인의 경우에는 성매매피해자성을 부정하여 사기죄를 적용하여 처리할 것인지의 여부가 전적으로 법원의 해석에 일임되어 있었기 때문에 업주로부터 벗어나고자 하는 성매매여성에게 실질적인 도움을 주지 못하고 있었던 것이다. 그러므로 성매매알선업주가 성매매여성을 사기죄로 고소할 경우에 있어서 당해 성매매여성이 부담하고 있는 선불금 관련 채무는 성매매처벌법 제10조에 의거하여 무효라는 법리[17)]

---

17) 기존에는 (구) 윤락행위등방지법 제20조 또는 성매매처벌법 제10조 등의 명시적인 근거조문을 통해 채권

와 성매매피해자성을 인정하는 법리를 적극적으로 적용하여 형사처벌의 대상이 되는 사기죄의 성립을 부정하고, 보호와 지원의 대상이 되는 성매매피해자로 파악해야 할 것이다.

Ⅳ. 글을 마치며

성매매처벌법에서 성매매피해자 관련 규정을 신설한 것은 피해자의 인권보장 관점에서 분명히 진일보한 입법자의 선택이었다. 하지만 입법취지와는 달리 성매매여성 중 성매매피해자로 인정되는 비율이 극히 낮은 것이 현실인데, 이는 현행법상의 규정을 다시 한 번 검토해 볼 필요성이 있음을 의미한다고 하겠다. 이러한 문제의식에 입각한 본고에서의 검토 결과, 앞에서 살펴 본 여러 가지 해석론적·입법론적 문제점이 발견되었는데, 이를 지적하고 개선방안을 제시하는 것으로써 논의를 마무리하고자 한다.

먼저 성매매여성에 대한 전면적인 비범죄화를 주장하는 개정법률안과 관련하여, 자발적 성매매행위에 대하여 국가형벌권을 개입시키는 것은 공공복리 또는 사회질서의 유지의 관점에서 제한이 가능한 것이기 때문에 국가에 의한 정당한 간섭은 가능한 것이라는 점, 적극적이고 자발적으로 성매매를 하는 여성들이 증가하고 있으므로 이들을 처벌하지 않는 것은 대향적 지위에 있는 남성을 차별하는 문제가 발생할 수 있다는 점, 성매매여성의 비범죄화는 이러한 행위가 규범적으로 허용된다는 그릇된 인식을 강화시킬 수 있다는 점, 성매매 행위를 처벌하지 않으면 성매매 알선·권유·유인자 및 장소 제공자에 대한 처벌근거도 결국에는 상실하게 될 가능성이 있다는 점, 만약 성매매피해자가 아닌 자발적 성매매 여성에 대해 사회 구조적으로 성매매를 할 수 밖에 없다는 논리에 근거하여 이들을 모두 피해자로 규정한다면, 이는 성매매여성을 능동적이고 인격적인 주체가 아닌 수동적이고 피동적인 객체로서 파악하여 오히려 성매매여성을 비하하는 논리로 악용될 소지가 있다는 점 등의 문제점이 발생할 수 없기 때문에 이를 그대로 받아들이기에는 곤

을 무효화하는 것보다는 민법 제103조, 민법 제746조 등을 통한 불법원인급여를 이유로 채권을 무효화하는 것이 주류적인 입장(대법원 2004. 9. 3. 선고 2004다27488,27495 판결)이었다. 하지만 민법상 '선량한 풍속 기타 사회질서' 또는 '불법원인급여'라는 일반조항의 적용보다는 성매매처벌법에 명시적으로 규정되어 있는 '불법원인채권무효조항'의 직접적인 적용을 통하여 보다 많은 세부적인 사안에 대한 판례를 형성하는 것이 바람직하다.

란하다고 판단한다.

　다음으로 현행법은 강제력이나 위계 등에 의하지 아니한 상태에서 성매매를 택한 성인의 경우에는 성매매의 피해자로 보지 않고 있다. 성인은 미성년자보다 신체적·정신적으로 성숙하여 성적 자기결정권의 온전한 주체이므로 강제력이나 위계를 수반하지 않은 성인의 성매매는 성인의 성적 자기결정권의 행사라고 볼 수 있기 때문에 2013헌가2 사건이 위헌으로 결정되기는 사실상 매우 어려운 것으로 분석할 수 있다.

　마지막으로 현행법상의 성매매피해자 규정은 현실세계의 성매매 실태를 제대로 반영하고 있지 못하며, 규정의 엄격성으로 인하여 실제 적용대상이 될 수 있는 사안을 제대로 포섭하지 못하고 있는 현상이 발생하고 있어 문제점으로 지적되고 있는데, 이를 개선하기 위하여 첫째, '권유·유인에 의한 방법으로 성매매를 강요당한 사람'이라는 독립된 성매매피해자유형을 규정하는 것이 바람직하다. 둘째, 현행법상으로는 위계·위력 그 밖에 이에 준하는 방법으로 '성매매를 강요당한 사람'이 성매매피해자로 인정되지만, 성매매의 강요는 위계·위력 그 밖에 이에 준하는 방법 그 자체로도 인정될 수 있기 때문에 '성매매를 강요당한 사람'을 '성을 파는 행위를 하게 된 사람'으로 수정하는 것이 타당하다. 셋째, 일각에서는 '이에 준하는 방법'의 일환으로서 '사회적·경제적 취약함으로 인하여 성을 팔 수 밖에 없는 위치에 있는 상태'도 포섭하려는 주장이 제기되기도 하지만, 이를 명문의 규정으로 둘 경우에는 이로 인한 성매매피해자의 식별 자체가 애매모호할 뿐만 아니라 사회적·경제적 취약이라는 기준의 한계설정이 어렵다는 점에서 받아들이기는 힘들다. 넷째, 성매매알선 등 행위에 해당하는 4가지 행위태양 가운데, 상대적으로 가장 불법성이 적은 권유행위와 가장 불법성이 큰 강요행위를 제외하고 알선·유인행위만을 상정하고 있는 것은 입법상의 불비라고 판단되므로, 권유·강요행위도 추가하는 것이 바람직하므로 제2조 제1항 제4호 라목은 '사물을 변별하거나 의사를 결정할 능력이 없거나 미약한 사람으로서 성매매를 하도록 알선, 권유, 유인 또는 강요된 사람'이 되어야 할 것이다. 다섯째, 대통령령으로 정하는 중대한 장애가 있는 사람의 범주에 해당하는 사람은 '사물을 변별하거나 의사를 결정할 능력이 없거나 미약한 사람'의 범주에 충분히 포섭이 가능하다고 보이며, 설사 대통령령으로 정하는 중대한 장애가 있는 사람의 범주에 해당하는 사람이라고 할지라도 해석에 의하여 사물을 변별하거나 의사를 결정할 능력이 없거나 미약한 사람의 범주에 포함될 수 있기 때문에 별도로 후단 부분을 중복적으로 규정할 필요성은 없다고 판단된다. 여섯째, 제2조 제1항 제3호 나목의 '가목과 같은 목적으로 청소년보호법 제2조 제1호에 따른 청소년, 사물을 변별하거나 의사를 결정할 능력이 없거나 미약한 사람 또는 대통령령으로 정하는 중대한 장애가 있는 사람이나 그를 보호·감독하는 사람에게 선불금 등 금품이나 그 밖의 재산상의 이익을 제공하거나 제공하기로 약속하고 대상자를 지배·관리하면서 제3자에게 인계하는 행위'는 '가목과 같은 목적으로 선불금 등 금품이나 그 밖의 재산상의 이익을 제공하거나 제공하기로 약속하고 대상자를 지배·관리하면서 제3자에게 인계하는 행위'로 수정하여야 한다.

제7강 해외 청소년성매매에 대한 실효적인 대응방안

Ⅰ. 문제의 제기

현행 「아동·청소년의 성보호에 관한 법률」[1](2012. 12. 18. 타법개정 법률 제11574호, 2013. 6. 19. 시행) 제13조 제1항에서는 "아동·청소년의 성을 사는 행위를 한 자는 1년 이상 10년 이하의 징역 또는 2천만 원 이상 5천만 원 이하의 벌금에 처한다"고 하여 「성매매알선 등 행위의 처벌에 관한 법률」[2](2013. 4. 5. 타법개정 법률 제11731호, 2013. 4. 5. 시행) 제21조 제1항에서 "성매매를 한 사람은 1년 이하의 징역이나 300만 원 이하의 벌금·구류 또는 과료에 처한다"는 규정과 비교하여 볼 때, 성판매의 대상자가 19세 미만에 해당하는 아동·청소년인 경우[3]에는 성인에 비하여 징역형에 있어서는 최대 10배, 벌금형에 있어서는 최대 약 19배 정도의 불법성을 띠고 있는 반사회적인 행위로 평가하고 있다. 게다가 성매매처벌법에서는 성매매죄[4]에 대한 미수범처벌규정이 존재하고 있지 않지만, 아청법에서는 아동·청소년의 성을 사기 위하여 아동·청소년을 유인하거나 성을 팔도록 권유한 자는 1년 이하의 징역 또는 1천만 원 이하의 벌금에 처하고 있는데, 이는 아동·청소년성매매죄의 前 단계에 해당하는 아동·청소년성매수유인죄와 아동·청소년성매수권유죄라는 독립적인 구성요건을 두어 아동·청소년의 성을 견고하게 보호하려는 의지를 표현함과 동시에 동 범죄의 초기 단계에 있어서의 검거와 강력한 처벌이라는 두 가지의 목적을 달성하고자 한다.[5] 2000. 2. 3. 법률 제6261호로 (구) 「청소년의 성보호에 관한 법률」의 직접적인 제정배경[6]이 당시의 소위 '원조교제'라고 불리는 청소년성매매의 폐해에 대한 국가의 강력한 개입의지에서 비롯된 것이라고 평가할 수 있을 정도로 청소년성매매는 미래의 주역이라고 할 수 있는 청소년들에 대한 심각한 폭력이자

---

* 소년보호연구 제23호, 한국소년정책학회, 2013. 10.
1) 이하에서는 '아청법'이라고 한다.
2) 이하에서는 '성매매처벌법'이라고 한다.
3) 다만, 19세에 도달하는 연도의 1월 1일을 맞이한 자는 제외한다(아청법 제2조 제1호 후단).
4) 성매매처벌법상 성매매죄의 개념에 대한 보다 자세한 논의로는 박찬걸 "성매매죄의 개념에 관한 연구", 법학논총 제26집 제1호, 한양대학교 법학연구소, 2009. 3, 455면 이하 참조
5) 아청법상의 청소년성매수죄, 청소년성매수유인죄, 청소년성매수권유죄 등에 대한 보다 자세한 논의로는 박찬걸, "청소년성매수 관련 범죄의 개념에 관한 고찰", 소년보호연구 제13호, 한국소년정책학회, 2009. 12, 249면 이하 참조
6) 우리나라 성매매입법의 변천과정에 대한 보다 자세한 논의로는 박찬걸, "한국 성매매정책의 변천과정에 대한 검토 - 2004년 성매매처벌법 제정 이전까지를 중심으로 - ", 홍익법학 제13권 제2호, 홍익대학교 법학연구소, 2012. 6, 299면 이하 참조

지울 수 없는 인권침해행위라고 할 수 있다. 이에 따라 그동안 우리 사회에서는 청소년 성매매의 불법성 및 처벌의 당위성에 대한 적극적인 홍보로 인하여 적어도 우리나라에서 청소년성매매가 중대한 범죄에 해당한다는 인식은 2000년 이전과 달리 널리 확산된 것으로 평가되고 있다. 하지만 불행하게도 이러한 인식이 해외에 있는 아동·청소년을 대상으로 하는 성매매행위에까지 폭넓게 미치지 못하고 있다는 점은 또 다른 차원에서의 접근방식을 요구하는 대목이라고 하겠다.

우리나라의 형법은 장소적·인적 적용범위와 관련하여, 대한민국영역 내에서 죄를 범한 내국인과 외국인에게 적용한다(형법 제2조)고 하여 속인주의를 원칙으로 하고 있으며, 형법 제3조에서는 대한민국영역 외에서 죄를 범한 내국인에게 적용한다고 하여 '내국인의 국외범'을 처벌하는 속인주의를 가미하고 있다. 한편 형법과는 별도로 아청법 제33조에서는 '내국인의 국외범 처벌'이라는 표제하에 "국가는 국민이 대한민국 영역 외에서 아동·청소년대상 성범죄를 범하여 형법 제3조에 따라 형사처벌하여야 할 경우에는 외국으로부터 범죄정보를 신속히 입수하여 처벌하도록 노력하여야 한다"고 규정하고 있다. 하지만 이와 같은 명문의 규정에도 불구하고 우리나라에서 청소년성매매 관련 범죄를 저지른 내국인의 국외범 처벌사례는 그리 흔한 일이 아니다. 이러한 반성의 일환으로 경찰청은 성매매처벌법 시행에 따른 단속강화로 최근 동남아시아에서 우리나라 남성들이 골프관광 시 성구매하는 사례가 증가하고 있는 가운데, 2007. 6. 12. 미국 국무부 인신매매 보고서(Traffiking in Persons Report)[7]에서는 "한국 남성들이 성매매를 위해 중국을 비롯하여 필리핀, 캄보디아, 태국 등 동남아시아 국가를 방문하고 있다. 한국인은 동남아시아와 태평양 도서 지방의 성매매 관광의 주요한 원천이다"고 언급하는 등 국가이미지가 실추되고 있어 2008. 4. 1.부터 특별단속을 실시하는 등 해외성매매 근절 종합대책을 추진하여 엄정한 국가법질서를 확립, 선진 일류 국가 건설의 기틀을 마련할 계획이라고 밝힌 바 있다.[8] 최근 중국 및 동남아시아 여행 중 남성 위주의 골프관광이 증가함에 따라 해외원정 성매매와 연결되는 사례가 급증하면서 중국, 베트남 등지에서 성매매 혐의로 검거되는 우리 국민도 증가하고 있는 실정이다. 하지만 해외에서 이루어지는 성매매사건의 경우 관련자료 확보가 어려우며, 국내에서의 단속에 한계가 있고, 외국 사법당국으로부터

---

7) 또한 동 보고서에서는 2009년, 2010년, 2011년, 2012년에 걸쳐 한국을 동남아시아 지역의 청소년성매매 관광의 주 고객으로 규정하며, 한국 정부가 해외 청소년 성매매 관광객에 대한 단속과 처벌에 미온적이라고 비난하였다.

8) 경찰청, "경찰, 국가이미지 제고 위해 해외 성매매사범 근절키로-예방 홍보활동 및 외국 경찰기관과 긴밀한 수사협력체제 구축 등 해외성매매 근절 종합대책 추진-", 보도자료, 2008. 3. 28.

신속한 수사자료 확보에 어려움이 있다. 그러므로 내국인이 외국 사법당국에 적발될 경우 우리나라 공관에 관련사실의 신속한 통보와 국내 수사를 위한 기록 및 재판서류의 제공이 필요하며, 이러한 기록 및 서류 등을 제공받기 위해서는 관련 법률에 따른 신속한 국제형사사법공조[9]의 실시가 필요하다. 이상과 같은 해외 청소년성매매에 대한 문제의식을 바탕으로 본고에서는 먼저 청소년성매매행위의 직접적인 규제 법률이라고 할 수 있는 아청법상의 내용을 살펴보는데, 특히 성매매신고포상금제도의 개선방안에 대하여 모색해 본다(Ⅱ). 다음으로 해외 청소년성매매의 알선 및 광고 등의 불법행위를 자행하고 있는 일부 여행업계에 대한 조치로서 현행 관광진흥법상의 규제 및 평가를 통하여, 여행업계에 대한 행정제재 부과방안, 양벌규정의 신설, 관련 종사자의 취업제한방안 등을 논의해 본다(Ⅲ). 끝으로 여권법 제12조에 의하면 외교부장관은 '외국에서의 위법한 행위 등으로 국위를 크게 손상시킨 사실이 재외공관 또는 관계 행정기관으로부터 통보된 사람'에 대하여는 그 사실이 있는 날부터 1년 이상 3년 이하의 기간 동안 여권의 발급 또는 재발급을 제한할 수 있는데, 이러한 여권발급제한제도의 의의와 내용을 살펴보고, 지난 2013. 9. 12. 성매매방지대책추진점검단 회의에서 여권발급 제한의 대상과 관련하여 '성매매 관련 범죄로 인하여 국내 수사기관에 의한 기소유예 이상의 처분을 받고 통보된 자'를 그 대상으로 하기로 협의를 진행한 것과 관련하여 이를 분설해 봄과 동시에 여권발급 제한 기간의 차별화, 여권발급 제한시기의 기산점 등도 동시에 검토해 보며(Ⅳ), 논의를 마무리하기로 한다(Ⅴ).

---

9) 이와 같이 해외 성매매범죄에 대한 실질적인 예방 및 처벌의 대책은 이해관계국의 협력을 요하는 문제로서 국제형사사법공조가 불가피한 실정이다. 일반적으로 국제형사사법공조란 형사사건과 관련된 국제협력을 통하여 범죄의 예방과 진압 그리고 범죄자의 인권을 존중하려는 국가 간의 협력행위를 의미한다고 하겠는데, 해외 성매매범죄와 관련해서는 전자의 의미가 훨씬 강하게 나타난다고 할 수 있다. 해외 성매매범죄는 특정 국가의 국내질서를 위반하는 것을 넘어서 국제사회에서 인정되는 보편적인 가치인 청소년의 성적 자기결정권이라는 법익을 침해하는 것을 의미하기 때문에 국제사회는 그러한 범죄의 진압을 위한 공통적인 사명을 부여받게 된다. 또한 해외에서 발생하는 성매매의 경우 증거의 수집 및 확보 등에 있어서 관련 국가들의 사법적 도움 없이는 효과적인 대응이나 범죄의 척결이 어려우므로 이러한 범죄에 관련된 국가들은 적극적으로 상호 협력할 의무를 지니게 된다. 2013. 9. 현재 우리나라와 형사사법공조조약이 체결되어 있는 국가로는 중국, 캐나다, 프랑스, 러시아, 뉴질랜드, 몽골, 브라질, 인도네시아, 우즈베키스탄, 필리핀, 태국, 베트남, 카자흐스탄, 인도, 멕시코, 일본, 알제리, 남아프리카공화국, 벨기에, 쿠웨이트, 페루, 불가리아, 아르헨티나, 말레이시아, 스페인 등 총 25개국이 있는데, 이와 같이 체결국가가 그리 많지 않은 이유 때문에 그 이외의 국가에서 발생하는 범죄에 대해서는 공조수사 자체가 어려운 실정이다. 특히 해외 청소년성매매의 주요 대상국가라고 할 수 있는 미국, 영국, 독일, 캄보디아, 라오스, 캐나다 등의 경우에는 아직까지도 형사사법공조조약이 체결되어 있지 않고 있는 실정이다.

Ⅱ. 아청법상의 규제 및 평가

1. 구체적인 내용

우리나라에 있어서 성매매행위에 대한 처벌의 규제방식은 성판매자의 연령에 따라 이원화되어 있다고 볼 수 있는데, 성판매자가 성인인 경우에는 성매매처벌법에 의하여 규율하고 있으며, 성판매자가 청소년인 경우에는 아청법에 의하여 규율하고 있는 것이 그것이다. 즉 아청법은 아동·청소년대상 성범죄의 처벌과 절차에 관한 특례를 규정하고 피해아동·청소년을 위한 구제 및 지원절차를 마련하며 아동·청소년대상 성범죄자를 체계적으로 관리함으로써 아동·청소년을 성범죄로부터 보호하고 아동·청소년이 건강한 사회구성원으로 성장할 수 있도록 함을 목적으로 한다(아청법 제1조). 국가와 지방자치단체는 아동·청소년대상 성범죄를 예방하고, 아동·청소년을 성적 착취와 학대 행위로부터 보호하기 위하여 필요한 조사·연구·교육 및 계도와 더불어 법적·제도적 장치를 마련하며 필요한 재원을 조달하여야 하며(아청법 제4조 제1항), 국가는 아동·청소년에 대한 성적 착취와 학대 행위가 국제적 범죄임을 인식하고 범죄 정보의 공유, 범죄 조사·연구, 국제사법 공조, 범죄인 인도 등 국제협력을 강화하는 노력을 하여야 한다(아청법 제4조 제2항). 그리고 모든 국민은 아동·청소년이 이 법에서 정한 범죄의 상대방이나 피해자가 되거나 이 법에서 정한 범죄를 저지르지 아니하도록 사회 환경을 정비하고 아동·청소년을 보호·선도·교육하는 데에 최선을 다하여야 하며(아청법 제5조), 여성가족부장관은 아동·청소년대상 성범죄의 예방과 계도, 피해자의 치료와 재활 등에 관한 홍보영상을 제작하여 방송법 제2조 제23호의 방송편성책임자에게 배포하여야 한다(아청법 제6조 제1항). 여성가족부장관은 방송법 제2조 제3호 가목의 지상파방송사업자에게 같은 법 제73조 제4항에 따라 대통령령으로 정하는 비상업적 공익광고 편성비율의 범위에서 제1항의 홍보영상을 채널별로 송출하도록 요청할 수 있고(아청법 제6조 제2항), 방송사업자는 제1항의 홍보영상 외에 독자적인 홍보영상을 제작하여 송출할 수 있다. 이 경우 여성가족부장관에게 필요한 협조 및 지원을 요청할 수 있다(아청법 제6조 제3항).

2. 성매매신고포상금제도

가. 규정의 내용

수사실무에서 성매매를 단속함에 있어 가장 어려운 점은 성매매 현장을 적발하거나 성매매피해자[10] 등의 고소나 신고 등 진술에 의존할 수밖에 없다는 것이다. 이는 성매매피해자 등의 신고나 고소를 유도할 수 있는 제도적 장치가 마련되어야 함을 역설한다. 이러한 취지에서 성매매처벌법은 성매매신고보상금제도를 두고 있는 바, 성매매처벌법 제18조 제2항 제3호, 제18조 제3항 제3호·제4호, 제18조 제4항 및 제22조의 범죄를 수사기관에 신고한 사람에게는 보상금을 지급할 수 있다(성매매처벌법 제28조 제1항). 성매매범죄행위를 노출시켜 수사와 처벌을 촉진시키기 위해서는 그 업소와 관련한 성매매여성, 종업원 등 내부자들의 신고가 매우 중요하기 때문에 이러한 범죄행위 제보자에 대하여 일정한 범위 내에서 보상금을 지급하여 경제적인 이윤동기를 부여한 것이다. 이와 같은 성매매처벌법상의 신고보상금제도의 운영과는 달리 기존의 아청법에는 별다른 신고보상금제도가 인정되지 않아 일반법적인 성격을 지니는 성매매처벌법상의 신고보상금제도를 준용하여 운영해 왔었다. 하지만 청소년성매매죄의 불법성을 감안하여 보다 적극적인 대처의 일환으로 지난 2011. 9. 15. 일부개정을 통하여 아청법 제46조의2(현행법상으로는 제59조)를 신설하여 별도의 청소년성매매 신고포상금제도를 두고 있다. 즉 여성가족부장관은 청소년성보호법 제8조[11] 및 제13조부터 제15조[12]까지에 해당하는 범죄를 저지른

---

[10] 성매매피해자의 개념과 의의에 대한 보다 자세한 논의로는 박찬걸, "성매매처벌법상 성매매피해자 규정에 대한 검토", 피해자학연구 제20권 제1호, 한국피해자학회, 2012. 4, 317면 이하 참조.

[11] 제8조(장애인인 아동·청소년에 대한 간음 등) ① 19세 이상의 사람이 장애 아동·청소년(「장애인복지법」 제2조제1항에 따른 장애인으로서 신체적인 또는 정신적인 장애로 사물을 변별하거나 의사를 결정할 능력이 미약한 13세 이상의 아동·청소년을 말한다. 이하 이 조에서 같다)을 간음하거나 장애 아동·청소년으로 하여금 다른 사람을 간음하게 하는 경우에는 3년 이상의 유기징역에 처한다. ② 19세 이상의 사람이 장애 아동·청소년을 추행한 경우 또는 장애 아동·청소년으로 하여금 다른 사람을 추행하게 하는 경우에는 10년 이하의 징역 또는 1천500만 원 이하의 벌금에 처한다.

[12] 제13조(아동·청소년의 성을 사는 행위 등) ① 아동·청소년의 성을 사는 행위를 한 자는 1년 이상 10년 이하의 징역 또는 2천만 원 이상 5천만 원 이하의 벌금에 처한다. ② 아동·청소년의 성을 사기 위하여 아동·청소년을 유인하거나 성을 팔도록 권유한 자는 1년 이하의 징역 또는 1천만 원 이하의 벌금에 처한다.
제14조(아동·청소년에 대한 강요행위 등) ① 다음 각 호의 어느 하나에 해당하는 자는 5년 이상의 유기징역에 처한다. 1. 폭행이나 협박으로 아동·청소년으로 하여금 아동·청소년의 성을 사는 행위의 상대방이 되게 한 자 2. 선불금(先拂金), 그 밖의 채무를 이용하는 등의 방법으로 아동·청소년을 곤경에 빠뜨리거나 위계 또는 위력으로 아동·청소년으로 하여금 아동·청소년의 성을 사는 행위의 상대방이 되

사람을 수사기관에 신고한 사람에 대하여는 예산의 범위에서 포상금을 지급할 수 있는데, 이에 따른 포상금의 지급 기준, 방법과 절차 및 구체적인 지급액 등에 필요한 사항은 대통령령으로 정한다(아청법 제59조). 이를 구체적으로 살펴보면, 아청법 시행령 제29조(포상금의 지급 기준) 제1항에 의하면 법 제59조에 따른 신고(고소·고발을 포함한다)에 대한 포상금은 범죄를 저지른 것으로 신고된 사람이 해당 범죄로 기소되거나 기소유예 처분을 받은 경우에 지급한다. 하지만 법 제34조 제2항에 따라 수사기관에 신고할 의무가 있는 사람이 신고한 경우, 법 제59조 제1항에 따른 신고 대상 범죄의 실행과 관련된 사람이 신고하는 등 포상금을 지급하는 것이 적절하지 않다고 인정되는 경우, 범죄의 단속 사무에 종사하는 공무원이 직무와 관련하여 신고한 경우 중 어느 하나에 해당하는 경우에는 포상금을 지급하지 아니한다(아청법 시행령 제29조 제2항). 시행령 제29조에 따른 포상금을 지급받으려는 사람은 포상금 지급 사유의 발생을 안 날부터 1년 이내에 여성가족부령으로 정하는 바에 따라 포상금 지급 신청서를 여성가족부장관에게 제출하여야 하며(아청법 시행령 제30조 제1항), 여성가족부장관은 포상금을 지급할 때에는 여성가족부령으로 정하는 바에 따라 포상금 지급조서 및 지급대장을 작성하여야 한다(아청법 시행령 제30조 제2항). 제29조에 따른 포상금은 예산의 범위에서 100만 원 이내로 하되, 그 세부적인 지급액은 여성가족부령으로 정하는데(아청법 시행령 제31조 제1항), 포상금의 세부적인 지급액은 법 제13조의 범죄인 경우에는 70만 원, 법 제8조, 제14조 및 제15조의 범죄인 경우에는 100만 원으로 정해져 있다(아청법 시행규칙 제10조). 그럼에도 불구하고 신고자가 해당 범죄의 신고와 관련하여 「성매매알선 등 행위의 처벌에 관한 법률」 제28조에 따른 보상금 또는 「청소년 보호법」 제49조에 따른 포상금을 지급받은 경우에

게 한 자 3. 업무·고용이나 그 밖의 관계로 자신의 보호 또는 감독을 받는 것을 이용하여 아동·청소년으로 하여금 아동·청소년의 성을 사는 행위의 상대방이 되게 한 자 4. 영업으로 아동·청소년을 아동·청소년의 성을 사는 행위의 상대방이 되도록 유인·권유한 자 ② 제1항 제1호부터 제3호까지의 죄를 범한 자가 그 대가의 전부 또는 일부를 받거나 이를 요구 또는 약속한 때에는 7년 이상의 유기징역에 처한다. ③ 아동·청소년의 성을 사는 행위의 상대방이 되도록 유인·권유한 자는 7년 이하의 징역 또는 5천만 원 이하의 벌금에 처한다. ④ 제1항과 제2항의 미수범은 처벌한다.
제15조(알선영업행위 등) ① 다음 각 호의 어느 하나에 해당하는 자는 7년 이상의 유기징역에 처한다. 1. 아동·청소년의 성을 사는 행위의 장소를 제공하는 행위를 업으로 하는 자 2. 아동·청소년의 성을 사는 행위를 알선하거나 정보통신망에서 알선정보를 제공하는 행위를 업으로 하는 자 3. 제1호 또는 제2호의 범죄에 사용되는 사실을 알면서 자금·토지 또는 건물을 제공한 자 4. 영업으로 아동·청소년의 성을 사는 행위의 장소를 제공·알선하는 업소에 아동·청소년을 고용하도록 한 자 ② 다음 각 호의 어느 하나에 해당하는 자는 7년 이하의 징역 또는 5천만 원 이하의 벌금에 처한다. 1. 영업으로 아동·청소년의 성을 사는 행위를 하도록 유인·권유 또는 강요한 자 2. 아동·청소년의 성을 사는 행위의 장소를 제공한 자 3. 아동·청소년의 성을 사는 행위를 알선하거나 정보통신망에서 알선정보를 제공한 자 4. 영업으로 제2호 또는 제3호의 행위를 약속한 자 ③ 아동·청소년의 성을 사는 행위를 하도록 유인·권유 또는 강요한 자는 5년 이하의 징역 또는 3천만 원 이하의 벌금에 처한다.

는 지급받은 금액이 제1항에 따른 포상금보다 큰 경우에는 포상금을 지급하지 아니하고, 지급받은 금액이 제1항에 따른 포상금보다 적은 경우에는 지급받은 금액을 빼고 지급한다(아청법 시행령 제31조 제2항).

나. 규정의 문제점 및 개선방안

아청법 제59조 제1항에 따른 신고 대상 범죄의 실행과 관련된 사람이 신고하는 등 포상금을 지급하는 것이 적절하지 않다고 인정되는 경우에는 포상금을 지급하지 아니하는데, 신고의 활성화를 시키기 위한 전향적인 태도의 변화가 필요하다고 본다. 규정의 내용상 '청소년성매매의 실행과 관련된 사람'이라는 개념이 다소 애매할 수 있기 때문이다. 이는 청소년성매매 관련 범죄의 실행에 착수한 이후의 단계에 있는 경우를 의미하는 것으로 해석하여, 그 이전의 시기인 예비 또는 음모의 단계에 있어서는 적용하지 않는 것이 타당하다고 본다. 해외 성매매의 경우 알선업자 등에 의하여 성매매가 근시간 내에 곧 이루어질 것이라는 사실을 인식하는 단계에 이르러야 청소년성매매라는 범죄의 정을 알 수 있고, 이 단계에서 알선업자는 청소년성매수유인죄 내지 청소년성매수권유죄의 실행의 착수에 이른 것으로 평가되어 기소가 될 가능성이 있는 시기라고 할 수 있다. 하지만 신고자인 (예비)성구매자의 입장에서는 아직 청소년성매매죄의 실행의 착수에 이르지 아니한 단계이므로 신고를 하더라도 불이익이 따르지 않기 때문에 신고율의 향상에 도움이 될 것이다. 청소년에 대한 성매매행위는 우리 사회에서 뿌리 뽑아야 할 악한 행위이기 때문에 오히려 보상금의 액수를 늘려 적극적인 신고를 권장해야 할 것이다. 또한 그 금액을 시행령이나 시행규칙이 아닌 법률에 명시해야 홍보효과도 극대화될 것이다. 국가의 예산이 부족하다는 반대논거는 청소년성매매죄의 법정형에 하한형량제를 도입하여 불법성을 가중하고 있는 현재의 입법태도에 역행하는 인식의 부족에서 등장하는 변명에 불과할 뿐이다.[13]

---

13) 박선영·박찬걸, 「동남아시아 아동 성매매 관광의 현황과 대책」, 한국형사정책연구원, 2012. 12, 192면.

Ⅲ. 관광진흥법상의 규제 및 평가

1. 여행업계에 대한 행정제재 부과

해외를 여행지로 하는 골프여행 등 기획여행이 해외 성매매범죄의 연결통로가 되는 경우가 성행하고 있는 실정이다. 해외원정 성구매의 방법에 있어서, 40-50대의 경우에는 여행사에 의한 단체관광을 통해서 이루어지고 있고, 20-30대의 경우에는 현지 가이드가 올린 인터넷 광고를 통해서 이루어지며, 현지 가이드들이 해외 성매매 알선을 목적으로 e-mail을 통하여 광고하는 경우도 종종 있다. 예를 들면 골프관광 일정 이후 성구매로 이어지는 것이 일반적인 것이고, 밀착가이드는 낮 시간에는 손님의 쇼핑과 관광을 돕는 것뿐만 아니라 밤 시간에는 호텔에 함께 숙박하는 가이드를 말한다(이른바 '황제골프관광'). 관광을 목적으로 온 한국 남성의 대다수는 단체여행객으로 외국에 오는데 성구매와 관련하여 가이드가 정보제공 역할을 하는 듯하다. 특히 한국남성의 경우 일반적으로 유흥 밤 문화에 관심을 많이 보인다고 하는데, 특별히 이들을 위하여 입국과 동시에 공항에서 현지인 여성 1-2인과 차량, 호텔, 여행안내 등이 제공되는 1:1 또는 1:다수의 24시간 밀착형 프로그램도 성행하고 있다. 이러한 지역을 찾는 40-50대 남성들은 2인 1실이 아닌 1인 1실을 요구하는데, 이것은 성구매를 하려는 것을 암시하는 것이라고 파악할 수 있다.[14] 또한 20-30대 남성을 주 대상으로 하는 인터넷 해외 원정성매매 광고나 카페에서는 다양한 여성들의 사진을 미끼로 하여 고객이 원하는 가격과 일정을 맞춰서 현지에서 24시간 밀착 애인서비스를 제공해 주고 있다. 주로 e-mail을 통해서 은밀하게 견적서 등이 건네지는데, 이에는 식사, 호텔, 리조트, 성매매여성, 운전기사 등 모든 것에 대한 상세한 정보와 안내가 함께 제공된다. 경찰의 단속을 피하는 방법은 물론이고 항공권을 제외한 제반비용에 대한 현금거래방식, 실제 여행객들에 의한 경험담의 공유 등으로 손님을 유혹하고 있는 것이다. 이는 해외성매매 방지를 위하여 알선업자의 역할을 하고 있는 여행업계에 대한 단속 및 제재의 필요성을 부각시켜 주는 일련의 사례들이라고 할 수 있다.

현재 여행업계에 대한 규제를 하고 있는 대표적인 법률인 관광진흥법 제13조(국외여행 인솔자) 제1항에 의하면 여행업자가 내국인의 국외여행을 실시할 경우 여행자의 안전 및

---

14) 여성가족부, 「2007 전국 성매매 실태조사」, 2007. 11, 134면.

편의 제공을 위하여 그 여행을 인솔하는 자를 둘 때에는 문화체육관광부령으로 정하는 자격요건에 맞는 자를 두어야 한다. 이에 따른 국외여행 인솔자의 자격요건을 갖춘 자가 내국인의 국외여행을 인솔하려면 문화체육관광부장관에게 등록하여야 하고(관광진흥법 제13조 제2항), 문화체육관광부장관은 제2항에 따라 등록한 자에게 국외여행 인솔자 자격증을 발급하여야 한다(관광진흥법 제13조 제3항). 국외여행 인솔자의 자격요건으로서 국외여행을 인솔하는 자는 관광통역안내사 자격을 취득할 것, 여행업체에서 6개월 이상 근무하고 국외여행 경험이 있는 자로서 문화체육관광부장관이 정하는 소양교육을 이수할 것, 문화체육관광부장관이 지정하는 교육기관에서 국외여행 인솔에 필요한 양성교육을 이수할 것 중 어느 하나에 해당하는 자격요건을 갖추어야 한다(관광진흥법 시행규칙 제22조 제1항).

한편 골프여행 등 기획여행이 최근 급증하고 있는 상황에서 이에 대한 적절한 통제를 위하여 여행업의 등록을 한 자(이하 '여행업자'라고 한다)는 문화체육관광부령으로 정하는 요건을 갖추어 문화체육관광부령으로 정하는 바에 따라 기획여행을 실시할 수 있다(관광진흥법 제12조). 관광진흥법에 의하면 관할 등록기관등의 장은 관광사업의 등록 등을 받거나 신고를 한 자 또는 사업계획의 승인을 받은 자가 제12조에 따른 기획여행의 실시요건 또는 실시방법을 위반하여 기획여행을 실시한 경우에 해당하면 그 등록등 또는 사업계획의 승인을 취소하거나 6개월 이내의 기간을 정하여 그 사업의 전부 또는 일부의 정지를 명하거나 시설·운영의 개선을 명할 수 있는데(관광진흥법 제35조), 1차 위반의 경우에는 사업정지 15일, 2차 위반의 경우에는 사업정지 1개월, 3차 위반의 경우에는 사업정지 3개월, 4차 위반의 경우에는 영업취소 등이 그것이다(관광진흥법 시행령 제33조 제1항 별표 2).

이상의 법령을 살펴보면, 해외 성매매 관광여행의 여러 경로 중 기획여행에 대한 규제로서 기획여행의 실시요건 또는 실시방법을 정하도록 규정하고, 이를 위반하여 기획여행을 실시한 경우에는 일정한 행정제재를 단계적으로 부과하고 있다. 여기서 가장 큰 문제점은 관광진흥법상의 여러 규정 가운데 명시적으로 해외성매매관광을 규제하기 위한 실효적인 근거규정이 전무하다는 실정이다. 비록 기획여행에 대한 조건 및 동 조건의 위반에 대한 제재를 규율하고는 있지만, 이는 해외 성매매 관광여행을 겨냥한 것이 아니기 때문에 해외 성매매관광을 원인으로 행정규제가 부과된 적은 없는 것이다. 그러므로 사업정지 또는 영업취소 등에 대한 사유로서 '해외 성매매의 유인, 권유, 알선 등의 행위를 한 경우'라는 독립적인 위반의 유형을 신설하는 것이 가장 시급하다. 그리고 이 경우에 있어서 행정제재의 수위는 다른 행정법적 규율의 위반보다 가중된 형태를 띠는 것이 바람직하다. 이는 순수한 행정범적 성질만을 지니는 것이 아니라 형사범적 성질을 띠는 범죄행위를 한 것이기 때문이다. 이에 더하여 관광진흥법에 별도로 여행업자에 대한 형사처벌의 조항을 신설하는 것이 필요하다고 본다.

또한 국외여행 인솔자의 자격요건으로서 국외여행을 인솔하는 자는 문화체육관광부장관이 정하는 소양교육을 이수할 것 또는 문화체육관광부장관이 지정하는 교육기관에서 국외여행 인솔에 필요한 양성교육을 이수할 것 등이 필요한데, 동 교육에서 필수적으로 해외 성매매 시 행위자는 국내에서 관련법에 따라 형사처벌받으며, 여행사는 관광진흥법에 의하여 처벌받을 수 있을 뿐만 아니라 관련 종사자가 취업의 제한, 형사법적 처벌 등의 제재를 부과 받는다는 사실을 인식시켜야 할 것이다. 국외여행인솔자를 위한 교육기관에서 해외여행시의 성매매 예방에 대한 인솔자들의 교육은 해외 성매매의 중간고리 역할을 하는 업계에 대한 자정노력의 일환으로 반드시 필요한 것이다. 왜냐하면 일반적인 여행객의 경우 개인적으로 해외에 소재하고 있는 성매매업소에 접근하는 것 자체가 상당히 어렵기 때문에 이를 방조 또는 교사하는 중간알선자에 대한 인식의 개선은 해외 성매매 예방에 실질적인 효과를 보일 것이기 때문이다. 끝으로 국외여행사 및 인솔자에 대하여 '해외성매매도 국내법에 의하여 처벌된다'는 사실을 여행객들에게 홍보하도록 의무화할 필요도 있기 때문에, 이에 대한 관광진흥법상 의무규정의 신설이 필요하다고 본다.

2. 양벌규정의 신설

여행업계 등에서 고용한 종업원 등이 당해 법인의 업무에 관하여 위반행위를 한 사실이 인정되면, 종업원 등의 범죄행위에 대한 법인의 가담 여부나 이를 감독할 주의의무의 위반 여부를 법인에 대한 처벌요건으로 규정하여 법인이 면책될 가능성에 대한 규정을 전제로 하여, 그 종업원 등을 고용한 법인에게도 종업원 등에 대한 처벌조항에 규정된 벌금형을 과하도록 규정할 필요성이 있다. 즉 여행업계가 종업원 등의 해외 성매매 관련 범죄의 위반행위와 관련하여 선임·감독상의 주의의무를 충실히 이행했다는 점에 대한 입증을 하지 못하는 한 당해 법인에게 형벌을 부과할 수 있는 양벌규정을 관광진흥법에 신설해야 하는 것이다. 현실적으로 해외 성매매를 권유, 유인, 알선하는 여행가이드만을 처벌하는 것만으로 실효적인 단속의 효과를 거둘 수 없기 때문에 이를 선임·감독하는 주의의무가 부여되어 있는 업계의 지속적인 자체점검을 유도하는 기능을 할 것이다.

3. 관련 종사자의 취업제한

현행 아청법 제56조(아동·청소년 관련 교육기관 등에의 취업제한 등) 제1항에 의하면 아동·청소년대상 성범죄 또는 성인대상 성범죄(이하 '성범죄'라고 한다)로 형 또는 치료감호를 선고받아 확정된 자(제11조 제5항에 따라 벌금형을 선고받은 자는 제외한다)는 그 형 또는 치료감호의 전부 또는 일부의 집행을 종료하거나 집행이 유예·면제된 날부터 10년 동안 가정을 방문하여 아동·청소년에게 직접교육서비스를 제공하는 업무에 종사할 수 없으며, 「유아교육법」 제2조 제2호의 유치원, 「초·중등교육법」 제2조의 학교, 「학원의 설립·운영 및 과외교습에 관한 법률」 제2조 제1호의 학원, 같은 조 제2호의 교습소 및 같은 조 제3호의 개인과외교습자(아동·청소년의 이용이 제한되지 아니하는 학원·교습소로서 교육부장관이 지정하는 학원·교습소 및 아동·청소년을 대상으로 하는 개인과외교습자를 말한다), 「청소년 보호법」 제35조의 청소년 보호·재활센터, 「청소년활동진흥법」 제2조 제2호의 청소년활동시설, 「청소년복지 지원법」 제29조 제1항에 따른 청소년상담복지센터 및 같은 법 제31조 제1호에 따른 청소년쉼터, 「영유아보육법」 제2조 제3호의 어린이집, 「아동복지법」 제3조 제10호의 아동복지시설, 「성매매방지 및 피해자보호 등에 관한 법률」 제5조 제1항 제2호의 청소년 지원시설과 같은 법 제10조의 성매매피해상담소, 「주택법」 제2조 제2호의 공동주택의 관리사무소, 「체육시설의 설치·이용에 관한 법률」에 따라 설립된 체육시설 중 아동·청소년의 이용이 제한되지 아니하는 체육시설로서 문화체육관광부장관이 지정하는 체육시설, 「의료법」 제3조의 의료기관, 「게임산업진흥에 관한 법률」에 따른 인터넷컴퓨터게임시설제공업 및 복합유통게임제공업, 「경비업법」 제2조 제1호의 경비업을 행하는 법인, 영리의 목적으로 「청소년기본법」 제3조 제3호의 청소년활동의 기획·주관·운영을 하는 사업장(이하 '청소년활동기획업소'라 한다), 영리의 목적으로 연기·무용·연주·가창·낭독, 그 밖의 예능과 관련한 용역을 제공하는 자 또는 제공하려는 의사를 가진 자를 위하여 훈련·지도 또는 상담을 하는 사업장(이하 '대중문화예술기획업소'라 한다), 아동·청소년의 고용 또는 출입이 허용되는 아동·청소년과 해당 시설 등의 운영자·근로자 또는 사실상 노무 제공자 사이에 업무상 또는 사실상 위력 관계가 존재하거나 존재할 개연성이 있는 시설 등 또는 아동·청소년이 선호하거나 자주 출입하는 시설 등으로서 해당 시설 등의 운영 과정에서 운영자·근로자 또는 사실상 노무 제공자에 의한 아동·청소년대상 성범죄의 발생이 우려되는 시설 등의 어느 하나에 해당하는 기관·시설 또는 사업장(이하 이 호에서 '시설 등'이라 한다)으로서 대통령령으로 정하는 유형의 시설 등에 따른 시설·기관 또는 사업장을 운영하거나 아동·청소년 관련기관 등에 취업 또는 사실상 노무를 제공할 수 없다.

이상과 같이 아청법에서는 청소년성매매 관련 범죄로 인하여 형벌을 선고받은 자에 대하여 아동·청소년 관련 교육기관 등에의 취업을 10년 동안 제한하고 있는데, 여기에 여행업계, 관광업계 등의 기관은 제외되어 있다. 동 취업제한제도가 신설될 당시에는 취업제한의 대상이 청소년을 순수하게 접하는 교육기관에 한정되어 있었지만, 계속된 개정으로 인하여 '공동주택의 관리사무소' 등과 같이 직접적으로 청소년을 접하는 직업군이 아닌 영역으로까지 확대하고 있는 추세이다. 최근의 해외 성매매의 유인, 권유, 알선의 중간 역할을 여행 및 관광업계가 상당부분을 차지하는 실정에서, 동 업계 종사자들이 청소년 성매매 관련 범죄로 인하여 형벌을 선고받을 경우에 있어서도 일정 기간 동종 업계의 취업을 제한할 필요성은 충분히 있다고 본다.

Ⅳ. 여권법상의 규제 및 평가

1. 규제의 내용 및 실태

해외성매매 근절을 위한 적극적 조치로서 정부는 2008. 3. 28. 여권법 개정을 통하여 해외 성매매 관련 범죄자에 대하여 여권발급을 제한할 수 있는 규정을 두는 동시에 여권 반납을 명령할 수 있는 근거를 마련하였다. 즉 외교부장관은 '외국에서의 위법한 행위 등으로 국위를 크게 손상시킨 사실이 재외공관 또는 관계 행정기관으로부터 통보된 사람'에 대하여는 그 사실이 있는 날부터 1년 이상 3년 이하의 기간 동안 여권의 발급 또는 재발급을 제한할 수 있는데(여권법 제12조 제3항 제2호), 외교부장관은 이에 따라 여권의 발급 또는 재발급이 제한된 사람에 대하여 긴급한 인도적 사유 등 대통령령으로 정하는 사유가 있는 경우에는 해당 사유에 따른 여행목적에만 사용할 수 있는 여권을 발급할 수 있다(여권법 제12조 제4항). 이와 같이 현행 여권법 제12조는 "외국에서 위법한 행위로 국위를 크게 손상시킨 사실이 재외공관 또는 관계 행정기관으로부터 통보된 사람은 여권 발급을 제한할 수 있다"고 명시되어 있기는 하지만, 지금까지는 외국 현지에서 성매매를 하다가 강제 추방된 사람에 대해서만 여권 발급을 제한하였다. 이에 따라 지난 5년간(2008-2012년) 경찰이 적발한 해외 성매매 사범은 1,319명이지만, 실제 여권 발급 제한 조치를 받은 사람은 전체의 4% 수준인 55명에 그쳤던 것이다. 하지만 최근 여권법 제12조의 실효성을 높이기 위한 대책이 제시되어 주목을 받고 있는데, 정부는 2013. 9. 12. 관계부처(여성가족부·외교부·법무부 등)가 참여한 '성매매방지대책추진점검단' 회의를 열고 성매매 근절을 위해 여권 발급 제한 대상을 확대하기로 했다고 밝힌 것이다. 이에 따르면 경찰 등이 해외 성매매에 연루되어 국위(國威)를 손상시킨 사람으로 통보할 경우 1-3년간 여권을 발급받을 수 없도록 하는 행정처분 기준을 새로 마련하기로 했는데, 여성가족부 홍현주 권익지원과장은 "기본적인 제한 대상은 성매매로 기소유예 처분을 받은 사람이 될 것"이라고 밝혔다.[15]

2. 문제점 및 개선방안

가. 여권발급제한제도의 문제점

개정된 여권법 제12조 제3항 제2호[16]에 의하면 '외국에서의 위법한 행위 등으로 국위를 크게 손상시킨 사실이 재외공관 또는 관계 행정기관으로부터 통보된 사람'을 여권 발급 또는 재발급 대상으로 추가하고 있는데, 동 규정의 해석에 있어서 다음과 같은 몇 가지 문제점이 지적될 수 있다.

첫째, 동 규정이 해외 성매매사범에 대한 제재수단으로서의 역할을 제대로 할 수 있는가에 대한 의문이다. 즉 동 규정에서 '외국에서의 성매매행위'라는 문구를 사용하는 대신 '외국에서의 위법한 행위 등'이라는 표현을 하고 있는데, 이는 그 범위가 상당히 넓어 경

---

15) http://article.joins.com/news/article/article.asp?total_id=12601487&cloc=olink|article|default(2013. 9. 29. 최종검색).

16) 이하에서 법률의 명칭 없이 단순히 법조문만 적시되어 있는 것은 여권법상의 조문을 의미한다.

우에 따라서는 범죄행위뿐만 아니라 행정상의 의무위반이나 민사상의 불법행위도 포함될 여지가 충분하다고 본다. 이는 동 규정의 신설목적이 해외 성매매의 예방에 초점이 맞추어 진 것이 아니라는 점을 방증하는 것이다. 그러므로 '위법한 행위'에 대해서는 현행법과 같은 규정을 두는 것과 별개로 외국에서 범한 일정한 '범죄행위'로 인한 여권발급제한사유를 추가하는 것이 타당하다.

둘째, 외국에서의 위법한 행위를 하더라도 그 행위가 국위를 크게 손상시켰다는 인과관계가 입증이 되어야 한다. 이는 전자의 행위가 너무 확장되어 있는 것을 축소시키고자 한 의도라고 보이는데, 후자의 사실에 대한 입증이 그리 쉽지 않다는 점에서 문제가 있다고 본다. 대한민국의 위상을 크게 손상시킨 행위가 무엇을 의미하는지에 대해서는 함구하고 있기 때문이다. 이러한 불합리성과 모호성을 해결하기 위해서는 제12조 제1항 제1호의 규정과 같이 '장기 2년 이상의 형에 해당하는 죄' 또는 '장기 3년 이상의 형에 해당하는 죄' 등으로 법정형을 기준으로 제시하는 방안이 보다 타당하다고 보인다. 제12조 제3항 제2호의 사유에 적용될 수 있는 법정형의 기준은 제12조 제1항 제1호의 사유에 적용되고 있는 법정형의 기준과 비교하여 상대적으로 높게 책정되어야 할 것인데, 전자는 기소 이전의 시점을 기준으로 하지만 후자는 기소 이후의 단계에 적용되는 조항이기 때문이다. 그러므로 '장기 5년 이상의 형에 해당하는 죄' 또는 '장기 7년 이상의 형에 해당하는 죄' 등과 같은 기준을 설정하는 방안이 적절하다고 보이는데, 아청법상 청소년성매매죄의 법정최고형은 '징역 10년'이기 때문에 충분히 제12조 제3항 제2호의 사유에 적용될 수 있는 법정형에 포함될 수 있을 것으로 사료된다.

셋째, 제12조 제1항과 제12조 제3항을 비교해 보면, 제1항의 각호에 규정된 사유에 해당할 경우에는 기간의 제한 없이 여권의 발급 또는 재발급을 제한할 수 있지만, 제3항의 각호에 규정된 사유에 해당할 경우에는 '1년 이상 3년 이하의 기간'이라는 일정한 기간 동안 여권의 발급 또는 재발급을 제한할 수 있을 뿐이다. 이는 제1항에 규정된 사유의 불법성이 제3항에 규정된 사유의 불법성보다 상대적으로 높다는 측면을 고려한 것이라고 할 수 있는데, 여기서 문제가 될 수 있는 부분은 제1항 제1호의 사유인 '장기 2년 이상의 형에 해당하는 죄를 범하고 기소되어 있는 사람 또는 장기 3년 이상의 형에 해당하는 죄를 범하고 국외로 도피하여 기소중지된 사람'과 제3항 제2호의 '외국에서의 위법한 행위 등으로 국위를 크게 손상시킨 사실이 재외공관 또는 관계 행정기관으로부터 통보된 사람'의 관계설정이라고 할 수 있다. 제1항 제1호에서 말하는 '장기 2년 이상의 형에 해당하는 죄'란 선고형이 아니라 법정형을 의미하는 것으로써, 청소년성매매죄의 법정형은 이에 해당하기 때문에 청소년성매매 혐의로 기소가 되면 제1항 제1호가 적용된다. 하지만 기소 이전 단계라면 제1항 제1호가 적용될 수 없고, 단지 제3항 제2호에 따라 범죄행위가 재외공관 또는 관계 행정기관으로부터 통보된 사람에 한해서 일정한 기간 동안의 여권발급 또는 재발급이 제한되는데, 제3조 제2항에서 말하는 '외국에서의 위법한 행위 등으로 국위를 크게 손상시킨 사실'에 해당하는 범죄는 제1항 제1호에서 말하는 '장기 2년 이상의 형에 해당하는 (범)죄'는 당연히 포함하는 것으로 해석하는 것이 법체계의 정합성에 부응하는 것이다. 예를 들면 성매매처벌법 제21조 제1항에서 규정하고 있는 성인을 상대로 하는 성매매죄의 법정형은 '1년 이하의 징역이나 300만 원 이하의 벌금·구류 또는 과료'이기 때문에 제3조 제2항의 사유에 당연히 포함된다고 할 수는 없겠지만, 아청법 제13조 제1항에서 규정하고 있는 아동·청소년을 상대로 하는 성매매죄의 법정형은 '1년 이상 10년 이하의 징역 또는 2천만 원 이상 5천만 원 이하의 벌금'이기 때문에 제3조 제2항의 사유에 당연히 포함된다고 평가할 수 있다. 특히 청소년성매매죄의 법정형의 변천과정을 살펴보면, 2000. 2. 3. 제정된 (구) 청소년의 성보호에 관한 법률(법률 제6261호) 제5조에 의하면, '3년 이하의 징역 또는 2천만 원 이하의 벌금'으로 시작하였는데, 2009. 6. 9. 개정된 (구) 아동·청소년의 성보호에 관한 법률(법률 제9765호) 제10조 제1항에서는 '아동·청소년의 성을 사는 행위를 한 자는 3년 이하의 징역 또는 2천만 원 이하의 벌금에 처한다'고 하여 청소년성매수죄의 법정형에는 변화를 가하지 않았지만, 보다 실효적인 예방 및 단속을 위하여 동조 제2항에서 '아동·청소년의 성을 사기 위하여 아동·청소년을 유인하거나 성을 팔도록 권유한 자는 1년 이하의 징역 또는 1천만 원 이하의 벌금에 처한다'고 하여 청소년성매수유인죄와 청소년성매수권유죄를 신설하였고, 2010. 4. 15. 개정된 (구) 아동·청소년의 성보호에 관한 법률(법률 제10261호) 제10조 제1항에서는 '5년 이하의 징역 또는 3천만 원 이하의 벌금'으로 법정형을 상향조정한 바 있다. 그리고 2012. 12. 18. 개정되어 2013. 6. 19.부터 시행되고 있는 현행법 제13조 제1항에서는 청소년성매매죄의 법정형을 '1년 이상 10년 이하의 징역 또는 2천만 원 이상 5천만 원 이하의 벌금'으로 하여 형량하한제를 도입한 것에 특징이 있다. 이와 같이 우리나라의 최근 형사입법이 청소년성매매죄에 대하여 매우 강경한 대응을 하고 있다는 점, 국제적으로도 청소년에 대한 성매매행위는 그 불법성이 이견 없이 인정되고 있다는 점, 청소년성매매죄는 다른 범죄와 달리 해외 출국 전에 어느 정도 이를 예견하거나 의도하고 행하는 범죄라는 점 등을 감안한다면 여권법상의 독립적인 여권제한사유로 설정하는 방안도 고려해 볼 수 있다.

넷째, 외국에서의 위법한 행위 등으로 국위를 크게 손상시킨 사실이 있다고 할지라도 '재외공관 또는 관계 행정기관으로부터 통보'되지 않으면 당사자의 여권발급 또는 재발급을 제한할 수 없다.

다섯째, 제19조에 의하면 여권발급제한사유가 있는 경우 일정기간 동안 여권 등의 반납을 명하고 있지만, 동 규정을 위반할 경우에 대한 벌칙조항이 없어 그 실효성에 의문이 제기된다. 제재의 대상은 규정해 놓고 있지만 이를 제대로 집행할 수 있는 적절한 수단은 존재하고 있지 않은 상황에서 동 규범의 실효성은 제대로 담보되기 어려울 것이다. 그러므로 여권의 반납에 응하지 않을 경우를 대비하여 이에 대한 제재수단으로서 과태료 등의 행정제재를 동원할 수 있는 근거조항의 신설이 이루어져야 하겠다.

나. 성매매방지대책추진점검단 회의에서 제시된 여권발급제한제도와 관련하여

지난 2013. 9. 12. 성매매방지대책추진점검단 회의에서는 여권발급 제한의 대상과 관련하여 '성매매 관련 범죄로 인하여 국내 수사기관에 의한 기소유예 이상의 처분을 받고 통보된 자'를 그 대상으로 하기로 협의를 진행하였는데, 이를 분설해 보면 다음과 같다.

(1) 성매매 관련 범죄로 인하여

성매매입법에 관한 금지주의를 채택하고 있는 우리나라에서 성매매 관련 범죄를 규율하고 있는 법률은 크게 ① 성매매알선 등 행위의 처벌에 관한 법률, ② 아동·청소년의 성보호에 관한 법률, ③ 형법 등 총 3가지를 들 수 있다. 각 법률에서 형사처벌의 대상으로 삼고 있는 행위를 법정형이 중한 순서대로 나열해 보면 <표-1>과 같다.

<〈표-1〉 현행법상 성매매 관련 범죄의 처벌규정>

법 정 형	구성요건	근거조문
무기징역 또는 5년 이상의 징역	아동·청소년의 성을 사는 행위 또는 아동·청소년이용음란물을 제작하는 행위의 대상이 될 것을 알면서 아동·청소년을 매매 또는 국외에 이송하거나 국외에 거주하는 아동·청소년을 국내에 이송한 자	아청법 제12조 제1항
7년 이상의 유기징역	아청법 제14조 제1항 제1호부터 제3호까지의 죄를 범한 자가 그 대가의 전부 또는 일부를 받거나 이를 요구 또는 약속한 때	아청법 제14조 제2항
	1. 아동·청소년의 성을 사는 행위의 장소를 제공하는 행위를 업으로 하는 자 2. 아동·청소년의 성을 사는 행위를 알선하거나 정보통신망에서 알선정보를 제공하는 행위를 업으로 하는 자 3. 제1호 또는 제2호의 범죄에 사용되는 사실을 알면서 자금·토지 또는 건물을 제공한 자 4. 영업으로 아동·청소년의 성을 사는 행위의 장소를 제공·알선하는 업소에 아동·청소년을 고용하도록 한 자	아청법 제15조 제1항
5년 이상의 유기징역	1. 업무관계, 고용관계, 그 밖의 관계로 인하여 보호 또는 감독을 받는 사람에게 마약 등을 사용하여 성을 파는 행위를 하게 한 사람 2. 「폭력행위 등 처벌에 관한 법률」 제4조에 규정된 단체나 집단의 구성원으로서 제3항 제1호부터 제3호까지의 죄를 범한 사람	성매매처벌법 제18조 제4항 제1호 내지 제2호
	1. 폭행이나 협박으로 아동·청소년으로 하여금 아동·청소년의 성을 사는 행위의 상대방이 되게 한 자 2. 선불금, 그 밖의 채무를 이용하는 등의 방법으로 아동·청소년을 곤경에 빠뜨리거나 위계 또는 위력으로 아동·청소년으로 하여금 아동·청소년의 성을 사는 행위의 상대방이 되게 한 자 3. 업무·고용이나 그 밖의 관계로 자신의 보호 또는 감독을 받는 것을 이용하여 아동·청소년으로 하여금 아동·청소년의 성을 사는 행위의 상대방이 되게 한 자 4. 영업으로 아동·청소년을 아동·청소년의 성을 사는 행위의 상대방이 되도록 유인·권유한 자	아청법 제14조 제1항 제1호 내지 제4호
3년 이상의 유기징역	1. 다른 사람을 감금하거나 단체 또는 다중(多衆)의 위력을 보이는 방법으로 성매매를 강요한 사람 2. 성을 파는 행위를 하였거나 할 사람을 고용·관리하는 것을 이용하여 위계 또는 위력으로 낙태하게 하거나 불임시술을 받게 한 사람 3. 「폭력행위 등 처벌에 관한 법률」 제4조에 규정된 단체나 집단의 구성원으로서 제2항 제1호 또는 제2호의 죄를 범한 사람	성매매처벌법 제18조 제3항 제1호 내지 제4호
1년 이상의 유기징역	1. 제1항의 죄(미수범을 포함한다)를 범하고 그 대가의 전부 또는 일부를 받거나 이를 요구·약속한 사람 2. 위계 또는 위력으로 청소년, 사물을 변별하거나 의사를 결정할 능력이 없거나 미약한 사람 또는 대통령령으로 정하는 중대한 장애가 있는 사람으로 하여금 성을 파는 행위를 하게 한 사람 3. 「폭력행위 등 처벌에 관한 법률」 제4조에 규정된 단체나 집단의 구성원으로서 제1항의 죄를 범한 사람	성매매처벌법 제18조 제2항 제1호 내지 제3호

2년 이상 15년 이하의 징역	성매매와 성적 착취를 목적으로 사람을 약취 또는 유인한 사람	형법 제288조 제2항
	성매매와 성적 착취를 목적으로 사람을 매매한 사람	형법 제289조 제3항
1년 이상 10년 이하의 징역 또는 2천만 원 이상 5천만 원 이하의 벌금	아동·청소년의 성을 사는 행위를 한 자	아청법 제13조 제1항
10년 이하의 징역 또는 1억 원 이하의 벌금	1. 폭행이나 협박으로 성을 파는 행위를 하게 한 사람 2. 위계 또는 이에 준하는 방법으로 성을 파는 사람을 곤경에 빠뜨려 성을 파는 행위를 하게 한 사람 3. 친족관계, 고용관계, 그 밖의 관계로 인하여 다른 사람을 보호·감독하는 것을 이용하여 성을 파는 행위를 하게 한 사람	성매매처벌법 제18조 제1항 제1호 내지 제3호
7년 이하의 징역 또는 7천만 원 이하의 벌금	1. 영업으로 성매매알선 등 행위를 한 사람 2. 성을 파는 행위를 할 사람을 모집하고 그 대가를 지급받은 사람 3. 성을 파는 행위를 하도록 직업을 소개·알선하고 그 대가를 지급받은 사람	성매매처벌법 제19조 제2항 제1호 내지 제3호
7년 이하의 징역 또는 5천만 원 이하의 벌금	아동·청소년의 성을 사는 행위의 상대방이 되도록 유인·권유한 자	아청법 제14조 제3항
	1. 영업으로 아동·청소년의 성을 사는 행위를 하도록 유인·권유 또는 강요한 자 2. 아동·청소년의 성을 사는 행위의 장소를 제공한 자 3. 아동·청소년의 성을 사는 행위를 알선하거나 정보통신망에서 알선정보를 제공한 자 4. 영업으로 제2호 또는 제3호의 행위를 약속한 자	아청법 제15조 제2항 제1호 내지 제4호
5년 이하의 징역 또는 3천만 원 이하의 벌금	아동·청소년의 성을 사는 행위를 하도록 유인·권유 또는 강요한 자	아청법 제15조 제3항
3년 이하의 징역 또는 3천만 원 이하의 벌금	1. 성매매알선 등 행위를 한 사람 2. 성을 파는 행위를 할 사람을 모집한 사람 3. 성을 파는 행위를 하도록 직업을 소개·알선한 사람	성매매처벌법 제19조 제1항 제1호 내지 제3호
	1. 성을 파는 행위 또는 「형법」 제245조에 따른 음란행위 등을 하도록 직업을 소개·알선할 목적으로 광고(각종 간행물, 유인물, 전화, 인터넷, 그 밖의 매체를 통한 행위를 포함한다. 이하 같다)를 한 사람 2. 성매매 또는 성매매알선 등 행위가 행하여지는 업소에 대한 광고를 한 사람 3. 성을 사는 행위를 권유하거나 유인하는 광고를 한 사람	성매매처벌법 제20조 제1항 제1호 내지 제3호
2년 이하의 징역 또는 1천만 원 이하의 벌금	영업으로 성매매처벌법 제20조 제1항에 따른 광고물을 제작·공급하거나 광고를 게재한 사람	성매매처벌법 제20조 제2항

1년 이하의 징역 또는 1천만 원 이하의 벌금	아동·청소년의 성을 사기 위하여 아동·청소년을 유인하거나 성을 팔도록 권유한 자	아청법 제13조 제2항
1년 이하의 징역 또는 500만 원 이하의 벌금	영업으로 성매매처벌법 제20조 제1항에 따른 광고물이나 광고가 게재된 출판물을 배포한 사람	성매매처벌법 제20조 제3항
1년 이하의 징역이나 300만 원 이하의 벌금·구류 또는 과료	성매매를 한 사람	성매매처벌법 제21조 제1항

<표-1>에서 보는 바와 같이 현행 성매매 관련 범죄의 유형은 상당히 폭넓다고 할 수 있는데, 이에 대한 법정형도 당해 유형의 불법성에 상응하도록 규정되어 있음을 알 수 있다. 이를 구체적으로 살펴보면, ① 무기징역 또는 5년 이상의 징역, ② 7년 이상의 유기징역, ③ 5년 이상의 유기징역, ④ 3년 이상의 유기징역, ⑤ 1년 이상의 유기징역, ⑥ 2년 이상 15년 이하의 징역, ⑦ 1년 이상 10년 이하의 징역 또는 2천만 원 이상 5천만 원 이하의 벌금, ⑧ 10년 이하의 징역 또는 1억 원 이하의 벌금, ⑨ 7년 이하의 징역 또는 7천만 원 이하의 벌금, ⑩ 7년 이하의 징역 또는 5천만 원 이하의 벌금, ⑪ 5년 이하의 징역 또는 3천만 원 이하의 벌금, ⑫ 3년 이하의 징역 또는 3천만 원 이하의 벌금, ⑬ 2년 이하의 징역 또는 1천만 원 이하의 벌금, ⑭ 1년 이하의 징역 또는 1천만 원 이하의 벌금, ⑮ 1년 이하의 징역 또는 500만 원 이하의 벌금, ⑯ 1년 이하의 징역이나 300만 원 이하의 벌금·구류 또는 과료 등 총 16가지의 유형으로 불법성의 경중을 판단하고 있다.

이와 관련하여 2008. 1.부터 2013. 6.까지 해외 성매매 관련 국위손상자에 대한 여권 발급제한 처분 현황은 <표-2>와 같은데, 성별로 보면 남성이 23명, 여성이 41명으로 나타났으며, 국가별로 보면 미국, 중국, 일본 등 3개국에 국한되어 있었다.

<표-2> 성매매 관련 여권발급제한(여권 반납 포함) 처분 현황

기간: 2008. 1.-2013. 6.

연 도	대상자(명)
2008	16
2009	10
2010	5
2011	5
2012	19
2013. 6.	9
계	64

출처: 외교부, 정보공개 결정통지서(2084925), 2013. 6. 19.

이를 다시 위법행위별로 살펴보면 <표-3>과 같은데, 단순성매매행위가 35명으로 가장 많았으며, 그다음으로 성매매알선행위 11명, 성매매자 수송행위 5명, 풍속영업 위반행위 4명 등으로 나타났다.

<표-3> 위법행위별 처분 현황

기간: 2008. 1.-2013. 6.

위법행위 종류	대상자(명)
매춘방지법 위반	1
매춘부 관리	1
매춘업 영업	1
단순 성매매	35
성매매 공모	3
성매매 시설 제공	1
성매매 알선	11
성매매 여성 모집	1
성매매관련법 위반	1
성매매자 수송	5
풍속영업 위반	4
계	64

출처: 외교부, 정보공개 결정통지서(2084925), 2013. 6. 19.

문제는 <표-3>에서 위법행위의 종류별로 대상자를 파악하고 있지만, 여기서의 위법행위가 <표-1>에서 나타나고 있는 해당 법률의 어느 조항을 구체적으로 위반한 것인지가 불분명하다는 점이다. 예를 들면 성매매처벌법 제2조 제1항 제2호에 따르면 '성매매 알선 등 행위'란 '가. 성매매를 알선, 권유, 유인 또는 강요하는 행위, 나. 성매매의 장소를 제공하는 행위, 다. 성매매에 제공되는 사실을 알면서 자금, 토지 또는 건물을 제공하는 행위' 중의 어느 하나에 해당하는 행위를 하는 것을 말하는데, 위법행위의 유형에는 단순히 '성매매 알선'의 경우에는 11명이 처분을 받았다고 하면서, 이를 '성매매 시설 제공'의 유형과 구별하고 있는 것이다. 또한 성매매 알선의 경우에도 구체적인 법적용에 있어서는 법정형에 차이가 있을 수 있는데, 단순히 성매매알선행위를 한 사람은 성매매처벌법 제19조 제1항 제1호가 적용되어 3년 이하의 징역 또는 3천만 원 이하의 벌금에 처해지고, 아동·청소년의 성을 사는 행위를 하도록 유인·권유 또는 강요한 자는 아청법 제15조 제3항이 적용되어 5년 이하의 징역 또는 3천만 원 이하의 벌금에 처해지며, 영업으로 아동·청소년의 성을 사는 행위를 하도록 유인·권유 또는 강요한 자는 아청법 제15조 제2항 제1호가 적용되어 7년 이하의 징역 또는 5천만 원 이하의 벌금에 처해지고, 영업으로 성매매알선행위를 한 사람은 성매매처벌법 제19조 제2항 제1호가 적용되어 7년 이하의 징역 또는 7천만 원 이하의 벌금에 각각 처해지게 된다. 그리고 '단순 성매매'의 경우에도 아동·청소년의 성을 사는 행위를 한 사람인지 아니면 성인의 성을 사고파는 행위를 한 사람인지에 따라 해당법규가 달라지지만, 이에 대한 세부적인 사항은 파악되지 않고 있다. 특히 단순 성매매의 경우에 있어서 성판매자의 입장에서 보면 성매매피해자규정이 적용될 가능성이 있는 상황이 다수 존재할 것으로 보이는데, 이에 대한 파악도 없는 것으로 보인다. 하지만 이 보다 더 심각한 것은 '매춘방지법 위반', '성매매관련법 위반', '풍속영업 위반' 등과 같이 일반적인 법규위반사항만을 적시한 나머지 당해 행위의 불법성을 정확히 파악할 수 있는 세부 유형에 대해서는 함구하고 있는 유형을 포함시키고 있다는 점이다.

이와 같이 현행 실무의 태도가 위법행위의 종류를 다소 추상적으로 표현하고 있는 결정적인 이유는 여권법 제12조 제3항 제2호와 국위손상자에 대한 여권발급 제한 업무처리 지침 제3조 제1호 나목에 따른 결과라고 보인다. 왜냐하면 외교부장관은 외국에서의 위법한 행위 등으로 국위(國威)를 크게 손상시킨 사실이 재외공관 또는 관계 행정기관으로부터 통보된 사람에 대하여는 그 사실이 있는 날부터 1년 이상 3년 이하의 기간 동안 여권의 발급 또는 재발급을 제한할 수 있는데(여권법 제12조 제3항 제2호), 성매매의 경우에는 여권의 발급이 제한되는 기간이 3년으로 획일화되어 있기 때문이다(국위손상자에 대한 여권발급 제한 업무처리 지침 제3조 제1호 나목). 이와 같이 성매매의 불법성에 대한 경중의 비교를 통한 구체적인 적용법조의 차별성을 두고 있지 않고 일반적·추상적으로 단순히 '성매매'행위를 기준으로 하여 획일적으로 3년의 여권발급제한을 가하므로, 실무에서는 성매매 관련행위인지 아닌지에만 관심이 있을 뿐 구체적인 행위태양의 분석에는 상대적으로 미흡하게 다루고 있는 점이 없지 않아 있는 것이다.

하지만 성매매 관련 범죄의 유형 및 죄질에 따라 여권발급 제한의 기준은 차별성을 띠는 것이 비례성의 원칙에 부합하기 때문에 이러한 실무의 태도는 지양되어야 할 것이다. 관계 행정기관의 장은 그 소관 업무와 관련하여 여권법 제12조 제3항 각 호의 어느 하나에 해당하는 사람이 있다고 인정할 때에는 외교부장관에게 여권 등의 발급·재발급의 거부·제한이나 유효한 여권의 반납명령을 요청할 수 있는데, 이를 요청할 때에는 서면으로 그 요청사유, 거부·제한 기간이나 반납 후의 보관기간 등을 구체적으로 밝혀야 한다(여권법 시행령 제23조). 그러므로 요청서면의 요청사유를 기재함에 있어서 당해 범죄의 사실관계와 이에 적용될 수 있는 해당법조를 구체적으로 적시할 필요성이 있으며, 여권발급제한의 기간에 있어서도 위법행위의 모든 상황을 참작하여 적정한 기간을 제시하는 방안이 고려되어야 할 것이다.

(2) 국내 수사기관에 의한

외교부장관은 외국에서의 위법한 행위 등으로 국위(國威)를 크게 손상시킨 사실이 재외공관 또는 관계 행정기관으로부터 통보된 사람에 대하여 그 사실이 있는 날부터 1년 이상 3년 이하의 기간 동안 여권의 발급 또는 재발급을 제한할 수 있는데(여권법 제12조 제3항 제2호), 여기서 성매매와 관련된 외국에서의 위법한 행위[17] 등으로 국위를 크게 손상시킨 사실이 재외공관 또는 관계 행정기관으로부터 통보된 사람이란 외국에서 해당 국가의 법령을 위반하여 행한 행위(과실범 및 미수범을 포함한다)가 성매매에 해당 하는 사람으로서 외국에서의 위법행위로 인하여 해당국가의 권한 있는 기관으로부터 강제출국 처분(실형집행 후 강제출국 처분을 받은 경우를 포함한다. 이하 같다)을 받은 사실이 재외공관 또는 관계 행정기관으로부터 외교부로 통보된 사람을 말한다(국위손상자에 대한 여권발급 제한 업무처리 지침 제2조 제1호 나목). 이와 같이 현행법령에 따르면 여권발급제한 대상자로 되기 위해서는 외국에서 해당국가의 법령을 위반하여 행한 행위(과실범

---

17) 성매매와 관련된 외국의 입법례에 대한 보다 자세한 논의로는 박찬걸, "성매매죄의 합리화 방안에 관한 연구", 한양대학교 법학박사학위논문, 2010. 2, 88-135면 참조.

및 미수범을 포함한다)가 성매매에 해당하는 사람이라는 요건과 해당국가의 권한 있는 기관으로부터 강제출국 처분을 받은 사실이 재외공관 또는 관계 행정기관으로부터 외교부로 통보된 사람이라는 요건 등이 필요하므로 '성매매를 위법행위로 하고 있는 국가에서 우리나라 국민이 성매매행위를 할 것'이 요구된다. 그렇기 때문에 성매매에 관한 다양한 입법방식을 취하고 있는 여러 국가 가운데 성매매를 위법행위로 보고 있지 않은 국가에서 성매매행위를 한 대한민국 국민에 대해서는 여권발급제한을 원천적으로 할 수 없는 불합리한 점이 발생한다.

우리나라의 형법은 장소적·인적 적용범위와 관련하여, 대한민국영역 내에서 죄를 범한 내국인과 외국인에게 적용한다(형법 제2조)고 하여 속인주의를 원칙으로 하고 있으며, 형법 제3조에서는 대한민국영역 외에서 죄를 범한 내국인에게 적용한다고 하여 '내국인의 국외범'을 처벌하는 속인주의를 가미하고 있다. 한편 형법과는 별도로 아청법 제21조에서는 '내국인의 국외범 처벌'이라는 표제하에 "국가는 국민이 대한민국 영역 외에서 아동·청소년대상 성범죄를 범하여 형법 제3조에 따라 형사처벌하여야 할 경우에는 외국으로부터 범죄정보를 신속히 입수하여 처벌하도록 노력하여야 한다"고 규정하고 있다. 그렇기 때문에 비록 성매매를 위법행위로 보지 않고, 이를 강제출국의 사유로 인정하고 있지 않은 국가에서 성매매 관련 행위를 한 대한민국 국민에 대해서는 성매매를 원천적으로 금지하고 있는 국내법이 적용될 수 있기 때문에 국내 수사기관이 직접 수사를 행할 수 있게 된다. 따라서 국위손상자에 대한 여권발급 제한 업무처리 지침 제2조에서 여권발급제한의 요건으로써 규정하고 있는 '외국에서 해당국가의 법령을 위반하여 행한 행위(과실범 및 미수범을 포함한다)가 성매매에 해당하는 사람이라는 요건'은 '우리나라의 성매매 관련 법령을 위반한 행위를 한 사람'이라고 개정해야 할 것이다.

(3) 기소유예 이상의 처분을 받고

기소유예란 피의사실이 인정되지만 형법 제51조 각호의 사항을 참작하여 소추를 필요로 하지 않는 경우에 내려지는 처분이라는 점에서 범죄의 혐의가 불충분하거나 소추요건을 갖추지 못하는 경우 등의 객관적인 소추장애사유 때문에 행하는 그 밖의 불기소처분과는 근본적으로 성격이 다르다고 할 수 있다. 성매매사건의 검찰 처리현황을 살펴보면, 기소유예처분의 비율이 매년 과반수를 초과하는 형태를 보이고 있는데, 이는 존스쿨(John School)[18]의 시행으로 인한 영향으로 분석된다.

<h3>〈표-4〉 성매매사건의 검찰 처리현황</h3>

(단위: 명(%))

연도	계	기소				소년 보호 송치	가정 보호 송치	성매매 보호 송치	불기소						
		소계	구공판		구 약식				소계	기소 유예	혐의 없음	죄가 안됨	공소 권없 음	기소 중지	참고 인중 지
			구속	불구속											
2004	51 (100.0)	39 (76.5)	8	7	24	-	-	1	11 (21.6)	7	3	-	-	1	-
2005	325 (100.0)	187 (57.5)	15	15	157	-	-	6	124 (38.2)	97	26	-	1	7	1
2006	25,331 (100.0)	4,839 (19.1)	224	338	4,277	28	15	324	19,361 (76.4)	17,172	2,027	4	158	688	76
2007	19,854 (100.0)	5,123 (25.8)	148	649	4,326	58	48	328	13,800 (69.5)	10,487	3,124	1	188	357	140
2008	46,156 (100.0)	7,183 (15.6)	192	1,100	5,891	265	19	399	37,655 (81.6)	31,490	5,722	14	429	421	214
2009	73,553 (100.0)	10,803 (14.7)	257	2,000	8,546	281	3	581	61,109 (83.1)	51,497	8,876	3	733	624	151
2010	26,602 (100.0)	4,444 (16.7)	97	811	3,536	81	5	232	21,328 (80.1)	17,302	3,764	6	256	388	124
2011	19,573 (100.0)	4,725 (24.1)	141	739	3,845	76	3	193	14,146 (72.3)	11,126	2,729	2	289	331	99

출처: 대검찰청, 「범죄분석」, 2005-2012.

(4) (외교부에) 통보된 자

국위손상자에 대한 여권발급 제한 업무처리 지침 제2조 제1호 나목에 따르면, 외교부로의 통보를 할 수 있는 주체로써 '재외공관 또는 관계 행정기관'으로 규정하여 이원화되어 있다. 그러므로 재외공관이 외교부에 통보하는 경우는 외국에서의 성매매행위로 인하여 해당국가의 권한 있는 기관으로부터 강제출국 처분(실형집행 후 강제출국 처분을 받은 경우를 포함한다. 이하 같다)을 받은 사실을 인지한 경우에 있어서 통보하는 유형이 될 것이고, 검찰청을 위시한 국내의 관계 행정기관이 외교부에 통보하는 경우는 외국에서의 성매매행위로 인하여 우리나라의 형사절차에 따라 기소유예처분 이상을 부과받은 사실이 발생한 경우에 있어서 통보하는 유형이 될 것이다.

---

18) 존스쿨에 대하여 보다 자세한 논의로는 박찬걸·송주영, "성구매자 재범방지교육(John School)의 함축적 의미", 홍익법학 제14권 제2호, 홍익대학교 법학연구소, 2013. 6, 493면 이하 참조

(5) 여권발급 제한기간의 차별화

현행법령에 따르면 외국에서의 위법한 행위 등으로 국위를 크게 손상시킨 사실에 해당하는 범죄의 유형으로써, 살인, 강도, 납치, 인신매매 관련 범죄, 강간, 추행, 성매매, 청소년이용음란물 제작·배포 등 성범죄 등을 열거하면서 여권발급제한의 기간에 대해서는 일괄적으로 3년으로 규정하고 있다. 하지만 열거된 범죄에 대한 불법성이 차별적이라는 점을 감안하면 이와 같은 제한기간의 일원화는 타당하지 않다고 판단된다. 따라서 여권발급 제한기간의 차별화조치가 이루어져야 할 것인데, 이는 다시 ① 범죄의 불법성에 따른 제한기간을 어떠한 방식으로 나눌 것인가의 문제와 ② 구체적인 불법성이 판단된 이후에 제한기간을 정함에 있어서 정량화할 것인가 아니면 구간화할 것인가의 문제로 나누어서 살펴볼 필요성이 있다.

먼저 범죄의 불법성에 따른 제한기간을 어떠한 방식으로 나눌 것인가의 문제와 관련하여, 여권법 제12조 제3항에 따르면 그 기간을 1년 이상 3년 이하로 설정하고 있다. 형식적으로 본다면 살인죄와 청소년성매매죄에 대하여 제한기간을 동일하게 설정하는 것이 일견 타당하지 않게 보일 수도 있지만, 양죄의 성격에 비추어 볼 때 성매매 관련 범죄의 경우에 있어서 오히려 제한기간을 상향조정하는 것이 바람직한 경우를 충분히 상정할 수 있다고 본다. 여권발급 제한기간을 결정함에 있어서 당해 행위의 법정형도 물론 고려해야겠지만 이보다 더 결정적인 요소는 당해 행위의 재범가능성 또는 상습성의 판단이라고 할 수 있다. 이러한 관점에서 보면 살인죄를 상습적으로 범하기 위하여 해외에 출국하는 경우는 극히 예외적인 일이라고 하겠고, 반면에 성매매 관련 범죄, 특히 성매매자의 수송·성매매여성의 모집·성매매의 알선 등의 행위는 상대적으로 동종 범죄의 재범가능성이 상당히 높고 영업적으로 행해질 가능성이 높다는 측면에서 상습성도 인정되는 유형이라고 하겠다. 그러므로 성매매 이외의 범죄와 성매매 관련 범죄 상호간의 여권발급 제한기간 설정에 있어서 본질적인 차별원인은 발견할 수가 없다고 보아야 하기 때문에 성매매 관련 범죄 상호간에 있어서의 제한기간 설정의 문제만을 고려해도 충분하다고 판단된다.

<표-1>에서 살펴본 바와 같이 현행 성매매 관련 범죄의 법정형은 세부적으로 총 16가지의 유형으로 나누어지고 있는데, 최고 무기징역 또는 5년 이상의 징역에서부터 최하 1년 이하의 징역이나 300만 원 이하의 벌금·구류 또는 과료까지 그 폭이 상당히 넓다고 볼 수 있다. 이 중 가장 많이 적발되고 있는 유형이라고 할 수 있는 단순 성매매의 경우 그 대상자가 아동·청소년인 경우에는 ⑦유형(1년 이상 10년 이하의 징역 또는 2

천만 원 이상 5천만 원 이하의 벌금)에 해당하고, 일반 성인인 경우에는 ⑯유형이다. 이러한 법정형의 차이를 보더라도 현행 위법행위의 종류판단을 보다 구체화할 필요성이 있다.

생각건대 단순 성매매행위와 성매매조장 내지 알선행위의 불법성에 차이를 둘 수 있다는 점, 해외 성매매의 경우 개인이 직접적으로 접촉하여 이를 수행하기보다는 중간알선업자 내지 영업적으로 이를 조장하는 세력이 존재하기 때문에 수월하게 범죄가 진행된다는 점, 아동·청소년을 상대로 한 성매매행위와 성인을 상대로 한 성매매행위의 불법성에 차이를 둘 수 있다는 점 등을 고려하여 성매매 관련 범죄의 구성요건을 분석해 볼 때, 법정형이 장기 3년 이상의 징역에 해당하는 범죄와 법정형이 장기 3년 미만의 징역에 해당하는 범죄로 구별하여 여권발급 제한기간에 차별을 두는 것이 합리적이라고 본다. 이에 따르면 ⑫유형을 기준으로 하여 그 이상을 제1유형의 제한기간, 그 이하를 제2유형의 제한기간으로 나눌 수 있는데, 전자의 제한기간은 3년 이상 5년 이하로 규정하되, 후자의 제한기간은 1년 이상 3년 이하로 규정하는 것이 적절하다. 한편 여권법 제12조 제3항 제1호에서는 '여권법 제24조부터 제26조까지에 규정된 죄[19]를 범하여 그 형의 집행을 종료하거나 그 형의 집행을 받지 아니하기로 확정된 사람'을 제2호와 병렬적으로 나열하면서 제한기간을 설정하고 있는데, 여기서 여권법 제24조부터 제26조까지에 규정된 죄의 법정최고형이 3년 이하의 징역이라는 측면과 당해 행위태양들이 행정법적인 위반사항에 대한 제재조치로서의 역할을 한다는 측면에서 제1유형의 제한기간과 상이한 기준점

---

19) 제24조(벌칙) 제16조 제1호(제14조 제3항에 따라 준용되는 경우를 포함한다)를 위반하여 여권 등의 발급이나 재발급을 받기 위하여 제출한 서류에 거짓된 사실을 적은 사람, 그 밖의 부정한 방법으로 여권 등의 발급, 재발급을 받은 사람이나 이를 알선한 사람은 3년 이하의 징역 또는 700만 원 이하의 벌금에 처한다.
제25조(벌칙) 다음 각 호의 어느 하나에 해당하는 사람은 2년 이하의 징역 또는 500만 원 이하의 벌금에 처한다.
  1. 제16조 제2호(제14조 제3항에 따라 준용되는 경우를 포함한다)를 위반하여 다른 사람 명의의 여권 등을 사용한 사람
  2. 제16조 제3호(제14조 제3항에 따라 준용되는 경우를 포함한다)를 위반하여 사용하게 할 목적으로 여권 등을 다른 사람에게 양도·대여하거나 이를 알선한 사람
제26조(벌칙) 다음 각 호의 어느 하나에 해당하는 사람은 1년 이하의 징역 또는 300만 원 이하의 벌금에 처한다.
  1. 제16조 제4호(제14조 제3항에 따라 준용되는 경우를 포함한다)를 위반하여 사용할 목적으로 다른 사람 명의의 여권 등을 양도받거나 대여받은 사람
  2. 제16조 제5호(제14조 제3항에 따라 준용되는 경우를 포함한다)를 위반하여 채무이행의 담보로 여권 등을 제공하거나 제공받은 사람
  3. 제17조 제1항 본문 및 제2항에 따라 방문 및 체류가 금지된 국가나 지역으로 고시된 사정을 알면서도 같은 조 제1항 단서에 따른 허가(제14조 제3항에 따라 준용되는 경우를 포함한다)를 받지 아니하고 해당 국가나 지역에서 여권 등을 사용하거나 해당 국가나 지역을 방문하거나 체류한 사람

이 설정되어야 하는 논거로써 작용할 수 있다.

다음으로 제한기간을 정함에 있어서 정량화할 것인가 아니면 구간화할 것인가의 문제가 대두되는데, 현행법령과 같이 정량화하기 보다는 일정한 선택적 재량의 여지가 있도록 구간화하는 것이 범죄의 성질·동기·재범의 가능성·상습성 여부 등을 충분히 고려하는 방안이 될 것이다. 또한 이러한 방식은 법정형이 아니라 최종적인 형사처분의 결과에 따른 효과를 제대로 반영할 수 있다. 왜냐하면 동일한 범죄행위라고 할지라도 기소유예처분·벌금형·선고유예처분·집행유예처분·실형의 선고 등 형사사법상의 처리가 확연히 차이가 있을 수 있으며, 행위자의 속성을 고려하여 재범의 가능성 판단을 거쳐 제한기간을 설정하는 것이 보다 합리적인 제재가 될 것이기 때문이다. 또한 미수범의 경우와 성매매 관련 범죄를 범한 사람이 수사기관에 신고하거나 자수한 경우(성매매처벌법 제26조) 등의 사정도 고려할 수 있겠다.

(6) 여권발급 제한시기의 기산점

(가) 현행법상 제한시기 기산점의 불일치

현행 여권법에서는 외교부장관은 외국에서의 위법한 행위 등으로 국위(國威)를 크게 손상시킨 사실이 재외공관 또는 관계 행정기관으로부터 통보된 사람에 대하여는 '그 사실이 있는 날부터' 1년 이상 3년 이하의 기간 동안 여권의 발급 또는 재발급을 제한할 수 있도록 규정하고 있는 반면에(여권법 제12조 제3항 제2호), 국위손상자에 대한 여권발급 제한 업무처리 지침 제3조(여권 발급제한 기간)에서는 국위손상자에 대하여 '강제출국 처분 확정일자로부터' 3년 동안 여권의 발급을 제한한다고 하여 여권발급 제한시기에 있어서 불일치를 보이고 있다.

(나) 개선방안

여권법상 '그 사실이 있는 날부터'란 해외에서 성매매 관련 범죄를 행한 행위시점을 의미한다고 보이며, 국위손상자에 대한 여권발급 제한 업무처리 지침상의 '강제출국 처분 확정일자로부터'란 외국에서의 성매매 관련 범죄행위로 인하여 해당국가의 권한 있는 기관으로부터 강제출국 처분(실형집행 후 강제출국 처분을 받은 경우를 포함한다. 이하 같다)을 받은 사실이 행해진 시점을 의미하는 것으로 파악된다. 이렇게 보면 여권법상의 여권발급 제한시기의 기산점이 국위손상자에 대한 여권발급 제한 업무처리 지침상의 여권발급 제한시기의 기산점 보다 시간적인 순서상 필연적으로 앞당겨져 있는데, 과연 이러한 정책의 방향이 타당한지에 대해서는 재고의 여지가 있다고 본다.

생각건대 '성매매 관련 범죄로 인하여 국내 수사기관에 의한 기소유예 이상의 처분을 받고 통보된 자'를 대상으로 여권발급의 제한조치를 취하려는 입장을 견지할 경우에는 국내 수사기관으로부터의 처분결과를 외교부에 통지하여 외교부에서 해당 범죄행위에 대한 구체적인 발급제한의 기간을 결정한 시점으로부터 기산점을 설정하는 것이 타당하다고 본다. 여권법상 범죄행위가 있는 날로부터 여권발급 제한기간의 기산점을 산정하는 것은 아직 범죄의 혐의가 객관적으로 드러나지 않은 시점에서 행정상의 제재조치를 부과하는 것이기 때문에 타당하지 않기 때문이다. 한편 기소유예·선고유예·집행유예·벌금형의 선고와는 달리 실형이 선고되어 수형된 자에 대해서는 여권발급의 제한조치기간을 형의 집행이 종료될 때까지 정지시킬 필요성이 있으며, 이를 명문의 규정으로 두는 조치가 필요하다.

V. 글을 마치며

청소년성매매를 목적으로 하는 해외여행객들은 성적인 학대, 성노예 취급, 가학적 성행위 요구, 마약의 강요 등으로 한국남성에 대한 비난이 성매매여성들 사이에서는 높다고 하는데, 이는 한국과 한국인의 이미지 실추의 원인이 되고 있다. 이를 위해 해외 원정 성매매가 국가의 위상에 얼마나 치명적인 타격을 주는지에 대한 국가적 차원에서의 대대적인 홍보가 필수적이다. 특히 내국인의 국외범 처벌에 대한 적극적인 홍보가 필요한데, 2012. 10. 실시한 여론조사결과[20] 중 '해외 성매매에 대한 국내 처벌법 인지(認知)' 여부에 대한 응답내용을 살펴보면, 이를 인지하고 있다는 응답이 22.3%, 인지하고 있지 않

---

20) 동 여론조사는 ㈜ 인포서치가 2012. 1. 1.부터 2012. 10. 31.까지 서울, 부산, 대구, 인천, 광주, 대전에 거주하는 20세 이상 60세 이하 남녀 900명을 선정하여 훈련된 면접원을 통한 전화 설문조사의 방식으로 이루어졌다.

았다는 응답이 77.7%를 차지하고 있는데,[21] 이는 국내에 있어서 성매매처벌법의 시행 여부에 대한 응답의 태도와 정반대의 결과를 보이는 충격적인 결과라고 할 수 있다. 즉 2009년도에 실시된 국민의식 조사에서는 조사 대상자의 90.3%가 성매매가 불법이라고 대답하고 있는 것과 대조적인데, 이는 대다수의 국민들이 형법상의 속인주의라는 개념에 대한 이해도가 부족하기 때문에 국내가 아닌 해외 성매매의 경우에 있어서는 처벌하는 규정이 없다고 착각하고 있다는 점을 방증하고 있는 것이다. 이는 국내 성매매가 불법이라는 여러 기관에 의한 홍보는 대대적으로 진행되었던 반면에 해외 성매매가 불법이며 '우리나라의 자국법에 따라 처벌된다'라는 홍보는 상대적으로 극히 미미한 점에 기인한다고 볼 수 있다. 여성가족부장관은 아동·청소년대상 성범죄의 예방과 계도, 피해자의 치료와 재활 등에 관한 홍보영상을 제작하여 방송법 제2조 제23호의 방송편성책임자에게 배포하여야 하는(아청법 제6조 제1항) 의무가 부과되어 있음에도 이를 소홀히 한 점은 아닌가 반성해야 하는 부분이기도 하다. 특히 동남아시아 청소년 성매매에 대한 수요 증가는 보이지 않게 연결되는 여성과 아이들의 인신매매를 야기시킨다는 점에서 접근을 해야 한다. 성을 목적으로 여성을 구매하는 많은 남성들이 그들에게 권리가 있는 서비스를 단순히 구매하는 것이며, 그들 스스로는 상업적 성착취에 연루되었다는 것을 인정하지 않지만, 구조적인 측면에서 볼 때 이것은 국제적인 인신매매와 직결되어 있다는 점을 인식해야 한다.[22] 그러므로 국내와 달리 해외 성매매의 경우에는 청소년성매매와 결부하여 인신매매라는 국제적인 범죄와 결부되어 있다는 점에 대한 확실한 인식을 각인시켜야 한다고 본다. 이를 위하여 여성가족부, 외교부를 위시한 정부기관의 노력뿐만 아니라 여행업 관련기관, 시민단체 등을 통한 해외 성매매 관광 방지 관련 협조공문의 요청 내지 홍보물의 배부, 한국일반여행협회·한국관광협회 등을 통한 여행업계의 자율적인 정화노력 및 홈페이지 게재 협조, 행정지도, 감독의 강화 및 홍보 등으로 해외 성매매 방지를 위한 개인 및 사회의 의식전환이 중요한 것이다. 이와 관련 해외성매매 사범 근절을 위해서는 여행업계의 적극적인 협조와 참여가 꼭 필요한데, 이를 위해 전국 여행사 등에 경찰관서장 명의의 서한문을 발송하고, 아울러 문화체육관광부 주관으로 현재 시행 중인 국외여행 인솔자 소양교육에 해외성매매 관련 내용을 강화해야 하며, 경찰주재관을 활용한 원활한 해외성매매 첩보수집활동을 위하여 내국인이 자주 찾는 해외성매매 업소 등에

---

21) 박선영·박찬걸, 앞의 글, 208-210면.

22) 국회여성가족위원회, 「성매매집결지 개발이익 환수 및 해외 성매매 방지를 위한 법적·제도적 방안 자료집」, 2007. 4. 30, 76면.

대한 첩보수집활동을 강화하고, 해당 경찰기관과 긴밀한 협력체제를 구축하여 성매매 첩
보수집 시 현지 경찰의 즉각적인 검거활동이 될 수 있도록 조치하는 한편 외교부와 협조
하여 성매매 범죄자의 여권발급 제한 및 유효여권의 반납과 관련된 필요한 조치를 적극
강구하는 등 적극적인 현장참여를 통해 다각적이고 실효적인 해외성매매 근절 종합대책
을 추진해야 할 것이다.

제8강 성구매자 재범방지교육(John School)의 함축적 의미

Ⅰ. 문제의 제기

성매매알선 등 행위의 처벌에 관한 법률(법률 제11048호, 2011. 9. 15. 타법개정; 이하에서는 '성매매처벌법'이라고 한다)은 강제력이나 위계 등에 의하지 아니한 상태에서 성매매를 택한 성인의 경우에는 성매매의 피해자로 보지 않고 있다. 성인은 미성년자보다 신체적·정신적으로 성숙하여 성적 자기결정권의 온전한 주체이므로 강제력이나 위계를 수반하지 않은 성인의 성매매는 성인의 성적 자기결정권의 행사라고 볼 수 있고,[1] 경제활동이 어려운 청소년과 달리 굳이 성매매가 아니더라도 더 다양한 직업 영역에 접근하여 생계를 유지할 수 있으므로 성매도자도 처벌의 대상이 된다. 결과적으로 성인의 성매매는 선량한 성풍속이라는 사회적 법익을 침해하는 데에 그 가벌성이 있을 뿐이고, 개인적 법익을 침해하는 부분은 찾아볼 수 없다. 이와 같이 선량한 성풍속[2]을 그 보호법익으로 하는 단순 성매매죄는 성매매처벌법 제4조 제1호에 따라 원천적으로 불법으로 평가되고 있는데, 만약 이를 위반하고 성매매를 한 사람은 성매매처벌법 제21조 제1항에 따라 1년 이하의 징역이나 300만 원 이하의 벌금·구류 또는 과료에 처해진다. 2004. 9. 성매매처벌법의 시행 이후 원래 검찰은 내부적으로 성구매자의 경우 초범은 약식절차에 의해 벌금형에 처하되 재범이 우려되는 경우 보호사건으로 송치 또는 정식 형사재판의 청구를 원칙으로 하도록 지침을 마련한 바 있다.[3] 그런데 보호사건으로 법원에 송치할 경우 성매매 사실이 배우자 등 성구매자와 일정한 신분관계에 있는 사람들에게 알려질 수 있다는 사실이 걸림돌이 되면서 그 활용에 소극적이었다. 즉 검찰은 법원에 사건을 송치하지 않고 수사단계에서 사건의 종결처분을 내리면서 피의자와 여성권력의 반발을 적정한 차원에서 조율할 목적으로 성구매자 재범방지교육(일명 존스쿨, John School)을 국내에 도입하게 된 것이다.[4]

---

* 홍익법학 제14권 제2호, 홍익대학교 법학연구소, 2013. 6.
1) 헌법재판소 2011. 10. 25. 선고 2011헌가1 결정.
2) 성매매죄와 선량한 성풍속의 관계에 대해서는 박찬걸, "성풍속범죄에 대한 비판적 검토-'건전한 성풍속'이라는 보호법익을 중심으로-", 법무연구 제4권, 대한법무사협회 법제연구소, 2012. 4, 397-400면.
3) 성구매자 재범방지교육의 주된 대상자인 기존의 기소유예 및 약식기소 처분자의 현황을 살펴보면, 성매매처벌법 시행일인 2004. 9.부터 성구매자 재범방지교육의 도입시기인 2005. 6.까지 기소유예 대상자 1,042명, 약식기소 대상자 2,327명으로 나타나고 있다.
4) 이덕인, "성매매처벌과 재범방지정책에 관한 비판적 고찰", 동아법학 제43호, 동아대학교 법학연구소, 2009. 3, 208면.

이에 따라 지난 2005. 8. 27. 서울보호관찰소에서 성구매사범 초범자 8명에 대한 재범방지 교육이 최초로 시행되었고, 우리나라에서도 본격적으로 성구매자 재범방지교육이 시행되고 있다. 성구매자 재범방지교육은 성구매 초범자에 대하여 형사적 처벌보다는 교육을 통하여 성매매 예방과 근절의 필요성을 인식시키는 것이 효과적이라는 취지에서 도입된 것인데, 법무부에서 2005. 7. 22. 성구매 초범 남성에 대해 기소유예 처분을 하는 대신 교육을 받도록 하는 방안을 마련한 이래 2013. 3. 현재 전국 42개 보호관찰소에서 실시되고 있다. 성구매자 재범방지교육의 도입 당시 법무부에 따르면 "성구매자는 평범한 남성으로서, 성매매를 용인하는 남성 중심의 집단적 성문화에서 생활하면서 잘못된 성지식을 습득, 습관적으로 성구매에 이른 경우가 대부분이므로, 벌금형보다 성매매의 범죄성과 반인권성에 대한 교육 중심의 처우를 통하여 성매매 행위에 대한 인식 변화를 이끌어 낼 필요가 있다"고 하면서, 동 제도의 시행으로 말미암아 성구매자의 재범률이 획기적으로 줄어들 것이라고 주장하였다. 하지만 벌금형보다는 남성중심의 왜곡된 성인식을 교정하고 성매매의 범죄성과 반인권성을 인식하게 함으로써 재발을 효과적으로 방지하는 한편, 초범 성구매자들에게 교육이수 조건부 기소유예라는 기회를 주어 형사절차에서 조기에 벗어나 사회에 정상적으로 복귀하도록 하는 것이 보다 효과적인 처우라고 평가한 법무부와 여성가족부를 필두로 한 정부의 성구매자 재범방지교육에 대한 시각이 과연 타당한가에 대해서는 회의적이라고 판단된다. 이러한 문제의식에 입각하여 본고에서는 우리나라에서 성구매자 재범방지교육의 도입배경, 지침의 내용, 프로그램의 내용 등을 중심으로 현황을 살펴보고(Ⅱ), 외국의 성구매자 재범방지교육과 상호 비교해본다(Ⅲ). 이후 교육대상자 선정에 있어서의 불합리성, 외국의 성매매와 우리나라의 성매매 사이의 차이점 간과, 재범방지의 실효성에 대한 의문점 등을 중심으로 현행 성구매자 재범방지교육의 문제점을 지적한 후, 성구매자 재범방지교육이 가지고 있는 진정한 함축적 의미에 대하여 음미해 보고(Ⅳ), 성매매죄에 대한 입법상의 비범죄화를 촉구하는 제안으로 논의를 마무리하기로 한다(Ⅴ).

Ⅱ. 우리나라의 성구매자 재범방지교육 현황

1. 성구매자 재범방지교육의 도입배경 및 지침의 내용

성매매처벌법의 제정 이후 성구매자에 대한 전통적 형사제재 방식으로는 성매매 관련 재범률을 낮추기 어렵다는 현실인식과 더불어 성 수요자의 인식변화를 위한 강제교육처분의 필요성이 강력하게 대두되었다.[5] 그리하여 우리나라는 2005. 7. 마련된 대검찰청의 「성구매자 재범방지를 위한 교육 실시방안 및 성매매알선 등 처리지침」[6] 및 「기소유예처분된 성구매자에 대한 교육실시 계획」에서 '검찰은 성매매 사건의 수사과정에서 피의자가 성구매자이고 초범인 경우, 성구매자의 동의가 있으면, 보호관찰소의 교육 프로그램(일명 존스쿨)을 이수하는 조건으로 기소유예처분을 부과할 수 있다'고 규정하였다. 법무부의 지침에 따르면 성구매자 재범방지교육의 목적은 성구매남성에 대하여 성매매의 범죄성과 반인권성을 인식하고 책임성을 수용하게 하고, 성매매를 둘러싼 왜곡된 사고를 점검하고 성에 대한 새로운 인식을 배양하며, 성구매자의 성매매 원인, 동기에 관한 남성 중심의 왜곡된 성인식과 태도를 전환하고, 양성평등적·인본주의적 사고를 증진시킴과 동시에 성구매 재발방지를 위한 자기통제 계획을 수립하고 대안적 사고와 행동을 유지하기 위한 전략을 공유하는 것이다.[7] 또한 성구매자에 대한 형사처벌이 재범방지에 실효성이 낮고, 교육·사회봉사·보호관찰 등이 보다 효과적이라는 전제 하에 성매매사범에 대한 보호사건 송치원칙(성매매처벌법 제12조[8])을 규정한 입법취지에 부응하지 못한 실정도 동 제도의 도입배경이라고 하겠다. 2004. 9. 성매매사범에 대한 보호관찰 지침 및 수

---

[5] 2004. 10. 19. 전국 각 보호관찰소별로 지정된 성매매사범 전담 보호관찰관들이 모여 성매매 피해여성에 대한 이해, 수강명령의 운영, 보호관찰의 집행방향 등을 논의하여 존스쿨을 도입하게 된 것이다.

[6] 동 지침의 구체적인 내용에 대하여 알아보고자 대검찰청에 정보공개를 청구(접수번호: 1987120)하였지만 2013. 3. 11. '귀하께서 정보공개 요청하신 자료는 공공기관의 정보공개에 관한 법률 제9조 제1항 및 행정정보공개세부시행지침 제7조 제2항에 따른 비공개 대상임을 알려드립니다'라는 회신을 받은 바 있다.

[7] 법무부, 「2006년도 성구매자 재범방지교육(존스쿨) 이수자 특성 및 교육 효과성 분석」, 법무부 보호국 보호관찰과, 2007. 11, 9면.

[8] 제12조(보호사건의 처리) ① 검사는 성매매를 한 사람에 대하여 사건의 성격·동기, 행위자의 성행 등을 고려하여 이 법에 따른 보호처분을 하는 것이 적절하다고 인정할 때에는 특별한 사정이 없으면 보호사건으로 관할법원에 송치하여야 한다. ② 법원은 성매매 사건의 심리 결과 이 법에 따른 보호처분을 하는 것이 적절하다고 인정할 때에는 결정으로 사건을 보호사건의 관할법원에 송치할 수 있다.

강명령 프로그램 등이 마련되었으나, 일반인은 물론 검사들의 인식도 낮은 편이었으며, 성구매자를 보호사건으로 법원에 송치하면 보호관찰 또는 수강명령 등 보호처분 결정 및 집행과정에서 성구매 사실이 배우자 등 가족에게 알려져 가정파탄이 초래할 우려가 있었으므로, 검찰에서는 보호사건 송치에 소극적으로 나아간 것이 보호처분의 활용이 극히 저조했던 원인으로 지적된다. 이와 같은 성구매자 재범방지교육은 검사의 기소편의주의의 한 형태로서 수사단계 또는 집행단계에서의 비범죄화의 한 유형에 해당한다고 볼 수 있다.9)

　　한편 「성구매자 재범방지를 위한 교육 실시방안 및 성매매알선 등 처리지침」 및 「기소유예 처분된 성구매자에 대한 교육실시 계획」에 의하면 성구매자에게 보호관찰소에서 실시하는 교육의 일시, 장소, 준수사항 등을 고지하도록 하고 있다. 성구매자 재범방지교육을 실시하는 보호관찰소의 수강명령 담당관은 관할 및 공조대상기관 관할 검찰청·지청 담당 검사에게 교육일정을 미리 통보하여 원활한 업무수행을 도모하고 있다. 그리고 교육일시, 장소, 약도, 교통편, 주의사항, 신분증 지참 등의 내용을 포함하고 있는 교육안내서 및 전국 성구매자 재범방지교육 실시기관 현황 등을 담당검사실에 비치하여 이용가능하게 하고 있다. 검사는 기소유예 처분한 성구매자에 대한 선도위탁서, 의견서 사본, 동의서를 교육을 실시하는 보호관찰소의 수강명령담당관에게 송부한다. 이후 교육실시기관의 수강명령담당관은 검사로부터 접수한 선도위탁서 등을 토대로 보호관찰카드를 작성하고 교육프로그램 계획을 세워 실시한다. 검사가 교육일정, 장소 등을 사전에 고지하므로 교육 실시 이전에 성구매자의 보호관찰소 신고의무는 없으며, 수강명령담당관이 성구매자에게 교육일정을 고지할 필요도 없다. 다만 일정변경 등 특별한 사정이 발생한 경우에는 검사 또는 수강명령담당관이 교육일정을 재고지하면 된다.10) 보호관찰소는 정해진 일시에 교육을 실시한 다음 담당검사에게 교육 참석자 명단을 통보하는데, 만약 교육대상자가 교육시간 중 교육의 진행에 방해가 되는 행위를 하거나 교육태도가 불성실한 경우에는 경고 또는 귀가조치를 할 수 있으며, 대상자를 귀가 조치한 경우에는 교육불참으로 처리하여 검찰청에 통보한다.

---

9) 비범죄화의 유형과 이에 대한 구체적인 논의에 대해서는 박찬걸, "비범죄화의 유형에 관한 연구", 저스티스 제117호, 한국법학원, 2010. 6, 99면 이하 참조

10) 국회법제사법위원회, 「성매매 방지를 위한 방안 연구: 성구매자 재범방지 교육」, 2005년도 국정감사 정책자료집 Ⅱ, 2005. 10, 50면.

2. 프로그램의 내용

가. 2012. 3. 1. 이전의 프로그램

교육과정은 1일 8시간으로, 30-70명 내외의 성구매 초범자를 대상으로 보호관찰소 강당 또는 집단처우실에서 매월 1-2회 실시하였는데, 대체로 주말이 아닌 평일에 실시하고 있는 편이다. 이는 교육이 가급적 대상자의 생계에 지장을 주지 않도록 주말대의 시간을 활용하는 외국의 경우와는 대조적이라고 하겠다.

교육프로그램은 보호관찰관과 한국에이즈퇴치연맹, 한국소시오드라마학회 등 민간 전문단체의 강사가 참여하며, 특히 성매매 피해여성 지원단체인 휴먼케어센터의 대표가 성매매의 해악성과 반인권성에 대한 교육을 실시하고 있다. 또한 탈성매매여성이 직접 강의를 실시하기도 한다. 성매매의 범죄성과 해악성, 탈성매매 여성의 증언 등의 프로그램을 통하여 성구매자가 성매매처벌법의 입법 취지와 내용을 이해하도록 하였고, 성매매의 불법성과 반인권성을 인식하게 하며, 우리 사회의 성매매 실태 및 피해자의 실상을 알게 함으로써 성매매에 대한 그릇된 인식을 전환하고자 하였다. 또한 성매매와 신체, 정신건강, 소시오드라마 등을 통해 성매매 행위가 신체와 정신에 가할 위험성을 자각하게 하고 성매매 행위와 성중독증과의 관련성은 물론, 성매매 행위가 성매매 당사자는 물론 가족, 그리고 사회 전체에 미치는 부정적인 결과를 인식하게 함으로써 궁극적으로는 성구매 행위의 재발을 방지하는 데 목적을 두었다.[11] 성구매자 재범방지교육 담당자가 프로그램의 취지를 충분히 인식할 수 있도록 성구매자에게 사전 교육을 실시하고, 강의 진행에 있어서도 대상자에 대한 일방적인 비난이나 훈계 위주의 구성이 아닌, 대상자와의 공감을 통한 자발적 개선의지를 이끌어 낼 수 있도록 전문성을 갖춘 강사의 배치는 물론, 대상자의 성구매 재범방지에 교육의 초점을 맞춘 대상자 지향성 프로그램 운영에 관한 재검토가 지속적으로 이루어지고 있다.

한편 2006년도 성구매자 재범방지교육의 운영에 사용된 예산은 126,000,000원이었지만, 2012년도의 경우에는 474,000,000원(강사료: 314,000,000원, 교육교재 등 집행경비: 160,000,000원)으로 약 4배 정도 증가되었다.[12] 하지만 <표-1>에서 보는 바와 같이 교

---

11) 법무부, 앞의 보고서, 79면.

12) 정보공개결정서(접수번호: 1987122), "존스쿨에 사용되고 있는 예산의 액 및 그 내용", 법무부 보호관찰과, 2013. 3. 15.

육의 개시인원은 정반대의 현상을 보이고 있다. 즉 성구매자 재범방지교육이 실시된 이후 2012년까지 총 120,476명의 인원이 교육을 개시하였는데, 2009년까지는 그 수가 증가하였지만 이후 급감하고 있는 추세를 보여, 2012년에는 시행 초기인 2006년과 비교하여 약 1/2 수준에 머무르고 있는 것이다. 이를 2006년도의 예산과 비교해 보면 당시보다 1인당 약 8배의 예산이 더 투입되고 있는 고비용의 현상을 나타내고 있다.

〈표-1〉 성구매자 재범방지교육 개시인원 및 실시기관의 수

구 분	개시인원(단위: 명)	교육실시기관
2005[13]	2,236[14]	14[15]
2006	11,217	22
2007	15,124	29
2008	21,802	29
2009	39,631	39
2010	15,576	39
2011	8,936	42
2012	5,954	42
합계	120,476	-

* 출처(2005-2010): 법무부, 「범죄예방정책 통계연보」, 법무부 범죄예방정책국, 2011, 84-85면.
* 출처(2011-2012): 정보공개결정서(접수번호: 1983982), "존스쿨 실시 현황", 법무부 보호관찰과, 2013. 3. 14.

나. 2012. 3. 1.자 프로그램의 운영방식 개선

법무부는 2012. 3. 1.부터 성구매자 재범방지교육 프로그램을 이수하는 조건으로 기소유예 처분된 성구매자에 대한 교육을 한층 강화하였다. 기존의 성구매자 재범방지교육 프로그램은 교육시간이 부족하고, 프로그램의 내용이 성구매남성들을 변화시키기에는 부족하다는 문제점이 지적되자, 2011. 6. 여성단체 등이 참여한 '존스쿨 프로그램 개발 T/F'를 구성하여, 8개월 동안 총 12차례의 회의 끝에 2012. 2. 프로그램 개발을 완료하

---

13) 2005. 8.-2005. 12.까지의 인원임.

14) 이 중에는 성판매사범인 여자가 1명 있는데, 교육조건부 기소유예 처분을 받아 수원보호관찰소에서 교육이 이루어졌다. 또한 2007년 여성가족부의 2007년 전국 성매매 실태조사에 따르면 성구매자 이외에 성매매알선자 10명과 성판매자 21명이 존스쿨 처분을 받았다고 한다. 대상자 중 최연소자는 17세였고, 최고령자는 67세였다.

15) 시행 초기 실시기관을 14개 기관으로 한정한 것은 시범실시의 의미를 갖는 것으로 실시기관이 아닌 보호관찰소는 인접한 기관에서 통합하여 교육을 실시하였다.

였다. 그리고 법무연수원에 성구매자 재범방지교육 전문강사 과정을 개설하여 전국 42개 보호관찰소에서 성구매자 재범방지교육을 담당하는 보호관찰관들에게 개정된 프로그램을 효과적으로 진행할 수 있도록 교육을 마쳤다. 주요 개선내용을 살펴보면, 첫째, 교육시간이 턱없이 부족하다는 지적에 따라 기존 1일 8시간을 2일 16시간으로 확대하였다. 교육시간을 확대하여 성구매남성의 인지행동 변화를 추구하였으며, 교육 효과성을 높이고자 2일(평일 주간) 연속집행 방식을 채택하였다. 둘째, 교육 프로그램 내용을 대폭 보정하였다. 기존 교과목 중 제도 취지와 부합하지 않는 '에이즈 예방법', '양성평등', '소시오 드라마', '탈성매매여성의 증언' 등의 주제는 폐지하는 한편, '왜곡된 성의식 바로잡기', '성매매 상황에서 대처하기', '성매매 관련 퀴즈', '성매매 거절 연습', '성매매 관련 영화 감상 후 소감나누기', '성구매 중단 동기 강화', '음주와 성구매', '스트레스와 성구매' 등의 주제를 새롭게 추가 편성하였다.

〈표-2〉 개선된 프로그램의 세부적인 내용

1 일 차			
시 간	세부주제	내 용	진 행
09:00-10:00	등록 및 교육과정 안내	- 교육 등록 및 출석확인 - 사전설문조사 - 집행서약서 작성 - 교육과정, 준사사항, 위반시 불이익에 대한 안내	
10:00-11:00	인권과 성매매 관련 법률의 이해	- 성매매의 반인권성 이해 - 성매매처벌법 제정배경, 입법취지, 목적, 성구매 행위에 대한 형사처벌의 이해	보호관찰관
11:00-12:00	성매매 관련 OX퀴즈	- 성매매 관련 OX퀴즈를 통해 왜곡된 성의식 바로잡기	사내강사 또는 외부강사
점심시간(12:00-13:00)			
13:00-15:00	성매매 여성의 피해 실태	- 성매매여성의 피해 실태 및 후유증 이해 - 성매매여성의 고통 이해 및 공감	사내강사 또는 외부강사
15:00-17:00	성구매 중단 동기 강화	- 성구매에 이르게 된 상황 및 요인 탐색 - 성구매로 인한 이득과 손실 파악 후 중단동기 강화	사내강사 또는 외부강사
17:00-18:00	성구매 상황별 대처방안 수립	- 성구매의 고위험상황 탐색 및 대처방안 수립	사내강사 또는 외부강사
2 일 차			
09:00-10:00	성매매 실태와 관련 정책의 이해	- 각국의 성매매에 대한 정책 이해 - 우리나라의 성매매 실태 및 성매매 방지 정책 이해	사내강사 또는 외부강사

10:00-11:00	성구매의 해악성	- 성구매 행위가 초래하는 해악에 대한 이해	사내강사 또는 외부강사
11:00-12:00	성매매에 반대하는 이유	- 성매매에 반대하는 이유에 대해 토론하기	사내강사 또는 외부강사
점심시간(12:00-13:00)			
13:00-14:00	성매매 여성의 득과 실	- 성매매로 인한 성매매 여성의 이득과 손실 이해	사내강사 또는 외부강사
14:00-15:30	성매매 거절 연습 (선택1)	- 상황극을 통해 성구매 거절 연습해 보기	사내강사 또는 외부강사
	성매매 관련 영화 감상(선택2)	- 성매매 관련 영화 감상 후 소감 나누기	사내강사 또는 외부강사
15:30-16:30	음주와 성구매	- 음주와 성구매의 관련성 이해	사내강사 또는 외부강사
16:30-17:30	스트레스와 성구매	- 스트레스와 성구매의 관련성 이해	사내강사 또는 외부강사
17:30-18:00	평가 및 종료	- 사후설문조사, 프로그램 만족도 조사 - 마무리	보호관찰관

* 출처: 정보공개결정서(접수번호: 1983982), "존스쿨 프로그램 운영방식", 법무부 보호관찰과, 2013. 3. 14.

셋째, 집행의 엄정성 확보를 위해 교육태도 불량자에 대한 대처기준을 강화하였다. 지각자는 당일 교육참가를 불허하고, 조퇴자에 대해서는 교육시간 불인정 고지 후 일정을 조정하기로 하였다. 그리고 강의시간에 졸거나 무단이탈, 무단불참 등 교육태도가 불량한 경우에는 경고조치하고, 경고의 횟수가 2회 이상인 자에 대해서는 탈락조치와 동시에 검찰에 미이수 통보하도록 하였다.

〈표-3〉 성구매자 재범방지교육 개시 및 종료 인원

구분	개 시				종 료			
	계	구수	신수	이입	계	명령이수	이송	집행불능
2006	13,455	914	12,518	23	11,798	11,217	23	558
2007	18,784	1,657	17,092	35	16,415	15,124	36	1,255
2008	21,802	2,369	19,395	38	19,850	17,956	39	1,855
2009	39,631	1,952	37,636	43	37,526	34,762	49	2,715
2010	15,576	2,105	13,393	78	14,920	14,283	78	559

* 출처: 법무부, 「범죄예방정책 통계연보」, 법무부 범죄예방정책국, 2011, 84면.

<표-4> 교육태도 불량으로 검찰청에 미이수 통보된 인원

2005년	2006년	2007년	2008년	2009년	2010년	2011년	2012년
131	558	1,255	1,855	2,715	559	312	306

* 출처: 정보공개결정서(접수번호: 1987122), "교육태도 불량으로 검찰청에 미이수 통보된 인원", 법무부 보호관찰과, 2013. 3. 15.

넷째, 성구매자 재범방지교육 프로그램 만족도 조사를 신설하여 교육 효과성에 대한 피드백 기능을 마련하였다. 프로그램 효과성을 높이기 위해 프로그램 진행 및 강사에 대한 만족도를 조사하고 그 결과를 반영할 수 있도록 하였다. 다섯째, 인지행동이론을 배경으로 성매수 남성들이 성매매 유혹에서 대처할 수 있도록 상황별 대처 프로그램을 첨가하였다. 또한 토론, 상황극 등 각종 보조자료를 많이 활용하여 교육생들의 흥미와 참여를 유도하고 쌍방향 소통의 참여식 교육을 추구하였다. 여섯째, 등록, 교육과정 안내, 인권과 성매매 관련 법률의 이해, 평가, 종료 등은 보호관찰관이 진행하며, 기타 다른 프로그램은 성구매자 재범방지교육 사내강사 양성과정을 이수한 보호관찰소 직원 또는 성매매 피해 상담기관 종사자 등 외부강사가 진행하도록 하였다.

Ⅲ. 외국의 성구매자 재범방지교육 현황

1. 미국의 경우

가. San Francisco의 FOPP 설립

미국 San Francisco의 '성매매 초범자에 대한 프로그램'인 FOPP(The San Francisco District Attorney's First Offender Prostitution Program)은 경찰국, 지방검찰청, 민간단체인 SAGE(Standing Against Global Exploitation)의 합병체로서, 1995. 3. 창설되었다. FOPP 조정회의는 경찰당국, 지방검찰청, SAGE, 공중보건국, 피해자-증인프로그램, 보안관당국, 보호관찰부 등의 협력체로써, 성판매자의 경우에는 SAGE 또는 기소로, 성구매자의 경우에는 John School 또는 기소로 처리하게 된다.

'노마 허틀링'이 탈성매매 여성의 사회복귀를 돕기 위해 설립한 SAGE는 사법 당국을 설득해 San Francisco에서 1995. 1. 성매매 재발 예방 프로그램을 만들어 John School[16]로 명명한 데서 유래되었는데, 기존의 성판매여성에 대한 처벌 위주의 정책에서 탈피하여 성구매자들을 교육시킴으로써 성매매 문제를 해결하기 위한 것이라고 할 수 있다.[17] 즉 이는 초범인 성구매남성의 의식개혁을 목적[18]으로 실시하는 것이다. 대부분의 남성들이 성매매와 관련된 위험부담이나 사회적인 영향에 대하여 모르고 있다는 문제의식을 기반으로 하여, FOPP는 어떠한 남성들이 San Francisco에서 성구매를 하고 있는지를 연구하였고, 결과는 FOPP를 받은 대부분의 남성들이 결혼생활에 만족하지 않고 있고, 30대 중반이 대부분이었으며, 보통의 남성보다 자위행위를 많이 하거나 성에 대한 생각을 많이 한다고 밝혔다. 또한 성에 관한 생각을 한 뒤에는 죄책감이 들 때도 있고, 일반적으로 불행하다고 생각하고 있으며, 그들이 성 중독이라는 사실을 인정하고 있다고 하였다. 대부분의 성구매남성들은 여성이 상품이라고 생각했고, 그들을 성적 도구로 사용할 수 있는 권리가 있다고 생각하고 있었다.[19]

나. John School의 운영

John School은 성구매남성에게 성매매에 대한 위험성과 그로부터 야기될 수 있는 본인과 성판매여성 그리고 사회적 피해에 대한 심각성을 알리고 교육하는 데 그 목적이 있다. 따라서 성구매자로 체포가 되면 John School에 등록을 할 것인가에 대한 선택권이 주어진다. John School은 경찰청이 운영하는데, SAGE는 John School에 참여하여 성판매자를 위한 서비스를 담당한다. 한 달에 1회씩 성구매자 중 초범자를 대상으로 경찰청에서 John School을 운영하고 있는데, 교육대상자들의 편의를 고려하여 토요일에 교육을 실시한다. 또한 성구매자들의 가족에게 이러한 사실을 알리지 않도록 하고 있다.

---

16) John School은 성을 구매한 혐의로 체포된 남성의 대부분이 자신을 'John'이라고 밝힌 데서 유래되었다.

17) Gillings, Allison and Willoughby, Michelle, "An Investigation onto John's Schools." *Chicago alliance Against Sexual Exploitation*, 2010, p.3.

18) Melissa Farley, "Prostitutuin, Trafficking, and Cultural Amnesia: What We Must Not Know in Order To Keep the Business of Sexual Exploitation Running Smoothly", *Journal of Law and Feminism (18)*, 2006, p.109.

19) Lovell, Rachel and Jordan, Ann, "Do John Schools Really Decrease Recidivism? A Methodological Critique of an Evaluation of the San Francisco First Offender Prostitution Program." *American University Washington College of Law and DePaul University.* 2012, pp.3-5.

한편 John School 참가자들에게 집행요금을 내게 함으로써 처벌에 준하는 재정적 부담의 효과를 거두는 한편, 집행요금을 성판매여성들의 회복과 치유를 위한 프로그램비용에 투입함으로써 사회적 비용을 절감하는 이중의 효과를 거두고 있다.[20] San Francisco의 경우에는 100-1,000달러,[21] Washington D.C.의 경우에는 300달러 등을 부과하고 있다.

다. John School에 대한 자체평가

John School의 실효성은 낮은 재범률로 인해 그 효과가 입증되고 있다고 한다. 5,000명에 대한 John School 운영의 결과 이 중에서 98%가 재범을 저지르지 않은 것으로 보고되었다.[22] 또한 FOPP의 성공여부에 있어서 여러 가지의 결과가 보도되었는데, Gillings and Willoughby에 따르면, 프로그램의 효과성, 프로그램의 재투자, 프로그램의 전이성 등에서는 성공하였다고 한다. 벌금이나 John School 집행비용 등으로 얻게 된 모든 수익은 성매매와 인신매매로부터의 생존자들을 돕기 위한 회복프로그램을 위해 쓰인다. 또한 Gillings and Willoughby의 연구결과에 따르면, 프로그램 참여자들의 재범률이 줄어들었다고 하였다.[23] 하지만 Lovell and Jordan의 연구는 프로그램의 성공여부에 대하여 상반된 결과를 제시하고 있는데, 이들의 2012년 연구에 따르면, 1995년부터 2001년까지 San Francisco를 비롯한 California 등 대부분의 도시들에서는 John School 프로그램 수행 후에도 같은 재범률을 보였다고 한다.[24]

---

20) Lovell, Rachel and Jordan, Ann, "Do John Schools Really Decrease Recidivism? A Methodological Critique of an Evaluation of the San Francisco First Offender Prostitution Program." *American University Washington College of Law and DePaul University.* 2012, p.2; Wortley, Soct, Fischer, Benedikt, and Webster, Cheryl, "Vice Lessons: A Survey of Prostitution Offenders Enrolled in the Toronto John School Diversion Program." *Canadian Journal of Criminology*, 2002, pp.370-371.

21) San Francisco 및 카운티 행정법(the administrative code of the city and county of san francisco) 제10장 (chapter 10; finance, taxation and other fiscal matters)에 의거하여 FOPP에 참여하는 자들에게 연소득에 따라 차등적인 집행비용을 부과하고 있다.

22) 장필화 외 4인, 「성매매 방지를 위한 국외 대안 사례 연구」, 여성부, 2001, 52면.

23) Gillings, Allison and Willoughby, Michelle, "An Investigation onto John's Schools." *Chicago alliance Against Sexual Exploitation.* 2010, p.5.

24) Lovell, Rachel and Jordan, Ann, "Do John Schools Really Decrease Recidivism? A Methodological Critique of an Evaluation of the San Francisco First Offender Prostitution Program." *American University Washington College of Law and DePaul University.* 2012, pp.6-8.

2. 캐나다의 경우

가. John School의 도입배경

캐나다에서 John School은 기존의 성매매방지를 위한 각종 조치들이 효과적이지 못하다는 반성과 성매매방지를 위해서는 수요자의 측면에서 개입하는 것이 보다 효과적이라는 논의를 바탕으로 정부, 지역경찰, 지역단체, 지역주민 등이 참여하여 공동의 노력으로 만들어졌다.[25] 캐나다의 경우에는 여성경찰관이 성판매여성으로 가장하여 성구매남성이 다가오면 가격을 흥정하거나 가격요구를 받는 과정에서 경찰이 성구매남성을 체포하게 된다. 체포 후 FOPP와 마찬가지로 성구매남성은 선택권을 가지게 되는데, 성매매기록과 함께 기소되거나 John School을 이수하는 것이 그것이다. 만약 John School 교육을 성공적으로 마치게 되면 성매매기록은 깨끗하게 없어지게 된다.[26]

나. John School의 운영

성구매자 가운데 이전에 성매매범죄 전과가 없는 초범자들을 대상으로 교육을 실시하고 있는데, 대부분의 지역에서는 기소 전에 John School을 선택할 수 있으나, 토론토에서는 특이하게도 일단 구속 후 법원단계에서 John School을 선택할 수 있도록 하고 있다. 만약 John School 참여 이후 1년간 성매매 관련 범죄를 범하지 아니하면 형사기록을 말소해 준다. 교육은 약 25-40명을 대상으로 해당 시의 경찰청에서 한 달에 한 번 진행되는데, 8시간 동안 토론, 그룹활동, 강의 등으로 구성되어 있다.[27] 강사는 변호사, 경찰, 의사, 지역주민, 성매매 경험이 있는 여성, John School을 기수료한 남성 등으로 구성되며, 성매매 관련법, 법 집행의 과정, 범죄의 결과, 청소년 성매매의 유입 실태, 경찰의 단속 경험, 성병의 위험성, 안전한 성관계 등에 대한 교육 및 성매매 방지 전략에 관한 토

---

25) Men Who Buy Sex: Preliminary Findings of an Exploratory Study, Chris Atchison, Laura Fraser and John Lowman, Prostitution, 1998.

26) Wortley, Soct, Fischer, Benedikt, and Webster, Cheryl, "Vice Lessons: A Survey of Prostitution Offenders Enrolled in the Toronto John School Diversion Program." *Canadian Journal of Criminology*, 2002, pp.370-375.

27) John-School Helps Break the Cycle of Prostitution, Sharon Boddy, Peace and Environment News, November 1998.

론의 시간 등을 가진다.

한편 성구매자들에게 집행비용[28]을 부과하여 성매매에 벗어나고자 하는 여성들과 청소년들을 위한 치료 서비스와 동료 집단 조언 프로그램(Peer Group Education Program) 운영을 위한 재정으로 사용하고 있다. 집행비용은 개인의 지불능력에 따라 차등적으로 책정되거나 지역에 따라 집행비용을 전액 지불할 수 없는 상황에서는 하향조정이 가능하다.[29] 토론토의 경우에는 250달러, 오타와의 경우에는 200달러를 부과하고 있으며, 위니펙에서는 지불능력에 따라 200달러에서 400달러 사이의 비용을 지불해야 한다. 그리고 에드몬튼[30]에서는 400달러를 지불해야 하는데, 금액을 납부할 수 없는 경우에는 비용을 낮출 수 있지만 면제를 할 수는 없다.

다. John School에 대한 자체평가

Wortley, Fischer and Webster는 캐나다 토론토 John School에 대한 조사를 통하여 만족할 만한 결과가 나타났다고 평가하고 있다. 캐나다 토론토 John School의 목적은 문제의 위험, 고통, 사회에 야기하는 혼란과 성비행에 대한 것에 초점을 맞추고 있는데, John School 참가자들은 그들의 행위에 대하여 개인적인 책임을 져야 하고, 캐나다의 성매매법에 대한 교육을 받게 되고, 성매매의 위험성에 대한 인식을 상기시키고, 성매매에 대한 태도를 바꾸며, 성구매자들이 향후 성매매와 관련된 행위에 연관되는 것을 방지하게 된다. 캐나다 프로그램의 성공에 관하여는 John School 수업 이전과 수업 이후에 성구매남성들을 대상으로 조사를 통하여 이루어졌는데, 조사결과에 따르면 John School 수업은 캐나다 성매매 법률을 이해하는 데 긍정적인 효과를 보였으며, 성매매와 관련된 피해와 위험성 모두를 인식시키는 데 효과적이었다. John School은 성적인 문제가 있는 성구매 남성들에게 더욱 효과적이었고, 그들의 행동에 책임을 수용했으며, John School 수업 후에 성구매남성들은 성구매 행위와 그들이 그러한 행위를 덜하는 결과를 보였다고 한다. 이러한 결과는 John School의 효과성을 확인하는 데 도움이 될 뿐만 아니라 그 문제 자

---

28) 영국의 경우에도 폭력전과가 없는 성구매남성에게 100파운드의 비용을 지불하게 하여 대안적 교육(KCRP; Kerb Crawler Rehabilitation Program)을 실시하고 있다.

29) Department of Justice(1998), Canada, 'Alternatives for Targeting Customers', Report and Recommendation in respect of legislation, Policy and Practices Concerning Prostitution-Related Activities.

30) 에드몬튼의 경우에는 다른 주와 달리 성구매 초범자뿐만 아니라 재범자의 경우에도 John School을 선택할 수 있도록 하고 있는 것이 특징이다.

체의 인식을 알리는 데에도 도움이 되고 있다.[31] 한편 성구매자들은 경제적 능력에 따라 John School을 선택할 수 있으나, 비용을 지불할 수 없는 사람들의 경우에는 재판절차에 회부되어 수감되는 경우가 발생하여 경제적으로 차별적이라는 문제가 지적되기도 한다.

Ⅳ. 성구매자 재범방지교육에 대한 평가

1. 성구매자 재범방지교육의 문제점

가. 교육대상자 선정에 있어서의 불합리성

(1) 상습 성구매자의 경우

성구매자 재범방지교육은 원래 성구매자 재범 방지를 목적으로 교육에 참여하는 조건으로 초범자들에게 기소유예 처분을 해주는 것임에도 불구하고 본래 취지와 다르게 재범자들에게도 적용되고 있는 문제가 야기되었다. 국회 예결특위 위원장인 (당시) 한나라당 정갑윤 의원이 2011. 9. 29. 법무부로부터 받은 자료에 따르면 2005. 8. 존스쿨 제도가 도입된 뒤 2011. 7.까지 2회 이상 교육을 이수한 사람은 933명, 3회 이상 교육을 이수한 사람도 11명이나 되어 성구매자 재범방지교육의 도입 취지와 다르게 일부 상습 성구매 사범들에게 면죄부를 주고 있다는 비판이 제기된 것이다. 이에 대하여 법무부는 2회 이상 존스쿨 처분을 받은 경우는 상당 부분이 비슷한 시기에 각 경찰서별로 2-3건의 성매매범죄로 입건되었거나 송치과정에서 입건사실이 전부 확인되지 않아 각 사안별로 존스쿨 처분을 받은 것에 기인한다고 반박하였다.[32]

---

31) Wortley, Soct, Fischer, Benedikt, and Webster, Cheryl, "Vice Lessons: A Survey of Prostitution Offenders Enrolled in the Toronto John School Diversion Program." *Canadian Journal of Criminology*, 2002, pp.371-375.

32) 정보공개결정서(접수번호: 1987122), "지금까지 2회 이상 그리고 3회 이상 교육을 수강한 인원 수", 법무부 보호관찰과, 2013. 3. 15.

한편 성구매자 재범방지교육 대상자의 요건 중 하나로서의 성구매자가 과연 '초범'인가의 여부에 대해서는 기존의 형사처벌의 전력이 있는가를 기준으로 판단하게 되는데, 실제에 있어서 상습적으로 성매매를 행하는 자라고 할지라도 검거가 된 적이 없다고 한다면 초범으로 분류되는 문제점을 지적할 수 있다. 즉 성매매를 처음한 자가 성구매자 재범방지교육을 이수한 후 2회차 성매매 시도에서 다시 검거가 되면 동 교육대상자에서 제외가 되는가 하면, 성매매를 수십 또는 수백 회 한 자[33]는 운이 좋아 기존에 검거가 되지 않은 상황이었다면 수백 회차 성매매 시도에서 검거되더라도 초범자로 분류되는 불합리한 점이 있는 것이다. 이는 상습 성구매자에 대하여 전형적인 면죄부를 주는 결과를 초래하는 것이다.

(2) 청소년의 경우

아동·청소년의 성보호에 관한 법률(법률 제11572호; 2012. 12. 18. 전문개정) 제13조 제1항에 의하면 "아동·청소년의 성을 사는 행위를 한 자는 1년 이상 10년 이하의 징역 또는 2천만 원 이상 5천만 원 이하의 벌금에 처한다"고 규정하여 성매매처벌법상의 단순 성매매죄와 비교할 때 그 불법성이 상당히 가중되어 있다는 것을 알 수 있다.[34] 상황이 이러함에도 불구하고 청소년을 대상으로 성매수를 한 남성 409명도 성구매자 재범방지교육을 통해 기소유예 처분을 받은 것으로 확인되어 문제로 지적되고 있다. 국회 예결특위 위원장인 (당시) 한나라당 정갑윤 의원이 2011. 9. 29. 법무부로부터 받은 자료에 따르면, 법무부가 동 자료를 취합하기 시작한 2009.부터 2011. 8.까지의 집계로써 만약 그 이전까지의 자료를 취합한다면 성구매자 재범방지교육을 이수한 자 가운데 청소년을 대상으로 한 성구매자의 수는 더욱 늘어날 것으로 판단된다. 「성매매 알선 등 행위의 처벌에 관한 법률위반사건 처리지침」에 따르면 초범이라도 청소년을 대상으로 한 성구매자는 재범자와 함께 성구매자 재범방지교육 대상에서 제외된다고 알려져 있지만, 실제 일선에서는 이와 같은 지침이 제대로 지켜지지 않고 있다는 점을 반증하는 대표적인 예이다.

---

33) 실제로 성구매자 재범방지교육을 실사한 성구매자 가운데 성구매의 총 횟수가 21회 이상 100회 미만이 7.3%, 100회 이상이 2.8%를 차지하고 있다(법무부, 앞의 보고서, 47면). 한편 법무부가 2010. 10. 17. 국회 법제사법위원회 이정현 의원에게 제출한 자료에 따르면, 2006년부터 2008년 사이에 존스쿨을 이수한 성구매자들을 대상으로 설문조사를 실시한 결과 평균 성매매 횟수는 2007년 12.7회에서 2008년 17.9회로 40% 이상 늘었다고 한다.

34) 청소년성매수 관련 범죄의 개념에 대하여 보다 자세한 내용으로는 박찬걸, "청소년성매수 관련 범죄의 개념에 관한 고찰", 소년보호연구 제13호, 한국소년정책학회, 2009. 12, 249면 이하 참조.

(3) 성구매여성의 경우

현재 법무부에서는 성구매자 재범방지교육에 있어서 여성 교육생은 전무하다는 입장을 밝히고 있는데, 만약 성구매여성이 적발되었을 경우에는 이를 어떻게 처리할 것인가가 문제될 수 있다. John School과 마찬가지로 성구매여성을 대상으로 하는 재범방지교육인 일명 'Jane School'을 고안하는 것을 생각해 볼 수 있겠지만, 이는 현재와 같이 성매매를 여성에 대한 남성의 착취라고 바라보는 시각이 존재하는 한 거의 불가능하다고 본다. 이러한 경우에 당해 성구매여성을 약식 기소하는 것도 조건부 기소유예를 선택할 수 있는 성구매남성과 비교할 때 형평성에 어긋날 수도 있다. 그렇다고 하여 성구매여성에 대한 재범방지교육 프로그램이 전무한 현재의 상황을 고려하여 '無' 조건부 기소유예를 하는 것도 또 다른 역차별일 수도 있으니, 이러지도 저러지도 못하는 상황인 것이다.

이와 관련하여 탈성매매여성 자활지원정책은 성별 기준을 적용하고 있다. 탈성매매여성 자활지원정책의 근거법인 성매매방지 및 피해자보호 등에 관한 법률 제1조에 의하면 해당 정책은 '성매매피해자 및 성을 파는 행위를 한 자'를 대상으로 한다. 사실 동법에는 구체적으로 성별에 대한 규정은 없으나, 한국 성매매 현황상 성판매남성은 극히 드물며, 사회적으로 크게 이슈화된 적도 별로 없다. 실제로 정부와 지방자치단체의 관련 문서는 그 정책 대상으로 여성으로 명시하고 있으며, 관련 지원시설에서 서비스 및 프로그램을 제공받고 있는 대상은 모두 여성이다. 이렇게 볼 때 탈성매매여성 자활지원정책이 수급자격 규정이 갖는 인구학적 조건은 현실에서 엄연히 존재하고 있는 성판매남성은 정책 대상에서 제외시키고 있다.

나. 외국의 성매매와 우리나라의 성매매 사이의 차이점 간과

우리나라의 성구매자 재범방지교육은 외국의 입법례를 그대로 도입한 탓에 우리나라 성구매남성들의 특징을 제대로 분석하지 못하고 실효성을 잃었다는 분석이 가능하다. 일반적으로 성구매남성들은 '소득이 일정 수준 이하인 사람들'이라는 국내외의 연구 결과와 달리 우리나라의 경우에는 월수입이 180만 원을 넘는 남성들의 비중이 높았고,[35] 특히 월수입 401만 원 이상인 남성이 수입이 전혀 없는 성매수자보다 성매수 가능성이 5

---

35) 법무부, 앞의 보고서, 18면.

배 이상 높았다. 또한 가정폭력, 약물사용 여부와 비정상적 성생활 행태가 성구매와 높은 상관관계가 있다는 서구와 달리 한국의 성구매자들에게서는 이러한 요인들이 관측되지 않았다. 오히려 우리나라의 성구매자들은 자신의 성구매에 대한 정당화를 잘하는 남성일수록, 성구매에 대한 비판 수위가 낮은 남성일수록 성구매자가 될 확률이 높아진다. 이와 같이 한국의 성구매사범의 특성은 외국의 경우와는 사뭇 다른 경향을 보이고 있는데, 특히 우리나라에서의 성구매자는 상대적으로 돈과 안정성, 교육과 권력을 가지고 있는 것으로 분석되고 있는 것이다.[36] 또한 대대적인 거리단속의 강화를 중심으로 한 성구매자 재범방지교육인 미국의 John school을 인터넷 성매매와 겸업형 성매매 등을 위주로 하는 우리나라의 성매매 재범방지대책으로 활용한다는 것에 대하여도 심도 있는 타당성 검토 및 재범방지에 대한 기여도 평가를 반드시 고려해야만 한다.[37]

다. 재범방지의 실효성에 대한 의문점

(1) 재범률 통계의 실상

법무부에 따르면 2005. 8.부터 2005. 12.까지 존스쿨 교육자 2,235명 중 재범률은 1.6%이며,[38] 2005. 8.부터 2006. 8.까지 존스쿨 교육자 6,340명 중 38명(0.6%)이 재범자로서 전체 대비 1% 미만이라고 한다. 2005년도 일반 보호관찰 대상자의 재범률이 7.5%인 점과 비교하면서, 이를 재범방지 예방에 영향을 준 것으로 분석하기도 하고, 존스쿨 교육의 효과가 상당한 것으로 고무되는 일이라고도 하는데, 과연 이러한 자체평가를 성구매자 재범방지교육의 실효성에 대한 실증적인 자료서 활용할 수 있을지에 대해서는 상당한 의구심이 든다. 판단하건데 이러한 수치는 '재범률이 급격히 저하되었다'라는 평가라기보다는 6,340명 중 다시 사법기관에 의하여 적발된 사람의 수가 38명이라고 평가하는 것이 오히려 정확하다고 본다. 1.6% 내지 0.6%의 수치는 '공식' 재범률이지 '비공식'

---

36) 김은경, "성구매자 재범방지교육(존스쿨) 효과성 분석", 형사정책 제18권 제2호, 한국형사정책학회, 2006. 12, 158면.

37) 박혜진, "성매매재범방지대책과 '존 스쿨(John school)'", 형사정책연구소식 제123호, 한국형사정책연구원, 2012. 9, 14면.

38) 법무부 보도자료, "존스쿨 참가자 특성분석 및 수강명령 표준프로그램 개발 – 존스쿨 참가자 재범률 1.6%로 저조 –", 2006. 3. 13. 캐나다 토론토 존스쿨 참가자 공식 재범률은 2.4%라고 한다(캐나다 범죄학·형사사법 저널 2002년 제44호 – 스콧 워틀리 외 2인, Vice lessons: A survey of prostitution offenders enrolled in the Toronto John School diversion program).

재범률이 결코 아니다. 왜냐하면 6,340명을 일일이 추적하여 그들의 생활을 전수조사하여 나온 수치라기보다는 추가적으로 적발된 수치를 기준으로 나온 통계이기 때문이다.

〈표-5〉 성매매사범 단속현황(2004-2013. 2.)

구분	검거인원	조치		성매매사범		
		구속	불구속	업주등 관계자	성구매자	성매매여성
2004	16,947	1,606	16,351	2,824	10,180	3,943
2005	18,508	829	17,679	4,071	11,474	2,963
2006	34,795	569	34,226	3,653	27,488	3,654
2007	39,236	526	38,710	4,359	29,991	4,886
2008	51,575	544	51,031	6,032	39,071	6,472
2009	73,008	633	72,375	9,501	54,405	9,102
2010	31,247	583	30,664	4,437	21,436	5,374
2011	26,136	228	25,908	5,142	16,025	4,969
2012	21,123	235	20,888	_39)		
2013. 2.	2,328	24	2,304			

* 출처: 정보공개결정서(접수번호: 1983973), "성매매사범 단속현황", 경찰청, 2013. 3. 14.

<표-5>에서 보는 바와 같이 성매매사범에 대한 연간 검거인원은 2009년을 정점으로 급격히 줄어들어 2012년의 경우에는 성매매처벌법 시행 초기의 수준으로 회귀되어 있는 것을 파악할 수 있다. 이와 같은 최근의 검거인원 감소가 실제 성매매의 수가 과거와 달리 상당부분 축소되었다고 평가하기에는 무리가 있다. 오히려 성매매의 유형이 인터넷 성매매, 개인적 성매매, 신·변종 성매매 등으로 분화되어 가면서 보다 은밀하게 이루어져 단속의 어려움이 단속현황의 자료에 그대로 드러나고 있는 것이다. 이와 더불어 수사기관의 선별적 법집행이라는 단속의 '우연성'이 결합되면 실제적인 재범률 산정은 요원한 일이 되어 버린다. 여성가족부에 의하면 2007년도의 경우 연간 성매매건수가 약 94,000,000건이나 이루어지고 있다는데,[40] 실제 단속건수를 보면 약 40,000건에 불과하다. 이는 성매매의 영역에서 재범률이라는 자료가 거의 무용지물이라는 점을 제대로 보여주는 것인데, 어떻게 보면 성구매 재범자로 분류된 자는 정말 재수가 없는 사람으로 분류될 수도 있다는 비아냥거림의 목소리가 나올 수도 있을 것이다.

이와 더불어 성구매자 재범방지교육 수강자들의 설문결과[41]가 고무적인 통계를 생산

---

39) 2012년부터는 성매매사범의 세부적인 유형에 대한 통계가 작성되고 있지 않은 상황이다.
40) 여성가족부, 「2007 전국 성매매 실태조사」, 2007. 11, 319면.

해 내고 있는 원인을 교육이수자들의 인구학적 특성에서 유추할 수 있다는 견해[42]도 있다. 즉 대졸 이상의 학력의 20-30대 사무직 종사자들은 자기가 도덕적 비난을 받는 상황에서 어떠한 답변을 해야 하는지 너무나도 잘 알고 있다는 것이다.

(2) 교육내용의 문제점

8시간 내지 16시간 동안 성구매자 재범방지교육을 수강하는 것을 조건으로 기소유예를 하는 것은 음주운전자에 대한 면허정지처분 시 수강명령을 통하여 면허정지기간을 감축해 주는 것보다 더 많은 혜택과 편의를 제공하는 것이라고 본다. 이는 국가가 성매매에 대한 범죄의 가벌성이 비교적 경미하다는 점을 스스로 인정하는 것이고, 모든 성매매행위를 색출하여 단속할 수 없는 현실에서 일명 '재수 없게' 걸린 성구매자들에 대한 일종의 혜택(?)을 제공하는 것이다. 또한 성구매자 재범방지교육 자체도 재범방지에 필요한시간으로는 매우 불충분하다고 할 수 있는 단시간으로 구성되어 있는 데다가 대단위 강의식으로 진행됨으로써 성매매 범죄예방이라는 교육목표를 달성할 수 있을지 의문이다. 교육 회차당 대상인원도 기관에 따라 10명 내외에서부터 200명에 이르는 대규모로 시행되는 경우도 있었다.[43] 몇 시간 되지 않는 성교육으로 성관계에 대하여 너무나도 잘 알고 있는 성인남성들의 성의식을 변화시킨다는 발상 자체가 제도의 실효성에 대한 강한의문을 낳게 한다. 교육의 내용도 대부분 여성주의적 관점에서 가부장제에 대한 비판이주류를 이루고, 남성 전체를 범죄자로 내모는 식이다. 이와 같이 전문 프로그램 및 전문인력의 절대 부족,[44] 프로그램 집행예산 부족 및 지역사회자원들과의 협력체계 미비 등으로 인하여, 교육 프로그램의 형식적 운영 및 내용부실 등은 필연적인 현상일 수밖에없기 때문에 현재의 성구매자 재범방지교육 프로그램으로 성구매자의 심리를 치료하고

---

41) 교육의 시작과 종료 시에 실시되는 설문조사의 주관기관이 다름 아닌 교육의 주관자인 보호관찰소라는 점은 설문결과에 대한 객관성의 치명적인 흠을 내포하고 있다고 볼 수도 있다.

42) 이덕인, 앞의 논문, 210면.

43) 한편 중소도시 지청의 경우에는 성구매자 재범방지교육 대상자의 수가 극히 적으므로 본소에서 지소 관할 성구매자도 포함하여 교육을 실시하고 있다. 교육대상자가 지소 관할구역에 거주하는 경우에는 본소까지 원거리 이동해야 하는 불편이 초래되기는 하지만, 지소에서 극소수의 인원을 대상으로 교육프로그램을 운영하기에는 곤란한 실정이다.

44) 기존 프로그램에 있어서 3교시의 경우 과거 성매매에 종사했던 여성이 강사로 출강하는데, 마치 전장에서 살아남은 자처럼 증언하는 경험담을 통해 성매매의 폭력성과 반인권성을 피교육자들에게 부각시킨다. 이는 일종의 충격요법으로 다분히 공격적인 강연이 진행된다. 교육 후 이수자들은 교육내용의 여성편향성, 성구매자에 대한 인격적 모독성, 강사의 자질 부족 등을 대표적인 불만사항으로 꼽고 있다.

재범의 방지를 기대하기란 거의 불가능하다.[45] 결론적으로 성구매자 재범방지교육의 참여 그 자체는 향후 성매매 가담의사를 억제시키는 데 그다지 유의미한 효과를 미치지 않는 것으로 분석된다.[46]

한편 현재의 성구매자 재범방지교육은 법무부의 '지침'에 의하여 실시되고 있는데, 그 법적인 근거가 법률이 아닌 지침의 형태로 되어 있어 초범의 경우뿐만 아니라 재범의 경우에도 검사의 재량으로 재교육을 받는 경우도 실제로 발생하고 있다. 또한 제도에 대한 명확한 근거 규정이 없다 보니 재원 및 인적 인프라 구축이 미미할 수밖에 없다. 그 단적인 예로 현재 성구매자 재범방지교육 예산은 별도로 책정된 것이 없이 보호처분 예산에서 일부를 사용하고 있다. 즉 성구매자 재범방지교육에 대한 제반 예산은 독립된 예산 항목으로 계정되어 있는 것이 아니라 보호관찰소 예산에서 일부 집행하고 있는 실정이다. 이와 같이 부족한 예산으로 교육을 진행함으로써 교육의 질과 전문성에 대한 논란이 끊임없이 제기되기도 한다. 그리하여 현재 법무부 지침에 의해 실시되고 있는 성구매자 재범방지교육에 대하여 성매매처벌법상 근거규정의 신설이 필요하다는 견해[47]가 주장되고 있는 것이다.

(3) 청소년이용음란물소지사범에 대한 교육조건부 기소유예 처분과의 비교

현행 아동·청소년의 성보호에 관한 법률 제11조 제5항에 의하면 "아동·청소년이용음란물임을 알면서 이를 소지한 자는 1년 이하의 징역 또는 2천만 원 이하의 벌금에 처한다"라고 하여 이른바 청소년이용음란물소지죄를 형사처벌의 대상으로 삼고 있다. 이에 대하여 2012. 9. 24. 검찰은 청소년이용음란물을 다운받은 경우 모두 엄벌에 처하겠다고 밝혔는데, 이는 음란물을 다운받은 뒤 바로 지우거나 처음 적발되더라도 청소년이용음란물소지죄로 기소하겠다는 의지를 밝힌 것이었다. 그리하여 초범의 경우에도 기소를 원칙으로 하고, 청소년의 경우에도 단순 기소유예 처분을 지양하고 소년부 송치, 교육상담조건부, 선도조건부 등의 기소유예의 처분을 할 것이라고 밝혔다.[48] 하지만 2012. 9. 4. 수

---

45) 존스쿨 교육의 성과에 대한 다각적인 검토를 요한다는 견해로 변화순, "법 시행 3년, 정책의 이행실태와 향후과제", 여성가족부, 2007. 10, 14면.

46) 同旨 김은경, 앞의 논문, 171면; 박혜진, 앞의 논문, 16면; 이덕인, 앞의 논문, 210-214면; 여성가족부, 앞의 보고서, 314면.

47) 김용화, "성매매 근절을 위한 입법적·정책적 대안 - 성구매자 처벌 및 교육을 중심으로-", 경희법학 제45권 제3호, 경희대학교 법학연구소, 2010. 9, 136면.

48) 대검찰청, "아동·청소년 음란물 유통 근절을 위해 엄중처벌로 강력 대처", 보도자료, 2012. 9. 24. 2면.

원지방검찰청은 최초로 청소년이용음란물을 소지한 5명을 기소하였는데, 단순 소지자 중 '성범죄 전력'이 있는 소지자만을 기소하였다.[49] 한편 2012. 12. 23. 대검찰청은 청소년이용음란물을 소지한 혐의로 처음 적발된 사람에 한하여 '교육조건부 기소유예 처분'을 내리라는 지침을 일선 검찰청에 하달하였는데, 동 처분을 받게 될 경우 인근 보호관찰소에서 하루 동안 음란물 사범 교육 프로그램을 받으면 기소유예가 된다. 이와 같이 청소년이용음란물소지사범에 대한 교육조건부 기소유예 처분이라는 지침을 둔 것은 충분히 예상되는 무리한 기소의 남발을 막기 위한 것이라고 평가할 수 있는데, 이는 마치 형법 투입의 사회적인 비용이 너무 높은 경우, 형법 이외의 다른 사회통제수단에 의한 규율이 더 적합한 경우, 형벌법규와 국민의 법감정 사이에 현저한 차이가 있는 경우 등이라는 성구매자 재범방지교육의 '보이지 않는' 도입취지와 유사하다고 볼 수 있다.

2. 성구매자 재범방지교육의 함의(含意)

가. 성매매의 규모 및 성매매사범의 처리현황

(1) 성매매의 규모

여성가족부장관은 3년마다 국내외 성매매 실태조사(성접대 실태조사를 포함한다)를 실시하여 성매매 실태에 관한 종합보고서를 발간하고, 이를 성매매의 예방을 위한 정책수립에 기초자료로 활용하여야 하는데(성매매방지 및 피해자보호 등에 관한 법률 제3조의2 제1항), 이에 따라 여성가족부는 「2007 전국 성매매 실태조사」 보고서를 발간[50]하였다. 이에 의하면 2007년도 전국 성매매의 규모는 다음과 같다.

---

49) 수원지방검찰청 보도자료, 2012. 9. 4. 2면.

50) '2010년도 전국 성매매실태조사'에 관한 자료를 구하기 위하여 2011. 10. 5. 주무부처인 여성가족부에 정보공개를 청구(접수번호: 1468671)하였으나 '비공개결정'의 통지를 받은 바 있다. 그 이유는 '국가비승인통계로서 통계청의 통계관리방안에 따라 대외적인 공개는 불가하며, 정책자료 활용을 위한 내부자료로만 사용'하기 때문이었다. 성매매 실태조사를 위하여 3억 5천만 원의 국가예산을 사용하고서도 이를 제대로 공표하지 않는 것은 심각한 예산낭비, 인력낭비라고 생각한다.

〈표-6〉 2007년도 전국 성매매의 규모

구 분	업소 수	성판매여성수	연간 성구매자 수	연간 거래액
전업형	1,443	3,644	2,510,000	2,068억 원
겸업형	44,804	147,392	50,100,000	7조 6,865억 원
인터넷 및 기타	(36,337)	118,671	41,340,000	6조 2,019억 원
합계	(82,584)	269,707	93,950,000	14조 952억 원

출처: 여성가족부, 「2007 전국 성매매 실태조사」, 2007. 11, 319면.

<표-6>에서 '인터넷 및 기타' 부분의 업소 수, 성판매여성의 수, 연간 성구매자 수, 연간 거래액 등의 경우 단속실적 비율을 고려해서 전체 합계의 44%[51] 수준으로 가정하여 추정한 값이다. 또한 성판매여성의 규모 추정치는 전업형은 영업일수를 300일, 겸업형은 영업일수를 330일로 각각 가정하고, 단속비율을 고려해서 인터넷 및 기타 성매매가 전체 성매매거래의 44%인 것으로 가정하여 계산한 결과이다. 이에 따르면 연간 거래액의 경우 2006년도 국내총생산(GDP) 847조 9,000억 원의 약 1.7%를 차지한다고 한다.

하지만 '2007 전국 성매매 실태조사'는 최소화된 수치를 사용할 수밖에 없는 한계로 인해 성매매의 규모 추정과 분석 역시 최소화될 없는 한계가 있다.[52] 각 기관이 발표한 성매매종사자수 추정자료에 의하면 적게는 약 27만 명에서 많게는 150만 명에 이르기까지 약 5배 정도의 편차가 날만큼 통계 자체의 신뢰성에 의심이 가고 있다. 이는 우리나라에서 성매매의 규모를 정확히 측정한다는 것은 현실적으로 절대 불가능한 일이라는 것을 보여준다. 성매매의 경제규모란 흔히 성산업이라고 불리는 업종에 속해 있는 인구들이 경제에 미치는 영향을 통틀어서 말한다고 할 수 있다. 이에 속하는 지표로 가정해 볼 수 있는 것은 성판매여성의 수, 성구매남성의 수, 일일 평균 성매매의 횟수, 성매매가능 업소의 수, 성매매에서 오고가는 금전의 규모 등을 들 수 있는데, 이러한 수치 중에서 가장 중요한 것으로 손꼽히는 것은 성판매여성의 숫자이다. 이 수치는 다른 모든 요소의 기저에 위치하고 있는 것으로써 성매매 경제규모의 결정판이라고도 할 수 있는 것이다.[53] 그동안 보다 정확하고 객관적인 수치를 도출하기 위하여 많은 노력들이 있어 왔지

---

51) 인터넷 및 기타 성매매 규모 및 실태 관련한 통계자료는 수사 및 재판기록, 단속자료 이외에는 거의 없는 상황이다. 이러한 인터넷 및 기타 성매매 유형이 전체 성매매 규모에서 차지하는 비율을 추정하기 위해 본 조사에서는 전국 17개 지방검찰청에 접수된 성매매 사범(총 16,730명) 중 5% 임의표집 결과에서 추출한 성매매 단속비율을 이용해 기타 성매매 유형의 비율을 추정하기로 하였다(여성가족부, 앞의 보고서, 174면).

52) 여성가족부, 앞의 보고서, 10면.

53) 박찬걸, "성매매처벌법상 성매매피해자규정에 대한 검토", 피해자학연구 제20권 제1호, 한국피해자학회, 2012. 4, 322면

만, 모두 일정한 한계점[54]을 노출하고 말았다. 이에 따라 성매매 실태에 대하여는 신뢰할 만한 통계가 없다고 할 수 있으며, 빈번하게 인용되는 수치도 실제로는 근거가 매우 취약한 것이 대부분이다. 다만 현재 우리사회에서 성매매행위를 하고 있는 성판매여성과 성구매남성은 가시화된 수보다는 非가시화된 여성이 현저히 많을 것이라는 추측은 가능하겠다.

(2) 성매매사범의 처리현황

2004. 9. 성매매처벌법 시행 이후 검찰은 성매매사범 가운데 약 70-80%를 불기소처분으로 처리하고 있고, 기소를 한 경우에도 2009년의 경우 구속률은 0.35%에 불과하였으며, 대부분 구약식으로 처리하고 있다. 이는 성매매사범을 엄하게 처벌하려고 하는 당초 입법자의 의지가 무색하게 할 만큼 적은 숫자의 자만이 실제로 처벌되고, 처벌되는 경우에도 대부분 약 100만 원 정도의 경미한 벌금형으로 처리되고 있다는 것을 의미한다.[55]

〈표-7〉 성매매사건의 검찰 처리현황

구분		계	기소				소년보호송치	가정보호송치	성매매보호송치	불기소						
			소계	구공판		구약식				소계	기소유예	혐의없음	죄가안됨	공소권없음	기소중지	참고인중지
				구속	불구속											
윤락행위등방지법	2004	9,869 (100.0)	4,238 (43.0)	199	235	3,814	13	-	-	5,366 (54.4)	4,399	545	4	422	157	85
	2005	2,008 (100.0)	770 (38.3)	18	49	703	2	-	6	1,122 (55.9)	851	235	-	35	54	54
	2006	151 (100.0)	52 (34.4)	2	6	44	-	-	-	85 (56.3)	36	31	-	18	9	5
성매매처벌법	2004	51 (100.0)	39 (76.5)	8	7	24	-	-	1	11 (21.6)	7	3	-	-	1	-
	2005	325 (100.0)	187 (57.5)	15	15	157	-	-	6	124 (38.2)	97	26	-	1	7	1
	2006	25,331 (100.0)	4,839 (19.1)	224	338	4,277	28	15	324	19,361 (76.4)	17,172	2,027	4	158	688	76
	2007	19,854 (100.0)	5,123 (25.8)	148	649	4,326	58	48	328	13,800 (69.5)	10,487	3,124	1	188	357	140

---

54) 이러한 한계점에 관한 구체적인 설명으로는 박찬걸, "성매매죄의 합리화 방안에 관한 연구", 한양대학교 법학박사학위논문, 2010. 2, 55-57면 참조.

55) 이경재, "성매매특별법 시행 4년에 대한 평가와 제언", 형사정책연구 제20권 제1호, 한국형사정책연구원, 2009. 3, 712면.

성매매처벌법	2008	46,156 (100.0)	7,183 (15.6)	192	1,100	5,891	265	19	399	37,655 (81.6)	31,490	5,722	14	429	421	214
	2009	73,553 (100.0)	10,803 (14.7)	257	2,000	8,546	281	3	581	61,109 (83.1)	51,497	8,876	3	733	624	151
	2010	26,602 (100.0)	4,444 (16.7)	97	811	3,536	81	5	232	21,328 (80.1)	17,302	3,764	6	256	388	124
	2011	19,573 (100.0)	4,725 (24.1)	141	739	3,845	76	3	193	14,146 (72.3)	11,126	2,729	2	289	331	99

출처: 대검찰청, 「범죄분석」, 2005-2012.

하지만 약식기소에 의한 처리 보다 더 중요한 것은 성매매사범에 대한 기소율 그 자체가 급격히 감소하고 있다는 점인데, 이는 성구매자 재범방지교육을 조건으로 하는 기소유예의 건수가 급증했던 것이 주요 원인으로 분석된다. 성구매행위로 인하여 불기소처분을 받은 자의 절대 다수가 성구매자 재범방지교육을 조건으로 기소유예 처분을 받은 것으로 나타나고 있기 때문에, 현재 우리나라는 성판매자의 경우 성매매피해자에 해당하게 되면 법률상의 비범죄화가 이루어져 있고, 성구매자의 경우 초범인 요건과 동의가 전제된다면 사실상의 비범죄화[56]가 이루어져 있다고 할 수 있다.

나. 집행단계에서의 비범죄화 역할을 수행하고 있는 성구매자 재범방지교육

집행단계에서의 비범죄화(또는 사실상의 비범죄화)[57]란 형사제재규정이 입법적으로 그대로 존속함에도 불구하고 일정한 행위 또는 상황에 대한 형사사법기관활동의 점진적인 변화로 형법의 적용범위가 축소되는 비범죄화를 말한다. 이는 형법투입의 사회적인 비용이 너무 높은 경우, 형법 이외의 다른 사회통제수단에 의한 규율이 더 적합한 경우, 형벌법규와 국민의 법감정 사이에 현저한 차이가 있는 경우, 사회변화와 함께 처벌의 필요성이 없어졌으나 아직 법률이 폐지되지 않은 경우 등과 같은 현상이 발생할 경우에 이루어진다. 이와 같은 집행단계에서의 비범죄화는 그 실행가능성에 있어서 입법단계에서의 비범죄화에 비해 양적으로 보다 많은 제한을 받게 되는데, 입법단계에서의 비범죄화는 헌법에 구속되어 행위에 대한 입법부의 형사정책적 판단에 따라 범죄를 결정하지만, 집행단계에서의 비범죄화는 법집행자가 입법적 선결인 법전을 근거와 한계로 인정해야 하기

---

56) 사실상의 비범죄화 개념에 대한 보다 자세한 내용은 박찬걸, "비범죄화의 유형에 관한 연구", 저스티스 제117호, 한국법학원, 2010. 6, 120면 이하 참조.

57) 이를 광의의 비범죄화라고도 한다(기광도, 「교통관련 범죄의 비범죄화에 관한 연구」, 한국형사정책연구원, 2000. 12, 58면).

때문에 법제정에 비해 법정책적인 재량의 폭이 좁다고 할 수 있다. 그러므로 집행단계에서의 비범죄화는 입법단계에서의 비범죄화와 비교했을 때 그리 추천할 만한 것은 못 된다. 만약 수사기관과 재판기관의 재량을 통한 선별적인 처분에 의한 사실상의 비범죄화가 증가하게 된다면 명확한 법적 근거에 기한 행위가 되지 못하므로 통제받지 못하는 자의가 개입될 여지가 있기 때문이다.[58] 이는 헌법상 평등의 원칙에 반할 우려가 있을 뿐만 아니라 행정부나 사법부가 입법부가 행사하는 입법권을 우회적으로 행사하는 모습이 되므로 권력분립의 원칙에도 반할 우려가 있다. 따라서 집행단계에서의 비범죄화는 입법단계에서의 비범죄화에 대하여 보충적인 성격을 가진다고 하겠다.[59] 하지만 우리나라의 형사입법에 관한 현실에 있어서 어떠한 범죄행위가 곧바로 입법단계에서의 비범죄화로 이어질 가능성은 극히 낮기 때문에 집행단계에서의 비범죄화는 완전한 의미의 비범죄화에로의 전단계의 역할을 수행할 수 있다. 이러한 측면에서 성구매자 재범방지교육은 집행단계에서의 비범죄화 또는 사실상의 비범죄화의 역할을 전형적으로 수행하고 있다고 평가된다. 궁극적으로 단순 성매매행위는 입법상의 비범죄화로 나아가야 할 필요성과 정당성이 도출된다고 보이는데, 그 논거로는 다음을 들 수 있겠다. 첫째, 단순 성매매죄에 대한 검거 및 처벌에 대한 사회적인 비용은 매우 높은 반면에 이로 인한 범죄의 예방 및 근절의 효과는 너무나도 미미한 경우라고 할 수 있고, 형법 이외의 다른 사회통제수단인 도덕에 의한 규율이 보다 더 적합한 경우이며, 형벌법규에 대하여 반감을 가지고 있는 상당한 정도의 다수가 존재하고 있는 경우에 해당하기 때문이다.

둘째, 성매매행위를 강제하는 것은 개인의 성적 자기결정권을 침해하는 행위로서 매우 심각한 범죄라고 보아 어느 나라나 형사처벌의 대상으로 하고 있지만, 스스로의 판단에 의해서 성관계라는 서비스를 제공하고 그 대가를 받는 행위 자체는 형사처벌의 대상으로 보지 않는 것이 대부분의 선진국의 입장이다. 우리나라가 성매매에 관하여 엄격한 내지 철저한 금지주의를 취하고 있다는 주장이 있으나, 현재의 상황에 의하면 올바른 표현이 되지 못한다. 이는 (구) 윤락행위등방지법이 효력을 발휘하던 시절의 얘기이다. 성매매에 관한 일반법인 성매매처벌법과 특별법인 청소년성보호법은 엄격한 금지주의를 취하고 있지 않기 때문이다. 우리나라는 성매매에 관한 그 어떤 입법주의와도 비교할 수 없는 독창적인 입법방식을 채택하고 있음을 알 수 있다. 성매매를 범죄로 취급하기는 하되, 일정

---

58) 실질적으로 경찰의 단속이 제대로 이루어지지 않기 때문에 성매매는 집행단계에서의 비범죄화(사실상의 비범죄화)가 폭넓게 행해지고 있다고 할 수 있다. 이에 대하여 성매매의 입법적인 비범죄화보다는 사실상의 비범죄화가 동 문제를 최소화시킬 것이라는 견해(이경재, 앞의 논문, 722면)가 있다.

59) 박찬걸, 앞의 논문(각주 9), 120면.

한 예외 사유를 두어 범죄의 성립범위를 축소시키는 방향으로 나아가고 있는 것이다. 즉 '엄격한' 금지주의에서 '완화된' 금지주의로 전환되고 있다. 하지만 이러한 입법태도의 변화만으로 만족해서는 아니 된다. 먼저 우리 입법자가 이러한 '완화된 금지주의'를 염두에 두고 입법과정을 거쳤는지는 매우 의심스러운 점이 많다.

셋째, 성매매처벌법 제정의 기본방향은 중간매개자에 대한 엄중한 처벌과 형사법 적용에서 최대한의 차별적 법적용, 즉 피해자 범주를 최대한 확장함으로써 여성들을 실제로는 비범죄화하려는 의도가 핵심이었기 때문에 자발적 성매매에 대한 처벌강화는 그 논의의 핵심이 아니었다. 윤락행위등방지법과 성매매처벌법의 형벌규정을 비교해보면 자발적 성매매죄 이외의 모든 성매매 관련 범죄의 법정형은 상향조정되었다는 점이 이를 반영한다. 성매매처벌법은 '성매매목적의 알선, 인신매매의 대폭적인 축소'를, 성매매방지법은 '탈성매매를 위한 자립, 자화지원 강화'를 목표로 제시하였다. '모든' 성매매를 근절하겠다는 것은 아예 목표로 제시되지 않았다. 하지만 여성단체들은 이번 기회에 성매매 자체를 없애려는 과욕을 보였다. 물론 성매매는 그 자체로서 반윤리적이기 때문에 궁극적으로 근절되어야 한다는 점에는 대부분 동의한다. 그러나 현실적인 이유로 성매매를 모두 단속하여 이를 없애는 것을 목적으로 정책을 수립하고 집행할 수는 없기 때문에, 성매매 방지정책은 처음부터 알선행위와 인신매매, 강요된 성매매 등을 주요 단속대상으로 설정한 것이다. 즉 성매매처벌법은 성매매 자체의 근절을 목표로 한 대책이라기보다는 성매매 수요를 줄이고 성매매 여성의 공급을 최소화시켜 궁극적으로는 성매매를 최소화시키려는 것을 주요 목적으로 하고 있는 것이다.

넷째, 성매매에 대한 형사제재에 대한 특별 및 일반예방효과에 대해서는 부정적인 것으로 알려져 있다. 성매매죄 규정은 성매매를 억제하는 일반예방적 효과를 발휘하지 못하고 있으며, 처벌하는 경우에도 오늘날의 성문화 현실에 비추어 보아 실제 벌어지는 성매매의 극소수만이 포착될 뿐이고, 처벌의 득보다는 실이 더 큰 것으로 평가된다. 성매매가 도덕상 파렴치하다고 해서 형벌을 부과한다는 것은 형벌의 일반예방적 효과를 높이기보다는 오히려 형법의 위신을 해칠 가능성이 더 높다.

다섯째, 형법이 보호하고자 하는 건전한 성풍속은 '비밀리에 범하는 행위에 대한' 건전한 성풍속이 아니라 '공공연하게 범하는 행위에 대한' 건전한 성풍속으로 축소하여 이해해야 할 것이다. 또한 이것은 건전한 성풍속이 사회적 법익이기 때문에 가능한 일이다. 형법이 설령 성풍속 내지 성도덕을 보호한다고 할지라도 그에 대해서는 엄격한 제한이 가해져야 한다. 즉 성풍속 내지 성도덕 위반행위가 직접 공동체의 질서와 평화를 침해한다고 판단되고, 이를 통해 사회유해성을 초래해야 하고, 그러한 예외적인 경우에만 성풍속에 대한 형법적인 보호가 정당화된다. 이를 판단해 줄 척도는 '타인의 수치심 내지 혐오감 야기'이다. 성매매에 대한 형사처벌을 통해 보호하고자 하는 건전한 성풍속이라는 것의 내용은 관점에 따라서는 오히려 그것이 더 불건전하다고도 할 수 있는 것이다. 개인의 권리에 대한 국가의 부당한 침해는 불건전한 것이기 때문이다. 따라서 이러한 관점에서 보면 성매매가 불건전한 것이 아니라 성관계의 자유를 침해하는 형사처벌의 조치가 불건전한 것이 된다. 결론적으로 개인적 법익으로서의 건전한 성풍속이라는 개념은 도출될 수 없고, 따라서 성매매행위도 특별히 공연성을 수반하지 않으면 '건전한 성풍속이라는 사회적 법익'을 침해한다고 볼 수 없기 때문에 성매매의 양 당사자를 처벌하는 것은 타당하지 않다.

V. 글을 마치며

2013. 1. 9. 서울북부지방법원 형사4단독 오원찬 판사(2012고정2220)는 지난 2012. 7. 13만 원을 받고 성관계를 한 공소사실로 기소된 김 모씨(41·여)가 신청한 성매매처벌법 제21조 제1항의 위헌 여부 심판을 헌법재판소에 제청하였고, 헌법재판소는 2013헌가2 사건(성매매알선 등 행위의 처벌에 관한 법률 제21조 제1항 위헌제청)으로 접수하여 현재 사전심사 중에 있다. 이는 성매매처벌법상 단순 성매매죄에 대한 최초의 위헌제청사건으로 기록되고 있으며, 성인간의 자발적인 의사에 기하여 이루어지는 성매매행위에 대한 처벌규정이 입법상의 비범죄화로 나아갈 수 있는 획기적인 계기로 작용할 것으로 기대된다. 생각건대 국가가 범죄행위를 규정하고 그에 대한 형벌을 부과하는 과정에서 과도한 국가 개입을 입법화하면서도 집행상의 어려움으로 실제로 집행을 못하여 형벌의 효과가 나타나지 못하게 되는 부작용이 발생하면 형사사법체계 및 법체계의 정당성에 위기가 초래될 수 있다. 만약 법규정과 실제 집행상의 모순이 발생하여 집행단계에서의 비범죄화 현상이 계속하여 발생하고 있다면 이에 그치지 않고 입법상의 비범죄화로 나아갈 수 있는 결단이 요구된다고 본다. 즉 사회의 가치관이 변화됨에 따라 더 이상 범죄로 여겨지지 않는 행위는 형법의 영역에서 제외되어야 한다. 그 이유는 성매매행위와 같은 일

탈행위는 사회통제를 위한 공식조직의 관심사항이 아니라 가족이나 지역사회 등과 같은 비공식적 통제조직에 의해서 오히려 효과적으로 통제될 수 있기 때문이다. 하지만 현재의 형사사법실무에서는 법규의 폐지나 개정을 통한 법률상 또는 입법상의 비범죄화보다는 처리절차의 간소화 방향이라는 사실상 또는 집행상의 비범죄화가 주된 흐름이 되고 있다. 그러나 비범죄화는 형사사법기관의 업무부담의 감소와 효율성의 입장보다는 바람직한 형벌권의 행사라는 측면에서 추진되어야 하기 때문에 이러한 태도는 바람직하지 못하다. 지금의 시점에서 가장 절실하게 필요한 점은 일정한 형벌규범의 필요성을 비판적으로 검토할 수 있는 이성적인 용기이다. 많은 형법규범이 존치의 필요성에 대한 어떤 비판적 성찰도 없이 방치되어 있는 경우가 적지 않은데, 그 대표적인 것이 성매매처벌법상의 성매매죄이다. 만일 국가가 성매매행위에 대하여 개입하게 되면 오히려 상황을 악화시킬 뿐이다. 형벌이 범죄억제효과를 갖기 위해서는 범죄에 대한 처벌이 확실하고, 신속하고, 공평하게 행해져야 하는데 성매매에 대한 국가의 규제는 전혀 그렇지 못하기 때문이다. 그러므로 집행상의 비범죄화가 진행됨으로써 여러 가지 문제점을 발생시키고 있는 성매매죄에 대하여 보다 전향적인 차원에서 입법상의 비범죄화[60]로의 전환을 신중하게 검토하여야 할 것이다.

---

60) 성매매죄에 대한 입법상의 비범죄화 이후의 대안과 관련하여서는 지면관계상 다음의 기회에 논하기로 한다.

제9강 성매매범죄의 양형기준안에 대한 검토

Ⅰ. 문제의 제기

지난 2007. 4. 27. 출범한 제1기 양형위원회의 활동 이래 제3기 양형위원회가 활동을 종료한 2012. 4. 26.까지 살인범죄, 뇌물범죄 등 총 23개의 범죄군에 대한 양형기준이 의결·시행되고 있는 가운데, 2013. 4. 27. 출범한 제4기 양형위원회는 2013. 6. 24. 제50차 전체회의를 개최하여 변호사법위반, 배임수·증재, 성매매알선 등, 체포·감금·유기·학대, 권리행사방해, 게임물, 장물·손괴, 신용·업무·경매에 관한 범죄를 제4기 양형기준 설정 대상범죄군으로 선정하여 활발한 활동을 하고 있는 중이다. 이 가운데 성매매범죄에 대한 양형기준은 제4기 양형위원회의 전반기 활동기간(2013. 4. 27.-2014. 4. 26.) 내에 최종안을 확정하는 것을 목표로 하여 현재 논의가 진행되고 있는데, 이에 따라 양형위원회는 2013. 12. 23. 제53차 전체회의를 개최하여 성매매범죄 양형기준안을 의결하였다. 또한 2014. 2. 17. 성매매범죄 양형기준안에 대한 공청회를 개최하였으며, 2014. 3. 31. 제55차 전체회의를 개최하여 이를 최종적으로 확정할 예정이다.[1] 이와 같이 성매매범죄에 대한 양형기준안이 공고된 것은 최근 우리나라에서 이루어지고 있는 성매매범죄의 양상과 결코 무관하지 않은데, 기업형 신·변종 성매매알선 또는 인터넷을 이용한 광범위한 성매매알선 등의 행위로 인한 사회적 폐해가 심각하며, 아울러 아동·청소년의 성보호에 관한 사회적 관심이 그 어느 때보다 고조되어 있는 현재의 상황을 간과할 수 없었던 점에 기인한 것으로 분석할 수 있겠다. 이러한 시대적인 상황에 따라 성판매강요, 성매매알선 등을 비롯한 성매매범죄에 관하여 객관적 처벌기준을 마련하고, 특히 2012. 12. 18. 개정·공포되어 2013. 6. 19.부터 시행되고 있는 「아동·청소년의 성보호에 관한 법률」의 내용을 반영하여 아동·청소년을 대상으로 한 성매수 등의 성매매범죄에 대하여 엄정한 처벌기준을 마련할 필요성이 제기된 것이다.[2]

제시된 성매매범죄 양형기준안에 의하면 우선 19세 이상 대상 성매매범죄와 19세 미만 대상 성매매범죄로 대분류를 하고 있는데, 이는 「성매매알선 등 행위의 처벌에 관한 법률」(이하에서는 '성매매처벌법'이라고 한다)과 「아동·청소년의 성보호에 관한 법률」(이하에서는 '아청법'이라고 한다)이 성매매의 대상을 기준으로 법정형을 크게 다르게 규

---

* 형사법연구 제26권 제1호, 한국형사법학회, 2014. 3.

1) 양형위원회, "양형위원회 전체회의 결과", 보도자료, 2014. 1. 20, 7면.

2) 양형위원회, "양형위원회 전체회의 결과", 보도자료, 2013. 12. 23, 1-2면 참조.

정하고 있음에 연유하며, 이후 행위유형에 의거하여 성매수, 성판매강요, 성매매알선 등의 범죄로 중분류를 하고 있다. 다만 성매매처벌법 제21조 제1항의 (성인을 대상으로 하는) 성매수죄는 법정형이 '1년 이하의 징역 또는 300만 원 이하의 벌금, 구류, 과료'로 되어 있어, 징역형의 형량분포범위가 좁은 점을 고려하여 양형기준 설정범위에서 제외하고 있다.[3] 결국 성매매범죄의 양형기준안은 ① 19세 이상 대상 성판매 강요, ② 19세 이상 대상 성매매 알선, ③ 19세 미만 대상 성매수, ④ 19세 미만 대상 성판매 강요, ⑤ 19세 미만 대상 성매매 알선 등 총 5가지의 유형별 양형의 범위와 각각의 양형인자로 구성되어 있다. 이하에서는 아동·청소년의 성을 사는 행위의 상대방이 되도록 강요 등(19세 미만 대상 성판매 강요) 및 아동·청소년 대상 성매매 알선 등(19세 미만 대상 성매매 알선)을 제외[4]한 3가지 유형의 성매매범죄에 대하여 첫째, 제시된 형량의 내용과 기존에 시행되고 있는 양형기준 가운데 법정형이 유사한 범죄군과의 비교를 통하여 형량의 범위가 적절하게 제시되어 있는지 여부,[5] 둘째, 양형기준의 대상이 된 구성요건 이외에 추가적으로 포함시킬 것이 있는지의 여부, 셋째, 제시된 양형인자는 각 유형별 성매매범죄의 특성을 제대로 반영하고 있는지의 여부, 넷째, 양형인자로 제시된 가중 및 감경요소 이외에 추가적으로 포함시켜야 할 인자가 있는지의 여부, 다섯째, 성매매범죄에 대한 외국의 처벌규정을 통한 우리나라 성매매범죄의 형량과 양형인자의 비교·검토 등을 중심으로 논의를 진행하기로 한다.

---

3) 양형위원회, "양형위원회 전체회의 결과", 보도자료, 2013. 12. 23, 3면.

4) 이를 본 논의에서 제외한 이유는 다음과 같은데, 먼저 19세 미만의 자를 대상으로 하여 성을 사는 행위의 상대방이 되도록 강요하는 행위의 양형인자는 행위가중요소 가운데 '대상 아동·청소년이 신체적 또는 정신적 장애 상태인 경우'가 추가되어 있다는 점을 제외하고는 19세 이상의 자를 대상으로 하여 성을 파는 행위를 강요하는 양형인자와 동일하며, 다음으로 19세 미만의 자를 대상으로 성매매를 알선하는 행위의 양형인자에서는 ① 행위감경요소로써 '적극적 요구에 수동적으로 응한 경우'가 제외되어 있다는 점, ② 행위자감경요소로써 '처벌불원'이 제외되어 있다는 점 등을 제외하면 19세 이상의 자를 대상으로 하여 성매매를 알선하는 행위의 양형인자와 동일하기 때문에 본고에서는 별도의 항목을 두어 검토하지는 아니하고, 19세 이상의 자를 대상으로 하는 성매매범죄의 양형인자를 분석할 때 설명하는 것으로 갈음하고자 한다.

5) 실제에 있어서는 해당범죄의 성격, 실무의 관행, 실제 사건의 형량 분포 등이 고려되기 때문에 이러한 법정형의 비교가 성매매범죄의 양형범위 설정에 있어서 결정적인 기준이 될 수는 없을 것이다. 하지만 동일한 법정형임에도 불구하고 범죄에 따라 형량의 분포가 상이하다는 점은 법정형의 설정이 현실을 제대로 반영하지 못하고 있음을 반증하고 있다는 것을 보여주는 자료가 될 수 있을 것이다.

Ⅱ. 19세 이상 대상 성판매 강요의 양형기준안 검토

1. 형량에 대한 검토

가. 형량의 내용 및 법정형이 유사한 범죄군과의 비교·검토

성매매범죄 가운데 19세 이상을 대상으로 하여 성을 파는 행위를 강요하는 행위 등의 구체적인 형량범위를 살펴보면 <표-1>과 같다.

〈표-1〉 19세 이상 대상 성을 파는 행위 강요 등의 형량

구 분	구성요건	법정형	형량 범위		
			감 경	기 본	가 중
성을 파는 행위 강요 등 (1유형)	폭행·협박으로 성을 파는 행위를 하게 한 경우(성매매처벌법 제18조 제1항 제1호)	10년↓, 1억↓	4월-1년	8월-2년	1년 6월-3년
	위계 등으로 곤경에 빠뜨려 성을 파는 행위를 하게 한 경우(성매매처벌법 제18조 제1항 제2호)				
	보호·감독 지위를 이용하여 성을 파는 행위를 하게 한 경우(성매매처벌법 제18조 제1항 제3호)				
대가수수 등에 의한 성을 파는 행위 강요 등 (2유형)	제18조 제1항의 죄(미수범 포함)를 범하고 그 대가의 전부 또는 일부를 수수·요구·약속한 경우(성매매처벌법 제18조 제2항 제1호)	1년↑	6월-1년 6월	10월-2년 6월	2년-5년
	위계·위력으로 심신미약자, 장애인으로 하여금 성을 파는 행위를 하게 한 경우(성매매처벌법 제18조 제2항 제2호)				
	폭처법의 범죄단체 또는 그 구성원으로서 제18조 제1항의 죄를 범한 경우(성매매처벌법 제18조 제2항 제3호)				

먼저 '성을 파는 행위 강요 등'의 법정형은 10년 이하의 징역에 해당하는 범죄인데, 현재 양형기준이 시행되고 있는 범죄군 가운데 이에 상응하는 법정형을 가지고 있는 범

죄로서 공문서 등 위조·변조 및 동 행사(형법 제225조), 자격모용 공문서 등 작성 및 동 행사(형법 제226조), 공전자기록 위작·변작 및 동 행사(형법 제227조의2), 존속상해(형법 제257조 제2항), 장애인(13세 이상) 대상 의제추행(아청법 제8조 제2항), 강제추행(형법 제298조), 준강제추행(형법 제299조) 등을 들 수 있다.

<표-2> 19세 이상 대상 성을 파는 행위 강요 등과 다른 형량의 비교

구분	구성요건	법정형	형량 범위		
			감경	기본	가중
영업적 또는 조직적 공문서 등 위조·변조 등 (공문서범죄)	공문서 등 위조·변조 및 동 행사(형법 제225조)	10년↓	1년-2년 6월	1년 6월-3년	2년 6월-5년
	자격모용 공문서 등 작성 및 동 행사(형법 제226조)				
	공전자기록 위작·변작 및 동 행사(형법 제227조의2)				
일반상해 (폭력범죄)	존속상해(형법 제257조 제2항)	10년↓, 1,500만 원↓	2월-1년	4월-1년 6월	6월-2년
장애인(13세 이상) 대상 의제추행 (성범죄)	19세 이상의 사람이 장애 아동·청소년(13세 이상)을 추행 또는 장애 아동·청소년으로 하여금 다른 사람을 추행하게 함(아청법 제8조 제2항)	10년↓, 1,500만 원↓	10월	8월-2년	1년 6월-3년
일반강제추행 (성범죄)	폭행·협박으로 사람을 추행(형법 제298조)	10년↓, 1,500만 원↓	1년	6월-2년	1년 6월-3년
	준강제추행(심신상실 또는 항거불능 상태 이용 추행)(형법 제299조)				

<표-2>에 의하면 공문서범죄의 경우에는 벌금형이 선택형으로 되어 있지 않고 징역형만이 유일형으로 되어 있는 관계로 성매매범죄의 경우보다 형량이 상당히 높게 책정되어 있고, 존속상해와 장애인 대상 의제추행 및 일반강제추행의 경우에는 벌금형이 선택형으로 되어 있으며, 그 액수가 1,500만 원으로써 성매매범죄의 1억 원보다 훨씬 낮지만 형량은 대동소이한 모습을 보이고 있다. 그러므로 '성을 파는 행위 강요 등'에 해당하는 성매매범죄의 법정형을 고려할 때 형량의 범위를 다소 상향조정하는 것이 바람직하다고 본다.

다음으로 '대가수수 등에 의한 성을 파는 행위 강요 등'의 법정형은 1년 이상의 징역에 해당하는 범죄인데, 현재 양형기준이 시행되고 있는 범죄군 가운데 이에 상응하는 법

정형을 가지고 있는 범죄로서 보복목적 상해·폭행·체포·감금·협박(특가법 제5조의9 제2항), 신체적인 또는 정신적인 장애가 있는 사람을 위계·위력으로 추행(성폭법 제6조 제6항) 등을 들 수 있다.

〈표-3〉 19세 이상 대상 대가수수 등에 의한 성을 파는 행위 강요 등과 다른 형량의 비교

구분	구성요건	법정형	형량 범위		
			감경	기본	가중
보복목적 상해 등 (폭력범죄)	보복목적 상해·폭행·체포·감금·협박(특가법 제5조의9 제2항)	1년↑	6월-1년 6월	1년-2년	1년 6월-3년
장애인(13세 이상) 대상 의제간음/강제추행 (성범죄)	신체적인 또는 정신적인 장애가 있는 사람을 위계·위력으로 추행(성폭법 제6조 제6항)	1년↑, 1천만 원-3천만 원	1년 6월-3년	2년 6월-5년	4년-6년

<표-3>의 내용 가운데 보복목적 상해 등의 형량 범위를 성매매범죄에 대비해보면 성매매범죄의 감경 및 기본의 형량은 다소 낮게 책정되어 있는 반면에, 가중의 형량은 다소 높게 책정되어 있는 것을 알 수 있고, 장애인 대상 의제간음/강제추행의 경우에는 벌금형이 선택형으로 규정되어 있음에도 불구하고 감경 및 기본의 최고형량은 성매매범죄의 경우보다 2배 높고, 가중의 경우에도 최저형량이 2배 높게 책정되어 있다. '대가수수 등에 의한 성을 파는 행위 강요 등'의 구성요건이 심신미약자 또는 장애인을 대상으로 하고 있다는 점과 범죄단체 또는 그 구성원이 폭행 또는 협박을 사용하고 있다는 점을 감안한다면 장애인 대상 의제간음/강제추행의 경우와 죄질이 비슷하다고 보이는데, 이에 '대가수수 등에 의한 성을 파는 행위 강요 등'에 해당하는 성매매범죄의 법정형을 고려할 때 형량의 범위를 대폭적으로 상향조정하는 것이 바람직하다고 본다.

나. 성매매처벌법 제21조 제1항의 포섭 문제

현재의 양형기준안에 의하면 성매매처벌법 제21조 제1항에서 규정하고 있는 단순성매매행위에 대해서는 그 기준을 제시하고 있지 않다. 동 조항에 의하면 성매매를 한 사람은 1년 이하의 징역이나 300만 원 이하의 벌금, 구류 또는 과료에 처한다고 되어 있는데, 법정형이 지나치게 낮음과 동시에 벌금형의 비율이 높아 양형기준을 설정하기가 어렵다는 것이 미제시의 배경이라고 할 수 있다.[6] 하지만 <표-4>에서 보는 바와 같이

2007년부터 2011년까지의 기간 동안 성매매처벌법 제21조 제1항으로 처벌되는 성매매사범이 전체 성매매사범 221,202명 가운데 성구매자 160,928명, 성매매여성 30,803명 등 총 191,731명으로써 약 87%를 차지하여 전체 성매매범죄의 절대 다수를 차지하고 있다는 점에서 양형기준에 성매매처벌법 제21조 제1항을 포섭할 필요성이 대두된다고 할 수 있다.

<표-4> 성매매사범 단속현황(2004-2013. 2.)

연 도	검거인원	조치		성매매사범		
		구속	불구속	업주등 관계자	성구매자	성매매여성
2004	16,947	1,606	16,351	2,824	10,180	3,943
2005	18,508	829	17,679	4,071	11,474	2,963
2006	34,795	569	34,226	3,653	27,488	3,654
2007	39,236	526	38,710	4,359	29,991	4,886
2008	51,575	544	51,031	6,032	39,071	6,472
2009	73,008	633	72,375	9,501	54,405	9,102
2010	31,247	583	30,664	4,437	21,436	5,374
2011	26,136	228	25,908	5,142	16,025	4,969
2012	21,123	235	20,888	-7)		
2013. 2.	2,328	24	2,304			

출처: 정보공개결정서(접수번호: 1983973), "성매매사범 단속현황", 경찰청, 2013. 3. 14.

또한 <표-5>에서 최근 3년간(2010년-2012년) 성매매범죄에 대한 검찰의 처리현황을 살펴보면, 전체 성매매사범 62,012명 가운데 기소된 인원은 14,225명으로 전체의 22.9%에 불과하며,[8] 기소된 14,225명 가운데 11,356명에 해당하는 79.8%가 약식기소로 처리되어 실제로 정식재판에 회부된 인원은 2,869명에 불과한 실정이다. 이러한 구공판의 수치는 기소된 인원의 20.1%, 전체 인원의 4.6%에 해당하는 비율에 해당한다.

---

6) 함석천, "성매매범죄 양형기준 검토보고", 성매매범죄 공청회 토론자료, 2014, 8면.

7) 2012년부터는 성매매사범의 세부적인 유형에 대한 통계가 작성되고 있지 않은 상황이다.

8) 특히 2009년 기준 전체 범죄자(2,519,237명) 중 기소유예 처분을 받은 자(465,455명)는 18.7%인데 비하여, 성매매위반행위로 기소유예 처분을 받는 자는 70.0%에 달한다.

〈표-5〉 성매매범죄의 검찰 처리현황

(단위: 명(%))

연도	계	기소				소년 보호 송치	가정 보호 송치	성매매 보호 송치	불기소						
		소계	구공판		구약식				소계	기소 유예	혐의 없음	죄가 안됨	공소권 없음	기소 중지	참고인 중지
			구속	불구속											
2004	51 (100.0)	39 (76.5)	8	7	24	-	-	1	11 (21.6)	7	3	-	-	1	-
2005	325 (100.0)	187 (57.5)	15	15	157	-	-	6	124 (38.2)	97	26	-	1	7	1
2006	25,331 (100.0)	4,839 (19.1)	224	338	4,277	28	15	324	19,361 (76.4)	17,172	2,027	4	158	688	76
2007	19,854 (100.0)	5,123 (25.8)	148	649	4,326	58	48	328	13,800 (69.5)	10,487	3,124	1	188	357	140
2008	46,156 (100.0)	7,183 (15.6)	192	1,100	5,891	265	19	399	37,655 (81.6)	31,490	5,722	14	429	421	214
2009	73,553 (100.0)	10,803 (14.7)	257	2,000	8,546	281	3	581	61,109 (83.1)	51,497	8,876	3	733	624	151
2010	26,602 (100.0)	4,444 (16.7)	97	811	3,536	81	5	232	21,328 (80.1)	17,302	3,764	6	256	388	124
2011	19,573 (100.0)	4,725 (24.1)	141	739	3,845	76	3	193	14,146 (72.3)	11,126	2,729	2	289	331	99
2012	15,837 (100.0)	5,056 (31.9)	173	908	3,975	38	3	222	10,106 (63.8)	7,904	1,993	2	207	308	104

출처: 대검찰청, 「범죄분석」, 2005-2013.

물론 성매매처벌법 제21조 제1항의 적용대상자에 대하여 대체적으로 벌금형이 선고된다는 점은 현행 양형기준제도가 자유형을 중심으로 편제되어 있다는 점과 비교할 때 포섭가능성이 어렵다는 반론도 가능하겠지만, 벌금형이라고 하여 무조건적으로 양형기준의 적용대상에서 배제하는 체계에 대해서도 재고의 여지가 있을 것이다. 왜냐하면 성매매범죄와 같은 특정한 범죄군에서는 자유형보다는 벌금형이 주류를 이루고 있으므로 이러한 영역에 있어서의 선고형에 대한 국민의 신뢰와 처벌의 형평성도 무시할 수 없기 때문이다. 특히 성매매범죄라고 한다면 성구매자와 성매매여성이 형사처벌의 대상이라는 점에 대한 국민적 공감대가 형성되어 있다는 점, 양형위원회에서도 성매매 '강요'범죄 또는 성매매 '알선'범죄라는 개념이 아니라 단순히 성매매범죄라고 표현하고 있다는 점에서 성매매처벌법 제21조 제1항에 대한 양형기준을 마련하는 것이 보다 타당한 방안이라고 판단된다.

다. 정상참작 사유가 없는 '기본형' 하한선이 법정형 하한선보다 낮게 책정된 것의 적정성 여부

기본형을 기준으로 할 때 형량의 하한이 법정형의 하한보다 낮게 책정되어 있는 것으로써, 19세 이상 대상 대가수수 등에 의한 성을 파는 행위 강요 등(법정형의 하한은 1년이지만 기본형의 하한은 10월), 19세 미만 대상 성을 사는 행위(법정형의 하한은 1년이지만 기본형의 하한은 10월), 19세 미만 대상 성을 사는 행위의 상대방이 되도록 강요 등(법정형의 하한은 5년이지만 기본형의 하한은 3년 6월), 19세 미만 대상 대가수수 등에 의한 성을 사는 행위의 상대방이 되도록 강요 등(법정형의 하한은 7년이지만 기본형의 하한은 4년 6월), 19세 미만 대상 영업으로 성을 사는 행위의 상대방이 되도록 유인·권유(법정형의 하한은 7년이지만 기본형의 하한은 3년 6월), 19세 미만 대상 영업으로 성을 사는 행위의 장소 제공, 알선 또는 정보통신망에서 알선정보 제공 등(법정형의 하한은 7년이지만 기본형의 하한은 4년 6월) 등을 들 수 있다.

이러한 양형범위의 체계가 형성된 것의 가장 결정적인 이유는 양형기준 설정 시 기초자료가 되는 것이 현행법상의 법정형이 아니라 최근의 형사재판에 있어서 실제 선고형이라는 점에 기인한다고 볼 수 있다. 이는 선고형의 법정형 대비 하향 편중화 현상과도 맞물려 있는 것이며, 현행 법정형의 분포가 상당히 높게 책정되어 있다는 측면과도 연계되어 있는 현상이라고 파악된다. 다른 예로 법정형이 1년 이상, 5년 이상, 7년 이상 등으로 되어 있는 범죄군의 경우에 있어서 최고 법정형은 30년이라고 할 수 있는데, 이에 대한 기본형량의 최고범위는 2년 6월, 7년, 8년 등으로 각각 설정되어 있으며, 가중형량의 최고범위도 5년, 8년, 10년 등으로 각각 되어 있는 형국이다. 또한 법정형이 3년 이하, 7년 이하, 10년 이하 등으로 되어 있는 범죄군의 경우에 있어서 기본형량의 최고범위는 10월, 1년 4월, 2년 등으로 각각 설정되어 있어, 이 역시 기본형의 상한선이 법정형의 상한선보다 훨씬 낮게 책정되어 있다. 이와 같이 법정형 대비 형량이 낮게 책정되어 있는 현상은 현재의 형사실무 관행상 피할 수 없는 현상으로 이해된다는 점, 성매매범죄 이외의 다른 범죄군에 있어서도 이러한 현상은 동일하게 발생하고 있다는 점 등으로 인하여 그 적정성 여부를 굳이 성매매범죄에 있어서만 판단하는 것은 아무런 의미가 없다고 판단되며, 이러한 현상 자체가 부적절하다고 보이지는 아니한다.

2. 양형인자에 대한 검토

<표-6> 19세 이상 대상 성을 파는 행위 강요 등의 양형인자

구 분		감경요소	가중요소
특별양형인자	행 위	- 유형력의 행사가 현저히 약하거나 위계의 정도가 경미한 경우 - 범행가담에 특히 참작할 사유가 있는 경우	- 가학적·변태적 침해행위 또는 극도의 성적 수치심 증대 - 피해자의 신체 또는 정신에 심각한 피해를 야기한 경우 - 피지휘자에 대한 교사
	행위자/기타	- 농아자 - 심신미약(본인 책임 없음) - 자수 또는 내부 고발 - 처벌불원	- 동종 누범(성범죄 포함)
일반양형인자	행 위	- 소극 가담 - 요구·약속에 그치거나 실체 이득액이 경미한 경우(2유형 중 대가 취득의 경우)	- 비난 동기 - 수수한 금품이나 이익이 다액인 경우(2유형 중 대가 취득의 경우)
	행위자/기타	- 진지한 반성 - 형사처벌 전력 없음	- 인적 신뢰관계 이용 - 이종 누범, 누범에 해당하지 않는 동종 및 폭력 실형전과(성범죄 포함, 집행종료 후 10년 미만)

가. 2유형 중 대가 취득의 경우

2유형 중 대가 취득의 경우에 있어서 요구·약속에 그치거나 실제 이득액이 경미한 경우는 일반양형인자 가운데 감경인자로 고려되고, 수수한 금품이나 이익이 다액인 경우에는 일반양형인자 가운데 가중인자로 고려되고 있다. 하지만 여기서 '경미한 경우' 또는 '다액인 경우'가 과연 어느 정도까지의 범위를 말하는 것인지에 대해서는 함구하고 있는데, 이에 대해서도 실제 사례군에서 나타나는 현상을 바탕으로 하여 일정액을 세부적으로 설정해 주는 것이 보다 바람직하다고 판단된다. 횡령이나 배임 등 다른 재산범죄의 경우에 있어서도 구체적인 이득액을 기준으로 형량의 범위가 결정된다는 점도 참고할 필요성이 있다.

나. 특별양형인자 가운데 가중인자

특별양형인자 가운데 가중인자로써 가학적·변태적 침해행위 또는 극도의 성적 수치심 증대 및 피해자의 신체 또는 정신에 심각한 피해를 야기한 경우 등을 제시하고 있는데, 전자의 예로써 ① 피해자 또는 대상 아동·청소년의 신체를 결박하거나 도구를 사용하여 신체에 침해를 가하는 행위 ② 성기 속에 이물질을 삽입하는 행위 ③ 성적 유희를 위한 도구를 사용한 경우 ④ 다수인과 동시에 성관계를 강요한 경우 ⑤ 그 밖에 이에 준하는 경우 등을, 후자의 예로써 임신, 성병, 정신장애 그 밖에 이에 준하여 피해자 또는 대상 아동·청소년에게 심각한 피해를 야기한 것으로 볼 수 있는 경우를 상정하고 있다. 이는 성매매 강요행위의 성격을 자의가 아닌 성행위를 강요받는다는 측면에서 파악하여, 폭행 또는 협박을 가하여 간음 또는 추행을 하는 강간죄 및 강제추행죄의 경우와 유사하다는 것이 고려 요인으로 작용한 것이다.[9]

하지만 강간죄 및 강제추행죄에 있어서 고려될 수 있는 이러한 가중인자를 '성을 파는 행위 강요 등'의 범죄에 있어서 가중인자로 그대로 차용하는 것은 양죄의 성격을 간과한 것이라고 할 수 있다. 전자의 범죄는 가해자와 피해자라는 양자의 구도로 체계화될 수 있지만, 후자의 범죄는 성판매와 성구매라는 구도가 전제된 이후에 이에 개입된 강요자가 등장하는 것으로서 실제 강요자는 ① 피해자 또는 대상 아동·청소년의 신체를 결박하거나 도구를 사용하여 신체에 침해를 가하는 행위 ② 성기 속에 이물질을 삽입하는 행위 ③ 성적 유희를 위한 도구를 사용한 경우 등의 행위를 하지 않는다는 점이다. 이러한 행위들은 경우에 따라 성구매자가 행하는 것으로써, 성구매자의 이러한 행위로 말미암아 강요자의 양형에 가중요소로 참작하는 것은 강요자의 입장에서 볼 때 예측불가능 또는 통제불가능의 요소를 적용하는 것으로서 불합리하다. 참고로 아청법상 성매수범죄에 있어서 가학적·변태적 침해행위 또는 극도의 성적 수치심 증대, 대상 아동·청소년의 신체 또는 정신에 심각한 피해가 야기된 경우를 가중인자로 파악하고 있는 것은 성구매자와 대상 아동·청소년 양자 사이에 중간자가 개입됨이 없이 행해지는 성매매범죄에 있어서 성구매자 측의 불법적인 요소를 참작하는 것으로써 타당한 양형인자로 파악되지만, 이를 성을 파는 행위 강요 등의 행위태양에도 동시에 적용하는 것은 타당하지 않은 것이다. 다만 강요자가 피해자의 가임기에 성매매를 강요하는 경우를 상정할 수 있으므로, 임신, 성병, 정신장애 그 밖에 이에 준하여 피해자 또는 대상 아동·청소년에게 심각

---

9) 함석천, "성매매범죄 양형기준 검토보고", 성매매범죄 공청회 토론자료, 2014, 26면.

한 피해를 야기한 것으로 볼 수 있는 경우에는 가중인자로 그대로 두는 것은 타당하다.

다. 외국의 처벌규정 비교·검토

프랑스의 경우 형법에 의하면 성매매의 영업이 ① 무기를 소지한 자에 의한 경우, ② 강제, 폭행 또는 기망에 의한 경우, ③ 정범 또는 공범의 자격을 가지는 수인에 의한 경우(다만, 범죄조직의 일원으로 행위를 한 경우를 제외한다)에 해당하는 때에는 10년의 구금형 및 150만 유로의 벌금에 처하고(제225-7조 제1항), 범죄조직에 의하여 제225-7조의 죄를 범한 때에는 20년의 구금형 및 300만 유로의 벌금에 처하며(제225-8조), 성매매 영업이 고문 또는 가혹행위를 수반한 경우 무기구금형 및 450만 유로의 벌금에 처한다(제225-9조 제1항).

스웨덴의 경우 형법에 의하면 타인에게 강요하여 성행위를 하도록 하거나 이를 견디도록 하는 자는 2년 이하의 징역에 처하며, 가중할 경우에는 6개월 이상 6년 이하의 징역에 처할 수 있고(제6장 제2조), 자신에게 의존하고 있는 타인의 취약한 지위를 이용하여 그 사람을 학대하여 성행위를 하도록 하거나 이를 견디도록 하는 자는 2년 이하의 징역에 처한다(제6장 제3조).

독일의 경우 형법에 의하면 성매매에 종사하는 타인을 착취하는 행위 또는 재산상의 이익을 위하여 성매매의 수행을 감시하거나 성매매 수행의 장소, 시간, 정도 또는 기타 상황을 정하거나 또는 성매매의 증거를 방해하는 조치를 하는 행위 등을 하는 자로서 이와 관련하여 일회성을 넘어서는 관계를 유지하는 자는 6개월 이상 5년 이하의 자유형에 처한다(제181조a 제1항).

러시아의 경우 형법에 의하면 성매매를 유인하거나 성매매의 지속을 강요한 자는 200,000루블 이하 또는 18월 이하의 임금 또는 기타 수입에 해당하는 벌금, 또는 1년 이하의 자유제한 또는 동일기간의 자유박탈에 처하고(제240조 제1항), 이를 폭행 또는 그 폭행의 협박에 의하여 범한 경우, 피해자를 국경을 통과하여 이송하거나 외국에 억류함으로써 범한 경우, 사전공모에 따라 집단적으로 범한 경우 등에 있어서는 6년 이하의 자유박탈에 처한다(제240조 제2항). 형법 제240조 제1항 및 제2항에 규정된 죄를 조직집단에 의하여 범하거나 미성년자를 대상으로 고의로 범한 때에는 3년 이상 8년 이하의 자유박탈에 처한다(제240조 제3항).

일본의 경우 성매매[10]방지법에 의하면 사람을 기망하거나 곤혹하게 하여 성매매를 시키거나 또는 친족관계에 의한 영향력을 이용하고 성매매를 시킨 자(제7조 제1항) 또는 사람을 협박하거나 폭행을 가하여 성매매를 시킨 자(제7조 제2항)는 3년 이하의 징역 또는 10만 엔 이하의 벌금에 처하고, 이러한 죄를 범한 자가 그 성매매의 대가의 전부 또는 일부를 수수하거나 이것을 요구하거나 약속한 경우에는 5년 이하의 징역 및 20만 엔 이하의 벌금에 처하며(제8조 제1항), 성매매를 한 자에 대하여 친족관계에 의한 영향력을 이용하여 성매매의 대가의 전부 또는 일부의 제공을 요구한 자는 3년 이하의 징역 또는 10만 엔 이하의 벌금에 처한다(제8조 제2항). 또한 성매매를 시키는 목적으로 前貸 그 밖의 방법에 의하여 금품 그 밖의 재산상의 이익을 공여한 자(제9조), 성매매를 시키는 것을 내용으로 하는 계약을 한 자(제10조 제1항) 등은 3년 이하의 징역 또는 10만 엔 이하의 벌금에 처한다.

베트남의 경우 형법에 의하면 성매매를 은닉한 자는 1년 이상 7년 이하의 자유형에 처하는데(제254조 제1항), 이를 조직적으로 범행한 경우, 성매매를 강요한 경우, 누범인 경우, 16세 이상 18세 미만의 아동에 대하여 범행한 경우, 중대한 피해를 야기한 경우, 위험한 재범인 경우 등에 있어서는 5년 이상 15년 이하의 자유형에 처해지고(제254조 제2항), 13세 이상 16세 미만의 아동을 대상으로 하는 경우 또는 지극히 중대한 피해를 야기한 경우에는 12년 이상 20년 이하의 자유형에 처해지며(제254조 제3항), 특히 지극히 중대한 피해를 야기한 경우에는 20년 이상의 자유형 또는 무기징역에 처한다(제254조 제4항). 또한 죄를 범한 자에 대해서는 500만 돈 이상 1억 돈 이하의 벌금에 처하고, 재산의 일부 또는 전부를 몰수하고, 보호관찰에 처할 수 있다(제254조 제5항).

<표-7> 19세 이상 대상 성판매 강요행위에 대한 외국의 처벌규정

구성요건	우리 나라	프랑스	스웨덴	독일	러시아	일본	베트남
폭행·협박으로 성을 파는 행위를 하게 한 경우	10년↓, 1억↓	10년↓, 150만 유로↓	2년↓	6개월↑ -5년↓	6년↓	3년↓, 10만 엔↓	5년↑ -15년↓
위계 등으로 곤경에 빠뜨려 성을 파는 행위를 하게 한 경우	10년↓, 1억↓	10년↓, 150만 유로↓	2년↓	6개월↑ -5년↓	-	3년↓, 10만 엔↓	5년↑ -15년↓
보호·감독 지위를 이용하여 성을 파는 행위를 하게 한 경우	10년↓, 1억↓	-	2년↓	-	-	3년↓, 10만 엔↓	-

---

10) 공식적인 법률의 명칭은 매춘방지법이지만, 이하에서는 '매춘'을 '성매매'로 표현하기로 한다.

제18조 제1항의 죄(미수범 포함)를 범하고 그 대가의 전부 또는 일부를 수수·요구·약속한 경우	1년↑	-	-	-	-	5년↓, 20만 엔↓	-
위계·위력으로 심신미약자, 장애인으로 하여금 성을 파는 행위를 하게 한 경우	1년↑	-	-	-	-	-	-
폭처법의 범죄단체 또는 그 구성원으로서 제18조 제1항의 죄를 범한 경우	1년↑	20년↓, 300만 유로↓	-	-	3년↑-8년↓	-	5년↑-15년↓

<표-7>에서 보는 바와 같이 외국의 처벌규정을 살펴보면, 베트남을 제외한 대부분 국가에서의 법정형이 우리나라와 비교할 때 낮게 책정되어 있는데, 스웨덴의 경우에는 무려 5배 낮게 책정되어 있는 것을 알 수 있다. 성매매 정책은 각국의 여러 가지 여건에 따라 매우 상이하게 나타나기 때문에 이를 평면적으로 비교하는 것은 무리가 있다. 하지만 이는 성인을 대상으로 하는 성매수의 영역에서는 그러할지 몰라도 적어도 성인 및 청소년을 대상으로 하는 성매수강요 및 알선, 청소년을 대상으로 하는 성매수 등의 행위는 거의 대부분의 국가에서 처벌규정을 두고 있기 때문에 어느 정도 비교·검토의 대상이 될 수 있다. 이러한 점을 감안하여 성인을 대상으로 하는 성판매 강요행위에 대한 외국의 입법례를 보면 상대적으로 우리나라의 법정형이 지나치게 높게 책정되어 있다는 점을 파악할 수 있는데, 성매매범죄의 척결에 있어서 중요한 것은 법정형의 상향조정보다는 선고형의 상향조정이라는 점을 시사해 주는 것이라고 할 수 있다.

한편 구성요건의 측면에서 특이한 점을 살펴보면, 첫째, 무기를 소지한 자에 의한 경우(프랑스 형법 제225-7조 제1항)에 형벌을 가중하고 있는데, 양형기준에서 흉기 기타 위험한 물건을 휴대하여 성판매행위를 강요한 경우를 가중요인으로 고려해 볼 수 있을 것이다. 둘째, 정범 또는 공범의 자격을 가지는 수인에 의한 경우(프랑스 형법 제225-7조 제1항) 또는 사전공모에 따라 집단적으로 범한 경우(러시아 형법 제240조 제2항)에 형벌을 가중하고 있는데, 폭처법의 범죄단체 또는 그 구성원이 범죄를 범하는 경우(성매매처벌법 제18조 제2항 제3호)와 비교할 때 이에 미치지 아니한 정도의 다수인이 성판매강요를 한 경우도 충분히 상정할 수 있기 때문에 이러한 요소를 별도의 가중요인으로 참작할 수 있다고 본다.

Ⅲ. 19세 이상 대상 성매매 알선의 양형기준안 검토

1. 형량에 대한 검토

가. 형량의 내용 및 법정형이 유사한 범죄군과의 비교·검토

성매매범죄 가운데 19세 이상을 대상으로 하여 성매매를 알선하는 행위 등의 구체적인 형량범위를 살펴보면 <표-8>과 같다.

〈표-8〉19세 이상 대상 성매매 알선 등의 형량

구분	구성요건	법정형	형량 범위		
			감경	기본	가중
성매매알선 등 (제1유형)	성매매알선 등(성매매처벌법 제19조 제1항 제1호)	3년↓, 3천↓	-6월	4월-10월	8월 -1년 6월
	성을 파는 행위를 할 사람을 모집(성매매처벌법 제19조 제1항 제2호)				
	성을 파는 행위를 하도록 직업 소개·알선(성매매처벌법 제19조 제1항 제3호)				
영업·대가수수 등에 의한 성매매 알선 등 (제2유형)	영업으로 성매매알선 등(성매매처벌법 제19조 제2항 제1호)	7년↓, 7천↓	-8월	6월 -1년 4월	1년-3년
	성을 파는 행위를 할 사람을 모집하고 그 대가 수수(성매매처벌법 제19조 제2항 제2호)				
	성을 파는 행위를 하도록 직업 소개·알선 그 대가 수수(성매매처벌법 제19조 제2항 제3호)				

먼저 '성매매 알선 등'의 법정형은 3년 이하의 징역에 해당하는 범죄인데, 현재 양형기준이 시행되고 있는 범죄군 가운데 이에 상응하는 법정형을 가지고 있는 범죄로서 허위진단서 등 작성 및 동 행사(형법 제233조), 협박(형법 제283조 제1항) 등을 들 수 있다.

〈표-9〉 19세 이상 대상 성매매 알선 등과 다른 형량의 비교

구분	구성요건	법정형	형량 범위		
			감경	기본	가중
소극적 목적 허위진단서 등 작성 및 동 행사 (사문서범죄)	허위진단서 등 작성 및 동 행사(형법 제233조)	3년↓, 3,000만 원↓	-8월	4월-10월	8월-1년 6월
일반협박 (폭력범죄)	협박(형법 제283조 제1항)	3년↓, 500만 원↓	8월	2월-1년	4월-1년 6월

<표-9>를 '성매매 알선 등'의 양형기준에 대비하여 보면 '성매매 알선 등'의 감경, 기본, 가중의 형량 모두 낮게 책정되어 있는 것을 알 수 있다. 일반협박의 경우에는 벌금형이 500만 원 이하로 되어 있지만 감경형량은 3,000만 원 이하로 되어 있는 성매매범죄와 동일하며, 기본형량은 일반협박이 상대적으로 높게 책정되어 있다. 특히 성매매알선 등의 경우에는 성매매를 강요하는 경우(성매매처벌법 제2조 제1항 제2호 가목)도 포함되어 있다는 점을 감안한다면 성매매범죄의 형량을 상향조정할 필요성이 생긴다. 그러므로 '성매매 알선 등'에 해당하는 성매매범죄의 법정형과 유사한 범죄군의 양형기준을 고려할 때 감경형량은 6월에서 8월로 상향조정하고, 기본형량의 최고범위는 10월에서 1년으로 상향조정하며, 가중형량은 현행대로 유지하는 것이 타당하다고 본다.

다음으로 '영업·대가수수 등'에 의한 성매매 알선 등'의 법정형은 7년 이하의 징역에 해당하는 범죄인데, 현재 양형기준이 시행되고 있는 범죄군 가운데 이에 상응하는 법정형을 가지고 있는 범죄로서 허위공문서 작성·변개 및 동 행사(형법 제227조), 공용물무효(형법 제141조 제1항), 상해(형법 제257조 제1항) 등을 들 수 있다.

〈표-10〉 19세 이상 대상 영업·대가수수 등에 의한 성매매 알선 등과 다른 형량의 비교

구분	구성요건	법정형	형량 범위		
			감경	기본	가중
소극적 목적 허위 공문서 작성·변개 및 동 행사 (공문서범죄)	허위공문서 작성·변개 및 동 행사(형법 제227조)	7년↓, 2,000만 원↓	8월	4월-10월	8월- 1년 6월
공용물무효 (공문서범죄)	공무소에서 사용하는 서류 기타 물건 또는 전자기록 등 특수매체기록을 손상 또는 은닉하거나 기타 방법으로 그 효용을 해함(형법 제141조 제1항)	7년↓, 1,000만 원↓	8월	6월- 1년 6월	1년-4년
일반상해 (폭력범죄)	상해(형법 제257조 제1항)	7년↓, 1,000만 원↓	2월- 1년	4월- 1년 6월	6월-2년

<표-10>을 '영업·대가수수 등에 의한 성매매 알선 등'의 양형기준에 대비해보면 성매매범죄의 감경형량은 동일하게, 기본 및 가중형량은 어느 정도 비슷하거나 다소 높게 책정되어 있는 것을 알 수 있다. 성매매범죄의 경우 벌금형이 7,000만 원 이하로 되어 있지만, 비교 대상범죄의 경우 그 액수가 1,000만 원 또는 2,000만 원 이하로 되어 있기 때문에 이와 같은 형량의 분포는 적절한 것으로 판단된다.

나. 성매매처벌법 제20조의 포섭 문제

성매매처벌법 제20조 제1항에 의하면 ① 성을 파는 행위를 하도록 직업을 소개·알선할 목적으로 광고(각종 간행물, 유인물, 전화, 인터넷, 그 밖의 매체를 통한 행위를 포함한다. 이하 같다)를 한 사람, ② 성매매 또는 성매매알선 등 행위가 행하여지는 업소에 대한 광고를 한 사람, ③ 성을 사는 행위를 권유하거나 유인하는 광고를 한 사람 등은 3년 이하의 징역 또는 3천만 원 이하의 벌금에 처하고, 동조 제2항에 의하면 영업으로 이러한 광고물을 제작·공급하거나 광고를 게재한 사람은 2년 이하의 징역 또는 1천만 원 이하의 벌금에 처하며, 동조 제3항에 의하면 영업으로 이러한 광고물이나 광고가 게재된 출판물을 배포한 사람은 1년 이하의 징역 또는 500만 원 이하의 벌금에 처한다고 규정하여, 이른바 성매매광고행위를 형사처벌의 대상으로 삼고 있지만, 양형기준안에서는 이를 다루고 있지 않다. 이러한 행위태양은 넓은 의미에 있어서 성매매알선 등의 행위로

파악할 수도 있겠지만, 별도의 독립적인 규정을 두고 있는 것은 동 광고행위에 대한 가벌성을 독자적으로 파악하겠다는 취지로 보인다. 하지만 동 규정의 법정형이 다른 성매매범죄의 법정형과 비교할 때 상대적으로 낮게 책정되어 있다는 점, 실제로 동 규정을 적용하여 처벌되는 건수는 극히 드물고, 대부분이 성매매의 다른 범죄유형과 경합하여 발생하고 있다는 점, 성매매처벌법 제19조에 규정된 행위태양으로도 처벌의 공백을 방지할 수 있다는 점, 아청법에서는 실제로 이러한 광고행위를 알선행위의 일종으로 파악하여 처리하고 있다는 점 등을 고려할 때 별도의 양형기준을 설정하는 것은 타당하지 않다고 보인다. 참고로 성매매알선 등의 행위에 대한 양형기준에 의하면 성매매처벌법 제20조에 규정된 행위태양의 광고행위를 통한 경우를 가중인자로 고려하고 있다.

2. 양형인자에 대한 검토

〈표-11〉 19세 이상 대상 성매매 알선 등의 양형인자

구 분		감경요소	가중요소
특별양형인자	행 위	- 범행가담에 특히 참작할 사유가 있는 경우 - 적극적 요구에 수동적으로 응한 경우	- 가학적·변태적 침해행위 또는 극도의 성적 수치심 증대 - 장기간 또는 조직적 범행 - 광고행위 또는 전파성이 높은 매체를 이용한 알선[11] - 피지휘자에 대한 교사
	행위자/기타	- 농아자 - 심신미약(본인 책임 없음) - 자수 또는 내부 고발 - 처벌불원	- 동종 누범(성범죄 포함)
일반양형인자	행 위	- 소극 가담 - 단기간 영업 또는 실제 이득액이 경미한 경우(2유형)	- 비난 동기 - 영업 이득이 다액인 경우(2유형)
	행위자/기타	- 진지한 반성 - 형사처벌 전력 없음 - 자발적 폐업(2유형)	- 인적 신뢰관계 이용 - 은폐 시도(2유형)[12] - 이종 누범, 누범에 해당하지 않는 동종 및 폭력 실형전과(성범죄 포함, 집행종료 후 10년 미만)

---

11) 전파성이 높은 매체는 인터넷[SNS(Social Network Service)를 포함] 등 불특정 또는 다수를 상대로 하는 전파성이 큰 수단을 의미한다.

가. 처벌불원

성매매알선범죄에 있어서 과연 성판매자의 처벌불원 의사표시가 형량에서 고려되어야 할 것인지에 대해서는 재고의 여지가 있다고 본다. 이러한 경우에 있어서 성판매자는 성매매알선의 피해자로 관념지을 수 있기 때문에 이를 중요한 양형인자로 파악하고 있으나,[13] 성매매알선범죄의 보호법익이 개인적 법익이 아닌 건전한 성풍속이라는 사회적 법익이라는 점에서 타당하지 않기 때문이다. 성매매범죄에 있어서 성판매자를 피해자로 보아야 하는 경우는 성매매알선행위(성매매처벌법 제19조)보다는 성판매강요행위(성매매처벌법 제18조)로 보는 것이 바람직하며, 현행법상 알선행위 이외에 강요행위에 대한 처벌규정을 독립적으로 두고 있는 상황에서 알선행위에 해당한다고 하여 그 대상자를 모두 성매매피해자로 보는 것이 무리이다. 비록 성매매처벌법 제2조 제1항 제2호에서 '성매매알선 등'의 행위가 '성매매를 알선, 권유, 유인 또는 강요하는 행위, 성매매의 장소를 제공하는 행위, 성매매에 제공되는 사실을 알면서 자금, 토지 또는 건물을 제공하는 행위'라고 되어 있으나, 여기서의 방점은 알선이지 결코 '강요'가 아니라고 할 수 있다. 특히 성매매처벌법 제2조 제1항 제4호에 의하면 성매매피해자의 정의규정을 두고 있는 바, 이에 의하면 단순 알선, 권유, 유인 등의 대상자는 피해자로 파악하고 있지 않다는 점도 참고할 필요가 있다. 이와 같이 성매매알선행위에 있어서는 성판매자의 동의가 전제된 상황이라고 파악해야 하며, 이러한 행위를 형사처벌의 대상으로 삼는 이유는 개인적인 동의에도 불구하고 처벌을 해야 할 사회적 법익에 대한 침해가 있는 것이기 때문이라고 보아야 한다.

나. 장기간 또는 조직적 범행

성매매처벌법 제19조 제1항과는 달리 성매매처벌법 제19조 제2항에서는 동일한 성매매알선행위를 영업으로 행하는 경우를 가중처벌하고 있는데, 이에 더하여 장기간 또는 조직적 범행을 가중인자로 고려하는 것은 이중의 처벌에 대한 우려가 있다. 즉 제19조 제1항의 행위가 원칙적으로 1회성 또는 단기성인 경우를 처벌하기 위한 규정이라고 한다

---

12) 피고인이 가장임차인, 명의상 업주를 내세우는 등 범죄를 은폐하기 위한 적극적인 시도를 한 경우를 뜻한다.

13) 함석천, "성매매범죄 양형기준 검토보고", 성매매범죄 공청회 토론자료, 2014, 31면.

면, 제19조 제2항의 행위는 원칙적으로 장기간 또는 조직적인 경우를 처벌하기 위한 규정이라고 보아야 하기 때문에, '장기간 또는 조직적 범행'은 예외적으로 제19조 제1항에 국한된 가중인자로 고려되어야 한다.

다. 신체적 또는 정신적 장애상태를 이용한 알선의 포섭 여부

19세 미만 대상 성매수범죄의 경우 특별양형인자 중 (행위자)가중인자의 하나로써 '대상 아동·청소년이 신체적 또는 정신적 장애 상태인 경우'가 포함되어 있는 것과 관련하여 성인 대상 성매매알선범죄의 경우에 있어서도 이를 이용한 경우를 가중인자에 포함시킬 것인지가 문제될 수 있다. 알선 등의 행위태양에 성매매를 알선, 권유, 유인, 성을 파는 행위를 할 사람을 모집 및 성을 파는 행위를 하도록 직업을 소개, 알선 등이 포함되어 있는데, 이러한 행위의 대상자가 성인이라고 할지라도 신체적 또는 정신적 장애 상태인 경우를 이용하는 것은 불법성이 훨씬 크다고 평가될 수 있기 때문이다. 특히 경계성 장애상태를 이용한 알선 등의 행위가 존재하고 있음을 감안할 때 일정한 신체적 또는 정신적 장애 상태인 경우를 이용하여 성매매 알선 등의 행위를 하는 경우에 있어서도 19세 미만 대상 성매수행위의 양형인자와 마찬가지로 이를 양형의 가중인자로 파악하는 것이 바람직하다고 본다.

IV. 19세 미만 대상 성매수의 양형기준안 검토

1. 형량의 내용 및 법정형이 유사한 범죄군과의 비교·검토

성매매범죄 가운데 19세 미만을 대상으로 하여 성을 사는 행위의 구체적인 형량범위를 살펴보면 <표-12>와 같다.

<표-12> 19세 미만 대상 성을 사는 행위의 형량

구 분	구성요건	법정형	형량 범위		
			감 경	기 본	가 중
아동·청소년의 성을 사는 행위	아동·청소년의 성을 사는 행위(아청법 제13조 제1항)	1년-10년, 2천-5천	6월-1년 6월	10월-2년 6월	2년-5년

'아동·청소년의 성을 사는 행위'의 법정형은 1년 이상 10년 이하의 징역에 해당하는 범죄인데, 현재 양형기준이 시행되고 있는 범죄군 가운데 이에 상응하는 법정형을 가지고 있는 범죄로서 공용물파괴(형법 제141조 제2항), 중상해(형법 제258조 제1항 및 동조 제2항), 일반물건방화(형법 제167조 제1항) 등을 들 수 있다.

<표-13> 19세 미만 대상 성을 사는 행위와 다른 형량의 비교

구분	구성요건	법정형	형량 범위		
			감경	기본	가중
공용물파괴 (공무집행방해범죄)	공무소에서 사용하는 건조물, 선박, 기차 또는 항공기를 파괴(형법 제141조 제2항)	1년↑ -10년↓	6월-1년 6월	10월-2년 6월	2년-5년
중상해 (폭력범죄)	중상해(형법 제258조 제1항 및 동조 제2항)	1년↑ -10년↓	6월-1년 6월	1년-2년	1년 6월-3년
일반물건방화 (방화범죄)	일반물건방화죄를 범한 경우(형법 제167조 제1항)	1년↑ -10년↓	6월-1년	10월-2년	1년 6월-4년

<표-13>에 의하면 19세 미만 대상 성을 사는 행위에 해당하는 법정형과 동일한 범죄군에 비하여 성매매범죄의 감경, 기본, 가중의 형량 모두 다소 높게 책정되어 있는 것을 알 수 있으며, 특히 공용물파괴죄의 형량 범위와 19세 미만 대상 성을 사는 행위의 형량 범위가 정확히 일치한다는 점에 특색이 있다. 여기서 주의할 점은 아청법 제13조 제1항의 법정형이 2012. 12. 18. 법률 제11572호로 전부개정(2013. 6. 19. 시행)되면서 기존의 5년 이하의 징역 또는 3천만 원 이하의 벌금에서 급격히 상향조정되었다는 점이다. 이는 2010. 4. 15. 법률 제10260호로 법정형이 상향조정되는 개정을 한 지 얼마 지나지 않아 또 다시 개정된 것인데, 이에 따라 2010. 4. 15. 이전에 동 행위를 한 피고인에 대한 판결에서는 3년 이하의 징역형을 기준으로 형량이 결정되었으며, 2013. 6. 19. 이전에 동 행위를 한 피고인에 대한 판결에서는 5년 이하의 징역형을 기준으로 형량이 결정되었다고 할 수 있다. 실제로 아청법 제13조 제1항에 대한 실형 및 집행유예의 선고 내역과 형

량 분포를 살펴보면,[14] 대상 판결 237건 가운데 실형은 45건(19.0%), 집행유예는 192건 (81.0%)이며, 평균 형량은 7.7개월로 나타난 바 있다. 그리고 12개월 이상을 선고한 건수 는 총 7건에 불과하여 2.9%에 그치고 있다. 이러한 수치는 현행 양형기준안에 의하면 절대 다수가 감경 형량의 범위에 속하는 것이므로, 동 행위에 대한 기존의 양형태도는 급격히 변경될 것으로 기대할 수 있겠다. 하지만 이러한 기대가 실제로 발생될지는 미지 수라고 볼 여지도 있다. 청소년 대상 성매수행위의 법정형이 사람의 신체를 상해하여 생 명에 대한 위험을 발생하게 한 자, 신체의 상해로 인하여 불구 또는 불치나 난치의 질병 에 이르게 한 자, 공용물을 파괴한 자, 일반물건을 방화한 자 등과 같은 정도의 불법성에 상응하는 것인지에 대해서는 회의적인 시각이 있을 수 있기 때문이다. 또한 비교 대상 범죄군의 법정형과 비교하여 청소년 대상 성매수행위의 법정형에는 선택형으로써 벌금형 이 규정되어 있음을 간과해서는 아니 된다. 그러므로 현행 양형기준안의 형량범위는 다 소 높게 책정되었다고 할 수 있기 때문에 이를 하향조정할 필요성이 있다.

2. 양형인자에 대한 검토

〈표-14〉 19세 미만 대상 성을 사는 행위의 양형기준

구 분		감경요소	가중요소
특별양 형인자	행 위	- 범행가담에 특히 참작할 사유가 있는 경우 - 적극적 유인에 의한 경우	- 가학적·변태적 침해행위 또는 극도의 성 적 수치심 증대 - 대상 아동·청소년이 신체적 또는 정신적 장애 상태인 경우 - 대상 아동·청소년의 신체 또는 정신에 심각한 피해가 야기된 경우 - 피지휘자에 대한 교사
	행위자/기타	- 농아자 - 심신미약(본인 책임 없음) - 자수 또는 내부 고발	- 동종 전과(성범죄 포함, 3년 이내 집행유 예 이상)
일반양 형인자	행 위	- 소극 가담	- 대가 편취
	행위자/기타	- 진지한 반성 - 형사처벌 전력 없음	- 인적 신뢰관계 이용 - 동종 전과(성범죄 포함, 3년 초과 10년 이 내 집행유예 이상) 또는 이종 누범

---

14) 함석천, "성매매범죄 양형기준 검토보고", 성매매범죄 공청회 토론자료, 2014, 11-12면.

가. 적극적 유인에 의한 경우

대상 청소년의 적극적 유인에 해당하는 사례로서, 아동·청소년이 나이를 속이며 먼저 접근하여 성매매에 이른 경우를 상정[15]하고 있으나, 이러한 경우는 아청법 제13조 제1항의 행위로 판단하기 보다는 성매매처벌법 제21조 제1항의 성매수행위에 해당한다고 보는 것이 보다 적절하다. 일반적으로 구두에 의하여 실제 나이를 속인 경우는 소극적인 유인으로 파악되며, 신분증을 위조하여 실제 나이를 속인 경우를 적극적인 유인으로 파악되고 있는바, 후자의 경우에 있어서 당해 행위를 아청법의 적용대상으로 삼기에는 다소 무리가 있기 때문에 '적극적 유인에 의한 경우'를 아청법상 성매수행위의 감경인자로 파악하는 것은 문제가 있다고 본다.

나. 대상 아동·청소년이 신체적 또는 정신적 장애 상태인 경우

대상 아동·청소년이 신체적 또는 정신적 장애 상태인 경우를 특별가중요소로 파악하고 있지만, 단순히 이러한 상태에 있는 아동·청소년과의 성매수 행위를 가중요소로 참작하는 것은 문제가 있다고 본다. 동 요소는 대상 아동·청소년이 신체적 또는 정신적 장애 상태인 경우를 성폭력특례법 및 아청법상의 장애인에 대한 간음죄와 동일시하여 가중요인으로 파악하기 위한 것으로 보이는데, 이는 타당하지 않다고 본다. 왜냐하면 성폭력특례법 및 아청법상의 장애인에 대한 간음죄에서의 장애인과 성매매범죄에 있어서의 장애인의 특성을 살펴보면, 전자의 경우에는 상대방이 장애인이라는 상황에 대한 인식이 어느 정도 있는 경우인 반면에 후자의 경우에는 그러한 인식 자체가 없는 경우가 많을 것이기 때문에 이를 단순히 비교하는 것은 무리이기 때문이다. 예를 들면 장애인에 대한 간음죄가 성립하기 위하여 필요한 주관적 구성요건으로서의 고의는 상대방이 장애인이라는 인식과 인용이 있어야 하는데, 장애인을 대상으로 간음을 시도하려는 자는 폭행 또는 협박을 사용하지 않고도 보다 손쉽게 간음행위를 할 수 있다는 정을 가지고서 실행으로 나아가는 경우가 일반적인 것인데 반하여, 성매매범죄에 있어서 장애인 개념설정은 일반인이 아닌 장애인과의 성매매를 가중처벌하거나 구성요건을 완화하여 범죄의 성립을 쉽게 인정하기 위해서 등장한 것이 아니라 성매매행위자가 장애인인 경우에 이를 성매매피

---

15) 함석천, "성매매범죄 양형기준 검토보고", 성매매범죄 공청회 토론자료, 2014, 34면.

해자로 보아 처벌을 하지 않기 위하여 설정된 것이라고 할 수 있다.[16] 또한 성구매자의 입장에서도 상대방이 장애상태에 있다는 정을 인식한 상태에서 성매매로 나아간 경우라기보다는 그렇지 못한 상태에서 성매매로 나아간 경우를 충분히 상정할 수 있기 때문에 이러한 행위 모두를 가중요인으로 파악하여 가중 처벌하는 것은 무리가 있는 것이다. 다만 성구매자가 당해 아동·청소년이 신체적 또는 정신적 장애 상태에 있다는 정을 알면서 행위로 나아간 경우에 있어서는 특별가중요소로 파악함에 별다른 문제가 없다고 보인다. 성범죄의 양형인자 가운데 특별가중요소로써 '범행에 취약한 피해자'를 해석함에 있어서 범행 당시 피해자가 신체 또는 정신 장애, 연령 등으로 인하여 범행에 취약하였고, 피고인이 이러한 사정을 알았거나 알 수 있었던 경우에 한정하고 있는 점을 참고할 필요가 있을 것이다.

한편 19세 미만자를 대상으로 하는 성매매 알선 등의 양형인자에는 '대상 아동·청소년이 신체적 또는 정신적 장애 상태인 경우'를 가중요소로 설정하고 있지 않은데, 오히려 동 유형의 성매매범죄에서는 이를 이용하는 경우를 가중처벌할 필요성이 대두되기 때문에 규정의 필요가 있다고 본다. 규정의 방식은 19세 미만자를 대상으로 하는 성매수행위의 양형요소와는 달리 피고인이 이러한 사정을 알았거나 알 수 있었던 경우에 한정할 필요성은 없는데, 알선업자에 대하여는 일반적으로 아동·청소년에 대한 조사와 확인의무가 부과되기 때문이라고 할 수 있다. 참고로 일본의 경우 아동매춘·아동포르노에 관계되는 행위 등의 처벌 및 아동의 보호 등에 관한 법률에 의하면 아동성매매를 알선한 자(제5조 제1항) 등을 처벌하면서, 아동을 사용하는 자는 아동의 연령을 알지 못하는 것을 이유로 하여 이러한 규정에 의한 처벌을 면할 수 없다. 다만 과실이 없을 때에는 그러하지 아니하다(제9조)고 규정하고 있는데, 이러한 범죄는 모두 고의범이기 때문에 원칙적으로 상대방이 아동이라고 하는 인식이 필요하지만, '아동을 사용하는 자'에 대하여는 아동에 대한 조사와 확인의무가 부과되기 때문에 이러한 자에 대하여는 아동의 연령을 알지 못하였다는 이유만으로 처벌을 면하는 것은 부당하다는 반성적인 고려에서 동 조항을 두게 된 것이다. 이에 따라 아동의 연령을 알지 못한 것에 대하여 과실이 없는 경우에는 형사처벌을 면하게 되지만, 사용자가 아동이라는 사실을 알 수 없었다는 취지의 주장을 하고 이를 입증해야 할 책임을 부여한 것이라고 보아야 한다.

---

16) 윤덕경·황정임·황의정·박찬걸·배삼희, 「성매매방지법상 성매매피해자 개념 확대에 관한 연구」, 한국여성인권진흥원, 2013. 10, 39면.

다. 동종전과의 경우

동종전과의 경우 특별가중요소 및 일반가중요소에서 공통적으로 이를 반영하고 있으면서, 성범죄를 포함하고 있다. 여기서 과연 성매매범죄가 아닌 성범죄의 경우까지를 동종전과의 범위에 포함시키는 것이 타당한지에 대하여 의문이 있을 수 있다. 성폭력범죄와 성매매범죄가 엄밀히 구분되고 있는 현재의 상황에서 양자를 동종전과로 파악하는 것은 다소 무리가 있다는 점, 성범죄의 범위가 형법상의 범죄뿐만 아니라 성폭력특례법 및 아청법상의 범죄까지도 포섭되어 있다는 점에서 성매매와 법적인 성질이 다른 폭넓은 성범죄를 일괄적으로 동종전과로 파악하는 것은 불합리하다는 점, 성범죄 가운데 성인을 대상으로 한 성범죄, 공중밀집장소추행죄, 카메라등이용촬용죄, 아동·청소년이용음란물소지죄 등과 같은 유형의 범죄를 과거에 범했다는 점이 과연 청소년성매수와 어떠한 연관성이 있는지에 대하여 의문이 있을 수 있다는 점 등에서 모든 성범죄를 가중요소로 파악하는 것은 재고의 여지가 있다고 본다. 다만 일반적인 성범죄 가운데 청소년을 대상으로 한 성범죄의 전력이라는 범위 내에서 이를 가중요소로 파악하는 것은 인정할 수도 있겠다.

라. 상습범인 경우

청소년 성매수행위가 상습적으로 행해지는 경우가 있다는 점을 감안할 때 성범죄의 (행위자) 가중요소로써 '상습범인 경우'를 포함시키고 있는 것과 마찬가지로 이를 성매매범죄에 있어서도 포함시킬 필요가 있다. 이는 비단 전과의 유무만을 고려하는 것에서 벗어나 다수의 아동·청소년을 대상으로 계속적·반복적으로 범행하는 경우를 고려할 수 있기 때문이다. 프랑스의 경우에도 청소년 성매수 행위가 상습적 또는 수인에 대하여 범해진 경우를 별도로 가중하는 규정을 두고 있으며(프랑스 형법 제225-12-2조 제1항), 베트남의 경우에도 아동에 대하여 다수의 범행을 한 경우(베트남 형법 제256조 제3항)를 가중처벌하고 있다. 그러므로 구체적으로는 피고인이 3인 이상 다수의 아동·청소년을 상대로 계속적·반복적으로 성매수행위를 저지른 경우를 가중요인으로써 상정할 수 있겠다.

마. 외국의 처벌규정 비교·검토

프랑스의 경우 형법에 의하면 일시적인 경우를 포함하여 성매매에 나아가는 미성년자로부터 보수 또는 그 약속을 교환하여 성적인 성격의 관계를 요구, 승인 또는 획득하는 행위는 3년의 구금형 및 4만 5천 유로의 벌금에 처하는데(제225-12-1조 제1항), 일시적인 경우를 포함하여 성매매에 나아가는 자로부터 보수 또는 그 약속을 교환하여 성적인 성격의 관계를 요구, 승인 또는 획득하는 행위는 상대방이 연령, 질병, 신체 및 정신적 장애 또는 임신으로 인하여 쇠약함이 명백하거나 행위자가 알고 있었던 경우에 전항과 동일한 형에 처한다(제225-12-1조 제2항). 그리고 ① 범죄가 상습적 또는 수인에 대하여 범해진 경우, ② 불특정 대중을 수신자로 하는 문자발송을 위한 전기통신망의 이용에 의하여 피해자가 범행을 한 행위자와 접촉이 이루어진 경우, ③ 직무상의 권한을 남용한 자에 의하여 범해진 경우, ④ 행위자가 의도적 또는 과실로 타인의 생명을 위태롭게 하거나 폭행을 한 경우에 해당하는 경우에는 5년의 구금형 및 7만 5천 유로의 벌금에 처하며(제225-12-2조 제1항), 15세 미만의 미성년자의 경우에 7년의 구금형 및 10만 유로의 벌금에 처한다(제225-12-2조 제2항).

핀란드의 경우 성폭력법(Sex Crime Act)에 의하면 18세 이하를 대상으로 하는 성구매에 대하여는 벌금 또는 6개월 미만의 구금형에 처할 수 있고, 피해자가 16세 미만일 경우에는 '아동에 대한 성적 착취'로 인정하여 4년 이하의 구금형에 처할 수 있다.

스웨덴의 경우 형법에 의하면 어떤 개인이 보상을 약속하거나 제공함으로써 18세 이하를 대상으로 임시적 성관계를 맺었거나 이를 시도하였을 경우에는 미성년자 성적 유인의 명목으로 2년 이하의 징역형에 처한다(제6장 제9조).[17]

독일의 경우 형법에 의하면 21세 이상의 자가 ① 16세 미만자에게 성적 행위를 하거나 그로 하여금 자신에게 성적 행위를 하게 하는 행위, ② 16세 미만자로 하여금 제3자에게 성적 행위를 하게 하거나 제3자로 하여금 16세 미만자에게 성적 행위를 하게 하는 행위 등으로 인하여 피해자의 성적 자기결정능력 결핍을 악용하는 자는 3년 이하의 자유형 또는 벌금형에 처한다(제182조 제3항).

영국의 경우 성범죄법(Sexual Offence Act)에 의하면 16세 이하의 아동을 대상으로 성구매를 할 경우에는 6개월 이상 14년 이하의 징역에 처해지고, 13세 이하의 자를 대상으로 성구매를 할 경우에는 최고 종신형까지도 가능하다(제47조).

일본의 경우 아동매춘·아동포르노에 관계되는 행위 등의 처벌 및 아동의 보호 등에 관한 법률(平成 16년(2004년) 6월 18일, 법률 제106호) 제4조에 의하면 아동성매매죄는 5년 이하의 징역 또는 300만 엔 이하의 벌금에 처한다.

---

17) 한편 스웨덴은 성인의 성구매에 대하여는 1년 이하의 징역에 처한다(형법 제6장 제11조).

태국의 경우 '성매매예방 및 금지에 관한 법'(Prostitution Prevention and Suppression Act, 1996)[18]에 의하면 15세 이상 18세 미만의 아동과 성행위를 한 자는 아동의 동의 여부와 상관없이 1년 이상 3년 이하의 징역 또는 2만 바트 이상 6만 바트 이하의 벌금에 처하도록 규정하였고(동법 제9조), 18세 이하의 아동의 부모가 아동의 성착취피해 사실을 알고 나서 이를 묵인하는 경우에는 4년 이상 20년 이하의 징역 또는 8만 바트 이상 40만 바트 이하의 벌금에 처하도록 하여, 부모의 자녀보호의무를 강제하고 있다(제10조).

캄보디아의 경우 '인신매매 및 성적 착취억제법'(The Law on Suppression of Human Trafficking and Sexual Exploitation, 2008) 제4장에 의하면 15세 이상의 자를 대상으로 성매매를 범한 자는 2년 이상 5년 이하의 자유형에 처해지고, 15세 미만의 자를 대상으로 성매매를 범한 자는 7년 이상 15년 이하의 자유형에 처해진다(제34조).

베트남의 경우 형법에 의하면 16세 이상 18세 미만의 아동과 성매매를 할 경우에는 1년 이상 5년 이하의 자유형에 처해지고(제256조 제1항), 13세 이상 16세 미만의 아동과 성매매를 할 경우, 누범인 경우, 상해율이 31% 이상 60% 이하의 건강에 대한 해를 피해자에 가한 경우 등에 있어서는 3년 이상 8년 이하의 자유형에 처해진다(제256조 제2항). 또한 13세 이상 16세 미만의 아동에 대하여 다수의 범행을 범한 경우, 자기가 HIV에 감염된 것을 알면서 범행한 경우, 상해율 61% 이상의 건강에 대한 해를 피해자에 가한 경우 등에 있어서는 7년 이상 15년 이하의 자유형에 처한다(제256조 제3항). 한편 이러한 아동성매매 범죄자에 대해서는 500만 돈 이상 1,000만 돈 이하의 벌금형이 병과될 수 있다(제256조 제4항).

〈표-15〉 19세 미만 대상 성매수행위에 대한 외국의 처벌규정

우리나라	1년↑-10년↓, 2천만↑-5천만↓	
	기본형	아동·청소년의 연령에 의한 가중형
프랑스	3년↓, 4만5천유로↓	7년↓, 10만유로↓ (15세 미만인 경우)
핀란드	6개월↓, 벌금	4년↓ (16세 미만인 경우)
스웨덴	2년↓	-
독 일	3년↓	-
영 국	6개월↑-14년↓	종신형(13세 미만인 경우)
일 본	5년↓, 300만엔↓	-
태 국	1년↑-3년↓, 2만바트↑-6만바트↓	-
캄보디아	2년↑-5년↓	7년↑-15년↓ (15세 미만인 경우)
베트남	1년↑-5년↓	3년↑-8년↓ (16세 미만인 경우)

---

18) http://www.ilo.org/dyn/natlex/docs/WEBTEXT/46403/65063/E96TH01.html

<표-15>에 의하면 청소년 대상 성매수행위에 대한 외국의 법정형은 우리나라와 비교하여 상당히 낮게 책정되어 있음을 알 수 있다. 청소년 대상 성매수행위를 처벌하지 않는 국가를 찾아 볼 수 없음에도 불구하고 법정형의 측면에서는 절대다수의 국가가 우리나라보다 낮은 현상을 엿볼 수 있다. 특히 하한형량제를 도입한 유럽의 국가는 없었으며, 태국, 캄보디아, 베트남 정도만이 이를 채택하였지만, 상한은 최대 5년 이하로서 우리나라의 절반 이하였다. 외국의 경우에 있어서 한 가지 특이한 점은 청소년이라고 할지라도 대상 청소년의 연령에 따라 저연령일수록 법정형을 가중하여 차등적으로 적용하고 있다는 것이다. 대체적으로 15-16세를 기준으로 하여 그 이상의 청소년을 대상으로 성매수할 경우를 기본형으로 상정하여 두고, 그 이하의 청소년을 대상으로 성매수할 경우에는 가중형으로 하여 약 2-3배 정도의 형량을 가중하고 있는 것이다. 또한 프랑스의 형법 제225-7-1조, 태국의 성매매예방 및 금지에 관한 법 제11조, 베트남 형법 제255조 제3항 등에 의하면 15세 또는 16세 미만의 자를 대상으로 성매매알선행위를 하는 경우를 그 이상의 청소년을 대상으로 하는 행위보다 가중처벌하는 규정을 별도로 두고 있다. 하지만 우리나라의 경우에는 이러한 연령에 따른 법정형의 차등적용은 도입하지 않고 있음과 동시에 성매매범죄의 양형기준안에 따른 양형인자에서도 별도로 가중요인으로 고려하지 않고 있다. 그러므로 16세 이하의 아동·청소년을 대상으로 성매수를 할 경우에는 이를 가중요소로서 반드시 고려하는 작업이 요구된다고 본다.

V. 글을 마치며

이상에서는 대법원 양형위원회에서 제시하고 있는 성매매범죄의 양형기준안에 대하여 각각의 형량과 양형인자를 대상으로 그 타당성 여부 및 추가적인 고려사항 등을 중심으로 검토해 보았는데, 개선방안을 위주로 간략히 요약하는 것으로써 논의를 마무리하고자 한다. 먼저 19세 이상을 대상으로 하는 성판매강요행위의 양형기준안에 대해서는, '성을 파는 행위 강요 등'에 해당하는 성매매범죄의 법정형을 고려할 때 형량의 범위를 다소 상향조정하는 것이 바람직하며, '대가수수 등에 의한 성을 파는 행위 강요 등'에 해당하는 형량의 범위는 대폭적으로 상향조정하는 것이 바람직하다. 그리고 성매매범죄와 같은 특정한 범죄군에서는 자유형보다는 벌금형이 주류를 이루고 있기 때문에 이러한 영역에 있어서의 선고형에 대한 국민의 신뢰와 처벌의 형평성도 무시할 수 없으므로 성매매처벌법 제21조 제1항에 대한 양형기준을 마련하는 것이 보다 타당한 방안이라고 판단된다. 대가취득의 경우 '경미한 경우' 또는 '다액인 경우'에 대하여 실제 사례군에서 나타나는 현상을 바탕으로 하여 일정액을 세부적으로 설정해 주는 것이 보다 바람직하며, '가학적・변태적 침해행위 또는 극도의 성적 수치심 증대 및 피해자의 신체 또는 정신에 심각한 피해를 야기한 경우'는 경우에 따라 성구매자가 행하는 것으로써, 성구매자의 이러한 행위로 말미암아 강요자의 양형에 가중요소로 참작하는 것은 강요자의 입장에서 볼 때 예측불가능의 요소를 적용하는 것으로서 불합리하다.

다음으로 19세 이상을 대상으로 하는 성매매알선행위의 양형기준안에 대해서는, '성매매 알선 등'에 해당하는 성매매범죄의 법정형과 유사한 범죄군의 양형기준을 고려할 때 감경형량은 6월에서 8월로 상향조정하고, 기본형량의 최고범위는 10월에서 1년으로 상향조정하며, 가중형량은 현행대로 유지하는 것이 타당하며, 성매매광고행위의 경우에는 대부분이 성매매의 다른 범죄유형과 경합하여 발생하고 있다는 점, 성매매처벌법 제19조에 규정된 행위태양으로도 처벌의 공백을 방지할 수 있다는 점, 아청법에서는 실제로 이러한 광고행위를 알선행위의 일종으로 파악하여 처리하고 있다는 점 등을 고려할 때 별도의 양형기준을 설정하는 것은 타당하지 않다. 그리고 성매매알선범죄의 보호법익이 개인적 법익이 아닌 건전한 성풍속이라는 사회적 법익이라는 점에서 알선행위에 해당한다고 하여 그 대상자를 모두 성매매피해자로 보는 것은 무리이며, 성매매처벌법 제19조 제2항의 행위는 원칙적으로 장기간 또는 조직적인 경우를 처벌하기 위한 규정이라고 보아야 하기 때문에, '장기간 또는 조직적 범행'은 예외적으로 성매매처벌법 제19조 제1항에 국한된 가중인자로 고려되어야 하고, 경계성 장애상태를 이용한 알선 등의 행위가 존재하고 있음을 감안할 때 일정한 신체적 또는 정신적 장애 상태인 경우를 이용하여 성매매 알선 등의 행위를 하는 경우에 있어서도 19세 미만 대상 성매수행위의 양형인자와 마찬가지로 이를 양형의 가중인자로 파악하는 것이 바람직하다.

끝으로 19세 미만을 대상으로 하는 성매수행위의 양형기준안에 대해서는, 청소년 대상 성매수행위의 법정형이 사람의 신체를 상해하여 생명에 대한 위험을 발생하게 한 자, 신체의 상해로 인하여 불구 또는 불치나 난치의 질병에 이르게 한 자, 공용물을 파괴한 자, 일반물건을 방화한 자 등과 같은 정도의 불법성에 상응하는 것인지에 대해서는 회의적인 시각이 존재함과 동시에 법정형이 유사한 범죄군과의 비교에서도 청소년 대상 성매수행위의 법정형에는 선택형으로써 벌금형이 규정되어 있음을 간과해서는 안 되기 때문에 현행 양형기준안의 형량범위는 다소 높게 책정되었다고 평가할 수 있다. 그리고 '적극적 유인에 의한 경우'를 아청법상 성매수행위의 감경인자로 파악하는 것은 문제가 있으며, 성구매자의 입장에서는 상대방이 장애상태에 있다는 정을 인식한 상태에서 성매매로 나아간 경우라기보다는 그렇지 못한 상태에서 성매매로 나아간 경우를 충분히 상정할 수 있기 때문에 이러한 행위 모두를 가중요인으로 파악하여 가중 처벌하는 것은 무리가 있고, 성매매와 법적인 성질이 다른 폭넓은 성범죄를 일괄적으로 동종전과로 파악하는 것은 불합리하며, 성범죄의 (행위자) 가중요소로써 '상습범인 경우'를 포함시키고 있는 것과 마찬가지로 이를 성매매범죄에 있어서도 포함시킬 필요가 있다.

제10강 부동산 이중매매에 있어서 배임죄의 성립시기

I. 문제의 제기

현행 형법 제355조 제2항에 의하면 타인의 사무를 처리하는 자가 그 임무에 위배하는 행위로써 재산상의 이익을 취득하거나 제3자로 하여금 이를 취득하게 하여 본인에게 손해를 가한 때에는 5년 이하의 징역 또는 1,500만 원 이하의 벌금에 처함으로써, 횡령죄(형법 제355조 제1항)와 비교하여 특별 대 일반의 관계에 있는 배임죄를 독립된 범죄행위로 규정하고 있다. 배임죄의 본질은 신임관계에 기한 타인의 신뢰를 저해하는 임무위배행위를 통하여 그 타인으로 하여금 재산상 손해를 입게 하는 데에 있고, 이러한 임무위배행위에는 사무의 내용, 성질 등 구체적 상황에 비추어 법률의 규정, 계약의 내용 혹은 신의칙상 당연히 할 것으로 기대되는 행위를 하지 않거나 당연히 하지 않아야 할 것으로 기대되는 행위를 함으로써 본인과 사이의 신임관계를 저버리는 일체의 행위가 포함된다고 하는 것이 판례의 태도[1]이다. 이와 같이 배임죄의 본질을 파악할 경우에 있어서는, 매매계약의 당사자 사이에 중도금을 수수하는 등으로 계약의 이행이 진행되어 다른 특별한 사정이 없는 한 임의로 계약을 해제할 수 없는 단계에 이른 때에는 그 계약의 내용에 좇은 채무의 이행은 채무자로서의 자기 사무의 처리라는 측면과 아울러 상대방의 재산보전에 협력하는 타인 사무의 처리라는 성격을 동시에 가지게 되므로, 이러한 경우에 그 채무자는 배임죄의 주체인 '타인의 사무를 처리하는 자'의 지위에 있고, 동 지위에 있는 자가 그 의무의 이행을 통하여 상대방으로 하여금 그 재산에 관한 완전한 권리를 취득하게 하기 전에 이를 다시 제3자에게 처분하는 등 상대방의 재산 취득 또는 재산 보전에 지장을 초래하는 행위는 상대방의 정당한 신뢰를 저버리는 것으로 비난가능성이 매우 높은 전형적인 임무위배행위에 해당한다고 보아야 하기 때문에 배임죄의 적용을 할 수 밖에 없는 결과를 초래한다. 이에 따라 대법원[2]은 부동산의 매매에서 매도인이 중도금을 수령한 이후에 매매목적물을 제3자에게 처분하는 행위는 매수인을 위한 등기협력의무에 위배하는 것으로 배임죄에 해당한다는 판례를 확립하고 있다.

하지만 부동산 이중매매에 있어서 매도인이 제1매수인으로부터 중도금을 수령한 이후

---

* 경희법학 제48권 제4호, 경희대학교 법학연구소, 2013. 12.

1) 대법원 2012. 9. 13. 선고 2012도3840 판결.
2) 대법원 2008. 7. 10. 선고 2008도3766 판결; 대법원 1988. 12. 13. 선고 88도750 판결; 대법원 1986. 7. 8. 선고 85도1873 판결.

의 시점부터 배임죄에서 규정하고 있는 타인의 사무를 처리하는 자로 그 신분이 변경된다는 결론에 대하여는 과거와 달리 최근 들어 여러 가지 측면에서 비판이 제기되어 오고 있는 실정이다.[3] 특히 최근에 동산이중매매사안에 있어서 동산의 매도인이 제1매수인으로부터 중도금을 받은 이후에 제2매수인에게로 소유권을 이전하는 경우에 배임죄의 성립을 부정한 전원합의체판결이 등장[4]함과 동시에 동 판결의 다수의견에서도 부동산 이중매매행위를 배임죄로 의율하고 있는 기존의 판례에 대한 비판적인 견해를 피력함으로써 부동산 이중매매에 있어서 매도인의 배임죄 주체성에 대한 논란은 더욱 가열될 것으로 보인다. 물론 이러한 논란의 원인은 여러 가지의 측면에서 파악해 볼 수 있겠지만, 모든 원인의 기저에는 부동산의 거래와 관련된 법적인 문제가 단순한 민사적인 문제에 국한되는 경우와 형사적인 문제로 귀결되는 경우로의 구별이 다른 일반적인 범죄와 달리 매우 어렵다는 특징을 보이고 있기 때문에, 민사불법이 형사불법으로 무한히 확대될 수 있는 위험성이 항상 내포되어 있다는 점이 전제되어 있는 것이 아닐까 생각한다. 이러한 위험이 상존하는 영역에서 최종적인 법적 판단을 함에 있어서는 형사법의 근간이라고 할 수 있는 형벌의 최후수단성 내지 보충성이라는 지도이념을 다시 한 번 상기하면서 접근할 필요성이 있다. 즉 부동산거래를 통한 피해는 가능한 먼저 민사적인 문제로 해결하고 국가형벌권을 통한 제재는 평화로운 사회질서를 보장하고 국민의 법익보호를 위하여 필요한 최후의 수단으로 작용해야만 하는 것이다. 이러한 문제의식에 입각하여 본고에서는 기존의 대법원이 부동산 이중매매사안에서 매도인을 배임죄로 처벌해 오던 태도에 대해 배임죄의 구성요건요소의 엄격한 해석 및 유사한 행위태양과의 형평성의 차원에서 비판적인 접근을 시도하여 배임죄의 성립시기를 다소 늦추는 작업을 시도해 보고자 한다.

---

3) 이러한 문제의식과 관련하여 최근 대법원(대법원 2011. 1. 20. 선고 2008도10479 전원합의체 판결 중 다수의견에 대한 대법관 김지형, 대법관 이홍훈, 대법관 김능환의 보충의견)에서는 "……이에 관한 판례법리가 오랫동안 판례법으로 굳어진 마당에 이를 정면으로 부정하는 입장을 택하기 어려운 측면이 있다는 점을 고려하여 여기서는 그 당부에 관한 논의를 유보한다고 하더라도, 반대의견의 입장과 같이 이러한 기존 판례의 취지를 유사한 사안에 그대로 원용하여 그 범위를 확대하는 것은 채무관계의 형성을 목적으로 하는 모든 계약에서 단순한 채무불이행과 배임행위의 한계를 무너뜨리고 사법기관의 자의에 의한 법적용을 가능케 한다는 점에서 결코 바람직하지 않다"고 판시함으로서 이를 재확인하고 있다.

4) 대법원 2011. 1. 20. 선고 2008도10479 전원합의체 판결.

Ⅱ. 부동산 이중매매의 개념 및 형사처벌의 연혁

1. 형사불법적인 부동산 이중매매에 대한 범위설정의 문제

　매매는 당사자일방이 재산권을 상대방에게 이전할 것을 약정하고 상대방이 그 대금을 지급할 것을 약정함으로써 그 효력이 생긴다(민법 제563조). 이에 따라 부동산매매는 부동산의 소유권자인 매도인이 매수인에게 당해 부동산의 소유권을 이전할 것을 약정하고 매수인이 그 대금을 지급할 것을 약정함으로써 그 효력이 생기게 된다. 우리나라의 경우에는 물권변동에 관하여 형식주의를 취하고 있기 때문에, 여기서 매매계약의 효력이 발생한다는 것은 당사자 간에 채권적 관계가 형성된다는 의미이지 물권적 관계가 곧바로 형성된다고 볼 수는 없다. 이와 같이 매도인은 매수인에 대하여 매매의 목적이 된 권리를 이전하여야 하며 매수인은 매도인에게 그 대금을 지급하여야 하는데, 이러한 쌍방의 무는 특별한 약정이나 관습이 없으면 동시에 이행하여야 한다(민법 제568조). 그렇다면 부동산 이중매매란 무엇일까? 부동산의 '이중양도' 또는 '이중매매'라고 부르는 사안5)에 대하여는 논의의 진행을 위하여 그 전제로서 개념설정작업을 분명히 할 필요성이 있다. 일반적으로 이른바 부동산의 '이중양도'라는 이름 아래 다루어진 사안은 대체로 부동산에 관하여 소유자가 일단 매도 · 증여 기타 양도의 원인이 되는 계약을 하여 소유권 이전의 의무를 부담함에도 불구하고 다시 제3자에게 매도 · 증여하는 등의 계약으로 인하여 동일한 부동산에 관하여 소유권 이전의 의무를 이중으로 부담한 이후에 그 의무의 이행으로 제3자에게 소유권을 이전하여 이를 양도한 경우를 가리킨다. 그러므로 이러한 경우를 엄밀하게 바라보면 양도는 단지 한 번 일어나는 것에 불과하고, '이중'으로 행하여지는 것은 소유권 양도 자체가 아니라 그 원인행위일 뿐이다. 일반적으로 물권변동에 관하여 의사주의를 채택하고 있는 입법례에서는 계약의 성립과 동시에 소유권이 이전되므로 이중매매를 곧 이중양도라고 할 수 있지만, 형식주의를 채택하고 있는 우리나라의 입법례와 같은 경우에 있어서는 단지 채권적인 계약관계의 성립만으로는 소유권이 이전되

---

5) 한편 이중매매는 이중양도와 차별적인 법리구성을 할 필요성이 있는데, 이중양도 중 이중증여의 문제에 있어서 제1수재인은 아무런 의무의 부담이 없이 단순히 권리의 취득만을 취하는 경우이므로 형법적으로 신뢰를 보호해 줄만한 가치가 다른 사안과 달리 현저히 결여되어 있다고 할 수 있다. 물론 부담부 증여의 문제에 있어서는 사안을 달리하겠지만, 이 경우에 있어서도 이중매매의 사안과 동일한 불법성을 발견하기란 매우 어렵다고 할 수 있다.

지 않기 때문에 이중적인 매매계약의 체결만으로는 이중양도의 관계가 발생할 여지가 없다. 이는 부동산 이중매매의 성격을 민사불법적인 측면에서의 평가와 형사불법적인 측면에서의 평가로 구분하여 나누어 볼 수 있음을 의미한다.

생각건대 현실세계에서 매도인이 행할 수 있는 부동산 이중매매의 세부적인 유형은 다음과 같은 총 12가지의 경우로 나누어 볼 수 있다. 먼저 제1매수인으로부터 계약금을 수령한 후 제2매수인으로부터 계약금을 수령한 경우(제1유형), 제1매수인으로부터 계약금을 수령한 후 제2매수인으로부터 중도금을 수령한 경우(제2유형), 제1매수인으로부터 계약금을 수령한 후 제2매수인으로부터 잔금을 수령한 경우(제3유형), 제1매수인으로부터 계약금을 수령한 후 제2매수인에게 소유권이전등기를 경료한 경우(제4유형), 제1매수인으로부터 중도금을 수령한 후 제2매수인으로부터 계약금을 수령한 경우(제5유형), 제1매수인으로부터 중도금을 수령한 후 제2매수인으로부터 중도금을 수령한 경우(제6유형), 제1매수인으로부터 중도금을 수령한 후 제2매수인으로부터 잔금을 수령한 경우(제7유형), 제1매수인으로부터 중도금을 수령한 후 제2매수인에게 소유권이전등기를 경료한 경우(제8유형), 제1매수인으로부터 잔금을 수령한 후 제2매수인으로부터 계약금을 수령한 경우(제9유형), 제1매수인으로부터 잔금을 수령한 후 제2매수인으로부터 중도금을 수령한 경우(제10유형), 제1매수인으로부터 잔금을 수령한 후 제2매수인으로부터 잔금을 수령한 경우(제11유형), 제1매수인으로부터 잔금을 수령한 후 제2매수인에게 소유권이전등기를 경료한 경우(제12유형) 등이 그것이다. 이 가운데에서 제1유형 내지 제4유형의 경우에는 매도인이 제1매수인에게 계약금의 배액을 상환하기만 하면 제2매수인과의 법률관계가 어느 단계에 있든지를 불문하고, 적어도 형사처벌의 대상이 되지는 않기 때문에 형사불법적인 이중매매사안으로 평가할 수는 없다. 하지만 이 경우에도 매도인이 계약금의 배액을 상환하지 않는다면 민사불법적인 이중매매사안으로는 평가할 수 있다. 다음으로 제5유형과 제9유형의 경우에도 매도인이 제2매수인에게 계약금의 배액을 상환하기만 하면 제1매수인과의 법률관계가 어느 단계에 있든지를 불문하고, 적어도 형사처벌의 대상이 되지는 않기 때문에 형사불법적인 이중매매사안으로 평가할 수는 없지만 매도인이 계약금의 배액을 상환하지 않는다면 경우에 따라 민사불법적인 이중매매사안으로는 평가될 수 있다. 마지막으로 문제가 되는 유형은 제1매수인에게서 중도금을 지급받은 이후에 제2매수인에게 다시 중도금 이상의 지급을 받은 경우에 해당하는 제6유형 내지 제8유형과 제1매수인에게서 잔금을 지급받은 이후에 제2매수인에게 다시 중도금 이상의 지급을 받은 경우에 해당하는 제10유형 내지 제12유형인데, 동 유형들이 배임죄에 해당하는가의 여부에 대하여는 첨예한 견해의 대립이 존재하고 있는 실정이다. 판례에 의하면, 제6유형, 제7유형, 제10유형, 제11유형의 경우에는 배임죄의 미수범으로 처벌하고, 제8유형과 제12유형의 경우에는 배임죄의 기수범으로 처벌하여, 대상 유형 모두를 배임죄로 의율하고 있다. 이에 반하여 제6유형 내지 제8유형은 형사불법적인 이중매매가 아니라 단지 민사불법적인 이중매매에 불과하며, 적어도 제10유형 이상이 되어야 형사불법적인 이중매매로 평가될 수 있다는 분석도 시도되고 있다. 이러한 주장 가운데에는 극단적으로 제12유형까지도 형사불법적인 이중매매로 볼 수 없다는 견해도 등장하고 있다. 그러므로 형사법의 영역에서 이중매매의 가벌성과 관련하여 다루어야 할 사안은 제6유형 내지 제8유형과 제10유형 내지 제12유형의 범주 가운데 과연 어느 범위까지를 처벌의 대상으로 삼을 것인지와 특정 유형을 불가벌의 대상으로 삼고자 할 경우에 그 구체적인 논거는 무엇으로 할 것인지가 논의의 핵심이라고 할 수 있겠다.

2. 부동산 이중매매를 형법상 배임죄로 의율하게 된 배경

가. (구) 민법 아래에서 부동산의 이중매매를 범죄시해 오던 태도에 대한 입장의 유지

물권변동에 관하여 의사주의를 채택하고 있었던 (구) 민법하에서는 제1매수인과의 부동산 매매계약 체결만으로 목적물의 소유권이 매수인에게 귀속되고, 소유권이전등기는 단지 제3자에 대한 대항요건에 불과하였기 때문에 부동산 이중매매행위에 대한 가벌성은 제1매수인에 대한 횡령죄가 성립하는 것으로 법리를 구성하였다.[6] 지금까지 의사주의 법제를 고수하고 있는 일본 형법에서 부동산에 대한 이중매매행위를 횡령죄로 계속 처벌하여 오고 있는 것도 이러한 법리구성에 기인하고 있는 것이다. 이에 반하여 물권변동에 관하여 형식주의를 취한 독일의 경우[7]에는 독일 형법 제266조 제1항 배임죄에 관한 규

---

6) 대법원 1961. 11. 23. 선고 4294형상586 판결.

7) 독일의 부동산매매에서는 우리나라와 달리 매수인의 소유권이전 확보 전에 대금의 상당 부분이 매도인의 수중에 현실로 들어가는 거래관행이 없으며, 부동산거래는 거의 예외 없이 매매당사자 쌍방에서 공증인의 관여와 조언 아래 행하여져서 당사자 본인은 대체로 매도·매수의 의사결정 자체만을 하고 대금의 지급·수수, 소유권이전등기의 이행 및 그 확보 등 계약의 이행은 모두 공증인을 통하여 이루어지기 때문에 부동산의 이중매매란 극히 예외적이고 극단적인 경우를 제외하고는 상정될 수 없다.

정에서 '법률행위나 신용관계 등에 의하여 부과된 타인의 재산상 이익을 꾀하여야 할 의무'의 위반행위를 배임죄로 규정하고 있기는 하지만, 일반적인 해석론에 따르면 매매 등 계약상 채무를 이행하고 그와 동시에 계약 상대방의 이익을 고려하는 의무는 여기서 말하는 타인의 재산보호의무에 해당하지 않는다고 보아 결국 배임죄의 성립을 부정하고 있다.

그런데 현행 민법은 그 시행일인 1960. 1. 1.부터 현재까지 부동산에 관한 물권의 득실변경은 등기에 의하여 효력이 생기는 것으로 규정하여 형식주의를 채택하고 있으므로 (민법 제186조), 등기로 인하여 매수인에게 소유권이 이전되기 이전의 단계에서 매도인이 매매목적물을 제3자에게 처분하는 행위는 더 이상 횡령죄를 구성할 수 없게 되었다. 왜냐하면 부동산 물권변동에 관하여 형식주의를 취하게 되면 부동산에 대한 등기이전이 없는 이상 등기명의자인 매도인이 여전히 실질적인 소유자로 인정되기 때문에 매도인은 더 이상 횡령죄의 주체인 타인의 재물을 보관하는 자에 해당하지 않기 때문이다. 그럼에도 불구하고 판례가 부동산의 이중매매행위가 배임죄를 구성한다고 본 것은 종래 물권변동에 관하여 의사주의를 채택한 (구) 민법 아래에서 부동산의 이중매매를 범죄시해 오던 태도를 물권변동에 관하여 형식주의로 전환한 현재의 법제 아래에서도 그대로 유지한 결과 그 적용법조를 배임죄로 바꾸어 계속 처벌하려고 한 것으로 평가된다.[8]

나. 우리나라에 있어서 부동산매매거래의 특징

우리나라의 부동산매매거래에서는 거의 모든 경우에 매수인이 매매대금의 상당한 부분을 지급하였음에도 불구하고 매수인이 온전하게 매매목적물을 취득한다는 법적 보장은 없는 실정이다. 매수인은 대체로 매매대금을 계약금, 중도금, 잔금으로 나누어 지급하고, 많은 경우에 중도금의 지급으로써 매도인은 매매대금의 대부분을 취득하게 됨에도 불구하고 대부분의 외국에서와는 달리 매수인은 그가 의도하는 목적 부동산의 취득을 법적으로 보장받지 못하고 있는 것이다. 매도인은 잔금을 지급받으면서 비로소 매수인 앞으로

---

8) 이에 대하여 "부동산 이중매매의 불법성에 대한 견해를 아예 바꾸지 아니하는 한 판례가 부동산 이중매도인의 형사적 처리에 관하여 이를 무죄로 판단하는 급격한 변화를 단행하지 아니한 것은 오히려 현명한 처사였다고 할 것인데, '매우 불완전한 소유권'의 상실이 '소유권 취득의 불능'으로 변화하였다는 사정만으로는 그 행위의 불법성이라는 점에서는 별다른 차이가 없다고 파악하고, 이러한 파악을 전제로 사회적 반가치행위에 대한 제재와 그 예방을 주안으로 삼는 형사법의 관점에서는 양자를 기본적으로 같이 취급한다는 태도를 취하였다고 보는 것이 보다 적절한 이해라고 할 것"이라는 견해로써 대법원 2011. 1. 20. 선고 2008도10479 전원합의체 판결 중 반대의견에 대한 대법관 안대희, 대법관 양창수, 대법관 민일영의 보충의견이 있다.

의 소유권이전등기에 필요한 서류를 교부하므로, 매수인으로서는 그때에서야 부동산소유권 취득의 현실적 방도를 가지게 될 뿐이다. 이러한 상황은 매도인의 입장에서 보면 한편으로 매매대금의 대부분을 취득하면서, 다른 한편으로 자신에게 등기가 유지되고 있음을 기화로 여전히 소유자로서의 권리를 행사할 수 있음을 의미한다. 여기서의 '소유자로서의 권리'에는 사용·수익은 물론이고, 양도 기타 처분이 포함되어 있어, 매도인이 얼마든지 유효하게 목적부동산을 매수인 이외의 다른 제3자에게 처분할 수 있는 재량의 여지가 부여되어 있다. 현실적으로 형사불법적인 부동산 이중매매사안의 대부분은 매도인이 제1매수인으로부터 중도금을 지급받은 이후로부터 잔금을 지급받기 전의 시점에 집중하여 발생하고 있는데, 이는 중도금의 액수가 당해 부동산의 가액의 대체적으로 80-90% 정도를 차지하고 있다는 점과 잔금을 지급받을 경우에는 대체로 당일 매수인에게 소유권 이전에 필요한 서류를 동시이행의 관계로 교부해주는 관행에서 비롯되는 것이라고 볼 수 있다. 또한 부동산 이중매매에 있어서 매도인이 제1매수인과의 계약을 일방적으로 해제할 수 없는 처지에 있었다는 사정만으로는, 바로 제2매수인과의 매매계약의 효력이나 그 매매계약에 따르는 채무의 이행에 장애를 가져오는 것이라고 볼 수 없음은 물론, 제2매수인의 매매목적물에 대한 권리의 실현에 장애가 된다고도 볼 수 없다. 그러므로 매도인이 제2매수인에게 제1매수인으로부터 중도금 이상의 금액을 지급받았다는 사정을 고지하지 아니하였다고 하여 제2매수인을 기망한 것이라고 평가할 수는 없다.[9] 이러한 제1매수인과의 사정은 제2의 매매계약으로 인한 법률관계에 아무런 영향도 미칠 수 없는 것이어서 제2매수인의 권리의 실현에 장애가 되지 아니하는 사유까지 매도인이 고지할 의무가 없다는 점과 동시에 제2매수인의 입장에서도 매도인이 자신과의 매매계약 이전에 다른 제3자(제1매수인)와 계약을 체결하였는지 여부에 대하여는 전혀 관심이 없다는 점이 형식주의를 취하고 있는 입법례에서 공통적으로 발생하고 있는 현상이라고 할 수 있다. 이와 같은 부동산거래의 구조 아래에서는 매수인이 예상하지 못한 불측의 손해가 발생할

---

9) 대법원 1991. 12. 24. 선고 91도2698 판결. 同旨 대법원 1987. 12. 8. 선고 87도1839 판결(아파트를 신축하여 분양하고자 하는 피고인이 그 아파트신축자금 등으로 차용한 금원 등을 변제하지 못하여 채권자들의 요구에 따라 위 아파트가 아직 완공되지 아니한 상태에서 그 채권담보의 뜻으로 위 차용금 등을 아파트분양대금으로 대체하여 분양한 후 각 수분양자 명의로 소유권이전등기를 마쳐주기 전에 이를 다시 제3자에게 위와 같은 분양사실을 고지하지 아니한 채 임대차계약(전세계약)을 체결한 경우에 있어 피고인이 위 임대차계약상의 의무를 이행하여 그 임차인으로 하여금 각 해당아파트를 실제로 입주사용하게 하였다면 물권변동에 관하여 형식주의를 취하고 있는 이상 각 수분양자에게 소유권이전등기를 하기 이전에는 피고인이 그 부동산을 원시취득한 법률상 소유자로서 이를 처분할 수 있을 뿐만 아니라 위 분양에 따른 소유권이전등기가 경료되기 이전에는 피담보채무를 변제하여 소유권이전등기의무를 면할 수도 있으니 피고인이 위 임대차계약을 체결할 때에 위 분양사실을 각 임차인에게 고지하지 아니하였다는 사실만으로는 동인들을 기망한 것이라고 볼 수 없다).

가능성이 충분히 있기 때문에, 이러한 매도인의 제3자에의 처분행위를 단순히 민사적인 채무불이행으로 처리하는 것에 만족할 것인지 아니면 국가형벌권을 동원하여 형사제재를 부과함으로써 보다 강력히 예방하고 규제할 것인지에 대한 논의가 필연적으로 진행될 수밖에 없다.

Ⅲ. 부동산 이중매매에 대한 배임죄의 성부(成否) 검토

1. 배임죄에 있어서 '타인의 사무를 처리하는 자'의 의미와 관련하여

가. 기존의 논의

배임죄는 타인의 사무를 처리하는 자가 그 임무에 위배하는 행위로써 재산상 이익을 취득하여 사무의 주체인 타인에게 손해를 가함으로써 성립하는 것이므로 그 주체는 타인의 사무를 처리하는 지위에 있어야 한다. 여기에서 '타인의 사무를 처리하는 자'의 지위를 인정하기 위해서는 당사자 관계의 본질적 내용이 단순한 채권관계상의 의무를 넘어서 그들 간의 신임관계에 기초하여 타인의 재산을 보호 내지 관리하는 데 있어야 하고, 그 사무가 타인의 사무가 아니고 자기의 사무라면 그 사무의 처리가 타인에게 이익이 되어 타인에 대하여 이를 처리할 의무를 부담하는 경우라도 그는 타인의 사무를 처리하는 자에 해당하지 아니한다.[10] 일반적으로 모든 계약에는 상대방의 재산상 이익의 보호를 배려할 신의칙상 의무가 포함되어 있다는 점을 감안한다면, 계약의 당사자 일방이 배임죄에서 말하는 '타인의 사무를 처리하는 자'에 해당한다고 보기 위해서는, 계약의 당사자 일방이 상대방에게 신의칙상 의무를 부담하는 것에 그치지 않고 더 나아가 계약의 목적이 된 권리를 계약 상대방의 재산으로서 보호 내지 관리하여야 할 의무를 전형적·본질적인 내용으로 하는 신임관계가 형성되었음을 요구한다고 제한적으로 해석하여야 하고,

---

10) 대법원 2009. 2. 26. 선고 2008도11722 판결; 대법원 1987. 4. 28. 선고 86도2490 판결; 대법원 1976. 5. 11. 선고 75도2245 판결.

계약당사자 일방의 사무처리가 타인인 계약 상대방의 이익을 위한 것이라고 하더라도 위와 같은 의미의 타인의 사무가 아니라면 그 사무는 자기의 사무이고 그 일방 당사자는 배임죄의 주체에 해당하지 아니한다.[11]

이러한 법리를 부동산 이중매매의 사안에 적용하여 보면, 매도인이 매수인의 사무를 처리하는 자로서 배임죄의 주체가 되기 위하여는 매도인이 계약금을 받은 것만으로는 부족하고 적어도 중도금을 받는 등 매도인이 더 이상 임의로 계약을 해제할 수 없는 상태에 이르러야 한다고 보는 것이 판례[12]와 다수설[13]의 태도이다. 부동산 매매계약을 체결하고 매도인이 계약금만을 교부받은 경우에는 계약금의 배액을 지급하고 제1차 매매계약을 해제할 수 있기 때문에(민법 제565조), 이러한 단계에서는 부동산매매의 채권계약에 기하여 매도인이 목적물의 소유권을 이전할 의무를 부담하는 데 그치고 그 목적물에 관한 사무는 아직까지 자기의 사무이므로 설사 이중매매를 하더라도 배임죄에는 해당하지 않는다. 또한 매도인이 계약을 해제한 후 배액의 계약금을 지급할 의무를 위반하는 경우에도 배임죄가 성립하는 것이 아니라 단순한 민사상의 채무불이행의 영역에 그친다. 그리고 매도인이 제2매수인으로부터 계약금만을 지급받고 중도금을 수령한 바 없다면 배임죄의 실행의 착수가 있었다고 볼 수 없다.[14] 왜냐하면 계약의 체결 및 계약금 수령의 단계에서는 민사적인 문제만이 발생할 뿐이기 때문이다. 그리고 부동산을 제1매수인 이외의 자에게 이중으로 매도하여 그 소유권이전등기를 마친 경우에는 제1매수인에 대한 소유권이전등기의무는 이행불능이 되고 이로써 제1매수인에게 그 부동산의 소유권을 취득할 수 없는 손해가 발생하는 것이므로 부동산의 이중매매에 있어서 배임죄의 기수시기는 제2매수인 앞으로 소유권이전등기를 마친 때라고 할 것이다.[15] 왜냐하면 그 이전에는 매도인이 의사를 번복하여 제1매수인에게 소유권이전등기를 경료해 줄 수 있는 여지가 있기 때문이다. 한편 등기의 이전으로 인하여 기수에 도달한 이상 그 이후에 제1매수인이 한 가처분의 효력으로 위 등기가 말소되었다고 하더라도 배임죄의 성립에는 영향이 없다.[16]

---

11) 대법원 2009. 5. 28. 선고 2009도2086 판결; 대법원 2005. 3. 25. 선고 2004도6890 판결.

12) 대법원 1988. 12. 13. 선고 88도750 판결; 대법원 1986. 7. 8. 선고 85도1873 판결; 대법원 1985. 1. 19. 선고 84도1814 판결; 대법원 1984. 5. 15 선고 84도315 판결; 대법원 1980. 5. 27 선고 80도290 판결.

13) 손동권, "부동산 이중매매에서의 기관책임", 일감법학 제11호, 건국대학교 법학연구소, 2007, 70면; 정신교, "형법상 부동산 범죄의 행위유형에 관한 고찰", 일감 부동산법학 창간호, 건국대학교 법학연구소, 2007. 9, 318면.

14) 대법원 2010. 4. 29. 선고 2009도14427 판결; 대법원 2003. 3. 25. 선고 2002도7134 판결; 대법원 1983. 10. 11. 선고 83도2057 판결.

15) 대법원 1984. 11. 27. 선고 83도1946 판결.

16) 대법원 1990. 10. 16. 선고 90도1702 판결(피고인이 피해자에게 이 사건 염전의 2분지 1지분을 매도하

이와 같이 판례와 다수설은 제1매수인이 매도인에게 중도금을 지급한 이후에는 매도인에게 배임죄의 주체성을 인정하고 있는데, 이러한 견해는 다음과 같은 논거를 주로 제시하고 있다. 첫째, 중도금의 수령 이후에는 매도인이 매매계약을 해제할 수 있는 법적인 장치가 마련되어 있지 않기 때문에 매도인은 상대방에게 등기이전에 협력할 의무가 발생한다는 점,[17] 둘째, 중도금을 수령한 이후에는 계약의 이행에 착수한 것이 되어 매도인은 매수인의 소유권취득에 협력해야 할 신의칙에 의한 신임관계가 발생한다는 점, 셋째, 타인의 사무처리가 동시에 자신의 사무처리가 되는 경우에도 타인의 사무처리가 본질적 내용이 되는 경우에는 타인의 사무처리에 해당한다는 점, 넷째, 잔금지급과 등기이전이 동시이행의 항변관계에 있다는 것은 매수인에게 하등의 계약위반 사실이 없음에도 이를 불법하게 처분하는 것을 허용한다는 의미가 될 수 없다는 점 등이 그것이다.

하지만 매도인이 매수인에게 부동산을 매도하고 계약금만을 수수한 상태에서 매수인이 잔대금의 지급을 거절한 이상 매도인으로서는 이행을 최고할 필요 없이 매매계약을 해제할 수 있는 지위에 있으므로 이러한 상황에서 매도인을 타인의 사무를 처리하는 자라고 볼 수는 없고,[18] 특별한 사정이 없는 한 매매계약 당시 합의한 계약금이 매매대금 총액에 비하여 다소 과다하다는 사정만으로 매도인이 그 배액을 상환하여 매매계약을 해제할 권한을 유보하지 아니한 것으로 볼 수도 없으며, 이러한 경우 매도인이 합의한 계약금 전부를 지급받지 못하고 있다면, 아직 타인의 사무를 처리하는 자의 지위에 있다고 할 수 없으므로 이중으로 제3자에게 처분한 행위에 대하여 배임죄의 책임을 물을 수 없다.[19]

한편 거래상대방의 대향적 행위의 존재를 필요로 하는 유형의 배임죄에 있어서 거래상대방으로서는 기본적으로 배임행위의 실행행위자와는 별개의 이해관계를 가지고 반대편에서 독자적으로 거래에 임한다는 점을 감안할 때, 제2매수인이 배임행위를 교사하거나 그 배임행위의 전(全) 과정에 관여하는 등으로 배임행위에 적극 가담함으로써 매도인과

고 계약금과 중도금을 받고서도 잔금과 상환으로 이전등기절차를 하여 줄 임무에 위배하여 은행 앞으로 이 사건 염전에 대하여 근저당권설정등기를 하였다면 비록 피해자가 위 근저당권설정등기를 하기 전에 처분금지가처분을 해두었다 하더라도 그것만으로 피해지가 매수한 위 지분부분에 대하여 실행발생의 위험이 발생하지 않았다고 볼 수는 없다 할 것이므로 이러한 가처분은 이 사건 배임죄의 성립에 아무런 영향을 미칠 수 없다 하겠다); 대법원 1973. 1. 16. 선고 72도2494 판결; 대법원 1969. 9. 30. 선고 69도1001 판결.

17) 이와 같이 매도인이 해제권을 행사할 수 있는 법적 장치가 마련되어 있지 않은 것은 중도금이 지급된 단계에서는 매도인이 상대방에게 등기이전에 협력하여야 할 의무가 있는 것으로 해석한다. 이에 대하여는 손동권, "부동산을 행위객체로 한 재산범죄의 성립 한계 – 특히 민사사건과 형사사건 사이의 한계–", 일감 부동산법학 제2호, 건국대학교 법학연구소, 2008. 6, 52면.

18) 대법원 1984. 5. 15. 선고 84도315 판결.

19) 대법원 2007. 6. 14. 선고 2007도379 판결.

의 계약이 반사회적 법률행위에 해당하여 무효로 되는 경우에 배임죄의 교사범 또는 공동정범이 될 수 있음은 별론으로 하고,[20] 관여의 정도가 거기에까지 이르지 아니하여 법질서 전체적인 관점에서 살펴볼 때 사회적 상당성을 갖춘 경우에 있어서는 비록 매도인의 행위가 배임행위에 해당한다는 점을 알고 거래에 임하였다는 사정이 있어 외견상 방조행위로 평가될 수 있는 행위가 있었다고 할지라도 범죄를 구성할 정도의 위법성은 없다고 보아야 한다.[21] 즉 제2매수인의 행위가 매도인의 배임행위에 대한 공범성의 표지를 갖추기 위해서는, 매도인의 행위가 제1매수인에 대한 배임행위에 해당한다는 것을 알면서도 소극적으로 그 배임행위에 편승하여 이익을 취득한 것만으로는 부족하고, 매도인의 배임행위를 교사하거나 배임행위의 전(全) 과정에 관여하는 등으로 배임행위에 적극 가담할 것을 필요로 한다.

나. 부동산 이중매매사안에서의 해석방법

(1) '자기의 사무'와 '타인의 사무'의 구별

매매와 같이 당사자 일방이 재산권을 상대방에게 이전할 것을 약정하고 상대방이 그 대금을 지급할 것을 약정함으로써 그 효력이 생기는 계약의 경우(민법 제563조), 쌍방이 그 계약의 내용에 좇은 이행을 하여야 할 채무는 특별한 사정이 없는 한 '자기의 사무'에 해당하는 것[22]이 원칙이라고 할 것이다. 하지만 부동산 이중매매행위를 배임죄로 처벌하는 기존 판례[23]는 부동산 거래에 있어서 이른바 '등기협력의무'라는 개념을 도입하

---

20) 이와 같이 제2매수인이 매도인의 배임행위에 적극 가담한 경우에는 민법 제103조의 사회질서 위반행위로서 이를 무효로 파악하고 있으며, 이 경우 제1매수인은 매도인을 대위하여 제2매수인에게 등기의 말소를 청구할 수 있는 것으로 본다(권순규·정상현, "반사회적 이중매매에 있어서 불법성의 비교를 통한 제1매수인의 보호범위 확정", 성균관법학 제22권 제2호, 성균관대학교 법학연구소, 2010. 8, 33면).

21) 대법원 2005. 10. 28. 선고 2005도4915 판결; 대법원 1999. 7. 23. 선고 99도1911 판결; 대법원 1990. 6. 8. 선고 89도1417 판결; 대법원 1975. 6. 10. 선고 74도2455 판결.

22) 대법원 1984. 5. 29. 선고 83도2930 판결(상표권양도약정을 체결한 피고인은 양수인에 대하여 그 상표권에 관하여 양수인 명의로 이전등록하도록 협력할 의무가 있고 그 점에서 양수인의 사무를 처리하는 자의 지위를 가진다고 할 것이지만, 피고인이 그 상표권이전등록의무의 이행을 거부하고 양수인과 동종생산업체를 설립하여 그 제품에 위 상표를 부착하여 사용하였다 하더라도 이는 상표권이전등록을 이행하여 자기의 양도행위를 완성하여야 하는 자기의 채무의 불이행에 불과한 것이고, 그것이 양수인의 사무를 처리하는 자의 임무위배행위에 해당하여 배임죄를 구성하는 것이라고 할 수는 없다).

23) 이에 반하여 대법원 1961. 1. 31. 선고 4293형상676 판결에서는 "피고인이 매도인으로서 소유권이전등기절차를 하여 줄 의무를 불이행한 경우에 있어서는 피고인은 매수인으로부터 위임받은 사무를 처리하는 자라 할 수 없으므로 배임죄를 구성하는 것이라고 볼 수 없다"고 하여 매도인의 등기협력의무를 자기

고 그에 근거하여 중도금 이상의 대금을 수령함으로써 계약을 임의로 해제할 수 없게 된 부동산 매도인에 대하여 매수인과 사이의 신임관계에 기초한 배임죄의 주체라는 지위를 인정하고 있다. 이는 (구) 민법하에서 횡령죄의 성립을 인정한 판례가 더 이상 현행 민법의 태도와 부합하지 않게 되자 배임죄에서 말하는 타인의 사무에 '등기협력의무'라는 새로운 개념을 창조하여 무리하게 적용함으로 말미암아 기본적으로 자기의 사무에 불과한 계약상 채무의 이행을 타인의 사무로 변질시킴으로써 배임죄의 적용범위를 부당히 확대시켰다는 점에서 적절한 개념고안이라고 평가할 수는 없다. 왜냐하면 거의 모든 계약상 채권채무관계에서 상정할 수 있는 채무의 이행제공과 그 수령이라는 개념구성을 근거로 당사자 일방이 상대방의 재산 보호 내지 관리 행위에 협력할 의무가 있다고 인정하는 경우에는, 배임죄의 구성요건을 이루는 타인의 사무라는 개념이 무한히 확대되어 단순한 채무불이행과 형사적인 배임행위의 경계는 완전히 허물어질 수밖에 없게 될 것이기 때문이다. 또한 계약상 채무의 이행으로 인한 권리의 취득은 사무처리로 인한 법률효과일 뿐 사무처리 또는 사무 그 자체는 아니라는 점에서, 매수인의 매매목적물에 대한 권리 취득 자체를 신임관계의 기초가 되는 타인의 사무로 볼 수도 없다. 부동산 이중매매행위를 배임죄로 처벌하는 기존 판례가 '매수인의 권리 취득에 협력할 의무' 또는 '매수인의 등기 서류 수령에 협력할 의무'가 아니라 '등기절차에 협력할 의무'라는 개념을 매개로 매도인에 대하여 매수인의 사무를 처리하는 자라는 지위를 인정한 것은 이러한 맥락에서 그 의미를 찾을 수 있다.[24]

(2) '타인의 사무'와 '타인을 위한 사무'의 구별

배임죄의 주체가 타인의 사무를 처리하는 자라는 점에서 타인의 사무와 타인을 위한 자기의 사무를 구별하여 후자의 경우에는 배임죄의 주체성을 부정할 필요성이 있다. 기존의 판례나 다수설에 의하면 배임죄의 본질을 배신설[25]에 입각하여 바라보는 시각으로 인하여 타인의 사무라는 범위 내에 타인을 위한 사무까지도 포함하여 해석하려는 경향이

의 사무라고 판시한 사례도 있었다.

24) 대법원 2011. 1. 20. 선고 2008도10479 전원합의체 판결 중 다수의견에 대한 대법관 전수안의 보충의견.

25) 타인의 사무라는 개념을 대리인과 같이 '타인의 재산을 처분할 권한을 가진 자가 그 권한으로서 하는 사무'라고 보고, 그 권한을 남용하여 본인에게 손해를 가하는 것이 배임죄의 본질이라는 것이 권한남용설의 입장인 반면에, 법률상 권한을 요건으로 하지 않고 행위자와 피해자 사이에 있어서의 신뢰관계의 위배에 의한 재산침해가 배임죄의 본질이라는 것이 배신설의 입장이라고 할 수 있다.

농후하였다. 일반적으로 채무이행은 채권자인 타인을 위한 사무임이 분명함에도 채무불이행의 경우에는 배임죄가 성립할 수 없다고 하면서도 부동산등기의 이전을 위한 협력의무는 매수인을 위한 매도인 자신의 사무임에도 불구하고 주로 매수인의 소유권취득을 위해 부담하는 타인의 사무라고 보아 배임죄의 성립을 인정하는 태도는 논리적으로 모순이다.26) 이와 같이 타인의 사무를 타인을 위한 사무로 해석하게 되면, 문언의 가능한 의미를 부당하게 확대하여 배임죄의 적용범위를 확장할 수 있다는 점에서 피고인에게 불리한 유추해석이 될 가능성이 높다.

대법원도 "당해 사무가 타인의 사무가 아니고 자기의 사무라면 그 사무의 처리가 타인에게 이익이 되어 타인에 대하여 이를 처리할 의무를 부담하는 경우라도 그는 타인의 사무를 처리하는 자에 해당하지 아니한다"고 판시하여,27) 타인을 위한 자기의 사무라는 개념을 인정하고 있으면서도, 또 다른 사례에서는 "부동산이 매도되면 형법은 부동산을 매도한 자에게 매수인을 위한 업무로 매수인에게 소유권을 이전해줄 의무를 성실히 이행할 것을 명하는 동시에 그 임무에 위배하고 동 부동산을 다시 타인에게 매도하고 그에게 소유권을 이전하는 것은 이를 금하고 있는 것"이라고 하여,28) 매도인에게 '매수인(타인)을 위한 업무'로써 매수인에게 소유권을 이전해줄 의무를 상정하고 있는데, 이는 타인의 사무와 엄연히 구별되는 타인을 위한 사무를 동일시하고 있는 우를 범하고 있는 것이다. 또한 일반적으로 모든 계약에는 상대방의 재산상 이익의 보호를 배려할 신의칙상 의무가 포함되어 있다는 점을 감안한다면, 계약의 당사자 일방이 '타인의 사무를 처리하는 자'에 해당한다고 보기 위해서는, 상대방에게 신의칙상 의무를 부담하는 것에 그치지 않고 더 나아가 계약의 목적이 된 권리를 계약 상대방의 재산으로서 보호 내지 관리하여야 할 의무를 전형적·본질적인 내용으로 하는 신임관계가 형성되었음을 요구한다고 제한적으로 해석하여 사무의 범위를 좁힐 필요성도 있는 것이다.

(3) 검토

생각건대 중도금이 지급된 단계에서는 매도인의 등기협력의무와 매수인의 잔금지급의무는 동시이행의 관계에 있으므로 상호의무자인 동시에 상호권리자인 관계에서 매도인에

---

26) 김종덕, "배임죄에 있어서 법인 및 대표기관의 형사책임", 법학연구 제22집, 한국법학회, 2006. 5, 264면.
27) 대법원 2009. 2. 26. 선고 2008도11722 판결; 대법원 1987. 4. 28. 선고 86도2490 판결; 대법원 1976. 5. 11. 선고 75도2245 판결.
28) 대법원 1977. 10. 11. 선고 77도1116 판결.

게는 아직까지 법적인 성실의무가 발생한다고 보기 어렵다는 점,[29] 매매계약에서 쌍방이 그 계약의 내용에 좋은 이행을 하여야 할 채무는 특별한 사정이 없는 한 자기의 사무에 보다 가깝다는 점, 타인의 사무가 되려면 사무처리자가 본래 본인이 처리하여야 할 사무를 대신하여 처리한다는 관계로 제한해석해야 하는데, 부동산 매매관계에서 매도인은 매수인으로부터 등기이전협력의무 등과 같은 어떠한 임무를 부여받았다고 볼 수는 없고, 단지 의무를 부담할 뿐이라는 점,[30] 임의로 계약을 해제할 수 없는 단계에 이르렀다고 하는 사실은 채무이행이 자기의 사무에서 타인의 사무로 변경된다는 사실과 아무런 연관성이 없다는 점 등으로 인하여 매도인이 제1매수인으로부터 중도금을 받은 상태에 불과한 경우에는 적어도 형사불법적인 부동산 이중매매로 평가하기는 어렵다고 본다. 특히 매도인이 매수인으로부터 중도금을 수령하였다는 사실은 당사자가 별도의 손해배상책임 없이 계약관계에서 벗어날 수 있는지 여부에 영향을 미치는 요소에 해당할 뿐, 매도인의 매수인에 대한 소유권이전의무를 매도인 자신의 사무에서 타인인 매수인의 사무로 전환하는 요소로 볼 수 없는 것이다. 이와 같이 계약을 해제할 수 있을 때에는 자기의 사무이고, 계약을 해제할 수 없을 때에는 타인의 사무가 되는 이유에 대해서는 구체적인 논거의 제시가 필요함에도 그러한 논증은 쉽게 찾아볼 수 없다. 다만 계약을 해제할 수 없는 단계에 이르면 매수자의 입장에서는 그 계약이 이행될 것이라는 기대와 신뢰를 가지게 되는데, 이러한 매수자의 기대권 내지 신뢰를 보호할 필요성이 있다는 점을 그 논거로 들고 있기는 하지만, 신뢰를 보호해야 하는 당위와 타인의 사무인가 아닌가 하는 사실의 문제는 서로 다른 차원의 문제[31]이기 때문에 이를 그대로 수용하기는 곤란하다. 그러므로 중도금을 받은 상태에서는 매도인에게 등기이전협력의무가 곧바로 발생하는 것이 아니라 매도인의 등기이전협력의무를 기대할 수 있는 매수인의 기대권 정도의 권한이 발생한다고 보아야 한다. 그리고 이후에 매수인이 잔금까지 완납한 경우가 되면 등기만이 이전되지 아니한 단계로 접어들기 때문에 매수인으로서 계약에 필요한 역할을 거의 수행한 것이므로 사실상의 소유권이 불완전하게나마 매수인에게 존재한다고 평가할 수 있다.[32] 그렇다면 형식적인 소유권을 보유하고 있는 매도인의 입장에서는 사실상의 소유권

---

29) 강구진, "이중매매의 형사책임에 관한 약간의 고찰", 법조 제15권 제6호, 법조협회, 1966, 29면.

30) 김덕중, "이중매매에 따른 매도인의 형사책임 – 판례를 중심으로 –", 법학논총 제19집 제2호, 조선대학교 법학연구원, 2012. 8, 450면; 김혜정, "배임죄의 행위주체인 '타인의 사무처리자' 판단에 관한 소고", 법과 정책연구 제12집 제4호, 한국법정책학회, 2012. 12, 1891면.

31) 송희식, "배임죄의 불법과 치역 – 대법원 2011. 1. 20. 선고 2008도10479 전원합의체판결 –", 한양법학 제35집, 한양법학회, 2011. 8, 335면.

32) 이에 대하여 허일태 교수는 매도인이 매수인으로부터 잔금을 전액 지급받은 경우에도 매도인의 매수인에

을 보유하고 있는 매수인에게로 등기의 이전에 협력할 의무가 발생한다고 보아야 하고, 만약 이러한 의무를 위반하게 될 경우에는 배임죄의 적용이 가능하다고 보아야 한다. 매수인이 중도금을 지급함으로써 가지게 되는 계약완결에 대한 기대가 무산되는 것을 방지하기 위하여 당해 매수인에게로 계약의 이행을 간접강제하는 것은 바람직한 것이 아니기 때문에 매도인의 등기이전협력의무는 매수인으로부터 잔금을 지급받은 후에 비로소 발생한다고 보는 것이 타당한 분석이라고 보인다. 또한 매도인이 중도금을 수수한 이후에는 계약을 해제할 수 있는 권리가 전혀 인정되지 않는 것도 아니다. 매도인은 중도금을 수령한 이후에도 매수인으로부터 나머지 대금을 지급받지 못한 때에는 계약을 해제할 수 있고, 통상적으로 매매대금을 전액 지급받을 때까지는 매매목적물에 대한 소유권이전을 거부할 수 있음에도 그 상태에서 매매목적물을 매수인의 소유물과 같이 취급하여야 한다고 강제하는 것은 적절하지 않다. 그러므로 적어도 매도인이 잔금까지 수령하여 매수인의 소유권이전에 협력하여야 할 의무만을 부담하는 때에 비로소 상대방인 매수인의 사무를 처리하는 자에 해당한다고 보아야 한다.

한편 등기이전협력의무를 타인의 사무라고 본다면 매수인이 잔금을 지급기일에 지급하지 않는다거나 등기소에 출석하기를 거부하는 등의 경우에 매수인은 등기이전협력의무를 위반한 것이 되고, 결국 타인의 사무를 처리하는 자가 임무에 위배하였기 때문에 배임죄의 주체가 되어야 함에도 그렇지 않은 것은 등기이전협력의무 그 자체는 타인의 사무로 볼 수 없다는 견해[33]가 있다. 하지만 매수인이 매매대금의 대부분을 지급한 상태에서 위와 같은 무모한 일을 감행한다는 것은 현실적으로 발생하기가 거의 불가능에 가까운 일이라고 할 수 있겠고, 매도인으로서의 등기이전협력의무와 매수인으로서의 등기이전협력의무는 잔금지급단계에 이를 경우 매도인은 당해 부동산에 대한 소유권을 보유하고 있을 뿐만 아니라 그 부동산의 시가에 상응하는 정도의 대금을 매수인으로부터 지급받은 상황이기 때문에 상대적으로 경제적 강자라고 할 수 있는 지위에 있으므로 결코 그 의무가 동일한 정도에 이를 수 없다는 점에서 타당하지 않다고 본다.

대한 등기이전협력의무는 기본적으로 매도인 자신의 사무라고 평가하고 있다(허일태, "배임죄의 성립에 관련된 몇 가지 문제점", 형사재판의 제문제 제5권, 형사실무연구회, 2005, 300면).

33) 김태수, "부동산 이중매도자의 형사책임", 법학논문집 제32집 제1호, 중앙대학교 법학연구소, 2008, 107-108면.

2. 배임죄에 있어서 '임무위배행위'의 의미와 관련하여

판례에 의하면 배임죄의 본질은 신임관계에 기한 타인의 신뢰를 저해하는 임무위배행위를 통하여 그 타인으로 하여금 재산상 손해를 입게 하는 데에 있고, 이러한 임무위배행위에는 사무의 내용, 성질 등 구체적 상황에 비추어 법률의 규정, 계약의 내용 혹은 신의칙상 당연히 할 것으로 기대되는 행위를 하지 않거나 당연히 하지 않아야 할 것으로 기대되는 행위를 함으로써 본인과 사이의 신임관계를 저버리는 일체의 행위가 포함된다고 하고 있다.[34] 하지만 이러한 판례의 법리를 일반화하여 법령이나 사법상의 계약에 위반하는 행위를 한 자에 대하여 모두 배임죄로 처벌할 수 있는 것으로 해석하게 된다면 이는 민사사건의 전면적인 형사사건화를 촉진하는 것으로서 허용될 수 없음이 분명하다. 이와 같이 배임죄의 성립범위를 확대하면 할수록 민사에 대한 형사법의 개입이 확대되어 사적자치의 원칙에 의하여 유지되고 있는 사법의 영역을 과도하게 침해할 소지가 있는 것이다. 그리고 모든 채무불이행은 신의칙상 기대되는 채무이행을 위배하는 것이 되기 때문에 이를 곧바로 배임죄로 규율하게 되면 민사상의 문제는 개입의 여지가 없게 된다. 형법은 사회생활상 용납할 수 없는 정도로 평가할 수 있는 행위에 국한하여 최후의 수단으로 개입해야만 하는데, 일상생활에서 자주 발생하고 있는 사소한 배신행위에 대해서도 형법의 개입을 허용하는 것은 형법의 최후수단성 내지 단편성을 포기하는 것과 같은 노릇이다.[35] 이와 같이 사법상 채무불이행에 해당하는 계약위반행위를 배임죄로 의율하는 것은 타당하지 않으므로, 배임죄에서 말하는 '임무위배행위'에 관한 판례의 법리를 계약상의 의무 위반과 관련한 구체적 사안에 적용함에 있어서는 매우 신중할 것이 요청된다. 그러므로 배신설의 입장을 채택함으로 인하여 생기는 배임죄의 무한확장을 적절히 조절하기 위해서는 '타인의 사무를 처리하는 자'라는 주체의 범위에 대한 제한뿐만 아니라 '임무에 위배하는 행위'라는 행위태양에 대해서도 가벌성을 제한하는 방향으로의 해석을 할 필요성이 생기게 되는 것이다.[36]

---

34) 대법원 2011. 1. 20. 선고 2008도10479 전원합의체 판결; 대법원 2008. 5. 29. 선고 2005도4640 판결; 대법원 1987. 4. 28. 선고 83도1568 판결.

35) 허일태, "배임죄의 성립에 관련된 몇 가지 문제점", 형사재판의 제문제 제5권, 형사실무연구회, 2005, 297면.

36) 권오걸, "동산의 이중매매와 배임죄 - 부동산 이중매매와의 비교를 통해서 -", 비교형사법연구 제13권 제2호, 한국비교형사법학회, 2011. 12, 411면.

3. 유사한 행위태양과의 형평성 문제와 관련하여

가. 배임죄로 처벌되지 않는 사례와의 비교

(1) 동산의 이중매매행위

최근 대법원은 피고인이 인쇄기를 공소외 1에게 135,000,000원에 양도하기로 하여 그로부터 1, 2차 계약금 및 중도금 명목으로 합계 43,610,082원 상당의 원단을 제공받아 이를 수령하였음에도 불구하고 그 인쇄기를 자신의 채권자인 공소외 2에게 기존 채무 84,000,000원의 변제에 갈음하여 양도함으로써 동액 상당의 재산상 이익을 취득하고 공소외 1에게 동액 상당의 손해를 입혔다는 공소사실에 대하여, 피고인이 동산매매계약에 따라 공소외 1에게 인쇄기를 인도하여 줄 의무는 민사상의 채무에 불과할 뿐 타인의 사무라고 할 수 없으므로 인쇄기의 양도와 관련하여 피고인이 타인의 사무를 처리하는 자의 지위에 있다고 볼 수 없다는 이유로, 피고인에 대하여 무죄를 선고하였다.[37] 매매의 목적물이 동산일 경우에 있어서, 매도인은 매수인에게 계약에 정한 바에 따라 그 목적물인 동산을 인도함으로써 계약의 이행을 완료하게 되고 그때 매수인은 매매목적물에 대한 권리를 취득하게 되는 것이므로, 매도인에게 자기의 사무인 동산인도채무 외에 별도로 매수인의 재산의 보호 내지 관리 행위에 협력할 의무가 있다고 할 수 없기 때문에 부동산매매계약과는 달리 동산매매계약에서의 매도인은 매수인에 대하여 그의 사무를 처리하는 지위에 있지 아니하므로, 매도인이 목적물을 매수인에게 인도하지 아니하고 이를 제3자에게 처분하였다고 하더라도 형법상 배임죄가 성립하는 것은 아니라고 한다. 즉 당해 사건에 있어서 인쇄기를 매도하고 중도금까지 수령한 상태에서 제3자에게 이를 다시 매도하고 소유권까지 이전해 준 피고인의 행위가 민사상 채무의 불이행에 불과할 뿐 배임죄에 해당하지 아니한다고 판단한 것이다. 동산이중매매사안에 있어서 등기의무를 포함한 채무불이행에 대해서는 배임죄의 적용을 긍정하면서도 인도의무를 포함한 채무불이행에 대해서는 배임죄의 적용을 부정하고 있는 대법원의 태도는, 물권변동의 방법만이 다를 뿐 동산과 부동산이라는 객체를 대상으로 하는 물권이라는 점에서 실질적인 내용이 유사한 채무불이행에 대하여 너무나도 다르게 평가하고 있다는 점에서 형평성에 어긋난

---

37) 대법원 2011. 1. 20. 선고 2008도10479 전원합의체 판결.

다고 판단된다.

(2) 임대인의 임대목적물 처분행위 및 도급인의 이중도급행위

임대인이 임차인으로부터 보증금의 전부 또는 일부를 수령한 상태에서 제3자에게 임대목적물을 처분함으로써 임차인의 목적물에 대한 사용·수익을 불가능하게 만든 경우 또는 공사수급인이 도급계약에 따라 상당한 노력과 자금을 투입한 상태에서 공사도급인이 정당한 이유 없이 계약을 파기하고 제3자에게 공사를 도급하여 준 경우 등과 같이 계약 상대방을 위하여 적극적·소극적 의무를 부담하는 자가 그 상대방의 신뢰에 반하는 행위를 함으로써 그 상대방으로 하여금 재산상 손해를 입게 한 사안에서, 그 의무이행이 상대방의 이익을 위한 것이라거나 그 의무의 불이행이 상대방의 신뢰에 반하는 것이라는 이유만으로 그 의무불이행에 대하여 배임죄의 죄책을 물을 수 없다. 이는 타인의 이익을 위한 사무 또는 채무불이행이 신의칙에 반하는 경우를 형사상의 문제로 해결하는 것을 지양하고 있는 타당한 태도라고 보인다.

(3) 매도인이 부동산을 이중으로 매도하고 제1매수인에게 소유권이전등기를 마쳐 준 경우

판례[38]는 매도인이 부동산을 이중으로 매도하고 제2매수인에게 소유권이전등기를 마쳐준 경우에는 제1매수인에 대한 관계에서 배임죄의 성립을 인정하는 반면, 제1매수인에게 소유권이전등기를 마쳐준 경우에는 제2매수인으로부터 중도금 이상의 대금을 수령하였다고 하더라도 그에 대한 관계에서 배임죄가 성립하지 않는다고 파악한다. 부동산을 이중으로 매도한 경우에 매도인이 제1매수인에게 소유권이전의무를 이행하였다고 하여 제2매수인에 대한 관계에서 그가 임무를 위법하게 위배한 것이라고 할 수는 없기 때문이라는 것이다.[39] 이는 제1매수인에게 소유권이전의무를 이행한 것은 원래 이행해야 할 의무를 이행한 것일 뿐이므로 제2매수인에 대한 관계에서 매도인이 임무를 위법하게 위배한 것이라고 할 수는 없다는 것이다. 하지만 매도인이 제2매수인과의 관계에서는 중도금

---

38) 대법원 2009. 2. 26. 선고 2008도11722 판결; 대법원 1992. 12. 24. 선고 92도1223 판결; 대법원 1986. 12. 9. 선고 86도1112 판결; 대법원 1977. 10. 11. 선고 77도1116 판결.

39) 대법원 2010. 4. 29. 선고 2009도14427 판결; 대법원 2009. 2. 26. 선고 2008도11722 판결; 대법원 1992. 12. 24. 선고 92도1223 판결.

을 수령한 이후에도 소유권취득에 협력해야 할 의무가 어떻게 면제될 수 있는지에 대한 의문점은 해소되지 않고 있다.[40] 또한 소유권이전등기를 마치기 전에는 서로 대등한 법적 지위[41]를 가지고 있는 제1매수인과 제2매수인에 대하여 그들의 신뢰에 차이를 두고 그에 대한 보호의 정도를 다르게 파악할 합리적 근거가 없음에도 불구하고[42] 제1매수인에게로의 소유권이전등기를 간접적으로 강제하는 것은 채권의 우열관계를 조장하는 그릇된 태도라고 할 수 있다. 판례의 취지는 제1매수인이 먼저 계약을 하였기 때문에 반드시 보호해 주어야 한다는 것인데, 형식주의를 채택하고 있는 현행 법체계상 채권자에 불과한 제1매수인은 물권자로서 그 지위가 강화된 제2매수인에게 대항할 수 없게 된다. 일반적으로 부동산을 매도한 후에 매수인 명의로 소유권이전등기가 완료되기 전에 당해 부동산을 제3자에게 매도한 경우에 있어서 매도인은 각 매수인에게 그 소유권을 이전해 줄 의무가 있는 것이며, 그 의무에 우열이 있는 것은 결코 아니다. 그러므로 매도인이 어느한 매수인에게 소유권이전등기절차를 이행하여 등기가 완료되면 다른 매수인에 대한 소유권이전의무는 이행불능이 되어 그 매수인에 대하여 매도인은 채무불이행의 책임을 지게 되기 때문에 제1매수인에 대해서도 같은 이치로 민사상 채무불이행책임을 부담하면 되는 것이다.[43] 중도금의 지급 이후에는 해약이 불가능함을 이유로 등기협력의무가 있음을 근거로 배임죄를 적용한다면, 제1매수인과 제2매수인을 구별하지 않고 이중매매에 있어서 배임죄의 적용을 긍정해야 함에도 불구하고 그렇게 파악하지 않고 있는 판례의 태도는 '중도금의 지급 이후에는 해약이 불가능함을 이유로 인하여 도출한 등기협력의무'의 기반이 불완전하다는 점을 자인하는 것이라고 할 수 있다. 이는 판례가 모든 부동산 이중매매에 있어서 배임죄의 적용이 무리라는 것을 인정한 결과 적정한 선에서 타협한 것으로 평가할 수도 있다.[44]

---

40) 이정원, "배임죄의 구조와 문제점", 법학연구 제34집, 전북대학교 법학연구소, 2011. 12, 138면.

41) 대법원 1977. 10. 11. 선고 77도1116 판결: "……부동산을 매도한 후에 매수인명의로 소유권이전등기가 완료되기 전에 동 부동산을 다른 사람에게 매도한 경우(이중매매의 경우) 매도인은 각 매수인에게 동 부동산에 대한 소유권을 이전해줄 의무가 있는 것이며 그 의무에 우열이 있는 것이 아니므로 매도인이 어느 매수인에게 소유권이전등기절차를 이행하여서 그 매수인명의로 등기가 완료하면 특별한 사정이 없는 한 타매수인에 대한 소유권이전의무는 이행불능이 되어 그 매수인에 대하여 매도인은 채무불이행의 책임을 지게 된다고 할 것임은 부동산매매계약에 인한 매도인의 채무의 성질상 당연하다고 할 것……."

42) 대법원 2011. 1. 20. 선고 2008도10479 전원합의체 판결 중 다수의견에 대한 대법관 김지형, 대법관 이홍훈, 대법관 김능환의 보충의견.

43) 주지홍, "부동산이중매매에 있어서 배임죄 적용 결과 민사법질서에 미치는 부정적 영향", 법학연구 제51권 제2호, 부산대학교 법학연구소, 2010. 5, 13면.

44) 주지홍, 위의 논문, 22면.

(4) 매수인에게 계약위반사실이 있는 경우

매수인이 잔금지급의무를 불이행하였음을 이유로 하여 매도인에 대한 관계에서 타인의 사무를 처리하는 자로서 배임죄의 주체가 될 수 있다고 볼 수는 없다. 그러므로 제1매수인이 잔금을 지불하지 않아 등기에 필요한 서류를 교부하지 못하고 있는 상황에서 매도인이 이중매매를 한 경우에는 배임죄가 성립하지 아니한다.[45] 동일한 맥락에서 공사도급인이 공사비담보조로 수급인에게 아파트를 분양하기로 약정한 경우에 수급인이 잔여공사를 완성하지 아니한 이상 위 분양계약은 조건불성취로 효력이 발생하지 아니하며 도급인에게는 소유권이전등기의무가 없다고 보아야 할 것이므로 수급인이 잔여공사를 전혀 하지 않다가 이를 포기하였다면 도급인이 아파트를 보존등기 후 수급인에게 소유권이전등기하여 주지 않고 제3자에게 처분하였다 하여도 배임죄를 구성한다고는 할 수 없고,[46] 도급인이 수급인에게 잔여공사를 완공할 것을 정지조건으로 하여 그 공사비에 대한 대물변제로 부동산의 소유권을 이전키로 하였으나 수급인이 위 공사를 완성하지 않았다면 수급인으로서는 도급인에게 위 대물변제예약의 이행을 청구할 수 있는 지위에 있지 않다 할 것이므로 도급인이 위 부동산을 다시 다른 채권자에게 담보제공하였다고 하여 이를 임무위배행위라고 할 수는 없다.[47]

또한 판례에 의하면 일정한 신임관계의 고의적 외면에 대한 형사적 징벌을 핵심으로 하는 배임의 관점에서 보면, 부동산매매에서 매수인이 대금을 지급하는 것에 대하여 매도인이 계약상 권리의 만족이라는 이익이 있다고 하여도 대금의 지급은 어디까지나 매수인의 법적 의무로서 행하여지는 것이고, 그 사무의 처리에 관하여 통상의 계약에서의 이익대립관계를 넘는 신임관계가 당사자 사이에 발생한다고 할 수 없다고 한다.[48] 따라서 그 대금의 지급은 당사자 사이의 신임관계에 기하여 매수인에게 위탁된 매도인의 사무가 아니라 애초부터 매수인 자신의 사무라고 할 것이다. 그리고 매도인이 대금을 모두 지급받지 못한 상태에서 매수인 앞으로 목적물에 관한 소유권이전등기를 경료하였다면, 이는 법이 동시이행의 항변권 등으로 마련한 대금 수령의 보장을 매도인이 자신의 의사에 기하여 포기한 것으로서, 다른 특별한 사정이 없는 한 대금을 받지 못하는 위험을 스스로

---

45) 손동권, "부동산 이중매매에서의 기관책임", 일감법학 제11호, 건국대학교 법학연구소, 2007, 72면.
46) 대법원 1984. 7. 24. 선고 84도815 판결.
47) 대법원 1985. 3. 26. 선고 85도124 판결.
48) 대법원 2011. 4. 28. 선고 2011도3247 판결.

인수한 것으로 평가되는데, 그와 같이 미리 부동산을 이전받은 매수인이 이를 담보로 제공하여 매매대금 지급을 위한 자금을 마련하고 이를 매도인에게 제공함으로써 잔금을 지급하기로 당사자 사이에 약정하였다고 하더라도, 이는 기본적으로 매수인이 매매대금의 재원을 마련하는 방편에 관한 것이고, 그 성실한 이행에 의하여 매도인이 대금을 모두 받게 되는 이익을 얻는다는 것만으로 매수인이 신임관계에 기하여 매도인의 사무를 처리하는 것이 된다고 할 수 없다. 하지만 중도금의 지급으로 인하여 계약이 완결된다는 기대의 증가는 매수인뿐만 아니라 매도인에게도 해당된다는 점에서 매수인도 배임죄를 범할 수 있다고 보아야 하는 것이 판례의 일관된 태도일 것이다. 그럼에도 불구하고 오로지 매도인만이 등기이전협력의무의 불이행이라는 이유로 배임죄로 처벌될 수 있다는 것은 법의 형평성에 부합하지 아니하는 처사라고 판단된다.[49] 결국 서로 대가관계에 있는 급부와 반대급부를 주고받는 쌍무계약에서 어느 일방의 채무불이행에 대해서만 형벌로 규제하는 것은 형평의 원칙에 반한다는 점을 감안하여 볼 때, 부동산매매의 경우 매도인이 중도금을 지급받은 후에 목적물을 인도하지 않는 행위는 민사상 채무불이행에 그칠 뿐 배임죄에는 해당하지 않는다고 보아야 할 것이다.

(5) 매도인이 소극적으로 목적물의 소유권이전의무를 이행하지 않는 경우

민사적으로 채무불이행의 유형에는 이행지체와 이행불능이 모두 포함되어 있고 채무자가 적극적으로 계약의 이행을 불능케 하는 행위를 하였는지 여부는 채무불이행에 따른 책임의 유무 및 정도에 영향을 미치지 않는데, 부동산 이중매매를 배임죄로 처벌하는 기존 판례의 취지에 따라 매도인이 소극적으로 목적물의 소유권이전의무를 이행하지 않는 행위는 배임죄를 구성하지 않고 적극적으로 목적물의 소유권을 타에 처분하여 채무의 이행불능 상태를 초래하는 행위는 배임죄에 해당한다고 해석한다면, 이는 민사적으로는 동일한 법적 효과를 발생시키는 채무불이행에 대하여 형사적으로 그 취급을 달리하는 것으로서 적절하지 않다.[50]

---

49) 박광현, "형사법의 독자성과 민사법과의 법질서 통일성 관점에서 바라 본 학제 간 고찰", 서울법학 제20권 제1호, 서울시립대학교 법학연구소, 2012. 5, 288면; 허일태, "민사사건의 형사화에 대한 억제방안", 비교형사법연구 제8권 제1호, 한국비교형사법학회, 2006. 7, 228면.

50) 대법원 2011. 1. 20. 선고 2008도10479 전원합의체 판결 중 다수의견에 대한 대법관 김지형, 대법관 이홍훈, 대법관 김능환의 보충의견.

(6) 매매계약이 무효, 취소, 해제된 경우

매도인이 부동산에 대한 공소외인과의 분쟁을 매도인의 처남을 내세워 해결할 생각으로 처남에게 통정허위표시로 부동산에 대한 매매계약서를 작성교부하고 가등기를 경료한 후 부동산 중 일부를 타인에게 매도하였다고 하더라도 이중매매에 의한 배임행위가 된다고 할 수 없고,[51] 농가가 아니고 농지를 자경하거나 자영할 의사도 없어 농지개혁법상 농지를 취득할 수 없는 자에 대하여 농지를 매도한 계약은 무효이어서 매도인은 소유권이전등기절차를 이행할 임무가 없으므로 매도인이 그 농지를 제3자에게 이중으로 양도하였다 하더라도 배임죄가 성립되지 아니하며,[52] 내연의 처와의 불륜관계를 지속하는 대가로서 부동산에 관한 소유권이전등기를 경료해 주기로 약정한 경우, 위 부동산 증여계약은 선량한 풍속과 사회질서에 반하는 것으로 무효이어서 위 증여로 인한 소유권이전등기의무가 인정되지 아니하는 이상 동인이 타인의 사무를 처리하는 자에 해당한다고 볼 수 없어 비록 위 등기의무를 이행하지 않는다고 하더라도 배임죄를 구성하지 않는다.[53]

(7) 양도담보권자가 정산의무를 해태한 경우

양도담보물권관계가 설정된 경우에는 변제기까지 담보물이 보관되어야 하기 때문에 변제기 이전에 이를 처분하는 자는 적어도 배임죄의 주체가 될 수 있다. 하지만 변제기까지 채무자가 채무변제를 하지 않은 경우에 양도담보권자가 그 담보물을 정산절차를 거치지 않고 제3자를 위하여 담보로 제공하거나 부당하게 염가로 처분하거나 정산잔여금을 돌려주지 않은 경우에는 배임죄의 성립이 부정되어야 할 것이다. 왜냐하면 변제기까지 채무변제가 없으면 채권자는 담보부동산에 대한 소유권자로서 임의로 처분할 수 있는 권한이 발생하고, 처분 후에 정산하지 않은 것은 채무불이행에 불과하기 때문이다. 이러한 취지는 기존 판례의 변경으로 인하여 현재의 대법원이 확인하고 있는 바, 양도담보가 처분정산형의 경우이건 귀속정산형의 경우이건 간에, 담보권자가 변제기 경과 후에 담보권을 실행하여 그 환가대금 또는 평가액을 채권원리금과 담보권 실행비용 등의 변제에 충당하고 환가대금 또는 평가액의 나머지가 있어 이를 담보제공자에게 반환할 의무는 담보

---

51) 대법원 1983. 7. 12. 선고 82도2941 판결.
52) 대법원 1979. 3. 27. 선고 79도141 판결.
53) 대법원 1986. 9. 9. 선고 86도1382 판결.

계약에 따라 부담하는 자신의 정산의무이므로 그 의무를 이행하는 사무는 곧 자기의 사무처리에 속하는 것이라는 것이 주된 이유이다. 이러한 판례의 변경[54]은 동일한 행위에 대하여 배임죄의 처벌을 긍정하였던 것을 일정한 시점 이후부터는 부정한 것이라고 할 수 있는데, 부동산거래와 관련된 분쟁에 있어서 배임죄의 해당 여부에 대한 구별의 기준이 결코 용이하지 않다는 점을 잘 보여주고 있는 대표적인 사례라고 할 수 있다.

나. 배임죄로 처벌되는 사례와의 비교

(1) 양도담보권설정자에 의한 이중처분행위

양도담보로 제공한 동산을 제3자에게 다시 담보로 제공하는 등의 처분행위를 한 경우는, 점유개정 혹은 반환청구권 양도에 의하여 1차 담보권자에게 이미 담보권이 귀속된 상태를 전제로 하는 것이다. 이 경우 담보권자는 담보목적물에 대하여 대외적으로 소유권을 갖게 되고 담보권설정자는 담보목적물을 그대로 사용・수익하면서 이를 담보권자의 재산으로서 보호・관리하여야 할 의무를 부담하는 지위에 있으므로, 이러한 측면에서 담보권설정자를 배임죄의 주체인 타인의 사무를 처리하는 자로 볼 수 있다.

(2) 채권양도인에 의한 이중처분행위

채권의 양도인이 양수인의 사무를 처리하는 자의 지위에 있다는 취지의 판례는, 당사자 사이의 채권양도계약에 의하여 채권이 양수인에게 유효하게 양도된 이후의 상황을 다루는 것인데, 채권양도계약의 목적이 된 권리가 채권양수인에게 이전된 이후에 채권양도인은 채권양수인에게 귀속된 채권을 보호・관리할 신임관계에 기한 의무를 부담하는 것을 전제로 채권양수인의 사무 처리자로 인정할 수 있다는 것이다. 특히 판례의 사안들은 대부분 기존 채무의 변제 등에 갈음하여 채권양도가 행하여져 양수인의 반대채무 이행이 모두 완료된 사안이라는 점에서, 매매대금이 모두 지급되지 않은 상태에서의 부동산 이중매매가 배임죄에 해당하는지 여부가 문제된 사안과 동일하게 취급하는 것은 적절하지 않다.

---

54) 대법원 1985. 11. 26. 선고 85도1493 전원합의체판결.

(3) 중도금의 액수가 현저히 적은 경우

판례에 의하면 중도금의 명목으로 금전이 지급된 상황이 충족된 이후에 매도인은 배임죄의 주체가 된다고 파악하고 있는데, 계약 당사자 사이의 중도금 수수 시기, 방법, 액수 등에 관한 사항을 확인하지 않은 채 매도인이 중도금이라는 명목의 대금을 수령하였다는 사실 자체만으로 매도인이 자신의 재산을 마치 타인의 재산과 같이 취급하여 매수인을 위하여 그 재산을 보호·관리하여야 한다고 해석하는 것은 매수인에 비하여 매도인에게 지나치게 과도한 의무를 지우는 것으로서, 계약 당사자 간의 대등한 법적 지위의 보장을 전제로 하는 쌍무계약의 본질에 반하는 측면이 있다. 왜냐하면 매수인이 잔금지급의무를 불이행하였음을 이유로 하여 매도인에 대한 관계에서 타인의 사무를 처리하는 자로서 배임죄의 주체가 될 수 있다고 볼 수 없기 때문이다.

(4) 형식적인 중도금의 지급은 없었지만 실질적으로 이에 준하는 효력이 발생한 경우

일반적인 부동산 매매의 과정인 계약의 체결 → 계약금의 지급 → 중도금의 지급 → 잔금의 지급 → 소유권이전등기라는 절차를 거치지 않은 경우도 실제 거래에서는 발생하고 있는데, 여기서 현실적으로 중도금이 지급된 바 없다고 하더라도 실질적으로 중도금이 지급된 것과 같은 효력이 인정되는 경우에는 배임죄가 성립할 수 있다고 한다. 예를 들면 부동산소유자가 부동산을 제1차 매수인에게 매도하고 계약금과 중도금까지 수령한 이상 특단의 약정이 없으면 잔금수령과 동시에 매수인 명의로의 소유권이전등기에 협력할 임무가 있고 이 임무는 주로 위 매수인을 위하여 부담하는 임무라고 할 것이므로 위 매매계약이 적법하게 해제되었다면 모르되 그렇지 않은 이상 이를 다시 제3자와의 사이에 그 부동산에 대한 매매계약을 체결하고 계약금과 중도금까지 수령한 것은 위 제1차 매수인에 대한 소유권이전등기협력의무의 위배와 밀접한 행위로서 배임죄의 실행의 착수라고 보아야 할 것인 바 이와 같은 이론은 부동산소유자가 대물변제로 양도하여 놓고 그 양수인에게 소유권이전등기를 하지 아니하고 제3자에게 양도하는 경우도 동일하다고 하는데,[55] 이는 중도금과 잔금을 지급하는 절차가 없었지만 매수인이 이미 지급한 채권금원의 담보조로 대물변제의 약정을 하였으므로 그 채권은 이미 부동산 매수의 중도금 및

---

55) 대법원 1984. 8. 21. 선고 84도691 판결.

잔금지급의 실질이 충족되었다고 보는 것이다. 또한 부동산을 대금 213,000,000원에 양도하면서 양수인으로부터 계약금 및 중도금에 갈음하여 양수인 소유의 부동산을 120,000,000원으로 평가하여 이전받기로 하고 그 소유권이전등기소요서류를 모두 교부받았다면 양도인이 비록 그 부동산에 관하여 자기 앞으로 소유권이전등기를 마치지 않은 상태였다고 하더라도 그 이전등기에 필요한 서류를 모두 교부받은 이상 양도인 앞으로의 소유권이전등기는 그 실행 여부만이 남아 있는 것이고 이는 오로지 양도인의 의사와 행위에 의하여 좌우될 사항이어서 그 상태는 사회통념 내지 신의칙에 비추어 계약금 및 중도금을 이행받은 경우와 마찬가지라고 봄이 상당하여 이 경우 양도인이 양도부동산을 제3자에게 이중양도하고 소유권이전등기를 마쳤다면 이는 양수인에 대한 배임행위가 성립된다[56]고 한 것도 같은 취지에서 이해할 수 있다. 이와 같이 배임죄로 처벌되는 사례군은 모두 계약의 목적이 된 권리가 계약의 상대방에게 이전·귀속된 이후의 문제를 다루고 있어 계약의 일방 당사자가 계약의 상대방에게 귀속된 재산권을 보호·관리할 의무를 타인의 사무로 상정하는 데 어려움이 없지만, 이에 반하여 부동산 이중매매의 경우는 아직 계약의 목적이 된 권리가 계약의 상대방에게 이전되기 전인 계약의 이행 과정에서 계약의 일방 당사자의 상대방에 대한 계약상의 권리이전의무의 이행에 관한 사항을 타인의 사무로 취급할 수 있는지의 문제를 다루는 것이어서, '타인의 사무를 처리하는 자'의 인정에 관하여 그 본질적인 구조를 달리한다.

Ⅳ. 글을 마치며

부동산 이중매매에 있어서 매도인이 제1매수인으로부터 중도금을 수령한 이후 제2매수인에게 처분하는 행위에 대하여 배임죄로 의율하고 있는 대법원의 태도는 민사사건의 형사화라는 측면에서 타당하지 않다. 최근 동산이중매매와 관련한 대법원 전원합의체 판결의 다수의견이 적절히 지적한 바와 같이 기본적으로 자기의 사무에 불과한 계약상 채무의 이행을 등기이전협력의무와 같은 작위적 개념을 이용하여 타인의 사무로 변질시킴

---

56) 대법원 1986. 10. 28. 선고 86도936 판결.

으로써 배임죄에 관한 형벌법규를 부당하게 확대해석하여 온 기존 판례의 태도는 반드시 시정되어야 할 대상임이 분명하다. 또한 권리이전에 필요한 등기절차에 있어서 매도인과 매수인이 공동으로 등기를 신청하도록 하는 공동신청주의를 택하고 있고, 그로 인하여 매도인과 매수인은 공동으로 등기관을 상대로 등기신청사무를 처리하여야 한다는 점에서 상호 협력관계에 놓이게 되는데, 여기서 협력관계의 발생시점은 중도금 지급시가 아니라 잔금 지급시라는 점을 주목해야만 한다.57) (구) 민법이 적용되던 시절에 발생한 부동산 이중매매라는 동일한 행위에 대하여 자기의 사무라는 이유로 배임죄의 적용을 부정하였던 판결이 존재한 것을 보아도, 현재의 부동산 이중매매사안에 대하여 배임죄를 적용하는 것은 그 내용상 개인의 사적 자치를 보장하는 사법의 영역에 국가형벌권의 개입을 가능하게 한다는 점에서 그 어떤 범죄보다도 시민사회의 자율적 영역의 핵심을 심각하게 침해할 우려가 크다고 할 수 있다. 사회생활에서 발생하는 모든 배신행위가 형사처벌의 대상이 되는 것은 아니고, 배신행위 중에서 범죄의 구성요건에 해당하지 아니하는 것은 그 행위의 가벌성이 아무리 크다고 할지라도 처벌할 수 없는 것은 죄형법정주의의 원칙상 당연한 일이며, 형사법의 개입은 필요최소한도의 작용해야 한다는 보충성의 원칙을 굳이 거론하지 않더라도 민사법의 영역은 최대한으로 사적 자치를 보장해 주어야 하기 때문이다. 그러므로 형사불법적인 요소를 내포하고 있는 배신행위에 국한된 형벌의 적용이라는 관점에서, 배임죄의 객관적 구성요건요소인 '타인의 사무' 및 '임무위배행위'의 해석은 그 개념 자체가 매우 모호하고 추상적이기 때문에 민사적인 문제에 해당하는 부동산 거래에 적용을 할 경우에는 다른 영역의 문제와 비교하여 상대적으로 엄격하게 할 필요성이 대두된다. 사적 자치의 원칙이 지배하는 경제활동의 영역에서 민사적 수단에 의한 분쟁의 해결 이전에 형벌법규에 의한 규율을 강제하는 것은 형벌권의 과도한 개입과 비대화로 개인의 자유를 침해할 위험이 있을 뿐만 아니라 사적 영역에서 합리적이고 자율적인 이해관계 조정을 왜곡하는 부정적 효과를 낳을 수 있으므로 자제되어야 한다. 이러한 견지에서 부동산 이중매매사안을 접근해 보면, 현실적으로 계약이 체결되어도 매수인의 소유권등기청구권을 보전하기 위하여 그 앞으로 가등기가 행하여지는 일은 거의 없는 실정인데, 이러한 가등기를 의무화하는 것도 부동산 이중매매를 사전에 예방할 수 있는 효과적인 하나의 방안이 될 수 있을 것이다. 또한 ESCROW제도를 이용하면 계약금, 중도금 등을 예치해 놓기 때문에 등기이전 전에 매수인이 매도인의 이중매매로 인한 피해가 발생하였을 때 투하자본을 회수하는 데 법률적으로 많은 도움이 될 것이다.58) 그

---

57) 김태수, "부동산 이중매도자의 형사책임", 법학논문집 제32집 제1호, 중앙대학교 법학연구소, 2008, 104면.

밖에도 불법행위에 기한 징벌적 손해배상청구권으로의 해결 내지 현행 민법상의 계약금 해제조항과 유사한 규정의 신설을 통한 채무불이행에 기한 손해배상청구권으로의 해결 등을 거론할 수도 있을 것이다. 특히 후자의 경우에 있어서는 계약금 수령 후의 계약해제 시에는 계약금의 2배를 상환하고 종료시킬 수 있지만, 중도금 수령 후의 계약해제 시에는 그 액수의 과중을 참고하여 중도금의 1.5배 내외를 상환하고 종료시킬 수 있다고 해야 할 것이다. 이러한 조치들은 공통적으로 매도인이 등기이전을 경료하기 전까지 당해 부동산을 대상으로 어떠한 위법행위를 하여도 쉽게 파악할 수 없다는 점으로 인하여 매수인이 일방적으로 피해를 입게 되는 것을 민사적인 방안을 통하여 적절히 통제하고자 하는 시도의 일환으로 평가된다. 민사적인 분쟁이 발생하였을 경우에는 원칙적으로 민사적인 수단을 동원하여 해결하고, 이러한 방법이 실효성이 없을 경우에 한하여 형사적인 수단이 예외적으로 동원되어야 한다는 기본명제에 입각한다면, 매수인의 매매대금 보호는 이러한 민사적 제도의 개선을 통해서 강구되어야 함이 마땅하다. 이와 같은 부동산 거래 관행의 변경을 통해서도 충분히 부동산 이중매매의 반사회적인 행위를 사전에 차단할 수 있음에도 불구하고 금지와 억압의 수단으로 국가형벌권을 동원하는 것은 타당한 정책이라고 평가할 수 없는 것이다.

---

58) ESCROW제도에 대하여 보다 자세한 논의로는 박종렬, "부동산 이중매매와 그 예방", 한국콘텐츠학회 논문지 제9권 제7호, 한국콘텐츠학회, 2009. 7, 325면 이하 참조.

제11강 배임죄의 양형기준과 구체적 사례에 있어서 형량의 문제점

Ⅰ. 문제의 제기

　최근 '경제민주화'라는 거대한 소용돌이가 시대적인 화두가 되었지만 경제민주화 개념의 모호성 때문에 정치권에서는 연일 입법 포퓰리즘(대중인기영합주의)이 판을 치고 있으며, 일선의 기업들도 '甲의 횡포와 乙의 반격'이라는 세태를 예의주시하면서 정부의 눈치를 보고 있는 실정이다. 현재 국회에 계류 중에 있는 경제민주화 관련 주요 법안을 살펴보면, 부당단가인하에 대한 3배의 징벌적 손해배상을 골자로 하는 하도급거래공정화에 관한법률 개정안, 연봉 5억 원 이상 임원의 연봉공개 의무화를 골자로 하는 자본시장과 금융투자업에관한법률 개정안, 공정거래위원회의 전속고발권 폐지를 골자로 하는 독점규제및공정거래에관한법률 개정안, 재벌총수 일가의 일감몰아주기 규제강화를 골자로 하는 독점규제및공정거래에관한법률 개정안, 재벌소유 금융회사 대주주의 적격성심사를 골자로 하는 금융회사지배구조법 개정안 등을 들 수 있다. 이러한 법안들은 모두 경제양극화 해소 또는 재벌규제라는 정책을 중심으로 지난 대선과정에서 공약사항으로 문제가 제기된 것들로써, 형사책임과 관련하여서는 기업인들, 특히 대기업 총수나 일가에 대한 처벌의 수준을 과거보다 훨씬 강하게 해야 한다는 명제가 전제되어 있는 듯하다. 특히 대기업 총수가 저지른 기업범죄에 대하여는 집행유예를 원칙적으로 금지하고 사면을 제한하여야 한다는 강력한 주장이 대두되어, 법정형을 상향조정하고자 하는 총 4건의 특정경제범죄 가중처벌 등에 관한 법률(법률 제11304호, 2012. 2. 10. 일부개정; 이하에서는 '특경법'이라고 한다) 개정안이 발의되어 있는 상황이다. 이는 한국사회에서 고위경영자의 경영행위가 배임죄로 의율될 경우에는 그 형사책임이 다른 일반범죄와 비교할 때 형평성이 결여되어 있다고 보는 시각이 다수 존재하고 있는 사실을 적극적으로 반영한 결과라고 할 수 있다. 재벌총수가 배임죄에 해당할 경우에는 징역 3년에 집행유예 5년[1]을 선고받아 실형을 피하고 있을 뿐만 아니라('有錢집행유예 無錢실형') 특별사면[2]을 통하여 특

---

* 법과 정책연구 제13집 제2호, 한국법정책학회, 2013. 6.

[1] 일반인이 특경법을 위반하면 대부분 2.88년의 실형이 선고됨에도 불구하고 재벌총수들은 3년의 선고형에도 불구하고 대부분 집행유예를 선고받고 있다고 한다(정미화, "기업범죄 양형의 문제점과 대안", 민주사회를 위한 변호사모임 토론회 자료, 2007. 6. 14, 11면).

[2] 2008. 8. 15. 단행된 특별사면을 분석한 자료에 의하면, 대기업관련 사면대상자들이 가장 많이 적용받은 죄목은 특경법상 배임죄로써 총 41명 중 31명에 해당하는 75.6%가 사면되었다고 한다(경제개혁연대, "8·15 대기업 관련자 사면결과 분석: 사면심사위원회는 무엇을 심의했나", 경제개혁리포트, 2008).

별한 혜택을 부여받고 있다는 식의 비아냥거림은 계속해서 회자되어 왔으며, 재벌에 대한 선고형이 지나치게 관대하여[3] 일반인에 대한 선고형과의 심각한 불균형으로 형사처벌의 정당성에 의문을 초래할 뿐만 아니라 사법의 신뢰를 저해하는 결과를 초래한다고도 한다. 실제로 우리나라의 경우 다른 범죄에 비하여 화이트칼라범죄나 기업인이 저지르는 범죄에 대해 지나치게 관대한 형벌이 선고된다는 불만 등을 비롯한 양형편차에 대한 불만이 양형기준제의 도입배경이라고 분석하는 견해[4]도 있다. 이러한 관점을 견지하는 입장은 일반적으로 고위경영자가 범하는 배임행위에 대해서 기존의 법정형을 대폭 상향조정하고, 양형기준을 엄격히 적용하여 집행유예를 최대한 억제하는 방향으로 나아가서 형사책임을 강화할 것을 주장한다.

하지만 다른 측면에서 볼 때, 국내경제는 물론 세계경제의 불안정으로 말미암아 서민경제가 어려움에 처해 있는 상황에서 경제범죄는 줄어들지 않을 뿐만 아니라 성장만을 강조했던 과거와는 달리 기업의 성숙도, 사회적 책임 및 공익적 활동 등을 중시하는 사회 분위기가 대기업 옥죄기로 변질된 형태의 경제민주화로 나아가는 것은 아닌지 의문이 든다. 또한 사법부가 경제민주화라는 시대적 조류에 휩쓸려 대기업 총수들이 오히려 역차별을 받고 있지는 않은가라는 반문도 제기해 보아야 하며, 기업주가 행한 범죄와 처벌이 과연 면밀하게 조사되어 자연인인 행위자의 책임과 회사 자체의 책임을 분명하게 가리는지 여부도 살펴보아야 한다.[5] 물론 분식회계, 조세포탈, 비자금의 조성 및 유용, 불법대출 등 다른 특수한 불법성이 개입된 배임행위까지도 형사처벌을 중하게 가하지 말자는 얘기는 아니다. 다만 적어도 고위경영자가 빈번하게 행할 수밖에 없는 순수한 경영상의 판단행위[6] 내지 경영윤리의 영역에서 해결해야 할 신의칙 위배행위에 대해서도 가중

---

3) 박강우, "대법원 양형기준안과 바람직한 양형개혁의 방향", 저스티스 제114호, 한국법학원, 2009. 12, 224면.

4) 오영근, "바람직한 양형기준의 방식", 형사정책연구 제20권 제1호, 한국형사정책연구원, 2009. 3, 349-350면; 이주형, "우리나라 양형관행의 일반적 문제점", 양향위원회 제2차 전문위원전체회의 자료, 2007. 8. 10, 12-24면.

5) 박기석, "판례와 사례분석을 통한 기업범죄 처벌의 개선방안", 형사정책 제20권 제2호, 한국형사정책학회, 2008. 12, 88면('즉 법인이 책임져야 할 부분까지 기업주에게 다 부과하려다 보니 무리가 따르고 부과하여야 할 형벌에 미치지 못하는 모순이 있는 것은 아닌지 검토해 보아야 한다').

6) 한국에서 상장회사 경영진의 경영상 행위에 대하여 배임죄가 적극적으로 적용되기 시작한 전환점은 외환위기 속에서 발생한 기아자동차 그룹의 도산과정에서 발생한 경영상 행위를 임무위배 행위로 보아 배임죄로 처벌한 사례를 들 수 있다. 이후 2000년대 중반까지 몰락한 상장회사를 중심으로 한 경영상 행위에 대한 배임죄의 적용이 확대되었는데, 이와 같이 민사사건의 형사화현상이 확대된 원인으로는 외환위기로 인한 사회·경제적 변화에 의한 형사적 규율의 정당화, 대안의 부재, 형사재판 제도상의 특이구조, 배임죄의 해당범죄로서의 적합성 등을 제시하는 견해로는 설민수, "상장회사 경영진의 경영상 행위에 대한 형사적 규율의 원인, 그 한계 및 대안의 모색", 저스티스 제127호, 한국법학원, 2011. 12, 259-285면 참조.

적인 형사처벌을 하자는 일각의 논의는 재고의 여지가 있다고 보는 것이다. 이러한 문제 의식에 입각하여 본고에서는, 먼저 배임죄의 법정형과 관련된 현행법의 태도 및 개정안 의 태도를 중심으로 법정형의 문제점을 분석하고, 양형기준과 양형인자, 양형인자의 평가 원칙, 집행유예의 기준 등을 중심으로 배임죄의 양형기준을 살펴본다(Ⅱ). 다음으로 선고 형의 실태와 양형인자의 고려실태를 중심으로 배임죄에 대한 일반적인 양형의 실태 및 이를 기초로 하여 최근에 판결이 선고된 구체적인 사례를 중심으로 한 배임죄의 실제 양 형 실태를 살펴보고(Ⅲ), 이득액에 따른 양형기준의 문제점과 경영상의 판단에 있어서 배 임죄의 인정여부 논의를 중심으로 기업의 경영행위에 대한 배임죄 적용의 문제점과 개선 방안을 분석하며(Ⅳ), 논의를 마무리하기로 한다(Ⅴ).

Ⅱ. 배임죄의 법정형과 양형기준

1. 배임죄의 법정형과 관련된 현행법의 태도 및 개정안의 태도

가. 배임죄의 법정형과 관련된 현행법의 태도

형법 제355조 제2항에서는 "타인의 사무를 처리하는 자가 그 임무에 위배하는 행위로 써 재산상의 이익을 취득하거나 제3자로 하여금 이를 취득하게 하여 본인에게 손해를 가 한 때에도 전항의 형(5년 이하의 징역 또는 1천500만 원 이하의 벌금)과 같다"고 규정하 고 있고, 형법 제356조에서는 "업무상의 임무에 위배하여 제355조의 죄를 범한 자는 10 년 이하의 징역 또는 3천만 원 이하의 벌금에 처한다"고 하여 업무상 배임죄의 경우에는 형벌을 가중하여 처벌하고 있다. 이러한 형법상의 배임죄는 10년 이하의 자격정지를 병 과할 수 있으며(형법 제358조), 각 미수범을 처벌하고 있다(형법 제359조).

또한 상법 제622조(발기인, 이사 기타의 임원등의 특별배임죄) 제1항에서는 회사의 발 기인, 업무집행사원, 이사, 집행임원, 감사위원회 위원, 감사 또는 제386조 제2항, 제407 조 제1항, 제415조 또는 제567조의 직무대행자, 지배인 기타 회사영업에 관한 어느 종류 또는 특정한 사항의 위임을 받은 사용인이 그 임무에 위배한 행위로써 재산상의 이익을 취하거나 제3자로 하여금 이를 취득하게 하여 회사에 손해를 가한 때에는 10년 이하의 징역 또는 3천만 원 이하의 벌금에 처하고 있으며, 동조 제2항에서는 "회사의 청산인 또는 제542조 제2항의 직무대행자, 제175조의 설립위원이 제1항의 행위를 한 때에도 제1항과 같다"고 규정하고 있다. 그리고 상법 제623조(사채권자집회의 대표자등의 특별배임죄)에서는 "사채권자집회의 대표자 또는 그 결의를 집행하는 자가 그 임무에 위배한 행위로써 재산상의 이익을 취하거나 제삼자로 하여금 이를 취득하게 하여 사채권자에게 손해를 가한 때에는 7년 이하의 징역 또는 2천만 원 이하의 벌금에 처한다"고 규정하고 있으며, 이러한 상법상 특별배임죄의 미수범은 처벌한다(상법 제624조).7)

한편 특경법 제3조는 특정재산범죄에 대한 가중처벌을 규정하고 있는데, 이에 의하면 형법 제355조(횡령·배임) 또는 제356조(업무상의 횡령과 배임)의 죄를 범한 사람은 그 범죄행위로 인하여 취득하거나 제3자로 하여금 취득하게 한 재물 또는 재산상 이익의 가액(이하에서는 '이득액'이라고 한다)이 5억 원 이상 50억 원 미만일 때일 때에는 3년 이상의 유기징역(특경법 제3조 제1항 제2호), 이득액이 50억 원 이상일 때에는 무기 또는 5년 이상의 유기징역(특경법 제3조 제1항 제1호)으로 각각 가중처벌하며, 이 경우에 있어서는 이득액 이하에 상당하는 벌금을 병과할 수 있다(특경법 제3조 제2항). 특경법 제정 당시(1983. 12. 31; 법률 제3693호)의 제3조 제1항의 법정형은 3가지의 유형으로 분류되어 있었지만(① 이득액이 50억 원 이상인 경우: 사형·무기 또는 7년 이상의 징역, ② 이득액이 10억 원 이상 50억 원 미만인 경우: 무기 또는 5년 이상의 징역, ③ 이득액이 1억 원 이상 10억 원 미만인 경우: 3년 이상의 유기징역), 이후 1990. 12. 31. 법률 제4292호로 단행된 개정에서 제3조 제1항 제3호(이득액이 1억 원 이상 10억 원 미만인 경우)의 내용을 삭제하여 가중처벌의 유형을 2가지로 축소함과 동시에 ① 이득액이 50억 원 이상인 경우에는 무기 또는 5년 이상의 징역, ② 이득액이 5억 원 이상 50억 원 미만인 경우에는 3년 이상의 유기징역으로 하여, 기존의 형벌을 하향조정하는 작업을 거쳐 무려 23년이 지난 현재까지 그 모습을 유지하고 있다. 이와 같이 실물경제를 제대로 반영하지 못하고 있는 규범과 경제규모의 괴리현상은 특경법 제3조 제1항에 대한 위헌의

---

7) 상법상 특별배임죄는 그 주체와 손해의 객체가 제한되어 있어서 그 적용상의 어려움이 있다는 점, 특별배임죄를 적용할 경우에는 특경법상의 가중처벌조항을 적용할 수 없다는 점 등의 이유로 실무에서는 대체로 형법상의 업무상 배임죄로 의율하고 있다. 또한 특별배임죄는 행위의 주체 및 피해자가 한정되어 있다는 점을 제외하고는 형법상 배임죄와 거의 동일하기 때문에 양자의 관계는 법조경합관계인 특별법과 일반법의 관계에 있다고 할 수 있다(고재종, "회사법상 이사 등의 특별배임죄 성립 여부", 한양법학 제21권 제4집, 한양법학회, 2010. 11, 85면).

논란으로 불거졌으며, 실제로 2012헌바297사건(2012. 9. 4. 심판회부결정)으로 위헌소원이 제기되어 현재 헌법재판소에서 심리 중에 있기도 하다.[8]

나. 배임죄의 법정형과 관련된 개정안의 태도

형법상 배임죄 및 상법상 특별배임죄의 법정형과 관련된 개정 논의는 전무한 반면에, 특경법상 배임죄에 대한 가중처벌조항의 법정형과 관련된 개정의 논의는 활발한 실정인데, 2012. 5. 30. 원혜영 의원 외 12인이 발의한 특경법 일부개정법률안, 2012. 5. 30. 오제세 의원 외 10인이 발의한 특경법 일부개정법률안, 2012. 7. 16. 민현주 의원 외 23인이 발의한 특경법 일부개정법률안, 2012. 12. 7. 정희수 의원 외 11인이 발의한 특경법 일부개정법률안 등 총 4건의 법률안이 현재 국회에 계류 중이다. 이들 법률안의 제안 이유는 대체로 다음과 같은데, "현행법에서는 재산 이득액이 50억 원 이상이 되는 횡령·배임 등의 특정재산범죄의 경우 최저 5년 이상의 징역에 처하도록 가중처벌하고 있으나, 실제로는 법원이 형기의 2분의 1까지 작량감경하여 집행유예를 선고하고, 대통령은 집행유예 선고받은 자에 대한 특별사면 권한을 행사하여, 거액의 횡령·배임의 죄를 지은 기업인의 경우 집행유예로 바로 석방되고 특별사면으로 형선고의 효력이 상실됨으로써 재벌 보호, 유전무죄라는 사회적 비난이 높은 실정이기 때문에, 횡령·배임 등의 특정재산범죄에 대하여 변화된 경제 현실을 반영하여 재산 이득액의 가액 범위를 넓히고, 그에 따른 형량을 상향 조정함으로써 법원의 집행유예 선고 및 대통령의 사면권 행사를 제한하여 법 집행의 공정성을 기하고자 한다"는 것이 공통적으로 제시되고 있다. 이와 같이 제출된 4건의 법률안 모두가 이득액이 다액인 특정재산범죄의 법정형을 이득액에 따라 구간을 세분화하여 법정형을 상향조정하여 형사처벌을 강화함으로써 경제범죄를 실효적으로 방지하고 건전한 국민경제질서를 확립하려는 확고한 목적을 가지고 있는 것이다.

---

8) 기존에도 특경법 제3조 제1항에 대하여 총 2건(헌법재판소 2000. 8. 18. 선고 2000헌바56결정, 헌법재판소 2010. 4. 20. 선고 2010헌마202결정(최초 시행 당시 5억 원의 가치를 현재 실물경제에 맞게 제대로 반영하고 있지 못하여 위헌이라고 주장하며 2010. 3. 31. 헌법소원심판을 청구한 사안이다))의 심판이 이루어졌지만, 모두 각하처분이 되어 본안심리에 회부된 것은 이번이 처음이라고 할 수 있다.

<표-1> 제19대 국회에 제출된 특경법 제3조 개정안의 주요 내용

이 득 액	1억-5억	5억-50억	50억-300억	300억 이상
현행법의 태도	-	징역 3년 이상	무기 또는 징역 5년 이상	
원혜영 의원안	-	징역 3년 이상	징역 7년 이상	무기 또는 징역 10년 이상
오제세 의원안	-	징역 3년 이상	무기 또는 징역 7년 이상	
민현주 의원안	-	징역 7년 이상	징역 10년 이상	무기 또는 징역 15년 이상
정희수 의원안	징역 3년 이상	징역 5년 이상	무기 또는 징역 7년 이상	

먼저 <표-1>에서 보는 바와 같이 개정안은 모두 이득액이 50억 원 이상이 되는 배임죄의 경우 최저 7년 이상의 징역에 처하도록 법정형을 가중하고 있다. 개정안과 같이 7년 이상으로 법정형이 가중될 경우에는 법원이 형기의 최대 1/2까지 작량감경한다고 하더라도 선고형이 3년 이하의 징역 또는 금고에 해당할 경우에만 부과될 수 있는 집행유예의 요건에 해당하지 않기 때문에 특정경제범죄의 영역에 있어서는 판사로 하여금 집행유예를 선고할 수 없게 하기 위한 의도로 파악된다. 다음으로 개정안에 나타난 이득액의 구간별 차이점을 살펴보면, ① 이득액 1억 원-5억 원 구간에 대하여는 현행법에 별도의 가중처벌규정이 없는 반면에 정희수 의원안은 법정형을 징역 3년 이상으로 하는 가중처벌조항의 신설을 제안하고 있고, ② 이득액 5억 원-50억 원 구간은 법정형을 징역 7년 이상으로 가중하는 민현주 의원안과 징역 5년 이상으로 가중하는 정희수 의원안을 제외하고 법정형을 징역 3년 이상으로 현행대로 유지하고 있고, ③ 이득액 50억 원-300억 원 구간은 개정안 모두 현행 무기 또는 징역 5년 이상에서 무기 또는 징역 7년 이상, 징역 7년 이상, 징역 10년 이상으로 법정형을 가중하고 있지만,[9] 원혜영 의원안과 민현주 의원안은 오히려 무기징역을 삭제하고 법정형의 하한만을 가중하고 있고, ④ 이득액 300억 원 이상 구간은 원혜영 의원안은 법정형을 무기 또는 징역 10년 이상으로, 민현주 의원안은 법정형을 무기 또는 징역 15년 이상으로 가중하여 별도의 조항을 신설하고 있다. 마지막으로 정희수 의원안은 다른 개정안과 달리 특경법 제3조 제2항의 내용에 대하여도 수정을 가하고 있는데, 기존의 '제1항의 경우 이득액 이하에 상당하는 벌금을 병과할 수

---

9) 이에 대하여 적어도 50억 원 이상의 대규모 경제적 피해를 입힌 특정재산범죄자에 대해서는 법원의 집행유예가 불가능하도록 하여 솜방망이 처벌, 유전무죄의 문제점을 극복할 수 있다는 측면에서 찬성하는 견해(김재윤, "고위경영자의 횡령·배임죄에 대한 형사책임 강화를 위한 형벌과 양형기준 개혁방안", 한국형사정책학회 2013년도 춘계학술대회 발표자료, 2013. 3, 71면)가 있다.

있다'를 '제1항의 경우 이득액의 5배 이하에 상당하는 벌금을 병과할 수 있다'로 개정하여 벌금형의 액수를 상향 조정하고 있는 것을 그 특징으로 하고 있다.

다. 배임죄의 법정형에 대한 평가

제19대 국회에 제출된 특경법 제3조 개정안은 기존에는 전혀 발견될 수 없었던 가중처벌에 대한 특징을 여실히 보여주고 있는데, 실제로 특경법 제3조와 관련된 현재의 법정형체계를 정립한 1990. 12. 31.의 개정(제13대 국회) 이후 제18대 국회에 이르기까지 특경법 제3조에 대한 가중처벌을 제안한 법률안은 단 한 건도 접수조차 되지 않았던 점을 비교해 보면 제19대 국회에서의 급변된 태도는 매우 이례적인 현상이라고 할 수 있기 때문에 그 연유에 대해서는 면밀히 분석해 볼 필요가 있다. 먼저 원혜영 의원안과 민현주 의원안이 제시하고 있는 이득액 50억 원-300억 원 구간에 있어서의 법정형은 기존의 법정형에서 무기징역을 삭제하여 '이론상으로는' 오히려 기존의 것보다 낮게 책정되어 있다고 볼 수 있는데, 이는 동 구간에 있어서의 법정형을 전체적으로 하향조정하고자 하는 의도보다는 법정형의 '하한'을 상향조정하여 집행유예의 요건을 원천적으로 차단하고자 하는 의도가 훨씬 짙을 뿐만 아니라 다른 개정안과 달리 이득액 300억 원 구간을 신설하여 이에 무기징역을 둠으로써 '실질적으로는' 형벌이 강화되었다고 평가할 수 있을 것이다. 그리고 4개의 법률안이 모두 배임으로 인한 이득액이 50억 원 이상인 경우에는 최하 7년 이상의 징역에 처하도록 법정형을 가중하고 있는데, 이는 법원이 형기의 최대 1/2까지 작량감경하더라도 집행유예를 선고할 수 없도록 하기 위한 것으로 평가할 수 있다. 하지만 이러한 개정안은 법원의 집행유예 선고를 제한함으로써 법의 형평성을 제고하고 경제민주화의 기초를 마련하기 위한 취지라고 할 수 있지만 구체적인 사안에 있어서 형평성을 기하는 데 어려움이 있을 것으로 예상된다. 예를 들어 재벌총수의 막강한 경제권력을 이용한 배임과 중소기업 운영자의 부득이한 사업자금 미상환으로 인한 배임은 죄질 및 사회적 비난정도 등에 있어 차이가 있음에도 개정안에 의하면 양자에 대하여 동일하게 집행유예를 선고하지 못하도록 되어 있어 불합리한 결과를 초래할 수 있다. 배임죄의 형량을 결정함에 있어서 이득액 이외에 다양한 양형인자, 예를 들면 범행동기, 수법, 피해자의 수, 피해 변제, 합의 등과 같은 여러 가지 요인들을 종합적으로 고려하지 않고 일률적으로 집행유예를 선고하지 못하도록 법정형을 가중하면 책임주의 원칙에 저촉되고 다른 형벌규정과 죄형 간 불균형을 초래할 우려도 있다. 특히 대법원 산하 양형위원회의 배임죄 양형기준에 따르면, 이득액 50억 원-300억 원 구간은 감경요소가 있으면 '징역 2년 6월-5년'을 권고하고 있어, 구체적 사안에 따라 집행유예가 가능하도록 하고 있는 점도 참고할 필요가 있다. 심지어 양형위원회는 이득액이 300억 원 이상인 경우에도 가중요소가 없는 한 집행유예의 가능성을 열어 두고 있다.

다음으로 정희수 의원안은 배임으로 인한 이득액이 1억 원 이상-5억 원 미만인 경우에도 최저형량제를 도입하여 3년 이상의 징역에 처하고 있는데, 현재 우리나라의 경제규모를 고려할 때 이는 비교적 피해액이 크지 않은 재산범죄에 대하여 벌금형조차도 선고하지 못하게 되는 것으로 죄질과 책임 사이의 비례관계가 준수되지 않을 가능성이 농후하기 때문에 타당하지 않다. 판례에 따르면 부동산 이중매매에 있어서 제1매수인으로부터 중도금을 수령한 이후에 이를 제3자에게 처분하면 배임죄로 처벌하고 있는데, 이와 같은 단순 배임사건에 있어서도 부동산의 가격이 수억 원대에 이르는 현재의 상황에서는 형법이 아닌 특경법으로 의율될 수밖에 없는 결과를 초래할 것이다. 마지막으로 민현주 의원안은 배임으로 인한 이득액이 300억 원 이상인 경우에 법정형을 징역 15년 이상으로 가중하여 현행법과 비교할 때 무려 3배 이상 높게 책정하고 있는데, 이는 책임주의 원칙에 저촉되고 죄형 간의 심각한 불균형을 초래한다고 판단된다. 실제로 배임으로 인한 이득액이 300억 원 이상인 사건의 피고인은 대체로 재벌이라는 점을 감안한다면 동 개정안은 재벌에 대한 지나친 반감의 표현이라고 판단된다.

2. 배임죄의 양형기준

가. 양형기준과 양형인자

(1) 형종 및 형량의 기준

양형위원회가 2009. 4. 24. 마련하여 2009. 7. 1.부터 시행하고 있는 배임죄에 대한 양형기준은 다음과 같다.

〈표-2〉 배임으로 인한 이득액을 기준으로 한 양형기준

유형	구분	감경	기본	가중
제1유형	1억 원 미만	-10월	4월-1년 4월	10월-2년 6월
제2유형	1억 원 이상-5억 원 미만	6월-2년	1년-3년	2년-5년
제3유형	5억 원 이상-50억 원 미만	1년 6월-3년	2년-5년	3년-6년
제4유형	50억 원 이상-300억 원 미만	2년 6월-5년	4년-7년	4년-8년
제5유형	300억 원 이상	4년-7년	5년-8년	7년-11년

<표-2>에서 보는 바와 같이 배임죄에 대한 양형기준은 배임으로 인한 이득액을 기준으로 하여 총 5가지의 유형으로 분류하고 있는데, 여기서 이득액이란 범죄행위로 인하여 취득하거나 제3자로 하여금 취득하게 한 재물 또는 재산상 이익의 가액을 의미한다.[10] 형법상 배임죄의 법정형에 해당하는 유형은 제1유형과 제2유형이라고 할 수 있는데, 배임죄의 법정형은 5년 이하의 징역 또는 1,500만 원 이하의 벌금이고, 업무상 배임죄의 법정형은 10년 이하의 징역 또는 3천만 원 이하의 벌금이지만, 양형기준은 4월-1년 4월 (이득액이 1억 원 미만인 경우) 또는 1년-3년(이득액이 1억 원 이상-5억 원 미만인 경우)으로 되어 있어 형량의 범위가 법정형보다 훨씬 낮게 설정되어 있음을 알 수 있다. 그리고 특경법 제3조 제1항의 법정형에 해당하는 유형이 제3유형, 제4유형, 제5유형이라고 할 수 있는데, 이득액이 5억 원 이상-50억 원 미만에 해당하는 제3유형의 경우의 법정형은 3년 이상 30년 이하의 징역이지만, 양형기준은 2년-5년으로 되어 있고, 이득액이 50억 원 이상-300억 원 미만에 해당하는 제4유형의 경우의 법정형은 무기 또는 5년 이상 30년 이하의 징역이지만, 양형기준은 4년-7년으로 되어 있는데, 이 또한 형량의 범위가 실제 법정형의 하한보다 낮게 설정되어 있음을 알 수 있다.[11]

이에 대하여 배임으로 인한 이득액을 5단계의 기준으로 설정한 양형기준에 대하여 그 범주가 지나치게 넓어 양형의 불공정을 가져올 우려가 있다는 견해[12]가 있다. 예를 들면

---

10) 배임죄는 벌금형이 선택형으로 규정되어 있고, 다른 범죄와 비교할 때 벌금형이 선고되는 비율이 높음에도 불구하고 현행 양형기준에 의하면 벌금형과 징역형의 선택기준이라든가 벌금형의 양형기준은 제시되어 있지 않다. 이는 벌금형을 선고할 경우에 있어서 법관에게 아무런 지침을 제공할 수 없다는 점과 양형기준의 이탈이라는 문제가 발생하지 않기 때문에 양형이유에 대한 판결문 기재가 재량으로 된다는 불합리한 점이 있다. 이에 대하여 보다 자세히는 서보학, "양형기준의 시행에 대한 평가와 개선방향", 형사법연구 제23권 제4호, 한국형사법학회, 2011. 12, 77면; 이호중, "우리나라의 양형기준에 대한 비판적 분석", 형사법연구 제22권 제1호, 한국형사법학회, 2010. 3, 253-254면.

11) 이러한 양형기준은 특정법상의 법정형보다 훨씬 낮아 입법자가 정한 법정형을 무력화시키고 있다는 비판이 있는데, 이에 대하여 보다 자세히는 이현정·임웅, "양형위원회의 양형기준안에 대한 비판적 고찰", 성균관법학 제21권 제1호, 성균관대학교 법학연구소, 2009, 371-372면.

이득액이 적을 수밖에 없는 서민은 가혹하게, 이득액이 많을 수밖에 없는 기업은 관대하게 처벌하는 결과가 될 것이라는 점,[13] 이득액이 5억 원인 배임과 이득액이 49억 원인 배임의 경우에 있어서 전자는 징역 5년, 후자는 징역 2년을 선고받는다면 이는 양형기준에 대한 불신을 일으킬 것이라는 점[14] 등이 그것이다. 하지만 다른 양형요인이 동일한 상황에서 이득액이 적음에도 불구하고 선고형이 훨씬 높게 책정될 가능성은 거의 없다고 보아야 하며, 배임으로 인한 이득액을 5단계가 아닌 적어도 10단계 이상으로 설정한다면 법관의 양형결정권이 지나치게 제한되거나 침해될 소지가 있기 때문에 바람직하지 않다고 본다. 또한 경미한 범죄일수록 권고형의 범위가 좁아지고, 중대한 범죄일수록 권고형의 범위가 넓어질 수밖에 없기 때문에 양자 사이의 예측가능성에는 차이가 없다고 보아야 한다.[15]

한편 양형위원회가 2012. 6. 18. 제시한 증권·금융범죄와 비교할 때, 제5유형의 경우에 있어서 배임죄는 가중형량이 7년-11년인 반면에, 증권범죄(300억 원 이상)는 9년-15년, 금융범죄(5억 원 이상)는 무기 또는 11년 이상이라는 이유로 양형기준이 상대적으로 낮다는 측면에서 이를 비판하는 견해[16]가 있지만, 고위경영자의 배임행위와 증권·금융범죄에 해당하는 시세조정, 부정거래, 금융기관 임직원의 수재·알선수재 등의 행위는 죄질 자체에서 차이가 나타나기 때문에 단순히 제5유형에 해당한다는 이유만으로 이를 평면적으로 비교하는 것은 타당하지 않다고 본다.

(2) 양형인자

양형인자는 특별양형인자와 일반양형인자로 구별되는데, 특별양형인자는 배임죄의 형량에 큰 영향력을 갖는 인자로써 권고영역을 결정하는 데 사용되며, 일반양형인자는 그 영향력이 특별양형인자에 미치지 못하는 인자로써 권고영역을 결정하는 데 사용되지는 못하고, 결정된 권고형량의 범위 내에서 선고형을 결정하는 데 고려되는 인자를 말한

---

12) 승재현, "양형의 규범적 판단 근거와 합리적인 양형기준방안에 관한 연구", 한국외국어대학교 법학박사 학위논문, 2009, 341면.

13) 정미화, "횡령·배임범죄 양형기준안 지정토론문", 양형기준안 제2차 공청회자료집, 양형위원회, 2009, 237면.

14) 이현정·임웅, 앞의 논문, 378면.

15) 최석윤, "양형기준법안에 대한 비판적 검토", 한양법학 제22권 제2집, 한양법학회, 2011. 3, 421면.

16) 김재윤, 앞의 논문, 74-75면.

다.[17] 이에 따라 행위인자에 속하는 특별양형인자(가중 또는 감경)만 있는 경우에는 특별가중인자와 특별감경인자의 개수를 비교하여 동수인 경우에는 기본형량범위로 결정하고, 동수가 아닌 경우에는 개수가 많은 특별형량범위로 결정한다. 이와 같이 특별양형인자 상호간에는 행위인자를 행위자/기타인자보다 중하게 고려하도록 되어 있는데, 이는 양형의 대원칙인 '행위책임의 원칙'을 구현하기 위한 것이다. 한편 특별양형인자는 양형기준이 제시한 것으로 한정되지만, 일반양형인자는 권고영역의 형량범위 내에서 양형에 영향을 미치는 요소이기 때문에 예시적인 것으로 보아야 한다.

<표-3> 배임죄의 양형인자

구 분		감경요소	가중요소
특별 양형 인자	행위	① 사실상 압력 등에 의한 소극적 범행가담 ② 손해발생의 위험이 크게 현실화되지 아니한 경우 ③ 실질적 1인 회사나 가족회사 ④ 오로지 회사 이익을 목적으로 한 경우 ⑤ 임무위반 정도가 경미한 경우	① 대량 피해자(근로자, 주주, 채권자 등을 포함)를 발생시킨 경우 또는 피해자에게 심각한 피해를 야기한 경우[18] ② 범죄수익을 의도적으로 은닉한 경우 ③ 범행수법이 매우 불량한 경우 ④ 피지휘자에 대한 교사
	행위자/기타	① 농아자 ② 심신미약(본인 책임 없음) ③ 자수 또는 내부비리 고발 ④ 처벌불원 또는 상당부분 피해 회복된 경우[19]	① 동종 누범
일반 양형 인자	행위	① 기본적 생계·치료비 등의 목적이 있는 경우 ② 범죄수익의 대부분을 소비하지 못하고 보유하지도 못한 경우 ③ 소극 가담 ④ 업무상 횡령·배임이 아닌 경우[20] ⑤ 피해기업에 대한 소유지분 비율이 높은 경우	① 범행으로 인한 대가를 약속·수수한 경우 ② 지배권 강화나 기업 내 지위보전의 목적이 있는 경우 ③ 횡령 범행인 경우
	행위자/기타	① 심신미약(본인 책임 있음) ② 진지한 반성 ③ 형사처벌 전력 없음	① 범행 후 증거은폐 또는 은폐 시도 ② 이종 누범, 누범에 해당하지 않는 동종 및 사기범죄 실형전과(집행 종료 후 10년 미만)

---

17) 박강우, 앞의 논문, 221면.

18) 최근의 가장 대표적인 사건으로 9조원대의 부실대출로 대량 저축은행부실사태를 불러일으킨 부산저축은행그룹 박연호 회장에 대한 2013. 5. 10. 파기환송심에서 서울고등법원은 징역 12년을 선고하면서, 양형이유로 사회적으로 차지하는 비중이 크다는 점, 이 사건으로 인해 피해를 본 사람들이 많다는 점, 저축은행 사건조사의 시발점이 된 점, 그로 인해 많은 예금자들이 손해를 본 점 등을 가중요인으로 설시하였다.

19) 양형위원회에 따르면 '처벌불원 또는 상당부분 피해 회복된 경우'는 행위인자와 동등하게 평가하도록 예

여기서 구체적인 양형인자[21]의 정의를 살펴보면, 첫째, 손해발생의 위험이 크게 현실화되지 아니한 경우란 손해액의 약 1/3 이하만 현실적인 손해로 확정[22]된 경우를 의미한다. 둘째, 실질적 1인 회사나 가족회사란 실질적으로 1인 소유의 회사 또는 가족회사인 경우를 의미한다. 다만 ① 범행으로 인하여 실질적 피해가 귀속되는 자가 별도로 있는 경우, ② 주주인 가족들이 피고인에 대한 처벌을 탄원하고 있는 경우 중 하나 이상에 해당하는 경우는 제외한다. 셋째, 오로지 회사 이익을 목적으로 한 경우란 자신의 사리추구 목적 없이 오로지 회사 이익을 목적으로 한 행위로서, ① 계열사의 도산 등을 막기 위하여 계열사를 부당지원한 경우, ② 무모한 투자행위로 인하여 회사에 손해를 가한 경우,[23] ③ 회사 인수·합병과정에서 회사로 하여금 과다한 채무를 부담하게 한 경우, ④ 그 밖에 이에 준하는 경우 중 하나 이상에 해당하는 경우를 의미한다. 넷째, 임무위반 정도가 경미한 경우란 ① 금융기관 종사자가 대출에 관한 대가 수령 없이 채무자의 자력 등을 제대로 조사하지 아니한 채 대출하거나 금융기관 내부의 업무처리 기준을 단순히 위반하여 편의를 제공한 경우, ② 보관하고 있는 재물의 반환을 단순히 거부한 경우, ③ 재물을 보관하는 용도에 반하여 처분하였으나 변제자력과 변제의사를 가지고 있었던 경우, ④ 범행 당시 판례 또는 통설에 의하여 객관적으로 행위규범이나 금지규범이 정립되었다고 보기 어려운 경우[24] 또는 범행 이후에 판례의 변경으로 비로소 범행으로 인정된 경우, ⑤ 그 밖에 이에 준하는 경우 중 하나 이상에 해당하는 경우를 의미한다. 다섯째, 피해자에게 심각한 피해를 야기한 경우란 ① 자금경색으로 회사가 파산하게 하거나 심각한 경영위기에 처하게 한 경우, ② 회사의 신뢰추락으로 주가가 폭락하게 한 경우, ③ 연쇄부도를 야기한 경우, ④ 피해자가 대부분의 재산을 상실하게 한 경우, ⑤ 피해 기업뿐만 아니라 피해 기업의 주주, 근로자, 채권자에게 막대한 손해를 가한 경우(예컨대 부도가

외를 인정하고 있는데, 이는 피해회복을 통한 피해자보호라는 형사정책적 목적을 달성하기 위함이다.

20) 업무상 배임을 감경인자로 분류하고 있는 것은 현행법이 배임과 업무상 배임을 구분하여 후자를 가중적 구성요건으로 설정하고 있는 것과는 다소 모순적이라고 평가할 수 있겠다.

21) 현행 양형인자는 감경요소가 17개, 가중요소가 10개로 심한 불균형을 이루고 있기 때문에 감경요소의 대폭적인 삭제를 주장하는 견해로는 김재윤, 앞의 논문, 76면.

22) 배임죄의 감경요소로써 '손해액의 약 1/3 이하만 현실적인 손해로 확정'된 경우를 상정하고 있는 것은, 배임죄의 구성요건요소 가운데 '재산상의 손해를 가한 때'의 의미를 재산상 실해 발생의 위험을 초래한 경우를 포함하는 경우까지로 확장해석하고 있는 실무의 태도를 어느 정도 완화하는 기능을 수행한다고 본다.

23) 이는 전형적인 경영판단의 원칙을 감경요소로써 수용한 것으로 평가할 수 있다.

24) 대표적으로 서울고등법원 2009. 8. 14. 선고 2009노1422 판결(확정)에 의하면, 공정한 신주인수권행사가격을 정하는 기준이 되는 법령이나 확립된 판례 등이 존재하지 않았다는 점에서 비난가능성이 낮다는 측면을 감경의 이유로 설시하고 있다.

임박한 상황에서의 범행), ⑥ 그 밖에 이에 준하는 경우 중 하나 이상에 해당하는 경우를 의미한다. 여섯째, 범죄수익을 의도적으로 은닉한 경우란 범죄의 수익을 의도적으로 은닉하여 피해회복에 지장을 초래하거나 피해 회복을 하지 않고 있는 경우를 의미한다. 일곱째, 범행수법이 매우 불량한 경우란 ① 범행의 수단과 방법을 사전에 치밀하게 계획한 경우, ② 다수인이 역할을 분담하여 조직적으로 범행한 경우, ③ 금융, 증권, 무역, 회계 등 전문직 종사자가 직업수행의 기회를 이용하여 범행한 경우, ④ 장부조작, 분식회계, 문서위조 등의 방법을 적극적으로 동원하여 범행한 경우, ⑤ 고도의 지능적인 방법을 동원하여 범행한 경우, ⑥ 지금까지는 알려지지 아니한 신종의 전문적 수법을 창출하여 범행한 경우, ⑦ 법률에 규정된 의무를 의도적으로 회피하여 범행한 경우, ⑧ 그 밖에 이에 준하는 경우 중 하나 이상에 해당하는 경우를 의미한다. 여덟째, 내부비리 고발이란 구조적 비리에 가담해 온 피고인이 범죄를 단절시키고자 하는 자발적 동기에서 내부비리를 고발함으로써 수사가 개시된 경우를 의미한다. 아홉째, 상당부분 피해 회복된 경우란 손해액의 약 2/3 이상의 피해가 회복될 것이 확실시되는 경우를 의미한다.

나. 양형인자의 평가원칙

(1) 형량범위의 결정방법

형량범위는 특별양형인자를 고려하여 결정한다. 다만 복수의 특별양형인자가 있는 경우에는 다음과 같은 원칙에 따라 평가한 후 그 평가 결과에 따라 형량 범위의 변동 여부를 결정한다. ① 같은 숫자의 행위인자는 같은 숫자의 행위자/기타인자보다 중하게 고려한다. 다만 처벌을 원하지 않는 피해자의 의사는 행위인자와 동등하게 평가할 수 있다. ② 같은 숫자의 행위인자 상호간 또는 행위자/기타인자 상호간은 동등한 것으로 본다. ③ 위 ①, ② 원칙에 의하여도 형량범위가 확정되지 않는 사건에 대하여는 법관이 위 ①, ② 원칙에 기초하여 특별양형인자를 종합적으로 비교·평가함으로써 형량범위의 변동 여부를 결정한다. 그리고 양형인자에 대한 평가 결과 가중요소가 큰 경우에는 가중적 형량범위를, 감경요소가 큰 경우에는 감경적 형량범위를, 그 밖의 경우에는 기본적 형량범위를 선택할 것을 권고한다.

(2) 선고형의 결정방법

선고형은 형량범위의 결정방법에 의하여 결정된 형량범위 내에서 일반양형인자와 특별양형인자를 종합적으로 고려하여 결정한다.

다. 집행유예의 기준

배임죄에 있어서 집행유예의 기준은 <표-4>에서 보는 바와 같이 형량을 결정하는 방식과 유사하게 주요참작사유와 일반참작사유로 나눈 후 각각의 인자는 재범의 위험성 등 요인과 기타 요인으로 다시 분류되는데, 이러한 요인들은 양형인자와 많은 부분에 있어서 중복되고 있다는 특징이 있다.

〈표-4〉 배임죄에 있어서 집행유예의 기준

구 분		부정적	긍정적
주요 참작 사유	재범의 위험성 등	① 동종 전과(5년 이내의 집행유예 이상 또는 3회 이상 벌금) ② 범죄수익을 의도적으로 은닉한 경우 ③ 범행수법이 매우 불량한 경우	① 사실상 압력 등에 의한 소극적 범행 가담 ② 임무위반 정도가 경미한 경우 ③ 자수 또는 내부비리 고발
	기 타	① 미합의 ② 실질적 손해의 규모가 상당히 큰 경우 ③ 피해자에게 심각한 피해를 야기한 경우	① 상당부분 피해 회복된 경우 ② 실질적 1인 회사나 가족회사 ③ 실질적 손해의 규모가 상당히 작은 경우 ④ 처벌불원
일반 참작 사유	재범의 위험성 등	① 동종 전과가 있거나 2회 이상 집행유예 이상의 전과 ② 반복적 범행 ③ 비난 동기 ④ 사회적 유대관계 결여 ⑤ 진지한 반성 없음	① 기본적 생계 및 치료비 등의 목적이 있는 경우 ② 사회적 유대관계 분명 ③ 진지한 반성 ④ 집행유예 이상의 전과가 없음 ⑤ 참작 동기 ⑥ 피고인의 고령
	기 타	① 공범으로서 주도적 역할 ② 대량 피해자(근로자, 주주, 채권자 등을 포함)를 발생시킨 경우 ③ 범행으로 인한 대가를 약속 또는 수수한 경우 ④ 범행 후 증거은폐 또는 은폐시도 ⑤ 지배권 강화나 기업 내 지위보전의 목적이 있는 경우 ⑥ 피해 회복 노력 없음	① 공범으로서 소극 가담 ② 범죄수익의 대부분을 소비하지 못하고 보유하지도 못한 경우 ③ 상당 금액 공탁, 일부 피해회복, 진지한 피해 회복 노력 ④ 손해발생의 위험이 크게 현실화되지 아니한 경우 ⑤ 오로지 회사 이익을 목적으로 한 경우 ⑥ 피고인의 건강상태가 매우 좋지 않음 ⑦ 피고인의 구금이 부양가족에게 과도한 곤경을 수반 ⑧ 피해기업에 대한 소유지분비율이 높은 경우

구체적인 사안에서 집행유예의 인정 여부를 판단함에 있어서는, 주요참작사유를 일반참작사유보다 중하게 고려하여 주요긍정사유가 2개 이상 존재하거나 주요부정사유보다 2개 이상 많을 때에는 집행유예를 권고하고, 그 반대의 경우에는 실형을 권고하는 방식을 취하고 있다. 다만 일반참작사유가 다수 존재하는 경우에는 집행유예의 참작사유를 종합적으로 비교·평가하여 집행유예의 여부를 결정하도록 하였다.[25] 이와 같이 주요참작사유는 집행유예 여부를 결정하는 가장 중요한 요소로써 직접적으로 실형을 권고하거나 집행유예를 권고하는 기능을 갖는 반면에, 일반참작사유는 그 자체만으로 실형을 권고할 것인지 아니면 집행유예를 권고할 것인지에 대하여 결정하는 기능은 없으며, 다만 주요참작사유에 의하여 실형이 권고되거나 집행유예가 권고될 경우에 있어서 이를 실형 또는 집행유예를 선택할 수 있는 경우로 변경하는 소극적인 역할을 수행한다. 기존의 특경법상 배임죄에 있어서 집행유예의 비율을 조사한 것으로써, 2001. 1.부터 2007. 6.까지 특경법상 횡령·배임사건[26] 137건을 분석한 자료에 의하면 집행유예의 선고율이 71.1%이지만, 절도·강도사건의 집행유예의 선고율은 47.6%에 불과하다는 보고가 있으며,[27] 참여연대가 2000년부터 2006년까지 특경법상 횡령·배임사건으로 기소된 기업인 69명에 대한 판결을 분석한 자료에 의하면 집행유예의 선고율이 79.7%에 달한다는 보고도 있다.[28] 또한 집행유예 시 고려되는 주된 양형이유를 살펴보면, 피해액의 변제(63.2%), 개인적인 이득 없음(56.5%), 범죄전력(49.8%), 전문경영인의 항변(33.9%), 사회공헌 내지 경제발전의 기여(18.0%)의 순으로 집계되었다.[29] 이에 대하여 배임죄를 범한 고위경영자에 대해서는 집행유예가 아닌 단기자유형일지라도 실형의 선고가 보다 형벌효과를 거둘 수 있다는 지적[30]이 있으나, 타당하지 않다고 본다. 집행유예의 도입취지가 단기자유형 집행의 폐해로부터 범죄인을 보호하고 집행유예기간 중의 재범을 억제하기 위한 것이라

---

25) 양형위원회, 양형기준, 대법원 양형위원회, 2011, 87-89면.

26) 2009. 7. 1.부터 2010. 9. 30.까지 제1심에서 유죄선고를 받은 횡령·배임사건 가운데 횡령사건이 83.5%, 배임사건이 16.5%의 비중을 차지하고 있었으며, 제4유형과 제5유형에 해당하는 사건은 전체 1,802건 가운데 19건으로 약 1%에 불과하였다(박미랑·이민식, "횡령·배임죄 양형에 관한 경험적 연구: 제1기 양형기준 적용현황 분석", 법학논총 제24권 제2호, 국민대학교 법학연구소, 2011. 10, 127-128면).

27) 경제개혁연대, "우리나라 법원의 화이트칼라 범죄 양형분석: 법원의 집행유예 선고율을 중심으로", 경제개혁리포트 2007-8호, 2007, 1면 이하.

28) 한상훈, "경제범죄의 개념과 형사법적 대책", 형사정책 제19권 제2호, 한국형사정책학회, 2007. 12, 216면.

29) 경제개혁연대, "우리나라 법원의 화이트칼라 범죄 판결의 양형 사유 분석 - 유죄선고를 받은 화이트칼라 범죄자들은 어떤 이유로 풀려나는가 -", 경제개혁리포트 2007-9호, 2007, 7면.

30) 김재윤, 앞의 논문, 72면.

고 할 수 있는데, 고위경영자라는 이유로 이러한 제도의 혜택을 사전에 원천적으로 봉쇄하는 것은 또 다른 역차별이 될 수 있기 때문이다. 2009. 7. 1.부터 2010. 9. 30.까지 횡령·배임죄에 대한 제1심 판결 가운데 집행유예의 비율을 분석한 자료[31]에 의하면, 제1유형에서는 60%, 제2유형에서는 51.7%, 제3유형에서는 47.9%, 제4유형에서는 33.3%, 제5유형에서는 25% 등이 각각 분포하고 있는데, 이는 제4유형 또는 제5유형에 해당하는 고위경영자의 배임죄에 있어서 집행유예의 비율이 다른 유형에 비하여 절반 정도의 수준에 머무르는 것을 보여주는 자료로써, 법원이 고위경영자에 대해서만 집행유예를 남발하고 있다는 식의 주장은 재고의 여지가 있다고 본다. 오히려 배임죄에서의 집행유예 비율이 다른 재산범죄에서의 집행유예 비율보다 높은 이유는 배임죄 자체가 가지고 있는 본질적인 속성에 기인한다고 보는 것이 보다 정확한 분석일 것이다. 또한 아무리 단기자유형이라고 할지라도 수형자의 입장에서는 그 기간을 흔쾌히 감수하고자 하는 경우는 없을 것이며, 고위경영자의 경영공백상태는 대외신임도의 하락, 주력사업진행의 정지, 주가의 폭락 등으로 인하여 보이지 않는 천문학적인 경제적 손실의 위험성을 수반할 수 있다는 점에서 실형 집행 후 사회복귀가 원활하다고 감히 말할 수는 없기 때문이다.

Ⅲ. 배임죄에 대한 실제 양형의 실태

1. 일반적인 실태[32]

가. 선고형의 실태

대법원 산하에 양형위원회가 구성된 후 제1기 양형위원회는 배임죄에 대한 양형기준을

---

31) 동 기간 횡령·배임죄의 전체 집행유예의 선고비율은 56.8%를 기록하고 있다. 이에 대하여 보다 자세한 내용은 박미랑·이민식, 앞의 논문, 143면.

32) 배임죄의 양형에 관한 일반적인 실태에서의 각종 통계는 이상한의 박사학위논문(이상한, "양형기준의 개선방안에 관한 연구 – 양형기준제하의 양형실태를 중심으로 –", 한양대학교 법학박사학위논문, 2013. 2.) 상의 자료를 참고하였음을 밝힙니다.

마련하여 2009. 7. 1.부터 공소가 제기된 사건을 대상으로 시행하고 있는 중인데, 배임죄의 경우에 2009. 7. 1.부터 2010. 12. 31.까지 공소제기된 제1심 판결 가운데 약 98.36%가 양형기준에 부합하고 있는 것으로 나타났다.[33] 배임죄에 대한 제1심 선고형의 경우에는 벌금형 11%, 징역형의 집행유예 67%, 징역형의 실형 22% 등으로 나타나 벌금형보다는 징역형의 선고가 월등히 비율이 높았는데,[34] 이를 구체적으로 살펴보면 다음과 같다.[35]

〈표-5〉 징역형의 범위와 집행유예 선고율

단위: 월(月)

이득액	징역형의 실형이 선고된 경우				징역형의 집행유예가 선고된 경우						총수
	수	징역형 평균	징역형 최소값	징역형 최대값	수	집행유예기간 평균	징역형 평균	징역형 최소값	징역형 최대값	집행유예 선고율(%)	
미상	6	12.17	4	24	14	20.57	7.29	4	12	73.68	20
제1유형	28	6.86	4	10	132	21.36	6.40	4	12	83.02	160
제2유형	42	11.19	6	18	94	24.13	10.19	4	24	68.61	136
제3유형	8	29.25	12	48	30	28.8	18.93	6	36	76.92	38
제4유형	5	50.40	36	60	7	37.71	27.43	12	36	58.33	12
제5유형					1	48	36	36	36	100	1
총합계	89				278						367

출처: 이상한, 앞의 논문, 118면.

---

33) 이상한, 앞의 논문, 95면. 또한 2009. 7. 1.부터 2009. 12. 31.까지의 선고사건 가운데 제1기 양형위원회가 마련한 총 7가지의 범죄군 가운데 횡령·배임죄의 부합율이 94.9%로 다른 범죄군에 비하여 월등히 높았으며, 특히 불부합율은 3.2%에 머물러 다른 범죄군에 비하여 약 4-5배 낮은 것으로 나타났다(김현석, "양형기준 시행성과와 향후 과제", 형사정책연구 제21권 제2호, 한국형사정책연구원, 2010. 6, 16면).

34) 이상한, 앞의 논문, 108면.

35) 한편 배임죄에 대한 항소심에서의 선고형 변화를 살펴보면, 선고형의 변경이 없는 경우가 64%, 선고형이 감경된 경우가 33%, 선고형이 가중된 경우가 3% 등을 차지하고 있으며, 특히 이 가운데 선고형이 감경된 경우를 구체적으로 살펴보면, 징역형의 변동 없이 집행유예가 선고되는 경우(43%), 징역형이 벌금형으로 변경된 경우(22%), 징역형이 감경된 경우(11%), 징역형이 감경되면서 집행유예가 선고된 경우(11%) 등의 순이었다(이상한, 앞의 논문, 161-162면).

<표-6> 벌금형의 범위

배임의 범위	건수	벌금액 평균	벌금액 최소값	벌금액 최대값
미상	7	1,814,286	700,000	2,000,000
제1유형	26	3,903,846	1,000,000	15,000,000
제2유형	10	6,100,000	3,000,000	20,000,000
제3유형	1	7,000,000	7,000,000	7,000,000
총합계	44			

출처: 이상한, 앞의 논문, 119면.

한편 배임죄에 있어서 피고인의 직위별 분포를 살펴보면, 최고위직 75%, 고위직 6.67%, 중간직 8.89%, 하위직 7.41%, 임시직 1.48% 등으로 나타나고 있는데,[36] 이는 배임죄의 주체가 타인의 사무를 처리하기 위한 지위에 있는 자이기 때문이라고 할 수 있다.

---

36) 이상한, 앞의 논문, 137면.

나. 양형인자의 고려실태

배임죄에 있어서 특별양형인자 가운데 '처벌불원 또는 상당부분 피해가 회복된 경우'가 가장 많이 고려되었고, 다음으로 '대량피해자를 발생 또는 심각한 피해야기', '실질적 1인 회사나 가족회사' 등의 순이었는데, 전체적으로 보면 특별감경요소가 84회, 특별가중요소가 27회 각각 고려되어[37] 전반적으로 제1심의 선고형을 낮아지게 하는 데 영향을 미친 것으로 파악된다. 다음으로 일반양형인자 가운데 '진지한 반성'이 가장 많이 고려되었고, 다음으로 '형사처벌 전력 없음', '업무상 배임이 아닌 경우', '범죄수익의 대부분을 소비하지 못하고 보유하지도 못한 경우' 등의 순이었는데, 전체적으로 보면 일반감경요소가 164회, 일반가중요소가 2회(범행 후 증거은폐 또는 은폐 시도) 각각 고려되어,[38] 일반감경요소가 압도적임을 알 수 있다.

2. 최근의 구체적인 사례

최근의 재벌총수들에 대한 특경법 위반 혐의에 대한 선고형을 구체적으로 살펴보면, 신주인수권부사채를 저가로 발행하여 삼성SDS에 227억 원대의 손해를 입힌 혐의(특경법상 배임) 등으로 기소된 삼성그룹 이건희 회장,[39] 1,034억 원대의 비자금을 조성하고 이중 일부를 횡령하였으며 부실계열사를 지원하여 회사에 2,100억 원의 손실을 입힌 혐의[40]로 기소된 현대자동차그룹 정몽구 회장,[41] 1조 5,587억 원의 분식회계 등을 한 혐의

---

37) 이상한, 앞의 논문, 148면.

38) 이상한, 앞의 논문, 150면.

39) 대법원 2009. 5. 29. 선고 2008도9436 판결에 대한 파기환송심인 서울고등법원 2009. 8. 14. 선고 2009노1422 판결(확정). 동 재판부는 양형이유에 대해서 "공정한 신주인수권행사가격을 정하는 기준이 되는 법령이나 확립된 판례 등이 존재하지 않았다는 점에서 비난가능성이 낮고 피고인이 SDS가 입은 227억여 원 이상을 SDS에 납부한 점 등을 참작하였으며, 양도소득세 포탈도 시세차익을 목적으로 한 것이 아니며 2004년 이후 점차 차명주식의 규모를 줄여가는 중이었다"고 판시하고 있다.

40) 이 사안에서 과연 기업주, 기업임원, 기업 자체가 책임져야 할 부분이 어떠한 부분들인가를 면밀하게 검토해 보아야 하는데, 판례는 법인의 범죄능력을 부인하는 입장에서 모두 자연인이 책임을 져야하는 것으로 몰아가는 감이 없지 않아 있다. 하지만 사회적 신용을 바탕으로 하는 법인이 회계장부를 거짓으로 작성하는 행위, 현대자동차의 이름으로 제공하는 불법 정치자금, 여수 세계박람회 유치비용 부담행위 등은 법인의 이름으로 법인 자체가 전면에 나선 범죄행위라고 해야 할 것이다(박기석, 앞의 논문, 88-89면).

41) 제1심(서울중앙지방법원 2007. 2. 25. 선고 2006고합609 판결)에서는 징역 3년, 항소심(서울고등법원 2007. 9. 6. 선고 2007노586 판결)에서는 징역 3년에 집행유예 5년 및 8,400억 원의 사재출연약속 이행

로 기소된 SK그룹 최태원 회장,[42] 2006. 7. 21. 2,979억 원의 분식회계를 범한 혐의로 기소된 두산그룹 박용성 회장, 2000. 6. 14. 1,161억 원의 비자금을 조성한 혐의로 기소된 한진그룹 조양호 회장, 그룹 계열사 자금을 개인 용도로 사용하는 등 226억 원을 횡령하고 74억 원을 유용한 혐의로 기소된 오리온그룹 담철곤 회장[43] 등에 대하여 법원은

과 준법경영에 관한 강연 및 일간지 기고를 내용으로 하는 사회봉사명령 등이 선고되자, 검사의 상고로 대법원(대법원 2008. 4. 11. 선고 2007도8373 판결)에서 원심파기환송판결이 선고되었다. 파기환송 후 서울고등법원은 2008. 6. 4. 징역 3년에 집행유예 5년 및 사회봉사명령 300시간을 선고하였다. 이 가운데 2007노586 판결에서 제시된 양형이유를 살펴보면, 먼저 불리한 양형인자로써, 피고인의 개인 연대보증채무를 해소하기 위하여 현대그룹 계열사들에게 손실을 입히면서까지 현대우주항공 유상증자에 참여하게 하였던 것으로, 이를 통하여 최대 주주인 피고인의 재산감소를 막고, 궁극적으로는 피고인이 채무변제를 위하여 그 소유의 계열사 주식을 처분할 경우 그룹 전체에 대한 경영권에 위험요소가 발생할 가능성을 방지하기 위하여 계열 회사들이 부실회사인 현대우주항공 지원에 동원되었고, 여러 증거에 의하여 위 피고인과 회사 임직원들의 배임에 대한 고의가 명백히 인정됨에도, 사후에 검토된 상황논리와 뒤늦게 준비된 자료를 근거로 배임죄에 관한 범의를 부인하고 있다는 점, 재무구조개선약정에 의하여 외부 매각에 의하여 계열분리가 되어야 하는 회사임에도, 외국 무역상사들에게 손실보전약정까지 해주면서 유상증자를 실시한 사안으로 그 자체로도 배임성을 충분히 인정할 수 있고, 탈법투자 과정에서 현대자동차 등이 거액의 손실을 보게 되자 또 다시 해외펀드를 만들고 분식회계를 통하여 손실을 은폐하는 등 다른 주주들과 채권자들을 기망하기 위한 배임행위를 저질렀을 뿐만 아니라, 해외펀드의 일부 수익금을 피고인 개인을 위하여 사용하는 등 횡령행위로까지 이어졌으며, 피고인은 '현대강관이 현대자동차 등 다른 계열사들의 경영에 꼭 필요한 회사이므로 그룹계열사의 경영을 책임지는 피고인으로서는 다소 무리한 부분이 있더라도 현대강관을 그룹계열사로 남아 있도록 하는 경영판단을 내릴 수밖에 없었다'는 점에 대한 근거를 명확하게 제시하지 못하고 있고, 여러 증거에 의하면 현대강관에 대한 피고인 개인의 경영권 유지가 유상증자의 주된 목적임이 명백함에도 그 범의를 부인하고 있고, 이 사건 유상증자 당시 현대강관의 수익구조나 재무상황이 매우 어려운 상황에 처해 있어 유상증자에 참여한 계열사들에 향후 막대한 피해를 입힐 가능성이 농후하였다는 점, 현대자동차그룹의 경영권을 장차 피고인의 아들인 정의선에게 승계시켜 주기 위한 목적하에, 기아자동차 계열사의 구조조정과정이 진행됨을 이용하여, 피고인과 정의선에게는 부당한 이익을 안겨주고 현대자동차 등에게는 손해를 입힌 사안으로서 그 자체로 비난가능성이 크고, 이 사건 당시에는 이미 다른 재벌그룹의 신주인수권부사채의 제3자 임의배정 방법 등을 통한 부의 불법적, 편법적 승계에 관한 사회적 논란이 있던 상황이었음에도 범행을 강행하였다는 점에서 정상참작의 여지가 적다는 점 등을 들고 있는 반면에, 유리한 양형인자로써, 피고인이 현대우주항공의 채무에 연대보증을 하게 된 것은 IMF 구제금융위기라는 국가적 비상상황하에서 대기업의 최대주주가 개인적으로 경영에 대한 법적 책임을 공유하도록 유도하는 정부의 정책과 사회 분위기에 따라 보증을 서게 된 것으로 그 연대보증경위에 참작할 바가 있고, 이 사건 범행은 항공사업 산업구조조정(소위 빅딜)과정에서 발생한 것으로, 그 의도에 있어 그룹 전체의 이익을 위하여 유상증자를 실시한 측면이 있으며, 피고인이 이 사건 범행에 관여한 정도나 구체적 역할이 상대적으로 미약한 점, 유상증자로 인한 배임죄에 대하여는 다른 범행에 비하여 경영판단의 과오로 인한 측면이 강하여 그 가벌성이 상대적으로 미약하다고 보이고, 각 횡령죄에 있어서도 처음부터 계획된 범행으로 보기 어려울 뿐만 아니라, 피고인의 범행관여 정도가 다른 범행에 비하여 더욱 미약하다는 점, 이 사건 범행들은 다른 공범들이 주도하였던 것으로, 비록 피고인이 범행 일체에 대하여 현대자동차그룹 최고경영자로서 사전, 사후에 보고받고 승인하여 준 죄책이 인정되나, 피고인의 범행 관여정도가 상대적으로 미약하고, 소위 재벌경영이라는 경영시스템의 당부는 별론으로 하고 기존의 경영권과 그 운영체제를 보다 공고히 하기 위하여 대주주의 계열사주식 보유비율을 조정하는 과정에서 발생된 것으로 그 범행동기에 있어 참작할 부분이 있으며, 당심에 이르러 이 사건 각 범행으로 인하여 계열사들이 입은 피해를 회복시켰다는 점을 들고 있다.

42) 대법원 2008. 5. 29. 선고 2005도4640 판결.

43) 대법원 2013. 4. 26. 선고 2012도1993 판결.

모두 징역 3년에 집행유예 5년을 선고하면서 벌금형을 부과하는 방식을 취하였다.

이에 반하여 그룹계열사의 자금 3,500억 원을 횡령하고 계열사에 손실을 끼친 혐의로 기소된 한화그룹 김승연 회장에 대해서는 징역 4년에 벌금 51억 원을 선고하면서 법정구속하였고,[44] 무자료 거래 및 허위회계처리를 통한 비자금 조성 등으로 회사돈 530여억 원을 빼돌리고 계열사 주식을 총수에게 헐값으로 넘기는 등 그룹에 950여억 원의 손실을 끼친 혐의로 기소된 태광산업그룹 이호진 회장에 대해서도 2012. 12. 20. 징역 4년 6개월에 벌금 10억 원을 선고하여 법정구속하였다. 또한 SK텔레콤 등 계열사를 활용하여 1,000억 원대의 펀드투자와 선지급을 지시하고 이를 사적인 목적으로 사용하여 특정법상 600억 원대의 횡령 혐의로 기소된 SK그룹 최태원 회장에 대하여 2013. 1. 31. 서울중앙지방법원은 징역 4년을 선고하여 법정구속하였다.[45] 동 법원에서는 양형의 이유에 대하여 제5유형에 해당한다고 전제한 다음, 감경요소를 감안하여 양형기준의 권고형량 범위인 징역 4년-7년 중 최하한형인 징역 4년을 선고한 것이라고 판시하였다. 즉 최태원 회장에게는 기본형량이 아니라 감경형량이 적용된 것인데, 구체적으로 "최고경영자로서 최근까지 피고인이 점하고 있는 그룹 내 위상과 영향력을 생각할 때 이 사건의 유죄판결 자체만으로도 그룹 각 계열사가 받는 충격이 지대할 것이고 나아가 해당 그룹이 우리 경제계에 차지하는 역할과 비중을 생각하면 이 판결로 국민경제에 미치는 영향 또한 작지 않을 것이기에, 이 사건의 실체와 유죄로 인정된 피고인의 책임에 상응한 처벌의 수준을 정하는데 신중을 기하지 않을 수 없음은 분명하다. 하지만 재판부는 우리 사회에서 사업

---

44) 서울서부지방법원 2012. 8. 16. 선고 2011고합25, 74(병합) 판결. 동 법원에서는 양형의 이유에 대하여 배임죄로 인한 이득액이 2,883억 6,420만 원으로 이득액이 300억 원 이상인 제5유형에 해당한다고 전제한 다음, 감경요소인 특별양형인자 가운데 손해발생의 위험이 크게 현실화되지 않은 점, 오로지 회사의 이익을 목적으로 한 점, 처벌불원 및 피해회복을 한 점 등을 고려하였고, 가중요소인 특별양형인자 가운데 범행수법이 매우 불량한 점을 고려하였으며, 감경요소인 일반양형인자 가운데 범죄수익의 대부분을 소비하지도 못하고 보유하지도 못한 점, 피해기업에 대한 소유지분 비율이 높은 점 등을 고려하였다. 이후 항소심인 서울고등법원 2013. 4. 15. 선고 2012노2794 판결에서는 징역 3년에 벌금 51억 원을 선고하였으며, 피고인은 현재 대법원에 상고한 상태이다. 동 법원에서는 양형의 이유에 대하여 피고인이 대규모 기업집단의 한화그룹의 실질적 경영자로서 법의 준수와 사회적 책임이행을 다해야할 위치에 있음에도 법제도의 본질적인 가치와 기업경영의 투명성을 훼손하는 범행을 저지른 점, 연결자금 제공 및 지급보증 관련 업무상 배임 부분은 결과적으로 피해 계열사들에게 아무런 손해도 발생하지 않았으나 그 위험성은 수천 억 원에 이르는 큰 규모였고 유죄로 인정된 피해액수만 약 1,664억 원에 이른다는 점, 그 과정에서 피해 계열사의 개별 이익을 위한 합리적 고려와 투명한 절차가 무시된 점, 합리적인 절차가 무시되고 불법적 수단이 동원되어 구조조정이 성공적으로 완료되었다고 하더라도 목적이 수단을 정당화할 수 없듯이 과정이 정당화될 수 없다는 점 등을 가중요인으로 파악한 반면에 기업주가 회사의 자산을 자신의 개인적 치부를 위한 목적으로 활용한 전형적인 사안이 아니라는 점, 피고인이 피해 회사들에 대한 피해 변상으로 피해액의 3분의 2에 해당하는 1,186억 원을 공탁했다는 점, 건강상태가 매우 좋지 못한 점 등 감경요인으로 고려하였다.

45) 서울중앙지방법원 2013. 1. 31. 선고 2012고합14, 2011고합1559(병합) 판결.

영역의 무리한 확장, 과도한 이윤추구적 기업운영 등을 이유로 계속하여 여론의 비판의 대상이 되어 온 대기업의 폐해가 피고인의 양형에 불리하게 작용하는 데 동의할 수 없듯이, 마찬가지로 이와 같은 그룹을 대표하는 피고인에 대한 처벌이 우리 경제계에 미치는 영향을 피고인의 형사책임을 경감하게 하는 주요사유로 삼는 데도 반대한다. 나아가 피고인이 대기업의 총수라든가 대표적 재벌가의 일원이라는 이유로 이제까지 이 법정에서 특별한 혜택이 부여되지 않았듯이 같은 이유로 자신의 책임을 넘어서는 형사적 불이익이 가해져서도 아니 되며, 현재 시행중인 양형기준에 따라 이 사건 범행에 나타난 피고인의 행위적 양형인자와 행위자적 양형인자의 종합적 · 합리적 평가를 통하여 피고인에게 합당한 처벌이 정하여져야 한다"라고 판시하였다.[46]

최근에 이루어진 김승연, 이호진, 최태원 등에 대한 실형의 선고 및 법정구속은 기존의 재벌에 의한 배임사건이 집행유예로 종결되는 것과 사뭇 다른 양상을 보이고 있는데, 이에 가장 큰 원인은 이들의 범죄가 배임죄의 단순일죄가 아니라 경합범으로써 수개의 범죄에 대한 선고형이라는 점에서 찾을 수 있겠다. 예를 들면 김승연의 경우, 조세범처벌법 위반(양도소득세 탈루), 독점규제 및 공정거래에 관한 법률 위반(위장계열사 미신고), 업무상 배임(위장계열사 부당지원 및 대한생명 풋옵션 저가매각), 공무집행방해 및 증거인멸, 범인도피 등의 범행에 대하여 유죄를 인정한 것이고,[47] 이호진의 경우, 차명계좌 7,000여 개와 차명주식을 이용하여 3,000억 원대의 비자금을 운용한 사실, 태광산업에서 생산되는 섬유제품의 실제 생산량을 조작하고 세금계산서 없는 무자료 거래를 통해 제품을 빼돌리거나 불량품을 폐기 처분하는 것처럼 가장한 세금탈루(허위 세금계산서 발행 등의 불법자금조성), 직원들에게 허위로 급여를 지급하고 작업복 대금과 직원 사택 관리비를 직원들로부터 받는 등 424억여 원의 회사 자산을 횡령, 계열사인 티브로드가 운영하는 케이블 방송의 좋은 채널을 배정해 달라는 부탁을 받고 이른바 론칭비 명목으로 프

---

46) 재판부가 피고인에 대하여 일부 혐의를 무죄로 판단하면서도 검찰의 구형 형량과 동일한 수준의 엄격한 판결을 내린 것에는 범행 자체의 중대성과 재판 과정에서 보여준 불성실한 태도가 복합적으로 고려된 것으로 분석된다. 비록 범행 이후 실제 펀드를 원래 상태로 단기간에 회복시킨 점, 유출한 자금을 수개월 내에 개인 재산으로 보전할 의사가 있었던 점 등 감경요인도 고려하여 양형기준의 권고형량 범위 내에서 하한으로 형을 정하기는 하였지만, 피고인이 배임 혐의로 지난 2008. 5. 징역 3년에 집행유예 5년의 확정 판결을 받고, 2008. 8. 15. 사면 · 복권된 후 불과 3개월도 지나지 않아 이번 범행을 저질렀다는 점, 재판 과정에서 진지하게 성찰하는 모습을 보이지 않았고, 공동피고인들에게 대부분 책임을 전가하는 변명으로 일관한 점, 자신이 지배하거나 영향력이 미치는 다수의 유력 기업을 범행 수단으로 삼아 그 회사 재산을 단기간에 대량으로 사적인 목적에 활용했다는 점 등은 가중요인으로 작용한 것이다.

47) 김선웅, "한화그룹 김승연 회장의 업무상 배임 등에 대한 1심 판결 분석", 기업지배구조연구, 기업지배구조 법령분석, 2012. 8, 132-133면.

로그램 공급업체로부터 비상장 주식을 받아 시세차익 256억 원을 챙긴 행위, 한국도서보급주식회사 주식 18,440주를 자신과 아들 명의로 시세보다 현저히 낮은 가격에 매입해 회사에 293억 원의 손해를 끼친 행위 등의 범행에 대하여 유죄를 인정한 것이었다.

Ⅳ. 기업의 경영행위에 대한 배임죄 적용의 문제점

1. 이득액에 따른 양형기준의 문제점

가. 이득액에 따른 법정형 가중을 부정적으로 보는 견해

특경법 제3조의 구성요건은 형법상 배임죄가 성립할 경우에 있어서 이득액의 정도에 따라 가중처벌을 하는 형식을 취하고 있는데, 이러한 입법방식에 대하여는 찬반의 견해가 대립되고 있다. 먼저 이득액에 따른 법정형 가중을 부정적으로 보는 견해의 논거로는, ① 이득액이 49억 원인 경우와 이득액 50억 원인 경우는 불법의 양에 있어서 큰 차이가 없음에도 불구하고 이득액을 중심으로 한 형종의 사소한 차이가 커다란 선고형의 차이를 크게 만들 수 있어 불합리하다. ② 수많은 양형인자 가운데 범죄의 액수만으로 법정형의 범위를 한정하기 때문에 구체적 사정에 대응한 법관의 양형재량권을 지나치게 제약할 뿐만 아니라 피해액의 정도에 따라서만 법정형에 차등을 두어 결과책임을 묻는 것이므로 책임주의에 반하는 과잉입법이다. 법정형의 결정요인으로써의 불법은 결과불법과 행위불법으로 이루어지며, 형법이 배임죄에 비하여 업무상 배임죄를 가중처벌하고 있는 이유는 업무처리자에게는 특별한 의무를 위반하는 행위반가치가 증가하기 때문인데, 특경법은 이러한 행위불법을 도외시하고 있는 것이다. ③ 물가상승에 따른 화폐가치의 변동을 반영하지 못함으로써 가중처벌의 근거가 합리성을 상실하는 경우가 많다. 특히 법 제정 당시의 경제사정이 범죄행위 시 또는 판결확정 시와 비교할 때 현저하게 변화될 수 있는데, 이러한 경우에는 이득액만을 기준으로 가중처벌하는 것이 오히려 형평에 반할 수가 있다. ④ 경합범과 포괄일죄의 기준이 모호한 경우 특별법 적용에 전제되는 죄수결정에 문제가 있다. 판례에 의하면 특경법 제3조 제1항에서의 이득액은 경합범으로 처벌될 수 죄에 있어서 그 이득액을 합한 금액이 아니라 단순일죄의 이득액이나 혹은 포괄일죄가 성립되는 경우의 이득액의 합산액을 의미한다고 하는데,[48] 이는 일반적인 죄수결정의 해석과 다른 방법론의 등장을 야기시키는 것이다. 일반적으로 경합범과 포괄일죄가 문제되는 사안의 경우에 있어서는 포괄일죄로 보는 것이 피고인에게 유리한 해석이 되지만, 특경법 제3조의 경우에 있어서는 경합범으로 보는 것이 피고인에게 유리한 결과가 된다. 이는 일반형법에서의 죄수결정원리와 특별형법에서의 죄수결정원리 상호간의 모순을 초래한다.[49] ⑤ 피해액이 많아 법정형이 너무 가혹한 경우 이를 피하기 위해 부당하게 작량감경을 할 위험성이 커질 수 있다. ⑥ 특경법상의 법정형은 형법상의 업무상 배임죄의 법정형에 비해 지나치게 높다. ⑦ 다양한 양형인자 가운데 이득액이라는 불법요소를 지나치게 강조하면, 다른 불법요소 또는 행위자요소를 적절하게 반영하지 못하게 된다. 즉 다른 양형요소가 크게 작용하여 이득액이 적더라도 불법성이 커질 수가 있고, 이득액이 크더라도 불법성이 작아질 수도 있는 경우를 상정할 필요성이 있다는 점 등을 들 수 있다.

나. 이득액에 따른 법정형 가중을 긍정적으로 보는 견해

다음으로 이득액에 따른 법정형 가중을 긍정적으로 보는 견해의 논거로는, ① 재산범죄에서 피해액은 법익침해라는 결과불법의 핵심적인 요소이므로 행위불법적 요소와 함께 이를 가중처벌의 근거로 삼는 것은 책임주의에 반하지 않는다. ② 피해액에 따른 가중처벌을 단계적이고 합리적으로 조정함으로써 양형상의 불합리를 조정할 수 있다.[50] ③ 피해액에 따른 단계적 가중처벌을 법률에 명시하는 것은 일반예방 및 법적 안정성 측면에서 바람직하다. ④ 법원의 양형편차를 최소화하여 사법에 대한 신뢰를 제고할 수 있다. ⑤ 죄수론상의 피해액 산정의 문제는 해석론으로 충분히 해결할 수 있다는 점 등을 들 수 있다.

---

48) 대법원 2011. 8. 18. 선고 2009도7813 판결.

49) 이에 대하여 실체적 경합범으로 다루어서 생기는 일반형법상의 불이익보다 특경법 제3조를 실체적 경합범에 적용함으로써 생기는 불이익이 훨씬 더 크기 때문에 판례의 입장이 타당하다는 견해(오영근, "신용위험 공유자에 대한 대출과 배임죄", 형사정책연구 제15권 제2호, 한국형사정책연구원, 2004. 6, 127-128면)가 있다.

50) 한상훈, "형법 및 형사특별법상 재산범죄 가중처벌규정의 문제점과 개선방안", 형사법연구 제26호, 한국형사법학회, 2006. 12, 154면.

다. 검토

형법상의 배임죄는 구성요건의 해석에 있어서 그 취득한 이득액이 얼마인지가 전혀 문제되지 않지만, 배임으로 인한 특경법 위반죄에 있어서는 취득한 이득액이 5억 원 이상 또는 50억 원 이상이라는 것이 범죄구성요건의 일부로 되어 있고 이득액에 따라 그 죄에 대한 형벌도 가중되어 있으므로, 이를 적용함에 있어서는 취득한 이득액을 엄격하고 신중하게 산정함으로써, 범죄와 형벌 사이에 적정한 균형이 이루어져야 한다는 죄형균형 원칙이나 형벌은 책임에 기초하고 그 책임에 비례하여야 한다는 책임주의 원칙이 훼손되지 않도록 유의하여야 한다.[51] 그러므로 배임으로 인한 재산상의 이익이 있었다는 점은 인정되지만 그 가액을 구체적으로 산정할 수 없는 경우에는 재산상 이익의 가액을 기준으로 가중처벌하는 특경법상의 배임죄로 의율할 수는 없다.[52] 이와 같이 특경법 제3조를 적용하기 위해서는 반드시 이득액의 산정이 요구되는데, 경우에 따라서는 이득액 산정이 불가능한 상황이 발생할 수 있다는 점은 심각한 문제라고 할 수 있다. 이는 배임죄의 경우에 현실적인 재산상의 손해액이 확정될 필요까지는 없고 단지 위험성이 있는 경우에 기수범의 책임을 진다는 점에서 이득액산정의 어려움이 배가된다. 즉 판례에 의하면 '재산상의 손해를 가한 때'라 함은 현실적인 손해를 가한 경우뿐만 아니라 재산상 실해 발생의 위험을 초래한 경우도 포함되고,[53] 재산상 손해의 유무에 대한 판단은 본인의 전 재산 상태와의 관계에서 법률적 판단에 의하지 아니하고 경제적 관점에서 파악하여야 하므로, 법률적 판단에 의하여 당해 배임행위가 무효라고 하더라도 경제적 관점에서 파악하여 배임행위로 인하여 본인에게 현실적인 손해를 가하였거나 재산상 실해 발생의 위험을 초래한 경우에는 재산상의 손해를 가한 때에 해당되어 배임죄를 구성한다.[54] 하지만 이와 같이 배임죄를 위험범으로 해석하는 것은 미수범을 처벌하지 않는 독일형법의 해석에서 연유한다는 점, 다른 재산범죄와 달리 명문의 규정으로 '손해를 가한 때'라고 되어 있는 문언의 가능한 의미를 벗어난다는 점, 우리 형법이 배임죄에 대한 미수범 처벌규정

---

51) 대법원 2012. 9. 13. 선고 2012도3840 판결; 대법원 2007. 4. 19. 선고 2005도7288 전원합의체 판결.

52) 대법원 2012. 8. 30. 선고 2012도5220 판결; 대법원 2001. 11. 13. 선고 2001도3531 판결.

53) 판례에 의하면 단순히 손해발생의 위험성이 초래되기만 해도 손해를 가한 때로 새기고 있다는 점에서 손해의 개념이 무한히 확대될 우려가 있으며, 배임죄의 기수시기를 앞당겨 '침해범의 위태화'가 있는 경우 바로 배임죄의 기수가 되기 때문에, 이는 배임행위만 있으면 가해 여부에 대한 구체적인 판단 없이 곧바로 배임죄를 인정하게 되는 문제점을 남긴다(박미숙, "경영판단과 배임죄 성부", 형사판례연구 제15권, 한국형사판례연구회, 2007, 223면).

54) 대법원 2012. 12. 27. 선고 2012도10822 판결; 대법원 2012. 6. 28. 선고 2012도2628 판결.

을 별도로 두고 있다는 점, 위험발생의 가능성만으로는 구체적인 이득액 산정이 불가능하여 특경법의 적용이 불가능하다는 점 등을 이유로 손해발생의 위험이 있는 경우에는 배임죄의 미수범으로 처벌하여야 한다고 본다.

한편 재산상의 손해를 가한 때에 재산상 실해 발생의 위험을 초래한 경우도 포함하는 해석은 배임죄의 성립범위를 확대하는 결과를 초래하는데, 이에 더하여 손해 발생의 판단시기를 '행위시'로 이해함으로써 기업의 경영행위나 모험투자[55] 등의 경우와 같이 행위시에 손해가 발생하더라도 장래적인 전망을 보고 투자하는 경우나 사후에 성공적인 투자가 된 경우에도 배임죄가 성립되는 모순을 갖게 된다.[56] 실제로 배임죄의 특성상 실제로 손해가 발생하여 재산의 침해가 있었는지의 여부가 판단되기 위해서는 장시간의 경과를 요하는 경우가 많기 때문에 배임죄의 성립 여부를 판단하기 위한 손해의 발생여부는 반드시 행위시에 국한할 것이 아니라 행위시와 재판시의 재산가치에 대한 평가를 모두 고려하여 행위자에게 유리한 기준을 적용할 필요성이 있다.[57]

또한 재산상의 손해를 가한 경우란 재산의 처분이나 채무의 부담 등으로 인한 재산의 감소와 같은 적극적 손해를 야기한 경우는 물론, 객관적으로 보아 취득할 것이 충분히 기대되는데도 임무위배행위로 말미암아 이익을 얻지 못한 경우, 즉 소극적 손해를 야기한 경우도 포함된다고 한다. 이러한 소극적 손해는 재산증가를 객관적·개연적으로 기대할 수 있음에도 임무위배행위로 이러한 재산증가가 이루어지지 않은 경우를 의미하는 것이므로 임무위배행위가 없었다면 실현되었을 재산상태와 임무위배행위로 말미암아 현실적으로 실현된 재산상태를 비교하여 그 유무 및 범위를 산정하여야 할 것이다.[58] 하지만 특정한 기업활동에 있어서 이익창출의 가능성과 손해발생의 가능성이 공존하는 경우에는, 경영자가 해당 사업을 개시하여 손해가 발생한 경우에는 행위 당시에 손해발생에 대한 인식과 인용이 있어 배임이 될 수 있으며, 반대로 해당 사업을 개시하지 않아 신의칙상 해야 할 행위를 하지 않은 경우에도 배임이 될 수 있다. 이러한 딜레마는 모험적인 거래

---

55) 모험투자란 투기적 성격을 내포하고 있는데, 사무처리의 결과로 인하여 본인에게 이익발생가능성 또는 손해발생가능성을 명백히 예견하지 못한 상황에서 행하는 투자라고 할 수 있다(이찬엽, "판례상 이사의 임무 해태 및 위반에 따른 배임죄 적용에 대한 검토", 동북아법연구 제5권 제3호, 전남대학교 동북아법연구소, 2012. 1, 298면).

56) 강동욱, "우리나라 배임죄의 현주소와 형량 강화의 문제점 및 해결방안", 월간 전경련 제580호, 전국경제인연합회, 2013. 3, 27면.

57) 강동욱, "이사 등의 경영행위에 대한 배임죄의 성립범위 - 객관적 구성요건의 해석을 중심으로-", 한양법학 제24권 제1집, 한양법학회, 2013. 2, 13면.

58) 대법원 2009. 5. 29. 선고 2008도9436 판결; 대법원 2008. 5. 15. 선고 2005도7911 판결.

일수록 심화될 것이다.[59]

   그리고 판례에 의하면 일단 손해의 위험성을 발생시킨 이상 사후에 피해가 회복되었다고 하여도 배임죄의 성립에 영향을 주는 것은 아니라고 한다.[60] 하지만 재산상의 손해를 가한다는 것은 총체적으로 보아 본인의 재산상태에 손해를 가하는 경우, 즉 본인의 전체적 재산가치의 감소를 가져오는 것을 말하므로 재산상의 손실을 야기한 임무위배행위가 동시에 그 손실을 보상할 만한 재산상의 이익을 준 경우, 예를 들면 배임행위로 인한 급부와 반대급부가 상응하고 다른 재산상 손해(현실적인 손해 또는 재산상 실해 발생의 위험)도 없는 때에는 전체적 재산가치의 감소, 즉 재산상 손해가 있다고 할 수 없다.[61] 끝으로 판례는 손해액이나 이득액의 계산에 잘못이 있더라도 그 금액이 특경법 제3조 제1항 각호 중 어느 것에 해당한다면 그 잘못은 같은 법조항을 적용한 판결의 결과에는 영향이 없다고 판시하고 있는데,[62] 이러한 태도에 의하면 6억과 49억, 51억과 1,000억의 계산 잘못도 판결의 결과에 아무런 영향이 없다는 것으로써, 이는 실제 선고형을 결정함에 있어서 큰 요인으로 작용한다는 점에서 심히 부당하다고 할 수 있다.

2. 경영상의 판단에 있어서 배임죄의 인정여부 논의

가. 형사책임 강화에 대한 찬성측의 논거

   경영상의 판단에 있어서 배임죄의 인정 여부에 관하여는 이를 인정하여 형사책임을 강화하자는 견해와 가능한 한 형사책임을 부정하자는 견해의 대립이 있다. 먼저 배임죄를 인정하여 형사책임을 강화하자는 견해의 논거를 살펴보면, 재벌총수에 의한 배임죄는 그 재산적 피해액이나 피해자들의 규모가 상당히 크다는 점, 기존의 시장경제질서를 지배 및 규제하고 있는 경제윤리를 무력화한다는 점, 경제질서를 교란하여 국민경제의 발전을 저해한다는 점, 재벌총수에 대한 솜방망이 처벌 내지 고무줄 양형은 법적 처벌의 양극화

---

59) 오영근, 앞의 논문(각주 49), 117면.

60) 대법원 2012. 8. 30. 선고 2011도15052 판결; 대법원 2010. 9. 9. 선고 2010도5972 판결; 대법원 2004. 7. 22. 선고 2002도4229 판결; 대법원 2000. 12. 8. 선고 99도3338 판결.

61) 대법원 2011. 4. 28. 선고 2009도14268 판결.

62) 대법원 2012. 6. 28. 선고 2012도2623 판결; 대법원 2011. 6. 30. 선고 2011도1651 판결; 대법원 1989. 10. 24. 선고 89도641 판결.

를 초래함과 동시에 사법부에 대한 불신을 조장한다는 점, 고위경영자에 의한 불법경영 행위를 엄벌하는 것은 기업범죄에 대한 범죄억제의 효과가 크다는 점, 배임사건의 경우 계열사를 동원하거나 계열사와의 거래로 인한 경우가 많아 대다수의 배임사건이 주의의 무위반이 아닌 충실의무위반이기 때문에 경영판단의 원칙을 도입하기가 어렵다는 점,[63] 단순히 경영상의 판단이라는 이유만으로는 배임죄의 죄책을 면할 수는 없다는 점,[64] 지 배주주에게 민사책임을 묻는 법적 장치가 제대로 완비되어 있지 않은 상황에서 형사책임 으로써 경영자를 어느 정도 통제할 필요성이 있다는 점[65] 등을 제시하고 있다.

나. 형사책임 강화에 대한 반대측의 논거

다음으로 배임죄의 성립범위를 최대한 축소하여 고위경영자에 대한 형사책임을 자제하 자는 견해의 논거를 살펴보면, 기업의 입장에서는 고위경영자의 구속[66] 및 높은 벌금액 과 손해배상액 등의 위험을 피하기 위하여 모험적인 투자를 꺼리게 되어 기업활동을 위 축시켜 전체 국가경제에 상당한 손해를 끼치게 될 것이라는 점, 위험과 불확실성이 상존 하는 경영판단의 영역에 대하여 국가의 형벌권이 적극적으로 개입된다면 자율적이고 창 조적인 경영활동을 저해할 수 있다는 점,[67] 다수의 소비자들이 형사소송과 아울러 민사 소송을 청구하여 그 배상액이 엄청난 규모가 되어 해당 기업의 부도로 이어질 수 있다는 점, 형법상 배임죄에 대하여 경영판단의 원칙(business judgement rule)과 같은 면책조항 을 둘 필요성이 있다는 점,[68] 경영자의 판단에는 위험이 수반될 수밖에 없고, 그러한 위

---

63) 이지수, "경영판단과 배임죄 – 최근 배임죄 면책논의를 중심으로 – ", 이슈&분석경제개혁연구소, 2013. 2, 13-14면.

64) 대법원 2009. 7. 23. 선고 2007도541 판결.

65) 하지만 이는 은연중에 배임죄가 민사사건의 형사화 현상으로 전락된 현실을 인정하는 것이라고 할 수 있 는데, 결과적으로 과잉범죄화를 초래하고, 사법(私法)적인 통제장치의 미비상태 또는 사법(私法)적인 대 안의 부재현상을 고착화시키는 결과를 초래할 수 있다고 본다.

66) 고위경영자가 구속될 경우에 회사의 입장에서는 현상 유지에만 급급할 수밖에 없기 때문에 신규 투자 등 공격적이고 창조적인 경영은 생각조차 할 수가 없다. 왜냐하면 그룹의 회장이 없는 상태에서 수천억 원 이상 규모의 투자전략을 세워 집행할 수는 없기 때문에 방어적 경영활동에 치중할 수밖에 없는 것이다.

67) 강동욱, "우리나라 배임죄의 현주소와 형량 강화의 문제점 및 해결방안", 월간 전경련 제580호, 전국경제 인연합회, 2013. 3, 27면.

68) 이에 대하여 "이는 은연중에 고위경영자의 분식회계, 부당내부거래, 조세포탈, 업무상 횡령·배임 등의 불법경영행위를 기업가 정신에 기초하여 주주의 이익을 위하여 과감하게 위험을 무릅쓰고 사업 시행을 하는 과정에서 불가피하게 수반되는 혹은 관행상 이루어지는 경영행위로 오도시킴으로써 합법적 경영행 위는 아닐지라도 적어도 형사책임이 면책되는 경영행위로 위장하려는 의도가 숨겨져 있다"고 하면서 "실패한 경영행위를 넘어 부당내부거래, 분식회계, 불법대출 등의 탈·불법 경영행위 내지 악의적 부실

험이 현실화되었다고 하여 사후적으로 시비를 가려 책임을 물을 경우에는 경영의 효율성이 저해될 수 있다는 점,[69] 기업을 경영하다 보면 종종 완벽하지 않은 정보에 근거하여 신속한 결정이 요구되어 지는 경우가 있는데, 해당 정보의 의미변화는 그 미래를 예상할 수 없을 만큼 역동적이어서 행위시점에 합리적이었던 결정이 좋지 않은 결과로 이어질 수 있다는 점,[70] 경영실패에 대하여 민사적인 책임을 넘어서 형사처벌을 가하는 것은 결과책임을 묻는 것으로서 형법상 책임원칙에 반한다는 점,[71] 형법을 경영과 시장의 윤리화를 위한 수단으로 활용하여 형법의 탈도덕화 내지 최후수단성의 관점에 반한다는 점, 경제활동 전반에 사법기관의 개입이 확대되는 것은 사적 자치의 원칙에 대한 지나친 간섭이라는 점,[72] 기업의 배임행위에 대한 예방은 형사처벌보다는 민사적인 개입 또는 기업에 대한 감시의 강화 등 자율적인 규제가 보다 효과적이라는 점, 기업범죄에 있어서 결과의 중대성에 사로잡혀 기업경영자에 대한 형사처벌만으로는 그 처벌의 실효성을 기대하기 어렵다는 점,[73] 기업경영행위의 경우 거래규모나 투자규모가 클수록 그로 인한 손해의 범위도 클 수밖에 없을 것인데 대기업의 경영행위에 대해서는 대부분 특경법을 적용하여 가중처벌하는 것은 부당하다는 점, 회사경영과 관련하여 비전문가일 수밖에 없는 법원이 사후적으로 회사에 손해가 발생하였다는 이유로 경영진에 대한 법적인 책임을

경영에 대해서까지 경영판단의 원칙을 내세워 고의범인 배임죄를 부정하자는 것이라면 이는 경영판단 원칙의 본질적 내용을 오도하고 기업범죄에 대한 사후통제를 포기하자는 주장에 불과하다"고 보는 견해 (김재윤, 앞의 논문, 65-66면)가 있다. 하지만 배임죄의 자제를 주장하는 견해에서는 부당내부거래, 분식회계, 조세포탈, 불법대출 등의 탈·불법 경영행위 내지 악의적 부실경영에 대해서까지 경영판단의 원칙을 내세워 고의범인 배임죄를 부정하지는 않는다는 점에서 이러한 가정을 근거로 한 비판은 타당하지 않다고 본다.

69) 하지만 이에 대하여 경영판단의 원칙은 이사의 경영상 판단에 과실이 있었느냐의 여부가 문제될 때 위력을 발휘할 것인데, 배임죄는 고의가 있을 때에만 성립하므로 실제로 형법에서 경영판단원칙을 수용할 실익이 없다는 견해(강동범, "이사의 경영판단과 업무상 배임", 법학논집 제14권 제3호, 이화여자대학교 법학연구소, 2010. 3, 49면; 강동욱, "이사의 경영판단행위와 배임죄의 성부", 한양법학 제21권 제4집, 한양법학회, 2010. 11, 121면)가 있다.

70) 이정민, "경영판단원칙과 업무상 배임죄", 형사정책연구 제18권 제4호, 한국형사정책연구원, 2007. 12, 164-165면.

71) 배임죄는 본래 민사적 위법행위를 형사적 위법행위로 전환시켜 처벌하고 있는 법정범적·형법범적 특성을 가지고 있는 범죄임에도 불구하고 임무위배라는 추상적 개념지표만을 제시할 뿐이어서 경영활동에 있어서 그 가벌성의 범위는 민사법률관계에서 원용하여 쓸 수밖에 없는 한계점이 있다. 하지만 민사상 책임이 형법상 배임죄의 한계선을 설정한다고 하여도 그 한계선 안에서의 형법 독자적인 규율에 의한 제한이 필요한데, 대표적으로 상법이 이사에게 과실이 있는 경우에도 그 책임을 추궁하는 데 반하여, 배임죄는 과실범을 처벌하지 않는다는 점이다. 이에 대하여 보다 자세히는 이규훈, "업무상 배임죄와 경영판단", 형사판례연구 제13권, 한국형사판례연구회, 2005, 337-340면 참조.

72) 이종상, "이사의 책임과 배임죄에 대한 비판적 고찰", BFL 제19호, 서울대학교 금융법센터, 2006. 9, 46면.

73) 강동욱, "기업범죄에 있어서 법인의 책임과 배임죄의 성부", 한양법학 제21권 제1집, 한양법학회, 2010. 5, 330면.

묻는 것은 자제되어야 한다는 점, 이사가 수집 가능한 정보에 기초하여 당해 사안에 관한 이해관계 없이 성실하게 최선의 이익을 위해 경영상 행위를 하였다면 본인과의 관계에서 신임관계를 위배한 행위를 한 것이 아니라는 점[74] 등을 제시하고 있다.

다. 검토

배임죄가 문제되는 사안에 있어서 경영자의 임무위배행위 여부에 대한 판단과 관련하여 이를 사법상의 의무에 의해 도출하려는 경향이 강하다. 즉 사법상의 의무위배가 있다고 한다면 이를 배임죄에서의 임무위배행위로 판단하여 고의를 부정하지 않는 한 배임죄로 의율하는 것이다. 특히 판례에 의하면 '임무에 위배하는 행위'라 함은 당해 사무의 내용·성질 등 구체적 상황에 비추어 법률의 규정, 계약의 내용 또는 신의성실의 원칙상 당연히 할 것으로 기대되는 행위를 하지 않거나 당연히 하지 말아야 할 것으로 기대되는 행위를 함으로써 본인에 대한 신임관계를 저버리는 일체의 행위를 말한다고 하는데,[75] 이와 같은 입장은 신임관계를 저버리는 일체의 행위라는 표현을 통하여 사실상 범죄의 성립 여부가 법원의 재량에 의하여 결정되는 결과를 초래하고야 말았다. 특히 임무위배행위의 판단기준을 법률이나 계약의 내용에서 벗어나 신의칙에서 찾는 행태는 윤리의 문제에 형법이 개입할 수밖에 없는 근거를 제공하기도 하였다. 하지만 법적인 의무라고 할지라도 이는 당해 기업의 종류와 규모, 재무상황, 경기상황, 시대상황 등 다양한 요소에 의존하는 불확정적인 의무이기 때문에,[76] 배임죄의 성부도 이에 따라 유연하게 결정되어야 한다고 본다. 이러한 측면에서 판례[77]가 "문제된 경영상의 판단에 이르게 된 경위와 동기, 판단대상인 사업의 내용, 기업이 처한 경제적 상황, 손실발생의 개연성과 이익획득의 개연성 등 제반 사정에 비추어 자기 또는 제3자가 재산상 이익을 취득한다는 인식과 본인에게 손해를 가한다는 인식하(미필적 인식을 포함[78])의 **의도적 행위**임이 인정되는 경우에 한하여 배임죄의 고의를 인정하는 엄격한 해석기준은 유지되어야 할 것이며 그러

---

74) 강동범, 앞의 논문, 49면.

75) 대법원 2012. 9. 13. 선고 2012도3840 판결; 대법원 2012. 7. 12. 선고 2009도7435 판결.

76) 최문희, "경영자의 배임죄와 회사법상 이사의 의무 - 전환사채의 저가발행 판례를 소재로 하여 - ", 저스티스 제112호, 한국법학원, 2009. 8, 74면.

77) 대법원 2004. 7. 22. 선고 2002도4229 판결.

78) 이와는 달리 일본 형법 제247조는 "타인을 위하여 그 사무를 처리하는 자가 자기 또는 제3자의 이익을 꾀하거나 본인에게 손해를 가할 목적으로 그 임무에 위배하는 행위로써 본인에게 재산상의 손해를 가한 때에는 5년 이하의 징역 또는 1,000만 엔 이하의 벌금에 처한다"고 규정하고 있다.

한 인식이 없는데 단순히 본인에게 손해가 발생하였다는 결과만으로 책임을 묻거나 주의 의무를 소홀히 한 과실이 있다는 이유로 책임을 물을 수는 없다"(강조는 인용자)라고 판시한 것은 다른 배임의 유형과 달리 경영판단에 있어서 배임죄의 성립여부를 제한하려고 한 시도라고 볼 수 있다. 즉 경영상의 판단과 관련하여 기업의 경영자에게 배임의 고의가 있었는지 여부를 판단함에 있어서도 일반적인 배임죄에 있어서 고의의 입증 방법과 마찬가지의 법리가 적용되어야 함은 물론이지만, 기업의 경영에는 원천적으로 위험이 내재하여 있어서 경영자가 아무런 개인적인 이익을 취할 의도 없이[79] 선의에 기하여 가능한 범위 내에서 수집된 정보를 바탕으로 기업의 이익에 합치된다는 믿음을 가지고 신중하게 결정을 내렸다고 하더라도 그 예측이 빗나가 기업에 손해가 발생하는 경우가 있을 수 있는바, 이러한 경우에까지 고의에 관한 해석기준을 완화하여 배임죄의 형사책임을 묻고자 한다면 이는 죄형법정주의의 원칙에 위배되는 것임은 물론이고 정책적인 차원에서 볼 때에도 영업이익의 원천인 기업가 정신을 위축시키는 결과를 낳게 되어 당해 기업뿐만 아니라 사회적으로도 큰 손실이 될 것이다.

한편 우리 입법자가 배임죄의 법정형을 절도죄나 장물죄의 법정형보다 낮게 책정하여 그 불법성을 낮게 파악하고 있는 이유는 과연 무엇인가? 이는 민사적인 문제에는 원칙적으로 국가형벌권을 발동하지 않겠다는 국가의 의지라고 보아야 한다. 절도·강도 및 장물죄는 일반적으로 자연범적인 성질을 지니고 있는 반면에, 배임죄는 전형적으로 법정범적인 성질을 지니고 있다고 할 수 있다. 그렇기 때문에 배임행위를 어떻게 다룰 것인가 하는 문제는 원칙적으로 입법정책상의 문제로 귀결되는 것이며, 배임행위를 형사처벌의 대상이 아닌 민사적인 수준에서 해결하려는 외국의 입법례도 쉽게 찾아볼 수 있는 것이다. 설사 형사처벌의 대상으로 포섭하는 경우에 있어서도 그 적용범위는 엄격하게 해석하여 민사적인 불법성을 과잉형벌화하는 우를 범하여서는 아니 된다. 이러한 측면에서 절도죄에서의 이득액과 배임죄에서의 이득액을 단순 비교하여 전자의 액수가 상대적으로 적다고 하여 후자의 선고형이 당연히 높아야 한다는 식의 주장은 비교대상 범죄의 법적

---

79) 특경법상 배임죄에서 그 동기가 부실계열사 지원이나 총수일가의 업무추진비 사용을 위한 부외자금 조성인 경우에는 개인적 이득을 취하기 위한 범죄가 아니라는 이유로 집행유예 선고사유를 설시하고 있는데, 이는 지배주주일가의 생활비나 개인주택 구입 등 순수한 사적인 용도로 사용하는 경우에만 범죄행위로 인한 이득을 개인적으로 사용한 것으로 보고 있는 것이다(경제개혁연대, "우리나라 법원의 화이트칼라 범죄 판결의 양형 사유 분석 – 유죄선고를 받은 화이트칼라 범죄자들은 어떤 이유로 풀려나는가–", 경제개혁리포트 2007-9호, 2007, 12-13면). 한편 배임죄로 인한 유죄판결을 받은 피고인들의 양형사유에 '개인적으로 취득한 이득이 없다고 서술하는 것은 배임죄의 구성요건과 상호모순되는 부분이라고 비판하지만, 제3자로 하여금 이득을 취득하게 하는 경우에도 배임죄가 성립하므로 이를 양형의 사유로 고려하는 것은 부적절한 것이 아니라고 본다.

성격을 제대로 파악하지 않고, 양형 판단 시 고려되어야 하는 특정 부분을 지나치게 일반화한 오류를 범하고 있다고 보아야 한다.

V. 글을 마치며

배임죄에 대한 양형기준이 실시된 2009. 7. 1.부터 정확히 1년 6개월 동안 제1심법원이 선고한 형량 가운데 가장 무거운 형종은 징역 5년형이었다. 이는 현행 형법상 배임죄의 법정최고형인 징역 5년형에 해당하는 것으로써, 특경법상 배임죄의 법정형은 물론이거니와 형법에 규정되어 있는 업무상 배임죄의 법정형이 없었더라도 배임행위에 대한 처벌이 충분히 가능했음을 여실히 보여주는 사례라고 할 수 있다. 이는 특경법 존재 자체에 대한 회의감을 자아내기에 충분하며, 현재 형벌가중 일색의 개정안을 제시하고 있는 국회에 일침을 가하는 중요한 참고자료가 될 것이다. 이러한 측면에서 현행 특경법상 배임으로 인한 이득액을 기준으로 하여 형벌을 가중하고 있는 형량하한제도는 실무에서 그 존재의의를 상당부분 상실하였다고도 평가할 수 있을 것이다. 그러므로 특경법 제3조는 폐지되어야 할 것이며, 이득액에 대한 평가는 형법상 배임죄의 양형결정시 고려되어도 무방하다고 본다. 현행 형법에 의하여도 악질적인 배임행위에 대하여는 충분히 실형을 선고할 수 있기 때문이다. 현재 진행되고 있는 배임죄에 대한 형량강화 및 집행유예 원천봉쇄의 주된 표적은 소위 재벌이라고 불리는 우리 사회의 특정계층임을 부인할 수는 없을 것이다. 특히 배임으로 인한 이득액이 50억 원 이상 또는 300억 원 이상의 경우에 형벌을 가중하는 조항은 대한민국 국민이면 누구나 범할 수 있는 성격의 범죄가 결코 아니다. 절도로 인한 이득액을 기준으로 구성요건을 다르게 하여 형벌을 가중하는 경우와는 달리 구성요건의 해석에서부터 추상적·모호성·재량성이 상당 부분 녹아 있는 배임죄라는 칼을 가지고서 그 이득액에 따라 가중처벌하겠다는 것은 재벌길들이기의 또 다른 형태에 불과할 뿐이다. 지난 2013. 4. 25. 박근혜 대통령은 '경제적 약자 지원, 단계적 추진으로 부작용 최소화, 대·중소기업 공생'이라는 '경제민주화의 3원칙'을 제시한 바 있는데, 이는 지나치게 대기업 규제 위주로 경제민주화를 해석하고 운용하려는 일각의 행태를 바로잡기 위한 조치라고 보인다. 지금까지 배임죄의 선고형과 운용실태에 대하여 끊임없는 비판이 계속되어 왔음에도 불구하고 우리 법원이 비판세력의 입장을 충분히 반영하지 않았고, 우리 대통령이 사면권을 지속적으로 행사한 것도 그 나름대로의 충분한 이유가 있었음을 이해해 볼 필요가 있다. 또한 우리 사회가 고위경영자의 성공사례를 바라보는 시각이 경영판단 내지 경영기법의 혁신 등에 의한 결과로 보기보다는 관련 부처 공무원을 매수하거나 정치권력과의 연계를 통한 결과로 바라보는 부정적인 시각에 기인한 것은 아닌지 냉철하게 생각해 보아야 할 때이다.

제12강 아동·청소년이용음란물 소지죄의 해석론 및 입법론에 대한 검토

Ⅰ. 문제의 제기

　현행 아동·청소년의 성보호에 관한 법률(2012. 12. 18. 개정 및 2013. 6. 19. 시행; 이하에서는 '아청법'이라고 한다) 제11조 제5항에 의하면 "아동·청소년이용음란물임을 알면서 이를 소지한 자는 1년 이하의 징역 또는 2천만 원 이하의 벌금에 처한다"라고 하여 이른바 아동·청소년이용음란물[1]소지죄를 형사처벌의 대상으로 삼고 있다. 우리나라에서 아동·청소년이용음란물소지죄는 2007. 8. 3. 도입된 신종범죄임에도 불구하고, 그 동안 적용이 거의 이루어지지 않고 있었다고 해도 과언이 아니다. 하지만 최근 잇따른 아동·청소년을 대상으로 하는 성범죄의 심각성으로 말미암아 성범죄의 예방 차원에서 동죄를 적용하여 단속 및 처벌하는 사례가 2012년부터 본격적으로 나타나기 시작하면서 그 처벌의 기준 및 타당성 여부가 논란의 대상으로 되고 있다.[2] 이러한 논란의 와중에 2013. 5. 27. 서울북부지방법원 변민선 판사는 성인컴퓨터전화방에서 교복을 입은 성인여성이 성행위를 하는 음란물을 손님에게 돈을 받고 상영한 혐의로 기소된 피고인이 신청한 (구) 아청법 제2조 제5호 및 제8조 제2항에 대한 위헌법률심판을 헌법재판소에 제청하는 결정을 하였다. 동 재판부는 (구) 아청법에 따르면 성인 배우가 교복을 입고 성행위를 묘사한 경우에도 아동·청소년이용음란물에 해당하게 되어 표현의 자유와 죄형법정주의에서 요구하는 명확성의 원칙에 위배되는데, 특히 '아동·청소년으로 인식될 수 있는 사람이나 표현물'에 대한 의미가 정확하지 않아 다의적으로 해석할 수 있는 여지가 있다는 점, 영화 '방자전'과 '은교'의 경우에 있어서 음란물이 아닌 가상 미성년자 성표현물의 경우 동 조항을 적용해 처벌한다면 제작자, 감독, 극장주, 심지어 성인배우도 처벌받게 될 수 있다는 점,[3] 이는 비현실적인 법 적용임과 동시에 법의 취지에도 반한다는

---

* 형사정책 제25권 제2호, 한국형사정책학회, 2013. 8.

1) '아동·청소년이용음란물'이란 아청법 제2조 제5호에서 명시적으로 사용하고 있는 법적 개념으로써, 본고에서는 아동음란물, 아동포르노그래피 등의 개념을 대신하여 본 용어를 사용하기로 한다. 다만 출처의 원문이나 외국의 법령에서 아동음란물, 아동포르노그래피 등의 용어를 사용하는 경우에는 이를 그대로 표기한다.

2) 경찰청은 2013. 4. 1.부터 2013. 10. 31.까지 인터넷 음란물 집중 단속에 돌입한다고 밝혔으며, 안전행정부는 2013. 5. 29. 경찰청 내 아동음란물대책팀을 신설하는 등의 내용을 담은 '국민안전 종합대책'을 발표하였다.

3) 이는 미국 연방대법원의 Ashcroft vs. Free Speech Coalition 535 U.S. 234(2002) 판결에서도 비슷한 표현이 등장하는데, 당시 케네디 재판관은 로미오와 줄리엣이나 아메리칸 뷰티 등의 표현물의 경우에도 미성년자로 보이는 자들이 성적 표현을 하는 것이 법률에 의하여 규제되는 것이 타당한가라는 의문을 제기하

점, 입법자가 의도하지 않았다고 하더라도 청소년의 성과 사랑에 대한 주제가 금기시되고 의사표현의 공간이 위축되고 있어 과잉금지의 원칙에 위배되어 지나치게 표현의 자유를 침해한다는 점, 아동·청소년이용음란물을 다운로드만 해도 20년간 신상정보를 등록하고 취업 제한을 하도록 하는 것은 과잉처분이라는 점 등을 지적하였다.

또한 보호법익의 측면에서 아동·청소년이용음란물소지죄가 과연 무엇을 위해서 존재하고 있는가, 즉 음란물에 이용되고 있는 아동·청소년 개인을 보호하기 위한 것인가 아니면 만연하고 있는 아동·청소년 대상 성범죄의 예방이라는 보다 거시적 차원에서의 접근이 시도되고 있는가 등에 대한 논의가 미미한 상황에서 검거 및 처벌이 되고 있기 때문에 실무에서도 단속의 어려움을 토로하고 있는 실정이다. 그리고 아동·청소년뿐만 아니라 아동·청소년으로 인식될 수 있는 사람이나 표현물이 등장하는 음란물도 처벌의 대상으로 삼고 있다는 점에서 과연 '인식될 수 있는'의 의미가 무엇인지 그리고 '표현물'이 무엇인지에 대한 논란이 있어서 2012. 12. 18. 개정된 아청법은 '명백하게' 인식될 수 있는 사람이나 표현물이라고 함과 동시에 소지행위도 단순소지에서 '이를 알면서' 소지할 것이라고 하여 구성요건의 모호성을 해결하기 위한 시도를 하고 있다. 하지만 이러한 입법적인 개선에도 불구하고 처벌기준이 결코 명확한 것이라고 평가할 수는 없다. 이러한 해석상의 논란과는 별개의 차원에서 아동·청소년이용음란물의 소지행위 그 자체가 과연 국가가 행사할 수 있는 가장 강력한 공권력의 발동이라고 할 수 있는 형사처벌의 대상이 될 수 있는가 하는 보다 궁극적인 의문을 제기할 수 있겠다. 아동이나 청소년을 대상으로 하여 일정한 성범죄를 저지른 자가 아동·청소년이용음란물을 소지하고 있었다는 사정은 양형에서 충분히 고려될 수 있음에도 불구하고, 단순히 아동·청소년이용음란물을 소지하고 있다고 하여 이러한 행위를 성범죄의 단초 내지 계기로 바라보는 시각이 과연 타당한지는 보다 면밀히 검토해 보아야 할 문제이기 때문이다. 또한 성인이 등장하는 음란물, 성인과 동물간의 수간(獸姦)행위가 등장하는 음란물, 스와핑을 묘사하고 있는 음란물, 성인을 대상으로 하는 가학적·피학적인 강간을 묘사하는 음란물, 성인 간의 집단성행위를 구체적으로 묘사하는 음란물 등 아동·청소년이용음란물소지행위보다 내용적인 측면에서 보다 더 비윤리적이고 비도덕적인 수많은 하드코어 음란물의 경우에는 소지행위를 처벌하고 있지 않으면서도 굳이 아동·청소년이 등장하는 음란물의 소지행위만을 처벌하는 것은 형평성 내지 비례성의 원칙에도 반한다고 본다.

이상과 같은 아청법상 아동·청소년이용음란물소지죄의 대한 형사처벌의 타당성 여부

_____

였다.

를 검토하기 위하여 본고에서는 먼저 아동·청소년이용음란물소지죄의 변천과정 및 최근의 단속과 처벌강화의 배경을 알아보고, 아동·청소년이용음란물소지죄에 대한 수사기관에서의 처리현황을 살펴본다(Ⅱ). 다음으로 아동·청소년이용음란물소지죄의 구성요건을 '아동·청소년이용음란물'의 개념과 '소지'의 개념으로 양분하여 분석한다(Ⅲ). 이 후 아동·청소년이용음란물소지죄의 형사처벌 타당성 여부에 대한 검토를 위하여 미국, 독일, 일본 등 외국의 입법례를 살펴보고, 형사처벌을 긍정하는 측에서 주장하고 있는 논거를 알아 본 후 형사처벌의 부당성을 지적하며(Ⅳ), 논의를 마무리하기로 한다(Ⅴ).

Ⅱ. 아동·청소년이용음란물소지죄의 도입 및 처리현황

1. 아동·청소년이용음란물소지죄의 변천과정 및 처벌강화의 배경

가. 아동·청소년이용음란물소지죄의 변천과정

아동·청소년이용음란물소지죄는 2007. 8. 3. (구) 청소년의 성보호에 관한 법률(법률 제8634호)[4] 제8조 제4항에서 "청소년이용음란물을 소지한 자는 2천만 원 이하의 벌금에 처한다"라고 규정하여 신설된 범죄이다. 여기서 '청소년이용음란물'이란 청소년이 등장하여 제2조 제4호[5]의 어느 하나에 해당하는 행위를 하거나 그 밖의 성적 행위를 하는 내용을 표현하는 것으로서, 필름·비디오물·게임물 또는 컴퓨터나 그 밖의 통신매체를 통한 화상·영상 등의 형태로 된 것을 말한다(동법 제2조 제5호). 이후 2009. 6. 9. (구) 청소년의 성보호에 관한 법률을 아동·청소년의 성보호에 관한 법률로 법명개정(법률 제

---

4) 동법은 부칙 제1조에 의하여 공포 후 6개월이 경과한 날인 2008. 2. 4.부터 시행되었다.

5) "청소년의 성을 사는 행위"는 청소년, 청소년의 성을 사는 행위를 알선한 자 또는 청소년을 실질적으로 보호·감독하는 자 등에게 금품이나 그 밖의 재산상 이익, 직무·편의제공 등 대가를 제공하거나 약속하고 다음 각 목의 어느 하나에 해당하는 행위를 청소년을 대상으로 하거나 청소년으로 하여금 하게 하는 것을 말한다. 가. 성교 행위 나. 구강·항문 등 신체의 일부나 도구를 이용한 유사 성교 행위 다. 신체의 전부 또는 일부를 접촉·노출하는 행위로서 일반인의 성적 수치심이나 혐오감을 일으키는 행위 라. 자위 행위((구) 청소년의 성보호에 관한 법률 제2조 제4호).

9765호)을 함과 동시에 제8조 제4항에서 "아동·청소년이용음란물을 소지한 자는 2천만 원 이하의 벌금에 처한다"고 하여 '아동'이용음란물소지도 형사처벌의 대상임을 명확히 하였다.

한편 2011. 9. 15. 개정(법률 제11047호)[6]에서는 항을 바꾸어 제8조 제5항에서 동죄를 규정하였고, 제2조 제5항을 개정하여 '아동·청소년이용음란물'이란 아동·청소년 또는 아동·청소년으로 인식될 수 있는 사람이나 표현물이 등장하여 제4호의 어느 하나에 해당하는 행위를 하거나 그 밖의 성적 행위를 하는 내용을 표현하는 것으로서 필름·비디오물·게임물 또는 컴퓨터나 그 밖의 통신매체[7]를 통한 화상·영상 등의 형태로 된 것을 말한다고 하여 아동·청소년이용음란물의 범위를 가상 아동·청소년이용음란물까지도 포함하는 것으로 확대하였다.

끝으로 2012. 12. 18. 전문개정(법률 제11572호)[8]에서는 제11조 제5항에서 "아동·청소년이용음란물임을 알면서 이를 소지한 자는 1년 이하의 징역 또는 2천만 원 이하의 벌금에 처한다"고 규정하여 구성요건의 측면에서 아동·청소년이용음란물임에 대한 고의의 내용을 명확하게 하고, 형벌의 측면에서 징역형을 선택형으로써 추가하였다.[9] 또한 제2조 제5호를 개정하여 '아동·청소년이용음란물'이란 아동·청소년 또는 아동·청소년으로 명백하게 인식될 수 있는 사람이나 표현물이 등장하여 제4호의 어느 하나에 해당하는 행위를 하거나 그 밖의 성적 행위를 하는 내용을 표현하는 것으로서 필름·비디오물·게임물 또는 컴퓨터나 그 밖의 통신매체를 통한 화상·영상 등의 형태로 된 것을 말한다고 하여 기존의 가상 아동·청소년이용음란물의 개념에서 '명백성'을 추가하여 가벌성의 범위를 다소 축소하였다. 개정 전에는 아동·청소년으로 인식될 수 있기만 하면 성인이 교복을 입고 출연한 음란물도 아동·청소년이용음란물로 보아 처벌되었으나, 개정 후부터는 아동·청소년으로 명백히 인식되어야 하므로 성인으로 인식될 가능성이 있거나 실제 확인 결과 성인으로 입증될 경우에는 처벌의 대상에서 제외하여 범죄의 성립범위를

---

6) 동법은 부칙 제1조에 의하여 공포 후 6개월이 경과한 날인 2012. 3. 16.부터 시행되었다.

7) 휴대폰으로 전송되어 온 영상통화의 영상을 별도로 저장하는 방법으로 추후 재생, 배포 및 소지가 가능한 동영상을 생성한 경우에도 아동·청소년이용음란물에 해당할 수 있다(서울북부지방법원 2011. 11. 11. 선고 2011고합116 판결).

8) 동법은 부칙 제1조에 의하여 공포 후 6개월이 경과한 날인 2013. 6. 19.부터 시행되었다.

9) 2012. 12. 18. 개정된 아청법 제11조 제3항에 의하면 "아동·청소년이용음란물을 배포·제공하거나 공연히 전시 또는 상영한 자는 7년 이하의 징역 또는 5천만 원 이하의 벌금에 처한다"고 하여, '단순 제공'의 경우에도 처벌할 수 있도록 하였다. 이에 따라 기존에는 무상 교부행위의 경우 불특정 다수인에 대한 배포만 처벌했으나, 2013. 6. 19. 이후에는 아동·청소년이용음란물을 특정한 1인에게 전달하는 제공행위도 처벌이 가능해졌다.

축소한 것이다.[10] 이에 따라 (구) 아청법(2011. 9. 15. 법률 제11047호로 개정되고, 2012. 12. 18. 법률 제11572호로 개정되기 전의 것)이 효력을 유지하던 2012. 3. 16.부터 시행되고 2013. 6. 18. 사이에 교복을 입은 성인 여배우가 출연한 음란물을 소지한 혐의로 단속되어 재판이 진행된 경우에는 범죄 후 법률의 변경에 의하여 그 행위가 범죄를 구성하지 아니하게 되어 피고인에게 유리한 신법이 적용됨에 따라 법원은 면소판결을 선고하고(형법 제1조 제2항 및 형사소송법 제326조 제4호 참조), 아동·청소년이용음란물소지죄로 공소가 제기되어 재판이 확정된 경우에는 형의 집행을 면제한다(형법 제1조 제3항 참조).

나. 최근의 아동·청소년이용음란물소지죄에 대한 단속 및 처벌 강화의 배경

2006년도 김본좌, 2009년도 정본좌, 2011년도 서본좌에 이르기까지 음란물을 대량으로 유포시킨 일명 헤비업로더(Heavy Uploader)가 구속되는 등 음란물범죄가 지속적으로 사회적인 문제로 대두되어 오던 가운데 최근에는 아동·청소년을 대상으로 한 성범죄자가 실제 범행을 저지르기 직전에 아동·청소년이용음란물을 시청하였다는 몇 건의 언론보도와 관련하여 음란물의 제작 및 유포 등을 처벌하던 기존의 수사관행은 단순소지의 영역으로 확대되어 그 가벌성의 범위를 확장하고 있는 추세를 보이고 있다. 예를 들면 2012년 8월 전남 나주의 한 주택에 침입해 잠자던 7살 아이를 이불 채로 납치해 성폭행한 고종석은 일본 아동포르노에 중독된 것으로 밝혀졌는데, 경찰조사에서 피고인은 '아동음란물을 보면서 나도 저렇게 아이와 성관계를 해보고 싶다는 뜻을 품게 됐다'고 진술하기도 하였으며, 2012년 7월 경남 통영에서 10살 아이를 성폭행하려고 끌고 가 살해한 김점덕의 컴퓨터에서는 아동·청소년이용음란물 70여 편이 발견되었으며, 2010년 6월 초등학생을 납치·성폭행한 뒤 살해한 김수철도 범행 전날 아동·청소년이용음란물을 52편이나 본 것으로 각각 드러났다. 이와 같이 아동·청소년이용음란물에의 지나친 노출이 최근에 발생한 일련의 성범죄와 같은 강력사건 등 제2의 범죄로 이어질 수도 있다는 진단 때문에 2008. 2. 4. 신설되어 그동안 거의 적용이 되지 않고 있었던 아동·청소년

---

10) 이에 대하여 아동·청소년이용음란물이 아동·청소년으로 하여금 성적 행위가 정상적이며 극히 자연스러운 행위로 위장하는 한편 그들을 이러한 행위로 유인하는 도구로 사용될 수 있기 때문에 성인이 청소년을 가장하여 등장한 음란물도 아동·청소년이용음란물의 개념에 포함시켜야 한다는 견해로는 심희기, "아동 포르노그라피와 한국의 청소년 성보호법", 비교형사법연구 제5권 제2호, 한국비교형사법학회, 2003. 12, 899면; 이건호, "아동 포르노그래피의 폐해와 형사법적 규제", 한림법학 FORUM 제14호, 한림대학교 법학연구소, 2004. 8, 201면.

이용음란물소지죄가 최근에 와서 각광을 받기 시작하였고, 기존 음란물의 제작·유포 등을 중심으로 한 음란물범죄에 대한 대처방식이 수요자 중심의 단순소지행위에 대한 단속과 처벌까지로 확대되었다고 볼 수 있다.

2. 아동·청소년이용음란물소지죄의 단속 및 처리현황

가. 경찰단계에서의 단속 및 처리현황

경찰청 사이버테러대응센터는 2012. 5.부터 2012. 10.까지 인터넷 음란물에 대한 집중단속을 벌여 총 6,417명을 검거한 바 있는데, 이 중 27.3%(1,758명)가 아동·청소년이용음란물 관련 범죄자로 파악되었고, 4.2%(275명)는 아동·청소년이용음란물소지죄로 단속되었다.

〈표-1〉 인터넷 음란물 검거 실적(2012. 5. 1.-2012. 10. 31.)

(단위: 명)

구 분	총 계	일반 음란물 배포·전시 등	아동·청소년이용음란물					
			소 계	제 작	영리목적 판매·대여 등	단순 배포·전시	단순 소지	미조치업체
인 원	6,417	4,659	1,758	28	482	953	275	21

출처: 경찰청, "음란물 집중단속으로 유통 억제 및 자정 분위기 확산-특히, 아동음란물 근절에 대한 사회적 인식 제고-", 경찰청 사이버테러대응센터, 2012. 11. 8.

이후 경찰청은 2013. 4. 1.부터 2013. 10. 31.까지 7개월간 현 정부가 명명한 4대 사회악의 하나인 성폭력 예방을 위하여 인터넷 음란물에 대한 집중 단속을 실시하고 있는데,[11] 실제로 2013. 4. 한 달간 인터넷 음란물 제작·유통 사범을 집중 단속해 1,824건을 적발하여, 1,938명을 검거하였는데,[12] 이 중 아동·청소년이용음란물소지죄로 단속된

---

11) 경찰청, "인터넷 음란물 단속 법규 및 대상 안내-4. 1부터 인터넷 음란물 집중 단속 실시-", 경찰청 사이버테러대응센터, 2013. 3. 28.

12) 경찰청, "음란물 제작에 노출된 청소년들, 각별한 주의 필요! - 경찰청, 4월 한 달간 인터넷 음란물 1,824건 1,938명 검거-", 경찰청 사이버테러대응센터, 2013. 5. 8.

인원은 2%(39명)에 불과하였다.

〈표-2〉 인터넷 음란물 검거 실적(2013. 4. 1.-2013. 4. 30.)

| 구 분 | 총 계 | 아동·청소년이용음란물 | | | | | 일반 음란물배포 등 | 미등록사업자 |
		소 계	제 작	영리목적 판매 등	단순 배포· 전시	단순 소지		
건 수	1,824	412	6	84	303	19	1.411	1
인 원	1,938	471	8	98	326	39	1,466	1

출처: 경찰청, "음란물 제작에 노출된 청소년들, 각별한 주의 필요! - 경찰청, 4월 한 달간 인터넷 음란물 1,824건 1,938명 검거-", 경찰청 사이버테러대응센터, 2013. 5. 8.

〈표-3〉 인터넷 음란물 유통경로 현황(2013. 4. 1.-2013. 4. 30.)

구 분	총 계	웹하드	P2P	SNS	스마트폰	웹사이트	카 페	블로그	기 타
건 수	1,824	1,297	378	3	17	16	18	12	83

출처: 경찰청, "음란물 제작에 노출된 청소년들, 각별한 주의 필요! - 경찰청, 4월 한 달간 인터넷 음란물 1,824건 1,938명 검거-", 경찰청 사이버테러대응센터, 2013. 5. 8.

나. 검찰단계에서의 단속 및 처리현황

(1) '무관용(Zero Tolerance) 원칙'에서 '교육조건부 기소유예 처분'으로의 전환

2012. 9. 24. 검찰은 아동·청소년이용음란물을 다운받은 경우 모두 엄벌에 처하겠다고 밝혔는데, 이는 음란물을 다운받은 뒤 바로 지우거나 처음 적발되더라도 아동·청소년이용음란물소지죄로 기소하겠다는 의지를 밝힌 것이었다. 그리하여 초범의 경우에도 기소를 원칙으로 하고, 청소년의 경우에도 단순 기소유예 처분을 지양하고 소년부 송치, 교육상담조건부·선도조건부 등의 기소유예 처분을 할 것이라고 밝혔다.[13] 하지만 2012. 9. 4. 수원지방검찰청은 최초로 아동·청소년이용음란물을 소지한 5명을 불구속기소하였는데, 이는 단순소지자 가운데 청소년성매수, 청소년대상 성폭력, 음란물유포 등의 '성범죄 전력'이 있는 소지자만을 선별적으로 기소한 것이었다.[14] 이는 2008. 2. 4.부터 효력이 발생한 신설범죄에 대하여 약 4년 7개월이 지나서야 기소를 철저히 하겠다고 의견표

---

13) 대검찰청, "아동·청소년 음란물 유통 근절을 위해 엄중처벌로 강력 대처", 보도자료, 2012. 9. 24.
14) 수원지방검찰청 보도자료, 2012. 9. 4.

명을 한 것도 우스운 일이지만, 이러한 방침과는 달리 수사 실무에서는 기술적·현실적·법리적 등의 관점에서 단속 및 기소를 자제하는 관행이 여전히 존재한 것이 사실이었다. 검찰은 이러한 무관용의 원칙을 고수하는 것이 현실의 상황에 적합하지 않았던 점을 직시한 나머지 약 3개월 후인 2012. 12. 23. 아동·청소년이용음란물을 소지한 혐의로 처음 적발된 사람에 한하여 '교육조건부 기소유예처분'을 부과하는 지침을 일선 검찰청에 하달하였는데, 동 처분은 보호관찰소에서 하루 동안 음란물사범 교육프로그램을 이수하면 기소유예가 되는 것이다. 이는 2013. 1.부터 시작되고 있으며, 그 법적 성격이 기소 남발과 범행 재발을 막기 위해 성매수 초범자들을 대상으로 실시하는 존스쿨(John School·성구매자 재범방지교육)과 비슷한 것으로 파악할 수 있겠다.

(2) 아동·청소년이용음란물과 성범죄의 상관관계에 대한 연구결과 발표

법무부 인권국 여성아동정책팀은 한국형사정책연구원에 의뢰해 '아동음란물과 성범죄의 상관관계'를 연구한 결과 아동음란물 시청은 아동성범죄와 상당한 상관관계가 있는 것으로 나타났다고 2013. 1. 3. 밝혔다. 동 조사는 한국형사정책연구원 윤정숙 부연구위원이 2012. 9. 19.부터 2012. 11. 5.까지 성폭력 범죄로 수감된 수형자 288명(13세 미만 아동대상 성범죄자 87명 포함)과 일반인 170명을 대상으로 아동음란물을 포함한 음란물의 사용 빈도와 사용실태, 성범죄 전과경력, 성범죄와 관련된 범죄발생요인 등을 조사한 결과인데, 설문조사 결과에 따르면 성범죄 직전 아동음란물 시청 비율은 일반성범죄자보다 아동성범죄자가 더 높은 것으로 나타났다.[15] 성범죄 직전(최대 7일 전) 아동음란물을 시청한 경험이 있는가 하는 질문에 대하여 일반성범죄자는 7%, 아동성범죄자는 16%가 시청한 경험이 있다고 응답하였고, 성범죄 직전 아동음란물을 2회 이상 시청한 비율은 일반성범죄자는 5%, 아동성범죄자는 13.7%로 각각 나타났다. 한편 일반적인 성인음란물에 성적 충동을 느끼는 비율은 일반인이 77.5%로 성범죄자(64.9%)에 비해 오히려 높았지만, 아동음란물과 폭력음란물에 대해서 일반인은 각각 5.9%, 11.8%만 반응을 보인 반면 성범죄자들은 각각 10.2%, 17.1%로 2배 가까운 반응을 보였다. '음란물이 성범죄에 영향을 미치는가'라는 설문에 대하여 일반인은 38.3%가 그렇다고 답했지만 성범죄자는 56.8%가 그렇다고 답했다.[16] 이에 법무부는 "아동 성범죄를 지지하는 태도와 아동에 대

---

15) 윤정숙, 「아동음란물과 성범죄의 상관관계 연구」, 한국형사정책연구원, 2012. 12, 90-91면.
16) 동 연구결과에 대한 비판적인 분석으로는 아래의 'Ⅳ. 3. (1) 성범죄와의 필연적인 상관성이 인정되지 않

한 실질적 성적 기호를 갖고 있는 사람들은 아동음란물을 시청한 확률이 일반인이나 다른 성범죄자의 유형에 비해 훨씬 높은데, 폭력음란물과 같은 다른 유형의 불법음란물과 결합할 시 폭력적이고 가학적 성향까지 강화시킬 수 있어 불법음란물 감상은 성범죄 행위의 전조요인이 될 수도 있다"고 주장하였다.[17]

Ⅲ. 아동·청소년이용음란물소지죄에 대한 해석론적 접근

1. '아동·청소년이용음란물'의 개념

가. 아동·청소년 또는 아동·청소년으로 명백하게 인식될 수 있는 사람이나 표현물이 등장할 것

먼저 '아동·청소년'이란 원칙적으로 19세 미만의 자를 말하지만, 예외적으로 19세에 도달하는 해의 1월 1일을 맞이한 자는 제외한다(아청법 제2조 제1호). 여기에서 아동·청소년이란 후단에 아동·청소년으로 명백하게 인식될 수 있는 사람이라는 문구와의 관계상 실제 아동·청소년임을 요한다. 다음으로 2000. 2. 3. 제정된 (구) 청소년의 성보호에 관한 법률에 의하면 청소년이용음란물이란 실제로 '청소년이 등장'한 경우로 한정되어 있었지만, 2011. 9. 15. 아청법 개정으로 인하여 '아동·청소년으로 인식될 수 있는 사람이나 표현물'이 추가되었고, 이후 2012. 12. 18. 아청법 개정으로 인하여 '아동·청소년으로 명백하게 인식될 수 있는 사람이나 표현물'로 다시 수정되었다. 이를 '가상 아동·청소년이용음란물'이라고 칭할 수 있겠는데, 이와 같은 가상의(virtual) 아동·청소년

는다는 점' 부분을 참조할 것.

17) 동 연구결과를 통하여 아동·청소년이용음란물에의 노출과 청소년 대상 성범죄간의 직접적인 인과관계가 입증되었다고 평가하기보다는 청소년에 대한 왜곡된 성적인 기호를 가진 자들이 아동·청소년이용음란물을 통하여 그들의 왜곡된 태도와 일탈적 성향을 강화시키고 있다고 분석하는 견해(임정호, "아동·청소년의 성보호에 관한 법률상 아동음란물 정의규정에 대한 미국법과의 비교연구", 법학논총 제25권 제3호, 국민대학교 법학연구소, 2013. 2, 17면)가 있다.

이용음란물은 비록 아동·청소년에 대한 직접적인 피해가 없다고 할지라도 가상 이미지를 만들어내는 데에는 실제 청소년의 참여가 필요할 것이라는 점, 그러한 표현물의 유포는 청소년에 대한 성적 학대나 착취를 더욱 부추길 것이라는 점, 그러한 가상 이미지 역시 도덕적·윤리적으로 옳지 못하다는 점,[18] 애니메이션 음란물에 실제 인물이 등장하지는 않지만, 성인이 등장하는 음란물보다 더 저속하고 노골적으로 표현된 경우가 많다는 점, 이를 방치할 경우 청소년의 건전한 성인식을 저해함은 물론 성범죄로 발전할 우려도 있다는 점, 비정상적인 음란물 시장의 활성화에 직간접적으로 기여할 수 있다는 점, 실제 아동·청소년이용음란물과 같이 아동·청소년을 상대로 한 묘사가 아동성애자의 성적 환상을 자극하여 실제 아동학대로 연결될 가능성이 크다는 점, 가상 아동·청소년이용음란물을 접하는 아동·청소년에게 유해하다는 점 등에서 형사처벌의 당위성이 도출될 수 있다는 것이 개정의 주된 배경이라고 할 수 있다.

이와 같이 2011. 9. 15. 아청법 개정으로 '아동·청소년으로 인식될 수 있는 사람이나 표현물'이 추가됨에 따라 실무에서 가장 논란이 되었던 것이 성인배우가 교복을 입고 등장하여 성행위를 한 것이 과연 아동·청소년이용음란물에 해당하는가 하는 점이었다. 이에 경찰청은 아동·청소년이용음란물의 등장인물이 교복을 입었다고 하여 모두 아동·청소년이용음란물에 해당하는 것은 아니며, 전반적인 내용과 상황을 종합하여 아동·청소년으로 인식되기 어려운 경우는 아동·청소년이용음란물로 보지 않는다고 설명은 하였지만,[19] 논란을 완전히 불식시키지는 못하였다. 급기야 '아동·청소년으로 인식될 수 있는 사람'이라는 구성요건의 해석과 관련하여 최근 하급심 판결에서는 "음란물의 내용을 기준으로 음란물에서 묘사된 구체적 상황, 표현 방식 등을 고려하여 일반인이 해당 인물이나 표현물을 아동·청소년으로 인식할 수 있는지 여부에 따라 판별함이 상당하고, 이와 달리 음란물의 내용은 감안하지 않은 채 오로지 해당 인물이나 표현물을 아동·청소년으로 오인할 가능성이 있는지 여부에 따라 판단하는 것으로 제한하여 해석할 수 없다. …… 모두 교실과 대중교통수단 등의 장소에서 체육복 또는 교복을 입었거나 가정교사로부터 수업을 받는 등 학생으로 연출된 사람이 성행위를 하는 것을 내용으로 하고 있으므로, '아동·청소년으로 인식될 수 있는 사람'이 등장하는 '아동·청소년이용음란물'에 해당한다고 보아야 하고, 해당 인물이 실제 성인으로 알려져 있다고 하여 달리 볼 수 없

---

18) 헌법재판소 2002. 4. 25. 선고 2001헌가27 결정.

19) 경찰청, "아동음란물 단속 관련 설명자료", 경찰청 사이버센터, 2012. 10. 15. 아청법이 엄격하게 개정되었음에도 불구하고 이를 처음부터 제대로 홍보하지 않고 7개월이 지난 시점에 보도자료를 내고 단속에만 급급한 것은 일처리의 우선순위가 바뀐 것이라고 할 수 있다.

다"고 판시하여,[20] 논란을 오히려 증폭시키기도 하였다.

생각건대 음란물에 등장하는 인물이 아동·청소년인지 아니면 성인인지가 명확히 구별되지 않는 한계사례는 충분히 상정할 수 있다고 본다. 이는 18세에 근접한 청소년의 경우 성인과 거의 외형이 비슷하여 육안으로는 쉽게 구별이 불가능하다는 점, 특히 애니메이션이나 만화[21]의 묘사만으로는 대상인물의 연령을 쉽게 파악하기가 불가능하다는 점, 여자청소년의 화장이나 성형이 대중화되었고 의상에 있어서도 성인의 것과 거의 대동소이한 모습을 취하고 있다는 점, 현행법상의 아동·청소년이용음란물은 일반적으로 초등학생 이하의 연령대에 속하는 아동과 중·고등학생의 연령대에 속하는 청소년을 단일한 범주로 파악하기 때문에 육안으로 구별이 용이한 아동과 성인, 구별이 용이하지 않은 청소년과 성인을 동일선상에 두는 것은 합리적이지 못하다는 점 등이 그 원인일 것이다. 이러한 애매함으로 인하여 어려 보이는 성인이 청소년의 모습으로 등장하는 상황에서 어려 보이는 성인은 일반음란물제작죄로 처벌되는 반면에 이를 소지한 사람은 아동·청소년이용음란물소지죄로 처벌되는 것은 불합리하다고 할 수 있다. 왜냐하면 실제 아동이나 청소년이 등장하는 음란물에 대해 처벌하는 것은 대상 아동·청소년의 성적인 피해를 방지한다는 확실한 보호법익이 있다고 할 수 있지만, 만화·애니메이션·게임 등에서 가상의 인물이 등장하는 것을 처벌하는 것은 그 매체를 보고 아동·청소년을 성적인 욕구의 대상으로 삼아 범죄를 일으킬 수 있다는 위험을 줄이는 효과 정도밖에 없기 때문에 실제 인물과 가상 인물의 구별 없이 동일한 기준으로 형사처벌하는 것은 비례성의 원칙에 부합하지 않기 때문이다.[22] 또한 표현의 자유와 관련하여 가상 아동·청소년이용음란물이 성범죄로 연결될 가능성이 있다고 할지라도 해악에 대한 명백한 증거도 없이 가능성에 대한 예측만으로 표현의 자유를 제한할 수는 없는 것이다. 특히 실제 아동·청소년의 등장과 아동·청소년으로 인식되는 애니메이션의 등장을 동일한 법정형으로 처리하는

---

20) 수원지방법원 2013. 2. 20 선고 2012고단3926, 4943 판결: 피고인들은 2012. 7.-8.까지 한 인터넷 웹하드 업체로부터 100MB 당 1원을 받기로 하고 이 업체 웹하드에 음란동영상 2,100여 건을 올렸으며, 이 가운데 일본 성인 여배우가 성행위를 하는 장면이 묘사된 32건의 동영상이 포함되었다. 재판부는 아청법상 아동·청소년이용음란물유포죄를 적용하여 피고인들에게 징역 8월 및 징역 6월에 성폭력치료강의 40시간을 각각 명령하였고, 피고인들은 이에 대하여 항소하였다.

21) 판례는 실제 사람이 등장하지 않는 만화나 그림도 널리 '표현물'로 파악하고 있다(대법원 2006. 4. 28 선고 2003도4128 판결; 대법원 2005. 7. 22 선고 2003도2911 판결).

22) 윤철한, "아동 음란물이 성범죄 증가의 원인?", 법연 제34호, 한국법제연구원, 2012. 10, 22면. 이에 대하여 가상이지만 충분히 아동·청소년으로 추정할 수 있는 대상이 등장하고 있는 경우에는 이를 규제함이 타당하다는 반론(김두상, "아동청소년이용음란물의 단순소지 처벌에 관한 비판적 고찰", 서울법학 제21권 제1호, 서울시립대학교 법학연구소, 2013. 5, 144면)이 있다.

것은 불법성 내지 비난가능성의 측면에서 불합리하다고 볼 수 있다.[23] 이러한 불합리를 시정하기 위하여 실제 아동·청소년이 아닌 자 또는 표현물이 등장하는 경우에 있어서 법정형을 상대적으로 경하게 규정하자는 대안[24]까지 제시되고 있는 상황에서, 아동·청소년이용음란물 규정의 범위가 모호하여 사회적 불안이 야기되기 때문에 이를 명확히 하여 불의의 피해자가 양산되지 않도록 하기 위하여 아동·청소년이용음란물을 실제 아동·청소년이 출연한 경우로 한정하자는 개정안[25]까지 발의되기도 하였다. 결국 2012. 12. 18. 아청법 개정으로 인하여 '아동·청소년으로 명백하게 인식될 수 있는 사람이나 표현물'로 다시 수정되어 이러한 논란이 조금이나마 해결되는 듯이 보이나 '명백하게'의 해석은 우리에게 또 다른 어려운 과제를 제시해 주고 있기 때문에 보다 근본적인 조치를 강구할 필요성이 있다고 본다.

나. 아청법 제2조 제4호의 어느 하나에 해당하는 행위를 할 것 또는 그 밖의 성적 행위를 하는 내용을 표현하는 것일 것

(1) 성교행위 및 구강·항문 등 신체의 일부나 도구를 이용한 유사성교행위

먼저 성교행위란 남성의 성기가 여성의 성기 속으로 삽입되는 것을 의미하는 것인데, 이는 성행위와 구분되는 개념으로서 성행위의 하위개념에 해당한다고 볼 수 있다. 다음으로 유사성교행위에서는 무엇이 '신체의 일부'인가라는 사실적인 개념보다는, 어떻게 '이용'하는가라는 규범적인 개념의 해석이 쟁점으로 부각된다.[26] 이에 유사성교행위가 성교행위와 동일한 법정형으로 규정되어 있다면, 그 성립범위는 신체의 일부나 도구가 '삽입'되는 정도에 이르러야 하는 것으로 보는 것이 타당하다. 왜냐하면 삽입의 개념이 기준이 되지 않는다면 유사성교행위로 처벌되어야 할 행위가 지나치게 확대될 우려가 있기 때문인데, 이는 '유사'성교행위가 아니라 '유추'성교행위라고 볼 수 있다.

---

23) 김성규, "아동·청소년이용음란물의 개념적 한정성(限定性) – 「아동·청소년의 성보호에 관한 법률」 제2조의 문제점", 형사정책 제25권 제1호, 한국형사정책학회, 2013. 4, 231-232면.

24) 임정호, 앞의 논문, 28면.

25) 2012. 11. 14. 최민희의원 대표발의 아동·청소년의 성보호에 관한 법률 일부개정법률안(의안번호: 2575). 하지만 동 법안은 2012. 11. 22. 아동·여성대상 성폭력 대책 특별위원장이 제시한 '아동·청소년으로 명백하게 인식될 수 있는 경우'로 한정하는 대안에 의하여 폐기되었다.

26) 박찬걸, "청소년성매수 관련 범죄의 개념에 관한 고찰", 소년보호연구 제13호, 한국소년정책학회, 2009. 12, 269면.

(2) 신체의 전부 또는 일부를 접촉・노출하는 행위로서 일반인의 성적 수치심이
나 혐오감을 일으키는 행위 및 자위행위

아청법은 2005. 12. 29. 일부개정을 통하여 동법 제2조 제4호에서 기존의 2가지 행위
태양인 성교행위, 구강・항문 등 신체의 일부 또는 도구를 이용한 유사성교행위 이외에
'신체의 전부 또는 일부를 접촉・노출하는 행위로서 일반인의 성적 수치심이나 혐오감을
일으키는 행위'와 '자위행위'의 행위태양을 추가하였다. 이는 신체의 직접적인 접촉행위
뿐만 아니라 단순한 노출행위만으로도 그것이 일반인의 성적 수치심이나 혐오감을 불러
일으킨다면 아동・청소년이용음란물에 해당하는 것인데, 촬영한 부위가 '성적 수치심을
유발할 수 있는 타인의 신체'에 해당하는지 여부는 등장인물의 옷차림, 노출의 정도 등
은 물론, 촬영자의 의도와 촬영에 이르게 된 경위, 촬영 장소와 촬영 각도 및 촬영 거리,
촬영된 원판의 이미지, 특정 신체 부위의 부각 여부 등을 종합적으로 고려하여 구체적・
개별적・상대적으로 결정하여야 한다.[27] 이와 같이 아청법 제2조 제4호 다목과 라목의
행위태양으로 인하여 당해 매체물이 아동・청소년이용음란물에 해당하는가의 해석에 있
어서는 아청법 제2조 제4호 가목과 나목에 앞서서 적용 여부를 검토하는 것이 보다 효율
적이라고 할 수 있다.

(3) 그 밖의 성적 행위를 하는 내용을 표현하는 것일 것

일반적으로 아동・청소년이용음란물을 규제하고 있는 대부분의 국가에서는 아동・청
소년을 이용하여 제작된 성표현물이기만 하면 음란성 여부를 불문하고 법적 규제의 대상
으로 삼고 있는 반면에, 우리나라의 경우에는 반드시 대상 아동・청소년이 성적 행위를
하는 내용이 포함되어야만 아동・청소년이용음란물로 파악하고 있는 특징을 보이고 있
다. 그러므로 아동・청소년이용음란물에 해당하려면 기본적으로 음란하다고 평가받을 수
있어야 하는데, 단순히 등장하는 유치원생 캐릭터가 신체를 노출한다는 이유로 이를 아
동・청소년이용음란물이라고 할 수는 없을 것이다. 이와 같이 아동・청소년이용음란물소
지죄에서는 아청법 제2조 제4호의 행위태양 이외에 별도로 '그 밖의 성적 행위를 하는
내용을 표현하는 것일 것'이라는 표지를 두고 있어, '그 밖의 성적 행위'가 과연 어느 범
주까지의 성적 행위를 의미하는지 불분명할 수 있지만, 적어도 아청법 제2조 제4호의 각

---

27) 대법원 2008. 9. 25. 선고 2008도7007 판결.

행위태양에 준하는 정도에 이를 것을 요한다고 하겠다.

2. '소지'의 개념

가. 다른 범죄에 있어서 '소지'의 개념

현행법상 소지행위를 처벌하는 대표적인 규정으로는 국가보안법 제7조 제5항의 이적 표현물소지죄, 마약류관리에 관한 법률 제4조의 무허가마약등소지죄 등, 총포·도검·화약류 등 단속법 제10조의 무허가총포·도검·화약류·분사기·전자충격기·석궁소지죄 등이 있는데, 먼저 국가보안법상 이적표현물소지죄와 관련하여, 반국가단체의 활동을 찬양·고무·동조하는 내용의 문건을 컴퓨터 디스켓에 저장하여 보관하고 있었다면 위 문건의 보관으로 인한 이적표현물소지죄는 성립한 것이고, 그 후 위 문건을 삭제하였다든가 삭제 후에도 위 문건을 복구하는 것이 용이한지 여부 및 현실적으로 이를 복구하여 사용할 가능성이 있는지 여부는 이적표현물소지죄의 성부에 아무런 영향을 주는 것이 아니라고 하고 있으며,[28] 총포·도검·화약류 등 단속법상 무허가총포등소지죄와 관련하여, 소지란 물건의 보관에 관하여 실력적 지배관계를 갖는 것을 말하므로, 몸 또는 몸 가까이에 소지하는 것뿐만 아니라 자신의 실력적 지배관계가 미치는 장소에 보관하는 경우에도 소지에 해당한다고 판시한 바 있다.[29]

나. 검토: 사이버상의 소지 개념

현실적으로 아동·청소년이용음란물의 존재형태는 위에서 살펴본 마약 등, 총포 등, 이적표현서적 등과는 달리 유체물의 형태가 아닌 인터넷상 영상의 형태로 존재하는 것이 절대 다수를 차지하고 있기 때문에 소지의 개념을 기본적으로 유체물을 전제로 하고 있는 다른 법률상의 해석을 그대로 차용하기에는 다소 무리가 있다.[30] 이와 관련하여 대검

---

28) 대법원 1999. 9. 3. 선고 99도2317 판결.

29) 대법원 1999. 8. 20 선고 98도1304 판결.

30) 데스크탑 또는 노트북PC의 하드디스크, 이동식 하드디스크, USB 메모리, CD·DVD 등에 보관하는 경우에도 소지에 해당하기 때문이다.

찰청에 따르면 아청법상 아동·청소년이용음란물소지죄에서의 소지란 표현물 등을 자신의 사실상의 점유, 지배하에 두는 행위(다운로드)를 의미한다고 하면서, 다운로드 받고 바로 지운 경우라고 할지라도 다운로드 받으면서 컴퓨터 하드디스크에 저장되는 것이고,[31] 그 저장과 동시에 아동·청소년이용음란물소지죄가 성립하여 이후 삭제 여부는 동죄의 성립에 아무런 영향이 없다고 한다.[32] 즉 아동·청소년이용음란물임을 알면서 다운받았다가 삭제해도 소지죄가 적용되지만, 메신저나 e-mail로 '유익한 자료' 또는 '좋은 자료' 등이라고 하여 받은 파일이 아동·청소년이용음란물로 확인되어 바로 삭제한 경우, 웹하드에서 일반음란물인 줄 알고 다운받은 파일이 아동·청소년이용음란물에 해당하여 바로 삭제한 경우 등과 같이 아동·청소년이용음란물인지 모르고 다운받았다가 바로 삭제한 경우 등은 아동·청소년이용음란물이라는 것을 인식하지 못하고 다운받았기 때문에 즉시 삭제하는 것을 조건으로 처벌 대상에서 제외된다. 왜냐하면 이는 '알면서 이를 소지할 것'이라는 구성요건을 충족시키지 못하기 때문이다. 하지만 동영상의 제목에 아동·청소년이용음란물임을 나타내는 문구, 예를 들면 중학생, 고등학생, 여고생, 여학생 등이 있는 경우 또는 등장인물이 교복을 입은 데다가 눈으로 볼 때에도 성인이 명백히 아니었다고 판단되는 경우 등에서는 아동·청소년이용음란물을 인식함에 별다른 장애를 초래하지 않을 것이다. 여기서 설령 아동·청소년이용음란물인줄 모르고 다운로드하였다고 하더라도 동영상을 본 후 즉시 삭제하지 않았다면 '소지' 의사가 있는 것으로 간주된다고 하는데, 이는 부당한 것으로 사료된다. 다운로드하기는 하였지만 실제로 내용을 보지 않고 방치한 경우, 해당 동영상을 시청하였다고 할지라도 전반부에는 성인이 등장하고 후반부에 아동·청소년이 등장하여 후반부를 시청하지 못한 경우, 아동·청소년이 등장하기는 하였지만 아동·청소년이 직접적으로 음란한 행위를 하지 않고 성인만이 음란한 행위를 한 경우[33] 등에 있어서도 아청법상 소지에 대한 간주규정이 별도로 없음에도 불구

---

31) 경찰은 2012. 11. 우리나라에 도입된 아동온라인보호시스템(콥스·COPS)을 이용하여 아동·청소년이용음란물의 일련번호에서 특정 부분(Hash)을 뽑아내 그 목록을 저장해 둔 다음 인터넷사이트를 통해 개인들이 주고받은 파일과 실시간으로 대조하는데, 이는 수년 전 과거의 기록까지 모두 확인이 가능해 한 번이라도 다운을 받아 보관하고 있으면 추적이 가능하다.

32) 대검찰청, "아동·청소년 음란물 유통 근절을 위해 엄중처벌로 강력 대처", 보도자료, 2012. 9. 24. 4면. 또한 경찰청에 따르면 '자신이 관리하는 장소에 보관하는 경우'도 소지에 해당한다고 한다(경찰청, "아동음란물 단속 관련 설명자료", 경찰청 사이버센터, 2012. 10. 15).

33) 서울고등법원 2012. 12. 21. 선고 2012노3437 판결. 사진사인 피고인이 타이머를 이용하여 사진을 찍으러 온 청소년 고객 근처에서 그들 몰래 본인의 신체 일부를 노출한 경우에는 청소년이 성적인 행위를 한 것이 아니므로 아동·청소년이용음란물 자체가 성립하지 아니한다. 즉 성기 노출 및 자위행위 등 성적 행위를 한 주체는 피고인이라는 것이고, 피고인이 청소년 부근에서 그들 몰래 본인의 신체 일부를 노출하거나 자위행위를 하는 내용일 뿐 청소년이 성적 행위를 하는 내용을 표현한 것은 아니기 때문에 피고

하고 소지의 고의를 인정하는 것은 지나치게 피고인에게 불리하게 해석하는 것이기 때문이다. 특히 아동·청소년이용음란물을 인터넷으로 공유하는 P2P 프로그램인 토렌트(Torrent)로 다운받은 경우에는 자신의 파일이 타인에게 자동적으로 공유될 수 있어 단순 다운로드자에 대하여 '아동음란물 배포죄'를 적용할 수 있는 만큼 주의가 필요하다.

이와 관련하여 현행법상 다운로드를 하지 않고 단순히 관람(mere viewing)만 한 경우는 단속의 대상이 아니라고 보는 것이 경찰청의 입장[34]이다. 이에 따라 웹사이트에 게시된 아동·청소년이용음란물 사진이나 동영상을 실시간으로 단순히 보기만 한 경우에는 소지행위에 해당하지 않지만,[35] 게시하는 방식에 따라 해당 사진이나 동영상이 컴퓨터에 저장되면서 보이는 경우에는 이러한 사실을 알면서 보는 경우에는 소지행위에 해당한다는 것이다. 왜냐하면 일반적으로 이미지나 동영상을 볼 경우에 있어서 웹브라우저는 컴퓨터 하드드라이브의 폴더 또는 디렉토리 안에 당해 페이지의 이마지파일 등의 복사본을 저장하기 때문에 캐시(cache)[36]는 사용자가 삭제하지 않는 한 컴퓨터에 남아 있다는 측면에서 소지에 해당할 수가 있기 때문이다.[37] 여기서 소지의 대상이 되는 것은 모니터에 현출된 이미지 그 자체가 아니라 캐시 시스템에 의하여 복사된 이미지라고 보아야 하기 때문에, 문제는 과연 사용자가 '이러한 사실을 알면서 보는 경우'에 해당하느냐의 여부에 달려 있다고 할 수 있다.

인이 제작한 필름 또는 동영상은 청소년이용음란물에 해당하지 아니한다.

34) 경찰청, "아동음란물 단속 관련 설명자료", 경찰청 사이버센터, 2012. 10. 15.

35) 이향선, "디지털시대의 가상아동포르노 규제", 한국방송학보 제27권 제2호, 한국방송학회, 2013. 3, 261면.

36) 인터넷에 파일 등을 다운로드하였을 때 컴퓨터는 자동적으로 하드드라이버의 특정 폴더에 그 파일을 저장하기 때문에 별도의 저장명령을 부여하지 않더라도 그 파일은 고스란히 남아 있는 구조를 취하고 있다. 이와 같이 웹브라우저가 복사본을 하드드라이버의 폴더나 디렉토리에 자동적으로 저장하는 것을 캐시(cache)라고 부른다.

37) 김슬기, "인터넷상 아동·청소년 이용 음란물 소지의 개념에 관한 검토 – 미국과의 비교를 중심으로–", 과학기술법연구 제18집 제3호, 한남대학교 과학기술법연구원, 2012. 11, 313면. 김슬기 박사는 현행 '소지'라고만 되어 있는 행위태양을 '소지 또는 아동음란물의 관람을 위한 적극적 접근행위'로 규정하는 방안을 제시하고 있다.

Ⅳ. 아동·청소년이용음란물소지죄에 대한 입법론적 접근

1. 외국의 입법례

가. 미국의 경우

미국에 있어서 아동·청소년이용음란물은 1996년에 제정된 Child Pornography Prevention Act에 따라 18 U.S.C. §2251-2260을 통하여 규제하고 있는데, 이 가운데 18 U.S.C. §2252(a)(4)(B) 및 18 U.S.C. §2252A(a)(5)(B)에 의하면 컴퓨터 등을 이용하여 아동·청소년 이용음란물을 그 정을 알면서 소지하거나 '관람하기 위한 의도로 알면서 접근하는 행위'[38]에 대하여 벌금형이나 10년 이하의 자유형 또는 병과가 가능하고, 재범자는 벌금형 또는 10년 이상 20년 이하의 자유형에 처하도록 하고 있다.[39] 한편 18 U.S.C. §2256(8)에 의하면 실제 아동·청소년이 성행위를 하는 것뿐만 아니라 '아동·청소년처럼 보이는'(appear(s) to be children) 또는 '아동·청소년이용음란물과 같은 인상을 주는'(convey(s) the impression) 등의 규정을 두어 이를 처벌하고 있었다. 하지만 이 규정은 너무 의미가 추상적이고 불분명한 문언으로 규정되어 있어서 수정헌법 제1조에서 보장하고 있는 표현의 자유를 침해할 우려가 있다는 이유로 2002. 4. 미국 연방대법원에서 위헌결정[40]이 내려졌다. 동 판결 이후 2003년에 제정된 Prosecutorial Remedies and Other Tools to End the Exploitation of Children Today Act에 의한 18 U.S.C. §1466의A 및 §2252의A에 의하면, 실재하지 않는 아동·청소년을 묘사하고 있는 표현물은 음란성을 요건으로 하여 규제의 대상이 되는 것으로 규정하였다. 또한 많은 주법[41]에서도 아동·

---

38) 이는 2008년 개정으로 추가적으로 신설된 구성요건인데, 기존에 소지의 개념으로는 처벌할 수 없었던 법적인 공백상태를 입법적으로 보완한 것으로 평가된다.

39) 미국의 CDA, COPA, CIPA와 관련된 판례에 대한 보다 자세한 분석으로는 서순복, "청소년보호를 위한 인터넷상 사이버음란물 표현내용규제 관련 미국 입법과 판례에 관한 연구 - CDA, COPA, CIPA를 중심으로 - ", 미국헌법연구 제21권 제2호, 미국헌법학회, 2010. 8, 329면 이하.

40) Ashcroft vs. Free Speech Coalition 535 U.S. 234(2002). 또한 음란성 판단의 불필요성으로 인하여 수세기 동안 문학과 예술의 주제로 사용된 표현까지 금지할 가능성이 있기 때문에 광범위한 규제에 해당한다고 하였다.

41) ALA Code §13A-12-192(b)(2008); Ariz. Rev. Stat Ann §13-3553(A)(2)(2008); Tenn. Code. Ann. §39-17-1003(a)(1)-(2)(2008).

청소년이용음란물소지행위를 처벌하는 규정을 두고 있으며, 대체적으로 아동·청소년이용음란물임을 알면서 이를 소지할 것(knowing possession)을 요건으로 하고 있는 것이 특징이다.

나. 독일의 경우

독일에 있어서 14세 미만의 자에 대한 성적 행동, 14세 미만의 자에 의한 성적 행동 또는 14세 미만의 자의 면전에서의 성적 행동 등을 내용으로 하는 음란물(아동이용음란물)을 소지하는 행위에 대하여는 2년 이하의 자유형 또는 벌금형(독일 형법 제184조의b), 14세 이상 18세 미만의 자의 성적 행동 등을 내용으로 하는 음란물(청소년이용음란물)을 소지하는 행위에 대하여는 1년 이하의 자유형 또는 벌금형으로 처벌하고 있다(독일 형법 제184조의c). 다만 청소년이용음란물의 경우에는 단순소지자가 18세 미만일 당시에 스스로 그 등장인물의 동의를 얻어 제작한 것인 때에는 처벌의 대상되지 아니한다(독일 형법 제184조의c 제4항 제2문). 독일 형법 제184조는 포르노그래피의 매체를 문서(Schrift)로 규정하고 있으나, 독일 형법 제11조 제3항('음성, 영상매체에 의한 기록, 전자기록, 도화 및 기타 표현물은 문서로 본다')에서 문서의 개념을 확장하여 인터넷 등을 통한 온라인상의 음란물도 아동·청소년이용음란물에 포함된다. 단순소지가 처벌의 대상이 되는 경우는 아동이용음란물에 관해서는 실제의 성행위를 재현하거나 실제의 성행위에 근사한 동작을 재현하고 있는 것에 한정되며, 청소년이용음란물의 경우에는 실제의 성행위를 재현하고 있는 것에 한정된다. 그리고 배포·전시·상영·제작 등의 죄에서와는 달리 실제 나이보다 어리게 보이는 18세 이상의 인물이 등장하는 음란물은 단순소지죄에 해당하지 아니한다.

다. 일본의 경우

1999년에 제정된 '아동매춘, 아동포르노에 관련된 행위 등의 처벌 및 아동의 보호 등에 관한 법률' 제2조 제3항에 의하면, 아동포르노란 "사진, 전자적 기록에 관계되는 기록매체 기타 물건으로서, 아동을 상대방으로 하거나 아동에 의한 성교 또는 유사성교행위에 관계되는 아동의 모습, 타인이 아동의 성기 등을 접촉하는 행위 또는 아동이 타인의 성기 등을 접촉하는 행위에 관계되는 아동의 모습, 또는 의복의 전부 또는 일부를 착용하지 않은 상태에서 성욕을 흥분시키거나 자극하는 아동의 모습을 시각에 의해 인식할 수 있는 방법으로 묘사된 것"이라고 정의하고 있는데, 이에 의하면 실제 청소년, 청소년으로 인식되는 성인이 등장하는 표현물은 아동·청소년이용음란물에 포함되지만, 컴퓨터 그래픽이나 애니메이션 등 현실적인 사람이 등장하지 아니한 표현물은 아동·청소년이용음란물에 해당하지 않는다. 또한 동법 제7조에 의하면 아동포르노의 제공 내지 전자적 제공·공연진열(公然陳列)·제조·제공·공연진열을 위한 제조·소지·운반·수입·수출·보관 등의 행위를 금지함에 따라 단순소지행위에 대해서는 처벌을 하지 않고 특정한 목적을 위한 소지만을 처벌하고 있다는 것이 특징이다.

2. 형사처벌을 긍정하는 견해의 논거

가. 국제적인 추세라는 점

1996년에 개최된 '아동에 대한 상업적 성착취 방지를 위한 세계회의'(World Congress Against Commercial Sexual Exploitation of Children) 제1회 스톡홀름 세계회의에서는 아동·청소년이 성행위에 참여하고 있는 듯한 인상을 갖도록 하는 '가상 아동·청소년이용음란물'에 대해서도 규제를 가해야 한다고 하였고, 최초로 아동·청소년이용음란물을 단순히 소지하는 행위에 대해서도 형사처벌을 해야 한다고 주장하였다.[42] 이후 2001. 11. 8. 개최된 유럽의회 제109차 회의에서 채택되어 2004. 7. 1.부터 발효되고 있는 '사이버범죄에 관한 협약'(Convention on Cybercrime) 제9조에 따르면, 자신 또는 타인을 위하여 아동·청소년이용음란물을 획득하는 행위, 컴퓨터시스템이나 기타 저장장치에 아동·청소년이용음란물을 소지하는 행위를 사이버범죄로 규정하고, 이에 대한 법률적 규제를 가할 것을 회원국에 요청하고 있다. 또한 UN이 2000년에 채택한 아동권리에 관한 조약(United Nations Convention on Rights of the Child)의 '아동 인신매매, 아동 포르노그래

---

[42] 2008년에 리우데자네이루에서 개최된 '아동·청소년에 대한 성적 착취의 방지에 관한 세계회의'(World Congress against Sexual Exploitation of Children and Adolescents)에서는 '리우데자네이루 선언 및 행동계획'(Rio de Janeiro Declaration and Call for Action to Prevent and Stop Sexual Exploitation of Children and Adolescents)을 채택하였는데, 이에 따르면 가상의 이미지나 성착취적 묘사를 포함하는 아동·청소년이용음란물의 제작·배포·입수·소유와 더불어 인터넷상으로 그것에 접근하거나 그것을 열람·소비하는 것을 처벌하도록 요구하고 있다(ECPAT International, Report of the World Congress III against Sexual Exploitation of Children & Adolescents, 2009, p.112).

피 및 아동 성매매에 관한 선택의정서'(Optional Protocol on the Sale of Children, Child Pornography and Child Prostitution)에 따르면 모든 정부가 아동·청소년이용음란물의 제작, 유포, 배분, 수입, 수출, 제공, 판매 및 소지를 법으로 금지할 것을 요구하고 있다. 이와 별도로 유엔아동기금(Unicef)의 '아동 매매, 아동 성매매 및 아동음란물에 관한 선택 의정서(OPSC)'에서는 각 회원국에 대해서 아동음란물의 단순 소지도 법으로 금지할 것을 강력하게 권고하고 있다.

나. 성범죄와의 연관성이 높다는 점

아동·청소년이용음란물이 청소년에 대한 성적 악용의 목적으로 이용될 가능성이 있는데,[43] 아동·청소년이용음란물 이미지의 소비는 아동·청소년이용음란물의 생산을 부추기고, 그 생산이 필연적으로 청소년학대를 야기하기 때문에 아동·청소년이용음란물을 시청하는 행위 자체가 아동·청소년에 대한 예비학대라고 분석한다.[44] 아동·청소년이용음란물의 제작자, 배포자 및 소비자 간에는 긴밀한 연결고리가 존재하는데, 수요자로서의 단순소지자를 사실상 박멸해야만 아동·청소년이용음란물의 공급자도 함께 사라질 수 있다는 분석도 존재한다.[45] 또한 불법적으로 유통되는 음란물은 정상적인 성행위를 다루기보다는 변태적인 내용, 가학적인 내용 등 비현실적인 내용을 다루기 때문에 이를 시청하게 될 경우 그 비윤리적 해악성으로 인하여 도덕성을 상실하기 쉬운 것이 사실이라고 한다.[46] 특히 음란물은 대체로 여성들이 무조건적으로 성행위를 원하는 것으로 묘사되어 이성과의 성관계를 매우 쉽게 생각하게 할 뿐만 아니라 강간물의 경우에도 여성이 즐기는 장면을 묘사함으로써 강간범죄를 정당화시키기도 한다고 한다.[47] 이와 같이 아동·청소년을 대상으로 하는 성범죄자의 심리적 욕구 가운데 음란물을 통하여 자극을 받는 것

---

43) 이건호, 앞의 논문, 202면. 다만 이건호 교수는 이에 대한 제재로서 청소년이용음란물에 대한 몰수형을 제시하고 있다.

44) 조연하, "인터넷상의 청소년이용 성표현물의 법적 규제체계에 관한 전문가 인식연구: 음란물법 적용의 타당성을 중심으로", 언론과 사회 제13권 제3호, 성곡언론문화재단, 2005. 8, 118면; 조희정, "온라인 아동음란물의 위험성과 대책", 이슈와 논점 제522호, 국회입법조사처, 2012. 8, 3면.

45) Osborne v. Ohio 495 U.S. 103, 110 (1990).

46) 정완, "사이버음란물 규제의 합헌성에 관한 한·미 법리 고찰", 경희법학 제48권 제1호, 경희대학교 법학연구소, 2013. 3, 506면.

47) 정완, "사이버공간상 음란물 유통의 심각성과 법적 규제방안", 경희법학 제42권 제1호, 경희대학교 법학연구소, 2007. 6, 117면.

에 그치지 않고 그 환상을 실행에 옮기고 싶은 강한 욕구를 발산하는 것으로 인하여 단순 소지에 대한 개입이 필요하게 되는 것이라고 한다.

다. 아동·청소년에 대한 부작용이 심각하다는 점

아동·청소년에 대한 부작용은 두 가지의 측면에서 파악할 수 있는데, 하나는 아동·청소년이용음란물을 제작하는 단계에 있어서 아동·청소년에 대한 성적 착취와 학대를 전제로 하기 때문에 대상이 된 아동·청소년이 겪는 피해는 매우 중대하다는 점[48]이고, 다른 하나는 아동·청소년이용음란물을 소지하는 단계에 있어서 시청하는 아동·청소년의 정서에 악영향을 준다는 점이 그것이다. 먼저 전자의 측면에서 아동·청소년의 미숙성이나 의존성을 이용하여 음란물을 제작하게 되면, 음란물이 다른 청소년들이나 성인들에게 미치는 해악, 예컨대 성에 관한 가치관에 좋지 못한 영향을 주거나 변태적 일탈행위와 같은 비정상적 성행위를 용인하는 풍조의 조장 등의 문제는 별론으로 하더라도, 그 제작행위에 관여된 아동·청소년에게는 음란물이 영구히 씻을 수 없는 기록으로 남게될 뿐 아니라 이후의 유통으로 인하여 상처는 더욱 커지게 될 것이고, 이로 인한 인격의 왜곡과 정신적·육체적 충격은 사후에 교정하거나 치유하기에 너무 늦다고 할 것이다.[49] 뿐만 아니라 아동·청소년이용음란물에서의 음란성 정도는 아동·청소년을 그 대상으로 한다는 점에서 그 노골성은 극단적이라고 할 수 있으며, 정상적인 인간이 결코 생각할 수 없는 행위라고 보는 것이 일반적이라는 것이다.[50] 이와 같이 아동·청소년이용음란물의 제작 및 유통은 근절시켜야 할 필요성이 일반음란물의 경우와 비교하여 볼 때 훨씬 크기 때문에 공급자가 아닌 수요자까지도 일정한 제재를 가하는 정책을 취할 필요성이 있다고 한다.[51] 즉 일반음란물의 규제는 음란물을 시청하는 것으로써 인간의 마음이 오염될 수 있다는 부정적인 측면에서 그러한 오염을 방지하고자 하는 데 주된 목적이 있지만, 아동·청소년이용음란물의 규제는 청소년을 성적인 표현물에 출연시키는 것 자체가 당해 청소년에게 육체적·정신적으로 극심한 피해를 초래할 수 있다는 부정적인 측면에

---

48) 원혜욱, "아동포르노그래피에 대한 연구", 형사정책연구 제15권 제4호, 한국형사정책연구원, 2004. 12, 10면. 원혜욱 교수는 이러한 점을 고려하여 아동·청소년이용음란물의 단순 소지행위에 대해서도 제작 및 유포 등의 경우와는 달리 구성요건을 제한하여 규제할 필요성이 있다고 한다.

49) 헌법재판소 2002. 4. 25. 선고 2001헌가27 결정.

50) 이건호, 앞의 논문, 186면.

51) 김슬기, 앞의 논문, 307면.

서 그러한 청소년의 성착취를 방지하고자 하는 데 주된 목적이 있다는 것이다.[52] 또한 아동·청소년이용음란물은 헌법적인 보호를 전혀 받지 못하는 표현물이기 때문에 영리성의 여부와 상관없이 단순 소지를 엄격히 제한해야 한다고 한다.[53]

다음으로 후자의 측면에서 청소년기는 신체적 성장이 왕성하여 성에 대한 호기심이 많지만 인격적으로 미숙한 시기이므로 음란물을 접할 경우 성에 대한 잘못된 정서와 시각을 초래할 뿐만 아니라 중독되기도 쉽다. 그리하여 학습을 지장을 초래하며, 성충동을 유발할 수 있으며, 부적절한 성행위를 모방하기도 한다. 특히 청소년이 음란물을 많이 이용할수록 성폭력,[54] 혼전 성경험, 성에 대한 허용성, 성의 도구화 내지 대상화, 강간통념 등과 관련된 사항에 대해 관대한 태도를 갖는다는 연구결과[55]도 제시되고 있다.

3. 검토: 형사처벌을 부정하는 입장에서의 반론 제기

가. 성범죄와의 필연적인 상관성이 인정되지 않는다는 점

아동·청소년이용음란물소지행위와 아동·청소년대상 성범죄와의 상관관계는 직접적이고 명백하게 그리고 경험적으로 입증되지 않았다.[56] 실제에 있어서 음란물과 범죄와의

---

52) 김은관, "아동음란물 규제의 적법성 고찰", 아주법학 제6권 제2호, 아주대학교 법학연구소, 2012. 12, 342면.

53) 유의선·조연하, "가상 청소년이용 성표현물(Virtual Child Pornography)의 위법성 구성 및 조각에 대한 연구", 한국언론학보 제47권 제5호, 한국언론학회, 2003. 10, 83면.

54) 홍봉선·남미애, "청소년의 인터넷음란물 접촉정도가 성폭력과 성매매에 미치는 영향", 한국아동복지학 제40호, 한국아동복지학회, 2012. 12, 24면('인터넷음란물의 접촉정도가 위험한 성행동은 물론이고 성폭력과 성매매에도 직접적인 영향을 미친다').

55) 김유정, "청소년들의 개인적 요인이 인터넷 음란물 이용과 이용 후의 성태도 형성에 미치는 영향", 한국방송학보 제24권 제6호, 한국방송학회, 2010. 11, 73면; 최명일, "인터넷 음란물 노출에 영향을 미치는 요인과 음란물 노출이 실제 성 태도에 미치는 영향에 관한 연구", 한국언론학보 제53권 제2호, 한국언론학회, 2009. 4, 64면. 하지만 인터넷은 개인화된 매체이고 손쉽게 이용할 수 있기 때문에 부모의 감시나 친구의 영향은 거의 받지 않는 것으로 분석되었다. 이에 반하여 청소년들의 반사회적인 성의식에 영향을 미치는 가장 강력한 요인은 음란물의 접촉이 아니라 성경험 또는 음란물 시청의 경험이 있는 친구들에 대한 차별접촉이라는 사회환경적인 특성이라고 분석하는 연구결과(양소정, "인터넷 음란물 노출이 청소년의 반사회적 성의식에 미치는 영향에 관한 연구", 한국청소년연구 제21권 제4호, 한국청소년정책연구원, 2010. 11, 273면)도 있다.

56) 김두상, 앞의 논문, 140면; 김성규, "아동·청소년이용음란물의 단순소지자에 대한 규제의 현상과 방향성", 미국헌법연구 제24권 제1호, 미국헌법학회, 2013. 4, 90면; 박미숙, "음란물의 위기에서 본 형법적 규제의 기본방향", 형사정책 제14권 제1호, 한국형사정책학회, 2002. 6, 265면('음란물 규제는 음란물이

인과관계는 입증이 불가능하다는 것이 오히려 더 정확한 표현인지도 모른다. 게다가 성범죄의 원인을 음란물의 영향이라고 치부하는 것은 성범죄자들의 책임을 오히려 희석시키는 결과를 초래할 수도 있다. 이러한 점에서 2012. 12. 발표된 한국형사정책연구원의 연구결과에 대하여는 다음과 같은 의문을 제기할 수 있다. 첫째, 표본집단의 인원이 대표성을 인정할 수 있을 만큼의 다수가 아니라는 점이다. 특히 일반성범죄자 201명의 7%인 14명, 아동성범죄자 87명의 16%인 13명이 성범죄 직전에 아동음란물을 시청하였다는 결과를 기초로 하여 아동성범죄자의 아동음란물 시청률이 일반성범죄자와 비교하여 '훨씬' 높다고 분석하고 있는데, 과연 이러한 결과를 가지고서 '훨씬'이라는 표현을 쓰는 것이 적절한지는 의문이다. 둘째, 성범죄의 범위가 상당히 폭넓은 현행법의 실정에서 성범죄로 복역 중에 있다는 점은 당해 성범죄가 집행유예로의 처리가 불합리한 중대한 경우라고 할 수 있는데, 이러한 강력 성범죄자의 의견을 다양한 스펙트럼의 분포를 보이고 있는 성범죄자의 의견과 동일시하는 것은 타당하지 않다. 셋째, 성범죄 직전에 아동음란물을 시청한 일반성범죄자는 7%, 아동성범죄자는 16%라는 결과의 의미는 시청하지 않은 일반성범죄자가 93%, 아동성범죄자가 84%라는 것으로써 절대 다수의 성범죄자는 아동음란물의 시청과 관계없이 성범죄를 저지른다는 분석이 충분히 가능하다. 넷째, 아동음란물에 대하여 일반인이 5.9%, 성범죄자가 10.2%의 반응을 보인 반면에 폭력음란물에 대하여 일반인이 11.8%, 성범죄자가 17.1%의 반응을 보였다는 결과는, 아동음란물보다는 폭력음란물의 소지가 더 위험성이 크다는 것을 의미하지만 현행법의 태도는 아동음란물의 소지에 대해서만 처벌하기 때문에 성범죄 예방의 적절한 입법태도가 아니라고 평가할 수 있다. 다섯째, 음란물이 성범죄에 영향을 미치는가에 대하여는 일반인 38.3%, 성범죄자 56.8%가 그렇다고 답변한 것은, 성범죄에 영향을 미치지 않는다고 생각하는 견해도 일반인 61.7%, 성범죄자 43.2%로 파악할 수 있기 때문에 양자 사이의 인과관계를 섣불리 단정하기에는 무리가 있다.

이와 같이 정부기관이나 언론의 주장대로 음란물이 성범죄의 직접적 원인이라고 단정

여러 다양한 사회유해적 영향 내지 위험성을 가져다준다는 가설 내지 사회전체의 분위기에 바탕하고 있다고 보는 것이 타당할 것이다'); 윤철한, 앞의 논문, 23면; 조국, "음란물 또는 포르노그래피 소고", 서울대학교 법학 제44권 제4호, 서울대학교 법학연구소, 2003. 12, 155면('포르노그래피와 성폭력 간의 인과관계가 있다는 주장은 통속적 인과관계(folk causation)를 말할 뿐이다'). 이에 대하여 청소년의 음란물 접촉과 성범죄가 밀접한 관련성이 있다는 연구결과(김은실·김귀정·김봉한, "고등학생들의 사이버 음란물 접촉과 성범죄와의 관계성 분석", 한국콘텐츠학회논문지 제11권 제6호, 한국콘텐츠학회, 2011. 6, 16면)가 있는데, 이는 성인의 음란물 접촉과는 다른 측면, 즉 성에 대한 가치관의 정립이 완성되지 못한 시기에 있어서의 접촉이라는 점에서 상대적으로 조금 더 수긍할 수 있다고는 본다.

하는 것은 객관적인 근거가 부족한 추상적인 가정에 지나지 않는다. 성범죄의 '직접적 원인'이 음란물이라 말하는 것은 1차원적인 단순한 분석에 불과하며, 음란물이 성폭력의 '직접적 원인'이라고 말할 유의미한 연구가 현재까지는 없는 실정이다. 성범죄의 원인은 보다 구조적이고, 거시적인 사회·문화적 맥락 속에서 바라보아야 하는데, 예를 들면 여성과 아동에 대한 공격성을 증가시키는 원인으로써 가부장적·폭력적인 문화, 음란물이 무분별하게 유통되는 구조, 음란물에 대한 교육이 전혀 없는 현실 등을 종합적으로 바라볼 필요가 있다. 음란물을 시청하지 않는 것이 가장 좋은 방안이 되겠지만, 이를 보지 않는다는 것은 현실적으로 불가능한 일에 가깝기 때문에 동 방안을 고집하는 것 또한 무리이다. 이상의 상황을 종합해 볼 때, 아동·청소년에 대한 성범죄를 방지하기 위한 수단으로써 아동·청소년이용음란물의 단순소지자에 대한 규제를 강화하는 것은 그 기본전제가 불충분한 이유로 결론에 동의할 수 없는 것이다. 특히 최근 발생한 일부의 사례를 가지고서 양자의 상관관계를 결정적으로 파악하는 경향은 지양되어야 할 것이다. 물론 음란물을 시청하면 성적 흥분이 되는 것은 필연적이라고 할 수 있겠지만, 그렇다고 하여 이러한 성적인 흥분상태가 성범죄로 직결된다고 보는 것은 지나친 해석인 것이다.[57) 다만 폭력과 결합된 음란물은 공격적 성향을 증진시킬 수 있는데, 이는 성적인 표현 그 자체가 아니라 폭력적인 표현이 반사회적인 효과를 양산하는 핵심변수라는 것을 반증하는 것이다.[58)

나. 보호법익과 관련하여

(1) 아동·청소년이용음란물소지죄의 보호법익

아동·청소년이용음란물소지죄의 보호법익이 과연 무엇인가에 대해서는 다음과 같은 견해의 대립이 있다. 먼저 일차적인 보호법익은 음란물에 등장하는 대상 아동·청소년의 성적 보호이며, 이차적인 보호법익은 아동·청소년이 건강한 사회구성원으로 성장할 수

---

57) 오히려 음란물의 폭넓은 가용성이 성범죄의 감소에 기여할 수 있다는 주장도 전개되고 있다. 이에 대해서는 Kersten, J., 'Culture, masculinities and violence', the British Journal of Criminology 36(3), 1996, pp. 381-393; Nadine Strossen, Defending Pornography. Free Speech, Sex and the Fight for Women's Rights, New York and London: New York University Press, 2000, pp.268-269.

58) 김은경, "음란물에 대한 사회적 인식과 법률 규정간의 부정합성 연구", 형사정책연구 제19권 제1호, 한국형사정책연구원, 2008. 3, 137면.

있도록 하기 위함과 아동·청소년이용음란물이 공공연히 유통되는 경우 아동·청소년을 성적 대상으로 보는 사회적 풍토가 조장되어 아동·청소년을 잠재적으로 범죄에 노출시킬 위험이 야기된다는 측면에서 사회적 법익도 동시에 고려해야 한다는 견해,[59] 아동·청소년이용음란물의 묘사대상이 될 수 있는 잠재적인 피해자인 19세 미만의 자를 보호하는 한편 아동·청소년이용음란물을 통해서 성매매나 성적 악용행위에 유인될 수 있는 19세 미만의 자를 보호하는 것이라는 견해,[60] 직접적인 성적 학대를 받은 아동·청소년을 보호하기 위함과 동시에 아동·청소년을 성적 학대 또는 착취로 유인할 수 있는 수단으로 이용될 수 있음을 미연에 방지하기 위한 것이라는 견해,[61] 음란물을 제작하는 과정에서 발생하는 아동·청소년에 대한 신체적·정신적 피해 및 배포과정에서 발생하는 인격권 침해로부터 아동·청소년을 보호하는 것이라는 견해,[62] 아동·청소년이용음란물에 출연하는 아동·청소년에 대한 성착취의 방지와 아동·청소년이용음란물로 인한 아동·청소년대상 성범죄의 발생방지를 위한 것이라는 견해[63] 등이 주장되고 있다.

이상의 논의를 종합해 보면, 아동·청소년이용음란물소지죄의 보호법익으로써 공통적으로 거론되는 것은 대상 아동·청소년의 음란물제작 및 배포에 의한 성착취로부터의 예방이라고 할 수 있다. 현행법이 성인이용음란물소지죄를 불가벌로 하고 있는 것은 사리분별능력과 의사결정능력이 있는 성인의 경우에는 음란물 촬영에 있어서 강제성이 개입되지 않는 한 그들의 인권침해의 소지가 거의 없기 때문인 반면, 아동·청소년의 경우에는 자발적인 촬영이라는 요건이 충족되기 어렵기 때문에 제작·배포 등은 물론 이러한 행위태양의 원천이라고 할 수 있는 단순 소지까지도 가벌성을 확장한 것이다. 하지만 성인이용음란물과 같이 수요자가 아닌 제작·판매 등의 공급자 위주의 단속 및 처벌이 아동·청소년의 성적 착취에 대한 보다 효과적인 대응방식이라고 할 수 있다. 물론 아동·청소년이용음란물에 대한 단순 소지행위를 처벌하는 것도 제작·배포 등의 행위를 축소시키는 효과가 전혀 없다고 볼 수는 없지만, 모든 형사정책이 그러하듯이 한정된 자원을 통한 최대의 효과라는 선택과 집중이라는 실효성의 관점에서 바라볼 때 음란물에 대한

---

59) 김슬기, 앞의 논문, 306-307면. 김슬기 박사는 아동·청소년으로 인식될 수 있는 사람이나 표현물이 등장하는 경우에도 아동·청소년이용음란물소지죄가 성립된다는 점을 감안할 때 '아동·청소년이용음란물의 묘사대상인 잠재적인 피해자로서의 청소년' 역시 보호대상이라고 한다.
60) 이건호, 앞의 논문, 196-197면.
61) 원혜욱, 앞의 논문, 35면.
62) 김은관, 앞의 논문, 356면.
63) 임정호, 앞의 논문, 24-26면.

공급자 위주의 제재가 타당하다는 것이다. 이와 같이 아동·청소년이용음란물에 대한 규제를 강화하는 것의 초점은 공급적인 측면에 대한 집행의 강화이지 규제의 대상이 되는 행위태양을 국가가 감당할 수 없을 정도로 넓히는 것은 두 마리의 토끼를 모두 놓치는 결과를 초래하게 될 것이다. 현재 수사기관의 역량으로 아동·청소년이용음란물 제작 및 유포행위의 근절은 요원하다고 할 수 있겠는데, 일부 웹하드에 아동·청소년이용음란물이 전시되어 있는 정을 알면서도 이를 방치한 채 다운로드한 자만을 선별적으로 처벌하는 행위는 유포행위 또는 소지행위의 방조적인 성격을 지닌다고도 할 수 있다.

(2) 음란물관련 범죄의 보호법익

음란물관련 범죄의 보호법익은 원하지 않는 음란물을 강요당한 소위 '붙잡힌 청중'이나 '청소년 보호'의 영역을 제외하고는 자신이 원해서 스스로 소지한 경우에는 침해되는 법익이 존재하지 않는다고 보아야 한다.[64] 원하지 않는 성인이 음란물에 접할 경우 그의 성에 대한 프라이버시를 침해하고, 청소년에게는 왜곡된 성의식을 심어줌으로써 건전한 인격체로의 성장을 방해하기 때문에 규제가 필요한 것이다. 인터넷의 경우에는 적극적이고 의도적인 행위가 수반되어야만 아동·청소년이용음란물에의 접근이 가능하기 때문에 성인이 의도하지 않음에도 불구하고 음란물을 접하게 되는 경우는 극히 드물다고 할 수 있다. 그러므로 현행 음란물 관련 범죄의 핵심적인 보호법익은 청소년의 보호에 있다고 해도 과언이 아니다. 그렇다면 청소년의 성보호를 이유로 성인에 대한 음란물의 접근을 원천 차단하는 것은 정당화될 수 없을 뿐만 아니라 성인의 경우 그들의 성정체성의 혼란을 이유로 음란물의 접근을 규제하는 것도 지나친 기본권의 제한이라고 할 수 있다. 이는 또한 성인의 알 권리의 수준을 청소년의 수준으로 맞출 것을 국가가 강요함으로써 성인의 알 권리와 프라이버시권을 침해하거나 성인에 대한 표현의 자유를 제한하는 결과를 초래할 것이다. 특히 아동·청소년으로 명백하게 인식될 수 있는 사람 또는 표현물이 등장하는 것은 표현의 자유와 밀접한 관련을 맺고 있다.

한편 아동·청소년이용음란물이 개인에게 나쁜 영향을 미치기 때문에 소지 자체를 금지시켜야 한다는 주장에 대해서는 다음과 같은 반론이 가능하다. '성욕의 흥분 또는 자극시키거나 보통 사람의 정상적인 성적 수치심을 해하여'라고 판례[65]가 음란의 정의를

---

64) 박상진, "음란물죄의 비판적 고찰", 비교형사법연구 제7권 제1호, 한국비교형사법학회, 2005. 7, 176면.
65) 대법원 2012. 10. 25. 선고 2011도16580 판결.

하고 있는데, 아동·청소년이용음란물소지자에게 이러한 심리적 영향력이 분명히 존재하는 것은 사실이다. 하지만 아동·청소년이용음란물을 소지하는 사람은 그러한 심리적 효과, 즉 성욕의 흥분과 자극을 스스로 원하는 사람들이다. 만약 이들이 이러한 심리적인 효과를 얻지 못한다면 소지의 의미를 상실하고 말 것이기 때문에 이는 소지자의 헌법상 보장된 자기결정권의 일환이라고 보아야 한다. 그러므로 음란물을 스스로 원하여 소지하는 성인에 대한 국가의 개입은 최대한 자제되어야 할 것이며, 청소년의 경우에 한해서 소지행위에 대한 규제의 필요성이 생긴다고 보아야 한다. 또한 청소년의 음란물 소지에 대한 규제에 있어서도 곧바로 형사처벌을 부과하기보다는 청소년의 건전한 성장과 교정교화를 목적으로 하는 보호처분 내지 성교육프로그램을 적극적으로 활용하는 것이 타당하다고 본다.

다. 과잉금지의 원칙에 위배된다는 점

아동·청소년이용음란물소지죄는 과잉금지의 원칙에도 위반된다고 할 수 있는데, 이를 구체적으로 살펴보면, 첫째, 아동·청소년이용음란물소지행위 그 자체만으로는 어떠한 법익침해의 결과도 발생하지 않기 때문에 동 행위의 형사처벌은 목적의 정당성이 없다고 보아야 한다. 여기서 아동·청소년이용음란물의 제작 내지 유통에 의한 피해와 단순소지에 의한 피해를 혼동해서는 안 되는데, 전자의 원인을 후자의 결과라고 평가하는 것은 지나친 성급화의 오류를 범할 가능성이 농후하다.

둘째, 아동·청소년을 단지 이용하는 음란물의 소지행위를 형사처벌하는 것은 이 보다 해악성이 일반적으로 크다고 평가될 수 있는 가학적 내지 피학적 내용의 강간 또는 윤간(輪姦)을 묘사하는 음란물, 수간(獸姦)음란물, 폭력성이 짙은 음란물 등의 소지행위를 불가벌로 하고 있는 입법태도와 비교할 때 법익의 균형성을 상실한 것으로 보아야 한다.

셋째, 아동·청소년이용음란물의 단순 소지로 인하여 징역형의 선고까지 가능하도록 되어 있는 현행의 상향조정된 법정형은 침해의 최소성을 위반한 것이다. 실제 성범죄자가 아동·청소년이용음란물을 다수 소지하였다는 점이 밝혀진다면 다른 이들과 달리 자신의 성충동을 스스로 억제하지 못한 부분에 대한 책임을 물어 이를 양형에서 가중참작사유로 고려해도 충분하다고 본다. 즉 소지행위는 법정형을 정립하는 요인이 아니라 선고형을 결정함에 있어서 참고로 활용되어도 무방할 것으로 사료된다. 한편 침해의 최소성 측면과 관련하여 아동·청소년이용음란물소지죄로 유죄판결이 확정된 자에 대하여 아청법 제49조 내지 제58조에서 규정하고 있는 신상정보의 공개 등, 취업제한조치, 성범죄자 경력조회 등의 조치를 연계시키는 것은 과도한 제재라고 보인다.

V. 글을 마치며

지난 2013. 7. 8. 경기도 용인에서 10대 남성이 평소 안면이 있던 10대 여성을 모델로 유인하여 성폭행하려다가 반항하자 목을 졸라 살해한 다음, 공업용 칼을 이용하여 살점을 도려내고 뼈만 남긴 채 김장용 봉지에 넣고 빠져나와 유기한 엽기적인 사건이 발생하였다. 당시 자수한 피의자는 경찰의 조사과정에서 '호스텔'과 같은 잔인한 영화를 자주 봤으며, 그러한 영화를 보면서 비슷한 방식으로 살인을 저지르고 싶은 충동을 느꼈다고 진술한 것으로 알려졌다.[66] 이러한 상황에서 우리는 과연 잔인한 영화와 살인범죄 사이의 연관성을 인정할 수 있을까? 그리고 한 걸음 더 나아가서 살인범죄의 예방차원에서 살인을 구체적으로 묘사하는 영화를 다운로드받은 사람에 대하여 그 영화를 소지한 행위 그 자체의 불법성을 평가하여 형사처벌의 대상으로 삼을 수 있을까? 비교적 최근에 발생하고 있는 아동·청소년이용음란물소지죄의 본격적인 단속 및 처벌의 강화라는 일련의 조치들은 이러한 두 가지의 질문에 대한 답변을 통해서 그 정책의 정당성과 필요성 여부를 도출할 수 있을지도 모른다. 이와 같이 최근에 다른 그 어떠한 범죄의 영역과도 비교할 수 없을 정도로 강성형사정책의 일변도로 나아가고 있는 아동·청소년 대상 성범죄에 대한 여러 가지 예방 및 대책의 일환 가운데 하나로 평가받고 있는 아동·청소년이용음란물소지죄에 대하여는 구성요건의 측면과 형벌의 측면에서의 논란뿐만 아니라 형사처벌 여부 그 자체에 대해서도 치열한 찬반의 입장이 대립하고 있는 실정이다. 이에 본고는 동죄의 제정 및 변천과정, 단속 및 처리현황, 구성요건의 해석론, 외국의 입법례, 존폐론의 논거 등을 구체적으로 살펴보았는데, 이상의 논의 가운데 주요한 몇 가지를 다음과 같이 정리하는 것으로서 논의를 마무리하기로 한다.

첫째, 실제 아동이나 청소년이 등장하는 음란물에 대해 처벌하는 것은 대상 아동·청

---

66) http://www.asiatoday.co.kr/news/view.asp?seq=838941(2013. 7. 12. 최종방문).

소년의 성적인 피해를 방지한다는 확실한 보호법익이 있다고 할 수 있지만, 만화·애니메이션·게임 등에서 아동·청소년으로 인식될 수 있는 가상의 인물이 등장하는 것까지도 형사처벌하는 것은 과잉입법이라고 할 수 있으며, 실제 아동·청소년의 등장과 아동·청소년으로 인식되는 애니메이션의 등장을 동일한 법정형으로 처리하는 것 또한 불법성 내지 비난가능성의 측면에서 비례성의 원칙에 어긋난다.

둘째, 아동·청소년이용음란물인줄 모르고 다운로드하였다고 하더라도 동영상을 본 후 즉시 삭제하지 않았다면 소지의 의사가 있는 것으로 보는 것은 부당하다. 다운로드하기는 하였지만 실제로 내용을 보지 않고 방치한 경우, 해당 동영상을 시청하였다고 할지라도 전반부에는 성인이 등장하고 후반부에 아동·청소년이 등장하여 후반부를 시청하지 못한 경우, 아동·청소년이 등장하기는 하였지만 아동·청소년이 직접적으로 음란한 행위를 하지 않고 성인만이 음란한 행위를 한 경우 등에 있어서도 아청법상 소지에 대한 간주규정이 별도로 없음에도 불구하고 소지의 고의를 인정하는 것은 지나치게 피고인에게 불리하게 해석하는 것이기 때문이다.

셋째, 아동·청소년에 대한 성범죄를 방지하기 위한 수단으로써 아동·청소년이용음란물의 단순소지자에 대한 규제를 강화하는 것은 그 기본전제가 불충분한 이유로 결론에 동의할 수 없다. 물론 음란물을 시청하면 성적 흥분이 되는 것은 필연적이라고 할 수 있겠지만, 그렇다고 하여 이러한 성적인 흥분상태가 성범죄로 직결된다고 보는 것은 지나친 해석인 것이다.

넷째, 성인이용음란물과 같이 수요자가 아닌 제작·판매 등의 공급자 위주의 단속 및 처벌이 아동·청소년의 성적 착취에 대한 보다 효과적인 대응방식이라고 할 수 있다. 물론 아동·청소년이용음란물에 대한 단순 소지행위를 처벌하는 것도 제작·배포 등의 행위를 축소시키는 효과가 전혀 없다고 볼 수는 없지만, 모든 형사정책이 그러하듯이 한정된 자원을 통한 최대의 효과라는 선택과 집중이라는 실효성의 관점에서 바라볼 때 음란물에 대한 공급자 위주의 제재가 타당하다.

다섯째, 청소년의 성보호를 이유로 성인에 대한 음란물의 접근을 원천 차단하는 것은 정당화될 수 없을 뿐만 아니라 성인의 경우 그들의 성정체성의 혼란을 이유로 음란물의 접근을 규제하는 것도 지나친 기본권의 제한이라고 할 수 있다. 이는 또한 성인의 알 권리의 수준을 청소년의 수준으로 맞출 것을 국가가 강요함으로써 성인의 알 권리와 프라이버시권을 침해하거나 성인에 대한 표현의 자유를 제한하는 결과를 초래할 것이다.

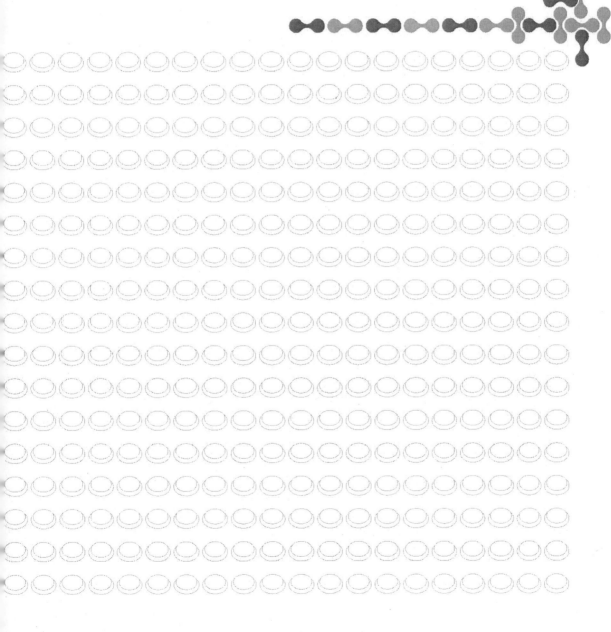

제13강 통신제한조치 협조의 현황 및 요건의 개선방안

Ⅰ. 문제의 제기

헌법은 제18조에서 "모든 국민은 통신의 비밀을 침해받지 아니한다"고 규정하여 통신의 비밀 보호를 그 핵심내용으로 하는 통신의 자유를 기본권으로 보장하고 있다. 통신의 비밀과 자유는 개인이 국가권력의 간섭이나 공개의 염려 없이 사적 영역에서 자유롭게 의사를 전달하고 정보를 교환할 수 있게 하는 기본권으로서, 개인의 사생활과 인격을 통신의 영역에서 두텁게 보호한다는 전통적인 기능을 넘어, 개인 간의 의사와 정보의 무제한적인 교환을 촉진시킴으로써 표현의 자유를 보장하고 나아가 개인의 정치적 의사를 공론의 장으로 이끌어 낸다는 점에서 민주주의 이념을 실현하는 데 중요한 기능을 수행한다. 헌법이 제17조에서 사생활의 비밀과 자유를 보장하고 있는 것과 별도로 제18조에서 통신의 비밀과 자유를 규정하고 있는 것도 바로 이러한 까닭이다. 현대사회에서는 정보통신기술이 눈부시게 발달하여 개인 간의 의사소통이 양적·질적으로 더욱 확대되고 편리해진 반면에, 이에 수반한 감청장비 및 기술의 개발로 인하여 국가기관은 물론 사인까지도 손쉽게 다른 사람의 통신이나 대화를 불법 감청 내지 녹음할 수 있게 되었고, 이에 따라 과거에 비해 통신의 비밀과 자유가 침해될 가능성이 더욱 커졌다. 특히 국가기관에 의한 불법 감청 내지 녹음은 조직적이고 광범위하게 이루어져 그 폐해가 사인의 그것에 비하여 중대하고 이를 적발하여 처벌하기가 어려운데, 과거 권위주의적 정치체제를 경험하였던 우리나라에서는 국가기관에 의해 통신의 비밀이 침해되고 마침내는 개인의 내밀한 사생활 영역까지도 들여다보일지 모른다는 불안감이 상존하는 것도 사실이다.

한편 우리나라 모바일 통신 가입자는 2013. 8. 기준 54,156,516명으로 이동전화를 이용한 모바일 통신이용자가 이 중 97.3%를 차지하고 있는 것으로 조사되었다.[1] 태블릿PC 등을 이용한 모바일 통신 이용자 수가 같은 기간 72만 명 수준임을 고려한다면 대부분의 사용자들은 이동전화를 이용하여 모바일 통신을 사용하고 있는 것이라고 분석할 수 있다. 특히 통계청의 자료에 따르면 2013. 1. 기준 우리나라의 아이폰, 갤럭시, 아이패드, 윈도폰, 블랙베리 등 스마트폰 가입자의 수는 3,300만 명을 넘어섰는데, 2010. 3. 스마트폰 가입자의 수가 152만 명 수준임을 감안하면 3년도 안 된 사이에 약 22배가 증가하는 급격한 통신환경의 변화를 경험하고 있는 셈이다. 이와 같은 스마트폰의 보급은 경제활동

* 법학논총 제30집 제1호, 한양대학교 법학연구소, 2014. 3.

1) http://blog.naver.com/PostView.nhn?blogId=mutantcell&logNo=197453868(최종검색: 2014. 2. 10.).

인구의 약 80%에 해당하는 수준으로서 사실상 사회활동을 하고 있는 전체인구에 해당한다. 우리나라보다 먼저 스마트폰의 보급이 이루어진 미국의 경우 2012년 말이 되어서야 겨우 보급률이 50%를 넘어섰고, 일본의 경우 2012년 기준 보급률이 23% 수준에 머무르고 있는 상황은 우리나라의 모바일 통신환경이 가장 급격하게 변화되고 있는 것을 단적으로 보여주는 예라고 할 수 있다. 스마트폰의 대중화는 통신환경의 이용형태 변화뿐만 아니라 기존의 법과 제도로는 규제가 불가능하거나 적용이 애매모호한 영역들의 등장을 야기하였다. 즉 무선인터넷 및 모바일앱 이용 비중이 48.8%, 음성 및 영상 통화의 비중이 34.7%, SMS, MMS 등의 문자메시지의 비중이 16.5% 등으로 나타나고 있는데,[2] 이는 성숙기에 도달한 통신시장에서 지속적인 성장을 추구하려는 통신사들의 성장전략과 모바일 통신환경에서 모바일앱과 같은 다양한 응용소프트웨어와 인터넷을 수시로 이용하고 싶어 하는 소비자들의 욕구가 결합하여 발생한 상승효과에서 기인한다고 볼 수 있다.

또한 우리나라의 통신서비스 시장은 현재 4세대(Long Term Evolution)가 주류를 이루고 있으며, 초고화질 영화 한 편을 다운로드 받는데 단 1초밖에 걸리지 않는 '5세대(5G) 이동통신 기술'을 오는 2020년 상용화하기 위한 준비를 하고 있는 등 정보통신분야에 있어서 가히 획기적인 발전을 이룩하고 있다. 1996년 우리나라는 세계 최초 CDMA기술을 상업화하면서 국내에서 본격적인 2세대 이동통신이 시작된 이래 불과 20년이 채 되기도 전에 5세대 이동통신을 준비하고 있는 것인데, 급격한 통신 환경의 변화에 대응하기 위한 법적·제도적 정비작업이 이에 준할 만큼 충분한 것인지에 대해서는 대체로 회의적인 시각이 많다.

이와 같이 통신비밀보호법[3]이 제정될 당시와는 달리 현재의 정보통신 환경은 급속도로 변화되어 기존의 법령만으로는 대처하기 어려운 분야가 나타나고 있음과 동시에 관련되는 법적인 근거가 미비한 상황에서 제도를 운영하는 사례도 등장하고 있는 것이 현실이다. 이에 변화된 스마트 융·복합 통신 환경에서의 통신비밀자료에 대한 수집 및 제공 등에 대한 제도 개선의 필요성이 시급한 실정이다. 이 중에서도 스마트폰에 대한 통신제한조치는 사생활의 비밀과 통신의 비밀 등 국민의 기본권이 침해될 수 있다는 문제와 통신제한조치의 목적이 범죄의 예방에 있으므로 최근 스마트폰이 주 통신기기로 등장한 이상 이를 대상으로 하는 법적·제도적인 보완이 이루어져야 한다는 논리가 서로 충돌하고 있다. 하지만 현행 통신비밀보호법은 통신비밀과 관련된 실질적인 내용이 2009. 5. 28.

---

2) 방송통신위원회, "2012년 하반기 스마트폰 이용실태 조사 결과", 2013.

3) 이하에서 법률의 명칭 없이 단순히 법 ○○조로 표기하는 것은 통신비밀보호법상의 조문임을 밝혀둔다.

법률 제9752호로 개정된 이후로 현재에 이르고 있는데,[4] 당시 3세대 통신서비스가 주류를 이루고 있던 상황과 달리 현재의 스마트 융·복합 통신환경에서의 변화된 시대상황을 제대로 반영하고 있지 못하다는 점에서 개정의 필요성이 크게 대두될 수밖에 없다. 이에 스마트 융·복합 통신환경과 관련된 외국의 입법례와 제도를 참고로 하여 제18대 및 19대 국회에서 제출된 통신비밀보호법 일부개정법률안에 대한 심도있는 검토를 통해 통신비밀 보호정책을 효과적으로 수립할 수 있는 방안을 모색하고, 신규서비스에 대한 합법적인 감청 이슈와 관련된 연구를 통하여 제도 개선을 도모할 것이 강력하게 요구되고 있다.

이하에서는 최근 3년간 통신제한조치의 집행과 관련하여 기관별, 통신수단별, 문서건수 대비 전화번호(또는 ID)건수 등으로 세분화하여 전기통신사업자가 국가기관에 제공한 현황을 살펴보고, 이 가운데 범죄수사를 위한 통신제한조치의 요건과 관련하여 '통신제한조치기간 연장' 규정에 대한 2010. 12. 28.자 헌법불합치결정의 의미를 분석하고, 이에 대한 통신비밀보호법 일부개정법률안의 태도 및 미국, 일본, 독일, 영국, 프랑스 등 선진 외국의 입법례를 비교·검토하여 합리적 개정의 방향을 제시해 본다. 그리고 긴급통신제한조치와 관련하여 동 제도의 필요성 여부에 대한 검토를 한 후 긴급통신제한조치의 남용방지를 위한 제도적인 통제장치 마련을 위한 현실적인 대안을 제시하면서 논의를 마무리하기로 한다.

---

[4] 동 개정도 단 1개의 조문이 신설되는 것에 그쳤는데, 수사기관이 송수신이 완료된 전기통신에 대하여 압수·수색·검증을 집행한 사건에 관하여 공소를 제기하거나 공소의 제기 또는 입건을 하지 아니하는 처분을 한 때에는 그 처분을 한 날부터 30일 이내에 그 대상이 된 전기통신의 송신자 및 수신자에게 압수·수색·검증을 집행한 사실을 서면으로 통지하도록 하려는 것으로써, 법 제9조의3를 신설한 것이 그것이었다. 제9조의3(압수·수색·검증의 집행에 관한 통지) ① 검사는 송·수신이 완료된 전기통신에 대하여 압수·수색·검증을 집행한 경우 그 사건에 관하여 공소를 제기하거나 공소의 제기 또는 입건을 하지 아니하는 처분(기소중지결정을 제외한다)을 한 때에는 그 처분을 한 날부터 30일 이내에 수사대상이 된 가입자에게 압수·수색·검증을 집행한 사실을 서면으로 통지하여야 한다. ② 사법경찰관은 송·수신이 완료된 전기통신에 대하여 압수·수색·검증을 집행한 경우 그 사건에 관하여 검사로부터 공소를 제기하거나 제기하지 아니하는 처분의 통보를 받거나 내사사건에 관하여 입건하지 아니하는 처분을 한 때에는 그 날부터 30일 이내에 수사대상이 된 가입자에게 압수·수색·검증을 집행한 사실을 서면으로 통지하여야 한다.

Ⅱ. 통신제한조치 협조의 현황

1. 통신제한조치 협조의 일반적인 현황

미래창조과학부의 최근 3년간 보도자료에 의하면, 통신제한조치의 협조현황은 다음의 <표-1>과 같다.

〈표-1〉 최근 3년간 통신제한조치의 협조현황

(단위: 문서건수)

구 분	2010년		2011년		2012년		2013년
	상반기	하반기	상반기	하반기	상반기	하반기	상반기
일반 통신제한	589	492	444	263	267	180	255
긴급 통신제한	-	-	-	-	-	-	-
합 계	1,081		707		447		255

출처: 미래창조과학부 보도자료.

<표-1>에 의하면 2012년 기준 통신제한조치의 총 건수는 447건으로 2010년 대비 41.3%에 불과한 수준으로 급감한 현상을 파악할 수 있다. 이러한 현상은 최근 들어 통신제한조치의 건수가 감소하고 있는 추세로 연결되는데, <표-2>에서 보는 바와 같이 국가정보원을 제외한 수사기관에서는 통신제한조치를 거의 활용하지 않고 다른 수사기법을 활용하는 것으로 나타났다. 이는 현행 통신비밀보호법의 통신제한조치의 대상범죄가 주로 중대한 범죄로 규정되어 있음과 동시에 이러한 대표적인 범죄군이 국가안보와 직결된 범죄라는 점에서 그 원인을 찾을 수 있겠다. 또한 최근 국민의 의식수준이 무분별한 감청으로부터 자신들의 통신의 자유와 관련된 기본권 신장노력이 과거와 비교하여 월등히 높아졌다는 점과 언론 및 시민단체 등으로부터 감청에 대한 감시의 눈이 확장되어 있다는 점도 통신제한조치 감소의 원인으로 분석할 수 있겠다. 한편 <표-1>에서 한 가지 주목할 점은 최근 3년간 긴급통신제한조치의 집행 건수는 단 1건도 발생하지 않았다는 점이다. 이는 긴급통신제한조치의 폐해에 대한 문제점이 지적되고 있는 현재의 논란 가운데, 무분별한 긴급통신제한조치의 활용으로 인한 사법부의 통제로부터 벗어나는 수사관행에 대한 우려라는 시각과는 배치되는 근거자료로 활용될 수 있을 것이다.

2. 세부 내용별 현황

가. 기관별

미래창조과학부의 최근 3년간 보도자료에 의하면, 통신제한조치의 기관별 협조현황은 다음의 <표-2>와 같다.

<표-2> 최근 3년간 통신제한조치의 기관별 협조현황

(단위: 문서건수)

구 분	2010년		2011년		2012년		2013년
	상반기	하반기	상반기	하반기	상반기	하반기	상반기
검 찰	2	-	2	1	-	-	1
경 찰	98	88	97	84	61	19	21
국정원	480	376	316	165	193	158	230
군수사기관	9	28	29	13	13	3	3
합 계	589	492	444	263	267	180	255

출처: 미래창조과학부 보도자료.

<표-2>에서 보는 바와 같이 통신제한조치를 활용하는 수사기관은 주로 국정원임을 알 수 있다. 최근 들어 감청이 줄어드는 이유는 검찰, 경찰 등 일반 수사기관의 감청 통계가 크게 감소했기 때문이다. 그러나 상대적으로 국정원 감청은 별로 줄지 않았는데, 이에 따라 전체 감청 통계에서 국정원이 차지하는 비율은 2000년 44.5%에서 2012년 97.4%까지 급증했다. 2013년 상반기를 보더라도 국정원의 감청 편중현상이 더욱 심각해졌음을 알 수 있는데, 전기통신사업자를 통하여 이루어진 전체 감청 3,540건 중 무려 3,511건이 국정원에 의해 실시되었다. 이는 99.2%로 사상 최고의 비율이다. 이러한 국정원의 활용현황은 해가 갈수록 그 수치가 다른 수시기관과 비교하여 절대 우위를 차지하고 있는 추세에 있는 것으로 분석되어, 통신제한조치의 문제점 및 남용에 대한 지적은 국정원의 수사관행을 어떻게 변화시킬 것인가에 있다고 해도 과언이 아니라고 할 수 있다. 특히 국내 통신제한조치의 대부분을 차지하는 국정원의 감청이 사실상 법원과 검찰의 아무런 견제 없이 이루어지고 있어서 감청영장이 너무 쉽게 발부된다는 비판이 제기되고 있다. 비교적 최근인 2013년 1월부터 8월까지 검찰은 국정원과 경찰이 신청한 감

청영장 111건을 모두 법원에 청구했고, 법원은 단 2건의 감청영장만 기각해 98%의 영장 발부율을 기록하였다. 이와 같이 검찰이 청구한 감청영장에 대한 법원의 발부율은 최근 5년간 줄곧 90%를 넘었고 이로 인하여 감청영장은 청구하면 대부분 그대로 발부되는 것이라는 비아냥거림이 있는 실정이다.

나. 통신수단별

미래창조과학부의 최근 3년간 보도자료에 의하면, 통신제한조치의 통신수단별 협조현황은 다음의 <표-3>과 같다.

〈표-3〉 최근 3년간 통신제한조치의 통신수단별 협조현황

(단위: 문서건수)

구 분	2010년		2011년		2012년		2013년
	상반기	하반기	상반기	하반기	상반기	하반기	상반기
유선전화	223	135	169	92	124	58	91
이동전화	-	-	-	-	-	-	-
인터넷 등5)	366	357	275	171	143	122	164
합 계	589	492	444	263	267	180	255

출처: 미래창조과학부 보도자료.

<표-3>에서 한 가지 의문스러운 사항은 통계자료에 따르면 휴대전화 감청이 포함되지 않았다는 점이다. 국민 대부분이 이동통신을 이용하여 통화를 하는 데 비하여, 통신감청 통계에는 유선전화와 인터넷만 포함되어 있다. 미래창조과학부는 휴대전화에 대한 감청은 2G에서는 가능하였지만 3G, LTE(4G) 휴대전화는 기술적으로 감청이 불가능하다고 주장한다. 휴대전화는 유선전화와 달리 내밀한 공간에서 지극히 사적인 대화와 의사소통의 수단으로 이용되는 매체이고, 손쉽게 추적되기도 해서 휴대전화에 대한 감청을 허용해서는 안 된다는 것이 국민적 공감대로 형성되어 있는 것은 사실이다. 외국에서 선불카드가 보편적으로 사용되는 것과 달리 국내 모든 휴대전화는 매 개인별로 실명으로 개설되기에 그 사용자가 1인으로 특정되고, 또한 단순히 소지하고 있는 경우에도 통화자의 위치가 드러나며, 결재수단으로 이용되기도 하고, WCDMA(Wideband code division

---

5) 인터넷접속, 이메일, 비공개모임의 게시내용 등.

multiple access)의 경우는 화상까지도 드러나게 되어, 결국 휴대전화의 감청은 피감청자의 통화내용뿐 아니라 금융업무, 쇼핑, 인터넷 이용 기타 정보이용까지 감시할 수 있는 것이며, 여기서 더 나아가 감청 대상이 '인터넷 전화', '전자우편'이나 '메신저'까지 확장되게 되면 그 영향이 더 커질 것이라는 우려가 있는 것이다. 그러나 최근 미국 NSA의 휴대전화 감청 논란과 일명 '이석기 의원' 수사 내용만 보더라도 휴대전화 감청이 충분히 가능하다는 것을 확인할 수 있다. 결국 휴대전화 통화가 포함되지 않은 감청 통계는 빙산의 일각이라는 지적에 설득력이 있음을 시사해 주는 대목이다.[6] 3G, 4G도 결국 기지국으로 연결되고 유선망을 통해서 통신을 하는데, 기지국과 유선망에 패킷감청 장비를 연결하면 감청은 충분히 가능할 수도 있을 것이다.

특히 최근 스마트폰을 통한 정보유통의 증대가 네트워크 트래픽 증대로 이어지면서, 각 이동통신사들은 패킷감청(Deep Packet Inspection)기술을 도입하기 시작하였다. 패킷감청기술은 네트워크를 통해 유통되는 데이터를 정보 단위인 패킷을 분석하여 트래픽을 관리하고 통제할 수 있는 기술인데, 당초 이러한 기술은 네트워크의 품질관리라는 목적에서 도입된 것이지만, 이러한 기술을 통하여 스마트폰을 통해 유통되는 각종 정보들의 내용까지 감청이 가능하다. 국가기관에 의한 패킷감청은 영장주의에 입각하여 이루어진다고 할지라도 감청의 대상인 피의자와 대상을 특정할 수 없다는 점에서 불특정 다수의 프라이버시에 대한 침해가 가능하다. 전기통신사업자의 경우 소비자의 패킷을 분석하여 맞춤형 광고 등의 소셜커머스에 패킷정보를 활용할 가능성도 있다.[7]

이와 관련하여 2009. 12. 11.자 이정현의원 대표발의 통신비밀보호법 일부개정법률안(의안번호: 1806976)에 의하면, 인터넷 회선에 대한 감청의 허가서에는 전자우편의 내용, 접속한 인터넷홈페이지의 주소, 인터넷홈페이지의 게시판 또는 대화방 등에서 게시한 의견, 검색한 정보목록 등 대통령령으로 정하는 바에 따라 그 대상과 범위 등을 구체적으로 특정하여 기재하여야 한다고 하여 패킷감청의 근절을 시도하는 법안도 제시된 바 있다.

생각건대 인터넷 통신망을 통한 송·수신은 통신비밀보호법 제2조 제3호에서 정한 '전기통신'에 해당하므로 인터넷 통신망(전용선)을 통하여 흐르는 전기신호 형태의 패킷

---

6) 이에 대하여 현행 통신비밀보호법이 유선전화 시대에 감청의 대상을 정하였기 때문에 시대에 맞는 내용의 변화가 있어야 하는데, 감청의 목적이 범죄의 예방에 있으므로 최근 유선전화 이용률이 격감하여 휴대전화가 주요 통신기기로 등장한 이상 이를 대상으로 감청을 하는 것은 당연한 결과이며 필요성을 인정하는 견해(김상겸, "선진국의 통신감시 제도와 국민인권 침해방지 방안", 선진한국을 위한 통신비밀보호법 개정 방향, 국가안보전략연구소, 2009. 12, 32면)가 있다.

7) 심우민, "스마트폰을 통한 개인정보 무단수집의 문제점과 대책", 이슈와 논점 제344호, 국회입법조사처, 2011. 12. 16.

(packet)을 중간에 확보하여 그 내용을 지득하는 이른바 '패킷 감청'도 같은 통신비밀보호법 제5조 제1항에서 정한 요건을 갖추는 경우 다른 특별한 사정이 없는 한 허용된다는 점, 패킷감청의 경우 다소 포괄적 집행이 이루어질 우려[8]가 없는 것은 아니지만 은밀하고 밀행적인 범죄수사를 위해 현실적인 필요성이 인정되는 점, 패킷감청의 경우 제3자의 통신내용이나 수사목적과 무관한 통신내용도 감청될 우려가 있으나, 이는 정도의 차이만 있을 뿐 전화나 팩스에 대한 감청에서도 같은 문제가 발생할 수 있어 이와 같은 이유만으로 패킷감청 자체가 위법하다고 단정할 수 없는 점,[9] 전화감청도 회선을 통과하는 모든 통신내용을 감청할 수 있으며, 집이나 직장전화의 경우에는 구성원 모두가 사용할 수 있기 때문에 제3자의 대화내용도 감청될 수 있다는 점에서 전화감청과 패킷감청은 범위와 정도에서 차이가 있을 뿐 본질적인 면에서는 큰 차이가 없다는 점[10] 등을 근거로 하여, 패킷 감청의 특성상 수사목적과 무관한 통신내용이나 제3자의 통신내용도 감청될 우려가 있다는 것만으로 위법한 것이라고 볼 것은 아니다.[11]

다. 문서건수 대비 전화번호(또는 ID)건수

미래창조과학부의 최근 3년간의 보도자료에 의하면, 통신제한조치의 전화번호건수별 협조현황은 <표-4>와 같다.

---

8) 패킷은 헤더(Header)와 데이터 영역(Data Field)으로 구분되며, 헤더부분은 기본적인 프로토콜 정보인 출발지와 목적지의 네트워크 주소 등이 기록되며, 통신의 내용은 패킷의 데이터부분에 기록된다(권양섭, "인터넷 패킷감청의 허용가능성에 관한 고찰", 법학연구 제39권, 한국법학회, 2010. 8, 184면). 이와 같이 패킷감청은 PC나 사업자를 통하지 않고 인터넷회선 그 자체를 감청하는 방식으로써, 인터넷회선에서 오가는 패킷을 빼내어 해당 컴퓨터의 화면을 고스란히 다른 컴퓨터에 복사하는 기술을 말한다. 이는 감청대상자의 모든 인터넷 이용활동을 감청할 수 있다는 점, 감청대상자뿐만 아니라 인터넷회선을 공유하는 다른 인터넷 이용자까지도 감청할 수 있다는 점, 패킷을 수사한 후에 재조합하기 전까지는 감청대상 및 감청대상자를 구분할 수 없다는 점 등의 특징을 보이고 있다.

9) 서울고등법원 2012. 6. 8. 선고 2012노82 판결: 피고인 2는 범민련 남측본부 사무실에서 북한공작원 공소외 1과 지속적으로 통신·연락을 주고받으면서, 한편으로는 송수신한 이메일을 그 직후 삭제하는 등의 방식으로 증거를 인멸하여 패킷감청을 통한 증거수집의 필요성은 큰 반면, 본건 패킷감청은 범민련 남측본부 사무실에 설치된 인터넷 전용선만을 그 대상으로 삼은 것으로 수사목적과 무관한 통신비밀의 침해가능성은 그다지 크지 않은 점 등에서 이 사건 패킷감청과 그에 따른 집행은 적법하다.

10) 이정훈, "미국의 휴대폰 및 인터넷에 대한 감청제도 현황, 사용실태 및 활용도 등 연구", 국외훈련검사 연구논문집 제27집, 법무연수원, 2012, 911면.

11) 대법원 2012. 10. 11. 선고 2012도7455 판결.

〈표-4〉 최근 3년간 통신제한조치의 전화번호건수 협조현황

(단위: 건수)

구 분		2010년		2011년		2012년		2013년
		상반기	하반기	상반기	하반기	상반기	하반기	상반기
검 찰	문서건수	2	-	2	1	-	-	1
	전화번호수	4	-	2	1	-	-	1
	문서1건당 전화번호수	2.00	-	1.00	1.00	-	-	1.00
경 찰	문서건수	98	88	97	84	61	19	21
	전화번호수	115	112	149	114	119	20	25
	문서1건당 전화번호수	1.17	1.27	1.54	1.36	1.95	1.05	1.19
국정원	문서건수	480	376	316	165	193	158	230
	전화번호수	5,349	3,042	4,413	2,427	3,715	2,213	3,511
	문서1건당 전화번호수	11.14	8.09	13.97	14.71	19.25	14.01	15.27
군수사 기관	문서건수	9	28	29	13	13	3	3
	전화번호수	13	35	48	13	17	3	3
	문서1건당 전화번호수	1.44	1.25	1.66	1.00	1.31	1.00	1.00
합 계	**문서건수**	**589**	**492**	**444**	**263**	**267**	**180**	**255**
	전화번호수	**5,481**	**3,189**	**4,612**	**2,555**	**3,851**	**2,236**	**3,540**
	문서1건당 전화번호수	**9.31**	**6.48**	**10.39**	**9.71**	**14.42**	**12.42**	**13.88**

출처: 미래창조과학부 보도자료.

<표-4>에서 보는 바와 같이 한 해 동안 평균 약 6,000개 내지 9,000개의 전화번호와 ID를 감청한다는 공식 통계는 통신사를 통한 '간접 감청'만 집계하고 있기 때문에 국정원 등 수사기관의 '직접 감청'은 전혀 파악할 수 없는 구조로 되어 있다. 이와 같이 국정원, 경찰, 검찰, 군수사기관 및 정보기관 등이 보유하고 있는 감청장비를 사용하여 직접 감청을 하는 통계는 한 번도 알려진 바 없기 때문에, 그 전체적인 현황을 파악한다면 통신제한조치의 제공 현황은 더 심각한 수준일 것으로 추정할 수 있겠다.

Ⅲ. 통신제한조치 요건의 문제점 및 개선방안

1. 범죄수사를 위한 통신제한조치

가. 현행법의 태도

검사(검찰관을 포함한다)는 법 제5조 제1항의 요건이 구비된 경우[12]에는 법원(군사법원을 포함한다)에 대하여 각 피의자별 또는 각 피내사자별로 통신제한조치를 허가하여 줄 것을 청구할 수 있다(법 제6조 제1항). 사법경찰관(군사법경찰관을 포함한다)은 법 제5조 제1항의 요건이 구비된 경우에는 검사에 대하여 각 피의자별 또는 각 피내사자별로 통신제한조치에 대한 허가를 신청하고, 검사는 법원에 대하여 그 허가를 청구할 수 있다(법 제6조 제2항). 이와 같은 통신제한조치 청구사건의 관할법원은 그 통신제한조치를 받을 통신당사자의 쌍방 또는 일방의 주소지·소재지, 범죄지 또는 통신당사자와 공범관계에 있는 자의 주소지·소재지를 관할하는 지방법원 또는 지원(보통군사법원을 포함한다)으로 한다(법 제6조 제3항). 또한 통신제한조치청구는 필요한 통신제한조치의 종류·그 목적·대상·범위·기간·집행장소·방법 및 당해 통신제한조치가 법 제5조 제1항의 허가요건을 충족하는 사유 등의 청구이유를 기재한 서면(이하 '청구서'라 한다)으로 하여야 하며, 청구이유에 대한 소명자료를 첨부하여야 한다. 이 경우 동일한 범죄사실에 대하여 그 피의자 또는 피내사자에 대하여 통신제한조치의 허가를 청구하였거나 허가받은 사실이 있는 때에는 다시 통신제한조치를 청구하는 취지 및 이유를 기재하여야 한다(법 제6조 제4항).[13]

---

12) 법 제5조 제1항의 규정에도 불구하고 특정성이라는 요건 자체가 모호하게 되어 있어 포괄적인 감청의 가능성을 전적으로 배제할 수는 없을 것이다. 이러한 문제점과 관련하여 허가장이 발부된 합법적인 감청이라고 할지라도 사후적으로 허가장에 기재된 범죄수사와 합리적 관련이 없는 내용에 대하여는 과감하게 증거능력을 박탈하도록 하여 수사기관에 의해 비정상적으로 이루어지는 합법을 가장한 감청행위를 줄일 필요성이 있다는 지적으로는 안희출·구모영, "통신비밀수사에 대한 문제점 연구", 동아법학 제37호, 동아대학교 법학연구소, 2005. 12, 95면.

13) 이에 대하여 범죄수사를 위한 통신제한조치 허가요건 등을 강화하기 위하여 통신제한조치의 허가에 있어서 청구이유가 법 제5조 제1항의 허가요건을 모두 충족하고 있고 다른 방법으로는 그 범죄의 실행을 저지하거나 범인의 체포 또는 증거의 수집이 어렵다는 구체적인 증거가 포함된 소명자료를 첨부하도록 하는 2009. 2. 11.자 변재일의원 대표발의 통신비밀보호법 일부개정법률안(의안번호: 1803789)이 상정되기도 하였다. 동 법안은 ① 청구서기재사유를 청구이유 이외에 혐의사실요지를 추가하고, ② 허가요건을

법원은 청구가 이유 있다고 인정하는 경우에는 각 피의자별 또는 각 피내사자별[14]로 통신제한조치를 허가하고, 이를 증명하는 서류(이하 '허가서'라 한다)를 청구인에게 발부하며(법 제6조 제5항), 허가서에는 통신제한조치의 종류·그 목적·대상·범위·기간 및 집행장소와 방법을 특정하여 기재하여야 한다(법 제6조 제6항). 하지만 구체적으로 특정의 범위를 규정하고 있지는 않다.

한편 통신제한조치의 기간은 2월을 초과하지 못하고,[15] 그 기간 중 통신제한조치의 목적이 달성되었을 경우에는 즉시 종료하여야 한다.[16] 다만 법 제5조 제1항의 허가요건이 존속하는 경우에는 법 제6조 제1항 및 제2항의 절차에 따라 소명자료를 첨부하여 2월의 범위 안에서 통신제한조치기간의 연장을 청구할 수 있으며(법 제6조 제7항),[17] 법원은 청구가 이유 없다고 인정하는 경우에는 청구를 기각하고 이를 청구인에게 통지한다(법 제6조 제8항).

나. '통신제한조치기간 연장' 규정에 대한 헌법불합치결정의 의미

헌법재판소는 2010. 12. 28. 전기통신에 대한 '통신제한조치기간의 연장'에 관한 부분이 과잉금지의 원칙을 위반하여 통신의 자유를 침해하였다는 이유로 "위 단서 중 전기통신에 관한 통신제한조치 기간의 연장에 관한 부분은 헌법에 합치하지 아니한다"라고 결정[18]하면서 다만, 이는 통신제한조치 기간의 연장을 허가하는 것 자체가 헌법에 위반된

구체적 증거가 있는 경우로 강화하며, ③ 통신제한조치의 재청구시에는 청구이유를 구체적으로 소명하도록 하는 내용은 담고 있는데, 개인의 프라이버시와 통신의 자유를 보장하기 위한 취지로서 바람직한 것으로 평가된다. 이는 형사소송법 제214조의3에서와 같이 재체포 및 재구속을 제한하는 규정으로 이해할 수 있겠다. 일본의 경우에도 통신방수법 제8조에서 "재판관은 …… 동일한 통신수단에 대하여 다시 傍受하는 것을 필요로 하는 특별한 사정이 있다고 인정되는 때에 한하여 방수영장을 발부할 수 있다"고 규정하고 있다.

14) 피의자나 피내사자 본인뿐만 아니라 대상범죄와 관련된 제3자라면 그 가족, 친구는 물론 피의자가 이용할 것으로 예상되는 통신설비의 소유자도 감청대상자에 포함될 수 있다는 문제점이 있다(강태수, "통신의 비밀보장에 관한 연구", 경희법학 제45권 제4호, 경희대학교 법학연구소, 2010. 12, 310면).

15) 제6차 개정(2001. 12. 29. 법률 제6546호)을 통하여 범죄수사를 위한 감청은 3개월에서 2개월로, 국가안보를 위한 감청은 6개월에서 4개월로 각각 단축하였다.

16) 수사기관 등에 대하여 목적달성시의 감청종료 의무를 부과한 것은 통신제한조치를 최소화함으로써 통신비밀보호를 극대화하려는 것으로써 일견 바람직하지만, 그 목적 달성의 여부에 대한 판단은 결국 수사기관에 맡겨져 있다는 점에서 그 실효성에는 의문이 드는 것이 사실이다.

17) 대법원 1999. 9. 3. 선고 99도2317 판결: 통신제한조치에 대한 기간연장결정은 원 허가의 내용에 대하여 단지 기간을 연장하는 것일 뿐 원 허가의 대상과 범위를 초과할 수 없다 할 것이므로 통신제한조치허가서에 의하여 허가된 통신제한조치가 '전기통신 감청 및 우편물 검열'뿐인 경우 그 후 연장결정서에 당초 허가 내용에 없던 '대화녹음'이 기재되어 있다 하더라도 이는 대화녹음의 적법한 근거가 되지 못한다.

다는 것이 아니고, 기간의 연장을 제한 없이 허가할 수 있도록 하였다는 점이 헌법에 위반된다는 취지인데, 단순 위헌결정을 선고하여 당장 법률조항의 효력을 상실시킬 경우 통신제한조치 연장허가의 법적 근거가 상실하게 되어 수사목적상 필요한 정당한 통신제한조치의 연장허가도 가능하지 않게 되는 법적 공백상태가 발생할 우려가 있어 잠정적으로 당해 법률조항을 적용하는 것이 바람직하다는 이유로 "위 법률조항은 2011. 12. 31. 을 시한으로 입법자가 개정할 때까지 계속 적용한다"라고 결정하였다. 감청기간 연장의 남용을 통제하는 방법은 이에 대한 외국의 입법례가 각기 상이한 점에 비추어 보았을 때 입법적 선택의 여지 내지 입법재량의 문제가 아닌가 하는 의문이 드는 것이 사실이지만, 헌법재판소는 감청의 기간연장의 남용을 통제하는 방법을 단순히 입법적 선택의 문제로 파악하지 않고, 감청의 기간을 연장하는 데 있어서 일정한 헌법적 한계가 있기 때문에 법원의 통제를 받는다고 해도 아무런 제한 없이 그 기간을 연장할 수는 없다는 점을 분명히 하였다.[19] 그러므로 입법부의 입장에서는 현행 통신비밀보호법상의 감청기간 연장과 관련된 제한적인 사항을 추가적으로 보완하는 입법상의 의무가 명령되어져 있다고 할 수 있다.

한편 헌법재판소가 당해 법률조항이 위헌임에도 불구하고 굳이 그 잠정 적용을 명하는 내용의 헌법불합치결정을 한 것은, 단순위헌결정을 하는 경우 그 결정의 효력이 당해 사건 등에 광범위하게 미치는 결과 이미 당해 법률조항에 근거하여 받은 통신제한조치의 연장허가나 그에 따른 증거취득의 효력이 전면적으로 재검토되어야 함은 물론 수사목적

---

18) 헌법재판소 2010. 12. 28. 선고 2009헌가30 결정: 당해 사건의 피고인인 제청신청인 이○재, 이○원과 최○아는 각각 북한노동당내 대남공작사업 담당기구인 '통일전선부' 산하 조국평화통일위원회가 1990. 11. 20. 독일 베를린에서 남한 및 해외 친북세력을 결집시켜 출범시킨 단체인 통일범민족연합의 남측본부 의장, 사무처장, 정책위원장 등의 직책을 수행하면서 2009. 6. 24. 국가보안법상 잠입·탈출(제6조), 찬양·고무죄(제7조) 등으로 구속기소되어, 현재 서울중앙지방법원(2009고합731호)에 재판계속중이다. 검사는 제청법원에 피고인들의 유죄를 입증하기 위한 증거로 수사기관이 통신제한조치의 허가 및 그 연장허가를 통하여 수집한 이메일, 녹취자료(전화녹음), 팩스자료 등을 신청하고 있는바, 이에 제청신청인은 위 증거자료들 대부분이 총 14회(총 30개월)에 걸쳐 연장된 통신제한조치를 통하여 수집된 것으로서 이와 같이 통신제한조치기간의 연장을 허가함에 있어 제한을 두고 있지 않는 통신비밀보호법(2001. 12. 29 법률 제6546호로 개정된 것, 이하 '법'이라고 한다) 제6조 제7항 단서가 적법절차, 영장주의, 과잉금지 원칙을 위반하여 피고인들의 사생활의 비밀과 통신의 자유를 부당히 침해한다는 이유로 제청법원에 위헌법률심판제청신청(2009초기3876)을 하였다. 제청법원은 위 제청신청을 받아들여 법 제6조 제7항 단서가 피고인들의 사생활의 자유와 통신의 비밀을 침해하여 위헌이라고 인정할 만한 상당한 이유가 있다며 2009. 11. 27. 이 사건 위헌법률심판제청을 하였다.

19) 고시면, "무제한 연장이 가능한 감청허용(통신비밀보호법 제6조 제7항 단서)의 위헌 여부에 관한 연구", 사법행정 제52권 제11호, 한국사법행정학회, 2011. 11, 8-9면; 공진성, "감청의 기간연장과 그 한계에 대한 헌법적 고찰-통신비밀보호법 제6조 제7항 단서 위헌제청사건-", 법학연구 제14집 제3호, 인하대학교 법학연구소, 2011. 11, 273면.

상 필요한 정당한 통신제한조치의 연장허가도 가능하지 아니하게 되는 등 법적 공백이나 혼란을 초래할 우려가 있으므로 이를 피하기 위하여 당해 법률조항의 위헌성이 제거된 개선입법이 이루어지기까지는 당해 법률조항을 그대로 잠정 적용한다는 것이다. 그렇다면 당해 법률조항의 위헌성이 제거된 개선입법이 이루어지지 아니한 채 위 개정시한이 도과함으로써 당해 법률조항의 효력이 상실되었다고 하더라도 그 효과는 장래에 향하여만 미칠 뿐이며 그 이전에 당해 법률조항에 따라 이루어진 통신제한조치기간 연장의 적법성이나 효력에는 영향을 미치지 아니한다고 볼 것이고, 이른바 당해 사건이라고 하여 달리 취급하여야 할 이유는 없다.[20] 그러므로 헌법불합치결정에 따른 개정시한 안에 개선입법이 이루어지지 않았다고 하더라도 당해 법률조항의 효력상실은 당해 사건인에 미치지 않는다고 보아 당해 법률조항에 따라 통신제한조치기간 연장허가를 받아 취득한 증거들의 증거능력을 인정한 조치는 정당하다.[21]

다. 통신비밀보호법 일부개정법률안의 태도

현행법에 따르면 감청 등 통신제한조치를 할 경우 그 기간을 제한함과 동시에 예외적으로 통신제한조치의 연장을 청구할 수 있도록 정하고 있으나 연장의 횟수나 총 기간에 대한 제한이 없어 사실상 무제한적으로 통신제한조치가 이루어질 우려가 있으며, 이는 헌법재판소 결정(2009헌가30)을 통하여 이미 지적된 바 있다. 통신제한조치는 사생활의 비밀과 관련된 통신의 자유를 제한하는 행위로서 엄격한 법적 절차를 통하여 최소한으로 허용되어야 할 필요성이 있기 때문에 통신제한조치를 연장하는 경우에 그 횟수 및 기간에 대한 재정립이 필요한데, 이에 대하여 제19대 국회의 2012. 7. 4.자 이헌승의원 대표발의 통신비밀보호법 일부개정법률안(의안번호 1900508)에 따르면 범죄수사를 위한 통신제한조치의 허가와 관련해서 1회에 한하여 통신제한조치기간의 연장이 가능하도록 하는 한편, 국가안보를 위한 통신제한조치의 경우에도 1회에 한하여 통신제한조치의 연장이 가능하도록 하는 방안을 제시하였고, 2012. 11. 2.자 서영교의원 대표발의 통신비밀보호법 일부개정법률안(의안번호: 1902392)에 따르면 통신제한조치 기간을 현행 2개월(국가안보를 위한 경우 4개월)과 2개월의 범위(국가안보를 위한 경우 4개월)에서 연장 가능하게 하고 있는 것을 10일(국가안보를 위한 경우에도 같음) 범위 안에서 두 차례(국가안보

---

20) 대법원 2009. 1. 15. 선고 2008두15596 판결.
21) 대법원 2012. 10. 11. 선고 2012도7455 판결.

를 위한 경우에도 같음) 연장 가능하도록 하고 있다. 또한 제18대 국회에서도 2011. 6. 2.자 박준선의원 대표발의 통신비밀보호법 일부개정법률안(의안번호: 1812118)에 따르면 통신제한조치기간을 연장기간을 포함하여 총 1년을 넘지 못하도록 제한하고 있으며, 2010. 3. 2.자 이정희의원 대표발의 통신비밀보호법 일부개정법률안(의안번호: 1807787)에 따르면 통신제한조치 기간을 현행 2개월과 2개월의 범위에서 연장 가능하게 하고 있는 것을 10일과 10일 범위 안에서 두 차례 연장 가능하도록 하고 있으며, 2009. 12. 11.자 이정현의원 대표발의 통신비밀보호법 일부개정법률안(의안번호: 1806976)에 따르면 통신제한조치 기간을 현행 2개월(국가안보를 위한 경우 4개월)과 2개월의 범위(국가안보를 위한 경우 4개월)에서 연장 가능하게 하고 있는 것을 1개월(국가안보를 위한 경우에는 2개월)과 1개월의 범위에서 각각 두 차례만(국가안보를 위한 경우에는 2개월의 범위에서 각각 두 차례만) 연장 가능하도록 하고 있다.

라. 외국의 입법례

통신제한조치의 원칙적 허용기간 및 예외적 연장기간에 관한 외국의 입법례를 살펴보면, 미국의 경우 일반수사감청의 감청기간에 있어서는 최대 30일을 초과할 수 없으며, 법원이 인정하는 경우에 한하여 30일 이내의 범위에서 연장이 가능하며(「종합범죄방지 및 가로안전법」(Title Ⅲ of the Omnibus Crime Control and Streets Act of 1968) 제2518조 제5항), 안보감청의 감청기간에 있어서는 1년의 범위 내에서 연장이 가능하다(「대외정보감시법(FISA)」 제1805조).

영국의 경우 감청영장의 유효기간을 3개월로 하고 있으며, 필요에 따라 연장이 가능하도록 규정하고 있고, 특히 국가안전보장이나 경제적 안정을 위해서 필요한 경우에는 감청영장의 유효기간을 6개월로 하고 있으며, 연장도 가능하도록 규정하고 있다(「수사권한규제법」(Regulations of Investigatory Power Act 2000) 제9조 제6항).

독일의 경우 감청명령은 최장 3개월이며, 감청을 통하여 얻어진 수사결과를 고려하여 감청명령의 요건이 갖추어진 경우에 한하여 3개월을 넘지 않는 범위 내에서 반복적으로 제한 없이 연장이 허용된다(형사소송법 제100초b 제1항 및 「서신, 우편 및 전기통신 비밀제한에 관한 법률」(Gesetz zur Beschränkung des Brief-, Post-, und Fernmeldegeheimnisses) 제10조 제5항).

프랑스의 경우 예심판사는 중죄 및 2년 이상의 자유형에 처할 경죄에 해당하는 자에 대한 정보를 필요로 하는 경우, 해당 전기통신을 감청·녹음 및 전사하도록 지시할 수 있는데(「전기·전자통신의 비밀에 관한 법률」(Loi n°91-646 du 10 juillet 1991 relative au secret des correspondances emises par la voie des communications electroniques) 제100조 제1항), 이러한 결정은 감청대상자의 교신확인을 위한 모든 기본요소, 감청요청의 원인이 된 범죄 및 감청기관을 포함하여야 하며(동법 제100-1조), 4월의 기간 이내에 행하며, 동일한 형식과 기간의 조건에서 연장이 가능하다(동법 제100-2조).

일본의 경우 감청영장의 청구를 받은 재판관은 이유가 있다고 인정되는 때에는 감청할 수 있는 기간을 10일 이내로 정하여 영장을 발부하고, 감청영장을 발부할 때에 감청의 실시에 관하여 적당하다고 인정되는 조건을 붙일 수 있다(「범죄수사를 위한 통신방수에 관한 법률」 제5조). 또한 지방재판소의 재판관은 필요하다고 인정되는 때에 검찰관 또는 사법경찰원의 청구에 의해 10일 이내의 기간을 정하여 감청기간을 연장할 수 있는데, 그 기간이 총 30일을 초과해서는 아니 된다(동법 제7조 제1항).

이상과 같이 주요 외국의 감청기간을 살펴보면 일본(10일 이내), 미국(30일 이내) 등이 우리나라보다 단기간이며, 영국(3개월 이내), 독일(3개월 이내), 프랑스(4개월 이내) 등이 우리나라보다 장기간이고, 일본은 감청기간이 총 30일을 초과할 수 없는 기간의 제한이 있는 반면에, 미국, 영국, 독일 및 프랑스는 연장횟수 제한이 없어 우리나라와 동일하게 무제한으로 할 수 있다. 또한 일반범죄에 대하여는 통신제한조치 기간을 최소화하고 있지만 테러 등과 관련하여서는 통신제한조치의 기간을 보다 확대하고 있는 경향을 보이고 있다.

마. 검토

헌법재판소는 통신제한조치기간 연장의 최소 한계설정 방법으로 총연장기간의 제한 또는 총연장횟수의 제한이라는 두 가지 방법을 제시하면서 어느 방법이 더 적절한지에 대하여는 밝히고 있지 않다. 이러한 헌법재판소 결정의 의미는 통신제한조치 기간을 연장함에 있어 법 운용자의 남용을 막을 수 있는 최소한의 한계를 설정하여야 한다는 점에 있다고 판단된다. 즉 헌법재판소 결정의 취지는 통신제한조치기간의 연장을 허가하는 것 자체가 헌법에 위반된다는 것이 아니라 통신제한조치기간을 연장함에 있어 법운용자의 남용을 막을 수 있는 최소한의 한계를 설정할 필요가 있다는 것이라는 점, 통신제한조치가 활용되는 사건 대부분이 장기간 내사가 필요한 대공사범 또는 조직폭력사범이라는 점,

개별 사건에 있어서의 기간연장 결정시 법원의 사법적 통제가 가능하다는 점 등 제반사정을 종합적으로 고려하여 통신제한조치의 총 연장기간을 제한하여 수사상 통신제한조치의 필요성과 통신의 비밀 등 국민의 기본권을 적절히 조화하라는 것으로 평가할 수 있다.

이에 대하여 우리나라 수사기관의 수사현실이나 통신비밀보호법의 법규정에 의하더라도 범인의 체포나 증거의 수집이 어려운 경우에 한하여 감청집행을 하는 것이라는 점, 감청기간을 줄이게 되면 범죄에 대한 사회방위력을 심각하게 훼손할 수 있다는 점, 감청영장의 연장 횟수의 제한은 감청요건의 존속 여부에 대하여 반드시 법관의 심사를 다시 한번 거치게 되므로 이를 횟수로 제한할 성질의 것은 아니라는 점 등을 이유로 통신제한조치의 기간 및 연장 횟수를 법률에 의거하여 일률적으로 제한할 필요는 없다는 견해[22]가 있는 반면에, 현행법의 통신감청 대상 범죄가 너무 넓으므로 중대범죄는 현행을 유지하되 다소 중하지 않은 범죄는 통신제한 총 기간 또는 연장횟수 제한이 필요하다는 견해[23]도 주장되는 등 의견의 대립이 분분한 실정에 있다.

생각건대 일단 통신제한조치의 허가결정이 내려지게 되면 그에 부수한 연장결정은 상대적으로 덜 엄격한 심사를 통하여 재차 내려질 가능성이 크기 때문에 연장횟수의 제한을 통하여 이러한 남용사례를 미연에 방지하는 노력이 필요하다고 본다. 비록 연장횟수를 제한하는 입법적인 결단이 내려진다고 하더라도 수사의 목적상 지속적인 감청이 별도로 필요하다고 인정되는 경우에는 그 요건을 입증하여 연장청구가 아닌 별도의 허가청구를 하면 충분하기 때문이다. 통신제한조치에 대한 결정 연장결정에 대한 사법적 통제자로서의 법원의 역할은 매우 중요하다고 할 수 있는데, 지금의 관행과 같이 수사기관의 청구에 대한 허가결정 및 연장결정이 거의 이견 없이 무제한적으로 행해진다면, 법원으로 하여금 수사기관의 통신제한조치에 대한 남용을 견제하기 위한 차원에서 부여된 통신제한조치의 허가권한을 스스로 남용하여 합법을 가장한 불법의 영역크기만 키워주는 역할을 할지도 모르는 일이다. 그러므로 법원의 보다 엄격한 연장허가 및 기간결정을 위해서는 최초 청구한 허가청구서, 허가서, 연장청구서, 결정서 등을 모두 첨부하게 하여 법원은 최초의 결정과 이전의 연장결정을 기초로 하여 기간 연장의 필요성과 상당성을 검토할 필요가 있다.[24] 또한 통신제한조치의 대상, 종류, 범위 등을 기재한 판단자료를 바

---

22) 고병민, "미국의 통신비밀보호와 감청 관련법규에 대한 고찰", 해외연수검사 연구논문집, 법무연수원, 2006. 7, 252-253면; 구태언, "통신비밀보호법 검토의견", 통신비밀보호법 전문가 간담회, 국회법제사법위원회, 2006. 9, 30면.

23) 김형준, "현행 통신비밀보호법의 문제점과 개선방안 – 통신제한조치와 대화감청을 중심으로 – ", 형사법연구 제24호, 한국형사법학회, 2005. 12, 224면.

탕으로 실제 이전의 통신제한조치로 취득한 내용까지로 첨부하도록 하는 것이 법원의 연장 및 재연장 판단에 있어서 도움을 줄 수 있을 것이다.

2. 긴급통신제한조치

가. 현행법의 태도

검사, 사법경찰관 또는 정보수사기관의 장은 국가안보를 위협하는 음모행위, 직접적인 사망이나 심각한 상해의 위험을 야기할 수 있는 범죄 또는 조직범죄 등 중대한 범죄의 계획이나 실행 등 긴박한 상황에 있고 법 제5조 제1항 또는 법 제7조 제1항 제1호의 규정에 의한 요건을 구비한 자에 대하여 법 제6조 또는 법 제7조 제1항 및 제3항의 규정에 의한 절차를 거칠 수 없는 긴급한 사유가 있는 때에는 법원의 허가 없이 통신제한조치를 할 수 있다(법 제8조 제1항). 검사, 사법경찰관 또는 정보수사기관의 장은 법 제8조 제1항의 규정에 의한 통신제한조치(이하 '긴급통신제한조치'라 한다)의 집행착수 후 지체 없이 법 제6조 및 제7조 제3항의 규정에 의하여 법원에 허가청구를 하여야 하며, 그 긴급통신제한조치를 한 때부터 36시간 이내[25])에 법원의 허가를 받지 못한 때에는 즉시 이를 중지하여야 한다(법 제8조 제2항). 사법경찰관이 긴급통신제한조치를 할 경우에는 미리 검사의 지휘를 받아야 한다. 다만, 특히 급속을 요하여 미리 지휘를 받을 수 없는 사유가 있는 경우에는 긴급통신제한조치의 집행착수 후 지체 없이 검사의 승인을 얻어야 한다(법 제8조 제3항).

정보수사기관의 장은 국가안보를 위협하는 음모행위, 직접적인 사망이나 심각한 상해

---

24) 안희출·구모영, 앞의 논문, 98면.

25) 미국의 경우 48시간(국가안보의 경우 7일), 영국의 경우 5일, 독일의 경우 3일, 호주의 경우 48시간 등으로 시간적인 한계를 설정하고 있는 주요 외국의 입법례 및 통신제한조치보다 기본권 침해의 우려가 농후한 긴급체포에 대하여 구속영장 청구까지 48시간 유예시간을 부여하고 있는 국회의 입법정책 기조 등을 감안하면 긴급감청 유예시한인 현행 36시간은 적정한 것으로 평가된다. 참고로 제6차 개정(2001. 12. 29. 법률 제6546호)에 의하여 법원의 허가 없이 통신제한조치를 취할 수 있는 시간을 48시간에서 36시간으로 강화한 바 있다. 하지만 수사기관이 긴급감청을 실시하면서 36시간 이내에 영장을 청구할 어떠한 움직임이 없거나 범인의 조기검거라는 편의주의에 입각하여 일단 긴급감청에 나아갈 경우를 대비한 제도의 보완이 필요하다는 지적에 대하여는 권영세, "통신비밀보호법의 문제점과 개선방향", 형사정책 제16권 제1호, 한국형사정책학회, 2004. 6, 17면; 조국, "개정 통신비밀보호법의 의의, 한계 및 쟁점: 도청의 합법화인가 도청의 통제인가?", 형사정책연구 제15권 제4호, 한국형사정책연구원, 2004. 12, 112-114면.

의 위험을 야기할 수 있는 범죄 또는 조직범죄 등 중대한 범죄의 계획이나 실행 등 긴박한 상황에 있고 법 제7조 제1항 제2호에 해당하는 자에 대하여 대통령의 승인을 얻을 시간적 여유가 없거나 통신제한조치를 긴급히 실시하지 아니하면 국가안전보장에 대한 위해를 초래할 수 있다고 판단되는 때에는 소속 장관(국가정보원장을 포함한다)의 승인을 얻어 통신제한조치를 할 수 있으며(법 제8조 제8항), 이러한 긴급통신제한조치를 한 때에는 지체 없이 법 제7조의 규정에 의하여 대통령의 승인을 얻어야 하며, 36시간 이내에 대통령의 승인을 얻지 못한 때에는 즉시 그 긴급통신제한조치를 중지하여야 한다(법 제8조 제9항).

나. 검토

2012. 11. 2.자 서영교의원 대표발의 통신비밀보호법 일부개정법률안(의안번호: 1902392)에 따르면 긴급통신제한조치를 삭제하고 있는데, 긴급통신제한조치의 경우에는 법원의 영장 없이 감청이 이루어지므로 인권침해의 위험이 크고, 법원의 영장을 회피하는 수단으로 이용될 가능성이 매우 높다는 점이 제안이유라고 할 수 있다. 하지만 테러 등 국가안보를 위협하는 범죄와 유괴·납치 등 강력범죄에 대처하기 위한 긴급통신제한조치의 필요성은 있으며, 긴급통신제한조치의 남용방지를 위한 제도적인 통제장치를 충분히 마련하는 것이 보다 현실적인 대안이라고 파악된다. 그러므로 긴급감청의 남용을 막기 위해서는 긴급감청 후 사후영장을 청구하지 않은 경우에 있어서 취득한 감청내용을 범죄수사의 목적으로 사용하거나 범죄의 증거자료로 이용하지 못하도록 하는 조치가 필요하다. 예를 들면 사전허가절차 없이 행해지는 긴급통신제한조치를 제한하기 위하여 '인명에 대한 급박한 위해를 초래할 범죄, 국가전복이나 테러의 위험이 급박한 상황에서 이에 대처하기 위한 활동 등'과 같은 긴박한 상황의 요건을 엄격하게 규정하는 방안 또는 감청의 집행을 위하여 허가장의 발부를 받을 시간적인 여유가 없는 경우에는 감청집행의 착수와 동시에 법원에 허가장을 청구하는 방안[26] 등을 고려해 볼 수 있겠다.

또한 긴급통신제한조치를 한 때부터 36시간 이내에 법원의 허가를 받지 못하였음에도 불구하고 이를 중지하지 않으면, 3년 이하의 징역 또는 1천만 원 이하의 벌금에 처해진다(통신비밀보호법 제17조 제2항 제2호). 하지만 허가를 받지 못하여서이건 아니면 자발적이건 36시간 이내에 긴급감청을 중지하였다가 일정한 시간이 지난 후 다시 동일한 범

---

26) 안희출·구모영, 앞의 논문, 96면.

죄사실 및 그 대상에 대하여 긴급감청을 하는 경우에는 이를 통제할 방안이 없는 실정이다. 그러므로 긴급감청을 하였다가 36시간 이내에 중지하였거나 단시간 내에 종료한 경우에는 다시 동일한 범죄사실 및 그 대상에 대하여 긴급감청을 할 수 없도록 재긴급감청을 제한하는 규정을 신설할 필요성이 있다.[27]

그리고 법원의 허가를 얻지 못한 36시간 이내에 취득한 자료나 법원의 허가를 받지 않아도 되는 단시간 내에 취득한 자료는 아직 법원의 통제를 받지 않는 상태에 있는 것이기 때문에 사실상 통신의 비밀을 침해하여 얻어진 것이다. 그러므로 사후에 동 자료에 대한 법원의 허가를 얻은 경우에 한하여 이를 증거로 사용할 수 있도록 해야 한다. 이와 더불어 긴급한 사유로 통신사실확인자료를 제공받았으나 지방법원 또는 지원의 허가를 받지 못한 경우에는 지체 없이 제공받은 통신사실확인자료를 폐기하여야 하는 것(법 제13조 제3항)과 마찬가지로 증거사용이 금지된 자료는 이를 폐기하는 규정을 두어야 하겠다.

Ⅳ. 글을 마치며

지금까지 통신비밀 보호 정책을 수립하기 위하여 스마트 융·복합 통신환경에 있어서 통신비밀보호법에 따른 통신제한조치의 현황 및 요건과 관련된 현행 제도의 이슈 분석을 통한 개선방안을 위한 논의를 진행하였는데, 주요 내용을 정리하면 다음과 같다.

첫째, 인터넷 통신망을 통한 송·수신은 통신비밀보호법 제2조 제3호에서 정한 '전기통신'에 해당하므로 인터넷 통신망(전용선)을 통하여 흐르는 전기신호 형태의 패킷(packet)을 중간에 확보하여 그 내용을 지득하는 이른바 '패킷 감청'도 같은 통신비밀보호법 제5조 제1항에서 정한 요건을 갖추는 경우 다른 특별한 사정이 없는 한 허용된다는 점, 패킷감청의 경우 다소 포괄적 집행이 이루어질 우려가 없는 것은 아니지만 은밀하고 밀행적인 범죄수사를 위해 현실적인 필요성이 인정되는 점, 패킷감청의 경우 제3자의 통신내용이나 수사목적과 무관한 통신내용도 감청될 우려가 있으나, 이는 정도의 차이만 있을 뿐 전화나 팩스에 대한 감청에서도 같은 문제가 발생할 수 있어 이와 같은 이유만

---

27) 김형준, 앞의 논문, 226-227면; 성선제, "e-사회에서 테러 및 범죄예방을 위한 감청과 프라이버시의 갈등 조정 방안 연구", 공법학연구 제8권 제4호, 한국비교공법학회, 2007. 11, 183면.

으로 패킷감청 자체가 위법하다고 단정할 수 없는 점, 전화감청도 회선을 통과하는 모든 통신내용을 감청할 수 있으며, 집이나 직장전화의 경우에는 구성원 모두가 사용할 수 있기 때문에 제3자의 대화내용도 감청될 수 있다는 점에서 전화감청과 패킷감청은 범위와 정도에서 차이가 있을 뿐 본질적인 면에서는 큰 차이가 없다는 점 등을 근거로 하여, 패킷 감청의 특성상 수사목적과 무관한 통신내용이나 제3자의 통신내용도 감청될 우려가 있다는 것만으로 위법한 것이라고 볼 것은 아니다.

둘째, 일단 통신제한조치의 허가결정이 내려지게 되면 그에 부수한 연장결정은 상대적으로 덜 엄격한 심사를 통하여 재차 내려질 가능성이 크기 때문에 연장횟수의 제한을 통하여 이러한 남용사례를 미연에 방지하는 노력이 필요하다고 본다. 비록 연장횟수를 제한하는 입법적인 결단이 내려진다고 하더라도 수사의 목적상 지속적인 감청이 별도로 필요하다고 인정되는 경우에는 그 요건을 입증하여 연장청구가 아닌 별도의 허가청구를 하면 충분하기 때문이다. 통신제한조치에 대한 결정 연장결정에 대한 사법적 통제자로서의 법원의 역할은 매우 중요하다고 할 수 있는데, 지금의 관행과 같이 수사기관의 청구에 대한 허가결정 및 연장결정이 거의 이견 없이 무제한적으로 행해진다면, 법원으로 하여금 수사기관의 통신제한조치에 대한 남용을 견제하기 위한 차원에서 부여된 통신제한조치의 허가권한을 스스로 남용하여 합법을 가장한 불법의 영역크기만 키워주는 역할을 할지도 모르는 일이다. 그러므로 법원의 보다 엄격한 연장허가 및 기간결정을 위해서는 최초 청구한 허가청구서, 허가서, 연장청구서, 결정서 등을 모두 첨부하게 하여 법원은 최초의 결정과 이전의 연장결정을 기초로 하여 기간 연장의 필요성과 상당성을 검토할 필요가 있다. 또한 통신제한조치의 대상, 종류, 범위 등을 기재한 판단자료를 바탕으로 실제 이전의 통신제한조치로 취득한 내용까지로 첨부하도록 하는 것이 법원의 연장 및 재연장 판단에 있어서 도움을 줄 수 있을 것이다.

셋째, 국가안보를 위한 통신제한조치기간 연장의 문제는 비록 헌법재판소의 결정대상이 아니지만 헌법재판소 결정의 취지에 비추어 통신제한조치기간의 최소한의 한계설정이 필요하다는 측면에서 검토의 대상이 되는지 여부를 판단할 필요성이 있다. 국가안보를 위한 통신제한조치기간 연장의 경우 헌법불합치결정이 내려지지 않았을 뿐만 아니라 국가안보에 대한 상당한 위험예방 등 특수성을 감안할 때 범죄수사를 위한 통신제한조치의 경우보다는 더욱 신중한 검토가 필요하다.

넷째, 테러 등 국가안보를 위협하는 범죄와 유괴·납치 등 강력범죄에 대처하기 위한 긴급통신제한조치의 필요성은 있으며, 긴급통신제한조치의 남용방지를 위한 제도적인 통제장치를 충분히 마련하는 것이 동 제도를 폐지하는 것보다는 현실적인 대안이라고 분석된다. 예를 들면 사전허가절차 없이 행해지는 긴급통신제한조치를 제한하기 위하여 '인명에 대한 급박한 위해를 초래할 범죄, 국가전복이나 테러의 위험이 급박한 상황에서 이에 대처하기 위한 활동 등'과 같은 긴박한 상황의 요건을 엄격하게 규정하는 방안 또는 감청의 집행을 위하여 허가장의 발부를 받을 시간적인 여유가 없는 경우에는 감청집행의 착수와 동시에 법원에 허가장을 청구하는 방안 등을 고려해 볼 수 있겠다. 또한 긴급감청을 하였다가 36시간 이내에 중지하였거나 단시간 내에 종료한 경우에는 다시 동일한 범죄사실 및 그 대상에 대하여 긴급감청을 할 수 없도록 재긴급감청을 제한하는 규정을 신설할 필요성이 있다. 그리고 사후에 동 자료에 대한 법원의 허가를 얻은 경우에 한하여 이를 증거로 사용할 수 있도록 해야 한다. 이와 더불어 긴급한 사유로 통신사실확인자료를 제공받았으나 지방법원 또는 지원의 허가를 받지 못한 경우에는 지체 없이 제공받은 통신사실확인자료를 폐기하여야 하는 것(통신비밀보호법 제13조 제3항)과 마찬가지로 증거사용이 금지된 자료는 이를 폐기하는 규정을 둘 필요성이 있다.

제14강 통신제한조치의 집행과 관련된 쟁점 검토

Ⅰ. 문제의 제기

통신제한조치란 우편물의 검열 또는 전기통신의 감청을 포함하는 개념인데, 이러한 조치는 범죄수사 또는 국가안전보장을 위하여 보충적인 수단으로 이용되어야 하며, 국민의 통신비밀에 대한 침해가 최소한에 그치도록 노력하여야 한다(통신비밀보호법 제3조 제2항). 여기서 통신[1]이란 우편물 및 전기통신을 말하는데, 우편물이란 우편법에 의한 통상우편물과 소포우편물을 말하고, 전기통신이란 전화·전자우편[2]·회원제정보서비스·모사전송·무선호출 등과 같이 유선·무선·광선 및 기타의 전자적 방식에 의하여 모든 종류의 음향·문언·부호 또는 영상을 송신하거나 수신하는 것을 각각 말한다(통신비밀보호법 제2조 제1호 내지 제3호).[3] 그리고 검열이란 우편물에 대하여 당사자의 동의 없이 이를 개봉하거나 기타의 방법으로 그 내용을 지득 또는 채록하거나 유치하는 것을 말하고, 감청이란 전기통신에 대하여 당사자의 동의 없이 전자장치·기계장치 등을 사용하여 통신의 음향·문언·부호·영상을 청취·공독하여 그 내용을 지득 또는 채록하거나 전기통신의 송·수신을 방해하는 것을 말한다(통신비밀보호법 제2조 제6호 및 제7호).

누구든지 통신비밀보호법과 형사소송법 또는 군사법원법의 규정에 의하지 아니하고는 우편물의 검열·전기통신의 감청을 하거나 공개되지 아니한 타인 간의 대화를 녹음 또는

---

* 법과정책 제20집 제1호, 제주대학교 법과정책연구소, 2014. 3.

1) 이에 대하여 통신비밀보호법에서 규정하고 있는 통신의 개념 정의가 헌법 제18조에서 규정하고 있는 통신의 개념보다 협소하는 문제점을 지적하는 견해(김일환, "통신비밀의 헌법상 보호와 관련 법제도에 관한 고찰", 형사정책 제16권 제1호, 한국형사정책학회, 2004. 6, 40면)가 있다.

2) 전자우편이라 함은 컴퓨터 통신망을 통해서 메시지를 전송하는 것 또는 전송된 메시지를 말한다.

3) '통신'의 일반적인 속성으로는 '당사자 간의 동의', '비공개성', '당사자의 특정성' 등을 들 수 있는바, 이를 염두에 둘 때 '통신'의 의미는 '비공개를 전제로 하는 쌍방향적인 의사소통'이라고 할 수 있다. 한편 감청의 대상인 전기통신에 관하여 통신비밀보호법 제2조 제3호는 "유선·무선·광선 및 기타의 전자적 방식에 의하여 모든 종류의 음향·문언·부호 또는 영상을 송신하거나 수신하는 것"이라고만 정의하고 있어, 긴급조난신호와 같이 공개된 의사소통도 감청에 포함되는 것이 아닌가 하는 의문이 있을 수 있다. 그러나 감청이라는 것은 헌법 제18조에서 보장하고 있는 통신의 비밀에 대한 침해행위 중의 한 유형으로 이해하여야 할 것이며 감청의 대상으로서의 전기통신은 헌법상 '통신'의 개념을 전제로 하고 있다고 보아야 할 것이다. 통신비밀보호법은 '통신 및 대화의 비밀과 자유에 대한 제한은 그 대상을 한정하고 엄격한 법적 절차를 거치도록 함으로써 통신비밀을 보호하고 통신의 자유를 신장함을 목적으로' 제정된 것으로서, 통신의 비밀을 보장하려는 헌법 제18조의 취지를 구체적으로 실현하기 위한 입법적 수단이라 할 수 있기 때문이다. 이와 같이 이해할 때 전기통신은 '비공개를 전제로 하는 쌍방향적인 의사소통'이라는 통신의 개념을 전제하고 있는 것이므로, 긴급조난신호와 같이 공개된 의사소통은 감청의 대상이 될 수 없다고 보아야 할 것이다. 그 밖에도 감청은 당사자의 동의 없이 이루어져야 한다는 점 때문에도 긴급조난신호의 청취가 감청에 해당하기는 어렵다.

청취하지 못하는데(통신비밀보호법 제3조 제1항), 만약 이를 위반하여 불법검열에 의하여 취득한 우편물이나 그 내용 및 불법감청에 의하여 지득 또는 채록된 전기통신의 내용은 재판 또는 징계절차에서 증거로 사용할 수 없을 뿐만 아니라(통신비밀보호법 제4조), 우편물의 검열 또는 전기통신의 감청을 하거나 공개되지 아니한 타인 간의 대화를 녹음 또는 청취한 자는 10년 이하의 징역과 5년 이하의 자격정지[4]에 처해진다(통신비밀보호법 제16조 제1항 제1호). 특히 통신비밀보호법 제16조 제1항 제2호와 관련하여, 행위자가 불법 감청·녹음 등에 관여하지 아니하고 다른 경로를 통하여 그 통신 또는 대화의 내용을 알게 되었더라도 불법 감청·녹음 등이 이루어진 사정을 알면서 이를 공개·누설하는 경우에는 통신비밀보호법 위반죄가 성립한다.[5] 불법 감청·녹음 등을 통하여 취득한 타인 간의 대화내용을 공개·누설하는 경우 그러한 취득행위에는 관여하지 않고 다른 경로를 통하여 그 대화내용을 알게 된 사람이라 하더라도 처벌하는 것은 헌법 제18조에 의하여 보장되는 통신의 비밀을 보호하기 위함이다. 이와 같이 통신의 비밀을 유지하기 위하여 제정된 통신비밀보호법에 의하면 통신제한조치에 대한 여러 가지 규정을 두고 있는데, 이 가운데 통신제한조치 집행의 통지와 관련하여 사생활의 자유 및 국민의 알권리의 보장 차원에서 보다 실효적인 방안이 강구될 필요성이 있다. 이와 더불어 통신비밀보호법 제9조의3에 규정되어 있는 송·수신이 완료된 전기통신에 대한 압수·수색·검증의 집행에 관한 통지도 동일한 논의가 필요하다고 본다. 그리고 통신비밀보호법에 의하면 전기통신사업자에게 수사기관의 통신제한조치 집행에 협조할 의무를 규정하고 있지만,

---

4) 헌법재판소 2011. 8. 30. 선고 2009헌바42 결정: "현행법에 의하면 위법하게 취득된 타인 간의 대화내용을 지득한 후 그 대화내용을 공개하거나 누설한 자도 타인 간의 공개되지 않은 대화내용을 위법하게 취득한 자와 동일한 법정형(10년 이하의 징역과 5년 이하의 자격정지)에 해당하도록 규정하고 있는데, 이는 대화내용을 위법하게 취득한 행위 못지않게 위법하게 취득된 대화내용을 전파하는 행위도 그 수단 및 시기, 공개대상의 범위 등에 따라서 대화의 비밀을 침해하는 정도가 상당할 수 있기 때문이다. 이렇게 위법하게 취득된 대화내용을 전파하는 행위가 초래할 수 있는 피해의 중대성, 죄질이나 보호법익, 우리 역사와 문화, 국민일반의 가치관 내지 법감정, 범죄의 실태와 예방을 위한 형사정책적 측면 등 여러 가지 요소를 고려하여 볼 때, 타인 간의 대화내용을 위법하게 취득한 자와 위법하게 취득된 타인간의 대화내용을 공개·누설한 자를 동일한 법정형으로 규정하였다고 하더라도, 그리고 벌금형을 선택적으로 규정하지 않았다고 하더라도 그것이 형벌 본래의 목적과 기능을 달성함에 있어 필요한 정도를 일탈하여 지나치게 과중한 형벌이라고는 보기 어렵다." 하지만 이에 대하여 벌금형을 선택적으로 부과할 수 있도록 하여 벌칙조항 전반에서 형평성을 도모할 필요가 있다는 지적에 따라 2013. 2. 4.자 서영교의원 대표발의 통신비밀보호법 일부개정법률안(의안번호: 1903604)에 의하면, 징역형만을 규정하고 있는 벌칙규정의 법정형에 벌금형을 추가하는 내용을 담고 있다. 현행법은 통신제한조치의 적법절차를 강제하기 위하여 이를 위반하는 경우 징역형만으로 처벌하도록 법정형을 엄격하게 규정하고 있다. 하지만 법정형으로 징역형만을 규정하는 것은 행위태양의 다양성에도 불구하고 처단형의 경직성을 가져오게 되고, 법정형이 징역형만 규정되어 있다면 행위태양에 맞는 처단형에 한계가 있게 되기 때문에 벌금형을 병과형으로 추가하는 것은 바람직하다고 보인다.

5) 대법원 2011. 5. 13. 선고 2009도14442 판결.

통신제한조치 집행의 협조를 위한 구체적인 요구사항 또는 기술과 관련된 조치에 대하여는 함구하고 있다. 그렇기 때문에 전기통신사업자가 협조를 위한 장비 등을 구비하고 있지 않은 경우에는 아무리 수사기관으로부터 협조의 요구가 있다고 할지라도 이를 제대로 수행하기가 어려운 상황이 발생할 수가 있는 것이다. 이러한 원인으로 말미암아 최근의 스마트폰 감청을 집행할 수 있는 장비가 구축되어 있지 않기 때문에 이에 대한 통신제한조치가 불가능하다는 견해가 주장되고 있으며, 이러한 현상은 새로운 정보통신기기의 발달로 인하여 더욱 심화될 것으로 보인다. 하지만 외국의 경우에 있어서는 광범위하게 휴대전화 또는 인터넷전화[6] 등에 대한 통신제한조치가 이루어지고 있으며, 이에 대한 전기통신사업자의 설비구축의무도 강제하고 있는 현실에서 우리나라의 경우에도 전기통신사업자에게 감청협조설비의 구축에 대한 의무를 부과하자는 논의가 전개되고 있다. 이러한 문제의식을 바탕으로 이하에서는 통신제한조치의 집행과 관련하여 통신의 당사자에 대한 통지와 관련된 논의 및 전기통신사업자로 하여금 통신제한조치의 집행에 필요한 설비 등을 구비할 것을 강제할 수 있는지 여부에 대하여 외국의 입법례를 비교·검토하여 우리나라에서의 합리적인 정책방향을 제시해 보도록 한다.

---

6) 인터넷전화를 비롯한 IP 응용서비스의 감청은 ① 패킷형태의 음성데이터가 일반 데이터와 함께 공중 인터넷망을 통해 흐르기 때문에 인터넷전화를 감청하려면 해당 호의 패킷주소를 모아서 음성으로 복원해야 하는 점, ② 인터넷망 상에서 음성 데이터가 여러 경로로 분산되어 흐른다는 점, ③ IP장비가 고정 IP주소가 아닌 유동 IP주소를 이용할 경우에는 통화 시 달라지는 IP주소에 대해 통화자를 식별하는 것이 어렵다는 점 등과 같은 기술적 특성으로 말미암아 기존의 유무선전화와 비교하여 어려움이 있다(강신각, "통신비밀보호법 일부개정법률안(정형근의원) 관련 주요 기술적 쟁점에 대한 검토의견", 「통신비밀보호법 전문가 간담회」, 국회 법제사법위원회, 2006. 9, 49-50면).

Ⅱ. 통신제한조치 집행의 통지 문제

1. 통신제한조치의 집행에 관한 통지

가. 현행법의 태도

검사는 통신비밀보호법[7] 제6조 제1항 및 제8조 제1항의 규정에 의한 통신제한조치를 집행한 사건에 관하여 공소를 제기하거나 공소의 제기 또는 입건을 하지 아니하는 처분(기소중지 결정을 제외한다)을 한 때에는 그 처분을 한 날부터 30일 이내에 우편물 검열의 경우에는 그 대상자에게, 감청의 경우에는 그 대상이 된 전기통신의 가입자에게 통신제한조치를 집행한 사실과 집행기관 및 그 기간 등을 서면으로 통지하여야 한다(법 제9조의2 제1항).[8] 사법경찰관은 법 제6조 제1항 및 제8조 제1항의 규정에 의한 통신제한조치를 집행한 사건에 관하여 검사로부터 공소를 제기하거나 제기하지 아니하는 처분(기소중지 결정을 제외한다)의 통보를 받거나 내사사건에 관하여 입건하지 아니하는 처분을 한 때에는 그날부터 30일 이내에 우편물 검열의 경우에는 그 대상자에게, 감청의 경우에는 그 대상이 된 전기통신의 가입자에게 통신제한조치를 집행한 사실과 집행기관 및 그 기간 등을 서면으로 통지하여야 한다(법 제9조의2 제2항). 정보수사기관의 장은 법 제7조 제1항 제1호 본문 및 제8조 제1항의 규정에 의한 통신제한조치를 종료한 날부터 30일 이내에 우편물 검열의 경우에는 그 대상자에게, 감청의 경우에는 그 대상이 된 전기통신의 가입자에게 통신제한조치를 집행한 사실과 집행기관 및 그 기간 등을 서면으로 통지하여야 한다(법 제9조의2 제3항).

하지만 법 제9조의2 제1항 내지 제3항의 규정에 불구하고 통신제한조치를 통지할 경우 국가의 안전보장·공공의 안녕질서를 위태롭게 할 현저한 우려가 있는 때 또는 통신제한조치를 통지할 경우 사람의 생명·신체에 중대한 위험을 초래할 염려가 현저한 때에

---

7) 이하에서 법률의 명칭 없이 단순히 법 ○○조로 표기하는 것은 통신비밀보호법상의 조문임을 밝혀둔다.

8) 이에 대하여 수사가 길어지면 통신제한조치의 대상자는 아주 오랫동안 이러한 사실을 모르고 생활하게 되는데, 이와 같이 감청에 대한 사후통지가 무한정 지연될 수 있는 상황이 없도록 법 개정의 필요성을 주장하는 견해로는 박경신, "E-메일 압수수색의 제문제와 관련 법률개정안들에 대한 평가", 법학연구 제13집 제2호, 인하대학교 법학연구소, 2010. 8, 281면. 이와 더불어 박경신 교수는 통지의 실행을 법원이 행하여야 한다고 주장한다.

는 그 사유가 해소될 때까지 통지를 유예할 수 있다(법 제9조의2 제4항). 검사 또는 사법 경찰관은 통지를 유예하고자 하는 경우에는 소명자료를 첨부하여 미리 관할 지방검찰청 검사장의 승인을 얻어야 한다. 다만 검찰관 및 군사법경찰관이 통지를 유예하고자 하는 경우에는 소명자료를 첨부하여 미리 관할 보통검찰부장의 승인을 얻어야 한다(법 제9조의2 제5항). 검사, 사법경찰관 또는 정보수사기관의 장은 법 제9조의2 제4항 각호의 사유가 해소된 때에는 그 사유가 해소된 날부터 30일 이내에 법 제9조의2 제1항 내지 제3항의 규정에 의한 통지를 하여야 한다(법 제9조의2 제6항).

한편 통신비밀보호법에서 규정하고 있는 통신제한조치, 통신사실확인자료, 송·수신이 완료된 전기통신에 대한 각 검찰청의 통지·통보 업무를 원활히 수행할 수 있도록 필요한 사항을 규정함을 목적으로 「통신비밀보호법 통지·통보 업무 처리지침」(대검찰청예규 제534호, 2010. 3. 2. 제정)이 제정되어 있다. 동 지침의 범위는 통신비밀보호법 제9조의2 제1항 내지 제6항(통신제한조치의 집행에 관한 통지), 제9조의3 제1항(압수·수색·검증의 집행에 관한 통지) 및 제13조의3(범죄수사를 위한 통신사실 확인자료 제공의 통지), 통신비밀보호법 시행령 제18조 제1항 내지 제2항(통신제한조치 집행 후의 조치), 제19조(통신제한조치 집행에 관한 통지의 유예), 검찰사건사무규칙 제162조의2(통신제한조치의 집행에 관한 통지절차 등), 제162조의6(통신사실 확인자료제공 요청에 관한 통지절차 등)에 규정된 통지·통보 업무에 한하는데, 각 청에서는 통신비밀보호법 관련 업무를 처리하기 위한 담당직원(이하 '통비법 담당자'라고 한다) 및 송·수신이 완료된 전기통신 집행사건을 처리하기 위한 담당직원(이하 '이메일 등 압수영장 담당자'라고 한다)을 지정하도록 요구하고 있다.

나. 외국의 입법례

외국에 있어서 통신제한조치 이후 당사자에 대한 통지요건 및 유예절차를 보면 다음과 같다. 미국의 경우 18 U.S.C.A. 2518(b)에 의하여 긴급감청을 한 후 법원에 허가를 신청한 후(신청이 기각되거나 긴급감청을 허가받은 경우 모두 포함) 적어도 90일 이내의 범위 내에서 합리적인 시간 이내에 대상 정보의 주체에게 통신제한조치를 통지하여야 한다(18 U.S.C.A. 2518(8)(d)). 이때 이의가 있는 이해당사자는 판사에게 신청하여 판사가 필요하다고 인정하는 범위 내에서 감청된 통신내용을 확인할 수 있다(18 U.S.C.A. 2518(8)(d)). 그리고 ① 사람에 대한 상해 또는 물리적 안전을 위협하는 경우, ② 도주 등으로 기소를 어렵게 할 우려가 있는 경우, ③ 증거의 폐기 또는 조작의 우려가 있는 경우, ④ 증인에 대한 위해를 가할 우려가 있는 경우, ⑤ 기타 수사에 중대한 장애를 초래하거나 재판을 불필요하게 지연시킬 염려가 있는 경우에 있어서 법원의 명령 또는 행정 명령장이 발부된 경우(이때에는 수사책임자의 문서로 된 확인서에 의함)에는 90일을 넘지 않는 범위 내에서 그 통지를 유예할 수 있으며(18 U.S.C.A. 2705), 90일 이내의 범위에서 연장이 가능하다. 유예기간이 종료한 경우 정부기관은 1급 메일로 해당 통신내용 및 유예사유 등을 기재한 통지를 하여야 한다(18 U.S.C.A 2705(a)(5)). 또한 감청이 중지 또는 종료한 후 90일 이내에 법원은 그 명령이나 신청서에 이름이 기재된 사람들과 통신내용이 감청된 그 상대방에게 목록을 송달하도록 명령해야 하고, 그 목록에는 감청명령의 발부 또는 신청이 있었던 사실, 집행개시 일자와 허가된 감청기간 또는 신청이 기각된 날짜, 그 기간 동안 통신내용이 감청되었거나 되지 않은 사실의 통지를 포함하여야 한다고 규정하고 있다.

　　독일의 경우 형사소송법(StPO)에서 통신감청(제100조a)을 행한 경우에 있어서 감청된 통신의 당사자에게 통지하여야 한다고 규정하고 있다(제101조 제4항 제3호). 하지만 감청 당사자에게 통지를 함으로써 수사목적, 생명, 신체의 완결성, 개인의 자유 및 중대한 재산적 가치 그리고 형사소송법 제110조에 따른 비밀수사요원의 계속적인 이용가능성을 위협할 경우에는 그 통지를 유예할 수 있다. 그 기간은 언급한 위협이 배제될 때까지이며, 유예 시 그 사유를 문서로 기록하도록 하고 있다(제101조 제5항). 유예된 통지가 처분이 종료된 이후 12개월 이내에 이루어지지 않은 경우에 있어서 이를 계속 유예하고자 할 때에는 법원의 동의를 필요로 하고, 법원은 통지의 요건이 장래에도 성립하지 않으리라고 확실시 되는 경우에는 통지의 완전한 배제에 동의할 수 있다(제101조 제6항). 또한 형사소송법 이외에 「서신, 우편, 통신 비밀제한에 관한 법률」(Gesetz zur Beschränkung des Brief-, Post-, und Fernmeldegeheimnisses)에 의하면, 통신제한조치는 종료 후 당사자에게 통지되어야 하는데, 통신제한의 목적을 위태롭게 함이 배제되지 않을 수 있거나 연방과 주의 복지에 대한 압도적인 손실의 등장이 예견된 경우에는 유예될 수 있다. 위에서 언급된 사유로 인하여 유예된 통지는 통신제한조치가 종료된 지 12개월 이내에 종료되지 않을 경우에 계속 연장이 필요하다면 G-10 위원회[9]의 결정이 필요하다. 만약 5년

---

9) 「서신, 우편, 통신 비밀제한에 관한 법률」에 따른 국가안보기관의 통신감청을 감독하기 위해 동법 제15조에 의한 특별위원회로서 독일헌법(Grundgesetz) 제10조에서 규정하고 있는 우편과 전신비밀(Post-, Fernmelegeheimnis) 기본권 침해에 대한 정당성을 부여하는 국가안보기관의 통신감청에 대한 통제가 목적이라는 취지에서 G-10 위원회(G-10 Kommission)라는 명칭을 사용하고 있다.

이 경과한 후에도 G-10 위원회에서 유예사유가 존재한다고 만장일치로 결정하는 경우에는 통지를 완전히 배제할 수 있도록 규정하고 있다(동법 제15조 제1항).

일본의 경우 「범죄수사를 위한 통신방수에 관한 법률」에 의하면 검찰관 또는 사법경찰관은 감청기록에 기록된 통신의 당사자에 대하여 감청기록을 작성한 취지 및 '① 당해 통신의 개시 및 종료의 연월일시 및 상대방 성명, ② 감청영장의 발부 연월일, ③ 감청 개시 및 종료 연월일, ④ 감청 대상이 된 통신수단, ⑤ 감청영장에 기재된 죄명 및 벌조(罰條), ⑥ 제14조에 규정된 통신에 관해서는 그 취지 및 당해통신에 관한 범죄의 죄명 및 벌조'를 서면으로 통지하여야 한다. 이러한 통지는 통신 당사자가 특정되지 않은 경우 또는 그 소재가 명확하지 않은 경우를 제외하고, 감청을 종료한 후 30일 이내에 하여야 한다. 다만 지방재판소의 재판관은 수사를 방해할 위험이 있다고 인정되는 때에는 검찰관 또는 사법경찰원의 청구에 따라 60일 이내의 기간을 정하여 통지하여야 하는 기간을 연장할 수 있다. 검찰관 또는 사법경찰원은 그러한 기간이 경과한 후에 통신 당사자가 특정된 경우 또는 그 소재가 명확해진 경우에는 당해 통신 당사자에 대하여 신속히 통지하여야 한다(동법 제23조). 이러한 통지를 받은 통신당사자는 감청기록 중 당해통신에 관한 부분을 청취하거나 열람, 또는 복제할 수 있다(동법 제24조).

다. 검토

법 제9조의2는 통신제한조치를 집행한 경우 그 집행 사실을 대상자 또는 대상이 된 전기통신의 가입자에게 통지하도록 규정하고 있고, 이는 단시간 내에 종료되어 법원의 허가를 받을 필요가 없는 긴급통신제한조치의 경우에도 마찬가지라고 할 것이지만, 법조문의 표현이 이 경우에는 통지할 필요가 없는 것으로 해석될 여지가 있다. 즉 법 제9조의2 제1항은 통신제한조치 및 긴급통신제한조치의 집행사실과 집행기관 등을 대상자 또는 전기통신의 사업자에게 통지하도록 하고 있지만, 긴급통신제한조치의 경우와 관련하여 현행 규정은 법 제8조 제1항만을 근거로 명시하고 있어 법 제8조 제5항의 '단시간 내에 종료되어 법원의 허가를 받을 필요가 없는 경우'의 포함 여부에 대하여는 해석상의 문제를 야기할 수 있는 것이다. 그러므로 단시간 내에 종료되어 법원의 허가를 받을 필요가 없는 긴급통신제한조치의 경우에도 그 집행 사실을 대상자 또는 대상이 된 전기통신의 가입자에게 통지하도록 법조문의 표현을 명확히 할 필요성이 있다. 이는 통신비밀보호법이 통지의 대상을 전기통신의 가입자로만 규정하고 있어 전기통신 가입자와 실제 전기통신 이용자가 일치하지 않는 경우에 통지의 효과가 사실상 제한되고, 통지제도는 피감청자의 알 권리를 보장하여 수사기관 등의 통신제한조치에 대한 남용을 방지하기 위한 것이므로 그 통지의 대상을 감청대상이 된 실제 피의자 또는 피내사자가 되도록 개선할 필요성이 있는 것이다. 오늘날 명의도용뿐만 아니라 명의인의 승낙을 받고 타인 명의의 전기통신을 이용하는 경우가 빈번하고, 통지제도의 입법취지상 통지의 대상을 전기통신의 가입자로만 제한하고 있는 것은 문제가 있으므로 실제 이용자에게도 통지를 해 주어야 할 것이다.[10] 참고로 통신비밀보호법 시행령 제9조에 의하면 국가안보를 위한 통신제한조치에 통신의 당사자의 명의가 가명·차명 등으로 표시되는 등 실제당사자의 명의와 다르게 표시된 경우에는 그에 불구하고 실제의 당사자를 기준으로 한다고 규정하고 있다.

또한 현행법상 검사와 사법경찰관, 정보수사기관의 장은 통신제한조치로 감청을 집행한 경우, 그 대상이 된 전기통신의 가입자에게 통신제한조치를 집행한 사실과 집행기관 및 그 기간 등을 서면으로 통지하게 되어 있으나, 해당 가입자와 통신한 상대방에 대해서는 아무런 조치를 취하지 않음에 따라 사생활 침해 논란이 있다. 아울러 가입자 등에 대한 통지의 내용도 극히 제한적으로 규정되어 있어 알 권리 보호 차원에서도 이를 확대할 필요성이 있는데, 2013. 5. 13.자 김민기 의원 대표발의 통신비밀보호법 일부개정법률안(의안번호: 1904939)에 의하면 검사와 사법경찰관, 정보수사기관의 장이 통신제한조치의 수단으로 감청을 집행한 경우, 집행사실 통지자의 범위에 통신 상대방을 포함시키고 가입자와 상대방에 대한 서면 통지서에 구체적으로 통신제한조치의 종류·그 목적·대상·범위·기간 및 집행장소와 방법을 특정하도록 하고 있다. 생각건대 통신제한조치를 집행한 사건에 관하여 우편물 검열의 경우에는 그 대상자에게, 감청의 경우에는 그 대상이 된 전기통신의 가입자 또는 실제 이용자 등에게 ① 통신제한조치의 대상이 된 통신의 개시·종료시간 및 통신의 상대방의 성명, ② 통신제한조치허가서를 발부받은 날짜, ③ 통신제한조치개시·종료시간, ④ 통신제한조치의 대상이 된 통신수단, ⑤ 통신제한조치허가서에 기재된 죄명과 적용법조 등의 사항을 서면으로 통지하여야 한다고 구체적으로 규정하는 것이 보다 바람직하다고 본다.

---

10) 고병민, "미국의 통신비밀보호와 감청 관련법규에 대한 고찰", 해외연수검사 연구논문집, 법무연수원, 2006. 7, 255면.

2. 압수·수색·검증의 집행에 관한 통지

가. 현행법의 태도

검사는 송·수신이 완료된 전기통신에 대하여 압수·수색·검증을 집행한 경우 그 사건에 관하여 공소를 제기하거나 공소의 제기 또는 입건을 하지 아니하는 처분(기소중지 결정을 제외한다)을 한 때에는 그 처분을 한 날부터 30일 이내에 수사대상이 된 가입자에게 압수·수색·검증을 집행한 사실을 서면으로 통지하여야 한다(법 제9조의3 제1항). 사법경찰관은 송·수신이 완료된 전기통신에 대하여 압수·수색·검증을 집행한 경우 그 사건에 관하여 검사로부터 공소를 제기하거나 제기하지 아니하는 처분의 통보를 받거나 내사사건에 관하여 입건하지 아니하는 처분을 한 때에는 그날부터 30일 이내에 수사대상이 된 가입자에게 압수·수색·검증을 집행한 사실을 서면으로 통지하여야 한다(법 제9조의3 제2항). 그동안 송·수신이 끝나서 서버에 보관된 이메일에 대한 압수·수색은 형사소송법상의 압수·수색 조항을 적용해서 서버 관리자에게만 통보가 되고 실제 이메일을 주고받은 이용자에게는 통보되지 않았었다. 이는 통신비밀보호법에서는 통신이 '송수신하는 것'으로 정의되어 있기 때문에 서버에 보관된 메일은 이미 송수신이 끝난 상태이므로 형사소송법상의 물건에 해당하는 압수·수색이 적용돼서 서버 관리자에게만 통보되어 온 것인데, 이미 송수신이 완료된 이메일의 경우에 통신비밀보호법상의 '통신'으로 적용받지 않아서 통신비밀보호법의 보호를 받지 못하는 법의 맹점이 지적되었다. 왜냐하면 통신비밀보호법상 전기통신이란 송신하거나 수신하는 것을 말하므로 이미 송·수신이 완료된 경우에는 통신비밀의 보호가 문제되지 않기 때문이다. 그러므로 이동통신회사의 서버로부터 전송되어 개인의 휴대전화에 저장된 문자메시지를 확인하거나 전자우편서비스회사로부터 다운받은 e-mail이 저장된 컴퓨터 본체에 접근하여 저장된 그 내용을 확인하거나 전산 또는 팩스로 수신된 결과인 인쇄된 서면을 취득하는 행위 등은 감청이라고 할 수 없고, 수사기관이 이러한 내용을 확보하기 위해서는 형사소송법상 압수·수색의 절차에 의하여야 했다.

이에 통신비밀보호법 제15차 개정(2009. 5. 28. 법률 제9752호)을 통하여 이메일 압수·수색의 경우에 본인에 대한 통지의무를 부과하는 규정을 신설해서 송·수신이 완료된 전기통신의 내용을 지득·채록하기 위한 압수·수색·검증은 형사소송법의 규정에 의하고, 수사기관이 송수신이 완료된 전기통신에 대하여 압수·수색·검증을 집행한 사건에 관하여 공소를 제기하거나 공소의 제기 또는 입건을 하지 아니하는 처분을 한 때에는 그 처분을 한 날부터 30일 이내에 그 대상이 된 전기통신의 송신자 및 수신자에게 압수·수색·검증을 집행한 사실을 서면으로 통지하도록 한 것이다.[11] 즉 법 제9조의3은 그동안 송·수신이 끝나서 서버에 보관된 이메일에 대한 압수·수색이 형사소송법상의 압수·수색 조항을 적용해서 서버 관리자에게만 통보가 되고, 실제 이메일을 주고받은 수사대상이 된 가입자에게는 통보가 되지 않는 문제를 해결하기 위하여 신설된 규정이라고 평가할 수 있다.

나. 검토

법 제9조의3은 송·수신이 완료된 전기통신에 대한 압수·수색·검증의 집행 사실을 수사대상이 된 가입자에게 통지하도록 하고 있으나, 이를 위반한 경우에 대한 벌칙 규정이 없어, 통신 비밀을 보호하고 통신의 자유를 보장하기 위한 입법 취지를 실효성 있게 달성하는 데 한계가 있다. 이러한 문제점을 해결하기 위하여 2010. 10. 5.자 최문순의원 대표발의 통신비밀보호법 일부개정법률안(의안번호: 1809557)에 의하면 법 제9조의3을 위반하여 송·수신이 완료된 전기통신에 대한 압수·수색·검증의 집행 사실을 수사대상이 된 가입자에게 통지하지 아니한 경우에 대한 처벌 규정(3년 이하의 징역 또는 1천만 원 이하의 벌금)을 신설하고 있는데, 이에 대하여는, 첫째, 검사 또는 사법경찰관이 송·수신이 완료된 전기통신에 대해 압수·수색·검증을 집행한 경우에는 통신비밀보호법상의 통신제한조치의 대상이 아니라 형사소송법상의 압수·수색·검증의 절차로서 검사는 판사가 발부하는 영장에 의하여 집행하는 것이며(형사소송법 제215조제1항·제2항 참조), 둘째, 압수·수색영장을 집행함에는 미리 집행의 일시와 장소를 피고인 또는 변호인에게 통지하여야 한다고 규정하고(같은 법 제122조 참조), 이에 대한 처벌규정을 따로 두고 있지 않다는 점, 셋째, 송·수신이 완료된 전기통신에 대한 압수·수색·검증은 통신제한조치의 집행에 관한 통지에 대하여 규정한 통신비밀보호법 제9조의2에서 정한 범죄수사를 위한 통신제한조치 및 긴급통신제한조치의 경우와 동일하게 볼 수 없다는 점 등을 이유로 처벌규정의 신설에 반대하는 견해가 주장될 수 있다.

---

11) 외국의 경우 미국, 영국, 독일, 프랑스 등은 송·수신이 완료된 전자우편에 대하여 통신제한조치의 일환으로 규제하는 것으로 파악된다. 이에 대하여 보다 자세한 내용으로는 한국전자통신연구원, 「방송통신서비스 통신비밀보호 정책 및 제도개선 연구」, 방송통신위원회, 2010. 11, 47-49면 참조

또한 감청은 감청개시와 동시에 통보하면 감청 자체가 성립되지 않으므로 추후 통지를 하는 것이 옳지만 e-mail에 대한 압수·수색은 다른 압수·수색과 달리 볼 것이 없으므로 e-mail의 취득과 동시에 대상자에게 알려줘야 한다. 압수·수색은 과거의 기록을 취득하는 것이기 때문에 취득과 동시에 알려준다고 하여 수사의 기밀성이 훼손되지는 않기 때문에 형사소송법상의 집행과 동시에 고지하는 것이 보다 바람직한 방향일 것이다. 이와 더불어 입법자가 동일한 압수·수색·검증의 대상임에도 불구하고 전기통신에 대해서만 사전영장제시의무를 요구하지 않는 것은 정당하지도 않다.[12] 통신비밀보호법상으로 '송·수신이 완료된 전기통신'의 확보가 압수·수색영장에 의하여 행해진다면, 영장집행에 대한 사전통지나 참여권의 보장에 관한 명시적인 예외규정이 없는 한 디지털증거의 압수·수색·검증처분에 있어서는 통신제한조치의 비밀처분을 준용할 수 없을 것이다.[13]

생각건대 송·수신이 완료된 전기통신에 대한 압수·수색·검증과 관련하여, 검사는 피의자가 죄를 범하였다고 의심할만한 상당한 이유가 있고 송·수신이 완료된 전기통신에 대한 압수·수색·검증이 범죄수사에 필요하며 해당 압수·수색·검증으로 범죄의 혐의를 확인할 수 있다고 볼만한 상당한 개연성이 있는 경우에 한하여 이를 소명하여 지방법원판사에게 청구하여 발부받은 영장에 의하여 송·수신이 완료된 전기통신에 대한 압수·수색·검증을 할 수 있고, 사법경찰관은 피의자가 죄를 범하였다고 의심할 만한 상당한 이유가 있고 송·수신이 완료된 전기통신에 대한 압수·수색·검증이 범죄수사에 필요하며 해당 압수·수색·검증으로 범죄의 혐의를 확인할 수 있다고 볼만한 상당한 개연성이 있는 경우에 한하여 이를 소명하여 검사에게 신청하여 검사의 청구로 지방법원판사가 발부한 영장에 의하여 송·수신이 완료된 전기통신에 대한 압수·수색·검증을 할 수 있다. 이와 같은 압수·수색·검증을 할 경우에는 수사대상이 된 가입자 또는 변호인에게 미리 그 사실을 통지하고 수사대상이 된 가입자 또는 변호인의 참여를 보장하여야 하며, 압수·수색·검증의 결과를 기재한 조서에는 그 대상이 된 송·수신이 완료된 전기통신 현황과 허가요건을 충족하는 사유 등을 기재하여야 한다. 그리고 위와 같은 사항 이외에 송·수신이 완료된 전기통신에 대한 압수·수색·검증과 관련된 사항에 관하여는 형사소송법의 압수·수색·검증에 관한 규정을 준용한다는 규정이 필요하다.

---

12) 同旨 김성룡, "이메일 압수·수색에 관한 독일 연방헌법재판소 결정의 주요 내용과 그 시사점", 법학논고 제32집, 경북대학교 법학연구원, 2010. 2, 210-211면.

13) 이경렬, "디지털정보 관련 증거의 압수·수색 규정의 도입방안 연구", 홍익법학 제13권 제3호, 홍익대학교 법학연구소, 2012. 10, 509면.

Ⅲ. 통신제한조치 집행의 협조에 필요한 설비의 구비의무 문제

1. 이한성의원 대표발의 개정법률안의 내용

2008. 10. 30.자 이한성의원 대표발의 통신비밀보호법 일부개정법률안(의안번호: 1801650)에 의하면 합법적 통신제한조치의 집행이 가능하도록 전화서비스[14]를 제공하는 전기통신사업자 등에 대하여 필요한 장비 등의 구비의무를 부과하되, 장비 등을 운용함에 있어서는 권한 없는 자의 접근 방지, 접근기록의 관리 등 보호조치를 취하도록 하고 있다. 장비 등의 구비에 소요되는 비용은 국가가 전부 또는 일부를 부담하고, 장비 등의 구비의무를 위반한 경우에는 10억 원 이하의 범위 안에서 대통령령으로 정하는 이행강제금을 1년에 1회에 한하여 부과할 수 있도록 하고 있는데, 동 법률안의 구체적인 내용을 살펴보면 다음과 같다.

〈표-1〉 이한성의원 대표발의 통신비밀보호법 일부개정법률안의 주요내용

제15조의2(전기통신사업자의 협조의무)
① 전기통신사업자등은 검사·사법경찰관 또는 정보수사기관의 장이 이 법에 따라 집행하는 통신제한조치 및 통신사실 확인자료제공의 요청에 협조하여야 한다.
② 전화서비스를 제공하는 전기통신사업자, 그 밖에 대통령령으로 정하는 전기통신사업자는 이 법에 따른 검사·사법경찰관 또는 정보수사기관의 장의 통신제한조치 집행에 필요한 장비·시설·기술 및 기능을 갖추어야 한다.
③ 제2항에 따른 장비·시설·기술 및 기능은 대통령령으로 정하는 기준·방법 및 절차에 적합하여야 한다.
④ 제2항에 따른 장비·시설·기술 및 기능의 구비에 소요되는 비용은 대통령령으로 정하는 바에 따라 국가가 그 전부 또는 일부를 부담한다.
⑤ 전기통신사업자는 제2항에 따른 장비 등을 운용함에 있어 권한 없는 자의 접근 방지, 접근기록의 관리 등 대통령령으로 정하는 바에 따른 보호조치를 취하여야 한다.
⑥ 전기통신사업자는 1년의 범위 안에서 대통령령으로 정하는 기간 동안 통신사실확인자료를 보관하여야 한다.
⑦ 제1항부터 제6항까지에 규정된 사항 외에 통신제한조치의 집행 및 통신사실확인자료 제공의 요청에 관하여 전기통신사업자등이 협조할 사항은 대통령령으로 정한다.

---

14) 통신비밀보호법의 대상이 되는 '전기통신'은 전화를 포함하고 있고, 휴대통신의 특징인 무선의 전자적 방식에 의해 음향을 송수신하는 것도 전기통신에 포함되므로 휴대전화에 대한 감청이 이를 통하여 새롭게 등장한 이야기는 아니지만, 동 개정안은 휴대통신의 감청을 공식화해 버리는 결과를 초래하였다.

> 제15조의3(이행강제금)
> ① 방송통신위원장은 제15조의2 제2항을 위반하여 통신제한조치의 집행에 필요한 장비·시설·기
>   술 및 기능을 갖추지 아니한 전기통신사업자에 대하여 1년 이내의 기간을 정하여 통신제한조치
>   의 집행에 필요한 장비·시설·기술 및 기능의 구비의무를 이행할 것을 명할 수 있다.
> ② 방송통신위원장은 제1항에 따른 이행명령을 받은 전기통신사업자가 시정기간 내에 해당 시정명
>   령을 이행하지 아니한 경우에는 10억 원 이하의 범위에서 대통령령으로 정하는 금액의 이행강
>   제금을 부과할 수 있다.
> ③ 제2항에 따른 이행강제금은 최초의 이행명령이 있은 날을 기준으로 하여 1년에 1회씩 그 이행
>   명령이 이행될 때까지 반복하여 부과·징수할 수 있다.
> ④ 방송통신위원장은 제1항에 따른 이행명령을 받은 자가 이를 이행하는 경우에는 새로운 이행강
>   제금의 부과를 중지하되, 이미 부과된 이행강제금은 징수하여야 한다.
> ⑤ 방송통신위원장은 제2항에 따른 이행강제금 부과처분을 받은 자가 이행강제금을 기한 내에 납
>   부하지 아니하는 때에는 국세 체납처분의 예에 따라 징수한다.
> ⑥ 이행강제금의 부과·징수 등에 관하여 필요한 그 밖의 사항은 대통령령으로 정한다.

동 법률안의 시행과 관련하여, 감청기술 표준 개발, 감청설비의 개발, 시험 및 도입 등에 소요되는 시간을 고려하여, 이동전화사업자는 이 법 시행 후 2년 내에, 그 밖의 전기통신사업자는 4년 내에 장비 등을 구비해야 하며, 정당한 사유가 있는 경우 방송통신위원장에게 신청하여 기간을 연장할 수 있도록 하고 있다. 이때 방송통신위원장은 신청에 대하여 정당한 이유가 있을 경우 기간을 연장할 수 있으며, 법무부장관 등 관계 기관의 장과 미리 협의하도록 하고 있다.

2. 외국의 입법례

가. 미국의 경우

미국의 경우 1968년 제정된 「종합범죄방지 및 가로지원법」(Title III)에서는 감청에 관한 영장주의를 규정하였을 뿐 전기통신사업자의 감청에 대한 협조의무를 규정하고 있지는 않았다. 이후 1970년 개정된 Title III를 통하여 법원의 명령이 있는 경우에는 전기통신사업자로 하여금 감청이 가능할 수 있게 기술적 지원을 하도록 하는 규정을 신설하게 되었다(18 U.S.C. § 2518). 그러나 동 규정은 전기통신사업자가 감청이 가능하도록 장비 및 시스템 설계를 하여야 하는 의무를 포함하고 있지 않았고, 새로운 통신시설과 기술이

발전함에 따라 수사기관은 감청에 더욱 어려움을 겪게 되었다.

이에 1994년에 「법집행을 위한 통신지원법」(the Communications Assistance for Law Enforcement, CALEA)을 제정하였는데, 이에 의하면 유선·전기통신사업자는 법원 또는 법 규정에 따라 자신의 서비스 권역 내에서 가입자의 통신장비 및 시설로 송·수신되는 모든 통신 내용을 통신 이전 및 이후에 감청이 가능하고 감청된 통신내용을 정부에 제공할 수 있도록 통신시설 및 장비 등을 갖추어야 한다(47 U.S.C.A. § 1002 (a)). 그러나 정부는 전기통신사업자에게 특정 디자인이나 시스템을 갖추도록 요구하거나 금지할 수 없으며, 전기통신사업자의 의무는 정보서비스(information service)나 개인 사이에 통신을 목적으로 설치된 네트워크에 대하여는 적용하지 않는다(47 U.S.C.A. § 1002 (b)). 또한 전기통신사업자는 고객 또는 가입자가 암호화하여 송신하는 통신을 암호화할 의무는 없다. 다만, 해당 암호시스템이 전기통신사업자에서 제공하는 것이며, 암호해독에 필요한 정보를 보유하고 있는 때에는 그러하지 아니하다(47 U.S.C.A. § 1002 (b)(3)). 한편 전기통신사업자에게 통신설비를 제조 및 공급하는 업체들도 이러한 감청에 필요한 설비 및 장비를 제공하여야 한다(47U.S.C.A. § 1005).

CALEA의 시행 이후 일정기간 내에 전기통신사업자는 자신의 통신설비, 시스템과 관련하여 최대 감청이 가능한 숫자 등 필요사항을 보고하도록 되어 있다. 법무부장관은 전기통신사업자가 제출한 보고서를 검토하여 감청시스템으로 변경하는 데 필요한 직접적인 경비를 보상하여야 한다(47 U.S.C.A. § 1003). 감청조건을 충족하기 위하여 1995년 및 그 이전에 설치 또는 배치된 시설, 장비의 변경에 소요된 비용에 대하여는 법무부장관이 모든 경비를 부담할 수 있다(47 U.S.C.A. §1008(a)). 그리고 1995년 이후에 설치 또는 배치된 전기통신사업자는 연방통신위원회에 인가신청을 할 수 있으며, 연방통신위원회는 CALEA의 규정에 따라 감청에 적합한지 여부를 심사하고, 적합하지 않은 경우 법무부장관은 전기통신사업자의 신청에 따라 시설, 설비 변경에 따른 보상을 합의할 수 있다(47 U.S.C.A. §1008(b)(2)). 감청명령을 발한 법원이 전기통신사업자 또는 제조업체가 감청에 필요한 설비 등을 갖추지 않거나 제공하지 않는 경우 해당 설비 등이 CALEA에 규정한 바와 같이 설비 등을 갖출 것을 명할 수 있다(47 U.S.C.A. §2522(a)). 또한 법무부장관은 법원이 전기통신사업자가 CALEA에서 규정한 대로 통신설비 등을 갖추도록 법원의 명령을 구하는 민사소송을 제기할 수 있다(47 U.S.C.A. §2522(b)). 법원이 전기통신사업자 또는 제조업체에 설비 등을 갖추도록 명령하는 경우 명령일 익일부터 또는 특정 날짜를 정하여 그 때부터 매일 10,000달러를 민사제재금으로 부과할 수 있다(18 U.S.C.A. §2522(c)).

나. 영국의 경우

전기통신사업자는 통신내용확인과정에 협조를 해야 하는데,[15] 법적 권한을 가진 기관으로부터 요청을 받은 전기통신사업자는 반드시 협조에 필요한 모든 조치를 취해야 하며, 감청설비협조 및 감청협조의무에 위반하는 경우에는 2년 이하의 금고 또는 벌금에 해당하는 형사처벌이 가능하다. 구체적인 사건에 있어서의 의무뿐만 아니라 「수사권한규제법」(RIPA) 제12조는 국무장관이 기술적 협력을 구하기 위해서 전기통신사업자에게 협력지시를 할 수 있도록 규정하고 있다. 통신내용확인과정에 있어서 전기통신사업자가 협조를 하는 과정에서 소요되는 제반비용에 대한 문제를 해결하기 위하여, 정부와 전기통신사업자의 대표들로 구성되는 기술자문위원회를 구성하여 일반적인 지침들에 대한 검토 및 자문을 할 수 있도록 함과 동시에,[16] 정부가 감청비용을 보상하도록 규정하였다.[17] 다만 감청장비의 운영 및 유지에 소요되는 비용은 전기통신사업자가 부담한다.

다. 독일의 경우

전기통신사업자는 법원, 검사, 경찰 등의 수사기관에게 감청(제100조a 제1항)이 가능하도록 하고, 필요한 정보를 지체 없이 제공하여야 하는데, 이를 위해 「편지, 우편, 통신 비밀 제한에 관한 법률」(Gesetz zur Beschränkung des Brief-, Post-, und Fernmeldegeheimnisses)에 의하면 전기통신사업자는 통신제한조치가 가능하도록 기술적인 부분이나 관련 조치의 이행이 위탁될 수 있는 자를 지체 없이 선정하는 등의 협조 의무를 규정하고 있다(동법 제2조). 또한 이러한 이행의무를 위반할 경우에는 15,000유로까지의 과태료를 부과하도록 함으로써(동법 제19조) 전기통신사업자로 하여금 감청에 협조할 의무를 부과하고 있다.

그리고 「전기통신감청조치의 기술적이고 조직적인 구현을 위한 시행령」(Verordnung über die technische und organisatorische Umsetzung von Maßnahmen zur Überwachung der Telekommunikation: TKÜV) 제6조에서는 통신감청협조자에게 기본적 설비에 대한 통신제한조치가 즉시 가능하도록 통신설비를 구성할 것, 감청설비의 비용이 합당할 경우에 협조의무자가 운영하는 통신설비의 사용성능과 일치하도록 보증할 것, 전기통신의 기

---

15) 수사권한규제법(RIPA) 제11조.
16) 수사권한규제법(RIPA) 제13조.
17) 수사권한규제법(RIPA) 제14조.

술적 처리를 위한 고유 부호방식을 근거로 한 감청이 가능하도록 하도록 함으로써 기술적·조직적 전기통신협조의무를 규정하고 있다.

마지막으로 전기통신법(TKG: Telekommunikationsgesetz)에 의하면 공공전기통신서비스를 제공하는 전기통신사업자에게 통신설비운영을 개시할 때부터 자신의 비용으로 법적으로 예상되는 감청의 전환을 위한 기술적인 통신설비를 갖출 것과 감청의 지체 없는 실행을 위한 조직적인 대책을 마련해야 한다고 규정하고 있다.

라. 네덜란드의 경우

네덜란드의 전기통신법(Telecommunication Act)에 의하면 감청의 수행과 관련된 전기통신사업자의 책임을 규정하고 있는데, 인터넷 서비스를 포함하여 모든 전기통신 네트워크(Telecommunication Network) 및 전기통신 서비스(Telecommunication Service) 제공업자들로 하여금 서비스 개시 시점에 감청이 가능하도록 규정하고 있다. 그러나 이와 같은 의무는 공공전기통신 네트워크 및 공공전기통신 서비스 제공업자에게만 적용되며, 사설(私設) 네트워크에는 적용되지 않는다. 공공전기통신 네트워크 및 공공전기통신 서비스 제공업자는 전기통신법의 규정에 따라 수사기관에게 그들의 네트워크와 서비스에의 접속을 제공하고, 당국이 법적 권한을 행사하기 위해 필요한 모든 정보를 제공할 의무 등을 지니는데, 만약 이를 위반할 경우에는 45만 유로 이하의 벌금에 처할 수 있다. 한편 전기통신법에 따라 감청 수행에 소요되는 비용 가운데 감청 시스템의 구축 및 유지를 위한 구조적 비용과 임시비용은 전기통신사업자가 부담하고, 수사기관으로의 감청 정보 전달과 관련된 관리 비용 및 인력 비용 등 감청 수행과 관련된 비용은 수사기관이 각각 부담한다.

3. 검토

전기통신사업자에게 통신제한조치의 집행에 필요한 장비·기술 등을 구비하도록 의무화한 것은 전기통신사업자의 관리영역에 감청집행에 필요한 협조설비를 구비하고 이를 이용하여 통신제한조치를 집행하도록 함으로써 수사기관이 독자적인 감청설비를 보유하여 직접 운용할 경우의 남용가능성을 차단하려는 취지로 이해된다. 이러한 전기통신사업자의 감청설비 구비의무에 대하여 찬성하는 입장[18]에 의하면 ① 투명성이 공인된 기술표준에 의거한 감청장비의 설치·운영을 법적으로 강제함으로써 정보수사기관이 자체적으로 감청장비를 개발·운용함에 따라 야기되는 불법감청의혹에 대한 불신을 해소할 수 있다는 점, ② 민간통신사업자의 협조를 통해서 감청 등 통신제한조치를 의무화함으로써 정보수사기관에 의한 감청 등의 오·남용을 법적으로 예방할 수 있다는 점, ③ 전기통신 기술이 급속도로 발전함에 따라 수사기관의 합법적 감청을 위해서는 전기통신사업자에게 설비제공의무를 부과하는 것이 타당하다는 점, ④ 문제가 되는 것은 법원의 허가를 받은 적법한 감청이 아니라 불법감청이기 때문에 적법한 감청을 집행하기 위한 설비제공의무를 전기통신사업자에게 부담하게 하는 것은 타당하다는 점, ⑤ 통신업체가 보유하는 설비는 감청협조설비이기 때문에 감청내용을 청취·열람·저장·보관하는 기능이 없으며, 비인가자의 접근방지대책 및 접근기록 관리시스템 구축을 의무화하는 등의 방지대책을 포함하면 될 것이라는 점 등을 그 논거로 하고 있다.

반면에 반대하는 입장[19]에 의하면 통신제한조치 집행의 협조에 필요한 전기통신사업자의 감청설비 구비의무는 국가정보원이 직접 운용하던 카스(CAS) 등 감청장비를 민간사업자에게 직접 위임하는 법적 근거를 마련하는 것으로서 ① 사생활의 정보가 상시적으로 기록되고, 언제든지 정보수사기관에 넘겨질 우려가 있다는 점, ② 국민 모두를 예비적 범죄자로 보고 상시감시체계를 구축하는 것이라는 점, ③ 구체적 범위를 시행령에 위임함에 따라 감청설비의 설치 및 활용범위가 무제한적으로 확대될 우려가 있다는 점, ④ 휴대전화를 비롯하여 전자우편, 인터넷 쪽지 등에 대해서도 합법적인 감청이 가능해질 수 있다는 점, ⑤ 신용카드와 지하철·버스카드 등 개인의 이동경로를 파악함에 필요한 모든 정보를 정보수사기관이 확보할 수 있는 등 모든 국민의 사생활이 노출되어 기록될 수 있을 뿐만 아니라 첨단산업기술이나 고도의 경영 비밀 등 보안유지가 필요한 분야의 비밀이 침해될 위험에 노출될 우려가 있다는 점,[20] ⑥ 감청장비 등의 구비의무를 위반한

18) 강신각, 앞의 글, 49-50면; 구태언, "통신비밀보호법 검토의견", 「통신비밀보호법 전문가 간담회」, 국회 법제사법위원회, 2006. 9, 39-40면(다만 일정 규모 이하의 부가통신사업자에게는 일부 의무를 면제해 줄 필요성이 있다고 한다); 김성천, 「통신비밀보호법 개정방안에 대한 연구」, 대검찰청, 2008. 12, 123-125면; 김승대, "통신비밀보호법 일부개정법률안에 대한 헌법적 쟁점 검토", 「통신비밀보호법 전문가 간담회」, 국회 법제사법위원회, 2006. 9, 12면; 법무부, 「통신비밀보호법 개정안(이한성의원 대표발의)에 대한 검토의견」, 2008. 11; 원혜욱, "감청행위의 실태 및 입법례의 비교고찰", 형사법연구 제24호, 한국형사법학회, 2005. 12, 211면.

19) 국가인권위원회, "「통신비밀보호법 일부개정법률안(이한성 의원 대표발의)」에 대한 의견표명", 국가인권위원회 상임위원회 결정, 2009. 1. 22; 오길영, "통신비밀보호법 개정안 비판", 민주법학 제34호, 민주주의법학연구회, 2007. 9.

경우에는 10억 원 이하의 범위에서 이행강제금을 부과하는 것은 과중한 부담이며, 이는 통신서비스 기술을 감청에 적합하게 개발하도록 강제하는 것과 다름없는 것이고, 전기통신사업자의 영업의 자유를 침해하는 것임은 물론이고, 종국적으로 가입자에게 감청에서 자유로운 통신서비스를 이용할 권리마저 박탈하는 결과에 이를 수도 있다는 점, ⑦ 통신비밀 및 개인정보에 국가가 개입가능성을 확대하며, 정보수사기관의 감청 오·남용을 통제할 장치가 미흡하다는 점, ⑧ 국내의 모든 정보통신상품은 감청에 제공되는 상품으로만 구성되는데, 이에 의하면 소비자의 입장에서는 감청에 제공되지 않는 정보통신상품을 선택할 자기결정권이 박탈된다는 점, ⑨ 전기통신사업자의 입장에서는 감청에 적합하지 않는 기술은 배척하게 되므로, 기술개발의 단계에서는 항상 감청적합성이 고려할 수밖에 없어 창의적인 기술개발을 저해하고, 기업의 영업의 자유를 박탈하는 결과를 초래한다는 점, ⑩ 종래 통신제한조치에 있어 전기통신사업자의 단순한 협조의무를 법적 의무로 강제하면서 감청장비구비 비용까지 사업자가 일부 부담할 수 있도록 규정하고 있는바, 이는 국가의 의무를 사업자에게 부당히 전가하는 것이므로, 사업자의 영업의 자유를 부당하게 침해한다는 점, ⑪ 전기통신사업자가 통신제한조치의 집행에 필요한 장비와 기술을 보유하게 되면 전기통신사업자의 내부자에 의한 불법적인 감청과 감청내용의 유출 내지 상업적 이용으로 국민의 사생활 등 침해의 우려가 있다는 점 등을 그 논거로 하고 있다.

생각건대 감청설비를 수사기관이 자체적으로 보유하여 직접 통신제한조치를 실시하는 것보다는 전기통신사업자가 설비를 보유하고, 수사기관은 법원의 허가를 통하여 감청을 실시하는 방안이 통신의 비밀이라는 기본권 보호에 있어서 최상의 방안이라고 판단된다.[21] 왜냐하면 감청을 실시할 경우에는 감청을 당하는 국민의 입장에서 그 사실을 전혀 인지할 수 없게 되는데, 법원의 허가와 사후통지제도를 마련하는 것과 동시에 전기통신사업자에게도 협조에 대한 기록 등이 남아 있기 때문에 감청의 누락현상을 차단할 수 있기 때문이다. 그런데 만약 전기통신사업자가 감청이 전혀 되지 않는 설비를 구축하고 있는 경우라고 한다면 감청협조 자체가 불가능한 상황이 발생하게 되는데, 감청대상자가 이러한 전기통신을 사용하는 경우라면 국가기관이 별도의 감청설비를 구축해야 하는 번거롭고도 비효율적인 결과를 초래할 가능성이 농후하다. 이는 감청설비의 보유주체와 감청주체의 분리방안에서 도출되는 이로운 점이 상쇄되는 결과가 될 것이며, 궁극에는 수

---

20) 모든 통화내용에 대한 감청은 기술의 한계로 인하여 현실적으로 불가능하기 때문에 모든 국민에 대한 감시라는 표현은 다소 지나친 감이 없지 않아 있다.

21) 同旨 이정훈, "미국의 휴대폰 및 인터넷에 대한 감청제도 현황, 사용실태 및 활용도 등 연구", 국외훈련 검사 연구논문집 제27집, 법무연수원, 2012, 900면.

사기관의 감청에 대한 통제가 전혀 불가능하게 되어 국민의 통신의 자유는 항상 침해될 소지를 안고 있는 문제점이 발생하게 된다.

또한 전기통신 기술발전의 짧은 주기는 합법적 감청을 위하여 도입된 고가의 첨단장비의 사용 수명을 줄이고 있는데, 이러한 예산의 낭비도 정부의 입장에서는 심각한 부담이 아닐 수 없다. 우리나라의 스마트폰이 세계시장에서 선도적인 위치를 차지하고 있고, 앞으로도 당분간 이러한 추세는 이어질 것으로 전망되는 상황에서, 세계 최고의 이동통신 발전의 역사와 경험을 가지고 있는 우리나라에서 정부가 매 상황마다 전기통신사업자의 새로운 기술을 뒤따라가면서 감청장비를 구축하는 것을 요구하는 것은 무리라고 판단된다. 아마도 지금의 전기통신서비스에 대한 감청설비를 구축할 때가 되는 시점에서는 당해 감청설비를 전혀 사용하지 못할 확률이 상당히 높은데, 그 시점에서는 지금의 전기통신서비스가 사라지고 새로운 전기통신서비스가 보급되는 상황이 될 것이기 때문이다. 실제로 외국의 입법례에서도 살펴보았듯이 대다수의 선진국에서는 간접 감청의 방식을 취하고 있는데, 이러한 원인 중의 하나는 조만간 폐기 처분할 최첨단 장비에 엄청난 예산을 투입해야 한다고 매년마다 의회를 설득하다가 시기를 놓치는 일을 막기 위함이라고 할 것이다.[22] 그러므로 전기통신사업자로 하여금 감청이 가능한 장비의 구축과 이를 전제로 한 사업의 영위를 강제하는 것이 타당하다고 보이며, 다만 국가에 의한 설치 및 관리 등의 비용보조는 병행되어야 할 것이다. 이와 더불어 감청협조설비의 보안성 확보 및 오남용 방지를 위하여 전기통신사업자가 감청된 내용 정보에 접근하여 감청정보를 불법적으로 유포하거나 제공할 수 없게 하는 보호조치가 필요하며, 전기통신사업자가 감청협조설비를 불법적으로 운용하는 것을 차단하기 위하여 시스템 운용기록을 안전하게 관리하기 위한 기술적인 조치도 필요하다.[23]

---

22) 김권혁, "통신환경 변화에 따른 국가안보와 국익침해 대응방안", 선진한국을 위한 통신비밀보호법 개정방향, 국가안보전략연구소, 2009. 12, 19면.

23) 이에 대한 보다 자세한 논의로는 강신각, "감청설비 보안성 및 오남용 방지대책", 선진한국을 위한 통신비밀보호법 개정방향, 국가안보전략연구소, 2009. 12, 55-59면 참조.

Ⅳ. 글을 마치며

불법 감청이나 녹음에 의한 통신비밀의 침해를 근절하기 위해서는 그러한 행위 자체를 처벌하여야 하는 것은 물론이거니와, 이와는 별도로 그러한 행위에 의하여 지득한 통신비밀의 내용을 공개하거나 누설하는 행위까지도 금지하여야 한다.[24] 통신비밀보호법은 이와 같은 헌법정신을 구현하기 위하여, 먼저 통신비밀보호법과 형사소송법 또는 군사법원법의 규정에 의하지 아니한 우편물의 검열 또는 전기통신의 감청, 공개되지 아니한 타인 간의 대화의 녹음 또는 청취행위 등 통신비밀에 속하는 내용을 수집하는 행위를 금지하고 이에 위반한 행위를 처벌하는 한편(법 제3조 제1항, 제16조 제1항 제1호), 불법 감청·녹음 등에 의하여 수집된 통신 또는 대화의 내용을 공개하거나 누설하는 행위를 동일한 형으로 처벌하도록 규정하고 있다(법 제16조 제1항 제2호). 반면에 일정한 요건이 충족되면 수사기관에 의한 합법적인 감청집행을 허용하고 있는데, 현행법상 통신제한조치의 집행과 관련하여 통지의 범위 및 대상 설정의 문제는 국민의 사생활의 자유 및 알 권리의 보장 차원에서 문제점이 있는 부분은 앞에서 설명한 바와 같고, 보다 기본권 보장에 충실한 입법적인 보완작업이 진행되어야 할 것이다. 또한 국가기관에 의한 범죄예방의 적극성 및 범죄수사의 효율성 차원에서 합법적인 감청영장을 통한 통신제한조치의 집행을 원활하게 수행하기 위해서는 선결과제로서 전기통신사업자에 의한 감청설비 보유가 필연적으로 연계되어야 할 것이지만, 외국의 입법례와 달리 우리나라의 현행법에서는 이에 대한 명문의 규정이 존재하지 않아 실무적으로 협조의무 여부 및 그에 대한 강제력 부과와 관련하여 논란이 될 가능성이 매우 크다고 할 수 있다. 이와 같은 통신제한조치의 집행과 관련된 현행 제도상의 쟁점에 대한 정책적인 개선방안을 다음과 같이 제시하는 것으로써 본 논의를 마무리하고자 한다.

첫째, 단시간 내에 종료되어 법원의 허가를 받을 필요가 없는 긴급통신제한조치의 경우에도 그 집행 사실을 대상자 또는 대상이 된 전기통신의 가입자에게 통지하도록 법조문의 표현을 명확히 할 필요성이 있다. 이는 통신비밀보호법이 통지의 대상을 전기통신의 가입자로만 규정하고 있어 전기통신 가입자와 실제 전기통신 이용자가 일치하지 않는 경우에 통지의 효과가 사실상 제한되고, 통지제도는 피감청자의 알 권리를 보장하여 수

---

24) 대법원 2011. 3. 17. 선고 2006도8839 전원합의체 판결.

사기관 등의 통신제한조치에 대한 남용을 방지하기 위한 것이므로 그 통지의 대상을 감청대상이 된 실제 피의자 또는 피내사자가 되도록 개선할 필요성이 있는 것이다.

둘째, 압수·수색·검증을 할 경우에는 수사대상이 된 가입자 또는 변호인에게 미리 그 사실을 통지하고 수사대상이 된 가입자 또는 변호인의 참여를 보장하여야 하며, 압수·수색·검증의 결과를 기재한 조서에는 그 대상이 된 송·수신이 완료된 전기통신 현황과 허가요건을 충족하는 사유 등을 기재하여야 한다. 그리고 위와 같은 사항 이외에 송·수신이 완료된 전기통신에 대한 압수·수색·검증과 관련된 사항에 관하여는 형사소송법의 압수·수색·검증에 관한 규정을 준용한다는 규정이 필요하다.

셋째, 감청설비를 수사기관이 자체적으로 보유하여 직접 통신제한조치를 실시하는 것보다는 전기통신사업자로 하여금 감청이 가능한 장비의 구축과 이를 전제로 한 사업의 영위를 강제하는 것이 타당하다고 보이며, 수사기관은 법원의 허가를 통하여 감청을 실시하는 방안이 통신의 비밀이라는 기본권 보호에 있어서 최상의 방안이라고 판단된다. 다만 국가에 의한 설치 및 관리 등의 비용보조는 병행되어야 할 것이다. 이와 더불어 감청협조설비의 보안성 확보 및 오남용 방지를 위하여 전기통신사업자가 감청된 내용 정보에 접근하여 감청정보를 불법적으로 유포하거나 제공할 수 없게 하는 보호조치가 필요하며, 전기통신사업자가 감청협조설비를 불법적으로 운용하는 것을 차단하기 위하여 시스템 운용기록을 안전하게 관리하기 위한 기술적인 조치도 필요하다.

제15강 전기통신사업법상 통신자료 제공제도의 문제점과 개선방안

I. 문제의 제기

우리나라에서는 통신[1]의 자유를 헌법상의 기본권으로 보장하고 있는 가운데, 이를 보다 구체적으로 실현하기 위하여 통신비밀보호법 및 전기통신사업법 등을 통하여 국민의 기본권 보호의무를 다하고 있다. 동 법률을 통하여 규율하고 있는 통신의 자유와 관련된 거시적인 쟁점은 주로 3가지 사항으로 다시 구분할 수 있는데, 통신비밀보호법 제5조 내지 제9조의2에서 규율하고 있는 통신제한조치,[2] 통신비밀보호법 제13조에서 규율하고 있는 통신사실확인자료제공제도, 전기통신사업법 제83조에서 규율하고 있는 통신자료제공제도 등이 바로 그것이다. 이러한 통신의 비밀과 관련된 쟁점에 대한 기존의 논의는 통신비밀보호법상의 통신제한조치, 그중에서도 전기통신의 감청이 주류를 이루고 있었다고 해도 과언이 아니었다. 특히 최근에 세계적으로 언론에 집중적으로 보도되고 있는 미국의 전방위적인 불법감청의 문제는 우리나라에서 다소 잠잠해 있었던 전기통신의 감청과 관련된 논의의 진행에 재점화를 할 듯한 기세이다. 하지만 최근에 우리나라에서는 개인정보에 대한 관심과 이에 대한 보호의 중요성이 날로 증대되고 있는 가운데 통신비밀의 사각지대에 머물러 있었던 통신자료 제공제도와 관련된 중요한 사법부의 판단들이 등장하면서 동 제도에 대한 문제점을 지적하고 개선방안을 모색해 보고자 하는 노력들이 시도되고 있는 점에 주목할 필요성이 있다.

비교적 최근에 등장한 몇 가지 중요한 사례들을 살펴보면, 전기통신사업자로부터 수사기관이 통신자료를 취득하는 행위가 강제력이 개입되지 아니한 임의수사인가 아니면 사실상 수사기관의 통신자료 제출 요구가 있으면 전기통신사업자는 이에 응하는 구조로 되어 있다는 측면에서 강제성이 있는 행위인가가 문제된 헌법재판소 2012. 8. 23. 선고 2010헌마439 결정, 전기통신사업자가 개인정보 보호의무에 위반하여 수사기관의 요청이 있으면 아무런 판단 없이 기계적으로 이용자의 개인정보인 통신자료를 제공하였다는 이

---

* 법과 정책연구 제14집 제1호, 한국법정책학회, 2014. 3.

1) '통신'의 일반적인 속성으로는 '당사자 간의 동의', '비공개성', '당사자의 특정성' 등을 들 수 있는바, 이를 염두에 둘 때 '통신'의 의미는 '비공개를 전제로 하는 쌍방향적인 의사소통'이라고 할 수 있다.

2) 통신제한조치란 우편물의 검열 또는 전기통신의 감청을 포함하는 개념인데, 여기서 검열이란 우편물에 대하여 당사자의 동의 없이 이를 개봉하거나 기타의 방법으로 그 내용을 지득 또는 채록하거나 유치하는 것을 말하고, 감청이란 전기통신에 대하여 당사자의 동의 없이 전자장치·기계장치 등을 사용하여 통신의 음향·문언·부호·영상을 청취·공독하여 그 내용을 지득 또는 채록하거나 전기통신의 송·수신을 방해하는 것을 말한다(통신비밀보호법 제2조 제6호 및 제7호).

유로 이용자가 입은 손해를 배상할 의무가 있다고 판시한 서울고등법원 2012. 10. 18. 선고 2011나19012 판결(이른바 '회피연아 동영상 사건'), 통신비밀보호법에 의하면 전기통신사업자가 수사기관에 제공한 통신사실확인자료 현황을 당사자에게 열람 또는 제공할 의무가 없다고 판시한 대법원 2012. 12. 27. 선고 2010다79206 판결 및 대법원의 취지를 그대로 수용한 파기환송심인 2013. 5. 2.자 서울고등법원 민사28부의 판결, 이동통신 3사가 수집·보유하고 있는 이용자들의 개인정보를 전기통신사업법에 의한 통신자료제공 요청에 따라 제3자에게 제공한 현황을 공개하라고 주장한 참여연대의 2013. 4. 16.자 소장 접수 등을 손꼽을 수 있겠다.

이와 더불어 실무상으로는 전기통신사업자가 수사기관의 통신자료제공요청을 거부하는 사례가 거의 없고, 이러한 수사기관의 통신자료제공요청은 매년 급격하게 증가하고 있는 추세에 있다. 현행법상 개인의 통신과 관련하여 전기통신사업자에게 요청하여 제공받을 수 있는 자료는 통신비밀보호법상의 '통신사실확인자료'와 전기통신사업법상의 '통신자료'로 구분할 수 있는데, 통신비밀보호법상의 '통신사실확인자료'의 경우에는 그 제공 요청 시 법원의 허가가 필요하고 당사자에게 제공사실을 통지하여야 하지만, 전기통신사업법상의 '통신자료'의 경우에는 법원의 허가를 거칠 필요 없이 요청기관의 내부결재만으로도 그 제공 요청이 가능하고, 당사자에게 제공사실을 통지하는 절차도 두지 않고 있다는 차이점이 있다.3) 그리하여 법률에 의한 수사기관에 대한 제공이라고 하더라도 그 대상이 국민의 개인정보이고, 통신비밀보호법상 통신사실확인자료의 경우 법원의 허가를 받도록 되어 있는 것과의 균형상 통신자료제공요청의 경우에도 법원의 통제가 필요하다는 취지에서 2013. 5. 15.자 변재일의원 대표발의 전기통신사업법 일부개정법률안(의안번호: 4976), 2013. 1. 15.자 이만우의원 대표발의 전기통신사업법 일부개정법률안(의안번호: 3328), 2012. 10. 30.자 강창일의원 대표발의 전기통신사업법 일부개정법률안(의안번호: 2332) 등 총 3건의 전기통신사업법 일부개정법률안이 제19대 국회에 상정되어 현재 심사를 받고 있는 중이다.

본고에서는 위에서 논의된 전기통신사업법을 통하여 규율되고 있는 통신자료제공제도와 관련된 여러 가지 문제점을 파악하고 이에 대한 적절한 개선방안을 도출하기 위하여, 우선 통신자료 제공의 절차, 현황 및 이에 대한 외국의 입법례 등을 중심으로 통신자료

---

3) 전기통신사업법 제83조 제3항을 삭제하면 자동적으로 공개된 게시물의 게시자의 신원공개를 위해서는 압수·수색영장의 절차를 따를 수밖에 없다는 이유로 이를 주장하는 견해로는 박경신, "송수신이 완료된 이메일 등 현대적 매체에 의한 통신의 비밀, 어떻게 보호할 것인가", 민주사회를 위한 변호사모임 사법위원회·참여연대 공익인권법센터·박영선의원실, 2009. 7, 17면.

제공제도의 주요 내용을 파악한 다음(Ⅱ), 수사기관에 대하여 일정한 통신자료를 제공한 전기통신사업자에게 원심 법원의 판단과는 달리 손해배상의무를 인정한 서울고등법원의 결정을 비판적으로 검토하고(Ⅲ), 이후 통신자료의 제공과정에 있어서 법원의 허가를 요구하도록 하고 있는 총 3건의 전기통신사업법 일부개정법률안에 대한 분석 및 평가를 하며(Ⅳ), 논의를 마무리하기로 한다(Ⅴ).

Ⅱ. 통신자료 제공제도의 주요내용

1. 통신자료 제공의 절차

전기통신사업자는 법원, 검사 또는 수사관서의 장(군 수사기관의 장, 국세청장 및 지방국세청장을 포함한다), 정보수사기관의 장이 재판, 수사(조세범 처벌법 제10조 제1항·제3항·제4항의 범죄 중 전화, 인터넷 등을 이용한 범칙사건의 조사를 포함한다), 형의 집행 또는 국가안전보장에 대한 위해를 방지하기 위한 정보수집을 위하여 ① 이용자의 성명, ② 이용자의 주민등록번호,4) ③ 이용자의 주소, ④ 이용자의 전화번호, ⑤ 이용자의 아이디(컴퓨터시스템이나 통신망의 정당한 이용자임을 알아보기 위한 이용자 식별부호를 말한다),5) ⑥ 이용자의 가입일 또는 해지일의 자료의 열람이나 제출(이하 '통신자료제공'이라고 한다)을 요청하면 그 요청에 따를 수 있다(전기통신사업법 제83조 제3항).6) 이에 따른 통신자료제공 요청은 요청사유, 해당 이용자와의 연관성, 필요한 자료의 범위를 기

---

4) 개정된 「정보통신망 이용촉진 및 정보보호 등에 관한 법률」에 따르면 전기통신사업자는 더 이상 주민등록번호를 저장할 수 없기 때문에 앞으로 전기통신사업자는 이용자의 주민등록번호를 통신자료의 일환으로서 제공할 수 없을 것으로 보인다.

5) 이용자ID란 컴퓨터시스템이나 통신망의 정당한 이용자를 식별하기 위한 이용자 식별부호를 의미하므로 본 아이디는 인터넷 가입 시 필수사항으로 기재하는 아이디가 바로 통신자료에서 명시된 아이디로 해석되고 있다.

6) 통신자료는 '가입자의 성명, 주민등록번호, 주소, 전화번호, 아이디, 가입 또는 해지일자'와 같은 전기통신서비스를 제공하기 위한 대상의 특정에 필요한 정보로서 가입자정보라고 할 수 있으므로 통신의 방식 또는 내용에 관한 자료로 혼동 내지 해석이 가능한 '통신자료'라는 용어의 타당성에 관한 검토가 필요하다고 본다. 이와 관련하여 2010. 3. 2.자 이정희의원 대표발의 통신비밀보호법 일부개정법률안(의안번호: 1807787)에 따르면 '통신자료'를 '가입자정보'로 변경할 것을 주장하고 있다.

재한 서면(이하 '자료제공요청서'라고 한다)[7]으로 하여야 한다. 다만, 서면으로 요청할 수 없는 긴급한 사유가 있을 때에는 서면에 의하지 아니하는 방법으로 요청할 수 있으며, 그 사유가 해소되면 지체 없이 전기통신사업자에게 자료제공요청서를 제출하여야 한다(전기통신사업법 제83조 제4항). 전기통신사업법 제83조에서 규정하고 있는 수사기관의 통신자료 요청은 수사를 위한 정보 수집을 위하여 전기통신이용자 가운데 어떠한 인물을 특정하기 위함에 그 목적이 있다고 할 수 있는데, 이는 이미 특정된 인물이 어떠한 통신을 하였는지에 대한 사실 확인을 하는 과정에 앞서 그 인물이 누구인지 특정하여 수사의 단서로 파악할 것인지를 결정하는 과정이라고 할 수 있다. 그러므로 대부분의 통신자료 취득행위는 수사 초기단계에서 이루어질 수밖에 없는 구조로 되어 있다.

전기통신사업자는 위와 같은 절차에 따라 통신자료제공을 한 경우에는 해당 통신자료 제공 사실 등 필요한 사항을 기재한 대통령령으로 정하는 대장[8]과 자료제공요청서 등 관련 자료를 갖추어 두어야 한다(전기통신사업법 제83조 제5항). 또한 전기통신사업자는 대통령령으로 정하는 방법에 따라 통신자료제공을 한 현황 등을 연 2회 미래창조과학부장관에게 보고하여야 하며, 미래창조과학부장관은 전기통신사업자가 보고한 내용의 사실 여부 및 전기통신사업법 제83조 제5항에 따른 관련 자료의 관리 상태를 점검할 수 있다(전기통신사업법 제83조 제6항). 전기통신사업자는 제3항에 따라 통신자료제공을 요청한 자가 소속된 중앙행정기관의 장에게 제5항에 따른 대장에 기재된 내용을 대통령령으로 정하는 방법에 따라 알려야 한다. 다만, 통신자료제공을 요청한 자가 법원인 경우에는 법원행정처장에게 알려야 한다(전기통신사업법 제83조 제7항). 전기통신사업법 제83조 제6항에 따른 통신자료제공 현황 보고 및 같은 조 제7항에 따른 통신자료제공 현황 통보는 매 반기 종료 후 30일 이내에 하여야 한다(전기통신사업법 시행령 제53조 제2항).

한편 전기통신사업자는 이용자의 통신비밀에 관한 업무를 담당하는 전담기구를 설치 ·

---

7) 이와 관련하여 경찰청은 2013. 6. 12. SK텔레콤, KT, LG U+ 등 이동통신 3사와 전용 전산망을 구축하고 수사에 필요한 자료를 온라인을 통해 곧바로 제공받기로 함에 따라, 그동안 경찰이 가입자 정보, 통화내역 등 수사에 필요한 자료를 통신사에 서면으로 요청하면 팩스로 관련 정보를 건네받는 방식으로 협조하던 것에서 탈피하여 앞으로는 전산망을 통해 관련 자료를 넘겨받게 될 것으로 보인다. 이에 따라 기존의 전기통신사업법상의 '서면'에 의한 제출방식을 '서면 또는 전기통신매체 등의 방법'으로 변경할 필요성이 있게 된다. 현재는 경찰청 훈령에 의하여 서면 이외의 제출방식이 가능하도록 규정되어 있으나, 이는 상위법인 법률에서 통신자료 제공요청행위를 엄격하게 규율하고 있는 것과 비교하여 볼 때 그 기본취지에 어긋나는 형식이기 때문에 실제의 관행을 유지하기 위해서라도 상위법인 법률을 통한 규율방식이 보다 적합한 방법이라고 판단된다.
8) 전기통신사업자는 법 제83조 제5항에 따른 통신자료제공대장을 1년간 보존하여야 한다(전기통신사업법 시행령 제53조 제1항).

운영하여야 하며, 그 전담기구의 기능 및 구성 등에 관한 사항은 대통령령으로 정하는데(전기통신사업법 제83조 제8항), 전담기구는 ① 이용자의 통신비밀에 관한 업무의 총괄, ② 전기통신사업자의 내부 직원 또는 제3자가 이용자의 통신비밀을 위법·부당하게 침해하는 행위에 대한 단속, ③ 법 제83조 제6항에 따른 통신자료제공 현황 보고, ④ 법 제83조 제7항에 따른 통신자료제공대장 기재 내용의 통보, ⑤ 이용자로부터 제기되는 통신비밀에 관한 불만이나 의견의 처리, ⑥ 통신비밀에 관한 업무를 담당하는 직원에 대한 교육, ⑦ 그 밖에 이용자의 통신비밀 보호에 필요한 사항의 기능을 수행하고(전기통신사업법 시행령 제53조 제3항), 전담기구는 해당 전기통신사업자의 본사에 설치하고 임원급 직원을 책임자로 둔다(전기통신사업법 시행령 제53조 제4항).

자료제공요청서에 대한 결재권자의 범위 등에 관하여 필요한 사항은 대통령령으로 정하는데(전기통신사업법 제83조 제9항), 자료제공요청서의 결재권자는 판사, 검사, 수사관서(군 수사기관, 국세청 및 지방국세청을 포함한다)나 정보수사기관의 4급 이상 공무원(5급 공무원이 수사관서의 장이거나 정보수사기관의 장인 경우에는 5급 공무원을 포함한다) 또는 고위공무원단에 속하는 일반직공무원으로 한다. 다만, 경찰 및 해양경찰의 경우에는 총경 이상의 공무원(경정이 관서의 장인 경우에는 경정을 포함한다)으로 하고, 군 수사기관의 경우에는 군검찰관 또는 중령 이상의 군인(소령이 부대장인 군 수사기관의 경우에는 소령을 포함한다)으로 한다(전기통신사업법 시행령 제53조 제5항). 그리고 자료제공요청서에는 결재권자의 직급과 성명 등을 명확하게 적어야 한다. 다만, 「정보 및 보안업무 기획·조정 규정」 제2조 제6호에 따른 정보수사기관의 경우에는 결재권자의 직위만 적을 수 있으며, 법원의 경우에는 결재권자의 직위와 성명을 명확하게 적는다(전기통신사업법 시행령 제53조 제6항).

2. 통신자료 제공의 현황

가. 통신자료제공 협조현황

2000년 이후 2009년까지의 기간 및 2010년 이후 2013년 상반기까지 기간 동안 전기통신사업자가 국가기관에 제공한 통신자료의 현황을 살펴보면 다음과 같다.

<표-1> 2000년-2009년의 통신자료제공 협조현황

단위: 문서건수

2000년	2001년	2002년	2003년	2004년	2005년	2006년	2007년	2008년	2009년
78,073	113,422	127,787	189,192	279,929	342,771	323,566	426,408	474,568	561,476

출처: 방송통신위원회 보도자료.

<표-2> 최근 3년간 통신자료제공 협조현황

단위: 문서건수

2010년		2011년		2012년		2013년
상반기	하반기	상반기	하반기	상반기	하반기	상반기
293,241	297,808	326,785	324,400	395,061	425,739	465,304
591,049		651,185		820,800		465,304

출처: 미래창조과학부 보도자료.

<표-1> 및 <표-2>를 통해서 알 수 있듯이 통신자료의 제공현황은 지속적으로 증가하고 있는 추세를 보이고 있는데, 2012년을 기준(820,800건)으로 하여 2000년의 상황(78,073건)과 비교하여 보면 약 11배 정도의 증가세를 나타내고 있다. 2000년대 들어 이러한 증가세는 지속적으로 유지되고 있는데, 이러한 결과의 원인으로서는, 첫째, 최근에는 전기통신을 이용한 범죄뿐만 아니라 일반 범죄에 대해서도 이용자의 전화번호 또는 아이디 등과 같은 단서를 이용하여 용의자를 특정하고, 수사의 범위를 축소해 나가기 위하여 통신자료를 활발하게 이용하고 있는 실정으로서 범죄에 대한 수사기법이 휴대전화의 사용내역 및 인터넷 사용내역 등을 중심으로 활발하게 이루어지고 있다는 점, 둘째, 통신제한조치와 통신사실확인자료 제공제도와는 달리 통신자료의 제공요청은 법원의 개입이 없이 수사기관이 자체적이고 독립적으로 행할 수 있다는 점, 셋째, 최근 언론에 보도된 몇몇의 강력범죄에 대한 대처의 일환으로서 초동수사의 중요성이 부각됨에 따라 통신자료의 확보 필요성이 강조되고 있다는 점 등에서 통신자료 요구의 건수를 급증시킨 이유를 찾을 수 있겠다.

여기서 한 가지 주목할 점은 2012. 10. 28. 전기통신사업자에 의하여 이루어지고 있던 통신자료의 무분별한 제공행위에 대한 서울고등법원의 손해배상결정에 대한 민사판결[9]이 선고된 이후인 2013년 상반기에도 전기통신사업자가 제공하고 있는 통신자료의 수가 감소하지 않고 오히려 증가했다는 점이라고 할 수 있다. 동 판결 이후 피고측이 상고하여 현

---

9) 서울고등법원 2012. 10. 18. 선고 2011나19012 판결.

재 대법원(2012다105482사건)에 소송이 계류 중에 있는 가운데, 지난 2012. 11. NHN, 다음커뮤니케이션, SK커뮤니케이션, 카카오, 이베이 등 한국게임산업협회 소속 90여 개 회원 업체들은 그동안 관행적으로 존속해 왔던 반강제적인 통신자료 제공행위를 중단하고 특별한 사정이 없는 한 당분간 수사기관의 개인정보 요구에 따르지 않겠다는 방침을 정하기도 하였다. 이는 주요 전기통신사업자들이 통신자료 제공에 관한 내부 심사절차를 강화하기보다는 수사기관에 임의적인 방식의 통신자료 제공을 전면 중단하고, 압수·수색영장을 요구하는 형태로 업무의 방향을 전환하고 있음을 의미하는 것이었다. 이에 따라 수사기관 등에 상당한 차질이 빚어질 것이라고 예상되었지만, 2013년 상반기 통신자료제공 현황의 분석 결과는 정반대의 현상을 나타내고 있는 것이다. 이와 같은 기이한 현상은 아마도 전기통신사업자들이 압수·수색영장을 통하여 관련 자료를 제공하겠다고 의견을 표명한 것은, 전기통신사업법상에 규정한 6가지의 통신자료 이외의 개인정보에 한하여 그러한 절차를 통해 진행하겠다는 것이지 법에 규정되어 있는 6가지의 통신자료에 해당한다면 현행 법령에 따라 기존의 협조의 방식으로 제공하는 것을 거부하지 않겠다는 것으로 그 의미를 한정해서 해석해야 할 것이다.

나. 세부 내용별 현황

(1) 기관별

2010년 이후 2013년 상반기까지 전기통신사업자가 국가기관에 제공한 통신자료의 현황 가운데 기관별 협조현황을 살펴보면 다음과 같다.

〈표-3〉 최근 3년간 통신자료제공의 기관별 협조현황

단위: 문서건수

구 분	2010년		2011년		2012년		2013년
	상반기	하반기	상반기	하반기	상반기	하반기	상반기
검 찰	48,542	50,992	57,923	57,911	74,366	84,600	90,553
경 찰	215,106	215,956	237,777	235,332	287,293	309,822	342,597
국정원	5,506	5,180	5,380	4,697	4,121	3,549	2,235
기타기관[10]	24,087	25,680	25,705	26,460	29,281	27,768	29,919
합 계	293,241	297,808	326,785	324,400	395,061	425,739	465,304

출처: 미래창조과학부 보도자료.

<표-3>에 의하면 2012년 기준 통신자료를 가장 많이 제공 요청한 기관은 경찰이라고 할 수 있는데, 전체의 약 72.7%를 차지하고 있으며, 다음으로 검찰(19.4%), 기타기관(6.9%), 국정원(0.9%) 등의 순으로 행해지고 있다. 먼저 통신제한조치의 경우[11]와는 달리 국정원의 자료요청건수가 극히 미미한 실정인데, 이는 통신제한조치의 경우에는 통신비밀보호법 제5조 제1항에서 감청대상범죄를 제한하고 있는 것에 비하여 통신자료의 경우에는 대상범죄에 제한을 두고 있지 않다는 점, 통신자료가 일반적으로 수사초기의 단계에서 용의자의 범위를 확정하기 위하여 활용되고 있다는 점 등에 그 원인이 있다고 볼 수 있다.

다음으로 수사기관이 범죄수사 시에 통신사실확인자료인 통화내역만으로는 용의자의 인적 사항을 파악할 수 없고, 필연적으로 통신자료인 인적 사항을 함께 요구하여야 한다는 측면에서 통신자료제공건수의 급증현상을 이해할 수 있겠는데, 통신사실확인자료가 최근 3년간 연평균 약 23만 건을 유지하고 있는 추세와 비교할 때 통신자료의 확인자료 요청 건수가 급격히 증가하고 있는 경향은 다른 측면에서 그 원인을 찾아야 할 것으로 보인다. <표-4>는 최근 3년간 통신자료제공의 전화번호건수 협조현황을 나타내고 있는데, 이에 의하면 연 평균 약 800만 건의 전화번호수에 해당하는 통신자료가 제공되고 있음을 알 수 있다. 이러한 수치는 통신자료 제공건수의 급증현상과 달리 매년 일정한 수준을 유지하고 있음을 나태내고 있는데, 이에 따라 문서 1건당 전화번호수는 2010년 약 12건에서 2012년 약 9건으로 줄어든 것이다. 이러한 통계자료에 비추어 보았을 때 최근 국가기관이 전기통신사업자에게 통신자료의 요청을 함에 있어서 요청건수 대비 전화번호수의 범위를 축소하여 협조를 구하려는 경향을 반영한 것이라고 분석된다.

---

10) 군 수사기관, 해양경찰청, 사법경찰권이 부여된 행정부처(관세청, 법무부, 고용부, 식약처 등).

11) 국정원에 의한 통신제한조치의 비율은 2000년 44.5%에서 2012년 97.4%까지 급증하였고, 2013년 상반기에는 이러한 국정원의 통신제한조치 편중현상은 더욱 심각해졌는데, 전기통신사업자를 통하여 이루어진 전체 통신제한조치 3,540건 중 무려 3,511건이 국정원에 의해 실시된 것이다. 이는 전체 통신제한조치의 99.2%로 차지하는 것으로써, 사상 최고의 비율에 해당하는 수치이다.

<표-4> 최근 3년간 통신자료제공의 문서건수 대비 전화번호(또는 ID) 건수 협조현황

단위: 건수

구 분		2010년		2011년		2012년		2013년
		상반기	하반기	상반기	하반기	상반기	하반기	상반기
검 찰	문서건수	48,542	50,992	57,923	57,911	74,366	84,600	90,553
	전화번호수	710,852	612,324	677,840	618,128	973,463	1,268,349	1,321,533
	문서1건당 전화번호수	14.64	12.01	11.70	10.67	13.09	14.99	14.59
경 찰	문서건수	215,106	215,956	237,777	235,332	287,293	309,822	342,597
	전화번호수	2,845,373	2,573,992	2,242,757	1,715,298	2,647,174	2,467,957	3,220,987
	문서1건당 전화번호수	13.23	11.92	9.43	7.29	9.21	7.97	9.40
국정원	문서건수	5,506	5,180	5,380	4,697	4,121	3,549	2,235
	전화번호수	35,382	40,636	50,362	52,617	44,795	66,128	44,049
	문서1건당 전화번호수	6.43	7.84	9.36	11.20	10.87	18.63	19.71
기타 기관	문서건수	24,087	25,680	25,705	26,460	29,281	27,768	29,919
	전화번호수	131,519	194,714	260,650	231,339	190,925	220,797	241,047
	문서1건당 전화번호수	5.46	7.58	10.14	8.74	6.52	7.95	8.06
합 계	문서건수	293,241	297,808	326,785	324,400	395,061	425,739	465,304
	전화번호수	3,723,126	3,421,666	3,231,609	2,617,382	3,856,357	4,023,231	4,827,616
	문서1건당 전화번호수	12.70	11.49	9.89	8.07	9.76	9.45	10.38

출처: 미래창조과학부 보도자료.

(2) 통신수단별

2010년 이후 2013년 상반기까지 전기통신사업자가 국가기관에 제공한 통신자료의 현황 가운데 통신수단별 협조현황을 살펴보면 다음과 같다.

<표-5> 최근 3년간 통신자료제공의 통신수단별 협조현황

단위: 문서건수

구 분	2010년		2011년		2012년		2013년
	상반기	하반기	상반기	하반기	상반기	하반기	상반기
유선전화	30,960	30,458	33,794	34,849	43,039	45,387	53,882
이동전화	194,260	203,034	222,612	221,682	284,093	314,369	353,720
인터넷 등	68,021	64,316	70,379	67,869	67,929	65,983	57,702
합 계	293,241	297,808	326,785	324,400	395,061	425,739	465,304

출처: 미래창조과학부 보도자료.

통신자료제공의 통신수단별 협조현황에 의하면, 2012년 기준 이동전화의 비율이 약 73%를 차지하여 비중이 가장 높고, 인터넷 등이 16.3%, 유선전화가 10.7% 등의 비율을 차지하는 순으로 나타나고 있다. 이는 우리나라 이동전화 가입자 수가 2013. 8. 기준 약 5,415만 명으로 전 국민이 이동전화를 생활필수품으로 휴대하고 활동한다는 점과 기지국 수사의 활성화라는 현상[12]이 서로 맞물려서 발생하는 결과로 분석된다.

3. 통신자료 제공과 관련된 외국의 입법례

가. 미국의 경우

미국의 경우에는 Electronic Communications Privacy Act of 1986상 Basic Subscriber Information(사용자기본정보)을 규정하고 있는데, 이에 의하면 사용자기본정보란 '① 사용자의 신원과 관계된 정보, ② 사용자와 서비스제공업자와의 관계에 대한 정보, ③ 기본적인 접속기록(이름, 주소, 로컬 및 장거리 전화 연결 기록, 세션시각 및 시간, 서비스 기간 및 이용된 서비스의 종류, 전화 또는 기기의 번호 또는 다른 가입자 번호 또는 네트워크 주소, 서비스의 결재방법에 대한 정보)' 등을 말하므로, 우리나라의 통신자료에 해당한다고 볼 수 있다. 이러한 통신자료의 취득은 ① 법원으로부터 형사소송법에 의한 영장을 발부받거나(범죄혐의의 상당성 입증 요함), ② 수사기관이 구체적인 사실을 적시하

---

12) 통신사실확인자료의 범위에 새롭게 '위치정보'를 추가하게 되면 기지국 수사에서 나타나는 수많은 통신자료의 확보를 어느 정도 억제할 수 있는 방안이 될 수는 있을 것이다.

여 법원에 해당 통신내용이 진행 중인 범죄수사와 관련성이 있고, 중요하다고 합리적으로 인정되어 법원의 명령을 받은 경우,[13] ③ 해당 가입자 또는 고객의 동의를 받은 경우, ④ 텔레마케팅 사기수사와 관련, 대상 가입자 또는 고객이 해당 거래에 관련이 있어 수사기관이 문서로 정식 요청하는 경우에 인정된다(18 U.S.C.A. § 2703(c)(1)). 또한 가입고객의 이름, 주소, 장, 단거리 통화기록, 통신서비스 시간 및 종류, 송, 수신에 사용된 통신(전화) 번호, 서비스지불수단에 대한 정보를 취득할 목적으로 법원으로부터 행정 명령장(administrative subpoena) 또는 대배심의 명령장을 발부받은 경우에도 통신자료를 제공할 수 있다(18U.S.C.A. § 2703(2)).

나. 영국의 경우

영국의 경우에는 수사권한규제법(Regulation of Investigatory Powers Act 2000, 이하에서는 'RIPA'라고 한다) 제23조에서 통신사실확인자료와 통신자료를 서로 구분하지 않고 통신자료(Communication data)로 동일하게 규율하고 있다. 이에 의하면 통신자료란 '사용장비와 위치에 대한 상세 정보, 통신가입자에 대한 상세 정보, 통신요금 청구내역서, 인터넷 프로토콜 주소(IP address), 우편물의 외부에 표시된 정보 등'과 같은 트래픽데이터, 통신과 관련하여 얻어지는 통신의 내용을 포함하지 않는 이용정보, 인적 정보 등을 말하는데, 통신자료의 확인에 필요한 비용은 국가에 의한 보상의 대상이 된다.[14] 수사권한규제법 제22조는 통신자료 취득의 사유로서 '국가의 안전보장, 범죄의 예방 또는 수사, 사회무질서의 예방, 영국의 경제적 안정의 보호, 공공의 안전 및 공공의 건강, 세금 또는 과태료 등 정부에 납부해야 할 금원을 산정 또는 징수, 위기상황에서 사람의 생명이나 신체 등의 보호, 기타 위에서 열거된 내용과 관련된 사항으로 국무장관의 지시에 의하여 필요한 경우' 등을 규정하고 있다. 이와 같이 통신자료를 확인할 수 있는 근거는 통신제한조치를 하기 위하여 필요한 조건들보다 훨씬 더 광범위하지만, 통신제한조치를 위한 전제조건과 마찬가지로 비례성과 필요성의 원칙을 동일하게 적용하고 있다.[15]

---

13) 18 U.S.C.A. 2703(d): Requirements for court order.--A court order for disclosure under subsection (b) or (c) may be issued by any court that is a court of competent jurisdiction and shall issue only if the governmental entity offers specific and articulable facts showing that there are reasonable grounds to believe that the contents of a wire or electronic communication, or the records or other information sought, are relevant and material to an ongoing criminal investigation.

14) 수사권한규제법(RIPA) 제24조

15) 수사권한규제법(RIPA) 제23조 제8항.

통신자료의 확인을 위한 요청이 상급 공무원의 승인을 받은 경우에는 통신사업자는 관련 자료 등을 제공할 의무를 부담한다. 여기서 중요한 것은 통신자료를 요구하기 위하여 법원에 별도의 영장을 요구하지 않는다는 점이며, 승인권자가 국무장관이 아니며 경찰, 정보기구, 세관, 국세청 또는 기타 관련 기관에서 법령 등에 의해 자체적으로 결정된다는 점이다. 승인기관은 자료의 성질에 따라 예를 들어 비밀유지가 필요하거나 자료를 추출하는데 특수한 장비가 요구되는 경우 등에는 전기통신사업자에게 요청하지 않고 직접 통신자료 등을 확보할 수 있다.[16] 승인은 반드시 서면에 의하고 실행기관을 특정해야 하며 확인대상이 되는 통신자료 역시 특정이 필요하다. 통신자료 확인을 위한 승인의 유효기간은 통상 1개월로 제한되지만,[17] 필요한 경우에는 연장도 가능하다.

수사권한규제법(RIPA)은 국가정보원이 자체적으로 시행한 규칙[18]이나 통신자료보호법(Data Protection Act 1998) 제29조에 따른 권한들[19]보다 더 분명하고 명확한 통신자료 확인 권한을 관련 기관에 부여하고 있다. 또한 수사권한규제법(RIPA)은 수많은 공공기관들에게 통신자료를 확인할 수 있는 권한을 부여하고 있는 것이 특징인데, 예를 들면 계란 조사국(Egg Inspectorate)부터 정부통신위원회(GCHQ)까지 통신자료에 대한 확인권한이 있으며 그 사유도 매우 포괄적으로 규정되어 있다.[20] 이에 따라 통신의 자유 및 개인의 사생활의 자유에 대한 침해의 정도가 상대적으로 약하다는 이유로 그 요건이나 절차를 통신제한조치보다 간이하게 규정한 것이 주요한 비판의 대상이 되고 있는 실정이다.

다. 독일의 경우

독일에서의 통신자료와 관련된 개념에 대한 명확한 이해를 위해서는 먼저 보존자료(Bestanddaten)와 내용정보(Inhaltsdaten)에 대한 구분이 필요한데, 보전자료는 통신정보서

---

16) 수사권한규제법(RIPA) 제22조 제3항.

17) 수사권한규제법(RIPA) 제23조.

18) 자세한 내용은 'Code of Practice on the Interception of Communications and Assessing Communications Data', 1999, NCIS. 참조.

19) 통신자료보호법(DPA) 제29조 (1) Personal data processed for any of the following purposes-(a) the prevention or detection of crime, (b) the apprehension or prosecution of offenders, or (c) the assessment or collection of any tax or duty or of any imposition of a similar nature, are exempt from the first data protection principle (except to the extent to which it requires compliance with the conditions in Schedules 2 and 3) and section 7 in any case to the extent to which the application of those provisions to the data would be likely to prejudice any of the matters mentioned in this subsection.

20) Justice, Regulations of Investigatory Powers Bill, London, 2000, para 4.6.

비스에 대한 계약관계의 성립, 변경, 해지와 관련된 계약당사자에 대한 일체의 정보를 의미하고, 내용정보는 사용자 간에 교환되는 인간적으로 인식이 가능한 정보를 의미한다. 독일의 전기통신사업법(TKG) 제3조 제3호에 의하면 보존자료(이하에서는 '통신자료(Bestandsdaten)'라고 한다)를 '통신정보서비스에 대한 계약관계의 성립, 실질적인 형성, 변경, 해지와 관련된 계약당사자에 대한 일체의 정보'라고 규정하고 있는데, 이는 우리나라 전기통신사업법의 통신자료와 대체로 유사하다고 할 수 있다. 이러한 통신자료는 통신미디어법(TMG)과 전기통신사업법(TKG)의 규정에 따라 필요한 경우, 특히 요금정산을 위해서 필요한 경우에 전기통신사업자에 의해서 보관될 수 있다. 통신자료에 대한 수사기관의 접근에 대한 규정인 통신미디어법(TMG) 제14조 제2항 또는 전기통신사업법(TKG) 제112조 및 제113조 제1항에 의하면 개인정보보호와 관련된 정당한 사업자의 제공가능성에 대한 규정이 있는데, 소추, 공공의 안전 및 질서 위험 예방, 헌법보호청 및 정보기관의 법률상 직무 수행을 위해 필요한 경우에는 통신자료의 요구가 가능하며, 이러한 요청이 있는 경우에는 법원의 영장이 없더라도[21] 전기통신사업자는 제공할 의무를 부담한다.

라. 프랑스의 경우

프랑스의 경우에는 「전자커뮤니케이션과 우편에 관한 법」(Code des postes et des communications electroniques, 이하에서는 'CPCE'라고 한다) L(법) 제34조의 1에 따라 수사목적의 통신자료 제공과 관련하여, 사법기관은 범죄수사·소추의 목적으로 통신자료를 전기통신사업자에게 요청할 수 있고, 전기통신사업자는 이러한 요청에 따르기 위하여 통신자료를 최장 1년간 보관해야 한다. 전기통신사업자가 보관할 수 있는 자료의 범위에 대해 유럽연합이 제시한 Directive 2006/24/EC(2006년 3월 15일) 권고[22]를 수용하여, 「전자커뮤니케이션과 우편에 관한 법」의 R(규칙) 제10조의 13의 제정(2006년 3월 24일)을 통하여 'a) 사용자의 신원을 확인할 수 있는 정보, b) 사용된 통신단말기와 관련된 정보, c) 통화 시간, 기간 등, d) 요청된 부과서비스와 관련된 정보, e) 통신목적지와 관련된

---

21) 이에 반하여 독일 형사소송법 제100조g에 근거한 통신사실확인자료는 검사의 신청에 따른 판사의 명령으로 제공되고 있다.

22) 유럽의 DR directive에서 규정하고 있는 보관 데이터는 통신발신지, 통신 착신지, 통신 시간, 통신종류, 이동통신장비의 위치 등을 식별하기 위한 데이터를 말하는 것으로써, 우리나라의 통신자료와 통신사실확인자료 모두를 포함하는 것으로 해석될 수 있다.

정보' 등으로 규정하고 있다.

한편 총리실 직속의 도청관리위원회(CNCIS)가 지정한 사법경찰과 수사헌병은 테러방지·국가안보·공공안전·국방상 필요한 경우에는 CPCE L(법) 제34조의 1의 규정을 준용하여 법원의 영장 없이 전기통신사업자에게 통신자료의 제공을 요청할 수 있다. 하지만 사법경찰과 수사헌병은 통신자료 제공 요청을 전기통신사업자에게 직접적으로 할 수 있는 것이 아니라 반드시 내무부 산하에 임명된 위원[23]의 결정을 거쳐서 요청하여야 한다.[24] 만약 사법경찰이 일반 범죄행위의 내사·수사 및 예심과정에서의 증거자료 수집이 필요한 경우에는 법원의 영장을 발부받아 통신자료를 수집하는 것이 가능하다. 한편 디지털경제신뢰법(LCEN)도 전기통신사업자로 하여금 행정당국이 적법한 절차에 따라 관련 정보를 요구할 경우에는 통신자료를 제공하도록 규정하고 있다.

마. 일본의 경우

일본의 경우에는 형사소송법에 따른 임의수사 방식인 사실조회를 통하여 통신자료를 수집하고 있다. 일본 형사소송법 제197조 제2항에 의하면, 수사에 대해서는 공무소 또는 공사단체에 조회하여 필요한 사항의 보고를 요구할 수 있는데, 이러한 요구는 임의수사에 해당되는 것으로써 통신자료를 조회할 필요가 있는 경우에 수사기관은 전기통신사업자 등에게 사실조회로서 통신자료를 요청할 수 있다. 이와 관련하여 전기통신사업자가 개인정보보호법과 관련하여 형사소송법 제197조 제2항에 따른 사실조회에 응하여야 하는지가 문제되고 있다. 즉 가이드라인 제15조 제2항은 전기통신사업자는 법령에 근거가 있는 경우 등을 제외하고는 본인의 동의 없이 개인정보를 제3자에게 제공하여서는 아니된다고 규정하고 있다. 이와 관련하여 총무성 해설서에 따르면, 법령에 근거가 있는 경우에는 영장에 의한 압수수색뿐만 아니라 형사소송법 제197조 제2항의 사실조회도 포함되므로, 사실조회의 경우 원칙적으로 조회에 응하여야 한다고 설명하고 있다.[25] 이에 따라 전기통신사업자는 통신자료의 제공이 법적인 의무사항은 아니지만, 실무상 협조를 하고

---

23) 동 위원은 내무부장관이 추천한 3인 중 국가안보감청통제위원회 지명한 1인으로 지명되어, 기간은 3년이며 재임될 수 있다.

24) 이에 대하여는 통신자료 제공절차에 있어서 신속성에 상당히 반하는 부작용을 초래할 수 있다는 비판이 충분히 가능하다고 본다.

25) 總務省, "電氣通信事業における個人情報保護に關するガイドライン(平成16年總務省告示第695号。最終改正平成21年總務省告示第543号)の解說", 2009, 22-24면.

있는 실정이다. 한편 사실조회와 관련하여서는 과거에는 구두로 협력을 요청하는 경우가 많았으나, 현재는 개인정보보호법의 시행으로 「수사관계사항조회서」를 통하여 서면으로 조회를 요청하고 있다.

Ⅲ. 통신자료를 제공한 전기통신사업자에 대한 손해배상의무의 인정 여부

1. 사실관계

피고는 인터넷에서 정보검색, 커뮤니티,[26] 오락 등의 서비스를 제공하는 국내 최대의 인터넷 포털사이트인 '네이버'를 운영하는 인터넷 종합 정보제공 사업자로서,[27] 피고가 제공하는 서비스 이용을 위해 네이버를 방문하는 사용자들에게 배너광고를 노출하거나 우선순위 검색 결과 도출서비스 등을 제공하는 방법으로 광고영업을 하여 그로부터 얻는 광고수익을 영업의 주된 수입원으로 삼고 있다. 네이버가 제공하는 각종 서비스를 이용하기 위해서는 피고가 정한 양식에 따른 가입신청을 하고 약관에 동의하여 회원가입을 하여야 하는데,[28] 이는 피고의 이용약관 및 개인정보 취급방침 중 개인정보보호에 관련된 내용에 규정되어 있었다.

원고는 2004. 10. 10. 이러한 네이버 약관에 동의하고 회원으로 가입하여 피고와 사이에 서비스 이용계약을 체결한 이후 네이버에 개설된 'Mr. Kim's English Class ^ ^'라는 카페(이하 '이 사건 카페'라 한다)의 회원으로 활동하였는데, 이 사건 카페는 영어 학원 강사가 수강생들을 대상으로 강의활용 목적으로 만든 것이어서 회원 수는 1,500명 정도이나 실제로 활동하는 회원의 대부분은 당시 강의를 듣는 수강생들이었다. 원고는 2010.

---

26) 피고가 제공하는 카페, 블로그, 미니홈피 등의 서비스를 말한다.
27) 피고는 전기통신사업법상의 부가통신사업자인 동시에 정보통신망 이용촉진 및 정보보호 등에 관한 법률상의 정보통신서비스제공자이다.
28) 다만 회원으로 가입하지 않더라도 뉴스 기사와 다른 게시물을 검색하여 볼 수는 있다.

3. 4.경 인터넷 검색을 하다 밴쿠버 동계올림픽 선수단 귀국 당시 유인촌 장관이 금메달리스트인 김연아 선수를 환영하면서 두 손으로 어깨를 두드리자 김연아 선수가 이를 피하는 듯한 장면을 편집한 사진(이하 '이 사건 게시물'이라 한다)이 게시되어 있는 것을 발견하고 이를 이 사건 카페의 유머게시판에 '퍼옴'이라고 표시하여 올렸다. 그 후 유인촌 장관은 2010. 3. 5. 이 사건 게시물을 인터넷에 올린 사람들에 대해 명예훼손을 이유로 고소를 제기하였고, 이에 서울종로경찰서장은 2010. 3. 8. 피고에게 아래와 같이 원고 외 2명의 인적사항을 제공해 달라고 요청하였으며, 이때 서울종로경찰서장은 다음과 같은 통신자료 제공요청서 이외에 어떠한 자료도 제공하지 않았다.

〈표-6〉 서울종로경찰서장의 2010. 3. 8.자 통신자료 제공요청서

가입자	일체불상
요청사유 및 가입자와의 연관성	정보통신망 이용촉진 및 정보보호 등에 관한 법률 위반(명예훼손) 용의자 수사
조회의뢰사항	웹 주소: 생략
	글 게시일시: 2010. 3. 4. 19:39
	(글 제목: [정치적] 소외 2와 소외 1)
	위 대상자의 아이디와 인적사항 일체

피고는 그로부터 이틀 뒤 서울종로경찰서장에게 원고 외 2명의 '네이버 ID, 이름, 주민등록번호, 이메일, 휴대폰 번호, 네이버 가입일자'를 제공하였다. 이에 따라 서울종로경찰서장은 원고를 소환하여 명예훼손 혐의에 대해 조사를 하였으나, 그 뒤 2010. 4. 28. 원고에 대한 고소가 취하되어 사건이 종결되었다. 한편 피고는 수사기관으로부터 연간 수십만 건의 해당하는 이용자의 개인정보 제공 요청을 받고 있고, 통신비밀 전담기구로 이사 1명, 팀장급 직원 1명, 실무자 4명으로 구성된 개인정보보호팀을 설치하여 운영하고 있으나, 위 전담기구가 개별적인 통신자료 요청 건에 대해 별도의 점검회의 등을 하지는 않고 있다.

2. 원고의 주장

원고는 전기통신사업법 제54조 제3항에서는 전기통신사업자인 피고에게 '응할 수 있

다'고 규정하고 있을 뿐 '응하여야 한다'라고 의무를 부과하고 있지 않고, 또한 피고는 자신이 운영하는 네이버 서비스의 이용약관 제7조에서 정한 '정보통신망법 등 관계 법령이 정하는 바에 따라 회원의 개인정보를 보호하기 위해 노력한다'라고 규정함으로써 위 약관에 따라 회원의 개인정보를 보호할 의무가 있는바, 결국 전기통신사업법 제54조 제3항, 제8항과 위 이용약관 제7조를 종합하면 피고는 수사기관으로부터 정보제공요청을 받더라도 이용자의 통신비밀 관련 업무를 담당하는 전담기구의 심사를 통하여 사안에 따라 회원의 개인 정보를 제공하지 않거나 제한적인 범위 내에서 제공하여야 할 의무가 있다고 할 것인데, 피고는 이러한 의무에 위반하여 수사기관의 요청이 있으면 아무런 판단 없이 기계적으로 회원의 개인정보를 제공하였으므로, 이로 인하여 원고가 입은 손해를 배상할 의무가 있다고 주장한다.

3. 제1심[29]의 판단

원고의 주장은 전기통신사업법 제54조 제3항에 의하여 수사관서의 개인정보 제공요청이 있는 경우라도 피고를 포함한 전기통신사업자는 수사관서가 그러한 개인정보 제공요청을 한 사유, 즉 혐의가 있는 범죄사실 및 그러한 범죄사실과 요청대상자의 관련성 정도 등을 실체적으로 심사하여 범죄가 성립되지 않는다든지 혐의가 인정되지 않는다고 판단되는 경우 회원의 개인정보를 제공하여서는 안 되거나 성명만을 공개하는 등 그 범위를 제한하여 정보제공 하여야 한다는 취지여서 과연 피고에게 이러한 실체적 심사의무가 있는지 본다.

살피건대, 범죄성립 여부에 대한 판단, 해당범죄와 정보제공 요청 대상자와의 관련성 정도에 대한 판단 등 형사법 영역의 판단은 고도의 전문적인 지식과 경험이 요청되는 분야로서 법령에 의해 권한 및 의무가 부여된 기관을 제외한 제3자에게 이러한 판단을 요구하고 거기에 대해 책임을 부담시키는 것은 매우 신중하여야 할 필요가 있고, 더욱이 인터넷은 대부분 본인의 성명과는 다른 아이디를 사용하여 이용됨에 따라 전기통신사업자의 협력 없이는 개인신원을 파악하기가 곤란한 특징이 있는데, 전기통신사업법 제54조 제3항에 의하여 제공되는 개인정보는 개인신원을 확인하기 위해 필요한 정보에 그치고

---

29) 서울중앙지방법원 2011. 1. 13. 선고 2010가합72873 판결.

있는 점을 고려하면, 원고의 주장과 같이 피고가 이용약관에서 개인정보보호의무를 규정하고 있다는 사유만으로는 피고에게 수사관서의 개인정보 제공요청에 대해 원고의 주장과 같은 실체적 심사의무가 있다고 인정하기에 부족하고, 달리 이를 인정할 만한 증거가 없으므로, 이를 전제로 한 원고의 위 주장은 이유 없다.

피고의 회원인 원고에 대한 개인정보 보호의무는 절대적인 것이 아니라 관계법령이 정하는 바에 따라 제한될 수 있는 성질의 것인바, 피고는 전기통신사업법 제54조 제8항에 따라 통신비밀에 관한 업무를 담당하는 전담기구를 본사 내 개인정보호보팀에 설치하여 임원인 이사 1인, 직원인 팀장급 1인, 실무자 4인을 배치하고, 피고가 법원, 검사 또는 수사기관의 장, 정보수사기관의 장으로부터 통신자료의 제공을 요청받은 때에는 위 전담기구에서 관계 법령 및 통신비밀보호(통신자료제공)업무 처리지침(2005. 11. 당시 정보통신부 제정)에 따라 위 요청이 관계 법령에서 정한 요건에 부합하는지 여부를 심사하여 요건에 해당하는 경우 관계 법령에서 정한 범위의 정보를 제공하고 있는 사실, 원고에 관한 통신자료제공은 2010. 3. 8. 수사관서의 장인 서울종로경찰서장으로부터 전기통신사업법 제54조에 의하여 요청사유, 해당 이용자와의 연관성, 필요한 자료의 범위가 기재된 통신자료제공요청서를 제출받아 위 법령 및 업무처리지침에 따라 원고의 아이디와 인적 사항에 관한 정보를 제공한 사실을 인정할 수 있고, 이러한 피고의 위 법령 및 업무처리지침에 따른 원고에 관한 정보제공이 회원인 원고에 대한 개인정보 보호의무를 위반하였다거나 위법하다고 할 수 없다.

4. 제2심[30]의 판단

① 피고는 이용약관에서 정한 바에 따라 회원의 개인정보를 보호하기 위해 노력하여야 하고, 이용자의 사전 동의 없이는 원칙적으로 이용자의 개인정보를 외부에 공개하지 않아야 할 의무가 있는 점, ② 전기통신사업자인 동시에 국내 최대의 인터넷 포털사이트를 운영하는 인터넷 종합 정보제공 사업자인 피고는 그 제공 서비스의 내용과 기능, 피고가 보유하는 개인정보의 내용과 규모 등에 비추어 개인정보의 보호와 관련한 사무처리에 있어서 상당한 정도의 공공성을 가진다고 보이는 점,[31] ③ 피고의 주된 수입원인 광

---

30) 서울고등법원 2012. 10. 18. 선고 2011나19012 판결.

31) 구 전기통신사업법이 제1조에서 전기통신사업의 운영을 적정하게 하여 전기통신사업의 건전한 발전을

고수익은 네이버 이용자의 수에 비례하여 증가하는 구조로서, 개인정보의 보호·관리와 이에 대한 신뢰는 네이버 이용자 수의 증가로 이어져 결국 피고의 수익 창출로 이어질 것으로 보이고 그러한 신뢰가 깨어질 우려가 있다고 이용자들이 인식하는 경우라면 이용자들로서는 자신의 익명표현의 자유에 대한 침해를 감안하여 그 이용을 꺼려할 것임은 능히 추지된다고 할 것이며 이는 피고의 사업기반을 훼손시키는 결과와 다를 바 아니라고 할 것이므로 피고 스스로도 그러한 신뢰의 유지와 강화를 위하여 노력해야 하는 일은 그 사업의 존립목적에도 당연히 부합하게 될 것인 점, ④ 구 전기통신사업법 제54조 제3항은 일반적인 수사협조 의무를 확인하고 있을 뿐이어서 전기통신사업자가 수사기관의 개인정보 제공 요청에 따라야 할 어떠한 의무도 없을뿐더러,[32] 전기통신사업자가 이에 응하지 않을 경우 수사기관으로서는 법관으로부터 영장을 발부받아 해당 자료를 취득할 수 있고 또한 그러한 수사업무처리가 원칙적 모습이 되어야 하는 것이 영장주의를 천명한 헌법원칙에 부합한다는 점에 관하여는 필경 피고도 이를 능히 인식할 수 있는 사회경제적인 지위에 있다고 판단되는 점, ⑤ 구 전기통신사업법 제54조 제8항 및 구 전기통신사업법 시행령 제53조는 전기통신사업자로 하여금 이용자의 통신비밀에 관한 업무를 담당하는 전담기구를 설치·운영하도록 하면서 위 전담기구가 수행할 기능으로 '이용자의 통신비밀 보호에 필요한 사항'을 규정하고 있으므로 피고로서는 이러한 전담기구의 활동을 통하여 이용자들의 개인정보 보호에 관하여 보다 신중한 업무처리를 할 수 있는 역량이 있는 주체라고 할 것이고 그 당연한 귀결로 그러한 역량에 걸맞은 개인정보 보호관리 책무도 아울러 부담하는 것이 타당하다고 보이는 점, ⑥ 피고가 보유하고 있는 원고의 개인정보와 같은 전자정보에 있어서도 영장주의의 원칙이 배제될 수 없는 점[33] 등을 종합하여 보면, 피고에게는 수사기관의 개인정보 제공 요청에 대해 개별 사안에 따라 그

기하고 이용자의 편의를 도모함으로써 공공복리의 증진에 이바지함을 목적으로 함을 밝히고(제1조), 제3조 제2항에서 전기통신사업자로 하여금 그 업무처리에 있어서 공평·신속·정확을 기하도록 하며, 제21조에서 부가통신사업을 경영하고자 하는 자로 하여금 대통령령이 정하는 요건 및 절차에 따라 방송통신위원회에 신고하도록 하고 있는 점 등도 동일한 취지라고 할 것이다.

32) 이러한 점에서 수사관서의 장이 구 전기통신사업법에 근거하여 개인정보 제공을 요청하는 행위는 형사소송법 제199조에서 규정하고 있는 임의수사의 일종이라고 할 것이다(헌법재판소 2012. 8. 23. 선고 2010헌마439 전원재판부 결정 참조).

33) 개정 형사소송법 제106조는 "법원은 압수의 목적물이 컴퓨터용 디스크, 그 밖에 이와 비슷한 정보저장매체인 경우에는 기억된 정보의 범위를 정하여 출력하거나 복제하여 제출받아야 한다. 다만 범위를 정하여 출력 또는 복제하는 방법이 불가능하거나 압수의 목적을 달성하기에 현저히 곤란하다고 인정되는 때에는 정보저장매체 등을 압수할 수 있다(제3항). 법원은 제3항에 따라 정보를 제공받은 경우 '개인정보 보호법' 제2조 제3호에 따른 정보주체에게 해당 사실을 지체 없이 알려야 한다(제4항)"라고 규정함으로써 이러한 점을 명백히 하였다.

제공 여부 등을 적절히 심사하여 이용자의 개인정보를 실질적으로 보호할 수 있는 역량을 갖추어야 할 것이고, 구체적으로는 침해되는 법익 상호 간의 이익 형량을 통한 위법성의 정도, 사안의 중대성과 긴급성 등을 종합적으로 고려[34]하여 개인정보를 제공할 것인지 여부 및 어느 범위까지의 개인정보를 제공할 것인지에 관한 세부적 기준을 마련하는 등으로 이용자의 개인정보를 보호하기 위한 충분한 조치를 취할 의무가 있다고 할 것이다. 이 사건에 관하여 보건대, ① 피고의 '개인정보 취급방침'에는 개인정보를 외부에 공개하지 않는 원칙의 예외로 "법령의 규정에 의하거나 수사 목적으로 법령에 정해진 절차와 방법에 따라 수사기관의 '요구'가 있는 경우"라고 기재되어 있어 마치 엄격한 요건하에 극히 예외적인 경우에만 개인정보가 수사기관에 공개되는 것처럼 되어 있으나, 실제로는 구 전기통신사업법을 근거로 수사기관의 '요청'이 있기만 하면 언제나 예외 없이 이용자의 인적사항 일체를 수사기관에 제공하여 온 점, ② 서울종로경찰서장은 피고에게 이 사건 게시물 작성자에 대한 개인정보 제공을 요청하면서 '요청사유 및 가입자와의 연관성'란에 단지 '정보통신망 이용촉진 및 정보보호 등에 관한 법률 위반(명예훼손), 용의자 수사'라고만 기재하고, 그 작성자의 'ID와 인적사항 일체'에 대한 조회를 의뢰하였는데, 이에 대해 피고는 전담기구를 설치·운영하고 있음에도 아무런 검토 없이 원고의 '네이버 ID, 이름, 주민번호, 휴대폰 번호, 네이버 가입일자'뿐만 아니라 구 전기통신사업법에서 제공대상으로 규정되어 있지도 않은 원고의 '이메일 주소'까지 제공한 점,[35] ③ 이 사건 게시물은 공적 인물인 장관을 대상으로 한 것으로서, 언론·출판의 자유와 명예보호 사이의 한계를 설정함에 있어서는 당해 표현이 공공적·사회적인 의미를 가진 사안에 관한 것인 경우 언론의 자유에 대한 제한이 완화되어야 하고, 특히 공직자의 도덕성·청렴성이나 그 업무처리가 정당하게 이루어지고 있는지 여부는 항상 국민의 감시와 비판의 대상이 되어야 한다는 점을 감안하면 이러한 감시와 비판기능은 그것이 악의적이거나 현

---

34) 대법원은 "정보주체의 동의 없이 개인정보를 공개함으로써 침해되는 인격적 법익과 정보주체의 동의 없이 자유롭게 개인정보를 공개하는 표현행위로서 보호받을 수 있는 법적 이익이 하나의 법률관계를 둘러싸고 충돌하는 경우에는 개인이 공적인 존재인지 여부, 개인정보의 공공성 및 공익성, 개인정보 수집의 목적·절차·이용형태의 상당성, 개인정보 이용의 필요성, 개인정보 이용으로 인해 침해되는 이익의 성질 및 내용 등 여러 사정을 종합적으로 고려하여 개인정보에 관한 인격권 보호에 의하여 얻을 수 있는 이익(비공개 이익)과 표현행위에 의하여 얻을 수 있는 이익(공개 이익)을 구체적으로 비교 형량하여 어느 쪽 이익이 더욱 우월한 것으로 평가할 수 있는지에 따라 그 행위의 최종적인 위법성 유무를 판단하여야 한다"라고 판시한 바 있다(대법원 2011. 9. 2. 선고 2008다42430 전원합의체 판결 참조).

35) 이는 피고가 수사기관의 요청에 대해 아무런 고려 없이 기계적으로 원고의 개인정보를 제공하였다는 점을 추단하게 하는 것으로, 경우에 따라서는 수사기관이 피고에게 '용의자'라고 기재하여 해당 이용자의 통신자료 제공을 요청하기만 하면 별다른 제한 없이 사실상 무제한적으로 통신자료를 제공받을 수 있는 결과가 된다.

저히 상당성을 잃은 공격이 아닌 한 쉽게 제한되어서는 아니 될 것인바,[36) 이 사건 게시물의 표현 대상과 내용, 표현 방법, 원고가 위 게시물을 게재한 동기와 그 경위 등에 비추어 위 게시물이 공적 인물인 장관의 명예를 훼손하는 것이라고 보기 어려울 뿐만 아니라 원고는 위 게시물을 직접 생산하거나 편집한 바 없이 다른 인터넷 사이트에 게시된 것을 이 사건 카페의 유머게시판에 그대로 옮긴 것에 불과하여 위 게시물로 인한 법익침해의 위험성이 원고의 개인정보 보호에 따른 이익보다 훨씬 중대한 것이라거나 수사기관에게 개인정보를 급박하게 제공하여야 할 특별한 사정이 있다고는 보이지 않는 점[37) 등을 종합하여 보면, 피고가 수사기관에 대해 원고의 주민등록번호와 전화번호 등 인적사항 일체를 제공한 행위는 원고의 개인정보를 충실히 보호하여야 할 의무에 위배하여 원고의 개인정보자기결정권 내지 익명표현의 자유를 위법하게 침해함으로써 원고로 하여금 그 법익침해와 관련한 손해를 입도록 하였다고 볼 것이다.[38)

5. 검토

본 사안에 대하여 제1심의 판단과 제2심의 판단은 서로 상반된 결론을 도출하고 있는데, 제2심의 판단은 그동안 관행적으로 이루어져 왔던 수사기관의 전기통신사업자들에 대한 통신자료 제공 요청행위에 일침을 가하는 역할을 했다는 점에서 의미가 있다고 볼 수 있다. 이와 동시에 정보통신사회에 있어서 인터넷 포털사이트로 하여금 통신비밀에 관한 업무를 담당하는 전담기구를 통하여 개인정보 보호업무의 중요성을 강조함으로써 사회적인 책임을 요구하고 있다는 점에서 통신자료의 제공 여부에 대하여 자체적으로 신

---

36) 대법원 2004. 2. 27. 선고 2001다53387 판결.

37) 이 사건에 있어서와 같이 특히 공적인물에 대한 명예훼손 여부가 문제된 경우 전기통신사업자인 피고로서는 이용자의 표현의 자유와의 관계를 고려하여 전담기구를 통해 수사협조 여부를 한층 더 신중히 판단하고, 수사에 대한 협조보다는 이용자의 개인정보를 적극적으로 방어하고 보호해 주어야 할 의무가 있다고 할 것이다.

38) 이에 따라 피고의 위와 같은 개인정보 제공행위로 인해 원고가 정신적 고통을 받았을 것임은 경험칙상 명백하고, 피고로서도 그러한 사정을 충분히 알 수 있었을 것이므로, 피고는 원고가 입은 정신적 손해에 대해 위자료를 지급할 의무가 있다고 할 것인바, 피고가 수사기관에게 원고의 개인정보를 제공한 경위와 내용, 이후의 경과, 이 사건 게시물의 내용과 성격 및 명예훼손과의 관련성 존부, 수사의 필요성이라는 공익목적 달성과 원고의 피침해법익과의 관계, 구 전기통신사업법 제54조 제3항의 내용과 피고의 이용자 개인정보 보호의무와의 충돌 접점의 조화, 영장주의 등 적법절차 준수를 천명한 헌법원칙의 관철의 필요성 등을 포함하여 기타 이 사건 변론에 나타난 제반 사정을 두루 참작하여 원고에 대한 위자료는 500,000원으로 정하기로 한다.

중한 검토를 명령하고 있다는 점도 주목할 만하다. 하지만 이러한 결론의 취지에는 동조의 입장을 표명하더라도, 제2심의 판단이 이러한 결론을 도출하는 과정에 있어서 제시하고 있는 논거들은 그리 설득력이 있어 보이지는 아니한다. 제2심의 결론을 뒷받침하고 있는 주요 논거로는 ① 이용약관에서 정한 바에 따라 회원의 개인정보를 보호하기 위해 노력하여야 한다는 점, ② 이용자의 사전 동의 없이는 원칙적으로 이용자의 개인정보를 외부에 공개하지 않아야 할 의무가 있다는 점, ③ 당해 전기통신사업자는 개인정보의 보호와 관련한 사무처리에 있어서 상당한 정도의 공공성을 가진다고 보인다는 점, ④ 이용자의 신뢰의 유지와 강화를 위하여 노력해야 하는 일은 전기통신사업의 존립목적에 당연히 부합하게 될 것이라는 점, ⑤ 전기통신사업자가 수사기관의 개인정보 제공 요청에 따라야 할 어떠한 의무도 없다는 점, ⑥ 전기통신사업자가 수사기관의 개인정보 제공 요청에 응하지 않을 경우에 수사기관으로서는 법관으로부터 영장을 발부받아 해당 자료를 취득할 수 있는데, 이와 같은 수사업무처리가 원칙적 모습이 되어야 한다는 점, ⑦ 전담기구가 수행할 기능으로 '이용자의 통신비밀 보호에 필요한 사항'을 규정하고 있으므로 전담기구의 활동을 통하여 이용자들의 개인정보 보호에 관하여 보다 신중한 업무처리를 할 수 있는 역량이 있는 주체라고 할 것이라는 점, ⑧ 개인정보와 같은 전자정보에 있어서도 영장주의의 원칙이 배제될 수 없다는 점, ⑨ 전기통신사업법을 근거로 수사기관의 요청이 있기만 하면 언제나 예외 없이 이용자의 인적사항 일체를 수사기관에 제공하여 왔다는 점, ⑩ 전기통신사업법에서 제공대상으로 규정되어 있지도 않은 '이메일 주소'까지 제공했다는 점, ⑪ 게시물이 공적 인물인 장관의 명예를 훼손하는 것이라고 보기 어려울 것이라는 점 등을 들 수 있는데, 이에 대하여 그 타당성 여부를 구체적으로 검토해 보기로 한다.

첫째, 수사기관에게 이용자의 개인정보를 제공한 것은 이용약관에 따른 것으로서 이용자도 약관에 동의하였을 뿐만 아니라 전기통신사업자는 약관에 규정이 없는 경우에도 법령이 정한 예외적인 경우에는 당연히 개인정보를 제공할 수 있다. 이는 이용자의 사전 동의 없이는 원칙적으로 이용자의 개인정보를 외부에 공개하지 않아야 할 의무를 제대로 이행한 것이다. 특히 제2심은 "······피고가 원고에게 (약관의) 이러한 부분을 고지하였다거나 원고가 이를 알고 있었다는 점을 인정하기에 부족하고 달리 이를 인정할 증거가 없으며······"라고 설시하고 있는데, 인터넷 포털업체의 가입 시 약관의 동의가 의무적으로 되어 있다는 점에서, 약관에 부동문자로 되어 있는 문구에 대해서는 이용자가 숙지하였다고 추정하는 것이 보다 타당한 해석일 것이다. 제2심의 설시와 같이 이용자가 이러한 약관의 내용을 파악하지 못하였기 때문에 그 동의 자체가 무효라고 판단하기 보다는 차라리 이러한 약관의 내용 자체가 이용자에게 불합리한 규정이기 때문에 「약관의 규제에 관한 법률」 제6조 제2항 제1호에서 말하는 '고객에게 부당하게 불리한 조항'에 해당하기 때문에 이를 계약의 내용으로 파악할 수 없다고 하는 것이 보다 덜 궁색한 변명일지도 모르겠다.

둘째, 전기통신사업자가 개인정보의 보호와 관련한 사무처리에 있어서 상당한 정도의 공공성을 가진다는 측면은 전기통신사업법 전체를 그 대상으로 보았을 경우에는 일견 타당하다고 할 수는 있다. 왜냐하면 전기통신사업법은 '이용자의 편의를 도모함으로써 공공복리의 증진'에 이바지하는 것을 그 목적으로 하고 있기 때문이다. 하지만 이용자의 편의 도모라는 공공성과 범죄 수사상의 필요라는 또 다른 공공성이 충돌할 경우에는 전자의 공공성만을 우선시할 수 없는 노릇인데, 이러한 충돌상황에서는 양자가 추구하는 공익의 성질 및 침해되는 공익의 정도 등을 상호 비교하여 경우에 따라 후자의 공공성을 우선시 할 필요성도 있는 것이다.

셋째, 전기통신사업자가 수사기관의 개인정보 제공 요청에 따라야 할 어떠한 의무도 없다는 점을 인정하면서도, 수사기관으로서는 법관으로부터 영장을 발부받아 통신자료를 취득하는 수사업무처리가 원칙적인 모습이 되어야 한다거나 개인정보와 같은 전자정보에 있어서도 영장주의의 원칙이 배제될 수 없다고 주장하는 것은 모순이다. 전기통신사업법은 전기통신사업자에게 이용자에 관한 통신자료를 적법한 절차와 방법에 의한 수사관서의 장의 요청에 따라 제공할 수 있는 권한을 부여하고 있을 뿐이지 어떠한 의무도 부과하고 있지 않기 때문에 전기통신사업자는 수사관서의 장의 요청이 있더라도 이에 응하지 아니할 수 있다. 그러므로 수사기관의 통신자료 취득행위는 강제력이 개입되지 아니한 임의수사에 해당한다는 것이 헌법재판소의 입장[39]이라는 점을 감안한다면, 이를 영장에 의한 강제수사로 바라보는 시각은 타당하지 않다.

넷째, 전기통신사업자는 전담기구의 활동을 통하여 이용자들의 개인정보보호에 관하여 보다 신중한 업무처리를 할 수 있는 역량이 있는 주체라고 할 수 있기 때문에, 수사기관의 요청이 있기만 하면 언제나 예외 없이 이용자의 인적사항 일체를 제공하여 온 것은 이용자의 개인정보보호에 소홀히 하였다는 주장은 타당하지 않다. 왜냐하면 전기통신사업자에게 수사기관의 통신자료 제공요청에 대하여 그 내용을 실질적으로 심사하여 거부할 것을 요구하고, 이러한 실질적인 심사가 미진하였다고 판단되는 경우에 그 책임을 묻

---

39) 헌법재판소 2012. 8. 23. 선고 2010헌마439 결정.

는 것은 현실을 무시한 처사라고 판단되기 때문이다. 수사기관의 개인정보 제공 요청에 대해 전기통신사업자가 범죄의 성립 및 해당 범죄와 개인정보 제공 요청 대상자와의 관련성 정도, 침해되는 법익 상호 간의 이익 형량을 통한 위법성의 정도, 사안의 중대성과 긴급성 등을 종합적으로 고려하여 개인정보를 제공할 것인지 여부 및 어느 범위까지의 개인정보를 제공할 것인지에 대하여 실질적으로 심사할 의무가 있다고 할 수는 없고, 할 수 있다고 하더라도 수사기관이 아닌 전기통신사업자에게 그 의무를 부과하는 것은 타당하지 않다. 오늘날과 같이 인터넷 매체가 보편화된 상황에서는 전기통신사업자의 윤리적인 차원에서의 공익성을 요구하는 것은 별론으로 하더라도 사업자들에게 통신자료의 제공 여부에 대하여 판단을 하도록 강요하는 것은 현실적으로 무리라고 본다. 만약 전기통신사업자들이 매번 수사기관에 제공되는 통신자료가 보호되어야 하는 개인정보인지 여부를 판단하여야 한다면, 사업자들은 항상 자신들의 판단이 위법적인 것이 될 수 있다는 불안한 상황에 놓이게 될 것이다.[40] 제2심의 설시 가운데 "……게시물이 공적 인물인 장관의 명예를 훼손하는 것이라고 보기 어려울 것……"이라는 표현은, 당해 통신자료 제공행위사건의 기초가 된 명예훼손사건에 대한 법원의 태도마저도 범죄의 성립 여부 및 관련성에 대한 판단을 단정하지 못한 것이라고 할 수 있는데, 하물며 이를 전기통신사업자에게 요구한다는 것은 불가능한 일을 요구하는 것과 다름이 없다고 볼 수 있다.

다섯째, 전기통신사업자가 수사기관의 개인정보 제공 요청을 거절한다고 하더라도 어떠한 불이익이나 제재를 받는 것도 아니고, 이러한 경우 수사기관으로서는 법관이 발부한 영장에 의해 필요한 자료를 획득할 여지가 있으므로, 전기통신사업자로서는 가급적 이용자의 개인정보 보호를 우선적으로 고려하여 개인정보 제공 여부 등을 결정하면 될 것이라는 주장 또한 타당하지 않다. 왜냐하면 수사관서의 장이 법령에 정해진 바에 따라 이용자의 개인정보를 요청하는 경우에는 전기통신사업자가 이를 거부할 것을 기대할 수는 없기 때문이다. 전기통신사업자가 수사기관의 통신자료제공 요청을 거절할 경우 사실상의 불이익을 받게 되거나 수사기관이 압수·수색영장을 발부받아 집행함으로써 사업수행에 지장을 초래할 수 있기 때문에 통신자료의 제공은 사실상 강제된다.[41] 실제로도 전기통신사업자가 2008년과 2009년에 수사기관의 통신자료제공 요청에 불응한 경우가 한번도 없었다. 현행법상 통신자료 그 자체가 절대로 수사기관에 전달되어서는 안 되는 개

---

40) 심우민, "포털의 통신자료 제공 관련 주요 쟁점과 개선방향", 이슈와 논점 제548호, 국회입법조사처, 2012. 10. 29, 3-4면.

41) 이는 형사소송법상 피의자신문절차가 임의수사에 해당한다고 할지라도 당해 피의자로 하여금 무조건적으로 수사기관의 소환에 불응할 수는 없는 것과 같은 이치라고 할 수 있다.

인정보라고 할 수 없는 상황에서, 전기통신사업자가 협조요청을 거부하고 법관의 영장을 통해서만 응하겠다고 하여 우회적인 방법으로 수사기관에 협조한다는 것은 현실을 지나치게 무시한 처사라고 할 수 있다. 통신자료의 제공절차가 통신비밀보호법상 통신사실확인자료의 제공절차와 같이 법원의 허가가 필요하다고 규정되어 있으면 모르겠지만, 협조요청에 응할 수 있다고 되어 있는 현행법상의 규정에 충실한다면 협조에 대한 거절의 정당한 사유가 없다면 원칙적으로 응해야 한다고 해석하는 것이 보다 바람직하다고 본다.

여섯째, 전기통신사업법에서 제공대상으로 규정되어 있지도 않은 '이메일 주소'까지 제공했다는 점에 대한 지적은 타당하다. 현행 전기통신사업법이 규정하고 있는 통신자료는 '① 이용자의 성명, ② 이용자의 주민등록번호, ③ 이용자의 주소, ④ 이용자의 전화번호, ⑤ 이용자의 아이디(컴퓨터시스템이나 통신망의 정당한 이용자임을 알아보기 위한 이용자 식별부호를 말한다), ⑥ 이용자의 가입일 또는 해지일의 자료' 등 총 6가지인데, 개인정보의 충실한 보호라는 견지에서 이는 한정적 열거규정으로 파악해야 한다. 그렇기 때문에 현행법상 통신자료의 범위에 해당하지 않는 개인정보에 대하여는 이를 수사기관의 요청만으로는 제공할 수 없는 것이 원칙이며, 예외적으로 법관의 압수·수색영장을 통해서만 가능하다고 보아야 한다. 이것이 현행 형사절차의 기본적인 체계라고 할 수 있는데, 당해 사안에서는 이러한 영장주의에 위배하여 수사기관이 개인의 인적사항을 파악하였고, 이에 전기통신사업자가 협조하였다는 점에서 개인정보 보호의무에 소홀히 한 점이 인정되는 것이다. 그렇다면 전기통신사업자는 명백히 통신자료에 해당하지 않는 이용자의 이메일 주소를 수사기관에 제공한 이유가 무엇일까? 수사기관이 협조요청한 조회의뢰사항에는 '대상자의 아이디와 인적사항 일체'라고만 되어 있을 뿐이지 이메일 주소를 명시적으로 서면으로 요구하고 있지는 않다. 그럼에도 불구하고 전기통신사업자가 이메일 주소를 제공한 것과 관련하여서는, 수사기관의 통신자료요청이 있을 경우에 해당 이용자의 모든 인적 사항을 제공하는 관행이 존재하고 있었다는 가정, 서면으로는 '인적사항 일체'라고만 표기하여 두고 이후 전화 등의 방법으로 통신자료의 범위에 포함되지 않는 사항에 대한 요청을 하였다는 가정 등을 해 볼 수 있겠는데, 이러한 모든 가정의 기저에는 통신자료의 제공범위 및 절차 등에 관하여 전기통신사업자가 자체적으로 제정한 가이드라인이 존재하지 않았다든가 존재하여도 동 가이드라인이 제대로 된 규범으로서의 역할을 하지 못했다는 반성적 상황이 존재하였던 것이다.

결론적으로 수사기관이 수사의 목적에 따라 전기통신사업법에 정해진 절차와 방법에 따라 합법적인 요구를 하였고, 이에 대하여 전기통신사업자가 형식적 심사를 거쳐 통신자료를 제공한 경우라고 한다면 전기통신사업자에게 책임을 부과하는 것은 바람직한 것이 아니다. 다만 수사기관의 내부 결재 등을 거친 협조 요구를 통하여 얻어질 수 있는 통신자료제공의 절차와 법관의 허가장 또는 영장 등을 통하여 강제할 수 있는 통신자료제공의 절차를 명확히 구분하기 위해서는 통신자료의 합법적인 요구 및 이에 대한 협조와 관련하여 보다 구체적인 가이드라인의 정립은 별개의 문제로서 진행되어야 할 필요성이 있다.

Ⅳ. 제19대 국회에 제출된 전기통신사업법 일부개정법률안에 대한 검토

1. 개정법률안의 공통적인 제안배경

전기통신사업법 제83조 제3항은 수사기관이 수사 등을 위하여 전기통신사업자에게 이용자의 성명, 주민등록번호 등의 개인정보(통신자료) 제공을 요청하면 전기통신사업자가 그 요청에 따를 수 있도록 규정하고 있어, 법문상으로는 전기통신사업자의 수사기관에 대한 통신자료제공 여부는 전기통신사업자의 순수 재량사항이라고 할 것이다. 그러나 실무상으로는 전기통신사업자가 수사기관의 통신자료제공요청을 거부하는 사례가 거의 없어 사실상 통신자료제공이 강제되고 있고, 이러한 수사기관의 통신자료제공요청은 매년 증가하는 추세에 있다. 한편 법률에 의한 수사기관제공이라 하더라도 그 대상이 국민의 개인정보이고, 통신비밀보호법상 통신사실확인자료의 경우 법원의 허가를 받도록 되어 있는 것과의 균형상 통신자료제공요청의 경우에도 법원의 통제가 필요하며, 법원의 허가를 받아 실시하는 통신제한조치 및 통신사실 확인자료제공요청 등의 경우에는 수사기관이 그 사실을 당사자에게 통보하도록 의무화되어 있는 반면, 통신자료제공과 관련해서는 당사자에 대한 통보의무가 없어 수사기관의 지나친 권한남용이 이루어지고 있는 실정이다. 이에 경찰 및 검찰, 군검찰, 국정원 등 정보·수사 기관 등이 전기통신사업자에게 특정인의 통신자료를 요구할 경우 서면으로 법원의 허가를 받아서 통신자료의 제공을 요청하도록 할 필요성이 제기되어 2013. 5. 15.자 변재일의원 대표발의 전기통신사업법 일부 개정법률안(의안번호: 4976), 2013. 1. 15.자 이만우의원 대표발의 전기통신사업법 일부 개정법률안(의안번호: 3328), 2012. 10. 30.자 강창일의원 대표발의 전기통신사업법 일부 개정법률안(의안번호: 2332) 등에서는 통신자료의 경우에도 통신비밀보호법상의 통신제한조치 및 통신사실확인자료의 경우와 같이 법원이 통제를 가할 수 있도록 조치를 취하고 있다.

2. 개정 법률안에 대한 검토

가. 통신자료 이용에 대한 영장주의[42] 적용의 문제

현행 전기통신사업법에 따르면 검사나 법원, 수사관서의 장이 전기통신사업자에게 법원 허가 등의 절차 없이 통신자료제공을 요청하면 전기통신사업자는 이에 자율적으로 응할 수 있도록 규정하고 있고, 통신비밀보호법에 따르면 수사기관 등이 지방법원 등의 허가를 받은 후에 통신사실확인자료를 요청할 수 있도록 규정하고 있다. 이는 가입자의 전기통신 일시, 발·착신 통신번호, 사용도수 등 구체적인 통신행위에 관련된 정보인 통신사실확인자료의 이용에 대해서는 영장주의를 적용하여 엄격하게 통제하는 한편, 이용자의 성명, 주민등록번호, 주소, 전화번호 등 신상정보에 해당하는 통신자료의 이용에 대해서는 수사기관의 실무적인 협조요청만으로도 가능하도록 한 것이다. 3건의 개정안은 모두 통신자료의 경우에도 통신사실확인자료와 마찬가지로 법원 허가 등을 받도록 함으로써 수사기관에 의한 통신자료 남용 가능성을 제한하고, 이용자의 개인정보 보호를 보다 강화하려는 취지로 해석된다. 이와 더불어 2012. 11. 2.자 서영교의원 대표발의 통신비밀

---

42) 엄밀한 의미에서 영장주의라고 표현하는 것은 다소 무리가 있어 보인다. 왜냐하면 통신비밀보호법상 통신사실확인자료 제공절차에서 요구되어 지는 법원의 관여방식은 '영장'이 아니라 '허가장'이기 때문이다. 즉 영장과 허가장은 동일한 형식이라고 할 수 없는데, 그 이유는 첫째, (수사절차에서 적용되는) 영장주의는 헌법 제12조 제3항에 근거하기 때문에 반드시 검사의 청구에 의한 법관의 발부라는 절차를 거치게 되지만, 허가장의 경우에는 검사 이외의 수사기관이라고 할지라도 직접적으로 법원에 그 발부를 요청할 수 있다는 점, 둘째, 영장의 발부를 요건으로 하는 강제수사에 있어서는 범죄의 (객관적) 혐의성, 즉 피의자가 죄를 범하였다고 의심할 만한 상당한 이유가 있을 것이 반드시 요구되지만, 허가장의 발부에 있어서는 이러한 범죄의 객관적 혐의성이 인정되는 경우가 아니라 단지 범죄의 주관적 혐의성이 요구되는 수사의 개시 이전의 단계에서 행해지는 경우가 많기 때문에 그 청구요건이 비교적 엄격하지 않다는 점 등에서 찾을 수 있다.

보호법 일부개정법률안(의안번호: 1902392), 2009. 5. 22.자 이정현의원 대표발의 통신비밀보호법 일부개정법률안(의안번호: 1804925), 2010. 3. 2.자 이정희의원 대표발의 통신비밀보호법 일부개정법률안(의안번호: 1807787) 등에 따르면 전기통신사업법에 따른 통신자료를 통신비밀보호법의 적용을 받도록 하여 통신사실확인자료와 같이 엄격한 절차에 따라 제공받을 수 있도록 하고 있다. 이러한 법안들은 공통적으로 다음과 같은 이유에 근거해서 통신자료제공과 통신사실확인자료제공에 관한 절차의 통합적인 운영방안을 제시하고 있는데, 첫째, 통신자료는 전기통신서비스의 가입자를 식별할 수 있는 근거가 되는 자료로서 통신의 내용과 결합될 경우 특정인의 사생활 영역에 대한 침해가 현실화 될수 있다는 점, 둘째, 실제로 수사기관에서 통신자료를 수사상 편의를 위하여 요청하는 사례가 늘어나는 등 통신자료 제공 요청의 남발이 우려되는 상황이라는 점, 셋째, 수사기관이 범죄수사 시에 통신사실확인자료인 통화내역만으로는 혐의자의 인적사항을 파악할 수 없고 필연적으로 통신자료인 인적사항을 함께 요구하여야 한다는 점, 넷째, 통신사실확인자료와 통신자료 모두 전기통신에 관한 내용적 정보가 아니라는 점, 다섯째, 통신비밀의 보호범위를 결정함에 있어 통신자료를 통신사실확인자료와 구별할 실익이 크다고 할 수 없다는 점 등을 감안하면 오히려 통신비밀의 자유를 더욱 실효성 있게 보장하기 위해서는 양자(兩者)에 대하여 동등한 절차적 통제장치를 둘 필요성이 있다고 주장한다.

이와 관련하여 통신자료 요청 시 영장주의를 적용하도록 한 것에 대해서 찬성론의 입장을 취하는 견해가 있을 수 있는데, 동 견해의 주요 논거로는 이용자의 의사에 반하여 이용자의 정보를 수사기관에 제공할 경우 이용자는 그 수사결과에 따라 기소되어 유죄판결을 받고 형사처벌을 받음으로써 그의 생명, 신체나 재산 등에 대한 중대한 기본권의 침해결과를 감수하게 될 수도 있으므로 통신자료 제공 시에도 헌법 제12조에 따른 적법한 절차가 적용되어야 한다는 점, 통신자료의 제출 여부는 사업자의 의사에 의해 통신자료의 제공 요청 시마다 개별적으로 결정되는 것이 아니라는 점, 통신자료를 보관하고 있는 전기통신사업자가 수사기관의 요청을 거절할 가능성은 사실상 희박하다는 점, 이용자가 통신자료의 제공을 저지하기 위해 그 과정에 개입할 수 없다는 점, 수사기관이 우월적 지위에서 일방적으로 이용자의 통신자료에 대하여 대물적(對物的)으로 행하는 수사행위로서 권력적 사실행위에 해당한다는 점 등을 들 수 있겠다. 헌법재판소 2012. 8. 23. 선고 2010헌마439 결정 중 재판관 김종대, 재판관 송두환, 재판관 이정미의 반대의견도 "……규정의 형식만 보면 '전기통신사업자는 …… 요청받은 때에 이에 응할 수 있다'고 되어 있어 통신자료의 제공 여부가 전기통신사업자에 의해 결정되는 것처럼 보이지만,

전기통신사업자의 약관 중 관련 부분을 보면 통신자료를 포함하는 개인정보를 회원(이용자)의 동의 없이 제3자에게 제공하지 않음을 원칙으로 하면서 이에 대한 예외로 '법률의 규정에 의해 국가기관이 개인정보 제공을 요구하는 경우'를 명시하고 있다. 그렇다면 통신자료 취득행위처럼 수사관서의 장이 전기통신사업법 제83조 제3항에 근거하여 전기통신사업자에게 통신자료의 제공을 요청하는 경우 전기통신사업자가 굳이 자신의 부담하에 이를 거절할 이유가 없으므로 전기통신사업자는 원칙적으로 통신자료를 제공함을 예정하고 있다고 할 것인바, 통신자료의 제출 여부는 전기통신사업자의 의사에 의해 통신자료의 제공요청시마다 개별적으로 결정되는 것이 아니라, 사실상 수사기관의 통신자료 제출 요구가 있으면 전기통신사업자는 이에 응하는 구조로 되어 있다"라고 판시하여 찬성론의 입장을 취하고 있다.

생각건대 통신자료는 전기통신서비스의 가입자를 식별할 수 있는 기본정보로서 수사기관에 의해 남용될 경우 국가권력에 의하여 사생활의 비밀과 자유에 대한 침해가 과도하게 발생할 수 있으므로, 침해를 최소화하고 개인정보 보호를 강화하기 위하여 영장주의를 적용하도록 할 필요성은 원칙적으로 인정될 수도 있겠지만, 수사의 전(前)단계로 기본정보를 제공받는 것에도 영장주의를 적용할 경우에는 급박한 범죄수사를 지연시켜 오히려 공공의 안녕을 심각하게 저해할 우려가 있다는 점도 고려하지 않을 수 없기 때문에 결과적으로는 통신자료 제공행위에 대하여 법원이 개입하는 것에는 반대의 입장을 취해야 한다고 본다. 이러한 기본적인 입장에서 이를 뒷받침할 수 있는 구체적인 논거를 제시해 본다면, 통화내역이나 전자메일 내역 등 통신비밀 보호와 직접적으로 관련이 있는 통신사실확인자료가 아닌 통신자료는 이용자의 기본적인 정보에 불과하다는 점, 통신자료는 초동수사 단계에서 보안을 유지하면서 신속히 확인할 필요가 있는 자료인바, 그 확인을 위해서조차 법원 등의 허가를 얻도록 할 경우 수사가 지연되는 등 수사활동 수행에 상당한 어려움이 예상된다는 점(수사의 효율성 저하), 통신자료 제공과 관련하여 엄격한 절차를 규정하고 있는 외국의 입법례를 찾아보기 어렵다는 점, 영장주의가 관철되고 있는 인신구속 등 법익에 대한 침해가 중대한 강제처분과 비교하여 볼 때 상대적으로 법익에 대한 침해가 경미하다고 할 수 있는 통신자료 제공절차의 경우에도 동일한 수준의 사법적 통제절차를 도입하는 것이 국민의 인권보장과 안전보장을 위한 최선책일 것인가라는 점에 대한 의문이 제기된다는 점, 통신자료 제공절차를 강제수사화 하는 것은 형사소송법이 임의수사의 한 형태로 '사실조회' 절차를 두고 있는 체계에 부합하지 않는다는 점, 통신제한조치나 통신사실확인자료제공에 대하여 영장주의가 도입된 현 상황에서 이들에 대한 기각률이 극히 미비한 실정에서 실제로 통신자료제공행위에 대하여 사전영장주의를 도입한다고 할지라도 법관이 발부하는 영장을 통해서 과연 통신자료의 제공에 대한 사법통제의 실효성이 있을지에 대한 회의적인 시각의 존재한다는 점, 영장주의의 확대에 단순히 그 형식적인 절차만이 아니고 그 실효성을 확보할 수 있는 제도적 개선이 뒷받침되지 않는다면 실질적인 사법적 통제가 제대로 작용할 수 없다는 점,[43] 통신비밀보호법 제2조 제3호에서 전기통신을 송수신 과정에 중점을 두고 정의하고 있는데, 이와 같이 이용자의 신상정보를 의미하는 통신자료 그 자체는 전기통신의 범위에 속하지 않기 때문에 통신자료의 제공 요청, 요건, 절차 등을 통신사실확인자료와 다르게 규정하는 것이 가능하다는 점, 연간 약 100만 건[44]에 육박하고 있는 통신자료제공의 요청에 대하여 법원의 사전영장신청절차를 거치게 하는 것은 수사에 상당한 차질을 초래할 것이라는 점, 현재 법원은 압수·수색 영장 발부 시 그 요건을 범죄의 혐의를 어느 정도 명백히 할 것을 요구하고 있는데, 피의자 특정도 제대로 하지 못한 상황에서 해당 피의자의 혐의를 구체화하는 일은 일선 수사관들에게 지나치게 큰 부담을 지우는 것이라는 점[45] 등을 들 수 있겠다.

한편 헌법재판소 2012. 8. 23. 선고 2010헌마439 결정 중 다수의견도 "통신자료 취득행위는 수사기관이 전기통신사업자에게 이용자에 관한 통신자료 취득에 대한 협조를 요청한 데 대하여 전기통신사업자가 임의로 통신자료를 제공함으로써 이루어지는 것이다. 그런데 수사기관과 전기통신사업자 사이에는 어떠한 상하관계도 없고, 전기통신사업자가 수사기관의 통신자료제공 요청을 거절한다고 하여 어떠한 형태의 사실상 불이익을 받을 것인지도 불분명하며, 수사기관이 압수·수색영장을 발부받아 통신자료를 취득한다고 하여 전기통신사업자의 사업수행에 지장을 초래할 것으로 보이지도 않는다. 또한 통신자료 취득행위의 근거가 된 법률조항은 '전기통신사업자는 …… 요청받은 때에 이에 응할 수 있다'라고 규정하고 있어 전기통신사업자에게 이용자에 관한 통신자료를 수사관서의 장의 요청에 응하여 합법적으로 제공할 수 있는 권한을 부여하고 있을 뿐이지 어떠한 의무도 부과하고 있지 않다. 따라서 전기통신사업자는 수사관서의 장의 요청이 있더라도 이

---

43) 설민수, "인터넷서비스제공자를 통해서 본 제3자 보유정보에 대한 영장주의의 실효성", 법조 제635호, 법조협회, 2009. 8, 199면.

44) 2011년 기준 전국 법원의 연간 영장발부건수는 281,944건이었다는 점을 감안하면, 통신자료 제공시 영장을 필수적으로 요구하는 것이 얼마나 인적·물적 자원의 뒷받침이 전제되어야 하는 작업인지를 여실히 보여주고 있다.

45) 유주성, "수사기관의 통신자료 제공요청과 영장주의 적용", 형사정책연구 제24권 제3호, 한국형사정책연구원, 2013. 9, 102면.

에 응하지 아니할 수 있고, 이 경우 아무런 제재도 받지 아니한다. 그러므로 통신자료 취득행위는 강제력이 개입되지 아니한 임의수사에 해당하는 것이다"라고 판시하여 반대론의 입장을 취하고 있다.[46]

한편, 이만우 의원안과 강창일 의원안을 입법화할 경우에는 통신비밀보호법의 규정과 비교할 때 다음과 같은 점도 검토할 필요가 있는데, 양 개정안에 의하면 수사기관 등이 법원의 허가를 받은 경우에도 사업자가 임의적으로 요청에 따를 수 있도록 하고 있으나, 자료제공 요청 시 엄격한 절차를 거치도록 한 이상 통신비밀보호법[47]과 마찬가지로 사업자에게 협조의무를 부과할 필요가 있다. 그 밖에도 강창일 의원안에 의하면 변재일 의원안과 이만우 의원안과는 달리 예외적으로 긴급한 사유가 있을 때에 통신자료제공을 요청한 후 지체 없이 그 허가를 받아야 한다는 단서규정이 없는데, 이는 통신비밀보호법[48]에서 법원의 허가를 받되 긴급한 사유가 있는 경우 통신사실확인자료 제공 요청 후에 허가를 받을 수 있도록 규정하고 있다는 점과 비교할 때 추가적으로 고려해야 될 요소라고 판단된다.

나. 통신자료 제공에 대한 이용자 고지 의무의 문제

수사기관이 전기통신사업자에게 이용자의 신상정보 제공을 요청할 경우에 전기통신사업자는 최근까지 거의 예외 없이 수사기관에 통신자료를 제공하여 왔는데, 이는 이용자들의 개인정보가 수사기관에 대량으로 유출되어 왔음을 의미한다. 수사기관의 통신자료 제공 요청은 통신비밀보호법상의 통신제한조치나 통신사실확인자료 요청과 달리 법원의 영장이나 허가를 필요로 하지 않아 수사기관에 의한 남용의 위험이 높은 것이 사실이다. 2012년을 기준으로 볼 때 수사기관이 연간 약 800만 개에 이르는 전화번호 등의 통신자료를 수집하고, 이러한 사실이 본인에게는 통지조차 되지 않고 있는 현실에서, 수사기관

---

46) 헌법재판소의 다수의견(5인)은 수사기관의 요청에 따른 통신자료 제공은 강제수사가 아닌 임의수사로서 사업자의 재량에 맡겨진 것이라는 이유를 들어 해당 조항의 기본권 침해를 인정하지 않고 각하한 바 있다.

47) 통신비밀보호법 제15조의2(전기통신사업자의 협조의무) ① 전기통신사업자는 검사·사법경찰관 또는 정보수사기관의 장이 이 법에 따라 집행하는 통신제한조치 및 통신사실 확인자료제공의 요청에 협조하여야 한다.

48) 통신비밀보호법 제13조(범죄수사를 위한 통신사실 확인자료제공의 절차) ② 제1항의 규정에 의한 통신사실 확인자료제공을 요청하는 경우에는 요청사유, 해당 가입자와의 연관성 및 필요한 자료의 범위를 기록한 서면으로 관할 지방법원(보통군사법원을 포함한다. 이하 같다) 또는 지원의 허가를 받아야 한다. 다만, 관할 지방법원 또는 지원의 허가를 받을 수 없는 긴급한 사유가 있는 때에는 통신사실 확인자료제공을 요청한 후 지체 없이 그 허가를 받아 전기통신사업자에게 송부하여야 한다.

으로의 방대한 개인정보 유출에 대한 전기통신사업자들의 개인정보 보호의무는 사실상 방기되어 왔던 것이다.

한편 개인정보자기결정권은 자신에 관한 정보가 언제 누구에게 어느 범위까지 알려지고 이용되도록 할 것인지를 그 정보주체가 스스로 결정할 수 있는 권리로서, 헌법 제10조 제1문에서 도출되는 일반적 인격권 및 헌법 제17조의 사생활의 비밀과 자유에 의하여 보장된다. 이와 같이 개인정보의 공개와 이용에 관하여 정보주체 스스로가 결정할 권리인 개인정보자기결정권의 보호대상이 되는 개인정보는 개인의 신체, 신념, 사회적 지위, 신분 등과 같이 개인의 인격주체성을 특징짓는 사항으로서 그 개인의 동일성을 식별할 수 있게 하는 일체의 정보라고 할 수 있다. 또한 그러한 개인정보를 대상으로 한 조사·수집·보관·처리·이용 등의 행위는 모두 원칙적으로 개인정보자기결정권에 대한 제한에 해당한다.[49] 헌법상 기본권에 근거하는 개인정보자기결정권은 국가뿐만 아니라 사인에 대한 관계에서도 보호가치가 있고 침해될 수 있으므로, 국가가 아닌 사인이 다른 개인에 관한 정보를 수집·보관·처리·공개하는 경우에도 적용될 수 있으며,[50] 개인정보자기결정권의 내용으로는 일반적으로 "국가 및 사인에 대하여 자신의 정보에 대해 ① 수집 금지(정보 수집 통제권) ② 열람 및 정정을 청구할 수 있는 권리(열람 및 정정 청구권) 외에 ③ 자신의 동의 없는 개인정보 이용행위에 대해 삭제·이용중지 등 금지를 청구할 수 있는 권리(이용통제권)"가 언급되는바,[51] 동의 없는 이용행위에 대하여 삭제·이용 중지 등 금지를 청구할 수 있는 이용통제권이 인정된다면, 그 전제로서 자신의 정보가 어느 곳에 이용되고 제공되었는지를 확인할 수 있는 권리 또한 당연히 인정된다. 하지만 현행 전기통신사업법 제83조 제3항에 의하면 수사기관의 요청이 있으면 통신자료 제공 여부에 대해서 전기통신사업자가 임의적으로 판단하여 결정권을 행사할 수 있도록 되어 있다. 이용자들이 전기통신서비스에 가입하는 경우에 약관으로 통신자료에 해당하는 개인의 신상정보의 수집·제공에 동의하는 절차를 의무적으로 거치게 되어 있기 때문에 통신자료의 처분에 대한 결정권이 이용자가 아닌 전기통신사업자에게 이미 양도된 것으로 해석될 여지가 상당히 있는 것이다. 만약 수사목적의 통신자료제공에 있어서도 개인의 자기결정권이 절차적으로 보호되어야 한다면, 개인이 정보주체로서 처분과정에 참여하거나 제공에 따른 이용자 고지권 등의 권리를 보장받을 수 있는 장치가 별도로 마련

---

49) 헌법재판소 2012. 12. 27. 선고 2010헌마153 결정; 헌법재판소 2010. 9. 30. 선고 2008헌바132 결정; 헌법재판소 2005. 7. 21. 선고 2003헌마282 결정.

50) 서울고등법원 2008. 4. 16. 선고 2007나74937 판결.

51) 서울중앙지방법원 2007. 7. 6. 선고 2006가합22413 판결.

되어야 할 것이다.[52]

　또한 우리 헌법 제18조는 "모든 국민은 통신의 비밀을 침해받지 아니한다"고 규정하여 통신의 자유를 기본권으로 보장하고 있고, 누구든지 전기통신사업자가 취급 중에 있는 통신의 비밀을 침해하거나 누설하여서는 아니 되고(전기통신사업법 제83조 제1항), 전기통신업무에 종사하는 자 또는 종사하였던 자는 그 재직 중에 통신에 관하여 알게 된 타인의 비밀을 누설하여서는 아니 된다(전기통신사업법 제83조 제2항). 이러한 전기통신사업법의 규정은 전기통신사업자에게 '통신의 비밀을 누설하여서는 아니 될 의무'를 부과한 것으로서, 통신의 비밀을 보호하고자 하는 헌법과 전기통신사업법의 규정 취지에다가 오늘날 고도로 발달된 정보통신사회에서 대부분의 국민이 전기통신사업자의 역무시설을 이용하여 통신을 하게 되었고, 그에 따라 전기통신사업자에 의한 통신비밀의 침해가능성이 현저히 증가하게 되었다는 사정을 보태어 보면, 이용자는 위 규정에 의하여 직접 전기통신사업자에 대하여 '자신의 통신비밀을 타인에게 누설하지 말 것을 요구할 권리'(일명 '통신비밀보호청구권')를 가진다고 할 것이다. 이용자가 전기통신사업자에 대하여 자신의 통신비밀을 타인에게 누설하지 말 것을 요구할 권리를 의미하는 통신비밀보호청구권 속에는 전기통신사업자에 대하여 통신비밀을 타인에게 누설하였는지 여부의 확인을 구할 권리도 당연히 포함된다고 할 것이다. 그렇지 않으면, 이용자로서는 전기통신사업자가 자신의 통신비밀을 침해하였는지 여부를 확인할 수 없어 통신비밀보호청구권을 실효성 있게 보장하기 어렵게 되기 때문이다. 따라서 이용자는 전기통신사업자에 대하여 통신비밀을 누설하였는지 여부의 확인을 구할 수 있고, 이를 위하여 필요한 경우에는 '전기통신사업자가 이용자의 통신비밀을 제3자에게 제공한 내역' 및 '그 제공이 적법한 것인지 확인할 수 있는 서류'의 열람·등사를 청구할 수도 있다고 할 것이다.

　하지만 전기통신사업법에서는 통신자료처분에 대해 전기통신사업자에게 전적으로 결정권을 부여하고 있는 반면에, 개인이 관련된 처분에 참여하거나 권리를 보장받을 수 있는 장치가 전혀 마련되어 있지 않다. 이와 같이 통신자료의 영역에 있어서는 개인의 자기정보결정권이 제대로 보호받지 못하고 있는데, 이러한 문제는 전기통신사업법상의 규정 미비에 그 근본적인 원인이 있다고 볼 수 있다. 그러므로 전기통신사업법 제85조 제3항은 재판, 수사 등을 위하여 불가피하게 헌법에서 보장하는 개인정보자기결정권을 제한하고 있으나, 최소한 정보주체가 자신에 관한 정보가 언제 누구에게 어느 범위까지 알려지고 이용되었는지에 대하여 알 수 있는 권리를 보장해줄 필요가 있다. 다만, 수사 진행 과정

---

52) 유주성, 앞의 논문, 93면.

노출에 의한 증거 인멸 또는 도주의 기회를 제공할 우려가 있고, 통신비밀보호법에 따르면 통신사실확인자료 제공의 이용자 통지 의무는 자료를 제공 받은 검사 등에게 부과[53]되고 있다는 점을 고려할 때 수사기관 등에게 통지의무를 부과하는 것이 보다 적절한 것으로 보인다. 이에 따라 검사 및 수사기관의 장으로 하여금 통신자료제공을 받은 사건에 관하여 공소를 제기하거나 공소의 제기 또는 입건을 하지 아니하는 처분 등을 한 날부터, 정보수사기관의 장으로 하여금 통신자료제공을 받은 날부터 각각 30일 이내에 그 대상이 된 전기통신의 가입자에게 통신자료제공을 받은 사실을 알리도록 하는 것이 개정안의 내용이 2008. 12. 11.자 최문순의원 대표발의 통신비밀보호법 일부개정법률안(의안번호: 1802973)에 의하여 상정되기도 하였다. 이와 같이 통신자료제공의 경우에는 통신사실확인자료의 제공과 달리 그 대상이 된 전기통신의 가입자에게 통신자료의 제공사실 등에 관하여 통지하도록 하는 명문의 규정이 없으나, 통신자료의 제공도 통신 당사자의 통신비밀에 대한 침해가 될 수 있으므로 이를 당사자에게 알리도록 하는 규정을 신설할 필요성이 있는 것이다.

V. 글을 마치며

우리나라에서는 정보통신환경의 급속한 발달로 말미암아 범죄수사 시 통신자료의 제공요청건수가 계속하여 증가하고 있는 추세인데, 이와 같은 현상에 따라 전기통신사업자의 행정상 과태료 및 민·형사상 소송에 대한 위험도 동시에 증가하고 실정이다. 실제로 최근 서울고등법원은 판결[54]을 통하여 전기통신사업자는 전기통신사업법 제83조에 따른 수사기관의 통신자료 제공요청에 대하여 개별 사안에 따라 침해되는 이익 간의 이익형량을 통한 위법성의 정도, 사안의 중대성과 긴급성 등을 종합적으로 고려하여 개인정보를 제공할 것인지 여부 및 어느 범위까지의 개인정보를 제공할 것인지에 관한 세부적인 기

---

53) 통신비밀보호법 제13조의3(범죄수사를 위한 통신사실 확인자료제공의 통지) ① (검사 등이) 제13조의 규정에 의하여 통신사실 확인자료제공을 받은 사건에 관하여 공소를 제기하거나, 공소의 제기 또는 입건을 하지 아니하는 처분(기소중지결정을 제외한다)을 한 때에는 그 처분을 한 날부터 30일 이내에 통신사실 확인자료제공을 받은 사실과 제공요청기관 및 그 기간 등을 서면으로 통지하여야 한다.
54) 서울고등법원 2012. 10. 18. 선고 2011나19012판결.

준을 마련하는 등으로 이용자의 개인정보를 보호하기 위한 충분한 조치를 취할 의무가 있으며, 가급적이면 이용자의 개인정보를 우선적으로 고려하여 개인정보 제공 여부 등을 결정하여야 한다고 피력한 바 있다. 그러므로 전기통신사업자가 수사기관의 통신자료 제공요청에 관한 세부적인 기준을 마련하는 등으로 이용자의 개인정보를 보호하기 위한 충분한 조치를 취한 경우에는 전기통신사업법 제83조에 따라 수사기관에 통신자료를 제공할 수 있을 것이다. 또한 통신자료 제공에 대하여 영장주의가 적용되는지 여부에 대해 규정하고 있는 세부적인 지침이 존재하지 않는 현재의 상황에서 전기통신사업자가 손해배상청구와 같은 민사소송의 위험을 최대한 줄이기 위해서는 현행 규정을 최대한 엄격하게 해석할 필요성이 있다. 한편 통신자료의 제공 요청이 증가하는 근본적인 이유는 요청자의 문제이지 제공자의 문제는 아닌 것으로 분석되는데, 개별 전기통신사업자는 자체적으로 가이드라인을 제정하여 수사관서 등에 회신할 때 유의절차를 제공하고 있으나 그동안은 관행상 수사기관이 이를 제대로 지키고 있지 않는 실정이었다. 요청자의 요청 시 자체적인 제한이 우선적으로 필요하지만 현실적으로 제대로 이루어지지 않고 있는 상황인 것이다. 특히 수사기관이 전기통신사업법에 따라 정해진 통신자료의 범위를 벗어나 임의적으로 해석하여 자료를 요구하는 경우가 발생하고 있는데, 예를 들면 가입자의 가입대리점명, 해지대리점명, 소포배달의 주소지 및 도착지, MAC Address 사용자 조회, 이메일주소 등이 그것으로써, 이러한 부분은 현행 법령상 통신자료에 해당하지 않는 것으로 파악해야 한다. 그러므로 관련 법령에서 벗어난 통신자료를 요구할 경우에는 누적 평가를 통하여 수사기관에 법규준수에 대한 협조공문을 발송하고, 수사의 목적으로 통신자료에 대한 범위에 반드시 포함해야 할 부분이 있다면 미래창조과학부에 건의하여 법 개정을 통해 현실화할 필요성이 있다. 이와 같이 수사기관이 전기통신사업자에게 요청할 수 있는 통신자료의 범위, 요청사유에 대한 기재방법, 결재권자의 범위, 문서수발의 방법, 긴급 요청자료에 대한 사후조치에 대한 방안 등에 대한 내용 등이 가이드라인에 포함되어야 할 것이다. 또한 전기통신사업자는 수사기관 등에 통신자료를 제공할 경우에 '요청사유 및 전기통신사업법 제83조에 명시된 항목에 해당하는지 여부를 철저히 확인하고, 개인고객정보를 최대한 보호해야 한다(수사기관의 자료요청에 따라야 할 어떠한 의무도 없음)' 판결이 등장함에 따라 통신자료 제공요청서에 기재된 '요청사유, 신분증 및 기타 관련법규에 명시된 사항' 등을 철저히 확인한 후 제공 여부를 판단함과 동시에 개인고객의 정보보호책임과 의무에 만전을 기할 필요성이 있다. 이에 따라 전기통신사업자가 수사기관으로부터 통신자료제공을 요청받았을 경우의 문서접수 방법, 심사절차, 송신방법,

미제공시 반려사유, 문서보관 방법 등에 대한 내용 등에 대한 내용도 가이드라인에 포함되어야 할 것이다. 마지막으로 전담기구의 역할과 관련하여 이를 의무적으로 설치하도록 한 것은 자체적으로 판단하여 제공 여부를 결정하도록 하는 취지이나 제공요청의 건수가 막대한 실정인 반면에 현재 전담조직의 구성원은 극히 소수에 불과하기 때문에 이에 대하여 일일이 검토하는 것은 현실적으로 불가능하여, 일상적인 지침만을 숙달시켜서 업무를 처리하고 있는 실정이다. 그러므로 전기통신사업법 제83조 제8항에서 규정하고 있는 전담기구의 구성 및 운영에 관한 세부기준에 대한 제시도 병행되어야 할 것이다.

제16강 보호처분의 결정 등에 대한 항고권자에 검사 또는 피해자 등을 포함시키지 않는 것의 타당성 여부

Ⅰ. 대상 결정의 주요내용

1. 사건의 개요

청구인은 청소년 간의 싸움으로 인하여 사망한 피해 소년의 아버지인바, 보호소년 최
○진에 대하여 장기 소년원 송치를 명한 수원지방법원의 2010. 12. 17.자 결정(수원지방
법원 2010푸4624)에 대한 항고심에서 위 결정이 2011. 1. 26. 단기 소년원 송치로 파기
자판되자(수원지방법원 2010크8) 이에 불복하여 대법원에 재항고하였는데, 위 재항고는
2011. 3. 29. 피해자의 아버지는 재항고권자에 해당하지 않는다는 이유로 기각되었다(대
법원 2011트3). 그러자 청구인은 2011. 4. 27. 이 사건 헌법소원심판을 청구하였고, 그
다음 날 국선대리인 선임신청을 하였으며, 이에 따라 선임된 국선대리인은 2011. 7. 21.
소년법 제43조 제1항 및 소년심판규칙 제53조가 청구인의 평등권 등 기본권을 침해한다
며 이 사건 헌법소원심판을 청구하였다.

2. 심판의 대상

청구인은 소년법 제43조 제1항과 소년심판규칙 제53조를 심판대상으로 기재하고 있다.
그런데 소년법 제43조 제1항과 관련하여, 청구인이 다투고자 하는 바는 '보호처분의 결
정 등에 대한 항고, 재항고권자에 검사 또는 피해자 등을 포함시키지 않은 것의 위헌 여
부'이므로, 소년법 제43조 제1항은 이와 관련된 부분으로 한정함이 상당하다. 나아가 소
년심판규칙 제53조는 재항고에 관하여는 소년법과 소년심판규칙의 항고에 관한 규정을
준용한다는 취지의 절차에 관한 규정에 불과하고, 청구인도 위헌인 이유에 관하여 구체
적인 주장이 없으며, 소년법 제43조 제1항의 항고권자에 검사 또는 피해자 등을 포함시
키면 청구인의 요구를 충족하게 되어 독자적인 판단의 실익이 없으므로 심판대상에서 제
외한다. 그렇다면 이 사건 심판의 대상은 소년법 제43조 제1항 중 '사건 본인·보호자·
보조인 또는 그 법정대리인' 부분(이하 '이 사건 법률조항'이라 한다)이 청구인의 기본권
을 침해하는지 여부이다.

3. 재판관 이강국, 재판관 김종대, 재판관 민형기, 재판관 송두환의 법정의견

형사소송절차와는 달리 소년심판절차에서는 재판에 대하여 검사의 항고, 재항고(이하 위 둘을 '상소'라 한다)가 인정되지 아니하므로 공익의 대표자인 검사를 통한 피해자의 상소에의 관여가 완전히 배제되어 있어 소년심판절차에서의 피해자를 검사에게 상소권이 인정되는 형사소송절차에서의 피해자와 차별하는 것이어서 청구인의 평등권을 제한한다.

한편 청구인은 상소를 하지 못하여 소년심판절차의 항고심에서 피해자의 재판절차진술권이 제한된다고 주장하나, 상소제도는 오판(誤判)을 시정하고 법령의 해석·적용의 통일을 목적으로 마련한 제도로서 원칙적으로 소송당사자에게만 허용되고, 또한 소년심판에서 상소권자의 범위를 규정하는 문제에 대한 해답 또한 헌법에 명문의 규정이 없는 한 입법정책에 맡겨져 있는바, 이 사건 법률조항에서 소년보호결정에 대한 항고권자를 사건 본인·보호자·보조인 또는 그 법정대리인으로 한정하고 있는 것은 검사나 피해자가 소년심판의 당사자가 아니기 때문인 점, 소년심판절차의 1심에서 피해자 등의 신청에 따라 심리기일에서 피해자 등의 진술권이 보장되는 점(소년법 제25조의2) 등에 비추어 보면, 소년심판절차에서 피해자의 상소권이 배제되어 있다고 하여 피해자의 재판절차진술권이 제한된다고 할 수는 없다. 나아가 피해자에게 상소권을 인정하고 있지 않아 헌법상 심급제를 위반하고 있다고 주장하나, 이는 결국 소년재판에서 보호소년의 상소권은 인정되는 반면 피해자의 상소권은 인정되지 않는다는 평등권 침해 주장의 당부로 귀결되므로 이를 판단하는 이상 이에 대하여도 따로 판단하지 아니한다.

형사소송절차에서는 일방 당사자인 검사가 상소 여부를 결정할 수 있고, 피해자도 간접적으로 검사를 통하여 상소 여부에 관여할 수 있음에 반하여, 소년심판절차에서는 검사에게 상소권이 인정되지 아니하여 소년심판절차에서의 피해자도 상소 여부에 관하여 전혀 관여할 수 있는 방법이 없어, 양 절차의 피해자는 범죄행위로 인하여 피해를 입었다는 점에서 본질적으로 동일한 집단이라고 할 것임에도 서로 다르게 취급되고 있으므로 차별취급은 존재한다. 나아가 차별취급에 합리성이 있는지에 관하여 살펴보면, 우리나라는 죄를 범한 소년에 대한 사건을 수사한 결과 검사가 보호처분에 해당할 사유가 있다고 판단할 때에는 사건을 관할 소년부에 송치하여야 하고(소년법 제49조 제1항), 소년에 대한 피고사건을 심리한 결과 법원이 보호처분에 해당할 사유가 있다고 판단할 때에는 이를 관할 소년부에 송치하여야 하며(소년법 제50조), 이에 대하여 검사는 형사소송법 제

402조에 의하여 항고할 수 있는 등 죄를 범한 소년에 대한 소년심판절차의 전 단계에서 공익의 대표자인 검사가 관여하고 있다. 또한 소년심판절차의 1심에서 피해자 등의 신청에 따라 심리기일에서 피해자 등의 진술권이 보장되고(소년법 제25조의2), 소년심판은 쟁송절차인 형사소송절차와는 달리 소년에 대한 후견적 입장에서 소년의 환경조정과 품행교정을 위한 보호처분을 하기 위한 심문절차이며, 보호처분은 소년의 개선과 교화가 주목적으로서 보호처분을 함에 있어 범행의 내용도 참작하지만 주로 소년의 환경과 개인적 특성을 근거로 소년의 개선과 교화에 부합하는 처분을 부과하게 되므로 책임주의 원칙에 따라 부과되는 일반 형벌의 부과와는 차이가 있다. 나아가 소년심판은 심리의 객체로 취급되는 소년에 대한 후견적 입장에서 법원의 직권에 의해 진행되므로 형사소추권을 행사하는 검사의 관여가 반드시 필요한 것이 아니고 이에 따라 소년심판의 당사자가 아닌 검사가 상소 여부에 관여하는 것이 배제된 것이다. 위와 같은 소년심판절차의 특수성을 감안하면, 차별대우를 정당화하는 객관적이고 합리적인 이유가 존재한다고 할 것이어서 이 사건 법률조항은 청구인의 평등권을 침해하지 않는다. 그렇다면 이 사건 법률조항에 대한 심판청구는 이유 없으므로 기각하기로 한다.

4. 재판관 이동흡의 보충의견

나는 이 사건 법률조항이 소년심판절차의 전 단계에서 검사가 관여하고 있고, 소년심판절차의 1심에서 피해자 등의 진술권이 보장되고 있으며, 소년심판절차는 그 성격, 목적, 구조 등에서 형사소송절차와는 차이가 있으므로, 형사소송절차와는 달리 소년심판절차에서 검사의 상소권이 인정되지 않는 점에 대한 차별취급에 합리성이 있어 청구인의 평등권을 침해하지 아니한다는 다수의견의 결론에는 동의하지만, 검사에게 상소권이 인정되어 소년심판절차의 피해자도 간접적으로 검사를 통하여 상소 여부에 관여할 수 있도록 입법개선을 함이 바람직하다고 생각하므로, 다음과 같이 보충의견을 개진한다.

소년심판절차는 법정의견에서 밝힌 바와 같이 형사소송절차와는 다른 특수성이 있기 때문에 검사에게 보호처분의 결정 등에 대하여 상소권이 인정되지 않더라도 소년심판절차의 피해자를 형사소송절차의 피해자와 합리적 이유 없이 차별하는 것으로 볼 수 없지만, 검사에게 상소권이 인정되어 이를 통해 소년심판절차의 피해자도 간접적으로 상소에 관여할 수 있도록 하는 것이 오판(誤判)을 시정하고 법령의 해석·적용의 통일을 목적으로 하는 상소제도의 취지에 부합한다고 할 것이다.

외국 입법례를 보더라도, 미국의 일부 주와 독일의 경우 소년심판절차에서 검사의 상소권이 인정되고 있으며, 일본의 경우 특정한 중범죄에 대하여 불처벌 결정 또는 보호처분 결정에 있어서 법령위반 또는 중대한 사실오인이 있음을 이유로 항고심에 사건을 수리하여 달라는 항고수리신청권이 검사에게 인정되고 있다. 그러므로 입법자는 소년심판절차에서 보호처분의 결정 등에 있어 검사가 상소할 수 있도록 검사의 상소권을 인정하도록 하는 입법 개선 노력을 기울여야 할 것임을 지적해 두고자 한다.

5. 재판관 목영준, 재판관 박한철, 재판관 이정미의 반대의견(헌법불합치)

우리는, 이 사건 법률조항이 청구인의 평등권을 침해하여 헌법에 위반된다고 판단하므로 다음과 같이 그 견해를 밝힌다.[1] 형사소송절차에서는 검사가 법원의 재판에 대하여 상소할 수 있고, 범죄행위의 피해자도 검사를 통하여 간접적으로 상소 여부에 관여할 수 있다. 반면 소년심판절차에서는 검사에게 조차도 상소권이 인정되지 아니하므로 범죄행위의 피해자는 상소 여부에 관여할 수 있는 방법이 전혀 없다. 그 결과, 범죄행위의 피해자라는 점에서 동일한 '형사소송절차에서의 피해자'와 '소년심판절차에서의 피해자' 사이에 차별이 발생하게 된다.

다수의견이 밝힌 바와 같이 소년심판절차는 그 성격, 목적, 구조 등에서 형사소송절차와 다르다. 그러나 범죄행위의 피해자 입장에서 보면, 가해자가 '소년법상 특별한 규정의 적용을 받는 소년'(소년법 제48조)이어서 형사재판이 아닌 소년심판을 받는다는 이유만으로, 가해자에 대한 법원의 결정에 대하여 간접적으로나마 아무런 불복수단이 없다는 점을 납득하기 어려울 것이다.

또한 소년심판절차의 제1심 및 항고심 절차는 모두 사실심이므로, 범죄행위의 피해자로서는 제1심 절차 못지않게 항고심 절차에서도 피해자 등의 진술권을 통하여 재판진행에 참여할 기회가 충분히 보장되어야 한다. 그런데 형사소송절차에서는 항소심에서도 피

---

* 소년보호연구 제21호, 한국소년정책학회, 2013. 2.

[1] 이 사건 법률조항은 소년심판절차상 피해자인 청구인의 평등권을 침해하지만 이에 대하여 단순위헌을 선고하는 경우, 기존의 항고권자인 사건 본인·보호자·보조인 또는 그 법정대리인도 항고를 할 수 없게 되는 법적 공백상태가 발생하게 되므로, 이 사건 법률조항에 대하여는 단순위헌의 판단을 하기보다는 헌법불합치결정을 하여, 입법자로 하여금 위 법률조항을 개정하도록 함이 바람직하다.

해자 등의 진술권이 보장되는 반면(형사소송법 제370조, 제294조의2 참조), 소년심판절차에서는 제1심에서만 피해자 등의 진술권이 보장될 뿐 제1심 결정에 대한 검사의 항고권마저 봉쇄되다 보니, 피해자로서는 검사를 통하여 간접적으로 항고하여 항고심에서 피해자로서 진술할 기회조차 갖지 못하게 되었다. 이와 같이 범죄피해자가 항고심재판에 참여할 기회를 부여하는 것이 필요하다는 점을 고려할 때, 소년심판절차의 성격, 목적, 구조 등을 이유로 소년심판절차의 피해자를 형사소송절차의 피해자와 달리 취급하는 것은 불합리하다고 할 것이다.

한편, 외국 입법례를 보더라도, 미국의 일부 주와 독일의 경우 소년심판절차에서 검사의 상소권이 인정되고 있으며, 일본의 경우 특정한 중범죄에 대한 불처벌 결정 또는 보호처분 결정에 법령위반 또는 중대한 사실오인이 있을 때에는 이를 이유로 항고심에 사건을 수리하여 달라는 신청권을 검사에게 인정하고 있다. 이러한 점을 종합하여 보면, 형사소송절차와는 달리 소년심판절차에 있어서 검사에게 상소권을 인정하지 않는 이 사건 법률조항은 '소년심판절차에 있어서의 피해자'를 '형사소송절차에서의 피해자'와 합리적인 이유 없이 차별함으로써 평등권을 침해한다고 할 것이다.

Ⅱ. 문제의 제기

현행 소년법 제43조 제1항에 따르면 제32조[2]에 따른 보호처분의 결정 및 제32조의2에 따른 부가처분 등의 결정 또는 제37조의 보호처분·부가처분 변경 결정이 해당 결정에 영향을 미칠 법령 위반이 있거나 중대한 사실 오인(誤認)이 있는 경우 또는 처분이 현저히 부당한 경우 중의 어느 하나에 해당하면 사건 본인·보호자·보조인 또는 그 법정대리인은 관할 가정법원 또는 지방법원 본원 합의부에 항고할 수 있다고 규정하고 있다. 일반적으로 항고란 법원의 결정에 대한 상소를 말하는 것으로서, 판결에 대한 상소에 해당하는 항소 또는 상고와는 그 법적인 성격이 다르다고 할 수 있다. 판결은 종국재판의 본래의 형식이기 때문에 이에 대해서는 언제나 상소를 허용할 필요가 있지만, 결정은

---

2) 이하에서 법명의 표기 없이 단순히 법조문만 표기된 것은 소년법상의 조항을 의미한다.

원칙적으로 판결에 이르는 과정에 있어서의 절차상의 사항에 관한 종국 전의 재판이므로 모든 결정에 대하여 상소를 인정할 필요는 없기 때문이다.[3] 그리하여 형사소송법에 특별한 규정이 있는 경우에는 항고가 인정되지 않으며, 그 절차도 항소나 상고에 비하여 간단하다. 하지만 소년법 제43조에 규정되어 있는 결정이 과연 판결에 이르는 과정에 있어서 절차상의 사항에 관한 종국 전의 재판이라고 볼 수 있는지는 의문이다.

소년법상의 항고란 비행소년의 행위지, 거주지 또는 현재지를 관할로 하고 있는 가정법원소년부 또는 지방법원소년부에 속한 소년부 단독판사가 행하는 소년보호사건의 심리와 처분결정에 대한 불복을 의미하는 것으로서, 미확정의 결정에 대하여 상급법원에 불복신청을 하여 구제를 받는 절차의 일종에 해당한다. 즉 일반항고가 판결에 이르는 과정에서 절차상의 사항에 관한 종국전의 재판을 대상으로 함에 반하여 제43조에 규정된 결정은 사실상 종국재판의 성격을 지니고 있다는 점에서 차이가 있고, 이로 인하여 소년법상의 항고는 일반항고와 비교할 때 종국재판에 대한 불복의 성격이 상대적으로 강하다고 평가할 수 있다. 이와 같이 평가한다면 원칙적으로 항고를 허용할 필요성이 생기며, 형사소송절차와 같이 항고를 제기할 수 있는 자에 제한을 두어서는 안 될 것이다. 하지만 헌법재판소는 대상결정을 통하여 소년법상 항고권자에 검사 또는 피해자 등을 포함시키지 않는 것이 헌법상의 원리에 반하지 않는다는 법정의견(4인)을 제시하고 있다. 이에 대하여 보충의견(1인)과 헌법불합치의견(3인)은 항고권자의 범위를 축소하고 있는 현행법은 입법적으로 개선될 필요성이 있다고 피력한다.

대상결정과 같이 제43조에 대한 헌법소원에 관여한 총 8인의 재판관 사이에서도 당해 법규의 위헌성 여부의 견해가 팽팽히 대립되고 있는 가운데, 과연 소년법상 항고권자에 검사 또는 피해자 등을 포함시키는 것이 타당한가라는 의문은 여전히 불식되지 못하고 있는 상황이라고 판단된다. 이러한 문제점에 입각하여 본고는 검사 또는 피해자 등을 항고권자에 포함시키는 것이 타당하다는 결론을 도출하기 위하여 헌법재판소의 결정 중 보충의견과 헌법불합치의견에 나타나 있지 않은 부분을 중심으로 추가적인 논거를 제시하고자 한다. 이를 위하여 먼저 항고권자와 관련하여 항고의 목적, 소년심판절차에서 검사의 관여 문제·검사의 항고권 행사이유 등을 중심으로 한 소년심판절차의 항고에 있어서 검사의 역할, 보호처분의 이념·직권주의적 심리절차·일반항고와 소년법상 항고의 차이점 등을 중심으로 한 소년심판절차와 형사소송절차 사이의 차이점, 재판절차참여권, 독일과 일본을 중심으로 한 외국의 입법례 등의 관점에서 검사 등에게 항고권을 인정하는 것

---

3) 이은모, 「형사소송법(제3판)」, 박영사, 2012, 885면.

이 타당하다는 논의를 한다(Ⅲ). 이러한 측면에서 항고의 대상을 제한하고 있는 현행 소년법의 태도를 비판하고 그 대상을 확대해야 한다고 논지를 전개하며(Ⅳ), 항고의 3가지 사유를 해석함에 있어서도 검사 등에게 항고를 인정할 수 있도록 하는 방향으로 전개되어야 함을 역설한다(Ⅴ). 그리고 항고의 제기절차와 항고법원의 심리과정에서 나타난 현행 항고권자 제한의 불합리한 점을 지적한 후(Ⅵ), 논의를 마무리하기로 한다(Ⅶ).

Ⅲ. 소년법상 항고권자

1. 현행법의 태도

소년법에서는 항고권자와 관련하여 ① 본인, ② 보호자, ③ 보조인, ④ 법정대리인 등 총 4가지의 유형을 한정하고 있는데, 이러한 항고권자의 인정 범위는 제정 소년법 이래 현재까지 변함없이 유지되어 오고 있다. 여기서 보호자란 '법률상 감호교육을 할 의무가 있는 자 또는 현재 감호하는 자'를 말한다(제2조). 그리고 소년보호사건에 있어서 보조인은 보호절차가 갖는 행정적 또는 복지적 성격과 사법적 성격의 양면성으로 인하여 보호소년에 대한 보호처분이 적절하게 이루어지게 하기 위한 협력자의 지위도 아울러 가진다고 할 것이나, 실질적이고도 가장 중요한 기능은 절차상으로 보호소년의 이익을 변호하는 역할이라 할 것이고, 또한 소년법 제21조[4]가 주로 실체상의 이유로 절차에 참가하는 보호자에 대하여는 필요하다고 인정될 경우에는 심리기일에 소환을 하지 아니할 수도 있다고 규정하면서도 보조인에 대하여는 예외 없이 심리기일을 통지하도록 의무 지우고 있는 것도 위와 같은 보조인의 실질적 기능에 착안하여 보조인의 심리기일출석권을 아무런 제한 없이 보장한 것으로 보아야 하는 점 등에 비추어 보면, 소년보호사건의 보조인도 형사소송의 변호인과 마찬가지로 보호소년이 가지는 권리를 행사하는 외에 독자적인 입장에서 보호소년의 이익을 옹호하는 고유의 권리를 가진다고 할 것이다.[5]

---

4) 제21조(심리 기일의 지정) ① 소년부 판사는 심리 기일을 지정하고 본인과 보호자를 소환하여야 한다. 다만, 필요가 없다고 인정한 경우에는 보호자는 소환하지 아니할 수 있다. ② 보조인이 선정된 경우에는 보조인에게 심리 기일을 알려야 한다.

한편 소년심판절차에서의 항고와 형사소송절차에서의 항고를 비교할 때 가장 큰 차이점이 발생하고 있는 점이 바로 항고권자의 범위라고 할 수 있는데, 소년심판절차에서는 검사가 항고권자로서 법률상 인정되고 있지 않다는 특이성을 지니고 있다. 이러한 차이점의 연유에 대하여, 소년심판절차에서는 형사소송절차와는 달리 검사가 조사 및 심리단계에 참여하지 않는다는 점,[6] 법원의 결정에 대한 불복은 제한적으로 운용되어야 한다는 점, 상소제도는 원칙적으로 소송당사자에게만 인정되어야 하는데 검사나 피해자는 소년심판의 당사자가 아니라는 점,[7] 소년심판절차에서 검사의 항고권 행사는 대상소년을 형사처분하여야 한다는 의사로 볼 수 있다는 점,[8] 항고는 법원의 보호처분 결정에 대하여 소년에 대하여 보다 좋은 교육 및 생활환경을 보장해주기 위한 목적으로 행사되어야 한다는 점, 소년의 건전한 육성에 필요한 보호조치라는 후견적 배려가 녹아 있는 보호처분의 결정에 대하여 검사가 항고할 수 있도록 한다는 것은 이미 판단이 끝난 비행의 경중에 대한 거듭된 평가를 허용하는 것과 동시에 보호처분을 마치 형벌과 동일한 것으로 평가하게 만드는 결과를 초래한다는 점,[9] 소년심판절차의 제1심에서 피해자 등의 신청에 따라 심리기일에서 피해자 등의 진술권이 보장되고 있다는 점 등이 검사 등의 항고권 부정논거로 제시되고 있다.

2. 검사 등에게 항고권을 인정하지 않는 논거에 대한 비판적인 분석

가. 항고의 목적과 관련하여

항고는 법원의 보호처분 등의 결정에 대하여 소년에게 보다 좋은 교육 및 생활환경을 보장해주기 위한 목적으로 행사되어야 한다는 견해[10]가 있는데, 이는 일견 타당해 보이

---

5) 대법원 1994. 11. 5. 선고 94트10 판결.
6) 권오걸, "소년법상의 항고", 법학논고 제23집, 경북대학교 법학연구소, 2005. 12, 52면; 정희철, "소년심판의 항고권자와 항고절차의 이론적 쟁점", 아주법학 제6권 제2호, 아주대학교 법학연구소, 2012. 12, 400면.
7) 헌법재판소 2012. 7. 26. 선고 2011헌마232 결정 중 재판관 이강국, 재판관 김종대, 재판관 민형기, 재판관 송두환의 법정의견.
8) 한국소년법학회, 「소년법」, 세창출판사, 2006, 321면.
9) 정희철, 앞의 논문, 408면.
10) 권오걸, 앞의 논문, 53면.

기는 하지만 항고의 여러 목적 가운데 상반되는 측면을 도외시하고 있다는 점에서 타당하지 않다고 본다. 동 논거의 전제는 원심법원이 범죄소년에게 지나치게 가혹한 보호처분 등을 결정함으로서 처분을 받은 소년으로 하여금 다른 보호처분 또는 경미한 보호처분 등을 부과하기 위하여 항고를 인정하고 있다고 한다. 이는 국친사상에 입각하여 소년에 대하여 교육과 복지적인 차원의 접근을 시도해야 한다는 원심법원의 오류 및 과오를 인정하고 있는 것으로서, 반대해석한다면 원심 법원이 범죄소년에게 지나치게 경미한 보호처분 등을 결정함으로써 처분을 받은 소년으로 하여금 다른 보호처분 또는 보다 가혹한 보호처분 등을 부과하기 위하여 항고를 인정할 수도 있다는 논거로도 충분히 활용될 수 있다고 본다. 이 경우에 있어서 당해 소년인 본인이나 기타의 현행법상 항고권자는 원심법원의 경미한 보호처분에 대하여 별다른 불만이 없기 때문에 항고할 가능성이 극히 희박한 반면에 공익의 대변인인 검사 또는 피해자 본인이나 그 법정대리인 등은 원심법원의 결정에 대하여 상대적으로 불만이 클 것이므로 항고를 하여 상급법원에서의 판단을 다시 한번 구하는 방편을 충분히 고려할 것이다. 하지만 현행법상으로는 이러한 불복의 방법을 인정하고 있지 아니한데, 이는 원심법원에 대하여 불만을 가진 자의 측면에서 볼 때 본질적으로 동일한 부분임에도 불구하고, 어느 일방에게는 일정한 범위 내에서 항고권을 인정해주면서도 다른 일방에게는 항고의 기회 자체를 원천적으로 봉쇄하고 있다는 점에서 평등의 원칙에 반한다고 사료된다.

나. 소년심판절차의 항고에 있어서 검사의 역할과 관련하여

(1) 소년심판절차에서 검사의 관여 문제

소년심판절차에서 검사에게 항고권을 인정하지 않는 이유에 대해서 검사의 소년심판절차에서의 관여를 인정하고 있지 않는 현행 소년사법시스템의 구조를 제시하는 견해가 있는데, 소년심판절차에서 검사의 관여를 전혀 인정하지 않는 것을 전제로 하는 이러한 주장은 받아들이기 힘들다고 본다. 왜냐하면 검사는 소년에 대한 피의사건을 수사한 결과 보호처분에 해당하는 사유가 있다고 인정한 경우에는 사건을 관할 소년부에 송치하여야 하는데, 이는 검사가 죄를 범한 소년에 대한 소년심판절차의 전(前) 단계에서 공익의 대표자로서 관여하고 있는 것으로 일반적으로 평가되고 있다. 이와 같이 현행 소년법은 검사선의주의에 입각하여 소년피의사건에 대하여 형사처분으로 할 것인가 아니면 호호처분으로 할 것인가의 분배권한을 검사로 하여금 먼저 행사하도록 하는 입장을 취하고 있다. 그 후 관할 소년부는 송치받은 사건을 심리하여 소년에게 가장 적합한 보호처분의 종류 및 정도를 결정한다.

여기서 검사가 '보호처분에 해당하는 사유가 있다고 인정한 경우'란 불기소처분과 기소처분의 형사소송절차를 진행하는 것이 불합리한 경우인데, 10가지의 보호처분 가운데 어느 정도의 보호처분이 적정할 것인가라는 판단도 함께 내포되어 있다고 할 수 있다. 즉 1호 처분과 10호 처분 사이에서 소년에게 가장 적합한 보호처분에 대한 판단이 우선되어야 소년심판절차에 회부할 수 있는 것이지 보호처분 가운데 그 무엇도 과할 필요성이 없다고 판단하였다면 형사소송절차를 진행했을 것이다. 그런데 만약 실제 소년심판절차에서 검사가 예상했던 보호처분보다 경미한 수준의 보호처분이 결정되었다고 한다면 검사의 선의권 판단에 문제가 생기는 것이다. 예를 들면 검사는 10호 처분을 예상하여 소년심판절차에 회부하였지만 실제로 8호 처분이나 그보다 경미한 보호처분이 결정되는 사례가 반복되고 이에 대한 불복의 수단이 전혀 강구되어 있지 않는다면 선의권 행사시 처음부터 형사소송절차에로의 선택을 할 가능성이 증가하게 된다. 이는 보호처분을 받을 가능성이 있는 소년을 형사처분으로 불리하게 처리하는 것이 자명한데, 이러한 폐해를 방지하기 위해서라도 검사에게 보호처분 등의 결정에 대한 항고권을 인정할 필요성이 있는 것이다. 즉 현행 소년법은 소년심판절차에서 검사의 관여를 전혀 인정하지 않는 것이 아니라 소년심판절차로의 회부에 대한 결정권을 검사에게 부여하는 소년심판절차개시권이라는 권한을 부여하고 있다고 보아야 한다. 한 걸음 물러나서 검사의 항고권을 부정하는 측에서 주장하고 있는 바와 같이 소년심판절차에 있어서 검사의 관여를 부정하고 있는 현재의 소년사법시스템의 구조를 받아들인다고 하더라도, 이러한 소년사법시스템의 구조가 반드시 바람직하다고 할 수는 없기 때문에 입법론적으로 검사의 관여를 인정하고 검사의 항고권을 인정하자는 견해[11]도 주장되고 있다.

(2) 검사의 항고권 행사이유

소년심판절차에서 검사의 항고권 행사는 대상소년을 형사처분하여야 한다는 의사로 볼 수 있기 때문에 이는 소년법의 근본취지에 반한다는 견해[12]가 있지만, 반드시 그렇다고

---

11) 김동림, 「소년법」, 화성사, 2000, 431면.
12) 권오걸, 앞의 논문, 53면.

볼 수도 없다. 만약 보호처분 가운데 가장 중한 처분이라고 할 수 있는 10호 처분의 결정에 대하여 검사가 항고를 한다고 하면 이는 원칙적으로 형사처분에 처하고자 하는 검사의 의도로 파악될 여지도 있다. 다만 예외적으로 10호 처분에 추가하여 제32조의2 제3항에 해당하는 보호자특별교육명령이라는 부가처분을 요청하는 취지로 항고하는 예외적인 상황도 있을 수 있다. 하지만 10호 처분이 아닌 다른 보호처분의 결정에 대하여 항고를 한다는 것이 곧바로 형사처분을 하여야 한다는 의사표현이라고 보기에는 무리가 있어 보인다. 왜냐하면 형벌에 있어서도 처분의 경중이 있듯이 보호처분에 있어서도 처분의 경중이 있기 때문이다.

한편 원심법원의 결정에 대하여 검사 등에 의한 항고를 허용한다고 하더라도 상급법원에 사건이 폭주하고, 이로 인하여 법령해석의 통일이라는 상급법원의 본질적 기능을 제대로 수행할 수 없게 된다는 식의 논의도 타당하지 않다고 본다. 아무리 상급법원의 업무부담을 경감하려는 취지와 법률관계를 조속히 확정하고 재판제도의 효율성을 제고하려는 목적이 있다고 하더라도, 이해관계인의 이의제기권을 원천적으로 박탈하는 형식을 취해서는 안 될 것이기 때문이다. 특히 형사소송법은 불필요한 소송지연을 방지하려는 취지에서 법원의 관할 또는 판결전의 소송절차에 관한 결정에 대하여는 원칙적으로 항고를 불허하고 있고(형사소송법 제403조 제1항), 또한 구속적부심사청구에 대한 결정에 대하여도 항고권의 남용으로 인한 수사의 지장, 심사기간의 장기화, 절차의 번잡 등의 이유로 항고를 금지하고 있다(형사소송법 제214조의2 제8항). 이와 같이 현행 형사소송법에서는 법원의 결정에 대하여 불복이 있으면 항고를 할 수 있다는 형사소송법 제402조 본문의 규정에도 불구하고 그 예외인정의 범위에 있어서는 상당한 이유를 제시하고 있는 것이다. 하지만 소년심판절차에서 검사에게 항고권을 인정한다고 하더라도 항고권의 남용으로 인한 절차의 번잡, 불필요한 소송의 지연 등의 폐단이 생긴다고 예단하는 것은 무리이며, 만약 이러한 폐단이 예상된다면 폐단의 상당한 이유를 제시하는 항고기각결정을 통하여 충분히 통제가 가능한 것이지, 항고권 자체를 인정하지 않는 것은 바람직하지 못하다고 본다.

다. 소년심판절차와 형사소송절차 사이의 차이점과 관련하여

(1) 보호처분의 이념과 관련하여

소년법은 반사회성이 있는 소년의 환경 조정과 품행 교정을 위한 보호처분 등의 필요한 조치를 하고, 형사처분에 관한 특별조치를 함으로써 소년이 건전하게 성장하도록 돕는 것을 목적으로 한다(제1조). 이는 소년에 대하여 교육과 원호를 통한 개선을 도모한다는 보호처분을 함으로써 소년을 보호한다는 것을 의미하는 것으로, 특히 보호처분을 함에 있어서는 소년법이 교정주의 내지 보호주의 이념에 입각하고 있다고 볼 수 있다. 또한 소년법의 기본이념은 소년의 건전한 육성을 기하는 것이라고 할 수 있는데, 이는 국가가 보호자의 입장에서 소년을 지도·원호하고 교육적인 시혜를 베풀어 건전하게 사회에 적응할 수 있도록 육성해야 한다는 사상을 말한다. 여기서 보호주의란 보호처분이 형사처분보다는 교육적인 범죄인 처우의 수단이라고 보는 입장에서 범죄소년에 대하여 형벌보다는 보호처분으로 대처해야 한다는 원리를 의미하는데, 이에 더하여 보호처분은 소년의 장래 신상에 아무런 영향을 미치지 아니하고(제32조 제5항), 전문가의 진단과 소년분류심사원의 분류 결과 및 소년 조사관의 조사결과를 참작하여 소년의 요보호성을 해소하며(제9·11·12·18조 등), 소년의 요보호성의 변화에 따라 보호처분이 변경 또는 취소될 수 있는 것(제37조, 제38조) 등이 소년법의 보호처분의 교정주의 및 보호주의적 성격을 나타내고 있다.

반면에 소년법은 반사회성이 있는 소년에 대한 처우법이라는 특징을 가지고 있음으로 인하여 보호처분은 필연적으로 신체 또는 자유의 제한을 수반하기도 한다. 특히 최종적으로 소년부에 송치된 범죄소년에 대하여 부과되는 보호처분이 결국 그 소년에 대하여 훨씬 더 강한 강도의 국가적 개입이라는 결과를 초래할 수도 있다.[13] 이러한 연유로 소년법은 형사정책적 성격과 복지적 성격의 양면성을 가지고 있다고 평가된다.[14] 즉 보호처분은 소년의 개선과 교화가 주목적[15]이기는 하지만 일반예방이나 응보적 내용도 부차

---

13) 예를 들면 소년부에 송치된 범죄소년이 소년원송치 처분을 받는 경우와 형사법원에 기소된 범죄소년이 선고유예나 집행유예를 받게 되는 경우를 상상해 보라(김성돈, "우리나라 소년법의 검사선의주의모델의 개선방안", 저스티스 제88호, 한국법학원, 2005. 12, 193면).

14) 정진연, "소년법의 이념과 보조인의 역할", 소년보호연구 제4호, 한국소년정책학회, 2002. 12, 172면.

15) 보호처분은 처벌에 주안점을 두고 있는 것이 아니라 소년의 건전한 육성을 기하기 위한 합목적성을 추구하기 때문에 형사소송과 비교할 때 절차의 형식성과 증거의 엄격성이 완화되고, 소년 각자의 특성에 따른 개별적 심판절차를 진행하며, 소년의 장래를 위하여 공개하지 않는 특성을 가지고 있다.

적인 목적으로 평가되며, 주로 소년의 환경과 개인적 특성을 근거로 부과되기는 하지만 행위의 질과 양도 반드시 참작하게 된다. 이와 관련하여 대법원은 상습성 내지 습벽을 인정하는 자료에는 아무런 제한이 없다고 보고, 소년보호처분을 받은 범죄도 상습성 내지 습벽을 인정하는 자료로 삼을 수 있다고 해석하여 왔는데,[16] 이는 습벽이 행위의 본질을 이루는 요소가 아닌 행위자의 특성을 이루는 성질임을 고려한 것과 동시에 보호처분이 형벌가중사유인 상습성을 판단함에 있어 고려되는 것임을 밝히고 있는 것이다. 또한 소년의 비행사실이나 범죄사실이 매우 중할 경우에는 보호처분보다는 형사처분을 행하는 것이 필요하지만, 실무상 실형을 선고하기에는 법정형이 매우 높아 적절한 선고형을 찾기 힘들다는 점, 공범과의 관계에서 처분의 균형이라는 측면에서 소년원 송치가 적절할 수 있다는 점, 소년의 장래 신상의 문제를 고려할 수밖에 없다는 점 등을 충분히 예상할 수 있는데, 이러한 소년원 송치처분은 사실상 강력한 처벌의 효과를 달성하기 위한 목적을 어느 정도 내포하고 있다고 보아야 한다. 이와 같이 형벌과 보호처분이 그 목적이 다르기는 하지만 경우에 따라서는 신체의 자유를 제한한다는 점, 불법성의 평가자료로도 활용된다는 점 등 형벌과 유사한 면이 있기도 한 것인데, 소년원 송치처분과 같은 경우에는 이러한 유사성의 정도가 다른 보호처분과 비교할 때 훨씬 강하다고 할 수 있다.

(2) 직권주의적 심리절차와 관련하여

소년법상 소년심판절차는 쟁송적 요소를 가진 형사소송절차와는 달리 소년에 대한 후견적 입장에서 법원의 직권에 의해 심문절차가 진행되는 직권주의를 채택하고 있기 때문에 소년심판에서 소년은 당사자가 아니라 심리의 객체가 됨은 당연하다고 한다.[17] 따라서 소년보호처분은 가정법원이나 지방법원 소년부의 실체적인 심리·판단을 거쳐 이루어지는 처분이지만, 증거조사 방식이 소년부 판사의 재량에 상당 부분 위임되어 있고 자백에 대한 보강증거를 필요로 하는 형사소송법의 규정이 적용되지 않는 등 그 심리가 실체적 진실의 발견에 집중되어 있는 구조가 아니다.[18]

---

16) 대법원 1990. 6. 26. 선고 90도887 판결; 대법원 1973. 7. 24. 선고 73도1255 전원합의체 판결.

17) 정진연, 앞의 논문, 181면; 정희철, 앞의 논문, 406면.

18) 대법원 2012. 3. 22. 선고 2011도15057,2011전도249 전원합의체 판결; 대법원 1982. 10. 15.자 82모36 결정. 또한 소년이 죄를 범한 경우에는 형사소송절차와는 달리 친고죄에서의 고소 등 공소제기요건이 흠결되거나 형의 감면사유 또는 처벌조각사유가 있는 경우에도 소년보호처분을 받을 수 있다.

반면에 형사소송절차는 당사자주의적 요소가 강화되어 있다고 평가되며, 검사는 공격의 당사자로서 소송의 한 주체가 되고, 피고인은 방어의 당사자로서 그 주체가 된다. 이러한 형사소송의 구조에 착안한 헌법재판소의 법정의견에 의하면 항고제도는 원칙적으로 소송당사자에게만 허용되는데, 그렇기 때문에 소년심판절차에 있어서 당사자가 아닌 검사나 피해자는 항고권자로 인정될 수 없다는 논지를 피력하고 있다. 하지만 헌법재판소는 사건본인 등도 소년심판절차에 있어서 소송당사자가 아닌 심리의 객체라는 점을 간과하고 있는 모순을 범하고 있다. 만약 항고제도가 원칙적으로 소송당사자에게만 허용된다는 논지를 일관적으로 관철하려면 검사나 피해자뿐만 아니라 사건본인 등도 항고권자가 될 수 없다고 하는 것이 논리일관적이다. 차라리 소년심판절차에 있어서 항고권자의 범위에 대한 문제를 헌법에서 규정하고 있지 않으므로 입법정책의 문제라고 말하는 것이 보다 진솔한 표현일지도 모른다. 이러한 점에서 소송의 구조가 직권주의이냐 아니면 당사자주의이냐 따라 항고권을 인정하는 주체의 범위를 결정하는 것은 타당하지 않다.

한편 소년부 판사가 직권으로 비행사실과 요보호성의 존부를 발견하여 보호처분을 행하는 절차를 진행함에 있어서 반드시 전제되어야 할 것은 국친사상의 실질적인 발로라고 할 것이다. 범죄소년에 대한 어버이로서의 역할을 실질적으로 담당할 수 있는 능력과 자질이 일반적으로 소년부 판사에게 인정된다고 보는 것이 국친사상의 전제라고 할 수 있는데, 여기서 소년부 판사도 인간이라는 본질적인 한계로 인하여 오판의 가능성이 충분히 인정된다는 점을 결코 간과해서는 아니 된다. 만약 오판임이 너무나도 명백한 결정이 이루어지거나 처분의 결정에 있어서 활용된 사실관계에 중대한 오류 또는 원심결정 이후 발견된 새로운 증거의 현출 등이라는 예측할 수 없었던 현상이 실제로 발생한 경우에 있어서 이를 시정할 수 있는 기회조차도 제공할 수 없다는 것이야말로 법치국가의 기본질서를 와해시키는 결과를 초래할 것이다. 또한 이는 직권주의 폐해라고도 칭할 수 있을 것이다. 그렇다고 하여 소년심판절차에 있어서 원심법원의 절차가 직권주의임을 부정하는 것은 아니다. 다만 원심법원의 결정에 있어서 현행법상 인정되고 있는 항고의 사유가 발생한 경우에는 검사 또는 피해자에게도 항고권자의 지위를 부여하여 당해 항고사유의 적절성 여부를 판가름하는 절차를 두는 것이 타당하다는 것이다.

(3) 일반항고와 소년법상 항고의 차이점과 관련하여

항고와 관련된 소년법상 명문의 규정이 없더라도 형사소송법상 항고에 관한 규정은 준용될 수 있다. 예를 들면 형사피고사건에 대한 법원의 소년부송치결정은 형사소송법 제403조가 규정하는 판결전의 소송절차에 관한 결정에 해당하는 것이 아니므로, 소년부송치결정에 대하여 불복이 있을 때에는 형사소송법 제402조에 의한 항고를 할 수 있다고 보아야 할 것이다.[19] 또한 소년법 제53조는 제32조의 보호처분을 받은 소년에 대하여는 그 심리 결정된 사건은 다시 공소를 제기하거나 소년부에 송치할 수 없다고 규정하고 있다. 그러므로 보호처분을 받은 사건과 동일한 사건(상습죄 등 포괄일죄 포함)에 관하여 다시 공소제기가 되었다면, 제32조의 보호처분은 확정판결이 아니고 따라서 기판력도 없으므로 이에 대하여 면소판결을 할 것이 아니라 이는 공소제기절차가 법률의 규정에 위배하여 무효인 때에 해당한 경우이므로 형사소송법 제327조 제2호의 규정에 의하여 공소기각의 판결을 하여야 한다.[20] 이와 같이 일반항고가 판결에 이르는 과정에서 절차상의 사항에 관한 종국전의 재판을 대상으로 함에 반하여 소년법상 소년부 판사의 보호처분의 결정은 사실상 종국재판의 성격을 지니고 있다는 점에서 차이가 있다.[21] 그러므로 소년법상의 항고는 일반항고와 비교할 때 종국재판에 대한 불복의 성격이 상대적으로 강하다고 평가할 수 있다.

라. 재판절차진술권과 관련하여

헌법 제27조 제5항에 의하면 "형사피해자는 법률이 정하는 바에 의하여 당해 사건의 재판절차에서 진술할 수 있다"라고 규정하여 형사피해자의 재판절차진술권[22]을 보장하고 있다. 이러한 형사피해자에게 인정되는 재판절차진술권의 내용에 대하여 헌법재판소는 범죄로 인한 피해자가 당해 사건의 재판절차에 증인으로 출석하여 자신이 입은 피해의

---

19) 대법원 1986. 7. 25. 자 86모9 결정; 대법원 1986. 2. 12 자 86트1 결정.

20) 대법원 1996. 2. 23. 선고 96도47 판결; 대법원 1985. 5. 28. 선고 85도21 판결. 하지만 소년부 판사는 범행 자체가 인정되지 않을 때에는 불개시결정을 하거나 불처분결정을 할 것이고, 소년보호처분에 대하여는 항고와 재항고가 허용되므로, 비록 소년보호처분이 확정판결이 아니고 기판력도 없다고 하더라도, 소년보호처분이 확정된 경우에는 범행사실에 대한 실체적 심리 판단을 거친 것으로 보아야 하고 그에 따른 절차법적인 적법성을 부정할 이유가 없다(대법원 2012. 3. 22. 선고 2011도15057, 2011전도249 전원합의체 판결 중 반대의견에 대한 대법관 박병대, 대법관 김용덕의 보충의견).

21) 권오걸, 앞의 논문, 51면.

22) 재판절차진술권에 대한 보다 자세한 논의로는 류병관, "범죄피해자 진술권의 성격 및 내용에 관한 연구", 형사정책 제20권 제2호, 한국형사정책학회, 2008. 12; 201면 이하 윤영미, "형사피해자의 재판절차진술권에 대한 헌법적 고찰-미국에서의 논의를 참조하여-", 헌법학연구 제15권 제4호, 한국헌법학회, 2009. 12, 329면 이하 참조

내용과 사건에 관하여 의견을 진술할 수 있는 권리를 말하는 것이라고 하면서, 이는 피해자 등에 의한 사인소추를 전면 배제하고 '형사'소추권을 검사에게 독점시키고 있는 현행 기소독점주의의 '형사'소송체계 아래에서 '형사'피해자로 하여금 당해 사건의 '형사'재판절차에 참여하여 증언하는 이외에 '형사'사건에 관한 의견진술을 할 수 있는 청문의 기회를 부여함으로써 '형사'사법의 절차적 적정성을 확보하기 위하여 이를 기본권으로 보장하는 것이라고 한다.23) 문제는 여기서 '형사소추권', '형사소송체계', '형사재판절차', '형사피해자', '형사사건', '형사사법' 등이 말하는 '형사'의 실체 및 범위가 과연 무엇을 의미하는가에 있다. 즉 형사소송법상의 순수한 형사소송절차만을 의미하는가 아니면 형사소송법의 절차법적 특칙이라고 할 수 있는 소년법상의 소년심판절차까지도 포함하는가에 대한 문제라고도 할 수 있다.

생각건대 헌법 제27조 제5항에서 말하는 형사피해자를 반드시 형사소송절차에서의 범죄피해자에 국한시켜 이해할 필요는 없다고 본다. 왜냐하면 '형사소송절차에서의 피해자'와 '소년심판절차에서의 피해자'는 범죄행위의 피해자라는 점에서 동일한 형태를 띠고 있기 때문이다. 문제는 헌법 제27조 제5항에서 말하는 '법률이 정하는 바'에서의 법률인 소년법이 법률유보의 원칙을 준수하고 있는가의 여부에 있다고 본다. 일반적으로 재판절차진술권에 관한 헌법 제27조 제5항이 정한 법률유보는 법률에 의한 기본권의 제한을 목적으로 하는 자유권적 기본권에 대한 법률유보의 경우와는 달리 기본권으로서의 재판절차진술권을 보장하고 있는 헌법규범의 의미와 내용을 법률로써 구체화하기 위한 이른바 기본권형성적 법률유보에 해당한다. 따라서 헌법이 보장하는 형사피해자의 재판절차진술권을 어떠한 내용으로 구체화할 것인가에 관하여는 입법자에게 입법형성의 자유가 부여되고 있으며, 다만 그것이 재량의 범위를 넘어 명백히 불합리한 경우에 비로소 위헌의 문제가 생길 수 있다.24)

(구) 소년법에서의 피해자는 심리기일에 있어서 증인 또는 참고인으로 소년부 판사의 허가를 받은 경우에 한하여 예외적으로 심리기일에 참석할 수 있었고, 비행소년에 대한 유일한 정보취득방법이 기록의 열람·등사인데 이 또한 소년부 판사의 허가를 받은 경우에만 가능하도록 하여 심판절차에 개입할 여지가 현실적으로 없었다. 그 결과 보호소년의 비행으로 피해를 본 피해자에 대한 보호가 자연스레 소홀해질 우려가 있었다. 이러한

---

23) 헌법재판소 2011. 10. 25. 선고 2010헌마243 결정; 헌법재판소 2003. 9. 25. 선고 2002헌마533 결정; 헌법재판소 1993. 3. 11. 선고 92헌마48 결정.

24) 헌법재판소 2011. 10. 25. 선고 2010헌마243 결정.

문제점을 개선하기 위하여 2007. 12. 21. 법률 제8722호로 개정된 소년법은 피해자에 대한 절차참여권(제25조의2)을 둠으로써, 소년법이 추구하는 목적을 훼손하지 아니하는 범위 내에서 피해자 관련 규정을 마련하였다. 즉 소년부 판사는 피해자 또는 그 법정대리인·변호인·배우자·직계친족·형제자매가 의견진술을 신청할 때에는 피해자나 그 대리인등에게 심리 기일에 의견을 진술할 기회를 주어야 한다(제25조의2 본문). 다만, 신청인이 이미 심리절차에서 충분히 진술하여 다시 진술할 필요가 없다고 인정되는 경우 또는 신청인의 진술로 심리절차가 현저하게 지연될 우려가 있는 경우 중의 어느 하나에 해당하는 경우에는 그러하지 아니하다(제25조의2 단서). 이와 같이 현행 소년법은 피해자에 대한 절차참여권을 인정하여 구법보다는 피해자 보호 및 처우에 노력하고 있으나, 가해자가 형사소송절차가 아닌 소년심판절차의 적용을 받는 소년이어서 형사재판이 아닌 소년심판을 받는다는 이유만으로 가해자에 대한 법원의 결정에 대하여 불복할 수 없게 한 점에 있어서는 그 한계를 보이고 있다. 판단하건대, 소년심판절차의 제1심 및 항고심 절차는 모두 사실심이므로, 범죄행위의 피해자로서는 제1심 절차 못지않게 항고심 절차에서도 피해자 등의 진술권을 통하여 재판진행에 참여할 기회가 충분히 보장되어야 하므로 검사 또는 피해자 등에게 항고권을 인정하여 그 초석을 마련하여야 한다고 본다.

마. 외국의 입법례와 관련하여

독일의 경우 소년법원법(Jugendgerichtsgesetz)상 소년형사절차에서 선고된 재판에 대하여는 형사소송법(StPO)에 따른 상소를 제기할 수 있다. 소년법원법에 의하면 교육처분(JGG § 9 ff.)이나 훈육징계처분(JGG § 13 ff.)을 명하는 재판에 대하여 특별히 상소권자를 제한하는 규정은 찾아볼 수 없기 때문에 형사소송법의 규정(StPO §296 ff.)에 의하여 상소권자는 사건당사자, 양육권자, 법정대리인, 변호인 및 검사가 된다.

일본의 경우 소년법 제32조에서 소년, 그 법정대리인 또는 부첨인[25])에게 항고권을 부여하고 있었지만, 검사에게는 소년보호심판절차의 출석권 및 항고권을 인정하지 않고 있었다. 하지만 개정 소년법 제22조의2(검찰관의 관여) 제1항에 의해서 가정재판소는 범죄소년이 관련된 사건으로 고의의 범죄행위에 의하여 피해자를 사망하게 한 죄 또는 그 이

---

25) 일본의 소년보호사건에 있어서 부첨인이라 함은 형사사건에 있어서의 변호인에 해당하는 것이나, 보호사건절차의 기능, 즉 사법적 기능과 복지적 기능이라는 이중성에 대응하여 보호자나 소년의 의뢰에 의하여 변호사 외에 소년의 학교 교사 등 소년의 이익을 옹호하고 대변하여 줄 수 있는 자를 가정재판소의 허가를 받아 선임할 수 있도록 하고 있다.

외에 사형 또는 무기나 단기 2년 이상의 징역이나 금고에 해당하는 죄에 대하여 그 비행 사실을 인정하기 위한 심판절차에 검찰관이 관여할 필요가 있다고 인정할 때에는 심판에 검찰관을 출석시킬 수 있다. 또한 개정 소년법 제32조의4(항고수리신청) 제1항에 의해서 검찰관은 제22조의2 제1항의 결정이 이루어진 경우, 보호처분에 붙이지 않는 결정 또는 보호처분결정에 동항의 결정이 있었던 사건의 비행사실 인정에 관하여 결정에 영향을 미치는 법령의 위반 또는 중대한 사실오인이 있음을 이유로 할 때에 한하여 고등재판소에 대하여 2주간 이내에 항고심으로서 사건을 수리하여야 한다는 신청을 할 수 있다. 하지 만 일본의 소년심판절차에서 검사의 관여는 가정재판소가 주재하는 직권주의적 심문구조 에서 협력자로 참여하는 제한적인 의미를 지니고 있는 것에 불과하다.[26] 왜냐하면 원칙 적으로 검찰관의 관여는 가정재판소의 재량사항으로 되어 있기 때문이다.

Ⅳ. 소년법상 항고의 대상

1. 현행법의 태도

항고의 대상과 관련하여 ① 제32조에 따른 보호처분의 결정,[27] ② 제32조의2에 따른 부가처분 등의 결정,[28] ③ 제37조의 보호처분·부가처분 변경 결정[29] 등 총 3가지의 유

---

26) 정희철, 앞의 논문, 403면.

27) 제32조(보호처분의 결정) ① 소년부 판사는 심리 결과 보호처분을 할 필요가 있다고 인정하면 결정으로 써 다음 각 호의 어느 하나에 해당하는 처분을 하여야 한다. 1. 보호자 또는 보호자를 대신하여 소년을 보호할 수 있는 자에게 감호 위탁 2. 수강명령 3. 사회봉사명령 4. 보호관찰관의 단기 보호관찰 5. 보호 관찰관의 장기 보호관찰 6.「아동복지법」에 따른 아동복지시설이나 그 밖의 소년보호시설에 감호 위탁 7. 병원, 요양소 또는「보호소년 등의 처우에 관한 법률」에 따른 소년의료보호시설에 위탁 8. 1개월 이 내의 소년원 송치 9. 단기 소년원 송치 10. 장기 소년원 송치 ② 다음 각 호 안의 처분 상호 간에는 그 전부 또는 일부를 병합할 수 있다. 1. 제1항 제1호·제2호·제3호·제4호 처분 2. 제1항 제1호·제2호 ·제3호·제5호 처분 3. 제1항 제4호·제6호 처분 4. 제1항 제5호·제6호 처분 5. 제1항 제5호·제8호 처분 ③ 제1항 제3호의 처분은 14세 이상의 소년에게만 할 수 있다. ④ 제1항 제2호 및 제10호의 처분 은 12세 이상의 소년에게만 할 수 있다. ⑤ 제1항 각 호의 어느 하나에 해당하는 처분을 한 경우 소년부 는 소년을 인도하면서 소년의 교정에 필요한 참고자료를 위탁받는 자나 처분을 집행하는 자에게 넘겨야 한다. ⑥ 소년의 보호처분은 그 소년의 장래 신상에 어떠한 영향도 미치지 아니한다.

28) 제32조의2(보호관찰처분에 따른 부가처분 등) ① 제32조 제1항 제4호 또는 제5호의 처분을 할 때에 3개

형을 한정하고 있다. 제정 당시의 소년법(법률 제489호 1958. 7. 24)에서는 항고의 대상으로 '보호처분의 결정'만을 두고 있었지만, 이후 1988. 12. 31. 개정된 소년법(법률 제4057호)에서는 보호처분의 결정뿐만 아니라 '보호처분 변경의 결정'을 추가하였으며, 2007. 12. 21. 개정된 소년법(법률 제8722호)에서는 이에 더하여 '부가처분 등의 결정'과 '부가처분 변경 결정'을 추가하여 현재에 이르고 있다. 보호처분의 변경 결정과 부가처분의 결정 및 변경 결정 등도 새로운 보호처분의 결정과 유사한 효과를 지니고 있다는 측면에서 이를 항고의 대상으로 추가한 것은 타당하다고 본다.

반면에 보호의 적정을 기하기 위하여 필요하다고 인정한 경우에 사건을 다른 관할 소년부에 이송하는 결정(제6조 제1항), 사건을 조사 또는 심리하는 데에 필요하다고 인정한 경우에 보호자, 소년을 보호할 수 있는 적당한 자 또는 시설에 위탁, 병원이나 그 밖의 요양소에 위탁, 소년분류심사원에 위탁 등 소년의 감호에 관한 결정(제18조 제1항), 송치서와 조사관의 조사보고에 따라 사건의 심리를 개시할 수 없거나 개시할 필요가 없다고 인정한 경우에 심리를 개시하지 아니한다는 결정(제19조 제1항), 송치서와 조사관의 조사보고에 따라 사건을 심리할 필요가 있다고 인정한 경우에 행하는 심리 개시 결정(제20조 제1항), 심리 결과 보호처분을 할 수 없거나 할 필요가 없다고 인정한 경우에 행하는 불처분 결정(제29조 제1항), 범죄소년과 촉법소년에 해당하는 소년에 대하여 보호처분을 하는 경우에 행하는 몰수 결정(제34조 제1항), 보호처분이 계속 중일 때에 사건 본인에 대하여 유죄판결이 확정된 경우에 그 보호처분 처분을 존속할 필요가 없다고 인정하여 내린 보호처분 취소의 결정(제39조), 검사가 소년에 대한 피의사건을 수사한 결과 보호처분에 해당하는 사유가 있다고 인정하여 사건을 관할 소년부에 송치하였는데, 이러한 송치된 사건을 조사 또는 심리한 결과 그 동기와 죄질이 금고 이상의 형사처분을 할 필요가 있다고 인정하여 다시 해당 검찰청 검사에게 송치하는 결정(제49조 제2항), 소년에 대한

월 이내의 기간을 정하여 「보호소년 등의 처우에 관한 법률」에 따른 대안교육 또는 소년의 상담·선도·교화와 관련된 단체나 시설에서의 상담·교육을 받을 것을 동시에 명할 수 있다. ② 제32조 제1항 제4호 또는 제5호의 처분을 할 때에 1년 이내의 기간을 정하여 야간 등 특정 시간대의 외출을 제한하는 명령을 보호관찰대상자의 준수 사항으로 부과할 수 있다. ③ 소년부 판사는 가정상황 등을 고려하여 필요하다고 판단되면 보호자에게 소년원·소년분류심사원 또는 보호관찰소 등에서 실시하는 소년의 보호를 위한 특별교육을 받을 것을 명할 수 있다.

29) 제37조(처분의 변경) ① 소년부 판사는 위탁받은 자나 보호처분을 집행하는 자의 신청에 따라 결정으로써 제32조의 보호처분과 제32조의2의 부가처분을 변경할 수 있다. 다만, 제32조 제1항 제1호·제6호·제7호의 보호처분과 제32조의2 제1항의 부가처분은 직권으로 변경할 수 있다. ② 제1항에 따른 결정을 집행할 때에는 제35조를 준용한다. ③ 제1항의 결정은 지체 없이 사건 본인과 보호자에게 알리고 그 취지를 위탁받은 자나 보호처분을 집행하는 자에게 알려야 한다.

피고사건을 심리한 결과 보호처분에 해당할 사유가 있다고 인정하여 사건을 관할 소년부에 송치하는 결정(제50조) 등에 대하여는 항고할 수 없다.

2. 구체적인 검토

생각건대 현행 소년법이 항고의 대상을 제32조에 따른 보호처분의 결정, 제32조의2에 따른 부가처분 등의 결정, 제37조의 보호처분·부가처분 변경 결정 등 총 3가지의 유형으로 한정하고 있는 가장 근본적인 이유는 항고권자가 사건본인 등에 국한되어 있고, 검사 등에게 인정되고 있지 않는 점에 기인한다고 본다. 이와 같이 원칙적으로 사건본인 등에게 부과되는 보호처분 등의 결정에 이의를 제기할 수 있도록 하고 있는 이유는 소년법의 이념이 소년보호주의[30]에 입각하고 있기 때문이다. 하지만 앞에서 지적한 바와 같이 항고권자의 범위에 검사 또는 피해자 등을 제외할 필연적인 이유가 없다고 한다면 항고의 대상 또한 3가지의 유형으로 제한할 이유가 없는 것이다. 예를 들면 송치서와 조사관의 조사보고에 따라 사건의 심리를 개시할 수 없거나 개시할 필요가 없다고 인정한 경우에 행하는 심리불개시 결정(제19조 제1항), 심리 결과 보호처분을 할 수 없거나 할 필요가 없다고 인정한 경우에 행하는 불처분 결정(제29조 제1항), 보호처분이 계속 중일 때에 사건 본인에 대하여 유죄판결이 확정된 경우에 그 보호처분 처분을 존속할 필요가 없다고 인정하여 내린 보호처분 취소의 결정(제39조) 등에 대하여는 검사 또는 피해자가 법원의 결정에 대하여 불만을 가지고 이의를 제기할 수 있는 상황을 충분히 예상할 수 있기 때문에 항고의 대상으로 새롭게 편입시킬 필요성이 있다.

---

30) 일반적으로 소년보호주의의 내용으로는 인격주의, 개별주의, 과학주의, 교육주의, 협력주의, 밀행주의 등이 언급되고 있다(이수현, "소년보호처분에 관한 연구", 법학연구 제35집, 한국법학회, 2009. 8, 342-343면).

V. 소년법상 항고의 사유

1. 현행법의 태도

항고의 사유와 관련하여 ① 해당 결정에 영향을 미칠 법령 위반이 있는 경우, ② 해당 결정에 영향을 미칠 중대한 사실 오인이 있는 경우, ③ 처분이 현저히 부당한 경우 등 총 3가지의 유형을 한정하고 있다. ①, ② 유형은 제정 소년법 당시부터 존재해 왔으며, ③ 유형은 1988. 12. 31. 개정 소년법(법률 제4057호)에서부터 인정되고 있는 항고의 사유이다. 개정 전의 시기에 있어서 보호처분의 결정에 대한 항고는 그 결정에 영향을 미칠 법령위반이 있거나 중대한 사실오인이 있는 때에 한하여 이를 할 수 있었으므로 보호처분의 결정이 교정의 목적에 위배하여 부당하다는 것만으로는 적법한 항고이유가 되지 못한다고 해석되었지만,[31] 이를 항고의 이유에서 배제하는 것이 오히려 부당하다는 반성적인 고려에서 '처분이 현저히 부당한 경우'에 있어서도 독자적인 항고사유로 추가한 것으로 평가된다.

한편 항고의 사유와는 달리 재항고의 사유는 보다 엄격하게 제한되어 있는데, 항고를 기각하는 결정에 대하여는 '그 결정이 법령에 위반되는 경우'에만 대법원에 재항고를 할 수 있도록(제47조 제1항) 하고 있는 것이 그것이다. 즉 재항고의 사유로는 '중대한 사실 오인이 있는 경우', '처분이 현저히 부당한 경우'는 배제되어 있다.

2. 구체적인 검토

가. 해당 결정에 영향을 미칠 법령 위반이 있는 경우

여기서 법령 위반이란 보호처분 등의 결정 등에 영향을 미칠 수 있는 실체법과 절차법 전반에 대한 위반을 말하는데, 대표적으로 소년법, 소년심판규칙 등이 이에 해당할 수 있다. 보호처분 등의 결정은 소년보호사건의 종국결정으로서 소년법 등 관계법령에서 정한

---

31) 광주고법 1972. 8. 19. 자 72로126 제1형사부결정(확정).

절차에 따라 소년부 판사의 조사 및 심리를 거치는 결과물이라고 할 수 있다. 그러므로 이러한 과정에서 실체법적 또는 절차법적 위반이 있게 된다면 이는 당해 결정에 영향을 미칠 법령 위반이 있는 경우에 해당한다고 보아야 한다. 예를 들면, 소년부 또는 조사관이 범죄 사실에 관하여 소년을 조사할 때에는 미리 소년에게 불리한 진술을 거부할 수 있음을 알려야 함에도 불구하고(제10조) 이를 행하지 아니하고 절차를 진행한 경우, 소년부는 조사 또는 심리를 할 때에 정신건강의학과의사·심리학자·사회사업가·교육자나 그 밖의 전문가의 진단, 소년 분류심사원의 분류심사 결과와 의견, 보호관찰소의 조사결과와 의견 등을 고려해야 함에도 불구하고(제12조), 이를 행하지 아니하고 절차를 진행한 경우 등은 당해 사건에 있어서 본인의 이익을 저해할 수 있는 전형적인 요소이므로 해당 결정에 영향을 미칠 법령 위반이 있는 경우에 해당하여 항고사유가 될 것이다. 또한 보조인에 대한 심리기일의 통지가 없어 보조인이 출석하지 아니한 채 열린 심리기일에서 고지된 보호처분의 결정은 가사 그 심리기일에 출석한 보호소년 및 보호자인 그 부모가 보조인이 출석하지 아니한 채 심리를 받는 것에 대하여 별다른 이의를 제기하지 아니하였다고 하더라도 그 하자가 치유되어 보호처분의 결정에 영향을 미치지 아니한다고 볼 수는 없고, 소년법상 보조인의 고유한 권리인 심리기일출석권이라는 법리오해의 위법을 통하여 이를 부당하게 제한하여 결정에 영향을 미칠 절차상의 위법이 있고, 이는 원결정에 영향을 미쳤음이 명백하므로, 보호처분결정은 취소되어야 마땅하다 할 것이다.[32]

생각건대 '해당 결정에 영향을 미칠 법령 위반이 있는 경우'에서 해당 결정에 영향을 미치는 방향은 크게 두 가지의 경우 모두를 상정해 볼 수 있어야 하는데, 먼저 당해 사건의 본인에게 유리하게 작용할 수 있는 법령을 위반하여 결과적으로 본인에게 불리하게 영향을 미치게 하는 법령 위반의 경우가 있을 것이고, 다음으로 당해 사건의 본인에게 불리하게 작용할 수 있는 법령을 위반하여 결과적으로 본인에게 유리하게 영향을 미치게 하는 법령 위반의 경우가 있을 것이다. 이러한 두 가지의 상황에서 보호소년 측의 입장에서는 전자의 경우에 있어서만 원심법원의 결정에 대하여 항고를 할 것이고, 후자의 경우에 있어서는 항고를 할 실익이 전혀 없기 때문에 불복을 하지 않을 것이다. 하지만 이러한 상황을 보호소년 측의 입장이 아닌 피해자 측의 입장에서 검토해 보면 정반대의 결과가 발생한다. 즉 피해자 측의 입장에서는 후자의 경우에 있어서만 원심법원의 결정에 대하여 항고를 할 것이고, 전자의 경우에 있어서는 항고를 할 실익이 전혀 없기 때문에 불복을 하지 않을 것이다. 이러한 경우의 전형적인 예가 피해자 등이 가지고 있는 진술

---

32) 대법원 1994. 11. 5. 선고 94트10 판결.

권이 침해 또는 제한된 경우라고 할 수 있다. 소년부 판사는 피해자 또는 그 법정대리인·변호인·배우자·직계친족·형제자매(이하에서는 '대리인등'이라고 한다)가 의견진술을 신청할 때에는 피해자나 그 대리인등에게 심리 기일에 의견을 진술할 기회를 주어야 하는데(제25조의2 본문), 만약 정당한 이유 없이 이러한 의견진술의 기회를 제공하지 않고서 심리를 종결시켜 보호처분을 행한다면 이는 피해자 측이 가지고 있는 중요한 절차적 기본권을 침해함과 동시에 이를 통하여 해당 결정에 영향을 미칠 법령 위반이 있는 경우에 해당한다고 보아야 한다. 다만 신청인이 이미 심리절차에서 충분히 진술하여 다시 진술할 필요가 없다고 인정되는 경우 또는 신청인의 진술로 심리절차가 현저하게 지연될 우려가 있는 경우 중의 어느 하나에 해당하는 경우에는 그러하지 아니하지만(제25조의2 단서), 이 경우에 있어서도 신청인이 심리절차에서 충분히 진술하지 않아서 다시 진술할 필요가 있다고 인정되는 경우 또는 신청인의 진술로 심리절차가 현저하게 지연될 우려가 없는 경우에는 피해자 등의 진술권은 보장되어야 할 것이다. 상황이 이러함에도 불구하고 소년법상 '보조인'의 고유한 권리인 심리기일출석권의 제한에 대하여는 항고를 인정하면서도 소년법상 '피해자'의 고유한 권리인 심리기일출석권 및 의견진술권의 제한에 대하여는 항고를 인정하지 않는 현행법의 태도는 형평의 원리에 부합하지 않는다고 판단된다.

나. 해당 결정에 영향을 미칠 중대한 사실 오인이 있는 경우

소년에 대한 피고사건을 심리한 법원이 그 결과에 따라 보호처분에 해당할 사유가 있는지의 여부를 인정하는 것은 법관의 자유재량에 의하여 판정될 사항이라고 보는 것이 판례의 일관적인 태도이다.[33] 하지만 모든 사실의 인정이나 법령의 적용 등에 있어서 법관의 과오를 완전히 배제할 수 없는 상황에서 법원의 결정에 대하여 잘못이 있다고 판단하는 관계자는 신청에 의하여 상급법원에 항고함으로써 재판부의 과오를 시정하는 절차를 두는 것이야 말로 법관의 자유재량을 통제할 수 있는 중요한 시스템이라고 할 수 있다. 이러한 점에서 해당 결정에 영향을 미칠 중대한 사실오인이 있는 경우를 독자적인 항고사유로 설정한 것은 타당하다고 본다.

소년법상 보호처분의 대상이 되는 자는 10세 이상 19세 미만의 소년이어야 하는데, 이

---

33) 대법원 1991. 1. 25. 선고 90도2693 판결; 대법원 1990. 10. 12. 선고 90도1760 판결; 대법원 1966. 10. 4. 선고 66도1109 판결; 대법원 1986. 5. 19. 자 86모8 결정.

러한 소년의 연령은 범행 시뿐만 아니라 심판 시까지 계속되어야 하기 때문에 소년인지의 여부에 대한 판단은 원칙적으로 사실심 판결 선고시를 기준으로 하여야 한다.[34] 즉 소년보호사건에서는 본인이 소년이어야 하는 점에 대한 사실 확인이 지속적으로 이루어져야 하는데, 만약 보호처분이 계속 중일 때에 사건 본인이 처분 당시 19세 이상인 것으로 밝혀진 경우에는 소년부 판사는 결정으로써 그 보호처분을 취소하고, 검사·경찰서장의 송치 또는 통고에 의한 사건인 경우에는 관할 지방법원에 대응하는 검찰청 검사에게 송치하고, 법원이 송치한 사건인 경우에는 송치한 법원에 이송하여야 하며(제38조 제1항), 범죄소년과 촉법소년에 대한 보호처분이 계속 중일 때에 사건 본인이 행위 당시 10세 미만으로 밝혀진 경우 또는 우범소년에 대한 보호처분이 계속 중일 때에 사건 본인이 처분 당시 10세 미만으로 밝혀진 경우에는 소년부 판사는 결정으로써 그 보호처분을 취소하여야 한다(제38조 제2항). 따라서 소년법상 소년에 해당하지 않는 자에 대하여 보호처분 등의 결정이나 변경이 이루어졌다면 이는 '해당 결정에 영향을 미칠 중대한 사실오인이 있는 경우'에 해당하므로 항고사유가 된다. 하지만 여기서 제38조 제1항 위반에 따른 항고와 제38조 제2항 위반에 따른 항고는 동일하게 소년 연령에 대한 중대한 사실오인이 개입된 것임에도 불구하고, 제38조 제1항의 위반에 대해서는 실제로 항고의 가능성이 거의 없는 반면에 제38조 제2항의 위반에 대해서는 항고의 가능성이 상당히 높다는 점에서 문제의 심각성이 있다.

먼저 제38조 제1항은 보호처분이 계속 중일 때에 사건 본인이 처분 당시 19세 이상인 것으로 밝혀진 경우에 있어서 소년부 판사가 결정으로써 그 보호처분을 취소하도록 하고 있는 규정인데, 동 규정의 위반, 즉 본인이 19세 이상임에도 불구하고 결정으로서 보호처분의 취소를 하지 않고 기존의 보호처분을 그대로 확정시킨다면 본인에게 유리한 결과로 작용하게 된다. 이와 같이 본인에게 유리한 원심법원의 결정에 대하여 이를 번복시켜 달라고 하는 현행법상의 항고권자(사건 본인·보호자·보조인 또는 그 법정대리인)는 찾아볼 수 없을 것이 충분히 예상되기 때문에 제38조 제1항 위반에 대한 항고는 현실적으로 전무할 것이다. 반면에 제38조 제2항은 보호처분이 계속 중일 때에 사건 본인이 행위 당시 10세 미만으로 밝혀진 경우 또는 사건 본인이 처분 당시 10세 미만으로 밝혀진 경우에 있어서 소년부 판사가 결정으로써 그 보호처분을 취소하도록 하고 있는 규정인데, 동 규정의 위반, 즉 본인이 10세 미만임에도 불구하고 결정으로서 보호처분의 취소를 하

---

34) 대법원 2000. 8. 18. 선고 2000도2704 판결; 대법원 1997. 2. 14. 선고 96도1241 판결; 대법원 1991. 12. 10. 선고 91도2393 판결.

지 않고 기존의 보호처분을 그대로 확정시킨다면 본인에게 불리한 결과로 작용하게 된다. 이와 같이 본인에게 불리한 원심법원의 결정에 대하여 이를 번복시켜 달라고 하는 현행법상의 항고권자(사건 본인·보호자·보조인 또는 그 법정대리인)는 찾아보기 쉬울 것이 충분히 예상되기 때문에 제38조 제2항 위반에 대한 항고는 현실적으로 활용될 가능성 또한 크다고 할 수 있다.

이와 같이 동일한 유형의 항고사유에 해당하는 사안에 있어서 항고의 가능성이 정반대의 결과로 나타나는 결정적인 이유는 바로 항고권자가 '사건 본인·보호자·보조인 또는 그 법정대리인'으로 국한되어 있는 현행법의 태도에 기인한다고 본다. 본인이 19세 이상임에도 불구하고 결정으로서 보호처분의 취소를 하지 않고 기존의 보호처분을 그대로 확정시킨다면 본인에게 유리한 결과로 작용할 수 있을지는 몰라도 그 본인으로 인하여 극심한 피해를 입고 있는 피해자에게는 매우 불리한 결과를 초래하게 된다. 보호처분의 취소를 통한 유·불리의 결과에 대해서 어느 한 측면에게만 이를 번복할 수 있는 시정의 기회를 제공하는 것은 형평의 관점에 반하기 때문에 항고권자의 범위에 '검사·피해자 또는 그 법정대리인'을 추가하는 입법적인 조치가 필요하다고 본다.

다. 처분이 현저히 부당한 경우

보호처분 등의 결정 및 변경은 원칙적으로 법원의 자유재량에 의한다고 하지만, 여기서의 자유재량이 아무런 제약사항이 없는 무제한의 재량이 될 수는 없기 때문에 어느 정도의 내재적인 한계가 존재한다고 보아야 한다. 이러한 내재적인 또는 근본적인 한계로서 보호처분 등의 필요성, 상당성, 비례성 등이 거론되고 있다. 만약 보호처분 등의 결정 및 변경에 있어서 고려해야 할 몇 가지 원리에 비추어 보았을 때 당해 처분이 현저히 부당한 경우에는 이를 시정할 수 있는 항고의 기회가 주어져야 함은 어찌 보면 당연한 것이라고 할 수 있겠다. 소년법이 인정하고 있는 3가지 항고사유 중 제3유형의 항고사유라고 할 수 있는 '처분의 부당성'은 나머지 항고사유와 달리 '위법성'을 그 대상으로 하는 것이 아니라 '부당성'을 그 평가의 기준으로 하고 있기 때문에 해당범위가 상당히 폭넓다고 평가할 수 있다.

먼저 보호처분 등의 필요성의 관점에서 당해 보호처분 또는 부가처분이 필요하지 않음에도 불구하고 필요하다고 판단하여 이를 부과하는 경우, 당해 보호처분 또는 부가처분이 필요함에도 불구하고 필요하지 않다고 판단하여 이를 부과하지 않는 경우 등을 상정해 볼 수 있다. 이 중 현행법상 항고의 대상이 될 수 있는 경우는 전자에 국한되어 있고, 후자의 경우는 항고의 대상으로 삼고 있지는 않다. 왜냐하면 소년부 판사가 심리 결과 보호처분을 할 수 없거나 할 필요가 없다고 인정하여 그 취지의 결정(불처분결정)을 하는 경우(제29조 제1항)에 대해서는 항고의 대상으로 삼고 있지 않기 때문이다. 하지만 이러한 경우도 처분이 현저히 부당한 경우를 충분히 상정할 수 있으므로 항고의 제외사유로 두는 것이 부당할 수도 있다고 본다.

다음으로 보호처분 등의 상당성의 관점에서 보호처분 대신 형사처분을 해야 함에도 불구하고 보호처분을 부과하는 경우를 상정해 볼 수 있다. 이는 보호처분에 대하여도 불이익변경금지의 원칙을 적용할 수 있을 것인가에 대한 문제로 귀결되는데, 이에 대하여 긍정하는 견해[35]도 있기는 하지만 당해 사안의 경우에 있어서는 불이익변경금지의 원칙이 적용되지 않기 때문에 소년보호처분에 대하여도 형사처분을 구하는 항고를 인정할 수 있다고 본다. 왜냐하면 불이익변경금지 원칙의 적용에 있어 그 선고된 형이 피고인에게 불이익하게 변경되었는지 여부에 관한 판단은 형법상 형의 경중을 기준으로 하는 것[36]이기 때문이다. 형사소송법에 의하더라도 피고인이 항소한 사건과 피고인을 위하여 항소한 사건에 대하여는 원심판결의 '형'보다 중한 '형'을 선고하지 못하며(형사소송법 제368조), 재심에는 원판결의 '형'보다 중한 '형'을 선고하지 못하고(형사소송법 제439조), 피고인이 정식재판을 청구한 사건에 대하여는 약식명령의 '형'보다 중한 '형'을 선고하지 못한다(형사소송법 제457조의2). 이와 같이 불이익변경금지의 원칙에서 불이익하게 변경되는 부분은 '형벌'에 국한되어 있는데, 소년법상 소년보호처분은 소년범죄자의 성행교정을 통한 재사회화를 위하여 부과되는 처분으로서 형벌과 구별되어 그 본질을 달리하는 점에서 원심법원이 보호처분을 부과한다고 하더라도 항고법원이 형사처분을 선고할 수 있다고 보인다. 다만 현행법상 항고권자의 한계로 인하여 항고의 법적인 이익이 없어 부적법한 것으로 평가될 것이지만, 피고인의 상소권을 보장하기 위하여 피고인이 상소한 사건과 피고인을 위하여 상소한 사건에 있어서는 원심판결의 형보다 중한 형을 선고하지 못한다는 것이므로,[37] 검사에게 항고권을 인정한다면 검사의 상소가 받아들여져 원심판결 전부가 파기됨으로써 피고인에 대한 형량 전체를 다시 정해야 하는 경우에는 불이익금지의 원칙이 적용되지 아니하는 것이다.

---

35) 권오걸, 앞의 논문, 58면.

36) 대법원 2010. 11. 11. 선고 2010도7955, 2010전도46 판결; 대법원 2010. 2. 11. 선고 2009도12967 판결.

37) 대법원 2008. 11. 13. 선고 2008도7647 판결.

끝으로 보호처분 등의 비례성의 관점에서 보호처분의 종류와 그 정도 등을 잘못 선택하는 경우를 상정해 볼 수 있다. 예를 들어 수강명령 또는 사회봉사명령의 기간에 대한 과중한 처분, 단기보호관찰을 부과해도 될 사안에 대하여 장기보호관찰을 부과하는 처분, 보호자 또는 보호자를 대신하여 소년을 보호할 수 있는 자에게 감호 위탁을 해도 될 만한 사안에 대하여 소년보호시설에 감호 위탁 또는 병원, 요양소 또는 「보호소년 등의 처우에 관한 법률」에 따른 소년의료보호시설에 위탁하는 처분, 1개월 이내의 소년원 송치 또는 단기 소년원 송치가 적합함에도 불구하고 장기 소년원 송치를 부과하는 처분 등이 전형적으로 보호처분의 종류와 그 정도 등을 잘못 선택하는 경우라고 할 수 있다. 하지만 여기서 한 가지 유의해야 할 점은 사건 본인에게 불리한 처분이 내려지는 경우뿐만 아니라 피해자에게 불리한 처분이 내려지는 경우에도 '처분이 현저히 부당한 경우'라고 평가할 수 있다는 것이다. 왜냐하면 처분의 부당성은 사건의 실체적인 진실을 기초로 하여 객관적으로 판단하는 것이지 본인이나 피해자의 어느 한 측면의 관점에서 처분의 부당성을 판단하는 것은 아니기 때문이다. 그러므로 수강명령 또는 사회봉사명령의 기간을 지나치게 짧게 하는 처분, 장기보호관찰을 부과해야 할 사안에 대하여 단기보호관찰을 부과하는 처분, 소년보호시설에 감호 위탁 또는 병원, 요양소 또는 「보호소년 등의 처우에 관한 법률」에 따른 소년의료보호시설에 위탁하는 처분을 해야 함에도 불구하고 보호자 또는 보호자를 대신하여 소년을 보호할 수 있는 자에게 감호 위탁을 하는 처분, 장기 소년원 송치가 적합함에도 불구하고 1개월 이내의 소년원 송치 또는 단기 소년원 송치를 부과하는 처분 등도 보호처분의 종류와 그 정도 등을 잘못 선택하는 경우라고 평가해야 한다.[38]

---

38) 하지만 이에 대하여 경한 보호처분에 대한 중한 보호처분의 보충성의 원칙 내지 비례성의 원칙이 내재된 것으로 해석할 수 있으므로 경한 보호처분에 대하여 중한 보호처분을 구하는 항고는 허용되지 않는 것이 타당하다는 견해(정희철, 앞의 논문, 413면)가 있다.

Ⅵ. 소년법상 항고의 절차

1. 항고의 제기절차

항고를 제기할 수 있는 기간은 7일이며(제43조 제2항), 항고를 할 때에는 항고장을 원심 소년부에 제출하여야 한다(제44조 제1항). 다만 소년분류심사원 또는 소년원에 있는 소년이 항고 제기기간 내에 항고장을 그 기관의 장 또는 그 직무를 대리하는 사람에게 제출한 때에는 항고제기기간 내에 항고한 것으로 보며, 이에 따라 항고장을 제출받은 기관의 장 또는 그 대리자는 항고장에 접수연월일을 기재하여 즉시 보호처분 결정을 한 소년부에 보내야 한다(소년심판규칙 제46조). 항고장에는 항고의 이유를 간결하게 명시하여야 한다(소년심판규칙 제44조). 이후 항고장을 받은 소년부는 3일 이내에 의견서를 첨부하여 항고법원에 송부하여야 하는데(제44조 제2항), 항고는 결정의 집행을 정지시키는 효력이 없다(제46조).[39] 일반적으로 항고를 즉시항고와 보통항고로 구별할 수 있는데, 소년법상의 항고는 즉시항고의 성격을 지녔다고 보아야 한다. 왜냐하면 즉시항고는 별도의 명문의 규정(제43조)이 있는 경우에만 허용되고 있다는 점, 즉시항고는 결정의 집행을 정지시키는 효력이 없다는 점(제46조) 등의 특징을 가지고 있기 때문이다.

한편 보호자 또는 법정대리인이 있는 소년이 항고를 취하함에는 보호자 또는 법정대리인의 동의를 얻어야 하며, 보호자, 보조인 또는 법정대리인은 소년의 동의를 얻어 항고를 취하할 수 있다(소년심판규칙 제45조).

---

39) 소년법은 적법절차의 보장을 위하여 보호처분의 결정에 대하여 항고제도를 인정하고 있으나, 보호필요성이 시급한 소년에 대하여 보호처분의 집행을 정지시키는 것은 소년보호사건의 교육적, 복지정책적 이념에 부합하지 않기 때문이라고 한다(김동림, 앞의 책, 431면).

2. 항고법원의 심리 및 결정

가. 항고법원의 심리

항고법원은 항고이유에 기재된 사항에 관하여 조사하여야 하는데(소년심판규칙 제47조 제1항), 이는 원칙적으로 법원의 결정에 대하여 사후적 관점에서 그 당부를 판단한다고 볼 수 있다. 하지만 항고법원은 항고이유서의 기재사항과 관계없이 다른 유형의 항고사유에 관하여도 직권으로 조사할 수 있다(소년심판규칙 제47조 제2항). 또한 항고법원은 필요한 경우에 사실조사를 할 수 있는데, 동 조사는 이를 합의부원에게 명하거나 가정법원 또는 지방법원판사에게 촉탁하여 할 수 있다(소년심판규칙 제48조). 즉 사실관계를 확인할 수 있으며 이를 토대로 법원의 결정에 대한 당부를 판단할 수 있다.

이와 같이 항고법원은 원심법원의 결정에 있어서 법령위반뿐만 아니라 사실오인에 관하여도 판단할 수 있기 때문에 사실심에 속한다고 볼 수 있다. 문제는 원심결정의 당부만을 판단하는 사후심으로 볼 것이냐 아니면 속심으로 볼 것이냐 하는 것이라고 할 수 있는데, 현행 소년법은 개정 전의 법과 비교해 보았을 때 상대적으로 속심의 성격이 한층 강화되었다고 평가할 수 있다고 본다. 개정 전의 법에 의하면 항고법원은 원심법원의 심리절차, 심리자료만을 기초로 원심의 당부를 심사하게 되며, 심리의 목적도 주로 원심의 당부를 심사하는 것에 머물러 있었던 것이 사실이었다. 또한 항고법원 스스로는 보호처분의 결정 및 불처분결정을 할 수 없었으며, 이송 또는 환송이라는 우회적인 방법을 통하여 최종적인 처분을 하고 있었다.

하지만 2007. 12. 21. 개정된 소년법에서는 제45조 제2항 단서조항을 신설하였는데, 환송 또는 이송할 여유가 없이 급하거나 '그 밖에 필요하다고 인정한 경우'에는 원결정을 파기하고 불처분 또는 보호처분의 결정을 항고법원이 스스로 할 수 있도록 한 것이다. 소년법상의 항고는 즉시항고로서의 성격을 지니고 있어 원결정의 집행을 정지하는 효력이 없기 때문에 항고법원에서 원결정을 취소하여도 환송받은 법원에서 다시 보호처분의 결정을 할 때까지는 이전의 보호처분대로 집행됨으로써 보호소년에 대한 불안정한 상태가 지속되는 불합리한 점이 있었는데, 이를 개선하는 차원에서 보호소년에 대하여 신속한 결정을 함으로써 불안정한 상태에서 최대한 빨리 벗어나게 할 필요성에서 개정시 단서조항을 추가한 것으로 평가된다. 또한 과거와 달리 항고법원 스스로도 원심법원의 결정 이후 발생하는 사정변경을 고려하여 보호처분의 당부를 판단할 수 있는 능력이 있기 때문에 굳이 원심법원으로 환송하거나 다른 소년부에 이송할 필요성이 감소하게 된 것도 항고법원에서의 파기자판을 가능하게 한 요인으로 작용하고 있다. 이와 같이 원심의 심리절차 및 소송자료를 그대로 인수하고 다시 원심심판 후에 얻은 새로운 증거도 보충하여 심리할 수 있을 뿐만 아니라 항고법원 스스로가 처분을 할 수 있다는 것은 속심적 성격이 대폭 강화되었다고 평가할 수 있는 것이다. 이는 재항고가 이유 있다고 인정할 때에는 원결정 및 보호처분 결정을 취소하고 사건을 소년부에 환송하거나 다른 소년부에 이송하여야 하고, 재항고법원에 의한 독자적인 처분권을 인정하지 않는 것과 비교해 보아도 상대적으로 속심적 성격을 띠고 있는 것이라고 하겠다.

나. 항고법원의 결정

항고법원은 항고 절차가 법률에 위반되거나 항고가 이유 없다고 인정한 경우에는 결정으로써 항고를 기각하여야 하지만(제45조 제1항), 항고가 이유가 있다고 인정한 경우에는 원결정을 취소하고 사건을 원소년부에 환송하거나 다른 소년부에 이송하여야 한다. 항고법원이 원결정을 취소하는 결정을 한 경우에 소년이 제32조 제1항 제6호 및 제7호에 따른 위탁받는 기관 또는 제8호부터 제10호까지에 따른 소년원에 있는 때에는 지체 없이 이를 시설의 장에게 통지하여야 한다(소년심판규칙 제49조 제1항). 항고법원이 이러한 통지를 하는 때에는 즉시 취소결정의 등본을 환송 또는 이송을 받을 소년부로 보내야 하며, 시설의 장이 통지를 받은 때에는 즉시 소년을 환송 또는 이송을 받을 소년부로 송치하여야 한다(소년심판규칙 제49조 제2항 및 동조 제3항). 항고법원으로부터 사건을 환송 또는 이송받은 소년부 판사는 환송 또는 이송받은 사건에 관하여 다시 심리하여야 하는데, 이러한 경우에 원결정을 한 소년부 판사는 심리에 관여할 수 없다(소년심판규칙 제51조). 다만, 환송 또는 이송할 여유가 없이 급하거나 그 밖에 필요하다고 인정한 경우에는 원결정을 파기하고 불처분 또는 보호처분의 결정을 할 수 있다(제45조 제2항).

만약 항고를 기각하는 결정에 대하여는 그 결정이 법령에 위반되는 경우에만 대법원에 재항고를 할 수 있다(제47조 제1항). 대법원은 재항고의 절차가 소년법 및 소년심판규칙의 규정에 위반되거나 재항고이유가 없다고 인정될 때에는 재항고를 기각하여야 하며(소년심판규칙 제52조 제1항), 재항고가 이유 있다고 인정할 때에는 원결정 및 보호처분 결정을 취소하고 사건을 소년부에 환송하거나 다른 소년부에 이송하여야 한다(소년심판규칙 제52조 제2항).

Ⅶ. 글을 마치며

대상결정은 소년법상 '항고'가 문제된 것이 아니라 '재항고'가 문제된 사안이다. 피해자 측에서 항고심의 보호처분결정이 원심의 보호처분결정보다 상대적으로 경미하다는 점에 이의를 가지고 대법원에 재항고를 제기하였기 때문이다. 이에 대하여 대법원은 피해자의 아버지가 '재항고권자에 해당하지 않는다'는 이유로 재항고를 기각하였다. 즉 피해자의 아버지는 소년법 제43조 제1항의 '사건 본인・보호자・보조인 또는 그 법정대리인' 부분 중 그 어디에도 속하지 않기 때문에 이를 받아들일 수 없다는 것이다. 하지만 이러한 현행법의 태도는 여러 가지의 측면에서 불합리한 점이 있다는 것을 본고에서 살펴보았다. 이를 구체적으로 살펴보면, ① 원심법원에 대하여 불만을 가진 자의 측면에서 볼 때 본질적으로 동일한 부분임에도 불구하고, 어느 일방에게는 일정한 범위 내에서 항고권을 인정해주면서도 다른 일방에게는 항고의 기회 자체를 원천적으로 봉쇄하고 있다는 점에서 평등의 원칙에 반한다. ② 현행 소년법은 소년심판절차에서 검사의 관여를 전혀 인정하지 않는 것이 아니라 소년심판절차로의 회부에 대한 결정권을 검사에게 부여하는 소년심판절차개시권이라는 권한을 부여하고 있다고 보아야 한다. ③ 10호 처분이 아닌 다른 보호처분의 결정에 대하여 항고를 한다는 것이 곧바로 형사처분을 하여야 한다는 의사표현이라고 보기에는 무리가 있다. 왜냐하면 형벌에 있어서도 처분의 경중이 있듯이 보호처분에 있어서도 처분의 경중이 있기 때문이다. ④ 소년심판절차에서 검사에게 항고권을 인정한다고 하더라도 항고권의 남용으로 인한 절차의 번잡, 불필요한 소송의 지연 등의 폐단이 생긴다고 예단하는 것은 무리이며, 만약 이러한 폐단이 예상된다면 폐단의 상당한 이유를 제시하는 항고기각결정을 통하여 충분히 통제가 가능한 것이지, 항고권 자체를 인정하지 않는 것은 바람직하지 못하다. ⑤ 보호처분은 소년의 개선과 교화가 주 목적이기는 하지만 일반예방이나 응보적 내용도 부차적인 목적으로 평가되며, 주로 소년의 환경과 개인적 특성을 근거로 부과되기는 하지만 행위의 질과 양도 반드시 참작하게 된다. 또한 소년의 비행사실이나 범죄사실이 매우 중할 경우에는 보호처분보다는 형사처분을 행하는 것이 필요하지만, 실무상 실형을 선고하기에는 법정형이 매우 높아 적절한 선고형을 찾기 힘들다는 점, 공범과의 관계에서 처분의 균형이라는 측면에서 소년원 송치가 적절할 수 있다는 점, 소년의 장래 신상의 문제를 고려할 수밖에 없다는 점 등을 충분히 예상할 수 있는데, 이러한 소년원 송치처분은 사실상 강력한 처벌의 효과를 달성하기 위한 목적을 어느 정도 내포하고 있다고 보아야 한다. ⑥ 항고제도가 원칙적으로 소송당사자에게만 허용된다는 논지를 일관적으로 관철하려면 검사나 피해자뿐만 아니라 사건본인 등도 항고권자가 될 수 없다고 하는 것이 논리일관적이기 때문에 소송의 구조가 직권주의이냐 아니면 당사자주의이냐 따라 항고권을 인정하는 주체의 범위를 결정하는 것은 타당하지 않다. ⑦ 오판임이 너무나도 명백한 결정이 이루어지거나 처분의 결정에 있어서 활용된 사실관계에 중대한 오류 또는 원심결정 이후 발견된 새로운 증거의 현출 등이라는 예측할 수 없었던 현상이 실제로 발생한 경우에 있어서 이를 시정할 수 있는 기회조차도 제공할 수 없다는 것이야말로 법치국가의 기본질서를 와해시키는 결과를 초래할 것이다. ⑧ 일반항고가 판결에 이르는 과정에서 절차상의 사항에 관한 종국전의 재판을 대상으로 함에 반하여 소년법상 소년부 판사의 보호처분의 결정은 사실상 종국재판의 성격을 지니고 있다는 점에서 소년법상의 항고는 일반항고와 비교할 때 종국재판에 대한 불복의 성격이 상대적으로 강하다고 평가할 수 있다. ⑨ 소년심판절차의 제1심 및 항고심 절차는 모두 사실심이므로, 범죄행위의 피해자로서는 제1심 절차 못지않게 항고심 절차에서도 피해자 등의 진술권을 통하여 재판진행에 참여할 기회가 충분히 보장되어야 한다. ⑩ 소년법상 '보조인'의 고유한 권리인 심리기일출석권의 제한에 대하여는 항고를 인정하면서도 소년법상 '피해자'의 고유한 권리인 심리기일출석권 및 의견진술권의 제한에 대하여는 항고를 인정하지 않는 현행법의 태도는 형평의 원리에 부합하지 않는다. ⑪ 제38조 제1항 위반에 따른 항고와 제38조 제2항 위반에 따른 항고는 동일하게 소년 연령에 대한 중대한 사실오인이 개입된 것임에도 불구하고, 제38조 제1항의 위반에 대해서는 실제로 항고의 가능성이 거의 없는 반면에 제38조 제2항의 위반에 대해서는 항고의 가능성이 상당히 높다. ⑫ 항고법원이 원심의 심리절차 및 소송자료를 그대로 인수하고 다시 원심심판 후에 얻은 새로운 증거도 보충하여 심리할 수 있을 뿐만 아니라 항고법원 스스로가 처분을 할 수 있다는 것은 속심적 성격이 대폭 강화되었다고 평가할 수 있다.

결론적으로 대법원 2011. 3. 29.자 2011트3 결정의 주문에는 동의하지만, 그 이유는 피해자의 아버지가 소년법 제43조 제1항의 '사건 본인·보호자·보조인 또는 그 법정대리인' 부분에 해당하지 않기 때문이 아니라 당해 사안이 재항고의 사유가 항고를 기각하는 결정에 대하여 '그 결정이 법령에 위반되는 경우'에만 대법원에 재항고를 할 수 있도록 하는 규정(제47조 제1항)에 위배되었기 때문이라고 판단할 수 있도록 하는 입법적인 보완이 필요하다고 본다.

제17강 「보호소년 등의 처우에 관한 법률」 제17차 개정의 주요내용 및 평가

Ⅰ. 문제의 제기

우리나라의 소년사법에 있어서 핵심법령이라고 할 수 있는 「보호소년 등의 처우에 관한 법률」(이하에서는 '보처법'이라고 한다)에 대한 제18차 개정(법률 제12190호)[1]이 지난 2014. 1. 7. 개정 및 2014. 6. 8. 시행되어 현재에 이르고 있다. 동법은 1958. 8. 7. 법률 제493호로 제정된 「소년원법」에 기원을 두고 있는데, 당시 소년원법[2]은 보호처분에 의하여 송치된 소년을 수용하여 이들에게 교정교육을 행하는 소년원에 대한 역할과 임무를 주로 규정하고 있었다. 이후 1988. 12. 31. 법률 4058호로 개정된 제3차 소년원법에서부터 소년원과 소년감별소[3]의 조직과 기능 기타 소년의 교정교육 등에 관하여 필요한 사항을 규정함을 목적으로 하면서 조문의 개수도 기존의 20개에서 항목을 제6장으로 편제함과 동시에 총 53개의 조문으로 대폭 증설하면서,[4] 개정법 제53조('이 법의 시행에 관하여 필요한 사항은 대통령령으로 정한다')에 의거하여 1989. 12. 22. 소년원법 시행령(대통령령 제12856호)이 제정되었으며, 1995. 1. 5. 법률 제4929호로 개정된 제5차 소년원법에서는 소년감별소의 명칭[5]이 소년분류심사원으로 변경되는 일부 개정이 있었다. 이후 법률 제8723호로 2007. 12. 21. 공포되어 2008. 6. 22.부터 시행된 제11차 개정[6]에

---

* 소년보호연구 제26호, 한국소년정책학회, 2014. 8.
1) 보처법 제18차 개정의 주된 이유는 개인이나 단체가 소년원이나 소년분류심사원에 수용된 보호소년 또는 위탁소년의 학업 지원 등을 위하여 기탁하는 금품을 소년원장이나 소년분류심사원장이 접수할 수 있는 법적 근거를 마련함으로써 보호소년 또는 위탁소년의 원활한 사회 복귀를 지원할 수 있도록 하려는 것으로써, 기존에 삭제로 남아 있었던 보처법 제53조에 '기부금품의 접수'라는 제목으로 '① 원장은 기관·단체 또는 개인이 보호소년등에 대한 적절한 처우, 학업 지원 및 보호소년등의 사회 정착 등을 위하여 소년원이나 소년분류심사원에 자발적으로 기탁하는 금품을 접수할 수 있다. ② 제1항에 따른 기부금품의 접수 절차 등에 관하여 필요한 사항은 대통령령으로 정한다'라는 내용을 신설하였다.
2) 제정 당시의 소년원법은 본문 20개 조문, 부칙 3개 조문으로 구성되어 있었는데, 당시 矯正院令을 대체하는 법률로 제정된 것이었다.
3) 1977. 12. 31. 법률 제3048호에 의한 제2차 개정 소년원법에서는 소년감별소를 신설하여 가위탁된 소년의 자질감별을 행하게 하고, 보호처분된 소년에 대하여 성행의 개선과 진보의 정도에 따라 단계적 처우를 실시하여 조사심리와 교정의 성과를 높이는 등 소년보호에 만전을 기하는 것을 주된 목적으로 하고 있는데, 이는 1977. 4. 30. 서울소년감별소가 신설된 것을 계기로 개정된 것이라고 볼 수 있다.
4) 제3차 개정은 소년원 및 소년감별소의 교육·보호기능을 다양하게 확대하고, 보호소년등의 권익신장과 처우의 개선을 도모하며, 보호관찰법의 제정과 소년법의 개정에 따라 관련사항 및 관계조문을 정비하려는 것을 목적으로 이루어졌다.
5) 제5차 개정은 기관명칭인 '소년감별소'의 '감별'이란 용어가 일반적으로 동물의 암수, 예술품의 진위를 가린다는 의미로 인식되고 있어 기관명칭으로 사용하기에는 적합하지 않다는 의견이 많아 이를 개정하려는 것을 목적으로 이루어졌다.

서는 소년원·소년분류심사원의 다양한 임무와 기능을 포괄할 수 있도록 법률 제명을 기존의 소년원법에서 보처법으로 변경하고,[7] 보호소년 등의 인권보장을 강화하며, 비행소년에 대한 교정교육 및 재범방지 기능을 강화하기 위한 법적·제도적 기반을 구축하는 한편, 소년사법체제 개선을 위한 당시의 소년법 개정 추진과 연계하여 관련 규정을 정비하였다.

보처법은 제11차 개정 이후에도 몇 차례의 개정을 더 거치지만, 2013. 7. 30.에 단행된 제17차 개정 이전까지는 대체로 타법개정이거나 단일 조문의 자구수정 등에 그치는 등으로 말미암아 소년사법정책의 큰 변화를 초래한 것은 없는 실정이었다. 그러던 중에 정부가 2012. 8. 14. 발의하여 2013. 7. 30. 공포된 보처법 제17차 개정의 내용은 그 동안 문제점으로 지적되어 온 소년사법에 관한 몇 가지 쟁점을 해결하기 위한 방안을 제시하고 있다는 점에서 시사하는 바가 크다고 할 수 있다. 동 개정은 소년사법정책의 양대 법률이라고 할 수 있는 소년법과 보처법상의 규정을 비교·분석하여 입법상의 공백을 메우고 있을 뿐만 아니라 형의 집행 및 수용자의 처우에 관한 법률, 보호관찰 등에 관한 법률, 초·중등교육법, 출입국관리법, 학교폭력예방 및 대책에 관한 법률 등에서 규정하고 있는 보처법 유사조항들과의 상호분석을 통하여 체계정합성에 부합하기 위한 여러 가지 조치들을 취하고 있다. 이에 본고에서는 보처법 제17차 개정의 주요내용에 대한 입법배경 및 의의를 각각 살펴본 후 이에 대한 평가를 시도해 봄과 동시에 현행법에 의해서도 반영되지 못하고 있는 몇 가지 쟁점사안에 대하여 향후의 입법적인 조치를 촉구하는 제언을 하며 논의를 마무리하기로 한다.

---

6) 국회법률지식정보시스템에 의하면 2007. 12. 21. 개정된 보처법을 제정 보처법이라고 칭하지 아니하고, 보처법의 제11차 개정으로 파악하고 있는데, 이는 보처법의 전신인 소년원법의 내용을 그대로 이어받고 있는 데 기인한 것으로 보인다.

7) 당시의 소년원법은 '소년원'이라는 단일기관의 명칭을 법률 제명으로 사용하고 있어 소년원 운영에 관한 사항만 규율하고 있다는 오해의 소지가 컸기 때문에, 법률의 제명을 「보호소년 등의 처우에 관한 법률」로 하여 법률의 내용을 포괄적으로 반영할 수 있도록 하고, 보호소년 등의 처우를 위한 소년원 및 소년분류심사원의 역할과 사명에 부합하도록 목적을 수정하였다.

Ⅱ. 제17차 보처법 개정의 내용 및 평가

1. 소년법상 소년의료보호시설 위탁처분을 받은 소년에 대한 처우 명확화

가. 개정의 이유 및 내용

소년법에 따른 소년의료보호시설 위탁처분을 받은 소년을 보호소년의 범위에 포함하고, 소년의료보호시설 위탁처분을 받은 소년에 대해서는 의료재활 기능이 없는 소년원에 이송하지 못하도록 하였다.

〈표-1〉 소년의료보호시설 위탁처분 관련 조문의 변경 현황

개정 전	개정 후
제2조(임무) ① 소년원은 「소년법」 제32조 제1항 제8호부터 제10호까지의 규정에 따라 가정법원소년부 또는 지방법원소년부(이하 '법원소년부'라 한다)로부터 송치된 소년(이하 '보호소년'이라 한다)을 수용하여 교정교육을 하는 것을 임무로 한다.	제2조(임무) ① 소년원은 「소년법」 제32조 제1항 제7호부터 제10호까지의 규정에 따라 가정법원소년부 또는 지방법원소년부(이하 '법원소년부'라 한다)로부터 위탁되거나 송치된 소년(이하 '보호소년'이라 한다)을 수용하여 교정교육을 하는 것을 임무로 한다.
제4조(소년원의 분류)	제4조(소년원의 분류 등) ② 제1항에 따라 의료재활 기능을 수행하는 소년원은 「소년법」 제32조 제1항 제7호에 따른 소년의료보호시설로 본다.
제8조(분리 수용)	제8조(분리 수용) ③ 「소년법」 제32조 제1항 제7호의 처분을 받은 보호소년은 제4조 제2항의 소년의료보호시설에 해당하는 소년원에 수용하여야 한다.
제12조(이송)	제12조(이송) ② 「소년법」 제32조 제1항 제7호의 처분을 받은 보호소년은 제4조 제2항의 소년의료보호시설에 해당하지 아니하는 소년원으로 이송할 수 없다.

나. 평가

개정법은 소년법상 소년의료보호시설 위탁처분을 받은 소년에 대한 처우를 명확히 하고자 하였다. 먼저 현행 소년법 제32조에 의하면 6호 처분과 7호 처분의 대상자는 '위

탁'이라는 표현을 사용하고, 8호 처분 내지 10호 처분의 대상자는 '송치'라는 표현을 사용하고 있지만, 기존의 보처법 제2조 제1항에 의하면 소년원은 소년법 제32조 제1항 제8호부터 제10호까지의 규정에 따라 가정법원소년부 또는 지방법원소년부로부터 송치된 소년(이하 '보호소년'이라 한다)을 수용하여 교정교육을 하는 것을 임무로 하였다. 이와 같이 기존의 법체계상 보호소년의 개념은 법원소년부에서 '송치'된 소년만을 의미하는 것으로 되어 있어서 '위탁'된 7호 처분의 대상자는 보호소년과 위탁소년 두 가지의 개념 모두에도 해당하지 않는 모순이 발생하고 있었다. 왜냐하면 기존의 법에 의하면 보호소년은 소년원 송치처분 처분을 받은 소년을 말하고, 위탁소년은 소년분류심사원에 위탁된 소년을 의미하여 소년법 제32조 제1항 제7호에 따라 위탁된 소년은 그 개념이 애매모호한 현상을 보이고 있었기 때문이다. 이에 개념의 통일성이 보다 바람직하다는 점과 7호 처분 대상자의 관계설정에도 도움을 준다는 점에서 개정 보처법 제2조 제1항에서는 "소년원은 「소년법」 제32조 제1항 제7호부터 제10호까지의 규정에 따라 가정법원소년부 또는 지방법원소년부로부터 위탁되거나 송치된 소년(이하에서는 '보호소년'이라고 한다)을 수용하여 교정교육을 하는 것을 임무로 한다"고 수정하여 소년법 제32조 제1항의 7호 처분대상자도 보호소년의 개념으로 포섭될 수 있도록 하였다.[8]

또한 소년의료보호시설 위탁처분을 받은 소년에 대해서는 의료재활 기능이 없는 소년원에 이송하지 못하도록 하기 위하여, 보처법 제4조 제2항을 신설하여 "제1항에 따라 의료재활 기능을 수행하는 소년원은 「소년법」 제32조 제1항 제7호에 따른 소년의료보호시설로 본다"고 하여 소년법상의 '소년의료보호시설'을 보처법상의 '의료·재활교육 소년원'과 동일시할 수 있도록 하는 간주규정을 명문화하였다. 그리고 보처법 제8조 제3항에 "「소년법」 제32조 제1항 제7호의 처분을 받은 보호소년은 제4조 제2항의 소년의료보호시설에 해당하는 소년원에 수용하여야 한다"는 규정 및 보처법 제12조 제2항에 "「소년법」 제32조 제1항 제7호의 처분을 받은 보호소년은 제4조 제2항의 소년의료보호시설에 해당하지 아니하는 소년원으로 이송할 수 없다"는 규정 등을 각각 신설하였다. 이러한 입법적인 개선작업은 지난 2007. 12. 21. 소년법 개정시 의료재활처우가 필요한 소년의 처우를 위해 '소년의료보호시설 위탁처분'(7호 처분)이 새롭게 도입되었으나, 해당 처분을 받은 소년을 어떻게 처우하고 어느 시설에 수용할 것인지에 대해서 보처법에 관련 규정이 마련되지 않고 있던 문제점을 해결하기 위하여 7호 처분 소년에 대한 소년원 등에

---

8) 박찬걸, "7호 처분 집행의 법적 근거 명확화에 관한 연구", 소년보호연구 제25호, 한국소년정책학회, 2014. 5, 182-183면.

서의 처우를 명확히 하고, 이들이 소년의료보호시설에서 충분히 치료받도록 하려는 것이 주된 목적이라고 하겠다.[9]

2. 보호장비의 종류 및 사용요건 명시

가. 개정의 이유 및 내용

기존에는 소년원장 및 소년분류심사원장은 소년원·소년분류심사원의 안전이나 질서를 해칠 우려가 있거나 이탈·난동·폭행·자해·자살의 방지 등의 경우에는 소속 공무원으로 하여금 보호소년등에 대하여 수갑·포승·가스총 등의 보안장비를 사용하게 할 수 있었는데, 개정법은 '보안장비'의 명칭을 '보호장비'로 변경하고, 그 종류를 각 호에서 열거하되 '전자충격기'를 추가하였다. 또한 보호장비 사용 시의 피해 경중에 따라 수갑 및 포승(1유형)과 가스총 및 전자충격기(2유형)로 이원화하여 각각의 사용시기에 대하여 구체적이고 개별적으로 나열하고 있으며, 특히 2유형의 보호장비 사용에 대한 각별한 주의를 요하는 조항을 추가하였다.

〈표-2〉 보호장비의 종류 및 사용요건 관련 조문의 변경 현황

개정 전	개정 후
제14조의2(보안장비의 사용) ① 원장은 다음 각 호의 어느 하나에 해당하는 경우에는 소속 공무원으로 하여금 보호소년등에 대하여 보안장비를 사용하게 할 수 있다. 1. 이탈·난동·폭행·자해·자살을 방지하기 위하여 필요한 경우 2. 법원 또는 검찰의 조사·심리, 이송, 그 밖의 사유로 호송하는 경우	제14조의2(보호장비의 사용) ① 보호장비의 종류는 다음 각 호와 같다. 1. 수갑 2. 포승(捕繩) 3. 가스총 4. 전자충격기 ② 원장은 다음 각 호의 어느 하나에 해당하는 경우에는 소속 공무원으로 하여금 보호소년등에 대하여 수갑이나 포승을 사용하게 할 수 있다. 1. 이탈·난동·폭행·자해·자살을 방지하기 위하여 필요한 경우 2. 법원 또는 검찰의 조사·심리, 이송, 그 밖의 사유로 호송하는 경우 3. 그 밖에 소년원·소년분류심사원의 안전이나 질서를 해칠 우려가 현저한 경우

---

9) 박찬걸, 앞의 글, 168면.

3. 그 밖에 소년원·소년분류심사원의 안전이나 질서를 해칠 우려가 현저한 경우 ② 제1항의 '보안장비'란 수갑, 포승, 가스총 등 사람의 생명과 신체의 보호, 사고 방지, 시설의 안전 및 질서 유지를 위하여 소속 공무원이 사용하는 장비와 기구를 말한다. ③ 보안장비는 필요한 최소한의 범위에서 사용하여야 하며, 보안장비를 사용할 필요가 없게 되었을 때에는 지체 없이 사용을 중지하여야 한다. ④ 보안장비의 종류·사용방법 및 관리에 관하여 필요한 사항은 법무부령으로 정한다.	③ 원장은 다음 각 호의 어느 하나에 해당하는 경우에는 소속 공무원으로 하여금 보호소년등에 대하여 수갑이나 포승 외에 가스총이나 전자충격기를 사용하게 할 수 있다. 1. 도주, 자살, 자해하거나 도주, 자살, 자해하려고 하는 때 2. 다른 사람에게 위해를 끼치거나 끼치려고 하는 때 3. 위력으로 소속 공무원의 정당한 직무집행을 방해하는 때 4. 소년원·소년분류심사원의 설비·기구 등을 손괴하거나 손괴하려고 하는 때 5. 그 밖에 시설의 안전 또는 질서를 크게 해치는 행위를 하거나 하려고 하는 때 ④ 제3항에 따라 가스총이나 전자충격기를 사용하려면 사전에 상대방에게 이를 경고하여야 한다. 다만, 상황이 급박하여 경고할 시간적인 여유가 없는 때에는 그러하지 아니하다. ⑤ 보호장비는 필요한 최소한의 범위에서 사용하여야 하며, 보호장비를 사용할 필요가 없게 되었을 때에는 지체 없이 사용을 중지하여야 한다. ⑥ 보호장비는 징벌의 수단으로 사용되어서는 아니 된다. ⑦ 보호장비의 사용방법 및 관리에 관하여 필요한 사항은 법무부령으로 정한다.

나. 검토

개정법 제14조의2 제1항에서 보호장비의 종류를 한정적으로 열거하고 있는 것은 기존에 예시적 열거로 제시하고 있던 보안장비의 종류를 보다 명확하게 규정하고 있다는 측면에서 타당한 것으로 평가된다. 이와 더불어 보호장비의 종류에 추가적으로 전자충격기[10]를 추가하고 있는데, 이는 지난 2013. 5. 5. 발생한 부산소년원 집단 난동사건[11]에

---

10) 총포·도검·화약류 등 단속법 제2조 제5항 및 동법 시행령 제6조의3에 의하면 '전자충격기'라고 함은 사람의 활동을 일시적으로 곤란하게 하거나 인명에 위해를 가하는 전류를 방류할 수 있는 기기를 말하는데, 이는 순간적인 고압전류를 방류할 수 있는 기기로서 총포형 전자충격기, 막대형 전자충격기, 기타 휴대형 전자충격기 등을 의미한다.

11) 지난 2013. 5. 5. 발생한 부산소년원 집단난동 사건은 일부 학생의 치밀한 계획에 따라 이루어진 것으로써, 당시 학생들은 쇠파이프 등으로 무장하고 폭력행위를 촬영하지 못하도록 CCTV 등을 파손한 것으로 나타났다. 사건의 발단은 2013. 4. 29. 김 군(18)이 자동차정비1반 동료를 모아 같은 반 학생 중 수도권 출신 6명을 집단 폭행하기로 모의를 하면서 시작된 것으로 조사되었다. 김 군은 2013. 5. 1. 실습이 끝나고 생활관으로 이동하던 중 쇠파이프로 수도권 출신 학생 2명의 머리를 가격하였고, 다른 학생들도 폭행에 합세하여 집단 난투극이 벌어졌다. 자동차정비반을 장악한 김 군은 2013. 5. 5. "헤어디자인반을 우리가 먼저 손보자"며 동료들을 선동했으며, 이에 자동차반 원생 11명이 헤어디자인반 생활실 앞으로 몰려갔다. 반격에 나선 헤어디자인반 일부 학생들도 창문을 깨고 당직근무자들에게 깨진 유리, 볼펜, 가위 등을 휘두르면서 컴퓨터, CCTV, 쓰레기통, 관물대 등을 파손하였는데, 이들의 난동은 경찰 400여 명이 출동하면서 30여 분 후에 종료되었다. 참고로 당시 출동한 경찰은 학생들의 난동을 제지하기 위해 전자충격기(테이저건)도 사용한 것으로 조사되었다.

서도 잘 알 수 있듯이 소년원등 시설의 안전 및 질서유지에 있어 기존의 수갑·포승·가스총만으로는 한계가 있을 수 있다는 점에서 전자충격기를 사용할 필요성이 인정됨에 따른 현상이라고 할 수 있다.

<h3 align="center">〈표-3〉 소년원등 비치·사용 전자충격기 현황</h3>

보유기관	비치장소	개수	기종
서울소년원	소 계	4	SDJG-9
	교무과 사무실	2	
	생활지도실	2	
부산소년원	청사 상황실	4	SYT 320
대구소년원	소 계	9	GD401 ANGEL GUN
	청사 상황실	5	
	생활지도실	4	
광주소년원	소 계	8	
	교무(분류보호)과 사무실	1	J105
		1	SKES 951297
		2	SDJG-3
	생활지도실	2	SDJG-6
		1	SDJG-3
		1	J105
전주소년원	소 계	6	
	교무(분류보호)과 사무실	2	SDJG-3
	생활지도실	3	SDJG-3
		1	SKES 97000147
대전소년원	소 계	10	
	교무(분류보호)과 사무실	2	SKES 97000091
		1	TITAN-M
		1	SDJG-3
	생활지도실	2	SDJG-6
		2	SKES 97000091
		2	TITAN-M
청주소년원	생활지도실	1	SDJG-9
안양소년원	청사 상황실	2	TITAN-M
춘천소년원	소 계	6	
	생활지도실	4	SDJG-6
		1	SDJG-9
		1	SDJG-3

제주소년원	소 계	4	
	교무과 사무실	1	J103
		1	SDJG-9
	생활지도실	1	ANGEL
		1	SDJG-9
서울소년분류심사원	소 계	3	
	청사 상황실	1	TITAN-M
	교무과 사무실	2	J103
		1	TITAN-M

출처: 정재룡, 보호소년 등의 처우에 관한 법률 일부개정법률안 검토보고서, 국회 법제사법위원회, 2013. 2, 40-41면.

한편 총 4가지 종류의 보호장비를 인체에 미치는 피해의 정도에 따라 크게 이원화하여 각각의 사용요건을 달리 규정하고 있는 점과 전자충격기 또는 가스총의 사용 시에는 원칙적으로 사전경고를 행하도록 명시적으로 규정하고 있는 것은 이와 유사한 규정을 두고 있는 관련 법령과의 체계정합성에도 부합하는 것으로 판단된다. 즉 보호관찰 등에 관한 법률 제45조의2(보호장구의 사용) 제1항 내지 제3항에 의하면 "보호관찰소 소속 공무원은 보호관찰 대상자에 대한 정당한 직무집행 과정에서 도주 방지, 항거 억제, 자기 또는 타인의 생명·신체에 대한 위해 방지를 위하여 필요하다고 인정되는 상당한 이유가 있으면 1. 수갑, 2. 포승, 3. 전자충격기, 4. 가스총 등의 보호장구를 사용할 수 있으며, 보호장구는 필요한 최소한의 범위에서 사용하여야 하며, 보호장구를 사용할 필요가 없게 되면 지체 없이 사용을 중지하여야 한다. 또한 보호장구를 사용하려면 사전에 해당 보호관찰 대상자에게 경고를 하여야 한다. 다만, 긴급한 상황으로 사전에 경고할 만한 시간적 여유가 없을 때에는 그러하지 아니하다"고 규정하고 있으며, 출입국관리법 제56조의4(강제력의 행사) 제1항 내지 제4항에 의하면 "출입국관리공무원은 피보호자가 1. 자살 또는 자해행위를 하려는 경우, 2. 다른 사람에게 위해를 끼치거나 끼치려는 경우, 3. 도주하거나 도주하려는 경우, 4. 출입국관리공무원의 직무집행을 정당한 사유 없이 거부 또는 기피하거나 방해하는 경우, 5. 제1호부터 제4호까지에서 규정한 경우 외에 보호시설 및 피보호자의 안전과 질서를 현저히 해치는 행위를 하거나 하려는 경우의 어느 하나에 해당하면 그 피보호자에게 강제력을 행사할 수 있고, 다른 피보호자와 격리하여 보호할 수 있다. 이 경우 피보호자의 생명과 신체의 안전, 도주의 방지, 시설의 보안 및 질서유지를 위하여 필요한 최소한도에 그쳐야 하며, 강제력을 행사할 때에는 신체적인 유형력을 행사하거나 경찰봉, 가스분사용총, 전자충격기 등 법무부장관이 지정하는 보안장비만을 사용할 수 있다. 그리고 이러한 강제력을 행사하려면 사전에 해당 피보호자에게 경고하여야 한다. 다만, 긴급한 상황으로 사전에 경고할 만한 시간적 여유가 없을 때에는 그러하지 아니하다. 한편 출입국관리공무원은 제56조의4 제1항 각 호의 어느 하나에 해당하거나 보호시설의 질서유지 또는 강제퇴거를 위한 호송 등을 위하여 필요한 경우에는 1. 수갑, 2. 포승, 3. 머리보호장비, 4. 제1호부터 제3호까지에서 규정한 사항 외에 보호시설의 질서유지 또는 강제퇴거를 위한 호송 등을 위하여 특별히 필요하다고 인정되는 보호장비로서 법무부령으로 정하는 것 등의 보호장비를 사용할 수 있다"고 규정하고 있다. 또한 형의 집행 및 수용자의 처우에 관한 법률 제98조 제2항 제1호에서는 수갑 또는 포승의 사용요건에 대하여는 동법 제97조 제1항 제1호부터 제4호까지의 어느 하나에 해당하는 경우[12]로 예시하고 있는 반면에, 동법 제100조 제3항 내지 제5항에서는 가스총 또는 전자충격기의 사용요건에 대하여 동법 제100조 제1항 또는 동조 제2항의 어느 하나에 해당하는 경우[13]로 구별하여 예시하고 있다.

이상의 관련 법규들을 살펴보면, 보호관찰 등에 관한 법률과 출입국관리법의 경우에는 수갑, 포승, 전자충격기, 가스총 등의 사용기준을 명확하기 구별하고 있지 않지만, 형의 집행 및 수용자의 처우에 관한 법률의 경우에는 수갑 또는 포승과 가스총 또는 전자충격

---

12) 형의 집행 및 수용자의 처우에 관한 법률 제97조(보호장비의 사용) ① 교도관은 수용자가 다음 각 호의 어느 하나에 해당하면 보호장비를 사용할 수 있다.
 1. 이송·출정, 그 밖에 교정시설 밖의 장소로 수용자를 호송하는 때
 2. 도주·자살·자해 또는 다른 사람에 대한 위해의 우려가 큰 때
 3. 위력으로 교도관등의 정당한 직무집행을 방해하는 때
 4. 교정시설의 설비·기구 등을 손괴하거나 그 밖에 시설의 안전 또는 질서를 해칠 우려가 큰 때.

13) 형의 집행 및 수용자의 처우에 관한 법률 제100조(강제력의 행사) ① 교도관등은 수용자가 다음 각 호의 어느 하나에 해당하면 강제력을 행사할 수 있다.
 1. 도주하거나 도주하려고 하는 때
 2. 자살하려고 하는 때
 3. 자해하거나 자해하려고 하는 때
 4. 다른 사람에게 위해를 끼치거나 끼치려고 하는 때
 5. 위력으로 교도관등의 정당한 직무집행을 방해하는 때
 6. 교정시설의 설비·기구 등을 손괴하거나 손괴하려고 하는 때
 7. 그 밖에 시설의 안전 또는 질서를 크게 해치는 행위를 하거나 하려고 하는 때
 ② 교도관등은 수용자 외의 사람이 다음 각 호의 어느 하나에 해당하면 강제력을 행사할 수 있다.
 1. 수용자를 도주하게 하려고 하는 때
 2. 교도관등 또는 수용자에게 위해를 끼치거나 끼치려고 하는 때
 3. 위력으로 교도관등의 정당한 직무집행을 방해하는 때
 4. 교정시설의 설비·기구 등을 손괴하거나 하려고 하는 때
 5. 교정시설에 침입하거나 하려고 하는 때
 6. 교정시설의 안(교도관이 교정시설의 밖에서 수용자를 계호하고 있는 경우 그 장소를 포함한다)에서 교도관등의 퇴거요구를 받고도 이에 응하지 아니하는 때.

기로 각각 이원화하여 별도의 조항에서 사용기준을 제시하고 있다는 점에서 차이점을 보이고 있다. 개정법은 원칙적으로 형의 집행 및 수용자의 처우에 관한 법률상의 입법방식을 차용한 것으로 판단되지만, 보다 친인권적인 규정으로 변모된 것이라고 판단된다. 왜냐하면 형의 집행 및 수용자의 처우에 관한 법률상에 규정된 이원화된 사용기준은 조항만이 서로 구별되어 있을 뿐이지 실제의 내용은 대동소이하기 때문에 특정한 상황에서 어떠한 보호장비를 사용하는 것이 보다 적절한 것인지에 대한 해답을 전혀 제시해주고 있지 못하지만, 개정법은 수갑이나 포승의 사용기준으로 설정한 제14조의2 제2항의 각호에 해당하는 경우에 있어서는 가스총이나 전자충격기의 사용을 전면적으로 금지하고 있기 때문이다. 이는 다른 법률과 달리 보호장비의 사용객체가 성인이 아닌 소년이라는 점에 기인한 것으로 분석되는데, 보다 강력한 보호장비의 사용을 어느 정도 제한하고 있다는 점에서 진일보한 입법이라고 보인다.

3. 영상정보처리기기의 설치 근거 및 요건의 명확화

가. 개정의 이유 및 내용

보호소년 등에 대한 인권 보호 강화를 위하여 소년원 및 소년분류심사원에서 설치·운용 중인 폐쇄회로텔레비전(CCTV) 등 영상정보처리기기에 대한 설치 근거 및 설치 요건 등을 명확히 하였다. 2012. 9. 기준 전국 10개의 소년원과 1개의 소년분류심사원에 설치된 CCTV 모니터 및 카메라는 총 1,150개로 파악되고 있으며, 카메라의 경우 대체로 생활실, 복도, 세면장, 출입구, 외곽담장 등에 설치되어 있다.

<표-4> 소년보호기관 CCTV 모니터 및 카메라 설치 현황

2012. 9. 기준(단위: 개수)

기 관	모니터		카메라	
	수량	주요 설치장소	수량	주요 설치장소
서울소년원	20	당직상황실 생활지도실	91	생활실, 복도, 세면장, 출입구, 외곽담장 등
부산소년원	19	〃	105	〃
대구소년원	8	〃	85	〃
광주소년원	23	〃	110	〃
전주소년원	13	〃	83	〃
대전소년원	22	〃	102	〃
청주소년원	7	〃	48	〃
안양소년원	17	〃	87	〃
춘천소년원	11	〃	77	〃
제주소년원	12	〃	92	〃
서울소년 분류심사원	17	〃	101	〃
계	169		981	

출처: 정재룡, 보호소년 등의 처우에 관한 법률 일부개정법률안 검토보고서, 국회 법제사법위원회, 2013. 2, 42면.

소년원등에서 보호소년등의 이탈·난동·자살 등을 방지하고 시설의 질서유지를 위해서 2008년부터 영상정보처리기기를 법무부훈령에 근거하여 설치·운영하여 왔는데, 이는 보호소년등에게 헌법상 보장된 사생활의 비밀과 자유, 신체활동의 자유 등의 기본권을 제한하는 내용이기 때문에 하위법령이 아닌 법률로서 제한할 필요성이 대두된 것이다. 이에 보처법 제14조의3을 '영상정보처리기기의 설치·운영'이라는 제명하에 신설하여 "① 소년원 및 소년분류심사원에는 보호소년등의 이탈·난동·폭행·자해·자살, 그 밖에 보호소년등의 생명·신체를 해치거나 시설의 안전 또는 질서를 해치는 행위(이하 이 조에서 '자해등'이라 한다)를 방지하기 위하여 필요한 최소한의 범위에서 영상정보처리기기를 설치하여 운영할 수 있다. ② 여성인 보호소년등이 사용하는 목욕탕, 세면실 및 화장실에 영상정보처리기기를 설치하여 운영하는 것은 자해등의 우려가 큰 때에만 할 수 있다. 이 경우 여성인 소속 공무원만이 참여하여야 한다. ③ 제1항에 따라 영상정보처리기기를 설치·운영할 때에는 보호소년등의 인권이 침해되지 아니하도록 하여야 한다. ④ 영상정보처리기기의 설치·운영 및 녹화기록물의 관리에 필요한 사항은 법무부령으로 정한다"라고 규정하였다.

한편 보처법 제14조의3 및 보처법 시행규칙 제24조의4에서 위임한 영상정보처리기기의 설치·운영 및 관리하기 위하여 필요한 사항을 규정함을 목적으로 2014. 5. 14. 법무부훈령 제943호로 '소년원 및 소년분류심사원 영상정보처리기기 운영 지침'이 제정되었다.[14] 이에 의하면 소년원장 또는 소년분류심사원장은 영상정보처리기기의 운영, 정보처리 및 장비관리 등에 관한 업무를 총괄하기 위하여 개인정보 보호업무 주무부서의 장을 영상정보처리기기 관리 책임관으로 지정하여야 한다. 그리고 소년원등의 영상정보처리기기 카메라의 설치장소는 1. 청사 정문 및 면회실, 2. 운동장 주변 및 외곽 담장 주변, 3. 생활관 출입문 및 생활지도실, 4. 생활관내 복도 및 각 실, 5. 생활관내 목욕탕, 세면실 및 화장실, 6. 생활관 외부 창문, 7. 교육관 및 직업훈련장 내 각 실, 8. 학생식당 등으로 규정하였고, 영상정보처리기기에 의한 감호업무를 수행하기 위한 모니터의 설치장소는 1. 상황실, 2. 상황실장실, 3. 생활관 생활지도실, 4. 생활지도계 등인데, 이 경우 수집된 영상정보는 직원 이외의 외부인이 볼 수 없도록 조치하여야 한다. 영상정보처리기기를 통한 감호는 24시간 연속하여 실시한다. 다만 상황실·상황실장실 및 생활지도계 사무실은 당해 근무시간에 한한다. 영상정보처리기기에 의해 수집된 영상정보의 보관기간은 30일이며, 기간이 만료된 영상정보는 즉시 삭제하여야 한다. 하지만 원장은 수집된 영상정보의 내용이 보호소년등의 징계 등 처우 및 안정적인 수용관리를 위하여 중요하다고 인정될 경우에는 해당 개인영상정보를 파일로서 별도의 매체에 복사·저장하여 90일간 보관할 수 있는데, 이에 따라 관리되는 개인영상파일 중 확정된 징계에 직접적인 근거로 인정되었거나 재판의 증거가 된 것은 그 보관기간을 연장할 수 있다. 다만 해당 보호소년등의 출원 후 1년을 넘지 못한다.

나. 검토

영상정보처리기기에 대한 설치 근거 및 설치 요건을 규정하고 있는 관련 법률을 살펴보면, 형의 집행 및 수용자의 처우에 관한 법률 제94조에서는 전자장비를 이용한 계호에 대하여 규정하고 있는데, 먼저 교도관은 자살·자해·도주·폭행·손괴, 그 밖에 수용자의 생명·신체를 해하거나 시설의 안전 또는 질서를 해하는 행위(이하 '자살등'이라 한다)를 방지하기 위하여 필요한 범위에서 전자장비를 이용하여 수용자 또는 시설을 계호할 수 있다. 다만, 전자영상장비로 거실에 있는 수용자를 계호하는 것은 자살등의 우려가

---

14) 동 지침의 시행과 동시에 기존의 「소년보호시설 내 CCTV 설치·운영지침」은 폐지되었다(부칙 2조 참조).

큰 때에만 할 수 있으며, 이 경우에는 계호직원·계호시간 및 계호대상 등을 기록하여야 하며, 수용자가 여성이면 여성교도관이 계호하여야 한다. 그리고 출입국관리법 제56조의7(영상정보 처리기기 등을 통한 안전대책)에 의하면 지방출입국·외국인관서의 장은 피보호자의 자살·자해·도주·폭행·손괴나 그 밖에 다른 피보호자의 생명·신체를 해치거나 보호시설의 안전 또는 질서를 해치는 행위를 방지하기 위하여 필요한 범위에서 영상정보 처리기기 등 필요한 시설을 설치할 수 있으며, 이에 따라 설치된 영상정보 처리기기는 피보호자의 인권 등을 고려하여 필요한 최소한의 범위에서 설치·운영되어야 한다. 이러한 점을 고려한다면 기존의 보처법이 영상정보 처리기기와 관련된 운용을 하위법령인 (舊)「소년보호시설 내 CCTV 설치·운영지침」에 의거하여 운영하였던 점은 기본권 침해를 법률에 의하여 필요한 경우에 한하여 제한하고자 하는 헌법상의 원리에 부합하지 않았던 것이다. 개정법은 이러한 문제점을 적절히 개선하는 입법적인 조치로 평가된다.

하지만 영상정보처리기기 카메라의 설치장소 가운데 생활관 내 목욕탕, 세면실 및 화장실 등의 경우는 다른 장소와 비교해 볼 때 상대적으로 보호소년등의 사생활 침해의 소지가 강하기 때문에 신중하게 판단할 필요가 있다. 누구든지 불특정 다수가 이용하는 목욕실, 화장실, 발한실(發汗室), 탈의실 등 개인의 사생활을 현저히 침해할 우려가 있는 장소의 내부를 볼 수 있도록 영상정보처리기기를 설치·운영하여서는 아니 되는데, 다만 교도소, 정신보건 시설 등 법령에 근거하여 사람을 구금하거나 보호하는 시설로서 대통령령으로 정하는 시설15)에 대하여는 그러하지 아니하다(개인정보보호법 제25조 제2항). 개인정보보호법 시행령 제22조 제1항에서는 「형의 집행 및 수용자의 처우에 관한 법률」 제2조 제4호에 따른 교정시설 및 「정신보건법」 제3조 제3호부터 제5호까지의 규정에 따른 정신의료기관(수용시설을 갖추고 있는 것만 해당한다), 정신질환자사회복귀시설 및 정신요양시설 등만을 규정하고 있기 때문에 이러한 관계법령에 의하면 소년보호시설 내의 목욕탕, 세면실 및 화장실 등에 대하여 영상정보처리기기를 설치·운영하는 것은 위법한 행위라고 판단된다. 그러므로 개인정보보호법 시행령 제22조 제1항 제3호를 '3. 「보호소년 등의 처우에 관한 법률」에 따른 소년원, 소년분류심사원 등의 소년보호시설'이라고

---

15) 개인정보보호법 시행령 제22조(영상정보처리기기 설치·운영 제한의 예외) ① 법 제25조 제2항 단서에서 '대통령령으로 정하는 시설'이란 다음 각 호의 시설을 말한다.
  1. 「형의 집행 및 수용자의 처우에 관한 법률」 제2조 제4호에 따른 교정시설
  2. 「정신보건법」 제3조 제3호부터 제5호까지의 규정에 따른 정신의료기관(수용시설을 갖추고 있는 것만 해당한다), 정신질환자사회복귀시설 및 정신요양시설.

신설하는 추가적인 입법적인 보완이 필요하다.

4. 보호관찰 등에 관한 법률에 따른 소년분류심사원 유치소년에 대한 처우 근거 마련

가. 개정의 이유 및 내용

개정법은 보호관찰 등에 관한 법률 제42조 제1항에 따라 보호관찰소의 장으로부터 유치된 소년을 '유치소년(留置少年)'으로 정의하여 그 수용과 분류심사를 소년분류심사원의 임무에 추가하고(제2조 제2항 제2호), '유치소년'을 '보호소년'과 분리 수용하도록 하며(제8조 제1항 제2호), '위탁소년'과 마찬가지로 소년분류심사원장이 유치취소에 대한 의견을 법원에 제시할 수 있는 근거를 마련하는 등 '유치소년'의 처우를 명확히 하고자 하였다. 이에 개정법에 의하면 기존의 '보호소년'과 '위탁소년' 외에 보호관찰 등에 관한 법률 제42조 제1항[16]에 따라 소년분류심사원에 유치된 소년을 '유치소년'으로 정의하고, 그 처우에 대한 규정을 마련하였고, 소년분류심사원장은 유치소년에 대하여 계속 수용하기에 부적절한 사유가 있을 때에는 유치 허가를 한 지방법원 판사에게 유치의 취소에 관한 의견을 제시할 수 있으며, 이 경우 그 유치소년을 관할하는 보호관찰소장에게 즉시 통보하여야 한다(제9조 제2항).

나. 평가

이는 보호관찰 등에 관한 법률에 따르면 집행유예의 취소나 임시퇴원을 신청하기 위해 필요한 경우 보호관찰소의 장은 보호관찰 대상자를 소년분류심사원에 유치할 수 있도록 하고 있으나, 보처법에는 위 규정에 따라 유치된 소년에 대한 규정이 없어 실무상 '위탁

---

16) 보호관찰 등에 관한 법률 제42조(유치) ① 보호관찰소의 장은 다음 각 호의 신청이 필요하다고 인정되면 제39조 또는 제40조에 따라 구인한 보호관찰 대상자를 수용기관 또는 소년분류심사원에 유치할 수 있다.
   1. 제47조에 따른 보호관찰을 조건으로 한 형의 선고유예의 실효(失效) 및 집행유예의 취소 청구의 신청
   2. 제48조에 따른 가석방 및 임시퇴원의 취소 신청
   3. 제49조에 따른 보호처분의 변경 신청.

소년'에 준하여 처우하고 있는 실정이었던 문제를 해결하기 위한 조치로 풀이된다. 유치소년의 개념이 보처법에 새롭게 신설됨에 따라 다른 법령과의 통일성을 기하기 위하여 보처법 제31조 제2항을 "초·중등교육법 제2조의 학교에서 재학하던 중 소년분류심사원에 위탁되거나 유치된 소년 및 소년법 제32조 제1항 제8호의 처분을 받은 소년의 수용기간은 그 학교의 수업일수로 계산한다"라고 변경하였다. 왜냐하면 기존에는 위탁소년의 경우에 있어서 위탁기간을 학교의 수업일수로 계산하고 있었는데, 개정법은 이에 추가하여 '유치소년'이라는 개념을 도입하면서 위탁소년과 같이 처우하기 위하여 유치소년의 경우에도 수용기간을 수업일수로 인정할 필요가 있었기 때문이다. 참고로 소년법상의 제8호 처분 대상자에게도 동일한 필요성이 인정되어 이들의 수용기간도 학교의 수업일수로 인정하고 있다.

5. 소년보호위원에 대한 실비지급 규정 신설

가. 개정의 이유 및 내용

개정법은 보호소년등의 교육 및 사후지도를 지원하기 위한 소년보호위원에게 예산의 범위에서 직무수행에 필요한 비용의 전부 또는 일부를 지급할 수 있도록 하고 있다. 즉 제51조의2에 의하면 보호소년등의 교육 및 사후지도를 지원하기 위하여 소년보호위원[17]을 둘 수 있고(제1항), 법무부장관이 위촉하는데(제2항), 기존에는 소년보호위원을 명예직으로 분류하여 직무수행에 필요한 비용의 지급에 대한 근거조항을 두고 있지 않았다. 이에 따라 기존의 제51조의2 제3항을 제4항으로 이동시키고, 동조 제3항에서 "소년보호위원에게는 예산의 범위에서 직무수행에 필요한 비용의 전부 또는 일부를 지급할 수 있다"고 추가하였다.

나. 평가

보처법 제51조의2 및 같은 법 시행규칙 제89조에 따라 소년보호위원의 자격기준, 자

---

17) 2013년 기준 소년보호위원으로 활동하고 있는 인원은 총 2,094명인데, 보다 구체적으로 살펴보면 교육위원 1,299명, 종교위원 535명, 어머니위원 260명 등으로 구성되어 있다.

치조직과 활동 등에 관한 사항을 규정함으로써 보호소년 등에 대한 자원봉사 활동을 지원·육성함을 목적으로 제정된 것이 「소년보호위원 기본규정」(법무부훈령 제783호; 2010. 7. 1. 일부개정)인데, 소년보호위원 기본규정은 소년보호위원의 자격기준, 자치조직, 활동, 의무사항 등에 관하여 전반적인 사항을 규율하고 있다고 볼 수 있다. 하지만 유독 소년보호위원의 실비 지원을 위한 관련 규정은 전무한 실정이다. 2011. 3.부터 소년원생 멘토링 등으로 소년보호위원의 봉사활동이 크게 증가하면서 그에 따라 발생하는 실비 지원의 필요성이 제기되고 있으며, 동시에 예산 반영을 위해 법적 근거의 마련이 필요한 것으로 요구되고 있는 상황이다. 또한 보다 원활한 직무수행과 위원들의 사기증진을 통한 업무역량강화를 위하여 명예직을 유지하면서도 활동에 필요한 비용을 지급하는 것은 보호소년등의 교육 및 사후지도의 성과를 제고할 수 있다.

이와 관련하여 소년보호위원과 유사한 업무를 수행하고 있는 범죄예방위원의 경우에는 직무수행에 필요한 실비에 대한 규정을 법령에 두고 있다. 즉 현행 보호관찰 등에 관한 법률 제18조 제4항에 의하면 범죄예방위원은 명예직으로 하되, 예산의 범위 내에서 직무수행에 필요한 비용의 전부 또는 일부를 지급할 수 있다고 규정하고 있고, 동법 시행규칙 제12조에서 범죄예방위원에 대하여는 예산의 범위 내에서 그 직무수행에 필요한 실비를 지급한다고 규정하고 있다.

소년보호위원의 역할 및 지위가 범죄예방위원의 그것보다 더 낮다고 볼 수 없을 뿐만 아니라, 앞으로의 역할증대가 기대되고 있는 점에서 개정법에 소년보호위원의 실비 지급에 대한 명확한 근거를 둔 것이 타당하다. 특히 법무부 소속기관, 단체와 그 소속 직원은 소년보호위원의 직무수행을 적극적이고 능동적으로 지원하여야 한다(소년보호위원 기본규정 제2조)고 규정함으로써 법무부 등에게 일정한 협력의무를 부과하고 있는 점에서도 그 당위성을 찾을 수 있겠다. 추가적으로 현행 보처법 시행규칙 제89조(소년보호위원의 자격기준 등)에서는 소년보호위원의 세부적인 자격기준, 활동 등에 관한 사항은 법무부장관이 정한다고 규정하고 있는데, 이를 보다 구체화하여 '소년보호위원에 대하여는 예산의 범위 내에서 그 직무수행에 필요한 실비를 지급한다'는 내용을 삽입할 필요성도 있다. 이러한 명문의 규정을 가지게 되면 관련 예산 편성이 용이하고 소년보호위원의 자원봉사 활동 활성화에 기여할 것으로 판단된다.

6. 보호소년에게 외출신청권 부여

가. 개정의 이유 및 내용

기존의 법 제19조(외출)에 의하면 "소년원장은 보호소년에게 다음 각 호[18]의 어느 하나에 해당하는 사유가 있을 때에는 외출을 허가할 수 있다"고 하여 소년원장이 '외출을 허가할 수 있다'고만 규정되어 있어 보호소년 본인이나 보호자 등이 독자적인 신청을 할 수 있는 것인지 대하여 명확하지 않은 측면이 있었다. 이에 보호소년 본인이나 보호자 등의 신청에 따라 소년원장이 허가할 수 있도록 하는 절차를 명문화함으로써 이들에게 외출을 신청할 수 있는 기회를 보장하기 위하여 제19조의 본문을 "소년원장은 보호소년에게 다음 각 호의 어느 하나에 해당하는 사유가 있을 때에는 본인이나 보호자등의 신청에 따라 또는 직권으로 외출을 허가할 수 있다"라고 변경하였다.

나. 평가

개정법이 외출과 관련하여 보호소년 및 보호자 등에게 별도로 외출신청권을 부여한 것은 비록 강제력은 없지만 소년원장 및 처우심사위원회의 심의 시 권고적인 효력을 발휘할 수 있다는 점에서 진일보한 개정으로 파악된다. 하지만 보처법 및 하위법령에서는 외출과 관련하여 많은 조항들을 두고 있는데, 소년의 지위에 따라 그 적용범위가 문제될 수 있는 것을 지적할 수 있다. 먼저 보처법 제19조에서는 외출에 관한 규정을 두고 있는데, 그 대상과 사유가 국한되어 있다는 점에 유의해야 한다. 즉 외출의 대상은 '보호소년'에 국한되어 있다. 하지만 하위법령에 해당하는 보처법 시행령 제3조 제2항에서 처우심사위원회의 심사대상에 보호소년의 외출에 관한 사항뿐만 아니라 위탁소년 및 유치소년의 외출에 관한 사항도 포함하고 있는 모순이 발생하고 있다. 그러면서도 보처법 시행령 제41조에서는 "소년원장은 외출허가를 받은 보호소년에게 지켜야 할 사항을 부과하여야 하며, 보호소년이 준수사항을 위반하면 지체 없이 외출허가를 취소하고 복귀에 필요한 조치를 하여야 한다"고 하여 다시 외출의 대상을 보호소년에 국한시키고 있고, 위탁

---

18) 1. 직계존속이 위독하거나 사망하였을 때 2. 직계존속의 회갑 또는 형제자매의 혼례가 있을 때 3. 천재지변이나 그 밖의 사유로 가정에 인명 또는 재산상의 중대한 피해가 발생하였을 때 4. 병역, 학업, 질병 등의 사유로 외출이 필요할 때 5. 그 밖에 교정교육상 특히 필요하다고 인정할 때.

소년 및 유치소년의 경우에 대하여는 별도의 규정을 두고 있지 않다.

다음으로 보호소년에 대한 '외출의 사유'도 국한되어 있는데, 보처법 제19조에서 규정하고 있는 5가지 사유 이외에 기존의 보처법 시행규칙 제38조에서는 외출의 사유로서 '1. 외부병원에서 진료를 받기 위하여 외출하는 경우, 2. 법원 및 검찰의 소환에 응하기 위하여 외출하는 경우, 3. 직계존속의 사망 등 법 제19조 제1호에 따른 사유로 외출하는 경우, 4. 천재지변으로 인한 가정의 인명 피해 등 법 제19조 제3호에 따른 사유로 외출하는 경우, 5. 영 제5조 제2호에 따라 사회·문화시설을 견학·참관하기 위하여 외출하는 경우, 6. 정기적인 봉사활동에 참여하기 위하여 외출하는 경우, 7. 입학, 전학 또는 편입 시험에 응시하기 위하여 외출하는 경우, 8. 그 밖에 소년원장이 특히 필요하다고 인정한 교육활동에 참여하기 위하여 외출하는 경우' 등을 규정함으로써 상위법령에서 규정하고 있지 않은 '법원 및 검찰의 소환에 응하기 위한 외출'을 외출대상에 포함시키고 있는 모순을 범하고 있었다.

생각건대 현실적으로 위탁소년의 외출결정은 위탁변경으로 법원소년부의 권한에 속하며, 법원·검찰 소환은 호송으로 간주되고 있다. 다만 개인적인 민사·가사소송 등과 관련된 법원의 출석은 외출에 포함된다고 해석된다. 그러므로 외출의 본래 의미를 감안하여, 외출의 주체는 보호소년에 국한하는 것이 바람직하며, 하위법령의 위탁소년 및 유치소년의 외출 및 법원·검찰 소환 등의 규정은 삭제하는 것이 바람직하다고 판단된다.[19] 이를 위하여 보처법 시행령 제3조 제2항 제5호 중 '위탁소년 및 유치소년의 외출'을 삭제하고, 보처법 시행규칙 제25조 제2항 중 '원장은 보호소년등이 외출하거나'를 '원장은 보호소년이 외출하거나'로 개정해야 할 필요성이 있다. 참고로 법무부령 제820호로 개정되어 2014. 7. 8.부터 시행되고 있는 보처법 시행규칙에서는 제38조 전체를 삭제한 바 있다.

---

19) 오영근·박찬걸, 「보호소년 등의 처우에 관한 법률 개정 예비연구」, 법무부, 2011. 12, 119면.

7. 소년원등 방문대상의 적시 및 설문조사 시 협의

가. 개정의 이유 및 내용

기존 보처법 제49조의 취지는 외부인의 방문으로 인하여 보호소년등의 사회적응력 제고에 악영향을 미치거나 소년원등의 질서유지에 어려움이 생기는 것을 방지하기 위한 것이었는데, 개정법은 소년원등을 방문하는 경우에 그 사유뿐만 아니라 대상까지 밝히도록 하여 방문에 대한 사전준비 및 예상이동경로 등에 대한 파악을 용이하게 하였다. 또한 소년원등에 대한 방문 이외의 설문조사 시에는 사전에 원장과 협의를 하도록 하는 규정을 신설하였다.

〈표-5〉 소년원등 방문 및 설문조사 관련 조문의 변경 현황

개정 전	개정 후
제49조(방문 허가) 보호소년등에 대한 지도, 학술연구, 그 밖의 사유로 소년원이나 소년분류심사원을 방문하려는 자는 그 사유를 구체적으로 밝혀 원장의 허가를 받아야 한다.	제49조(방문 허가 등) ① 보호소년등에 대한 지도, 학술연구, 그 밖의 사유로 소년원이나 소년분류심사원을 방문하려는 자는 그 대상 및 사유를 구체적으로 밝혀 원장의 허가를 받아야 한다. ② 소년원이나 소년분류심사원을 방문하지 아니하고 설문조사를 하려는 자는 미리 그 내용을 원장과 협의하여야 한다.

나. 검토

제49조 제2항의 신설 취지는 소년원등의 시설을 직접 방문하지 않고 서면 등을 통해 설문조사를 행하는 경우에도 제49조 제1항의 경우에 있어서의 방문요건과 마찬가지로 그 대상 및 사유를 구체적으로 밝혀 원장의 허가를 받도록 하는 것에 대한 회의적인 시각에 있다고 할 수 있다. 즉 방문조사와는 달리 설문조사를 실시하는 경우에는 보호소년등과의 직접적인 대면접촉이 전혀 없기 때문에 이들에게 미치는 부정적인 영향의 정도가 미약하다는 점, 직접 방문시의 이동경로 및 상주시간의 장단 등으로 인한 소년원등의 운영 및 질서유지에 방해가 되는 요인을 최소화할 수 있다는 점, 설문조사의 경우에도 방문의 경우와 마찬가지로 사전에 원장의 허가를 받는 것을 요건으로 한다면 원장에 의한 자의적인 판단으로 상대적으로 보호소년등 및 소년원등에 피해를 최소화할 수 있는 설문조사 자체를 억제할 수 있다는 점 등을 고려한다면 제49조 제2항을 별도로 신설하여 동

조 제1항과 달리 원장의 허가 대신 설문조사 내용에 대한 사전 협의를 규정한 것은 타당한 입법이라고 판단된다.

8. 그 밖의 개정 내용에 대한 평가

가. 퇴원의 범위에 임시퇴원 명시

기존의 보처법 제22조(금품의 보관 및 반환) 제2항 및 동조 제3항에 의하면 원장은 보호소년등의 퇴원, 사망, 이탈 등의 사유로 금품을 계속 보관할 필요가 없게 되었을 때에는 본인이나 보호자등에게 반환하여야 하고, 이에 따라 반환되지 아니한 금품은 퇴원, 사망, 이탈 등의 사유가 발생한 날부터 1년 이내에 본인이나 보호자등이 반환 요청을 하지 아니하면 국고에 귀속하거나 폐기한다고 규정하고 있었다. 여기서 보호소년등의 금품 보관 및 반환의 범위와 관련된 규정에 '퇴원'만이 규정되어 있어서 과연 '임시퇴원'이 퇴원의 범위에 포함되는지 여부가 불분명한 상황이었다. 왜냐하면 보처법 제32조, 제44조 내지 제48조에서는 퇴원이라는 용어 이외에 임시퇴원이라는 용어가 서로 구별되어 사용되고 있기 때문이다. 그렇기 때문에 제22조에서 규정하고 있는 금품 보관 및 반환의 대상자에는 퇴원자만이 이에 해당하고, 임시퇴원의 경우에는 그 적용을 하지 않는 것이 법체계상 타당한 결론이라고 할 수 있다. 하지만 제22조의 적용대상자에 임시퇴원자를 배제할 합리적인 이유가 없으며, 이들에게도 금품의 반환 등을 할 필요성이 있으므로, 임시퇴원을 별도로 규정한 것은 타당한 입법적인 조치로 판단된다.

나. 전화통화 허가에 대한 근거 명확화

보호소년 등의 처우 개선과 외부교통권 보장을 통한 사회적응 촉진을 위하여 보호소년의 외부 전화통화 허가에 대한 법적 근거를 명확히 하기 위하여 보처법 제18조 제6항을 '원장은 보호소년등의 보호 및 교정교육에 지장을 주지 아니하는 범위에서 가족 등과 전화통화를 허가할 수 있다'라고 신설하였다. 동 규정과 관련하여 정부가 제출한 초안에는 전화통화에 대한 허가 근거뿐만 아니라 전화통화에 대한 통화내용을 청취하거나 녹음하여 그 내용을 기록할 수 있는 내용까지 담고 있었다. 이는 형의 집행 및 수용자의 처우에 관한 법률 제44조(전화통화) 제2항에서 수용자가 소장의 허가를 받아 교정시설의 외부에 있는 사람과 전화통화를 할 경우에 있어서, 허가에는 통화내용의 청취 또는 녹음을 조건으로 붙일 수 있다는 것을 참고로 하여 고안된 것으로 보이는데, 법제사법위원회의 검토과정에서 삭제되었다.

다. 대안교육과정 확대 운영

소년원 및 소년분류심사원이 청소년 비행예방 및 재범방지 또는 사회적응을 위하여 운영하는 대안교육과정에 「학교폭력예방 및 대책에 관한 법률」에 따른 학교폭력 예방교육 및 가해학생·보호자 특별교육을 추가하였다. 이를 위하여 제42조의2 제1항에 제4호를 신설하여 '「학교폭력예방 및 대책에 관한 법률」 제15조 제3항[20]에 따른 학교폭력 예방교육과 같은 법 제17조에 따른 가해학생 및 보호자 특별교육'을 별도의 교육과정으로 운영하도록 하였고, 동시에 원장은 행정기관, 지방자치단체, 학교, 그 밖의 단체 등과 협력하여 지역사회의 청소년 비행을 예방하기 위하여 적극 노력하여야 한다는 조항도 신설하였다. 최근 심각한 사회문제로 대두되고 있는 학교폭력의 예방필요성과 학교폭력 가해자 및 보호자에 대한 특별교육의 필요성에 대한 공감대가 형성되어 있는 점을 감안한다면, 소년원등이 대안교육을 통해 능동적으로 이에 적극 대처하도록 하는 내용의 개정법의 내용은 타당하다. 다만 기존 소년원등의 업무에 대한 지나친 부담으로 작용되는 부작용을 방지하기 위해서는 유관 기관과의 적절한 협의를 통하여 예방 및 특별교육의 분담이 반드시 전제되어야 할 것이다.

---

20) 학교폭력예방 및 대책에 관한 법률 제15조(학교폭력 예방교육 등) ① 학교의 장은 학생의 육체적·정신적 보호와 학교폭력의 예방을 위한 학생들에 대한 교육(학교폭력의 개념·실태 및 대처방안 등을 포함하여야 한다)을 학기별로 1회 이상 실시하여야 한다. ② 학교의 장은 학교폭력의 예방 및 대책 등을 위한 교직원 및 학부모에 대한 교육을 학기별로 1회 이상 실시하여야 한다. ③ 학교의 장은 제1항에 따른 학교폭력 예방교육 프로그램의 구성 및 그 운용 등을 전담기구와 협의하여 전문단체 또는 전문가에게 위탁할 수 있다.

Ⅲ. 글을 마치며: 추가적인 입법적 보완에 대한 제언

　　지금까지 지난 2013. 7. 30. 공포된 보처법 제17차 개정의 배경 및 주요내용에 대하여 살펴보고, 관계 법령과의 상호비교를 통하여 이를 평가하는 작업을 하였다. 이번 개정을 통하여 소년법상 소년의료보호시설 위탁처분을 받은 소년에 대한 처우 명확화, 보호장비의 종류 및 사용요건 명시, 영상정보처리기기의 설치 근거 및 요건의 명확화, 보호관찰 등에 관한 법률에 따른 소년분류심사원 유치소년에 대한 처우 근거 마련, 소년보호위원에 대한 실비지급 규정 신설, 보호소년에게 외출신청권 부여, 소년원등 방문대상의 적시 및 설문조사 시 협의, 퇴원의 범위에 임시퇴원 명시, 전화통화 허가에 대한 근거 명확화, 대안교육과정 확대 운영 등 기존에 보처법의 문제점으로 지적되어 오던 상당수의 조항들에 대한 개선작업이 이루어진 것은 괄목할 만한 성과로 여겨진다. 소년사법정책에 있어서 근간이라고 할 수 있는 법률인 보처법의 개정이 장기간에 걸친 정부의 노력으로 단행된 것은 높이 평가할 수 있겠지만, 19대 국회의 회기가 절반이 지난 현재의 시점까지도 보처법에 대한 의원입법이 단 1건도 발의된 적이 없다는 점은 큰 아쉬움이 아니라고 할 수 없다. 보다 발전된 보처법의 역할과 임무 제고 및 선진화되고 인권친화적인 비행소년 예방과 처우를 위해서 보처법의 개정작업은 한시도 그 끈을 놓지 않아야 할 것이다. 이러한 의미에서 이번 제17차 개정에서는 논의되지 않았지만 추후 논의가 반드시 필요하다고 판단되는 몇 가지 쟁점에 대하여 제언을 하면서 논의를 마무리하고자 한다.

　　첫째, 보처법 제48조에 의하면 "소년원장은 보호관찰 등에 관한 법률 제48조[21])에 따라 임시퇴원이 취소된 자는 지체 없이 재수용하여야 한다"고 규정하고 있는데, 실무에서는 이를 '소년분류심사원 또는 원소속 소년원이 아닌 기관에 유치 중 취소된 소년은 반드시 출원 당시 소년원에서 즉시 수용'해야 하는 것으로 해석하여 시행하고 있다. 왜냐하면 보처법 시행령 제88조(임시퇴원 취소자의 재수용) 제1항에서 "보호관찰 등에 관한 법률 제48조에 따라 임시퇴원이 취소된 소년의 경우 임시퇴원 당시의 소년원장은 보호관

---

21) 보호관찰 등에 관한 법률 제48조(가석방 및 임시퇴원의 취소) ① 심사위원회는 가석방 또는 임시퇴원된 사람이 보호관찰기간 중 제32조의 준수사항을 위반하고 위반 정도가 무거워 보호관찰을 계속하기가 적절하지 아니하다고 판단되는 경우에는 보호관찰소의 장의 신청을 받거나 직권으로 가석방 및 임시퇴원의 취소를 심사하여 결정할 수 있다. ② 심사위원회는 제1항에 따른 심사 결과 가석방 또는 임시퇴원을 취소하는 것이 적절하다고 결정한 경우에는 결정서에 관계 서류를 첨부하여 법무부장관에게 이에 대한 허가를 신청하여야 하며, 법무부장관은 심사위원회의 결정이 정당하다고 인정되면 이를 허가할 수 있다.

찰관으로부터 그 소년을 인수하여 지체 없이 재수용하여야 한다"고 규정하고 있기 때문이다. 이에 따라 소년분류심사원 또는 다른 소년원에 유치 중 임시퇴원 취소된 소년을 인수하기 위하여 야간·악천후·여직원 부재중에도 원거리 또는 여자소년의 이송을 감수해야 하는 위험과 불편을 초래하고 있다. 하지만 서울소년분류심사원 및 소년원은 임시퇴원 퇴소자의 임시보호에 필요한 시설·인력 등을 충분히 갖추고 있어서 출원 당시 소년원에 재수용해야 할 시급한 사유가 거의 없으므로 "임시퇴원이 취소된 소년의 경우 임시퇴원 당시의 소년원장은 보호관찰관으로부터 그 소년을 인수하여 지체 없이 재수용하여야 한다"라는 부분의 표현에 수정이 요구되며, 양 기관의 협의하에 적절한 시점에서 안전하게 인수하는 것이 보다 타당하다. 또한 임시퇴원 취소 후 잔여기간의 집행은 취소가 결정된 날로부터 기산하므로 이송 지연에 따른 수용기간 계산의 문제는 전혀 없을 것이다. 생각건대 보처법에서 소년원장은 임시퇴원이 취소된 자를 '지체 없이' 재수용하여야 한다고 규정하고 있는 것의 실질적인 의미는 '소년분류심사원 또는 원소속 소년원이 아닌 기관에 유치 중 취소된 소년은 반드시 출원 당시 소년원에서 즉시 재수용'하여야 한다는 의미가 아니라, '출원 당시 소년원뿐만 아니라 소년분류심사원 또는 원소속 소년원이 아닌 기관이라고 할지라도 지체 없이 재수용'할 수 있다고 해석해야 한다. 왜냐하면 '지체 없이 재수용해야 한다'를 수식해주는 별도의 문구가 없기 때문이다. 동 규정은 재수용의 장소적인 제한을 가하는 것이 아니라 시간적인 제한을 가하는 것에 중점이 있는 것이다. 특히 보처법 시행규칙 제84조 제1항에 의하면 "임시퇴원취소자의 신병을 인수한 소년원장은 지체 없이 임시퇴원 당시의 해당 소년원장에게 신병인수 사실을 알리고, 가정·학교·사회환경 및 임시퇴원 기간 중의 생활상태를 종합심사하기 위한 처우심사를 거쳐 자체수용 또는 이송여부를 결정하여야 한다"라고 되어 있는데, 이는 얼마든지 원소속 소년원이 아닌 기관이라고 할지라도 재수용될 수 있음을 보여주는 것이라고 하겠다. 그러므로 보처법 제48조의 규정은 그대로 두고, 오히려 보첩버 시행령 제88조(임시퇴원 취소자의 재수용) 제1항 중 '임시퇴원이 취소된 소년의 경우 임시퇴원 당시의 소년원장은 보호관찰관으로부터 그 소년을 인수하여 지체 없이 재수용하여야 한다'를 '임시퇴원이 취소된 소년의 경우 임시퇴원 당시의 소년원장 또는 임시퇴원 취소자의 현재지의 시·도가 달라 임시퇴원 당시의 소년원으로의 재수용이 지체될 우려가 있는 경우 임시퇴원 취소자의 현재지와 인접한 소년원장은 보호관찰관으로부터 그 소년을 인수하여 지체 없이 재수용하여야 한다'고 개정하는 것이 바람직하다.

둘째, 소년보호절차에서도 절차의 공정성을 위하여 소년법원판사에 대한 제척, 기피,

회피제도를 인정할 것인가가 문제될 수 있다. 형사소송법 제17조 이하, 민사소송법 제37조 내지 제47조, 행정소송법 제8조, 가사소송법 제4조, 비송사건절차법 제5조 등에서는 제척, 기피, 회피제도가 규정되어 있으나, 보처법에는 이에 대한 아무런 규정이 없다. 다만 소년심판규칙에 의하면 소년법원판사는 심리의 공평을 해할 만한 상당한 사유가 있고 인정할 때에는 그 직무의 집행을 회피하여야 하고(소년심판규칙 제26조 제1항), 조사관 및 법원사무관 등에게도 이를 준용하고 있다(소년심판규칙 제26조 제2항). 또한 (재)항고법원으로부터 사건을 환송 또는 이송받은 경우에 원결정을 한 소년법원판사는 심리에 관여할 수 없다(소년심판규칙 제51조 제2항, 제53조).[22] 한편 지방법원 합의부는 지방법원판사에 대한 제척, 기피사건에 대한 심판권을 가지고(법원조직법 제32조 제1항 제5호), 가정법원 합의부는 가정법원 판사에 대한 제척, 기피사건에 대한 심판권을 가진다(법원조직법 제40조 제1항 제2호). 특히 법원조직법 제40조 제1항 제2호는 우리나라 소년사법절차에 있어서도 소년부판사에 대한 제척, 기피, 회피제도가 있음을 나타내고 있는데, 소년부판사에 대한 제척, 기피, 회피제도에 대한 법적인 근거는 보처법이 아니라 소년심판규칙 제26조 제1항에서 회피만을 직접적으로 규정하고 있는 것으로 보이고, 제척이나 기피제도에 대한 법적인 근거조항이 없는 실정이다. 그러므로 재판의 공정성을 위하여 법률에서 법관의 제척, 기피, 회피제도 등을 규정하고 있는 다른 법률과의 형평성 차원에서, 소년사법에 관한 일반법으로서의 성격을 지니고 있는 보처법에서도 이를 규정하는 것이 바람직하다.[23]

셋째, 현행 보처법 제43조(퇴원)에 의하면 소년원장은 보호소년이 22세가 되면 퇴원시켜야 하고(제1항), 소년원장은 소년법 제32조 제1항 제8호 또는 같은 법 제33조 제1항·제5항·제6항에 따라 수용상한기간에 도달한 보호소년은 즉시 퇴원시켜야 한다(제2항)고 규정하고 있다. 한편 소년원장은 보호소년의 퇴원 또는 임시퇴원이 허가되면 지체 없이 보호자등에게 보호소년의 인도에 관하여 알려야 하고(제45조 제1항), 퇴원 또는 임시퇴원이 허가된 보호소년을 보호자등에게 직접 인도하여야 한다. 다만, 보호소년의 보호자등이 없거나 허가일부터 10일 이내에 보호자등이 인수하지 아니하면 사회복지단체, 독지가, 그 밖의 적당한 자에게 인도할 수 있다(제45조 제2항). 이와 같은 보처법 제45조의 출원허가자에 대한 보호자 통지 및 직접인도 조항은 보처법 제43조 제1항과 제2항의 규정과 체계적으로 비교해 보았을 때 모순점이 발생하고 있다. 소년보호의 원칙에 비추어 볼 때

---

22) 이는 형사재판에서 파기환송전의 원심재판에 관여한 법관이 제척되지 않는 것과 다르다.

23) 오영근·박찬걸, 앞의 글, 55면.

미성년자는 보호자에게의 인도가 원칙임에도 불구하고 법규정에 따라 허가절차가 필요 없는 만기퇴원생을 보호자 없이도 즉시 출원시켜야 하는지에 대하여 실무에서도 혼란이 발생하고 있는 실정이다. 그러므로 만기퇴원자에 대해서도 보호자 통지·인도 조항의 적용 및 민법상의 성인퇴원자에 대해서는 개별퇴원이 가능하도록 개정이 필요하다. 결론적으로 보처법 제43조 제2항에 단서규정으로써 '다만 수용상한기간에 도달한 보호소년이 미성년자일 경우에는 보호자등에게 보호소년의 인도에 관하여 알려야 하고, 보호소년을 보호자등에게 직접 인도하여야 한다'라고 신설하는 것이 바람직하다.

넷째, 2007. 12. 21. 보처법 제정 시 퇴원심사의 권한을 소년원에서 보호관찰심사위원회로 이관하였으나, 이에 따라 퇴원인원이 급감함으로써 보호소년들의 사회복귀 의욕에 저하를 초래하고 있다. 기존의 규정에 의하면 임시퇴원의 경우에만 교정성적이 양호한 자 중 보호관찰의 필요성이 있다고 인정되는 보호소년에 대하여 보호관찰심사위원회에 신청하여야 하였고, 퇴원의 경우에는 소년원장이 퇴원예정자를 법무부장관에 상신, 장관의 허가로 보호관찰의 부가 없이 퇴원시켰으나, 현행법에 의하면 임시퇴원의 경우뿐만 아니라 퇴원의 경우에도 보호관찰심사위원회의 결정을 거쳐 법무부장관이 허가함으로서 처우기관의 심사권이 전적으로 배제되어 있는 실정이다. 생각건대 현행법에 의하면 퇴원 사유와 임시퇴원의 사유가 별다른 차이가 없게 된다. 즉 두 가지 모두 '교정성적이 양호한 자 중 보호관찰의 필요성이 있다고 인정되는 보호소년'으로 해석되기 때문에 군이 퇴원과 임시퇴원을 구별할 실익이 줄어들게 된 것이다. 또한 보호관찰소의 역할이 날로 강화되고, 기능이 다양화됨에도 불구하고 인원 및 예산배정이 원활하지 못하여, 실질적인 운영에 상당한 어려움이 발생하고 있는 사정을 감안해야 한다. 이러한 와중에 기존의 퇴원예정자에 대하여 보호관찰을 새롭게 부가하여 퇴원시킴으로써 업무의 부담을 가중하면서까지 퇴원인원을 원활하게 유지할 것을 기대하는 것은 무리라고 본다. 따라서 2007년 보처법의 개정과 함께 전면적으로 개편된 소년원 출원제도가 시행되면서 기존의 퇴원 위주의 출원제도가 보호관찰이 부과되는 임시퇴원 위주로 운영되고 있다. 이에 보호관찰 등에 관한 법률 위반으로 소년원에 재입원하는 임시퇴원자의 비율이 증가[24]하고 있는 실정이다. 그러므로 보처법에 분리·규정되어 있는 출원제도의 이원화(퇴원·임시퇴원)의 취지를 살리면서, 보호소년의 개선의지를 촉진할 수 있도록 심사제도의 개선이 요구된다. 결론적으로 보호소년에 대하여 교정의 목적을 달하였다고 인정할 때에는 소년원장이 퇴

---

24) 재입원을 예방할 수 있도록 임시퇴원 소년에 대한 사회복귀 준비 및 사후지도 체계를 강화하고자 임시퇴원 예정자에 대한 '보호관찰관 사전면담제'를 도입하여 운영하고 있다(오영희, "소년보호제도의 최근 동향 및 발전방안 — 법무부 소년호보기관을 중심으로 —", 한국범죄학 제4권 제1호, 대한범죄학회, 2010. 6, 104면).

원예정자를 법무부장관에 상신하고, 이를 검토한 법무부장관의 허가로 보호관찰의 부가가 없는 퇴원을 시키거나 검토 결과 보호관찰의 부가가 필요하다고 판단될 경우에는 보호관찰심사위원회에 퇴원을 신청할 수 있는 방안을 마련해 주고, 교정성적이 양호한 자 중 보호관찰의 필요성이 있다고 인정되는 보호소년에 대하여는 소년원장이 보호관찰심사위원회에 임시퇴원을 신청하는 방안이 가장 타당하다고 본다. 또한 임시퇴원자 중 보호관찰 등의 준수위반을 줄이기 위해서 보처법 제45조의2 제1항 중 '원장은 퇴원하는 보호소년등이 원하는 경우 본인·보호자 또는 법정대리인의 신청에 따라 보호소년등의 성공적인 사회정착을 지원하기 위하여 취업알선 등 필요한 사후지도를 할 수 있다'를 '원장은 퇴원 또는 임시퇴원하는 보호소년등이 원하는 경우 본인·보호자 또는 법정대리인의 신청에 따라 보호소년등의 성공적인 사회정착을 지원하기 위하여 취업알선 등 필요한 사후지도를 할 수 있다'로 하여 '임시퇴원'의 경우에도 사후지도를 받을 수 있는 법적인 근거를 마련해야 할 것이다.

다섯째, 형의 집행 및 수용자의 처우에 관한 법률 제50조 내지 제53조에서는 여성수용자에 대하여 상당한 분량의 처우에 대한 특칙을 규정하고 있지만, 보처법령을 살펴보면 '여자'에 대하여 별도로 규정하고 있는 부분이 상당히 적으며, 그 내용도 형의 집행 및 수용자의 처우에 관한 법률과 비교해 볼 때 미미한 실정이다. 먼저 보처법에서는 유일하게 제8조(분리수용) 제1항 제1호에서 보호소년등은 남자와 여자의 기준에 따라 분리 수용한다고 규정하고 있을 뿐이다. 다음으로 보처법 시행령도 유일하게 제88조(임시퇴원 취소자의 재수용) 제2항에서 제1항[25]에도 불구하고 임시퇴원 당시의 소년원과 임시퇴원 취소자의 현재지(현재지)의 시·도가 달라 재수용이 지체될 우려가 있으면 임시퇴원 취소자의 현재지와 인접한 소년원에서 소년을 인수할 수 있는데 다만, 여자 임시퇴원 취소자의 경우에는 그러하지 아니하다고 규정하고 있다. 마지막으로 보처법 시행규칙 제9조에서 원장은 보처법 제2조의 보호소년 또는 위탁소년이 시행령 제6조에 따라 새로 수용된 때에는 지체 없이 1. 보호소년등의 의류 및 소지품 등의 검사, 2. 신상조사, 3. 건강진단 및 신체검사, 4. 이발·목욕 및 피복지급 등 위생에 필요한 조치, 5. 사진촬영 등에 따른 검사·조사 또는 조치 등을 하고, 이상이 발견되었을 경우에는 필요한 조치를 마련하여야 하는데(제2항), 여기서 보호소년등이 여자인 경우에는 제2항 제1호·제3호 및 제4호에 따른 검사 또는 조치는 여자직원이 실시하여야 한다. 다만, 제2항 제3호에 따른

---

25) 보호소년 등의 처우에 관한 법률 시행령 제88조(임시퇴원 취소자의 재수용) ① 보호관찰 등에 관한 법률 제48조에 따라 임시퇴원이 취소된 소년의 경우 임시퇴원 당시의 소년원장은 보호관찰관으로부터 그 소년을 인수하여 지체 없이 재수용하여야 한다.

검사는 여자직원이 참석한 가운데 의사나 간호사가 실시할 수 있다(제3항)고 규정하고 있을 뿐이다. 소년사법운영에 관한 UN최저표준규칙 제26조[26]를 고려할 때, 보처법에도 형의 집행 및 수용자의 처우에 관한 법률과 같은 여자의 처우에 대한 별도의 특별규정을 신설하는 것이 바람직하다.

---

26) 시설에 수용된 여자 소년범죄자에 대해서는 그 수요와 문제에 관하여 특별한 배려를 요한다. 여자 소년 범죄자가 남자 소년범죄자보다 열악한 치료, 보호, 지원, 처우, 훈련을 받는 일이 있어서는 아니 된다.

제18강 7호 처분 집행의 법적 근거 명확화에 관한 연구

Ⅰ. 문제의 제기

현행 「소년법」(2014. 1. 7. 일부개정[1][법률 제12192호], 2014. 1. 7. 시행) 제32조 제1항 제7호에 따르면 소년부 판사는 심리 결과 보호처분의 종류 가운데 '병원, 요양소 또는 보호소년 등의 처우에 관한 법률에 따른 소년의료보호시설에 위탁'을 할 수 있는 처분(이하에서는 '7호 처분'이라고 한다)을 할 수 있다. 그러나 이 중 병원과 요양소는 반사회성이 있는 소년의 환경 조정과 교정을 목적으로 하는 조치로서 위탁의 보호처분을 받은 소년을 감호하고 교정하는 전문적인 기능을 수행하기에는 한계가 있고, 보호처분을 받은 소년과 그렇지 않은 자와 같은 시설에 함께 수용될 수 있도록 되어 있어, 보호처분을 받은 소년에 대한 차별화되고 실효성 있는 감호 및 교정 프로그램의 실시 등을 통한 입법 취지 달성을 곤란하게 하는 요인이 되고 있는 실정이다. 이와 같이 7호 처분은 법문상 엄격히 말하자면 총 3가지 종류의 기관에 보호소년을 위탁하는 처분을 말하는데, 현재 병원과 요양소로 위탁되는 경우는 전무한 실정이고, 이 중 '보호소년 등의 처우에 관한 법률에 따른 소년의료보호시설에 위탁'하는 것만이 실시되고 있어, 이러한 처분이 과연 정확히 무엇을 의미하고 있는지 그리고 이러한 처분의 법령상 근거가 명확한지에 대하여 논란이 되고 있었다.[2] 왜냐하면 '기존의 「보호소년 등의 처우에 관한 법률」'(2013. 7. 30. 법률 제11953호로 개정되어 2014. 1. 31. 시행되기 이전의 법; 이하에서는 '(구) 보처법'이라고 한다)에서는 '소년의료보호시설'이라는 용어를 그 어디에서도 사용하고 있지 않았기 때문이다. 다만 법무부장관은 보호소년의 처우상 필요하다고 인정하면 대통령령으로 정하는 바에 따라 소년원을 초·중등교육, 직업능력개발훈련, 의료재활 등 기능별로 분류하여 운영하게 할 수 있다((구) 보처법 제4조). 이에 따라 보처법 시행령 제2조(소년원의 기능별 분류·운영) 제1항에서 보처법 제4조에 따라 소년원을 다음과 같이 총 4

---

* 소년보호연구 제25호, 한국소년정책학회, 2014. 5.

1) 2014. 1. 7.자 소년법 제8차 개정이유에 따르면, 기존의 금고형은 징역형과 같은 자유형이지만 징역형과는 달리 수형 기간 중 노역에 종사하지 않게 하는 법정형인바, 이는 과거 노동을 천시하던 사고의 잔재물로서 현대 사회에서는 맞지 않는 처벌 유형이며, 금고형을 부과 받은 수형자 대부분이 자진해서 노동에 종사하겠다고 신청하고 있어 사실상 그 존재의의를 상실한 상태이므로 시대착오적인 금고형을 삭제하여 형사처벌 중 자유형은 징역형으로 통일시키려는 것이 주된 목적이라고 하겠다. 이에 따라 기존의 소년법 제68조 제2항의 '1년 이하의 징역이나 금고 또는 1천만 원 이하의 벌금' 부분을 '1년 이하의 징역 또는 1천만 원 이하의 벌금'으로 개정하였다.

2) 또한 병원이나 요양소의 위탁처분과 법무부 범죄예방정책국 산하에 있는 의료·재활교육소년원의 위탁처분 사이에는 보호처분의 집행에 있어서 형평성의 문제도 발생할 수 있다.

가지의 형태로 분류하고 있는데, 첫째, 초·중등교육 소년원(초·중등교육법에 따른 초·중등교육이 필요한 소년을 수용·교육하는 소년원), 둘째, 직업능력개발훈련 소년원(근로자직업능력 개발법에 따른 직업능력개발훈련이 필요한 소년을 수용·교육하는 소년원), 셋째, 의료·재활교육 소년원(약물 오·남용, 정신·지적발달 장애, 신체질환 등으로 집중치료나 특수교육이 필요한 소년을 수용·교육하는 소년원), 넷째, 인성교육 소년원(정서순화, 품행교정 등 인성교육이 집중적으로 필요한 소년을 수용·교육하는 소년원) 등이 그것이다. 즉 (구) 보처법 제4조에서 말하는 '의료재활'의 기능을 담당하는 소년원은 보처법 시행령 제2조 제1항 제3호에서 보다 구체화되어, '의료·재활교육 소년원'이라는 명칭으로 사용되고 있었다.

여기서 몇 가지의 부분이 법령 체계상 문제점으로 지적되는데, 우선 소년법상의 보호처분 중 7호 처분에서 말하는 '소년의료보호시설'을 보처법령3)에서 말하는 '의료·재활교육 소년원'과 동일시할 수 있는가 하는 문제가 대두되며, 만약 동일시할 수 있다면 7호 처분도 '소년원 송치처분'에 해당하는가 하는 점이다. 기존의 논의에서 소년원 송치처분이란 보호처분 가운데 8호 처분 내지 10호 처분만을 의미하는 것이 일반적인데, 소년의료보호시설이 의료·재활교육 소년원이라면 7호 처분도 소년원 송치처분에 해당하는 결과를 초래할 수 있기 때문이다. 이와 더불어 반대의 경우를 상정해 볼 수 있는데, 소년법상의 보호처분 중 7호 처분에서 말하는 '소년의료보호시설'을 보처법령에서 말하는 '의료·재활교육 소년원'과 동일시할 수 없다면 기존의 법령만으로는 소년법 제32조 제1항의 보호처분 가운데 7호 처분을 의료소년원에서 집행하기 위한 근거가 미흡한 것이기 때문에 입법의 공백현상이 발생하고 있다고 평가할 수 있고, 그러한 연유로 인하여 소년법에 명시된 '소년의료보호시설'에 대한 개념, 법령상의 근거, 의료처우의 근거 및 원칙 등과 관련된 규정의 신설이 별도로 필요할 것이다.

소년법상 7호 처분의 법적 근거 불명확성과 관련된 위와 같은 기존의 문제점을 인식하고 이를 해결하기 위한 시도가 지속적으로 이루어진 결과, 지난 2013. 7. 30. 법률 제11953호로 보처법이 일부개정되어 2014. 1. 31.부터 시행되고 있는데, 개정법은 「소년법」상 소년의료보호시설 위탁 처분을 받은 소년에 대한 처우를 명확히 하고자 하였다. 이에 따라 「소년법」에 따른 소년의료보호시설 위탁 처분을 받은 소년을 보호소년의 범위에 포함하고, 소년의료보호시설 위탁 처분을 받은 소년에 대해서는 의료재활 기능이 없는 소

---

3) 본고에서 사용하고 있는 '보처법령'이란 「보호소년 등의 처우에 관한 법률」, 「보호소년 등의 처우에 관한 법률 시행령」, 「보호소년 등의 처우에 관한 법률 시행규칙」 등을 모두 일컫는 용어라고 하겠다.

년원에 이송하지 못하도록 하기 위하여, 보처법 제2조 제1항을 "소년원은 「소년법」 제32조 제1항 제7호부터 제10호까지의 규정에 따라 가정법원소년부 또는 지방법원소년부(이하에서는 '법원소년부'라고 한다)로부터 위탁되거나 송치된 소년(이하에서는 '보호소년'이라고 한다)을 수용하여 교정교육을 하는 것을 임무로 한다"고 수정하여 7호 처분대상자도 보호소년의 개념으로 포섭될 수 있도록 함과 동시에 보처법 제4조 제2항을 신설하여 "제1항에 따라 의료재활 기능을 수행하는 소년원은 「소년법」 제32조 제1항 제7호에 따른 소년의료보호시설로 본다"고 하여 소년법상의 '소년의료보호시설'을 보처법상의 '의료·재활교육 소년원'과 동일시할 수 있도록 하는 간주규정을 명문화하였다. 또한 보처법 제8조 제3항에 "「소년법」 제32조 제1항 제7호의 처분을 받은 보호소년은 제4조 제2항의 소년의료보호시설에 해당하는 소년원에 수용하여야 한다"는 규정 및 보처법 제12조 제2항에 "「소년법」 제32조 제1항 제7호의 처분을 받은 보호소년은 제4조 제2항의 소년의료보호시설에 해당하지 아니하는 소년원으로 이송할 수 없다"는 규정 등을 각각 신설하였다. 이러한 입법적인 개선작업은 지난 2007. 12. 21. 「소년법」 개정 시 의료재활처우가 필요한 소년의 처우를 위해 '소년의료보호시설 위탁처분'(7호 처분)이 새롭게 도입되었으나, 해당 처분을 받은 소년을 어떻게 처우하고 어느 시설에 수용할 것인지에 대해서 보처법에 관련 규정이 마련되지 않고 있던 문제점을 해결하기 위하여 7호 처분 소년에 대한 소년원 등에서의 처우를 명확히 하고, 이들이 소년의료보호시설에서 충분히 치료받도록 하려는 것이 주된 목적이라고 하겠다.

이하에서는 최근 개정되어 시행되고 있는 보처법상의 여러 조문 가운데 7호 처분과 관련된 내용을 중심으로 하여 기존의 문제점, 논의의 현황, 입법의 배경 및 향후 과제 등에 대하여 검토해 보도록 한다. 이를 위하여 먼저 7호 처분의 필요성과 담당기관의 변천과정, 7호 처분의 기간 및 최근의 처분현황, '병원 등 위탁처분'에 있어서 비용 부담의 문제, 9호 처분 및 10호 처분 대상자의 7호 처분기관으로의 이송 현황 등을 중심으로 7호 처분의 의의 및 내용을 검토한다(Ⅱ). 이 후 소년의료보호시설 위탁처분의 실질적인 의미 및 보호소년 개념의 재정립과 관련된 기존의 논의와 입법적인 개선현황을 파악하고, 7호 처분 집행의 법적 근거 명확화 작업을 보완할 수 있는 향후 과제를 분석하며(Ⅲ), 논의를 마무리하기로 한다(Ⅳ).

Ⅱ. 7호 처분의 의의 및 내용

1. 7호 처분의 필요성과 담당기관의 변천

소년원에 수용된 보호소년들 가운데에는 약물 오·남용, 정신·지적발달 장애, 신체질환 등으로 집중치료나 특수교육이 필요한 소년들(이하에서는 '의료·재활교육대상자'라고 한다)이 있을 수 있는데, 이러한 의료·재활교육대상자를 일반적인 소년원에 송치된 모든 보호소년과 함께 수용하는 것은 여러 가지 측면에서 문제가 있을 수 있다. 그리하여 의료·재활교육대상자를 일반 교육대상자와 다른 시설에서 개별화된 처우를 할 필요성이 제기되었다. 이와 같이 약물 오·남용, 정신·지적발달 장애, 신체질환 등으로 집중치료나 특수교육이 필요한 소년을 수용·교육할 목적으로 2002. 11. 경기도 안산에 의료·재활교육소년원(안산의료소년원)이 개청되었다. 이후 2004. 1. 대전으로 이동하여 대전의료소년원으로 명칭이 변경되었고, 2007. 6. (구) 5호 처분기관으로 지정됨과 동시에 대전의료소년원부속의원으로 명칭이 변경되었으며, 2007. 7. 대전의료소년원과 대덕소년원의 기관통폐합으로 인하여 대덕소년원부속의원으로 명칭이 다시 변경하게 되었다. 대덕소년원부속의원은 2008. 6. 22. 개정 소년법의 시행으로 말미암아 2008. 7. 국내 유일의 7호 처분기관으로 지정되었고, 이후 2009. 3. 2. 기관의 명칭을 대산학교로 다시 한번 변경하기에 이른다. 이와 같이 대산학교[4]부속의원은 현재 국내 유일의 의료·재활교육소년원으로서, 7호 처분을 받은 보호소년과 보처법 시행규칙 제21조의 의료·재활교육대상자에 대하여 치료 및 재활교육을 실시하고 있다.

---

4) 대덕소년원은 1998. 7. 서울소년원대덕지원으로 개원하였다. 개원 당시에는 충주소년원의 기능을 이어받아 특별소년원의 역할을 담당하다가 2000. 3. 대덕소년원으로 승격하였고, 2002. 3. 체육소년원으로 지정되었다. 2007. 3. 체육소년원의 기능이 폐지되고, 인문계 고등학교 교육과정이 개편되었고, 2007. 7. 인문계 중·고등학교 교육과정으로 개편되었다. 2007. 7. '법무부 소속기관 직제 개정령'에 의한 기관통합으로 인하여 인문계 중·고등학교 교육과정과 의료처우 교육과정으로 분리·개편 운영되었다. 2009. 3. 인문계 중·고등학교 교육과정을 서울소년원으로 이전하였고, 2014. 5. 현재는 8호 처분자(남) 및 7호 처분에 해당하는 의료·재활 전담교육의 기능을 담당하고 있으며, 소년분류심사원의 역할도 수행하고 있다(손성진·이경숙, "치료·재활처우소년원 운영모형에 관한 연구", 소년보호논집 제10집, 법무부 범죄예방정책국, 2010. 4, 14면).

기준일: 2012. 11. 9.

기관(학교명)	대상	인원수	직원수	교육과정
서울소년원 (고봉중·고등학교)	9호 10호	264	77	- 중·고등학교 교과교육 - 직업능력개발훈련
부산소년원 (오륜정보산업학교)	10호	290	74	- 직업능력개발훈련
대구소년원 (읍내정보통신학교)	9호 10호	187	68	- 인성교육 - 직업능력개발훈련
광주소년원 (고룡정보산업학교)	10호	201	63	- 직업능력개발훈련
전주소년원 (송천정보통신학교)	9호 10호	175	56	- 중학교 교과교육 - 직업능력개발훈련
대전소년원 (대산학교/부속의원)	7호 8호 9호 10호	279	73	- 의료·재활교육 - 8호처분자 교육(男)
청주소년원 (미평여자학교)	8호 9호	87	28	- 인성교육 - 8호처분자 교육(女)
안양소년원 (정심여자정보산업학교)	9호 10호	119	48	- 중학교 교과교육 - 직업능력개발훈련
춘천소년원 (신촌정보통신학교)	9호 10호	134	56	- 인성교육 - 직업능력개발훈련
제주소년원 (한길정보통신학교)	8호 9호 10호	23	34	- 인성교육 - 8호처분자 교육(제주지역)
서울소년분류심사원	위탁소년	244	66	- 소년분류심사원이 없는 지역은 소년원에서 업무대행(부산·대구·광주·전주·대전·춘천·제주)

출처: 정재룡, 「보호소년 등의 처우에 관한 법률 일부개정법률안(정부 제출) 검토보고」, 국회 법제사법위원회, 2013. 2, 38면.

2. 7호 처분의 현황

가. 7호 처분의 기간 및 최근의 처분현황

7호 처분은 병원, 요양소 또는 보호소년 등의 처우에 관한 법률에 따른 소년의료보호시설에 위탁하는 처분을 말한다. 위탁기간은 6개월로 하되, 소년부 판사는 결정으로써 6개월의 범위에서 한 번에 한하여 그 기간을 연장할 수 있다. 다만 소년부 판사는 필요한 경우에는 언제든지 결정으로써 그 위탁을 종료시킬 수 있다(소년법 제33조 제1항).[5] 이와 같이 소년법 제33조에서는 보호처분의 기간을 규정하고 있는데, 7호 처분의 위탁기간은 6개월로 하되, 소년부 판사는 결정으로써 6개월의 범위에서 한 번에 한하여 그 기간을 연장할 수 있다. 이는 경우에 따라 7호 처분이 9호 처분(단기 소년원송치처분)보다 장기인 경우가 발생할 수 있음을 의미한다. 9호 처분의 경우에는 소년법 제33조 제5항에 의하여 소년원에 송치된 보호기간이 6개월을 초과할 수 없고, 이에 대하여 연장에 관한 규정이 없기 때문에 최대 수용기간이 6개월로 한정되어 있지만, 7호 처분의 경우에는 최대 1년까지 연장할 수 있기 때문이다. 이는 기간의 측면에서 볼 때 7호 처분을 (중기)소년원처분과 유사한 형태라고 파악할 수 있다. 한편 7호 처분의 분류심사기준으로는, ① 시설내처우 대상자 중 신체질환 또는 정신질환으로 인하여 의료처우나 재활치료가 필요한 경우, ② 약물중독의 정도가 중하여 치료적 처우가 필요한 경우, ③ 사회내처우 대상자 중 보호환경이 열악하여 의료서비스를 받을 수 없는 경우 등이 고려되고 있다.

아래의 <표-2>는 2000년 이후 법원에 의한 7호 처분((구) 5호 처분)의 결정 건수를 나타내고 있는데, 2008년까지는 처분 건수가 미미한 실정에 머물러 있었으나, 2009년도에 100건을 시작으로 이후에는 큰 폭으로 증가하고 있는 추세를 보이고 있다. 기존의 (구) 5호 처분은 시설의 부족이나 예산의 미흡함으로 인하여 거의 활용되고 있지 못하고, 그 활용도가 가장 낮은 보호처분으로 평가되고 있었다. 이러한 문제의 가장 큰 원인은 기존 (구) 5호 처분의 내용이 '병원, 요양소에 위탁하는 것'으로 되어 있어 위탁기관으로서 소년원 시설을 활용할 수 있는 법적인 근거가 전무하였던 것에 기인한다고 파악할 수 있다. 이에 2008. 6. 22. 시행된 개정 소년법에서는 7호 처분의 대상기관으로서 '「보호소년 등의 처우에 관한 법률」에 따른 소년의료보호시설'을 추가하였고, 2008. 7. 당시 대덕소년원부속의원을 국내 유일의 7호 처분기관으로 지정한 것이 이후 법원에 의한 7호 처분의 결정을 급증시킨 원동력으로 작용하였다. 이와 같이 기존에는 각 법원마다 병원이나 요양소 등 몇 군데의 기관이 7호 처분의 수탁기관으로 지정되어 있었으나, 실제로

---

5) 이에 대하여 위탁받은 자·친권자·후견인의 요청이 있거나 소년의 상태가 호전되지 아니하는 경우에는 위탁의 연장이 필요한 경우도 있다는 것을 이유로 하여 위탁할 수 있는 기간을 6개월로 하되, 경우에 따라 최대 2년의 범위 내에서 그 위탁기간을 연장할 수 있도록 하고, 위탁받은 자의 요청이 있거나 기타 필요한 경우에는 위탁을 종료시키도록 하여 위탁의 취지를 최대한 살리면서도 소년의 인권을 아울러 보장하도록 하려는 2013. 1. 28.자 신경민 의원 대표발의 소년법 일부개정법률안(의안번호: 1903434)이 현재 국회에 계류 중에 있다.

처분이 이루어진 건수는 미미한 실정이었다. 이는 제도 자체가 문제점을 지니고 있는 것이 아니라 7호 처분을 활성화하기 위한 구체적인 지원과 관련된 문제라고 하겠다.[6]

〈표-2〉 7호 처분((구) 5호 처분)의 현황

연 도	처분건수
2000	10
2001	7
2002	5
2003	-
2004	-
2005	5
2006	10
2007	27
2008	-
2009	100
2010	81
2011	150
2012	195

출처: 법원행정처, 「사법연감」, 2001-2013.

2007. 6. 이후 대덕소년원이 7호 처분기관으로 지정되어 2007. 7. 13. 처음 처분을 한 이후, 처분의 횟수가 점차적으로 증가하고 있는데, 이는 대덕소년원부속의원으로 입원하게 되면 감호에 대한 비용을 법무부 예산으로 부담하기 때문인 것도 하나의 원인으로 파악된다. 하지만 7호 처분 전담기관으로 지정된 대전소년원은 수용과 교육이 모두 기존의 8호, 9호, 10호 처분대상자와 시설을 공유하고 있기 때문에 한계가 있을 수밖에 없다. 특히 대전소년원은 의료·재활교육뿐만 아니라 8호 처분(男), 9호 처분, 10호 처분, 소년분류심사원 대행기능을 겸하고 있기 때문에 전국에서 가장 복잡한 임무를 수행하고 있다는 점을 감안해야만 한다.[7] 이와 같이 대전소년원은 7호 처분만을 위한 단독 시설이 아니기 때문에 7호 처분에 부합하는 교육프로그램을 효율적으로 운영할 수 있는 별도의 독립시설이 필요하다.[8] 이는 7호 처분대상자에 대한 대외적 인식과 처우에 부정적 영향을 초래

---

6) 그러므로 소년의료보호시설의 확충과 함께 전문 인력의 확보와 양성 그리고 다양한 효과적인 프로그램의 개발과 같은 지원이 필요한 것으로 보인다(심재무, "한국 소년보호처분제도의 문제점과 그 개선방안", 비교형사법연구 제10권 제2호, 한국비교형사법학회, 2008. 12, 606면).

7) 성우제, "8호 처분의 운영성과 분석", 소년보호연구 제14호, 한국소년정책학회, 2010. 6, 46면.

할 수 있기 때문에 의료·재활의 효과를 극대화시키기 위해서는 독립된 전문기관으로의 운영이 필요함을 역설적으로 말해주는 것이기도 하다. 한편 대전이 전국에서 가장 근접성이 용이하다는 지리적 여건 때문에 7호 처분 전담시설로 운영하고 있지만, 특히 제주와 같은 원거리 거주자의 수용이 불가피한 경우도 발생하고 있다. 이에 따라 장기적으로는 권역별로 소규모의 시설로 운영될 수 있도록 7호 처분 전담기관의 신설이 추진되어야하겠다. 특히 7호 처분의 활성화를 위하여 치료전문소년원을 설치하거나 민간시설에 운영비를 지원하는 것도 좋은 방안이라고 보는 견해[9]도 있다.

나. '병원 등 위탁처분'에 있어서 비용의 부담

7호 처분 가운데 보처법에 따른 소년의료보호시설에 위탁하는 처분을 제외한 시설에의 위탁처분(이하에서는 '병원 등 위탁처분'이라고 한다)을 받은 소년의 보호자는 위탁받은 자에게 그 감호에 관한 비용의 전부 또는 일부를 지급하여야 한다(소년법 제41조 본문). 즉 소년부 판사가 소년법 제32조 제1항 제7호에서 규정하는 '병원 등 위탁처분'을 할 때에는 보호자가 감호에 관한 비용을 부담할 경제적 능력이 있는지를 확인하고, 보호자로부터 소년부 판사가 지정할 위탁 병원 또는 요양소(이하 '위탁받는 자'라 한다)에 상당기간의 감호에 관한 비용을 미리 지급하였거나 지급하겠다는 취지의 서류를 제출받은 후에 보호처분 결정을 하여야 한다(소년보호절차에 관한 예규(대법원재판예규 제1377호, 2012. 3. 10. 시행) 제6조 제1항). 이 경우에 보호자가 보호처분 결정 후 감호에 관한 비용을 위탁받는 자에게 납부하지 않는 때에는, 소년부 판사는 보호자의 경제적 사정의 변화 등을 심리하여 지급하지 아니한 비용을 국가가 부담하기로 결정할 수 있다(소년보호절차에 관한 예규 제6조 제4항 및 소년법 제41조 단서 참조). 이 경우에 있어서 소년부 판사는 보호자가 없는 경우 또는 보호자로부터 제출받은 소명자료 등을 검토하여 보호자가 1. 월평균수입이 100만 원 미만인 사람, 2. 국민기초생활보장법에 따른 수급자, 3. 국가유공자 등 예우 및 지원에 관한 법률에 의한 국가유공자와 그 유족, 4. 한부모가족지원법에 따른 보호대상자인 모자가족 및 부자가족의 모 또는 부, 5. 그 밖에 감호에 관한 비용을 부담할 경제적 능력이 없는 사람 중 어느 하나에 해당한다고 인정되는 경우에는 감호에 관한

---

8) 한 설문조사의 결과 치료·재활교육소년원 운영방법에 대하여 78.6%가 독립된 기관으로 운영되어야 한다고 응답한 바 있다. 이에 대하여 보다 자세한 내용은 손성진·이경숙, 앞의 논문, 70면 참조.

9) 윤용규·최종식, "우리나라 소년사법의 운용실태와 개선방안에 관한 일고찰", 형사정책연구 제11권 제4호, 한국형사정책연구원, 2000. 12, 72면.

비용의 전부 또는 일부를 국가가 부담하기로 결정[10]하고 병원 등 위탁처분 결정을 할 수 있다(소년보호절차에 관한 예규 제6조 제2항).

3. 9호 처분 및 10호 처분 대상자의 7호 처분기관으로의 이송 현황

7호 처분의 경우 다른 주된 보호처분과의 병합처분이 불가능하도록 되어 있어서(소년법 제32조 제2항 참조) 독자적으로 부과되는 경우도 있지만, 의료·재활교육소년원에서는 9호 처분과 10호 처분을 받은 자 중[11]에서 의료처우가 필요한 자들에 대한 치료 및 교육도 이루어지고 있다.[12]

〈표-3〉 최근 10년간 의료·재활교육소년원의 보호처분종류별 유입현황

단위: 명
입원일 기준: 2014. 4. 22.

구 분	2004	2005	2006	2007	2008	2009	2010	2011	2012	2013	2014
7호	-	-	-	7	34	66	51	109	109	93	28
9호	15	15	18	16	10	12	21	4	11	10	1
10호	45	32	32	27	32	26	45	21	45	30	11
합계	60	47	50	50	76	104	117	134	165	133	40

출처: 법무부, "대전소년원 입출원 현황 등 통계자료", 정보(공개) 결정통지서(접수번호: 2498765), 2014. 4. 28.

---

10) 소년보호절차에 관한 예규 제7조(병원 등 위탁처분에 따른 감호 비용의 국고지급절차) ① 병원 등 위탁처분에 따른 감호 비용을 국가가 부담하기로 결정한 사건에 대하여 위탁받은 자는 비용내역서를 첨부하여 소년부에 그 비용의 지급을 청구할 수 있다. ② 법원서기관·법원사무관·법원주사 또는 법원주사보가 제1항의 감호비용 청구서를 교부받은 때에는 바로 소년부 판사의 확인을 받은 후 이를 회계관계공무원에게 보내야 한다.

11) 소년의료보호시설에의 위탁처분은 소년원송치자 중에서 정신적·심리적 장애가 있어 치료가 필요한 보호소년을 대상으로 하기 때문에, 소년원송치처분을 받은 것을 그 전제로 한다고 보는 견해(박영규, "신소년법상 보호처분의 문제점과 개선방안", 소년보호연구 제16호, 한국소년정책학회, 2011. 6, 58-59면)가 있다.

12) 손성진·이경숙, 앞의 논문, 16면.

<표-4> 의료재활과정의 교육수료 인원 현황

연 도	학과교육		직업능력 개발훈련	단기집중 인성교육 (8호 처분)	의료재활
	특성화	교 과			
2005	1,261	169	329	-	51
2006	1,042	154	346	-	49
2007	803	157	414	-	45
2008	771	173	472	253	59
2009	681	223	454	1,118	96
2010	762	168	386	1,339	100

출처: 법무부 범죄예방정책국, 「범죄예방정책 통계연보」, 2010-2011.

여기서 9호 처분 대상자 및 10호 처분 대상자를 의료·재활교육소년원에 이송하는 경우에 있어서 해당 소년원장은 ① 약물관련 비행자 중 약물남용 정도가 심하다고 인정되거나 약물관련 비행으로 기소유예 또는 소년원송치 등의 경력이 3회 이상인 사람, ② 정신장애인(간질장애인 등을 포함한다), ③ 발달장애가 심하거나 각종 심리검사 결과 그 지체정도가 심하여 정신과의사[13]로부터 정신지체 판정을 받은 사람, ④ 정상적인 교육활동이 어려운 신체장애인 및 장기적 치료가 필요한 만성 신체질환자 중의 어느 하나에 해당되는 사람에 대하여는 법무부장관의 허가를 받아 의료·재활교육소년원으로 이송하여야 한다(보처법 시행규칙(법무부령 제813호; 2014. 1. 31. 시행) 제21조 제1항). 하지만 반사회성 인격장애 및 행동장애인, 단순한 신체장애·질환자 및 임산부는 이송 대상에서 제외한다(보처법 시행규칙 제21조 제2항).

먼저 <표-3>에 따라 2004년부터 2008년까지의 기간 동안 의료·재활교육소년원으로의 입원현황을 살펴보면, 연 평균 약 60여 명인 점을 파악할 수 있다. 하지만 앞의 <표-2>에서 보는 바와 같이 동 기간 동안 (구) 5호 처분의 결정이 내려진 건수는 약 10건 미만으로 보고되고 있으며, 심지어 2004년도와 2008년도에는 단 1건의 (구) 5호 처분이 선고된 사례도 없었다. 이는 기존의 의료·재활교육소년원으로의 유입경로가 처음부터 의료 또는 재활의 목적을 위하여 보호처분이 내려진 인원을 수용하였다기보다는 9호 처분이나 10호 처분을 통하여 일반 소년을 대상으로 하는 소년원에 수용되어 있던 도중에 이송의 형식으로 입원한 인원이 훨씬 많았다는 점을 잘 보여주고 있는 통계자료라고 할 수 있다. 한편 2011년 이후에는 9호 처분 대상자의 유입이 현저히 감소하고 있는 모습을 보이고

---

13) 관련 법령의 정비로 인하여 '정신과 전문의'는 '정신건강의학과 전문의'로 수정되어야 할 것이다.

있는데, 이는 동 처분의 기간이 예외 없이 최대 6개월이라는 점에서 10호 처분 대상자와 비교할 때 이송의 시간적인 판단 여유가 그렇게 많지 않다는 점, 7호 처분의 점진적인 활성화 및 소년분류의 신중한 심사 등의 원인으로 인하여 소년부 판사가 처음부터 소년의 상황에 부합하는 보호처분을 선택할 수 있는 기회의 폭이 넓어진 점 등을 그 원인으로 분석할 수 있겠다.

다음으로 <표-4>는 의료재활과정의 교육수료 인원 현황을 나타내고 있는데, 2010년도의 경우 의료재활교육을 수료한 총 100명의 인원 가운데 7호 처분 대상자는 56명, 9호 처분 대상자는 20명, 10호 처분 대상자는 24명 등의 분포도를 보이고 있다.[14] 동 자료도 역시 7호 처분 이외의 처분을 받은 인원이 유입되고 있는 현상이 여전함을 보여주고 있기는 하지만, 2007년도 소년법 개정으로 인하여 수정·도입된 7호 처분의 비율이 기존의 (구) 5호 처분의 비율보다는 상대적으로 증가하고 있는 현상도 동시에 보여주고 있다.

한편 소년원장은 의료·재활교육소년원으로의 이송을 신청할 때에는 소속의무과장의 진료소견서를 첨부하여야 하지만, 정신장애의 사유로 이송을 신청할 때에는 수용일 전 1년 이내에 발급된 정신과 전문의의 진단서[15]를 첨부하여야 한다(보처법 시행규칙 제22조 제1항). 그리고 보호소년을 의료·재활교육소년원으로 이송하는 경우 인계기관은 해당 보호소년의 의무·진료와 관련된 모든 자료의 원본 또는 출력물을 인수기관으로 보내고 그 사본을 보관하여야 하고(보처법 시행규칙 제22조 제2항), 의료·재활교육소년원장은 개별처우계획에 따른 의료·재활교육과정을 마친 보호소년에 대하여는 처우심사위원회의 심사를 거친 후 해당 보호소년을 처우하기에 적합한 소년원을 정하여 이송을 신청하여야 한다(보처법 시행규칙 제22조 제3항).

또한 「보호소년 처우지침」(법무부훈령 제929호; 2014. 2. 18. 시행)은 소년법 제32조 제1항 제7호부터 제10호까지의 처분을 받은 보호소년의 수용, 교정성적 평가, 출원 등 제반처우에 관한 세부사항에 대하여 「보호소년 등의 처우에 관한 법률」, 「동법 시행령」 및 「동법 시행규칙」에서 위임된 사항과 그 시행에 관하여 필요한 사항을 정함을 목적으로 하고 있는데(동 지침 제1조), 동 지침 제2조 제1항에서는 소년원을 특성화교육·교과교육·직업능력개발훈련·의료재활교육·인성교육 등 기능별로 분류할 때에는 시설, 설

---

14) 법무부 범죄예방정책국, 「범죄예방정책 통계연보」, 2011, 532면.

15) 정신과 전문의의 진단서 발급과 관련하여 이를 기준으로 의료처우자를 결정한다면 진단서가 남발될 우려가 있다는 점으로 인하여 일정 기간의 입원력 및 통원치료력 등을 통하여 의료처우자를 판단하자는 견해(손성진·이경숙, 앞의 논문, 73면)가 있다.

비, 수용능력, 교육환경, 지역특성, 기타 필요한 사항을 참작하여야 하도록 규정하고 있으며, 동 지침 제3조 제4항에서는 "의료재활교육 소년원은 제9호·제10호 처분자 중 약물중독자, 정신 및 발달장애자, 신체질환자 중 집중치료가 필요한 자를 대상으로 의료재활교육을 실시한다"고 규정하고 있다.

Ⅲ. 7호 처분 집행의 법적 근거 명확화에 대한 검토

1. 기존의 논의 및 입법적인 개선

가. 소년의료보호시설 위탁처분의 의미

현행 소년법상의 보호처분 가운데 7호 처분은 '보호소년 등의 처우에 관한 법률'에 따른 '소년의료보호시설'에 '위탁'하는 처분으로 되어 있다. 하지만 기존의 보처법에서는 소년의료보호시설을 별도로 규정하고 있지 않고, 단지 '의료·재활교육 소년원'에 대해서만 규정하고 있었다. 그러므로 엄밀히 말하자면 7호 처분의 법적인 근거는 없는 실정이라고 평가할 수 있겠다. 이러한 입법의 불비원인은 2007. 12. 21. 개정 전의 소년법 제32조 제1항의 (구) 5호 처분으로 단순히 '병원, 요양소에 위탁하는 것'으로만 되어 있던 것을, 2007. 12. 21. 소년법을 개정하면서 (구) 5호 처분을 7호 처분으로 위치를 이동시킴과 동시에 '병원, 요양소에 위탁하는 것'에 추가하여 '보호소년 등의 처우에 관한 법률에 따른 소년의료보호시설에 위탁하는 것'도 함께 규정한 것에서 비롯된다. 개정법의 취지에 따라 보처법에서도 소년의료보호시설에 대한 개념 및 범위 등에 대한 규정이 신설되었어야 함에도 불구하고 그렇게 하지 못했던 것이다. 이러한 와중에 실무에서는 당시 대덕소년원부속의원을 2008. 6. 22. 개정 소년법의 시행으로 말미암아 2008. 7.에 7호 처분기관으로 지정하게 되었다.

이에 따라 보처법에서 소년의료보호시설에 대한 관련 규정을 신설해야 할 필요성이 대두된다. 이 문제를 해결하기 위해서는 몇 가지의 대안책을 제시할 수 있겠는데, 첫째, 실무에서 활용되고 있는 의료·재활교육 소년원이 소년의료보호시설로서 가장 적합하다고 판단되므로, 소년원의 분류에서 의료·재활교육 소년원을 제외하고 이를 소년의료보호시설로 활용하는 방안을 고려해 볼 수 있다(제1안).[16] 이를 위하여 먼저 보처법 제4조(소년원의 분류)에서 '법무부장관은 보호소년의 처우상 필요하다고 인정하면 대통령령으로 정하는 바에 따라 소년원을 초·중등교육, 직업능력개발훈련, 의료재활 등 기능별로 분류하여 운영하게 할 수 있다' 중 '의료재활' 등을 삭제하고, 제4조의2를 신설하여 '법무부장관은 보호소년의 처우상 필요하다고 인정하면 대통령령으로 정하는 바에 따라 소년의료보호시설에 위탁할 수 있다'고 둔다. 다음으로 보처법 시행령 제2조(소년원의 기능별 분류·운영) 제1항에서 '3. 의료·재활교육 소년원: 약물 오·남용, 정신·지적발달 장애, 신체질환 등으로 집중치료나 특수교육이 필요한 소년을 수용·교육하는 소년원'을 삭제하고, 제2조의2를 신설하여 '「보호소년 등의 처우에 관한 법률」 제4조의2에 따라 약물 오·남용, 정신·지적발달 장애, 신체질환 등으로 집중치료나 특수교육이 필요한 소년을 수용·교육하기 위하여 소년의료보호시설을 둔다'고 둔다. 마지막으로 보처법 시행규칙 제21조의 제목을 '의료·재활교육대상자 이송'에서 '소년의료보호시설로의 위탁'으로 변경하고, 그 내용을 '① 소년원장은 다음 각 호의 어느 하나에 해당되는 사람에 대하여는 법무부장관의 허가를 받아 의료·재활교육소년원으로 이송하여야 한다'에서 '① 소년원장은 다음 각 호[17]의 어느 하나에 해당되는 사람에 대하여는 법무부장관의 허가를 받아 소년의료보호시설로 위탁하여야 한다'고 변경한다.

둘째, 기존 보처법상 소년원의 분류에서 의료·재활교육 소년원을 그대로 둔 채, 보처법상에 소년법에서 말하는 소년의료보호시설의 근거규정을 두는 방안을 고려해 볼 수 있다(제2안). 동 방안은 앞에서 소개한 제1안과 달리 소년의료보호시설의 법적인 근거를 하위법령인 시행령이나 시행규칙에 두는 것이 아니라 법률상에 근거를 둠으로써 예산 및 인력 등의 지원에 있어서 보다 실효성을 높이기 위한 대안이라고 판단된다.

한편 2014. 1. 31.부터 시행되고 있는 개정 보처법에서는 「소년법」상 소년의료보호시설 위탁 처분을 받은 소년에 대한 처우를 보다 명확하게 집행하기 위하여, 보처법 제2조 제1항을 "소년원은 「소년법」 제32조 제1항 제7호부터 제10호까지의 규정에 따라 가정법

---

16) 이하의 내용에 대하여 보다 자세한 논의로는 오영근·박찬걸, 「보호소년 등의 처우에 관한 법률 개정 예비연구」, 법무부, 2011. 12, 92-93면 참조.

17) 1. 약물관련 비행자 중 약물남용 정도가 심하다고 인정되거나 약물관련 비행으로 기소유예 또는 소년원 송치 등의 경력이 3회 이상인 사람 2. 정신장애인(간질장애인 등을 포함한다) 3. 발달장애가 심하거나 각종 심리검사 결과 그 지체정도가 심하여 정신과의사로부터 정신지체 판정을 받은 사람 4. 정상적인 교육활동이 어려운 신체장애인 및 장기적 치료가 필요한 만성 신체질환자.

원소년부 또는 지방법원소년부로부터 위탁되거나 송치된 소년(이하에서는 '보호소년'이라고 한다)을 수용하여 교정교육을 하는 것을 임무로 한다"고 수정하여 7호 처분대상자도 보호소년의 개념으로 포섭될 수 있도록 하였다. 이와 동시에 보처법 제4조 제2항을 신설하여 '제1항에 따라 의료재활 기능을 수행하는 소년원은 「소년법」 제32조 제1항 제7호에 따른 소년의료보호시설로 본다'고 하여 소년법상의 '소년의료보호시설'을 보처법상의 '의료·재활교육 소년원'과 동일시할 수 있도록 하는 간주규정을 명문화하였는데, 이는 앞에서 소개한 제2안의 내용을 채택한 것으로 분석할 수 있다.

나. 보호소년의 개념 재정립

소년법은 소년보호시설과 관련된 일련의 수용처분 규정에서 '송치'와 '위탁'이라는 용어를 서로 구분하여 사용함에 따라 보처법에서도 명확한 개념규정이 필요하다. 먼저 소년법 제32조에 의하면 6호 처분과 7호 처분의 대상자는 '위탁'이라는 표현을 사용하고, 8호 처분 내지 10호 처분의 대상자는 '송치'라는 표현을 사용하고 있다. 한편 (구) 보처법 제2조 제1항에 의하면 소년원은 소년법 제32조 제1항 제8호부터 제10호까지의 규정에 따라 가정법원소년부 또는 지방법원소년부(이하 '법원소년부'라 한다)로부터 송치된 소년(이하 '보호소년'이라 한다)을 수용하여 교정교육을 하는 것을 임무로 하였다. 이와 같이 기존의 법체계상 보호소년의 개념은 법원소년부에서 '송치'된 소년만을 의미하는 것으로 되어 있어서 '위탁'된 7호 처분의 대상자는 보호소년과 위탁소년 두 가지의 개념 모두에도 해당하지 않는 모순이 발생하고 있는 것이다. 왜냐하면 위탁소년이란 보처법 제2조 제2항 제1호에서 "소년법 제18조 제1항 제3호(소년분류심사원에 위탁)에 따라 법원소년부로부터 위탁된 소년(이하 '위탁소년'이라 한다)의 수용과 분류심사"라고 규정하고 있기 때문에, 보처법에 따른 소년의료보호시설에 위탁하는 경우에는 그에 대한 입법상의 미비점을 보여주고 있기 때문이다. 이와 같이 기존의 법에 의하면 보호소년은 소년원 송치처분 처분을 받은 소년을 말하고, 위탁소년은 소년분류심사원에 위탁된 소년을 의미하기 때문에 소년법 제32조 제1항 제7호에 따라 위탁된 소년은 그 개념이 애매모호한 현상을 보이고 있었다.

한편 「보호소년 처우지침」은 소년법 제32조 제1항 제7호부터 제10호까지의 처분을 받은 보호소년의 수용, 교정성적 평가, 출원 등 제반처우에 관한 세부사항에 대하여 「보호소년 등의 처우에 관한 법률」, 「동법 시행령」 및 「동법 시행규칙」에서 위임된 사항과 그 시행에 관하여 필요한 사항을 정함을 목적으로 하고 있다(제1조). 이에 의하면 소년법 제32조 제1항 제7호부터 제10호까지의 처분을 받은 자는 모두 '보호소년'이라는 개념으로 통일적으로 사용하고 있는 것을 알 수 있다. 이와 같이 기존의 법체계에 의하면 오히려 하위법령에서 규정하고 있는 개념의 통일성이 보다 바람직하다는 평가를 할 수 있으며, 7호 처분 대상자의 관계설정에도 도움을 주기 때문에, 2013. 7. 30. 개정된 보처법 제2조 제1항에서는 "소년원은 「소년법」 제32조 제1항 제7호부터 제10호까지의 규정에 따라 가정법원소년부 또는 지방법원소년부(이하에서는 '법원소년부'라고 한다)로부터 위탁되거나 송치된 소년(이하에서는 '보호소년'이라고 한다)을 수용하여 교정교육을 하는 것을 임무로 한다"고 수정하여 소년법 제32조 제1항의 7호 처분대상자도 보호소년의 개념으로 포섭될 수 있도록 하였다. 그리하여 위탁소년은 '법원소년부로부터 소년분류심사원에 위탁된 소년'만을 의미하고, 7호 처분의 대상자는 형식적으로는 위탁이라는 용어를 사용하고 있지만, 그 실질은 소년원에 송치되는 기존의 보호소년 개념과 유사하다는 측면을 인정하여 '보호소년'의 개념범위로 포섭하였다. 참고로 2013. 7. 30. 개정된 보처법 제2조 제2항 제2호에서는 "「보호관찰 등에 관한 법률」 제42조 제1항에 따라 유치된 소년(이하 '유치소년'(留置少年)이라 한다)의 수용과 분류심사"라고 하여 '유치소년'이라는 개념을 새롭게 설정하고 있다.

2. 향후 과제

가. 관계법령의 추가적인 정비

기존에 소년법상 7호 처분의 법적 근거의 모호성에 대한 여러 가지 문제점을 해결하기 위한 이번 보처법 개정은 크게 환영할 만한 일이지만, 한 걸음 더 나아가 7호 처분과 관련된 소년법 규정과 하위법령상의 제반 규정들도 동시에 정비하는 작업이 병행되지 못한 점은 아쉬움으로 다가온다. 먼저 소년법 제41조에 의하면 병원 등 위탁처분 시 소년의 보호자가 위탁을 받은 자에게 그 감호에 관한 비용의 전부 또는 일부를 지급하여야 하며, 그 지급이 불가능할 경우에는 국가의 부담으로 하도록 규정하고 있다. 동 규정은 7호 처분에 의한 위탁기관으로서 병원 및 요양소가 활용되고 있는 것을 전제로 하고 있는 것이라고 할 수 있는데, 2007년도 소년법 개정 이후 이러한 병원 및 요양소가 7호 처분

대상자를 수용하는 경우가 점차 줄어들어 2010년 이후에는 활용도가 전무한 상황이라는 점을 감안할 때 현재의 상황에서는 사문화(死文化) 되었다고 해도 과언이 아닐 것이다. 또한 대법원재판예규 제6조에서는 소년법 제41조의 내용을 절차적으로 보다 구체화하는 세부 규정을 두고 있는데, 동 조항들 역시 소년법 제41조가 사문화됨에 따라 자연적으로 활용빈도가 없어져 그 존재의의를 상실하였다고 평가할 수 있다. 하지만 이러한 규정들 보다 더 근본적인 문제는 소년법 제32조 제1항 제7호의 규정내용과 관련하여 위탁기관의 종류로서 병원이나 요양소를 계속하여 존치시킬 필요성이 있느냐의 여부라고 할 수 있다. 2008년을 전후로 하여 병원 등의 위탁처분이 획기적으로 감소하고, 대전소년원부속의원이 7호 처분의 역할을 전적으로 담당하고 있는 현실을 반영한다면 소년법 제32조 제1항 제7호에서 소년의료보호시설에의 위탁을 제외한 나머지 기관은 삭제하는 것[18]이 바람직하다고 본다.

나. 장애별 및 연령별 개별처우

현재 의료·재활교육소년원에 수용되고 있는 대상자의 장애별(질환별) 유형으로는 신체질환, 약물남용, 정서행동장애, 발달장애 등 총 4가지의 형태가 실무상 분류되고 있는데, 이에 대한 분포현황을 살펴보면 다음의 <표-5>와 같다.

---

18) 한편 2010. 11. 19. 이은재의원 등 13인이 발의한 소년법일부개정법률안(의안번호: 1809963)에 의하면 소년법 제32조 제1항 제6호에 따르면, 감호위탁처분 시 「아동복지법」에 따른 아동복지시설이나 그 밖의 소년보호시설에 감호 위탁하도록 되어 있으나, 「아동복지법」에 따른 아동복지시설은 아동의 복지를 보장한다는 입법 취지에 따라 설치되어 보건복지부가 관할하는 시설로서, 반사회성이 있는 소년의 환경 조정과 교정을 목적으로 하는 조치로서 감호 위탁의 보호처분을 받은 소년을 감호하고 교정하는 전문적인 기능을 수행하기에는 한계가 있고, 보호처분을 받은 소년과 「아동복지법」의 취지와 필요에 따라 입소된 아동이 같은 시설에 함께 수용될 수 있도록 되어 있어, 보호처분을 받은 소년에 대한 차별화되고 실효성 있는 감호 및 교정 프로그램의 실시 등을 통한 입법 취지 달성을 더욱 곤란하게 하는 요인이 되고 있기 때문에, 제32조 제1항 제6호의 감호 위탁 대상 시설에서 「아동복지법」에 따른 아동복지시설을 제외하고 법무부장관이 지정한 소년보호시설에 감호 위탁하도록 함으로써 감호 위탁의 보호처분을 받은 소년에 대하여 그 특성에 맞는 보다 체계적이고 전문화된 감호와 교정이 이루어질 수 있도록 소년법 제32조 제1항 제6호를 '법무부장관이 지정한 소년보호시설에 감호 위탁'이라고 안을 제시하고 있다.

〈표-5〉 의료·재활교육소년원의 연도별 장애별(질환별) 현황

입원일 기준: 2014. 4. 22.

연 도 \ 질환명	신체질환 B형 간염, 당뇨, 결핵 등	약물남용 니스, 본드, 부탄가스 등	정서행동장애 품행장애, 우울증, 간질, 정신분열 등	발달장애 지적장애 (1,2,3급)	합 계
2008년	13명	10명	36명	17명	76명
2009년	8명	9명	59명	28명	104명
2010년	6명	21명	63명	27명	117명
2011년	3명	27명	69명	33명	134명(미분류자 2명)
2012년	7명	30명	81명	43명	165명(미분류자 4명)
2013년	4명	20명	81명	25명	133명(미분류자 3명)
2014년	4명	3명	23명	9명	40명(미분류자 1명)
합 계	45명(5.93%)	120명(15.81%)	412명(54.28%)	182명(23.98%)	759명(100%)

출처: 법무부, "대전소년원 입출원 현황 등 통계자료", 정보(공개) 결정통지서(접수번호: 2498765), 2014. 4. 28.

<표-5>에 의하면 7호 처분대상자의 세부현황 가운데 정서행동장애가 54.25%로 가장 높은 비중을 차지하고 있으며, 그다음으로 발달장애(23.98%), 약물남용(15.81%), 신체질환(5.93%) 등의 순으로 비율이 나타나고 있다. 이와 같은 수치는 매년 대동소이한 현상을 보이고 있는데, 의료·재활교육소년원에서는 이러한 점을 감안하여 대상소년에 대한 교육에 있어서 프로그램별 비중에 차이점을 두어야 하겠다. 동시에 동일한 시설 내라고 할지라도 4가지의 유형별로 분리된 장소에서의 교육이 보다 효과적이라고 판단되는데, 이는 각 유형별 특성이 매우 상이할 뿐만 아니라 이에 따른 치료 및 처우에 있어서도 보다 개별적인 접근이 가능할 것이기 때문이다. 한편 의료·재활교육소년원에 수용되고 있는 대상자의 연령별 현황을 살펴보면 다음의 <표-6>과 같다.

〈표-6〉 의료·재활교육소년원의 연령별 현황

기간: 2008. 1. 1.-2014. 4. 22.

구 분	10세	11세	12세	13세	14세	15세	16세	17세	18세	19세 이상	계
인 원	-	3	7	34	74	132	170	176	124	49	769
%	-	0.4	0.9	4.4	9.6	17.2	22.1	22.9	16.1	6.4	100

출처: 법무부, "대전소년원 입출원 현황 등 통계자료", 정보(공개) 결정통지서(접수번호: 2498765), 2014. 4. 28.

연령별 현황분포도의 결과 대체로 15세 내지 18세 사이의 인원이 주로 수용되고 있는

현상을 보여주고 있는데, 이 시기의 특징으로서 또래집단에 의한 일탈행위의 증가현상, 자신의 존재감에 대하여 비행을 통해서라도 드러내고 싶어 하는 욕구의 충족현상 등으로 대변되는 청소년기의 심리현상이 그대로 반영되고 있는 것으로 판단할 수 있다. 여기서 한 가지 지적하고 싶은 점은 대상소년의 연령이 지극히 낮은 경우와 19세 이상과 같이 상대적으로 고연령인 경우에 있어서 혼거수용의 문제이다. 11세 내지 14세에 해당하는 저연령층의 대상소년이 존재하는 엄연한 현실 속에서 이들을 보다 효과적으로 처우하기 위해서는 14세 미만의 소년에 대해서는 14세 이상의 소년과 서로 분리 수용하는 규정을 별도로 두는 것도 생각해 볼 수 있을 것이다. 비록 보처법 제8조 제1항 제3호에서 보호 소년등을 16세 미만인 자와 16세 이상인 자로 구별하여 분리 수용한다는 규정이 있기는 하지만, 동 조항은 7호 처분이 보호소년의 개념으로 포섭되기 이전부터 존재하던 규정이 기 때문에 7호 처분을 부과받은 대상소년을 위한 규정이라고 평가할 수는 없다.

다. 9호 · 10호 처분대상자 이송사유 및 절차의 객관화

법원의 판단을 통하여 결정이 내려진 9호 · 10호 처분대상자가 행정부의 판단을 통하여 7호 처분으로 변경될 수 있다는 점에 대해서는 어느 정도의 필요성은 인정되지만, 그렇다고 하여 그 대상을 무한히 확대할 수는 없는 노릇이기 때문에 법령상의 판단 기준 이외에 판단 기준을 심사할 수 있는 전문적인 기관이 필요하다고 본다. 이를 위하여 9호 · 10호 처분대상자의 이송에 있어서는 정신건강의학과 전문의, 임상심리전문가 등으로 구성된 독립적인 외부심사위원회를 통한 의료처우의 적용 여부를 심사하여야 할 것이다. 또한 9호 · 10호 처분대상자의 이송을 최소화하고, 순수하게 7호 처분대상자 중심으로 운영하기 위하여 최초의 분류심사에서부터 충분한 심사를 통하여 처분대상자에게 적절한 처우를 결정해야 할 것이다.

Ⅳ. 글을 마치며

　2014. 1. 31.부터 시행되고 있는 제17차 개정 보처법은 「소년법」상 소년의료보호시설 위탁처분을 받은 소년에 대한 처우의 명확화, 「보호관찰 등에 관한 법률」에 따른 소년분류심사원 유치소년에 대한 처우의 명확화, 영상정보처리기기 설치 근거의 명확화, 전화통화의 허가 및 청취·녹음에 대한 근거의 명확화, 보호장비의 종류 명시, 외출 및 허가 관련 절차규정의 정비, 대안교육과정의 확대 운영 등을 주된 내용으로 하고 있는데, 이 모든 내용의 주된 목표는 보호소년 등의 처우를 개선하여 보호소년 등의 인권보호를 강화하고 교정교육의 실효성을 제고하려는 것이라고 할 수 있다. 이전의 (구) 소년원법에서부터 최근의 보처법 개정에 이르기까지 일련의 과정에 있어서 근본적인 화두는 소년의 건전한 육성 및 보호소년 등의 인권보장의 확대를 위하여 절차상 일련의 규정들을 정비하고자 함에 있었음을 부인할 수는 없다. 이러한 관점에서 이번 제17차 보처법 개정의 주요 내용을 살펴보면, 보호소년 등에 대한 처우의 법적인 근거를 보다 명확하게 하기 위한 시도가 눈에 띄게 드러나 있다는 점에서 그 특징을 찾을 수 있겠다. 이는 헌법상의 기본이념이라고도 할 수 있는 적법절차의 원칙 내지 형사절차법정주의의 구체적인 실천 방안이라고 평가할 수 있는데, 이를 통하여 기존에 법령상의 근거가 애매모호하거나 심지어 그 근거를 찾을 수 없었던 실무의 관행에 대하여 적법성과 정당성을 동시에 부여할 수 있는 계기로 작용할 수 있다는 점에서 다소 늦은 감이 없지 않아 있지만 크게 환영할 만한 일이다. 하지만 본고에서도 지적된 바와 같이 보처법이라는 것이 소년법 등 소년사법과 관련된 일련의 법체계 내에서 유기적인 연관성을 지니고 있는 법령이라는 점을 감안할 때 보처법 단행 법률의 개정에 그치는 작업에서 탈피하여 개정 규정과 서로 상관성이 있는 다른 법률상의 규정들도 함께 재정비하는 노력이 필수적으로 요구된다고 본다.

제19강 가정폭력행위자 대상 상담조건부 기소유예처분의 문제점 및 개선방안

Ⅰ. 문제의 제기

가정폭력에 대한 적절한 대처방안의 일환으로 제정된 「가정폭력범죄의 처벌 등에 관한 특례법」(2012. 1. 17. 법률 제11750호)[1] 은 가정폭력의 문제를 국가가 개입하여 예방하고 규제해야 할 사회적인 병리현상임을 분명히 하였다. 가정폭력은 반복되는 일상생활 가운데 발생하는 연속적이고 발달적인 성격으로 말미암아 피해자에게 심각한 육체적·정신적 고통을 수반하는 심각한 범죄라는 점에 대한 사회적 인식이 점차 커져가고 있는 것이 사실인 동시에 자녀 등이 보고 배워 학교폭력이나 각종 범죄의 가해자가 되는 악순환 과정의 근본 요인으로 가족해체 등을 가져오는 심각한 사회 문제인 것이다. 이러한 인식을 바탕으로 현행법에서는 여러 가지의 강구책들을 규정하고 실무에서도 운영하고 있는데, 그중에서 일정한 가정폭력행위자를 대상으로 하는 상담조건부 기소유예제도는 다른 가정폭력의 대응책에 대한 검토와 비교할 때 상대적으로 연구가 미진한 모습을 보이고 있어, 이에 대한 본격적이고 실증적인 연구의 필요성이 대두되었다.

우리나라에서는 검찰에서 가정폭력사건에 대해서도 기소유예처분을 내려 2003. 6. 대구지방검찰청 상주지청에서 상담조건부 기소유예제도를 시범적으로 실시하였고,[2] 2007. 8. 3. 개정된 가정폭력특례법은 그 법적인 근거(제9조의2)를 마련하여 최근까지 시행하고 있는 중이기 때문에 동 제도가 시범실시된 지 10년이 경과되었다고 할 수 있다. 특히 2013. 6. 28. 정부는 관계부처 합동으로 「가정폭력 방지 종합대책안」을 발표하면서, 교육 및 상담조건부 기소유예를 확대하겠다는 입장을 밝히기도 하였는데, 이는 가정폭력사건의 가해자와 피해자가 합의한 경우라도 원칙적으로 상담조건부 기소유예처분을 부과하여 가해자의 인식 개선을 적극적으로 도모하기 위함이다. 이러한 상담조건부 기소유예제도의 실시배경을 살펴보면, 가정폭력범죄의 경우 형사처벌을 통한 해결은 또 다른 가정폭력의 원인이 될 수 있고, 실제로 행위자에게 벌금형을 부과한 경우 여성 피해자가 벌금을 부담하는 등 가해자에 대한 재범 방지 역할은 미약한 데 반하여 피해자에 대한 보복의 개연성은 높다는 문제점이 있으며, 법원이 보호처분 결정을 함에 있어서 비교적 장

---

* 형사법의 신동향 제42호, 대검찰청, 2014. 3.

1) 이하에서는 '가정폭력특례법'이라고 한다.

2) 2004. 10. 19. 대검찰청 국정감사에서 정성호 의원이 확대 실시를 건의하였고, 2004. 11. 전국 가정폭력상담소·보호시설협의회에서 법무부에 상담조건부 기소유예의 제도화를 요청하기도 하였다.

시간이 소요되어 신속하게 가정폭력 피해자를 보호하지 못하고 재범방지에도 효과적이지 않다는 점에서, 가해자에 대한 신속한 교정을 통하여 가정폭력의 재발을 방지하기 위한 것이라고 하겠다.[3]

하지만 보호처분이나 상담조건부 기소유예 모두 경찰신고 시점부터 최종의 결정까지 약 4개월이 소요되고, 상담참여까지는 다시 3개월 정도가 소요되며, 그 기간 동안 가정폭력피해자는 무방비 상태로 가정폭력의 위험에 다시 노출되는 문제점과 상담조건부 기소유예처분을 받은 자의 상담탈락 등이 관리되지 못하고 상담위탁과 관련한 시스템이 전반적으로 미비되어 있다는 문제점이 지적되고 있다. 이와 같이 상담조건부 기소유예제도는 처음 도입될 때부터 찬반논쟁과 더불어 여러 가지 문제점이 산적이 있었을 뿐만 아니라 최근까지도 제도의 효과성을 두고 의견이 분분한 가운데, 지난 2013. 4. 8.에는 상담조건부 기소유예제도의 폐지를 내용으로 하는 법안[4]까지 발의되어 있는 상황에 처해 있다.[5]

현행 상담조건부 기소유예제도는 독립적·개별적으로 기능하지는 않으며, 가정폭력특례법에서 규정하고 있는 관련 제도들과 상호 영향을 끼치면서 운용되고 있다. 따라서 상담조건부 기소유예제도의 효율성 및 유용성에 대한 검증은 동 제도에 대한 자체적이고 개별적 수준의 검토보다는 전체적인 대응시스템을 염두에 두고, 그 형식과 기능을 유기적·체계적으로 검토할 필요가 있다. 또한 가정폭력범죄의 특수성과 위험성에 비추어 볼 때, 보다 다양하고 확장된 개입의 영역이 요구되는데, 이러한 차원에서 가정폭력에 대한 여러 가지의 대응전략 가운데 하나로써 상담조건부 기소유예제도의 필요성과 유용성이 과연 인정될 수 있을 것인지, 만약 인정된다면 현행 제도에 대한 문제점을 해소할 수 있는 방안은 무엇인지 등에 대한 논의가 현재의 시점에서 절실히 필요한 것이다. 물론 상담조건부 기소유예제도를 통한 우회적인 개입이 모든 가정폭력을 억제할 수 있는 없겠지만, 엄격한 절차에 의하여 선별된 특정한 가해자들에게는 단순한 구금전략보다는 사법적 감독과 결합된 상담프로그램이 가정폭력문제를 해결하는 데 있어서 유용하고도 적절한 대안이 될 가능성을 전적으로 배제하는 것도 지양해야 할 것이다. 그러므로 현행법상의

---

3) 법제사법위원회 수석전문위원 김종두, 「가정폭력범죄의 처벌 등에 관한 특례법 일부개정법률안(우윤근의원 대표발의(2005. 11. 7)) 검토보고서」, 2006. 2, 22-23면.

4) 남인순 의원 등 13인이 발의한 「가정폭력범죄의 처벌 등에 관한 특례법 일부개정법률안」(의안번호: 1904432) 참조

5) 하지만 이에 대하여 상담조건부 기소유예제도는 가정폭력 행위자에 대한 처벌보다는 가족관계의 회복이나 가정의 안정이 우선되어야 한다는 법의 취지에 따른 제도인 점을 감안하면 이 제도를 폐지하는 것보다는 이 제도의 운용을 보다 엄격하게 하는 방안을 모색하는 것이 필요하다고 견해(법제사법위원회 수석전문위원 임중호, 「가정폭력범죄의 처벌 등에 관한 특례법 일부개정법률안(남인순의원 대표발의(2013. 4. 8)) 검토보고서」, 2013. 12, 15면가 있다.

상담조건부 기소유예제도를 폐지하는 것보다는 그동안 각계에서 비판적으로 제기되어 왔던 문제점을 보완하는 방식으로의 접근 및 이에 대한 면밀한 검토의 과정을 거쳐 보다 발전적인 상담조건부 기소유예 제도를 운영하기 위한 초석을 마련하는 작업이 그 어느 때보다 시급한 과제로 부상하고 있다고 할 수 있다. 이에 상담조건부 기소유예제도의 시행부터 최근까지 지속적으로 제기되고 있는 여러 가지 문제점을 분석하고, 이를 토대로 동 제도의 효과성을 제고시키기 위한 개선방안을 제시하는 것이 본고의 주된 목적이라고 하겠다.

Ⅱ. 상담조건부 기소유예처분의 도입배경

1. 기존 가정폭력사건 대응체계에 있어서의 한계점 노출

상담조건부 기소유예제도가 가정폭력사건에 있어서 활용되고 있는 근본적인 이유는 기존의 형사사법시스템인 기소에 의한 형사처벌 또는 가정보호사건으로의 송치처분에 대한 불신에서 비롯된 것이라고 할 수 있다. 이러한 기존의 절차에 따르게 될 경우에 가정폭력사건의 당사자에게는 장기간의 심리적 고통과 피해재발방지의 조기 대응 미흡이라는 한계상황이 노출되기 때문에 동 처리절차로의 진행을 주저하게 만드는 결과를 초래한다. 상담조건부 기소유예는 가정법원에서 보호처분으로 부과할 수 있는 상담위탁처분을 검찰이 기소단계에서 선취하는 형식으로 나타나고 있다고 할 수 있지만, 이를 가정보호사건이라는 특별한 절차를 무력화시키는 시도로 평가해서는 아니 되는데,[6] 왜냐하면 가정보

---

6) 실제로 이호중 교수에 따르면 상담조건부 기소유예의 확장은 다이버전의 조기 실시라는 장점보다는 가정폭력이 범죄라는 사회적 인식을 강화하고자 하는 가정폭력특례법의 형사정책적 목표에 상당한 결함을 야기할 위험이 있다고 평가하고 있다(이호중, "가정폭력사건의 상담조건부 기소유예제도에 대한 비판적 분석", 형사정책연구 제62호, 한국형사정책연구원, 2005. 6, 194면). 또한 정춘숙 한국여성의전화 상임대표는 상담조건부 기소유예는 가정폭력사건의 가해자에게 상담을 조건으로 기소를 유예하는 면죄부를 주는 것으로 가해자들에게 가정폭력이 범죄행위가 아니라고 느끼게 하는 요소로 작용하기 때문에 가정폭력특례법을 무력화시켰다고 주장한다(정춘숙, "2013! 가정폭력의 현황과 과제", 월간 복지동향 제175호, 참여연대 사회복지위원회, 2013. 5, 23면; 同旨 김인선·이금옥, "가정폭력의 실태와 대책", 교정연구 제27호, 한국교정학회, 2005. 6. 90-91면).

호사건에 대한 처분결정에 소요되는 시간이 장시간인 관계와 법원의 불처분율이 높은 이
유로 인하여 검찰단계에서 가해자와 피해자로 하여금 상담을 통하여 신속한 사건처리와
피해자보호를 도모할 수 있다는 장점이 있기 때문이다.

2. 가정폭력사건 처리과정의 다양화방안 모색

가정폭력특례법은 가정폭력범죄의 형사처벌 절차에 관한 특례를 정하고 가정폭력범죄
를 범한 사람에 대하여 환경의 조정과 성행의 교정을 위한 보호처분을 함으로써 가정폭
력범죄로 파괴된 가정의 평화와 안정을 회복하고 건강한 가정을 가꾸며 피해자와 가족구
성원의 인권을 보호함을 목적으로 한다(가정폭력특례법 제1조). 이와 같이 가정폭력특례
법은 크게 두 가지 절차상의 특례규정을 인정하고 있는데, 가정폭력범죄가 발생하였을
경우에 형사처분상의 특례를 인정하는 것과 다른 범죄와 달리 보호처분을 부과할 수 있
다는 특례를 인정하는 것이 그것이다. 그리고 가정폭력범죄가 발생한 경우에 이에 대한
처리는 원칙적으로 검사에 의하여 결정되게 되는데, 검사는 가정폭력범죄로서 사건의 성
질・동기 및 결과, 가정폭력행위자의 성행[7] 등을 고려하여 가정폭력특례법에 따른 보호
처분을 하는 것이 적절하다고 인정하는 경우에는 가정보호사건으로 처리할 수 있고(이
경우 검사는 피해자의 의사를 존중하여야 한다), 그렇지 않은 경우에는 일반 형사절차에
따라 형사사건으로 처리할 수 있어, 이른바 검사선의주의를 채택하고 있다(가정폭력특례
법 제9조 참조).

또한 가정보호사건 및 형사사건 양자 모두가 부적합하다고 인정되는 경우에는 불기소
처분까지도 할 수 있는 권한을 가지고 있는 검사의 지위는 위와 같은 재량사항의 범위를
보다 확장하는 기능을 하고 있다. 특히 불기소처분 가운데 범죄의 성립은 인정되지만 여
러 가지의 상황을 고려하여 부과되는 기소유예는 행위자에게 어떠한 불이익도 없이 사건
이 종결되어 가정폭력의 방치 및 재발의 위험이 상존하게 하는 역기능도 초래하고 있다.

---

7) 여기서 해당 가정폭력사건을 보호사건으로 처리할 것인지 아니면 일반형사사건으로 처리할 것인지를 결정
짓는 중요한 요소로써 '사건의 성질・동기 및 결과, 가정폭력행위자의 성행'이라고 규정하고 있는데, 단지
이러한 추상적인 문구만으로는 처리절차를 결정하기에 다소 무리가 있는 것으로 보인다. 이는 형법 제51
조에서 규정하고 있는 양형참작사유(범인의 연령, 성행, 지능과 환경, 피해자에 대한 관계, 범행의 동기,
수단과 결과, 범행 후의 정황)와 견주어 볼 수 있는데, 법관의 양형결정권에 대한 재량이 폭넓다는 비판이
팽배하여 양형기준표 등이 작성되는 현재의 상황에서 가정폭력특례법상의 처분결정사유가 이와 같이 더
추상적으로 규정되어 있다는 것은 문제가 있다고 볼 수 있다.

이는 가정폭력특례법이 지향하는 가정의 평화, 안정의 회복, 피해자와 가족구성원의 인권보호라는 목적에도 부합하지 않는다. 이에 검사는 가정폭력사건을 수사한 결과 가정폭력행위자의 성행 교정을 위하여 필요하다고 인정하는 경우에는 상담조건부 기소유예를 할 수 있도록 하여, 단순 기소유예제도가 초래하는 불합리한 점을 개선하고자 상담을 조건으로 하는 기소유예제도의 도입이 논의되기 시작한 것이다. 하지만 보호처분과 형사처벌이라는 이원적 체계 속에서 다양한 처분을 구사할 수 있는 현행 가정폭력사건 대응체계에서 상담조건부 기소유예제도는 다시 중간지대를 형성함으로써 자칫 전체 구도의 향방을 바꿀 수도 있다는 지적[8]은 경청할 만하다. 그러므로 검사에게 상담조건부 기소유예를 선택할 수 있는 재량의 여지를 인정하면서도 법적인 근거 및 제한을 구체적으로 제시함으로써 법치국가적 통제가 가능하도록 할 필요성이 있다.

3. 가정폭력가해자의 적정한 처우에 도움

가정폭력에 대한 낮은 대중적 경각심을 고양시키기 위하여, 보다 강화된 형사법적 접근이 유용할 수는 있다. 하지만 실제 강화된 형사법적 개입이 과연 피해자를 위해 더 나은 것인지 아니면 더 나쁜 것인지 또는 무엇이 피해자보호를 더 잘할 수 있는 것인지가 항상 분명한 것은 아니다. 가정폭력을 범죄로 규정하는 목표가 미래의 폭력을 줄이기 위한 것이라면, 많은 경우 기소전략이 아주 불필요한 것은 아니지만 실제로는 역효과가 되기도 하기 때문이다. 현행 법체계상 기소의 성공 자체가 목표인 것처럼 추구되기 때문에 피해자에 대한 경찰이나 검찰의 지원은 가해자처벌이나 기소노력을 위한 피해자헌신을 유지하는 데 초점을 두는 것이지 미래의 폭력으로부터 피해자를 보호하는 데 관련되지 않는 경향이 있다.[9] 그러므로 가정폭력사건에 대하여 벌금 등의 형벌을 부과하는 것은 가해자로 하여금 적대감 내지 복수심을 유발하여 가정의 상황을 더욱 악화시킬 개연성이 농후하다.

또한 가정보호사건으로 송치할 경우 법원에서는 당사자 간의 표면적인 합의 등을 이유로 불처분결정을 하는 경우가 많은데, 이러한 불처분결정에 대하여 행위자 및 그 법정대

---

8) 정현미, "가정폭력과 상담조건부 기소유예제도", 형사정책연구 제68호, 한국형사정책연구원, 2006. 12, 138면.
9) 김은경, "가정폭력범죄처벌특례법상 상담조건부 기소유예제도의 입법영향분석 검토의견", 국회입법조사처 세미나, 2013. 9. 30.

리인만이 항고할 수 있는 것으로 규정하고 있어 검사가 법원의 위와 같은 불처분결정에 대하여 이의를 제기할 수 있는 방법이 없을 뿐만 아니라 보호처분 결정에 장기간의 시간이 소요되어 가정보호사건 송치제도가 재범방지의 수단으로서의 역할을 제대로 하지 못하고 있다. 이와 같이 가정폭력사건의 특수성을 고려하지 아니하고 일반폭력사건과 같이 처리하는 것은 가정폭력특례법의 제정취지에도 부합하지 않을 뿐만 아니라 가정폭력의 방지 및 건전한 가정의 육성에도 크게 기여하지 못하다는 비판이 제기되어 왔다. 이에 가정폭력사건에 있어서 상담조건부 기소유예처분을 부과하는 경우에는 재범하거나 상담 불이행 시 형사처벌의 부담이 있기 때문에 가해자에 대한 경고의 기능을 충분히 발휘할 수 있다. 즉 상담조건부 기소유예처분 시 상담조건을 이행하지 않거나 성실히 이행하지 않을 경우에 기소하여 형사처벌할 것이라는 경고를 분명히 하게 된다면 보호사건으로 재판절차를 유지하는 경우와 비교할 때 형사처벌이라는 부담을 오히려 더 가지게 되므로 특별예방적 효과가 나타난다고 할 수 있다.

4. 가정폭력피해자의 피해회복에 도움

가정폭력범죄의 특성상 가해자와 피해자가 한 공간에서 함께 생활하기 때문에 한 번 폭력이 발생하면 재발하거나 상습적으로 변할 가능성이 있고, 가정 안에서 은폐될 확률이 높기 때문에 가정폭력 행위에 대하여 발견 즉시 재발방지 조치를 취할 필요가 있음에도 불구하고, 법원이 보호처분 결정을 함에 있어서 비교적 장시간이 소요되어 신속하게 가정폭력 피해자를 보호하지 못하고 재범방지에도 효과적이지 않다는 지적도 상담조건부 기소유예처분의 도입배경 가운데 하나라고 할 수 있다. 가정폭력사건의 경우에 상담조건부 기소유예처분을 행하는 궁극적인 목적이 물론 피해자의 보호를 위해서 실시하는 것은 아니지만 피해자 보호의 측면에서도 가해자에 대한 상담조건부 기소유예가 적합할 수도 있다. 기소유예제도 그 자체는 종래의 징벌위주의 형사사법시스템에 대한 반성적 고려에서 등장한 것이라고 할 수 있는데, 수사종결의 단계에서 피의자에 대한 강성형사정책에서 탈피하여 약간은 위협적인 경고성 조치로서 일정한 사항을 부담시킴으로써 장래의 규범준수를 담보할 수 있는 조치인 것이다. 가정폭력특례법의 기본 방향은 가정의 해체는 바람직하지 못하다는 점을 전제로 하여 가해자의 폭력성을 교정하여 가정을 회복하자는 것이지만, 가정폭력에서 우선시해야 할 것은 가해자교정이나 가정의 회복이 아니라 피해

자의 안전과 보호라는 점에 주안점을 둘 필요성이 있다.[10]

원론적으로 보면 상담조건부 기소유예처분은 전문가에게 상담을 의뢰하면서 기소유예 처분을 행하는 것이기 때문에 검찰이 피해자의 보호를 위하여 적극적인 개입을 시도하는 제도라고 평가하기에는 다소 무리가 있는 것도 사실이다. 하지만 해당 사건을 가정법원에 송치하더라도 임시조치의 활용률이 극히 저조한 실정이며, 종국에는 불처분결정의 가능성마저도 있는 실무의 경향을 고려한 정책적 판단이라는 점에서 보다 실질적인 개입이 담보되는 상담조건부 기소유예처분은 피해자 보호에 어느 정도 기여할 수 있는 것이다.

Ⅲ. 상담조건부 기소유예처분의 시행 경과

1. 법적 근거

기존에는 검찰에서 가정폭력사건에 대해서도 일반폭력사건과 마찬가지로 단순 기소유예처분을 내려왔지만, 2003. 6. 대구지방검찰청 상주지청에서 처음으로 상담조건부 기소유예제도를 시범적으로 실시하였고, 그 결과 가해자의 재범방지에 효과적이라는 상담결과가 누적되자 점차적으로 실시지역을 확대하였는데, 이후 2005. 5. 전국적으로 확대 실시하는 등으로 이어져 오다가, 종국적으로는 2007. 6. 가정폭력특례법을 개정하여 그 법적인 근거(제9조의2)를 마련하여 법률상의 근거를 두고서 현재까지 시행되고 있는 중이다. 이와 같이 상담조건부 기소유예처분은 가정폭력특례법 제9조의2 및 2008. 6. 통합[11]적으로 제정된 대검찰청의 「가정폭력사범 상담조건부 기소유예 처리지침」(이하에서는 '처리지침'이라고 한다)에 의거하여 실시되고 있는데, 이는 검사가 가정폭력행위자의 성행 교정을 위하여 필요하다고 인정하는 경우에 부과할 수 있는 처분으로서, 상담조건부

---

10) 정현미, 앞의 글, 152-153면.

11) 2008. 6. 통합된 상담조건부 기소유예 처리지침 제정 이전에 각 검찰에서 상담조건부 기소유예를 실시하게 된 이유는 가정폭력사건을 신속하게 처리하기 위한 것이었으나, 새롭게 시행되고 있는 처리지침에 의하면 가해자의 교정과 피해자보호 그리고 가정폭력범죄에 적극적으로 대처하여 재범 방지를 통하여 가정의 안정 회복 지원을 목적으로 하고 있다.

기소유예처분은 가해자의 교정과 피해자 보호를 동시에 지향하면서 가정폭력사건 처리의 내실화를 기하여 가정폭력범죄에 적극적으로 대처하여 재범을 막고 가정의 안정을 회복하도록 지원하기 위함을 그 목적으로 하고 있다.

최근 범죄자의 사회복귀와 함께 재범방지를 담보하기 위한 대안의 하나로써 범죄자를 공식적인 재판절차를 거치게 하는 대신에 비공식적인 제재의 일종인 다이버전(Diversion)으로 유도하는 정책에 대한 형사정책적 유용성이 입증되고 있는 상황에서, 소년법 제49조의3에 근거를 둔 소년범에 대한 선도조건부 기소유예제도, 보호관찰 등에 관한 법률에 근거를 둔 보호관찰소선도조건부 기소유예제도와 더불어 가정폭력특례법 제9조의2에 근거를 둔 상담조건부 기소유예제도는 기존의 단순(무조건부) 기소유예제도와 비교할 때 진일보한 제도로써 일반적으로 평가되고 있다. 왜냐하면 구금과 진압위주의 전통적인 형사절차에서 탈피하여 수사종결의 단계에서 현재와 같은 피의자에 대한 무조건적 기소유예 대신에 약간은 위협적인 경고성 조치로서 부담사항을 부과시킴으로써 장래의 규범준수를 담보할 필요성이 있기 때문이다.[12]

조건부 기소유예제도는 검사가 범죄혐의자에 대하여 불기소처분을 하면서 조건이나 부담을 부과하여 행하는 기소유예를 말하는데, 이를 형사절차상 검사의 피의자에 대한 기소 여부에 대한 재량과 유사한 재량적 처분행위로 파악한다면,[13] 이에 대한 위반은 소추재량권의 일탈 내지 공소권의 남용에 속할 뿐이다. 여기서 피의자에 대한 부담사항은 피의자의 과거의 범행을 고려하고 있으며, 준수사항은 피의자의 장래 범죄예방에 초점이 맞추어져 있다.[14] 이와 같이 사실상 유죄의 전제 아래 처리되고 있는 조건부 기소유예제도를 이해하게 되면 헌법상 보장된 무죄추정의 원칙과 저촉될 위험성이 상존한다. 그러므로 조건부 기소유예처분을 함에 있어서는 반드시 피의자에게 부과될 장래의 조건에 대한 준수의지를 확인하는 과정이 필수적으로 요구되며, 만약 이러한 동의절차를 거치지 않게 되면 검사의 소추재량권의 일탈로 파악해야 할 것이다.

---

12) 이진국, "조건부 기소유예의 도입에 관한 검토", 형사정책연구 제57호, 한국형사정책연구원, 2004. 3, 72면.

13) 법적용에 있어서의 평등성에 위반되지 않기 위해서는 무엇보다도 기소유예의 기준을 명확히 설정해야 한다(조상제, "불기소처분 및 기소유예제도에 관한 연구", 동아법학 제44호, 동아대학교 법학연구소, 2009. 8. 605면).

14) 허일태, "조건부 기소유예제도에 관한 연구", 법학연구 제33호, 전북대학교 법학연구소, 2011. 9, 17면.

2. 시행 현황

가정폭력 행위자를 대상으로 한 처분에서 단순 기소유예는 감소하고 있는 반면 상담조건부 기소유예의 비율은 점차로 증가하고 있는데, 이를 구체적으로 살펴보면 상담조건부 기소유예 인원의 비율은 1.38%(2007년)에서 6.05%(2012년)로 동 제도가 본격적으로 시행된 2007년부터 2012년까지 최근 5년간 약 5배 가까운 증가세를 보여주고 있다.

〈표-1〉 가정폭력사건 상담조건부 기소유예 현황

(단위: 명, %)

연 도	가정폭력사범 전체 인원	상담조건부 기소유예 인원	비율(%)
2007년	12,801	177(2,847)	1.38(22.24)
2008년	13,373	448(2,593)	3.35(19.39)
2009년	12,143	379(2,197)	3.12(18.09)
2010년	5,185	216(918)	4.17(17.70)
2011년	2,941	173(545)	5.88(18.53)
2012년	3,154	191(493)	6.05(15.63)
2013년(1월-5월)	4,307	77(599)	1.79(13.91)

( )는 전체 기소유예 처분자 인원 및 비율
출처: 법무부 내부자료(조주은, 「가정폭력범죄의 처벌 등에 관한 특례법상 가정폭력행위자 대상 상담조건부 기소유예제도의 입법영향분석」, 현안보고서 제223호, 국회입법조사처, 2013. 12, 18면에서 재인용).

한편 가정폭력 행위자의 재범률은 높아지고 있는 상황이고, 상담조건부 기소유예 처분인원의 재범률[15]도 증가추세를 보였다가 2012년도에는 최초로 10% 이하로 떨어졌다. 가정폭력사범 전체의 재범률은 7.9%(2008년) → 20.3%(2010년) → 32.9%(2011년) → 32.2%(2012년)의 형태를 보인 것에 반하여,[16] 상담조건부 기소유예 처분인원의 재범률은 2007년도에 12.4%를 나타냈고, 이후 계속적으로 증가추세를 보이다가 2012년에는 8.9%로 감소하였다.

〈표-2〉 상담조건부 기소유예 처분인원 재범률

(단위: %)

연도	2007년	2008년	2009년	2010년	2011년	2012년
재범률	12.4%	11.2%	11.3%	15.3%	15.6%	8.9%

출처: 법무부 내부자료(조주은, 앞의 글, 16면에서 재인용).

---

15) <표-2>의 재범률은 해당 연도에 상담조건부 기소유예 처분을 받은 자 중 재범자의 비율이며, 재범자가 같은 해에 재범을 범하였다는 의미는 아니다.

16) 관계부처 합동, 「가정폭력 방지 종합대책안」, 2013. 6. 28, 1면에서 재인용.

단순히 경찰청의 가정폭력사범의 재범률과 상담조건부 기소유예 처분인원 재범률을 비교하는 것에는 무리가 있음을 감안하더라도 상담조건부 기소유예 처분인원의 재범률은 상대적으로 낮다고 평가할 수 있다. 대상자에 대한 상담기간인 최대 6개월 동안 행위자들은 상담에 할애하는 노력을 하고 있고, 그 시간 동안은 상담에 집중하고 있기 때문에 상담위탁기간 동안 일정한 태도의 변화를 관찰할 수 있다고 판단되지만, 상담조건부 기소유예 처분인원의 재범률이 10% 이상을 평균적으로 기록하고 있는 측면은 추가적인 제도의 개선이 요구되는 대목이라고 하겠다.

한편 이와 같이 재범률이 10%를 유지하고 있는 통계를 바탕으로 재범률이 높다고 단정지을 수 있는 것인가는 재고의 여지가 있다고 본다. 특히 가정폭력사건이 일반폭력사건과 달리 지속적으로 유지되고 있다는 가정환경의 특수한 환경에서 발생한다는 점을 감안한다면 더욱 그러하다. 이는 일반 폭력사범의 재범률과 상호 비교해 보면 분명해지는데, 다음의 <표-3>은 폭력범죄의 동종범죄 재범률을 나타내고 있다.

<h3 align="center">〈표-3〉 폭력범죄의 동종범죄 재범률 현황</h3>

단위: %(명)

구 분	2008년	2009년	2010년	2011년	2012년
폭 행	38.89% (24,101/61,958)	37.93% (23,997/63,253)	38.55% (19,952/51,750)	38.86% (20,951/53,913)	36.66% (23,675/64,576)
상 해	39.9% (34,688/86,923)	38.08% (31,063/81,565)	39.19% (27,575/70,351)	38.64% (22,287/57,674)	36.89% (22,042/59,747)
협 박	19.95% (451/2,260)	20.45% (468/2,288)	20.50% (389/1,897)	15.49% (228/1,471)	15.05% (333/2,212)
공 갈	25.42% (390/1,490)	25.42% (571/2,246)	28.73% (644/2,241)	26.96% (480/1,780)	28.17% (923/3,276)
체포와 감금	26.17% (68/400)	11.97% (46/384)	17.53% (71/405)	13.31% (51/383)	14.48% (73/504)
폭처법	37.96% (23,549/62,031)	36.15% (22,789/63,024)	35.53% (17,283/48,636)	36.34% (17,360/47,765)	34.96% (20,033/57,292)

출처: 대검찰청, 범죄분석, 2009-2013.

<표-3>에 의하면 최근 5년간 폭행사건의 동종재범률은 약 38%, 상해사건의 동종재범률은 약 39%, 협박사건의 동종재범률은 약 20%, 폭처법 위반사건의 동종재범률은 약 36% 등의 수준으로 나타나고 있음을 알 수 있다. 이는 상담조건부 기소유예 처분인원의

재범률이 평균 10% 정도임을 감안하면, 약 3-4배 정도 높은 수치라고 할 수 있는데, 이러한 점에서 상담조건부 기소유예가 폭력사건의 재범률을 저하시키는 데 있어서 어느 정도 영향을 미치고 있는 것이라고 분석할 수 있다.

Ⅳ. 상담조건부 기소유예처분의 문제점 및 개선방안

1. 대상사건과 관련하여

가. 처리지침의 내용

처리지침 제3조에서 상담조건부 기소유예의 대상사건으로 정하고 있는 것을 살펴보면, ① 당해 범죄사실은 중하지 아니하나 과거 동종 전력이 있거나 재범의 위험성이 있어 전문적인 상담을 필요로 하는 사건, ② 기소를 통한 형사처벌 또는 가정보호사건 송치처분보다 상담을 통한 신속한 치유가 더 효과적이라고 판단되는 사건으로서 가해자 및 피해자가 상담을 원하는 사건, ③ 기소하는 경우 피해자에게 불이익이 발생할 가능성이 있는 사건으로서 당사자가 가정유지 의사를 가지고 있는 사건, ④ 가정폭력 행위자에게 약물이나 알코올에 대한 의존성이 있어 지속적인 관찰과 계도 등 상담이 필요한 사건, ⑤ 기타 가정폭력행위의 태양, 동기 및 결과, 행위자의 성향, 가족구성원의 평화와 안전 등을 고려하여 상담을 조건으로 기소유예 처분함이 상당하다고 판단되는 사건 등과 같이 가정폭력사건 중 기소 또는 가정보호사건 송치 처분이 부적절하고, 피해자 보호를 위하여 상담이 필요하다고 판단되는 사건을 상담조건부 기소유예제도의 대상사건으로 하고 있다.

나. 문제점

결과론적으로 가해자에 대한 처벌의 완화를 이끌어 내는 상담조건부 기소유예처분으로 말미암아 가정폭력의 대한 대처에서 우선시되어야 할 피해자의 인권과 안전에 대한 보호가 다소 미흡해질 우려가 있다. 특히 처리지침에서 제시되고 있는 대상사건 가운데 '재범의 우려가 있는 사건'과 '기소하는 경우 피해자에게 불이익이 발생할 가능성이 있는 사건'의 경우에는 통상적으로 죄질이 경미하여 기소유예에 처할 사건이라기보다는 오히려 형사처벌이 필요한 중대한 사건으로 분류될 만한 것들인데, 이는 지속적이고 악질적인 가정폭력에 대하여 보다 강력한 형사처벌을 취하고자 하는 현재의 상황과도 부합되지 않는 경향이 있다. 우리나라의 형사사법체계에서 재범의 위험성이라는 지표는 일반적으로 형벌을 부과해야 하는 고려요소로 적극 활용되고 있는 상황에서 재범의 우려가 있는 사건을 상담조건부 기소유예처분의 대상사건으로 분류하고 있는 것은 형벌이론상 설득력을 가지기 어렵다.[17]

또한 처리지침에는 가정폭력 가해자의 위험성에 대한 평가와 관련된 내용은 제대로 규정되어 있지 않은데, 이와 같이 장기적으로 지속되는 속성을 지니고 있는 가정폭력에 있어서의 재범의 위험성 평가를 결여한 상담조건부 기소유예의 처리방식은 피해자를 추가적인 가정폭력의 위험에 노출시키는 부작용을 초래할 것이다. 상담조건부 기소유예처분이 가정폭력사건에 대한 신속한 처리를 통한 가정의 회복이라는 목적을 가지고 있다고 할지라도 구체적인 사안의 위험성평가 또는 피해자의 안전에 대한 배려 등의 고려 없이 행하여지는 것은 제도의 의미를 반감시키기 때문에, 이러한 요인들에 대한 충분한 고려가 병행되어야 할 것이다. 특히 피해자의 의사를 존중한다고 하지만 피해자는 가족의 구성원이기 때문에 아직까지 우리나라의 정서상으로는 신고만으로써 사건처리를 종결하기를 원하는 경우가 많다는 점을 인식해야 한다. 이와 같이 가정폭력사건에 대하여 상담을 조건으로 기소유예 처리하는 것은 폭력을 폭력으로 취급하지 않는 인식에서 비롯된 것이라고도 볼 수 있다. 가정폭력의 경우 검사가 기소유예를 하느냐 아니면 보호사건으로의 송치를 하느냐는 검사의 판단에 의해 전적으로 결정되는데, 이 또한 가정폭력을 바라보는 검사의 기본적인 인식이 어떠한가에 따라 그 결과가 달라질 수 있는 한계가 존재한다. 왜냐하면 상담소에서 행위자가 상담을 받는 경우 담당 검사는 상담이 어떻게 이루어지는지, 언제 종결하였는지 등 그 과정과 결과에 대해서 상담소와 보고체계를 갖추고 있지 않기 때문이다.[18]

더욱이 상담조건부 기소유예 대상사건의 구체적인 기준이 불분명할 뿐만 아니라 중재

---

17) 이호중, 앞의 글, 176면.

18) 여성가족부, 「2010년 가정폭력 실태조사」, 2010. 12, 938면.

또는 조정이 가지고 있는 본질적인 문제에 당면할 수도 있다. 상담 등을 통한 화해, 중재, 조정 등은 원칙적으로 가정폭력사건을 범죄가 아닌 가정 내의 사적인 문제로 인식하게 하고, 피해자의 보호보다는 가해자들의 태도에 주안점을 둔 것이라고 할 수 있기 때문에[19] 범죄자의 위험성이나 피해자에 대한 보호필요성 등이 제대로 조사되지 않은 채로 외형적으로 드러난 사건의 내용을 중심으로 기계적으로 처리될 가능성이 농후하다. 특히 가정폭력은 장기적으로 지속되는 속성을 지니고 있기 때문에 재범의 위험성이 일반적으로 큰 편이라고 할 수 있는데, 이때의 재범위험성은 그 죄질의 경중과는 관련성이 희박하다는 점에 주의해야 한다. 폭력의 정도나 피해가 상대적으로 경미한 경우라고 할지라도 재범의 위험성이 높은 사건에 대하여 초기 개입에 실패할 경우에는 대체적으로 보다 심각하고 중대한 폭력으로 이어질 가능성이 농후하므로, 가정폭력사건의 경우에는 외형적으로 나타난 폭력상황보다는 가해자의 위험성을 면밀하게 평가하여 대응하는 것이 바람직하다.[20]

다. 개선방안

(1) 재범위험성에 대한 판단의 고려

가정폭력범죄는 그 폭력성과 위험성이 외부에 쉽게 드러나지 않는 특성이 있고, 같은 거주 공간에서 지속적이고 반복적으로 진행되기 때문에 재범의 위험성이 여타 범죄보다 크다고 볼 수 있으므로,[21] 사법기관은 가정폭력범죄에 대하여 재범위험성에 대한 객관적인 지표 마련과 함께 개별적인 평가와 면담을 통해 가정폭력행위자의 재범위험성을 파악하여 이를 토대로 상응하는 조치를 취하여야 함에도 불구하고 재범위험성에 대한 면밀한 검토 없이 가정폭력사건의 상당 부분을 상담조건부 기소유예로 처리함으로써 가정폭력범

---

19) 주명희, "가정폭력 사건에 대한 경찰의 인식에 관한 연구", 여성연구 제71호, 한국여성정책연구원, 2006, 12면.

20) 이호중, "가정폭력범죄의 처벌에 관한 특례법 10년의 평가", 형사정책연구 제19권 제3호, 한국형사정책연구원, 2008. 9, 166면.

21) 가정폭력은 일반 폭력과 달리 복잡한 구조에서 반복될 수 있는 속성을 가지는데, 동 행위를 사적인 공간에서 끌어내어 사회적 문제로서 다룸으로써 척결할 수 있는 발판은 마련되겠지만, 가장 개인적인 영역의 문제이고 특별한 범죄로 다루지 않을 수 없다는 점을 인정해야 한다. 그러므로 가정폭력의 문제를 단순히 형사법적으로 대처하려는 관념은 잘못된 출발이라고 할 수 있다. 이에 대하여 보다 자세한 내용으로는 정현미, "가정폭력특례법의 문제점과 개정방향", 법학논집 제17권 제2호, 이화여자대학교 법학연구소, 2012. 12, 154면 참조.

죄가 재발되는 악순환을 야기하고 있다. 이러한 문제의식에 입각하여 2012. 12. 3.자 박남춘의원 대표발의 가정폭력특례법 일부개정법률안(의안번호 1902888)에 따르면, 검찰이 가정폭력범죄사건을 수사한 결과 재범위험성이 있는 경우에는 상담조건부 기소유예를 할 수 없도록 하는 한편, 검찰 또는 법원이 가정폭력범죄사건을 가정보호사건으로 송치 또는 결정하고자 할 때에는 반드시 가정폭력행위자의 재범위험성을 고려하여 처리하도록 하려는 것을 그 내용으로 하고 있다.

생각건대 가정폭력의 경우 피해자와 가해자가 한 공간에 거주하고 있어 다른 범죄와 비교하여 반복적·상습적으로 일어날 가능성이 매우 높아 가정폭력 사건처리에 있어서 가해자의 재범위험성은 중요한 고려사항이 될 필요가 있으므로 이러한 개정안의 취지는 타당한 것으로 판단된다. 그런데 재범위험성이라는 개념은 매우 추상적이고 객관적 기준을 설정하기 어려워 판단자의 자의적 결정에 따를 가능성이 높고, 판단자마다 상이한 판단 결과로 인하여 사건처리의 형평성 논란이 제기될 우려가 있다. 또한 '가정폭력행위자의 성행'을 고려요소로 할 경우 재범위험성도 그 고려요소에 포함하는 것으로 해석할 수 있으므로, 재범위험성은 중복된 표현으로도 볼 수 있다. 보다 본질적인 문제는 상담조건부 기소유예처분 결정시 고려되어야 하는 요소로서 재범위험성을 반드시 참고해야 한다는 당위보다는 이를 구체적으로 어떠한 방법으로 판단할 것인가에 있다고 볼 수 있다. 즉 해당 사안의 경우에 가해자로부터 재범위험성 판단 여부의 결정에 작용할 수 있는 요소들을 구체적으로 축출하여 이를 체계화하는 방안이 강구되어야 하는 것이다. 일반적으로 가정폭력 사건에서 가해자의 재범가능성을 예측할 수 있는 위험 요인은 크게 두 가지의 측면에서 검토될 필요성이 있는데, 과거의 피해 경험 및 가해의 전과 등 과거 전력과 같은 변하지 않는 성질의 정적(靜的) 위험요인과 성격적 특성이나 약물 문제와 같은 교정·교화의 노력을 통하여 얼마든지 위험의 수준이 변할 가능성이 있는 동적(動的) 위험요인이 그것이라고 하겠다. 전자의 고려요인으로는 가정폭력의 심각도, 보호명령 등의 위반 여부 및 횟수, 과거 배우자에 대한 폭력의 전력, 배우자 아닌 다른 가족구성원에 대한 폭력의 전력, 가정폭력 이외의 폭력 전력 등을 들 수 있겠고, 후자의 고려요인으로는 심리적 결함 및 성격 장애의 여부, 약물남용 및 의존성 여부 등을 심사해야 할 것이다. 이를 보다 유형화시켜 보면, 첫째, 당해 사건의 심각성 영역에서는 폭행의 심각도, 임시조치 또는 보호조치의 위반, 혼란스러운 사건현장, 가해자의 통제 어려움 등을 고려하고, 피해자의 심리상태 영역에서는 현재의 심리적 혼란상태, 폭행이 계속될 것 같은 두려움의 여부 등을 고려해야 하며, 가해자의 성격과 같은 심리적 특성 영역에서는 폭력의 원인 제공자로 피해자의 비난 여부 및 정도, 갑자기 화를 내는 등의 심한 감정기복, 알코올 중독 또는 폭력 당시의 주취여부 등의 음주문제 등을 고려해야 할 것이다.[22]

이에 따라 현재 실무적으로 가장 시급하게 개선되어야 할 사항은 가정폭력의 특수성을 고려한 조서양식의 개발, 즉 범죄의 행위책임성, 재범위험성, 가해자의 교정가능성 및 피해자의 요보호성 등을 파악할 수 있는 수사 체크리스트를 구성하는 일이다. 이것은 피해자 보호를 위한 임시조치 등 보호명령 발부근거로서 활용될 수 있으며, 인권침해에 대한 시비를 최소화하는 실무 자료로서도 충분히 활용될 수 있을 것이다. 동 자료를 활용하여 검사는 행위자의 위험성에 기초하여 사건을 상담조건부 기소유예처분, 가정보호처분, 형사처분 등의 절차진행 여부를 판단할 수 있을 것이다. 이는 검찰뿐만 아니라 법원이 상담위탁을 결정함에 있어서도 유용한 자료로 활용될 수 있기 때문에 가정폭력 전문조사관에 의한 위험성 평가를 의무화할 필요가 있는데, 이러한 결과에 따른 위험성 등급에 따라 기소, 상담조건부 기소유예, 형사처벌, 보호처분 등의 결정에 관한 객관적 근거가 될 수 있다. 이와 같은 가정폭력 재범위험성 평가는 경험적으로 검증된 가정폭력 위험 요인들을 바탕으로 하여 특정 가해자의 폭력행위가 재발할 위험수준을 객관적으로 예측하는 작업이라고 볼 수 있는데, 이러한 위험 요인에는 당해 사건의 심각성뿐만 아니라 개인의 성향과 폭력 전력 등이 포함되며, 평가 전문가는 다면적인 위험 수준 평가를 통하여 해당 사건을 체계적으로 바라보고 적절하고 타당한 개입을 결정해야 한다.

(2) 대상사건에 대한 제외사유의 규범화

기소유예는 통상 죄질이 경미한 범죄에 대하여 허용되는 조치라고 할 수 있는 점을 고려할 때, 기소유예 시 고려되는 핵심적인 사항은 범행의 경미성, 수사절차상 피해자의 이익고려, 형벌의 목적 고려 등을 들 수 있다. 이를 가정폭력사건에 대한 상담조건부 기소유예처분에 적용할 경우에 가정보호사건으로의 송치 또는 구약식기소 등의 처리가 부적절하거나 단순 기소유예조치만으로는 피해자의 보호에 미흡하다고 판단되는 사건에 국한하여 동 제도를 활용해야 할 것이다. 상담조건부 기소유예가 가정법원에서 보호처분으로 부과될 수 있는 상담위탁처분을 검찰이 기소단계에서 먼저 활용될 수 있다는 점에서 사건 초기단계에서 행위자의 교정뿐만 아니라 피해자의 의사에 상응하는 피해자 보호의 적

---

22) 조은경·허선주, "경찰 수사단계에서 가정폭력 피해자보호를 위한 가정폭력 재범위험성조사표 개발 및 활용방안", 피해자학연구 제21권 제2호, 한국피해자학회, 2013. 10, 103면 참조.

절한 방안으로 활용될 수 있다. 그러므로 기소유예처분의 일반이론적인 기준에 부합할 수 있도록 기존 처리지침상의 대상사건에 대한 신중한 검토가 요구된다. 다른 조치들의 잠식과 가해자에 대한 처벌의 완화라는 비판에 대해서는 상담조건부 기소유예 대상사건의 합리적인 조절을 통하여 충분히 불식시킬 수 있는 문제라고 보인다. 예를 들면 당사자들이 가정에 대한 유지의 의사를 가지고 있는지 여부를 가장 중요한 결정기준으로 파악한 후, 가해자의 죄질, 가정폭력 당사자 간의 화해 여부, 사안의 경미성 등을 고려하여 가해자가 상담조건부 기소유예를 거부할 경우에는 가정법원으로의 송치가 가능하도록 할 필요성이 있다. 상해의 결과가 발생하는 가정폭력사건의 경우에 무조건적으로 상담조건부 기소유예처분을 허용하지 않을 것이 아니라 결과적 가중범의 형태로 상해의 결과가 발생할 수도 있다는 점, 상해와 폭행의 구별이 쉽지 않다는 점, 경미한 상해라는 개념도 충분히 상정할 수 있다는 점 등을 고려하여 상담조건부 기소유예의 대상사건으로 포섭할 수도 있다. 하지만 정신질환, 상습적 약물복용, 알코올중독 등의 상태에서 가정폭력을 행하는 경우에는 상담조건부 기소유예처분이 부적절하다고 보이는데, 이러한 경우에는 치료위탁처분으로 해결하는 것이 보다 바람직하다고 본다.

결론적으로 가정폭력범죄 가운데 다음의 어느 하나에 해당하는 경우에는 상담조건부 기소유예처분을 할 수 없도록 대상사건의 범위를 한정할 필요성이 있다. 예를 들면 가정폭력범죄로 유죄판결이 확정된 후(징역 또는 금고의 실형을 선고받은 경우에는 그 집행이 종료되거나 면제된 후를 말한다) 5년 이내에 저지른 가정폭력범죄, 가정폭력특례법에 따른 보호처분이 확정된 후 3년 이내에 저지른 가정폭력범죄, 가정폭력특례법에 따른 피해자보호명령이 확정된 후 3년 이내에 저지른 가정폭력범죄, 법정형이 장기 10년 이상의 징역 또는 금고에 해당하는 가정폭력범죄, 생명을 위협할 우려가 있는 위험한 물건 기타 흉기를 사용하여 저지른 가정폭력범죄, 가정폭력피해자의 수가 2인 이상인 가정폭력범죄, 상습성이 인정되는 가정폭력범죄 등이 그것이다.

(3) 피해자의 의사에 대한 진지한 판단

피해자의 고소가 있어야 공소를 제기할 수 있는 가정폭력범죄에서 고소가 없거나 취소된 경우 또는 피해자의 명시적인 의사에 반하여 공소를 제기할 수 없는 가정폭력범죄에서 피해자가 처벌을 희망하지 아니한다는 명시적 의사표시를 하였거나 처벌을 희망하는 의사표시를 철회한 경우(가정폭력특례법 제9조 제2항) 및 피해자의 의사를 존중하여 가정보호사건으로 처리할 수 있도록 하고 있지만, 이는 그동안 가정폭력사건에 있어서 피해자의 의사가 기소를 할 대상사건인지 아니면 기소유예 또는 보호처분을 할 대상사건인지를 판가름하는 데 있어서 지나치게 결정적인 기준으로 작용되고 있는 부작용의 결과를 초래하고 말았다. 이와 같이 피해자의 의사가 검찰의 기소권 행사 여부를 결정하는 중요한 기준으로 작용하는 것은 근원적으로는 가정의 보호를 입법목적으로 하고 있는 가정폭력특례법의 취지에서 비롯된 것이라고 할 수 있으나, 피해자의 의사를 지나치게 존중하는 것은 가정폭력범죄가 소위 친고죄 또는 반의사불벌죄가 아님에도 불구하고 결국은 피해자의 의사가 처벌 여부를 좌우하는 핵심변수가 되는 경향을 나타나게 하였던 것이다.

하지만 피해자의 처벌불원의 의사표시 내지 형식적인 합의의 의사표시는 가정폭력특례법의 제정취지인 가정의 유지의사와 분명히 구별되어야 할 개념이라는 점에 주목해야 한다. 이러한 점에서 가정폭력특례법은 보호처분의 도입으로 가정폭력 행위자에 대한 국가의 개입을 확보하는데 치중한 나머지 가정폭력 사건을 처리함에 있어서 피해자의 인권을 소홀히 하고 있다는 비판[23]은 충분히 경청할 만하다. 피해자가 가해자에 대한 처벌을 희망하지 않는다는 것 또는 이혼을 하지 않겠다는 의사는 국가로 하여금 가해자에게 그 어떠한 제재조치도 원하지 않는다는 표현이 결코 아니라고 할 수 있다. 피해자의 처벌불원의 의사표시 내지 가정유지의 의사표시는 피해자들이 가정폭력으로부터 벗어나고 싶은 욕망과는 다른 차원에서 표출되는 경우도 있기 때문에 피해자의 의사를 기계적으로 확인하고 이에 기초하여 사건처리를 결정하는 것은 피해자의 안전에 대한 요청을 묵살하는 결과를 초래할 염려도 있다. 또한 피해자의 가정유지 의사에 기초하여 내려지는 경미한 제재조치는 가정폭력을 종식시키는 것이 아니라 피해자를 더욱 가정폭력의 폐쇄적 굴레에 가두는 결과를 초래할 염려도 있다. 이와 같이 상담을 조건으로 하는 기소유예는 그 폭력의 정도 및 성격이 중대함에도 불구하고 가정유지 의사를 기준으로 하여 상담을 결정하고 있기 때문에 벌금을 회피하는 수단으로 악용될 여지가 크다고 할 수 있다.[24]

---

23) 여성가족부, 「2010년 가정폭력 실태조사」, 2010. 12, 36면.

24) 박종선, "가정폭력 피해방지의 지원체계 개선을 위한 방안", 법학논문집 제35집 제3호, 중앙대학교 법학연구원, 2011. 12, 72면.

2. 상담절차와 관련하여

가. 처리지침의 내용

일반적으로 가정폭력사건의 신고 후 경찰수사까지 1-2개월, 검사의 가정보호사건송치 결정까지 1개월, 법원에 접수되기까지 3개월, 법원에서 심리기일에 들어가기까지 5-6개월 이상의 시간이 소요되고 있는 상황에서는 동 기간 동안 가정폭력피해자는 거의 무방비 상태로 가정폭력의 위험에 다시 노출되는 문제점이 있다. 이와 같이 기존의 가정폭력 행위자에 대한 보호사건의 처리절차가 비교적 장기간이라는 점에서 비롯된 가정폭력관계자에 대한 적절한 개입의 지연이라는 반성적인 고려에서 등장한 제도가 상담조건부 기소유예제도 도입의 결정적인 역할을 수행하였기 때문에 동 제도는 가정폭력사건의 신속한 처리에 무엇보다도 중요한 목적을 부여하고 있다.

이러한 궁극적인 제도의 도입취지를 고려하여 상담조건부 기소유예처분의 처리절차를 살펴보면, ① 가정폭력사건을 배당받은 주임검사는 가정폭력 행위자와 피해자를 면담한 후 가정폭력 행위자의 성질, 동기 및 결과, 행위자의 성행, 피해자의 의사, 가정의 평화와 안정 등을 고려하여 가정폭력상담소의 자문을 통하여 필요한 경우에 상담을 조건으로 기소유예처분함이 적절하다고 판단되면 '가정폭력상담의뢰통지서'를 작성하여 상담소에 상담을 의뢰한다. ② 상담의뢰를 받은 상담소는 상담인수 후 7일 이내에 가정폭력 행위자와 피해자를 사전면담한 후 그 결과 및 대상자의 상담적격 여부 및 상담계획 등에 대한 견해를 표시한 후 '가정폭력사건면담의견서'를 기재하여 주임검사에게 송부한다. ③ 주임검사는 상담소에서의 상담이 가정폭력사건의 해결에 실질적으로 도움이 된다고 판단하면 가정폭력행위자의 동의를 받아 상담조건부 기소유예처분을 내린다. 주임검사가 상담조건부 기소유예 처분을 하는 경우에는 기소유예결정시 표지의 비고란에 '상담조건부 기소유예(회, 시간)', '상담위탁카드번호 ○○○'라고 기재한다. ④ 상담소는 가정폭력행위자에 대하여 '상담위탁카드'를 작성하고, 상담절차에 따라 가정폭력 행위자 및 피해자에 대하여 상담을 실시한다. 상담소에서는 3-6개월의 범위에서 가해자 및 피해자와 상담한 후 2주일 이내에 상담결과통보서를 주임검사에게 제출한다. 대상자에 대한 상담기간은 원칙적으로 6개월, 20회, 40시간 이내로 하는데, 주임검사는 사안의 중대성, 재범가능성 등에 따라 시간, 횟수를 1급(20회 40시간), 2급(10회 20시간), 3급(5회 10시간) 등으로 결정할 수 있다. 한편 주임검사는 성실히 상담에 응하는 등 재범의 우려가 없다고 판단되거나 상담소 측의 요청이 있는 경우에는 기존에 결정한 기간 이전에도 상담을 종료할 수 있다. 그리고 위탁상담소에서의 상담이 진행되고 나서는 그 결과를 통보하고 종료통보를 행한다.[25] ⑤ 주임검사는 상담결과통보서를 검토하여 성실히 상담에 응한 경우에는 통보서를 전담검사에게 송부하고 상담을 종결한다. 만약 가정폭력 행위자가 성실히 상담에 응하지 않거나 재범을 범하는 경우 상담소는 '불성실상담자통보서'에 의하여 검사에게 그 사실을 통보하고 주임검사는 상담소의 상담으로 가정폭력사건의 실질적인 해결이 불가능하다고 판단되는 경우 상담절차를 종료(상담의뢰 해제)하고 사건을 재기하여 처리한다.

이와 같이 기존의 보호사건 처리절차의 기간이 통상 8-9개월 정도가 소요되는 것임에 반하여, 검사가 가정폭력의 신고로부터 상담조건부 기소유예처분을 하게 되면 3-4개월 정도의 기간이 소요되어 보호처분사건과 비교하여 절반 정도의 시간이 단축되어 보다 빠른 개입이 이루어지게 되는 장점이 있다. 이러한 시간의 소요는 적어도 형식적으로 보게 되면 상담조건부 기소유예제도의 실시배경이 법원의 보호처분 결정에 오랜 시간이 소요되어 신속하게 피해자를 보호하지 못하고 재범방지에도 효과적이지 않다는 지적 때문이었다는 점에 대해 어느 정도 긍정적인 평가를 내릴 수는 있을 것이다.

나. 개선방안

상담조건부 기소유예처분의 과정에 있어서 피해자의 의사도 물론 중요하겠지만, 그 보다 더 중요한 것은 피의자의 의사라고 할 수 있겠다. 이는 피의자에게 헌법상 보장되고 있는 무죄추정의 원칙과도 밀접하게 관련되어 있는데, 강제로 어떠한 부과처분을 과하는 경우에 있어서는 형의 확정판결 또는 적어도 재판절차를 거치지 아니하고서야 원칙적으로 적용될 수 없음을 감안한다면, 재판 이전의 단계에서 행하게 되는 조건부 기소유예처분에 있어서는 검사의 최종 결정에 앞서 반드시 피의자의 진지한 동의의 의사표시를 요구하는 절차적인 보완이 필요하다. 이는 추후에 본격적인 상담프로그램이 진행되는 과정에 있어서도 피의자의 실질적인 참여도를 담보할 수 있을 뿐만 아니라 피해자와의 부부상담 프로그램의 활용 시에도 효과를 나타낼 수 있기 때문이다.

또한 가해자 이외의 가정폭력관계자라고 할 수 있는 피해자의 동의도 반드시 필수적인 절차로 둘 필요성이 있는가가 문제될 수 있는데, 이는 상담의 내용 가운데 중요한 요소로 포함되고 있는 부부상담방식을 고려할 때 요구된다고 보는 것이 바람직하다. 그러므

---

25) 대검찰청, 「가정폭력사범 상담조건부 기소유예 처리지침」, 2013.

로 다른 조건부 기소유예처분에 있어서 관련자를 위한 불복절차를 마련하여야 한다는 식의 논의는 적어도 가정폭력사건에 있어서는 그대로 차용할 수 없는 것으로 보인다. 왜냐하면 피해자와 가해자의 상담조건에 대한 동의를 요구하고 이를 확인하는 절차를 반드시 거치도록 둔다면 이에 대하여 불복을 하는 일은 발생할 여지가 없기 때문이다. 다만 피해자 또는 가해자 가운데 검사의 상담조건부 기소유예처분에 대하여 불만이 있는 경우가 있을 수도 있는데, 이러한 경우는 진정한 의미에 있어서의 동의를 하지 않은 경우가 될 것이고, 그렇게 된다면 처음부터 상담조건부 기소유예처분이 부과될 수 없기 때문에 크게 문제될 것이 없다고 사료된다.

3. 상담형식과 관련하여

가. 현재의 상황

상담조건부 기소유예처분을 행하고 있는 대부분의 검찰청에서는 외부기관에 상담위탁을 통하여 상담을 시행하고 있는데, 각 지방검찰청 및 지청의 관할 구역 내에 설치된 한국가정법률상담소, 한국여성의 전화, 생명의 전화 등의 가정폭력상담소가 그 역할을 담당하고 있다. 동 기관에 의한 상담대상 행위자로는 가정폭력특례법상 검찰의 상담조건부 기소유예자, 보호관찰 등에 관한 법률에 의한 수강명령 처분자, 가정보호사건 중 법원의 상담위탁 처분자, 기타 경찰 등 유관기관 의뢰, 상담소의 상담과정에서 권유한 자로서 본인이 동의서를 제출한 자가 그 대상이다. 이와 같이 법원의 결정을 통해서 이루어지는 상담위탁처분에 의해서도 상담이 이루어지고 있는 상황에서 해당 상담소가 상담조건부 기소유예처분의 목적에 부합하도록 상담을 실질적으로 할 수 있는지가 제도의 성패를 좌우하는 중요한 요인으로 작용할 것이다. 또한 상담 프로그램의 방식과 관련하여 가해자에 대한 상담보다는 가해자와 피해자가 함께 상담을 받는 것이 더욱 효과적이라는 인식에 기초하여 부부가 함께 상담을 받는 형식이 선호되는 경향이 있다. 여기서 피해자의 참여가 의무적인 것은 아니지만 일반적으로는 권고의 형식으로 참여를 유도하고 있는 중이다. 이는 가해자와 피해자가 함께 상담을 받는다면 가정폭력의 저변에 있는 부부간의 갈등을 해소하는데 도움이 될 수 있으며, 상담을 통하여 부부간의 갈등이 폭력상황으로 발전하지 않도록 갈등상황에 유연하게 대처하는 기법을 배울 수 있다는 장점이 있기 때문이다.

한편 가정폭력 가해자의 일반적인 특성에 따른 프로그램의 만족도를 조사한 결과[26]에 의하면, 첫째, 30대의 가정폭력 가해자들이 다른 연령층보다 교정상담 프로그램에 만족도가 높았는데, 이는 가정폭력에 대한 반성과 교화를 통해 가정폭력을 근절하려는 의지가 여타 연령층보다 높은 것으로 판단된다. 둘째, 대체적으로 저학력층에서 교정상담 프로그램 만족도가 높았는데, 이는 저학력층일수록 정보나 전문적이고 체계적인 교육을 받지 못해서 변화된 여성상을 이해하지 못하였다가 교정상담 프로그램을 통하여 학습효과가 있었음을 의미한다. 셋째, 서울·경기지역에 거주하는 가해자의 교정상담 프로그램 만족도가 다른 지역의 경우보다 높았는데, 이는 지방보다 더 개방적인 지역에 위치한 가해자가 교정상담 프로그램을 수용하는 태도가 개방적이고, 정보와 교육기회가 다른 지역에 비하여 많아 이해력이 빠른 것으로 분석된다. 넷째, 대체로 자영업을 하는 가해자의 교정상담 프로그램 만족도가 높았는데, 이는 부부가 교육을 받으면서 부부문제를 해결하기 위하여 시간을 함께하고 이를 공유할 수 있는 시간적 여유를 확보하기 때문이다. 다섯째, 월 평균 수입이 낮은 가해자의 만족도가 높았는데, 이는 전문적인 교육이나 정보를 쉽게 접할 수 없는 자들이 교육을 통하여 발전된 부부의 상호문제를 이해하였기 때문이다. 여섯째, 아동기에 부모로부터 폭력을 당한 경험이 없는 가재하의 만족도가 높았는데, 이는 민주적인 가정에서 자란 가해자가 건강한 가정에 대한 이해력이 높았기 때문이다.

위와 같은 상담조건부 기소유예의 상담형식과 관련해서는 다음과 같은 문제를 지적할 수 있다. 첫째, 행위자의 인구사회학적 특성별, 가정폭력의 원인 및 정도 등에 따른 차별적인 접근이 결여되어 효과가 극대화되지 못하는 경향이 있다. 예를 들면 가정폭력을 행사하는 계층은 어느 특정한 계층이 아니라 학력, 연령, 빈부의 차이를 막론하고 발생하는 경향이 있는데, 이러한 다양한 계층을 가정폭력이라는 병리현상에 대하여 집단상담을 하게 하는 것은 교육효과가 떨어질 뿐만 아니라 교육대상자의 수준이 서로 일치하지 않아 효율적인 집단상담을 저해하는 부작용을 초래할 수 있다. 또한 전국의 각 상담기관이 자체적으로 상담매뉴얼을 마련하여 시행하고 있는 있기 때문에 지역 간, 상담소 간 역량의 차이에 의하여 상담의 형식과 수준이 결정되고 있는 상황이다.[27]

둘째, 부부상담의 경우에는 필요적으로 피해자인 배우자와 같이 진행되는 상담이어야

---

26) 이하의 내용에 대하여는 변상해, "가정폭력 가해자 교정상담 프로그램 효과와 내용 분석에 관한 연구", 벤처창업연구 제6권 제3호, 한국벤처창업학회, 2011. 9, 139-141면 참조.
27) 조주은, 앞의 글, 13면.

함에도 불구하고 피해자인 배우자가 참여하지 않는 경우가 종종 발생하고 있다. 피해자인 배우자의 입장에서는 폭력을 행사한 행위자가 잘못을 하였기 때문에 교육이나 상담 등을 받는다고 생각한 나머지 피해자인 자신은 아무런 잘못이 없으니 참여할 필요가 없다고 생각하기 때문인 것으로 보인다. 또한 부부상담은 가해자의 책임성을 희석시키는 기제로 작용하여 가정폭력을 범죄사건이라기보다는 부부가 함께 노력하여 해결해야 할 가정 내의 문제로 환원시킬 가능성도 배제할 수 없다.[28] 이는 가정의 정상화를 위하여 피해자 역시 협력의무의 동반자로서 가정폭력에 대하여 일정부분 책임이 있음을 인정하는 것으로써, 가정폭력을 개인과 가족의 심리적인 문제에 초점을 맞추고 있다는 점에 기인하는 것이다.[29]

나. 개선방안

(1) 상담프로그램의 궁극적 목적

검찰에 의한 상담조건부 기소유예처분에 있어서의 상담이든 법원에 의한 상담위탁처분에 있어서의 상담이든 양자 모두는 궁극의 목적은 가정의 평화와 안정의 유지라고 할 수 있다. 이는 행위자가 어떠한 처분을 받는 것이 중요한 것이 아니라 어떠한 상담내용을 학습하였는가가 보다 중요한 문제로 귀결된다고 할 수 있다. 그러므로 상담프로그램은 행위자의 폭력에 대한 인식을 개선하고, 폭력성행을 교정하여 폭력의 재발을 방지하며, 궁극적으로 부부관계 개선을 도모하는 것을 목적으로 하여 행위자의 생업, 폭력의 인식 정도, 부부갈등의 정도 등을 고려하여 단계별로 프로그램을 적용하고, 상담, 교육강좌, 부부캠프 등 종합적인 서비스를 제공하여야 한다. 또한 상담 프로그램을 통하여 성취할 내용으로는 참여, 사과, 보상보다는 가정폭력 피해자의 안전과 피해회복이 우선되어야 하는데, 특히 피해자와 자녀들에 대한 안전, 폭력이 없는 환경에서 생활할 권리에 대한 외적인 정당성의 부여, 폭력의 저지, 피해회복 등이 우선이 되어야 한다. 그렇다고 하여 보상이나 참여 등이 중요하지 않다는 것은 아닌데, 안전을 생각하지 않는 보상은 의미가 없기 때문에 안전이 보다 우선시된다는 의미로 파악해야 한다.

---

28) 이호중, 앞의 글(각주 6), 195-196면.

29) 이러한 문제점으로 인하여 상담조건부 기소유예의 상담대상을 실질적으로 가해자로 한정하고 상담 성과에 따라 처분을 정하는 것이 바람직하다는 의견으로는 김용화, "배우자 폭력 피해자 보호를 위한 입법적 대안", 동아법학 제43호, 동아대학교 법학연구소, 2009. 2, 171면.

이러한 점에서 가정폭력이 발생한 것을 인정하는 것과 가정폭력에 대한 책임을 받아들이는 것은 구별되어야 하고, 피해자의 입장에서는 가해자가 단순히 유죄의 인정을 하는 것보다는 책임을 스스로 인정하는 것을 더욱 중요하게 여긴다는 점을 명심해야 한다. 만약 유죄를 인정하지만 어떠한 반성도 보이지 않는 가해자를 직면한 피해자는 상담 프로그램의 종료 후 더욱 나쁜 감정을 가지게 될지도 모른다.[30] 가정폭력의 가해자들은 일반적으로 자신의 폭력행사를 사소한 것으로 치부하려고 시도하는 경향이 강하기 때문에 가해자의 사과를 평가할 때 표면 그대로 받아들여서는 곤란하다. 특히 반복되는 가해와 사과로 특정되어지는 가정폭력에서는 이미 신뢰에 대한 기반이 어느 정도 무너진 상황에서 국가기관이 개입되는 상황이기 때문에 가해자는 종종 피해자와 국가기관을 기망하기 위하여 부진정한 사과와 용서를 구한다는 점을 반드시 염두에 두고 살펴보아야 한다.

(2) 부부상담 시의 고려사항

가정폭력 교정상담 프로그램 유형에 대한 프로그램의 만족도는 유형에 따라 차이를 나타낼 수가 있는데, 일반적으로 부부상담의 만족도가 다른 유형의 경우보다 유의미하게 높게 나타나는 것으로 알려져 있다. 가해자 교정상담 프로그램의 유형은 크게 개별상담, 음주문제상담, 부부상담, 집단상담, 교육강좌, 부부캠프, 최종 개별상담, 자조모임 결성 등으로 다양하지만 개별상담보다는 부부상담 또는 집단상담의 방식이 훨씬 효과적이다. 이는 가정폭력이 부부간의 문제일 때 부부상담을 통한 치료가 올바른 교정을 유도할 수 있기 때문이다. 상담 프로그램은 가정폭력 가해자에게 어떠한 징벌을 부과하기 위하여 행하는 것이 아니라 가정폭력 가해자의 성행을 교정하여 폭력으로부터의 재발을 방지하기 위한 것이므로 부부상담의 경우에는 보다 효율적인 상담을 위해서라도 피해자인 배우자의 참석이 반드시 요구되어야 한다. 이는 상담조건부 기소유예처분의 전제조건으로서 피해자의 동의나 의사를 중요시하고 있다는 점에서도 당연한 결과라고 판단된다. 만약 상대 배우자가 부부상담을 받기를 거부한다면 이를 강제해서는 아니 되고, 다른 유형의 상담프로그램으로의 전환이 이루어져야 할 것이다.

하지만 법원에서는 가정폭력으로 인해 재판상 이혼과정 중임에도 불구하고, 피해자에 대한 집요한 추적 등을 통하여 가정폭력범죄의 특징을 간과한 채 부부상담 명령을 내리

---

30) 정현미, "가정폭력 등 관계폭력에 대한 회복적 사법의 적용가능성", 법학논집 제15권 제1호, 이화여자대학교 법학연구소, 2010. 9, 373면.

는 경우가 종종 발생하고 있다. 이로 인하여 쉼터에 입소해 있거나 일시적으로 피신해 있는 여성과 자녀들은 별다른 보호책 없이 가해자를 만나게 되는데, 이 과정에서 피해자 뿐만 아니라 비밀전학한 학교와 비공개시설인 쉼터까지 노출되어 폭력 피해의 위험에 놓이게 된다. 비록 직접적인 폭력을 당하지 않더라도, 부부상담명령을 통해 사적인 자리에서 가해자를 만나도록 하는 것은, 이미 오랜 기간 폭력을 당해 온 피해자와 자녀들에게 법의 이름으로 가해지는 2차 폭력이라 할 수 있다. 그러므로 가정폭력으로 인한 재판 이혼 과정에서는 부부상담명령을 내리는 것을 지양해야 할 것이다.[31]

(3) 집단상담 시의 고려사항

집단상담은 보편성, 다양한 모델, 집단 피드백, 상호작용, 상호지지, 대인관계 기술의 습득 및 연습 등을 제공하고, 동료들의 직면, 강화, 지지는 폭력행위 교정에 강력한 촉매 작용을 한다. 무엇보다 관련기관들은 가해자와 관련된 정보를 서로 교환하며 가해자의 행위변화를 위해 적극적으로 협력하게 된다. 상담 프로그램의 대상자가 적어서 각 상담 소에서 집단을 구성하지 못할 경우뿐만 아니라 대상자의 다양화로 인하여 집단구성의 어려움을 해결하기 위해서는 인근 상담소와 협력하여 집단을 구성하는 방법도 고려해 볼 수 있다. 하지만 여기서 주의해야 할 점은 집단상담을 효율적으로 하기 위하여 어느 정도의 구성원이 충족되기 위한 대기시간이 지나치게 장시간이라면 가정폭력에 대한 조기 개입의 역할을 할 수 없다는 문제점을 인식해야 한다. 그러므로 대기기간 동안 집단상담 이외의 상담 프로그램을 가동시켜 조기개입의 역할을 수행하면서 집단상담의 구성원 충족시기를 기다려야 할 것이다. 또한 대상자의 참석률을 향상시키기 위해서 인근의 2-3개 상담소가 연합하여 집단상담의 장소를 법원에서 실시하는 것도 고려해 볼 만하다. 이는 가정폭력특례법상에 상담의 장소에 대하여 제한을 두고 있지 않기 때문에 가능한 방안이라고 보인다.

---

31) 서울가정법원, 「가정법원 50주년 기념 가정폭력 심포지엄 자료집」, 2013. 11. 11, 88-89면. 비록 현행 법령(민법 제843조, 가사소송규칙 제12조의2와 제18조 등)상 부부상담결정에 대하여 피해자가 거부의사를 제출하거나 제한신청을 할 수 있다고는 하지만 대부분의 피해자들은 재판에서 불이익을 당할 것을 염려하여 판사의 명령을 거부하지 못하는 경우가 대부분이라고 한다.

(4) 상담 이후의 관리 철저

상담프로그램의 종료 이후에도 행위자들이 자발적으로 형성한 자조모임과 부부캠프에 참석할 수 있도록 유도하고, 지속적인 사후관리를 할 수 있도록 해야 한다. 일반적으로 상담 프로그램을 이수한 이후 가해자의 신체적 재폭력은 시간의 흐름에 따라 감소하지만 상담 프로그램 이수 직후 가해자에 의한 초기의 재폭력은 심각한 것으로 나타나고 있으며, 가해자의 상담 프로그램 이수 이후 정서적 폭력 또한 여전히 높은 수준으로 나타나고 있다.[32] 그러므로 가정폭력 가해자와 피해자에 대한 사후적인 사례관리가 필요하며, 가정 복귀 이후 초기의 개입은 매우 중요하다고 할 수 있다. 현재의 상담 프로그램은 가해자의 폭력 감소에 주된 목적을 가지고 있지만 보다 궁극적인 목적은 피해자의 관점에서 안전이 보장되고 삶의 질이 향상되는 것이기 때문에 피해자가 가정에 복귀한 이후에 안전을 확보하기 위한 노력이 절실히 요구된다.

이와 관련하여 가해자에 대한 상담프로그램의 평가에 있어서 주의할 점은 먼저 가해자가 상담의 이수 이후에 가정폭력을 여전히 사용하는지 여부를 파악하는 것이다. 그런데 이러한 사실에 대한 평가는 가해자를 통하여 측정해서는 아니 되고 피해자와의 별도 상담을 통하여 측정하여야만 한다. 왜냐하면 상담조건부 기소유예처분을 받은 가해자는 자신의 상담을 조건으로 기소가 유예된 상황이기 때문에 자신의 가해행동을 축소하여 보고할 가능성이 매우 크기 때문이다.[33] 물론 가해자의 행동 교정을 위한 것이므로 가해자의 응답이 중요할 수도 있겠지만, 가해자 본인에게 가해 여부를 묻는 것은 도덕적으로 바람직하게 응답할 가능성을 배제하기 어려운 것 또한 사실인 것이다.

4. 집행의 실효성과 관련하여

가. 현재의 상황

상담조건부 기소유예 이후 그 집행에 대한 실효성과 관련하여서는 다음과 같은 문제점

---

32) 김재엽·최권호·장용언, "가정폭력 가해자 치료프로그램 이수 이후 가해 남편의 재폭력과 피해 여성의 정신건강 실태", 피해자학연구 제19권 제2호, 한국피해자학회, 2011. 10, 21면.

33) 김재엽·최권호·장용언, 앞의 글, 6면.

을 지적할 수 있다. 첫째, 2010년 가정폭력 실태조사 시 가정폭력에 대한 기관조사를 통하여 검찰의 상담조건부 기소유예로 상담소에 의뢰된 행위자의 중도탈락률이 법원이나 보호관찰소에 비해 높은 것으로 나타났는데, 중도탈락은 폭력 성행 교정을 위한 치료과정 중에 탈락하는 것이므로 폭력 행동 규정의 장애물로 작용하여 폭력에 대한 재발가능성을 증가시킨다. 하지만 상담조건부 기소유예결정을 한 후 행위자가 상담 과정에 충실하게 참여하지 않은 경우에 추가적으로 가능한 법적인 제재조치를 취하기 위한 절차가 필요한데, 상담 이수 여부에 대한 상담소의 보고와 검찰의 관리는 거의 이행되고 있지 않고 있다.[34] 상담내용에 있어서 행위자가 분명히 자신의 잘못이 무엇인지를 인식하고 이를 인정하면서 문제를 해결하는 방식으로 이루어질 필요성이 있는데, 현재의 상담은 상담시간만을 이수하면 종료되고, 그 이후 상담과정, 상담결과 등에 대한 피드백을 통해 사후대책을 강구하는 사후 모니터링제도는 없으며, 행위자가 상담을 제대로 받지 않는 경우에 있어서 기소유예를 취소하고 기소를 하거나 가정보호사건으로 송치된 사례는 거의 없는 실정이다. 게다가 상담조건부 기소유예처분을 받은 경우 행위자는 면죄부를 받았다고 생각하고 상담에 제대로 응하지 않거나 상담을 받으면서 동시에 피해자에게 재차 가정폭력을 일삼는 사례마저 등장하고 있다. 어떤 행위자의 경우에는 이혼을 하면 상담을 받을 필요가 없다고 생각하고 더 이상의 상담프로그램에 참여하지 않기도 하였다.[35] 따라서 가정폭력 행위자의 중도탈락의 방지 및 실질적인 상담의 보장 등을 위해서는 상담과정에 대한 철저한 관리가 필요하며, 특히 상담조건부 기소유예처분으로 상담소에 의뢰된 행위자의 상담 이수 여부를 모니터링하는 시스템이 마련되어야 하겠다.[36]

둘째, 가정폭력사건의 당사자들은 대체로 경제적 형편이 열악하고 바로 그와 같은 원인으로 말미암아 서로 끊임없이 갈등하면서도 그 상황이 개선될 여지가 없는 경우가 대부분이다. 이러한 경우에 행위자의 성행교정을 위하여 상담처분이라도 하게 되면, 당장의 생업문제를 이유로 오히려 피해자 측에서 처분을 원치 않는다는 의사를 표명하는 경우가 많아 적정한 처분을 내리는 데 어려움을 겪기도 한다.[37]

셋째, 상담조건부 기소유예를 실시하는 과정에서 이를 민간 상담소에 위탁하는 것은 상담의 전문성과 강제성 등에 있어서 효과적이고 적극적인 결과를 담보하기에는 한계가

---

34) 여성가족부, 「2010년 가정폭력 실태조사」, 2010. 12, 937면.

35) 변화순 외 4인, 「가정폭력방지 종합대책 방안」, 여성가족부, 2010. 11, 23면.

36) 여성가족부, 「2010년 가정폭력 실태조사」, 2010. 12, 951면.

37) 서울가정법원, 「가정법원 50주년 기념 가정폭력 심포지엄 자료집」, 2013. 11. 11, 78-79면.

있다고 지적할 수 있다. 대부분의 상담소의 운영 재정의 어려움, 시설의 미비, 상담원의 부족 등이 지적되고 있는 상황에서,[38] 적어도 상담소에서 전문적인 가해자 교정 및 치료, 피해자 보호 및 지원 등을 위한 프로그램을 운영할 수 있도록 국가와 지방자치단체가 보조하고 있는 예산을 확대하여 전문성을 갖춘 기관으로서 가정폭력의 예방 및 대처에 효과적으로 대응할 수 있도록 해야 하겠다.

나. 개선방안

(1) 상담결과에 대한 구체적인 보고의무 부과

상담명령을 위반할 경우에는 여러 가지의 강제조치를 포함하고 있어야만 교육과정의 실효성을 극대화시킬 수 있다. 그러므로 상담소의 상담 결과에 대한 구체적이고 충실한 보고가 먼저 선행되어야 할 것이다. 이러한 보고서의 내용에는 실제 가정폭력행위자가 상담을 이수한 과정 및 태도에 대한 객관적 평가와 정성 평가를 반영해야 하고, 이를 토대로 상담소장의 최종적인 상담결과 의견이 제시되어야 하겠다.

(2) 재상담의 기회 부여

상담소의 상담 결과 통보를 바탕으로 검찰은 불성실 상담자에 대하여 별도의 추가적인 조치를 취할 필요가 있는데, 이러한 경우에 있어서도 단계적인 조치를 부과해야 할 것이다. 가장 먼저 생각해 볼 수 있는 것이 불성실의 내용을 판단하여, 그 위반의 태양이 어느 정도에 이르렀는지를 파악하는 작업이라고 하겠다. 이에 따라 재상담을 실시할 것인지 보호처분 또는 정식 기소를 할 것인지를 판단해야 하는데 원칙적인 방법은 재상담을 통한 해결이라고 하겠다. 또 다른 방안으로는 검사가 피의자에게 일정한 조건을 부담시키고 기소유예를 한 사건이라고 할지라도 검찰의 판단에 따라서는 얼마든지 다시 기소를 할 수 있다는 점을 보완하기 위하여, 처리지침에서 행위자가 상담의 내용을 충실히 이수하였다는 보고가 되어 이것이 인정된 경우에 한해서는 동일한 가정폭력행위로 인하여 재기소를 할 수 없다고 명문의 규정을 두는 것도 생각해 볼 수 있다.

---

38) 여성가족부, 「2010년 가정폭력 실태조사」, 2010. 12, 798면.

(3) 위반 시 즉각적인 형사처벌으로의 전환 지양

일각에서는 가정폭력을 행해도 '강의'만 들으면 끝이고, 그 강의를 듣지 않아도 별다른 제재가 가해지지 않는다는 인식만 심어주게 될 것이라는 이유를 들어, 상담조건부 기소유예처분에 있어서 상담조치를 어길 경우 이에 대해서는 '보호처분'을 가하는 것이 아니라 형사절차로 회부하는 방안이 마련되어야 한다는 견해[39]도 주장되고 있는 것이 사실이지만, 구체적인 사안의 성질을 고려하지 않고 곧바로 형사절차에 회부하는 것은 바람직하지 않다고 본다. 상담조건부 기소유예는 보호처분으로의 절차가 다소 부적합하다고 판단되어 내리는 처분이기 때문에 이를 위반한 경우에는 원칙적으로 보호처분으로의 전환을 통해 해결해야지 보호처분을 전적으로 배제하고 형사처벌로 연결시키는 것은 비례성의 원칙에 어긋나기 때문이다.

(4) 위반에 대한 과태료 부과의 방안

행위자가 확정된 보호처분을 이행하지 않을 경우의 조치는 보호처분의 종류에 따라 상이한데, 가정폭력특례법 제40조 제1항 제1호부터 제3호까지의 처분을 받고 이를 이행하지 않은 행위자는 2년 이하의 징역이나 2,000만 원 이하의 벌금 또는 구류에 처하고(가정폭력특례법 제63조 제1항 제1호), 제4호 내지 제8호 처분을 받은 행위자가 보호처분결정을 이행하지 아니하거나 그 집행에 따르지 아니하는 때에는 법원은 직권으로 또는 검사, 피해자, 보호관찰관 또는 수탁기관의 장의 청구에 따라 보호처분을 취소하고 사건을 검찰청에 송치하거나 법원에 이송하여야 하며(가정폭력특례법 제46조), 그 후 형사절차에 따라 처리된다. 한편 정당한 이유 없이 임시조치를 불이행한 자에 대하여는 500만원 이하의 과태료를 부과할 수 있다(가정폭력특례법 제65조). 이와 같이 법원의 보호처분결정에 대한 위반에 대해서는 가정폭력특례법에서 형벌 또는 과태료 등의 제재조치를 규정하고 있지만, 검찰이 실시하고 있는 상담조건부 기소유예의 위반 시 이에 대처하기 위한 제재규정을 없는 실정이다. 생각건대 상담조건부 기소유예에서 상담을 제대로 이수하지 않았다고 하여 형벌을 부과하는 것은 과도한 조치로 판단되며, 기존의 상담내용을 변경하거나 상담시간의 상향조정 등을 통한 해결이 형평에 부합한다고 본다. 또한 일정한 과태료의 납부를 전제로 하여 재상담의 형식을 취하는 것도 하나의 방안일 것이다.

---

39) 서울가정법원, 「가정법원 50주년 기념 가정폭력 심포지엄 자료집」, 2013. 11. 11, 55면.

Ⅴ. 글을 마치며

가정폭력범죄의 특수성과 위험성에 비추어 볼 때, 보다 다양하고 확장된 개입의 영역이 요구되는데, 이러한 차원에서 가정폭력에 대한 여러 가지의 대응전략 가운데 하나로써 상담조건부 기소유예제도의 필요성과 유용성은 어느 정도 인정된다고 하겠다. 물론 상담조건부 기소유예제도를 통한 국가의 개입이 우리 사회에서 다양하게 발생하고 있는 가정폭력을 근원적으로 억제할 수는 없겠지만, 엄격한 절차에 의하여 선별된 특정 가해자들에게는 국가에 의한 사법적 감독과 결합된 상담프로그램이 경우에 따라서는 유용한 대안이 될 수 있기 때문이다. 그러므로 현재 운영되고 있는 상담조건부 기소유예제도를 곧바로 폐지하는 것보다는 그동안 여러 가지 측면에서 비판적으로 제기되어 온 문제점들을 점진적으로 보완하는 방식으로 접근하는 방식이 보다 바람직한 정책방향이라고 판단된다. 이러한 기본적인 관점을 전제로 하여 본고에서는 기존의 가정폭력사범에 대한 상담조건부 기소유예제도의 취지 및 운영과정에서 나타나고 있는 여러 가지 문제점을 지적하고 이에 대한 효과적인 개선방안을 제시하였는데, 앞에서 살펴 본 주요한 정책방안 등을 다음과 같이 정리하는 것으로써 논의를 마무리하고자 한다.

첫째, 상담조건부 기소유예처분 결정시 고려되어야 하는 요소로서 재범위험성을 반드시 참고해야 한다는 당위보다는 이를 구체적으로 어떠한 방법으로 판단할 것인가에 초점을 맞추어야 한다. 즉 해당 사안의 경우에 가해자로부터 재범위험성 판단 여부의 결정에 작용할 수 있는 요소들을 구체적으로 축출하여 이를 체계화하는 방안이 강구되어야 한다. 동시에 이러한 자료를 활용하여 검사는 행위자의 위험성에 기초하여 사건을 상담조건부 기소유예처분, 가정보호처분, 형사처분 등의 절차진행 여부를 판단할 수 있을 것이고, 법원은 상담위탁을 결정함에 있어서 유용한 자료로 활용될 수 있기 때문에 가정폭력 전문조사관에 의한 위험성 평가를 의무화할 필요가 있다.

둘째, 상담조건부 기소유예처분의 과정에 있어서 피해자의 의사도 물론 중요하겠지만, 그보다 더 중요한 것은 가해자의 의사라고 할 수 있겠다. 이는 가해자에게 헌법상 보장되고 있는 무죄추정의 원칙과도 밀접하게 관련되어 있는데, 강제로 어떠한 부과처분을 과하는 경우에 형의 확정판결 또는 적어도 재판절차를 거치지 아니하고는 원칙적으로 적용될 수 없음을 감안한다면, 재판 이전의 단계에서 행하게 되는 조건부 기소유예처분에 있어서는 검사의 최종 결정에 앞서 반드시 피의자의 진지한 동의의 의사표시를 요구하는 절차적인 보완이 필요하다. 이는 추후에 본격적인 상담프로그램이 진행되는 과정에 있어서도 피의자의 실질적인 참여도를 담보할 수 있을 뿐만 아니라 피해자와의 부부상담 프로그램의 활용 시에도 효과를 나타낼 수 있기 때문이다.

셋째, 상담 프로그램을 통하여 성취할 내용으로는 참여, 사과, 보상보다는 가정폭력 피해자의 안전과 피해회복이 우선되어야 하는데, 특히 피해자와 자녀들에 대한 안전, 폭력이 없는 환경에서 생활할 권리에 대한 외적인 정당성의 부여, 폭력의 저지, 피해회복 등이 우선이 되어야 한다. 이러한 점에서 가정폭력이 발생한 것을 인정하는 것과 가정폭력에 대한 책임을 받아들이는 것은 구별되어야 하고, 피해자의 입장에서는 가해자가 단순히 유죄의 인정을 하는 것 보다는 책임을 스스로 인정하는 것을 더욱 중요하게 여긴다는 점을 명심해야 한다.

넷째, 검찰에 의한 상담조건부 기소유예처분에 있어서의 상담이든 법원에 의한 상담위탁처분에 있어서의 상담이든 양자 모두는 궁극의 목적은 가정의 평화와 안정의 유지라고 할 수 있다. 이는 행위자가 어떠한 처분을 받는 것이 중요한 것이 아니라 어떠한 상담내용을 학습하였는가가 보다 중요한 문제로 귀결된다고 할 수 있다. 그러므로 상담프로그램은 행위자의 폭력에 대한 인식을 개선하고, 폭력성행을 교정하여 폭력의 재발을 방지하며, 궁극적으로 부부관계 개선을 도모하는 것을 목적으로 하여 행위자의 생업, 폭력의 인식 정도, 부부갈등의 정도 등을 고려하여 단계별로 프로그램을 적용하고, 상담, 교육강좌, 부부캠프 등 종합적인 서비스를 제공하여야 한다.

다섯째, 가정보호사건으로 송치하는 경우에는 그나마 미약한 수준이기는 하겠지만 피해자에 대한 임시조치를 적극 활용한다든가 피해자가 상담소나 보호시설의 체계적인 지원을 받을 수 있는 가능성이 남아 있는 반면에, 검찰의 상담조건부 기소유예에서 신속한 사건종결이라는 목적은 피해자에게 안전과 의사선택에 도움을 주는 효과적인 지원이 제공될 가능성을 시간적으로 차단해 버리는 결과를 초래한다. 그러므로 상담조건부 기소유예의 경우에도 가정법원의 상담위탁처분 시 병행되는 여러 가지 상담소나 보호시설의 체계적인 지원을 할 수 있도록 할 필요성이 있다.

여섯째, 상담프로그램의 종료 이후에도 행위자들이 자발적으로 형성한 자조모임과 부부캠프에 참석할 수 있도록 유도하고, 지속적인 사후관리를 할 수 있도록 해야 한다. 이와 같이 가정폭력 가해자와 피해자에 대한 사후적인 사례관리가 필요하며, 가정 복귀 이후 초기의 개입은 매우 중요하다고 할 수 있다. 현재의 상담 프로그램은 가해자의 폭력 감소에 주된 목적을 가지고 있지만 보다 궁극적인 목적은 피해자의 관점에서 안전이 보장되고 삶의 질이 향상되는 것이기 때문에 피해자가 가정에 복귀한 이후에 안전을 확보하기 위한 노력이 절실히 요구된다.

일곱째, 실제 가정폭력행위자가 상담을 이수한 과정 및 태도에 대한 객관적 평가와 정성 평가, 이를 토대로 한 상담소장의 최종적인 상담결과 의견 등이 제시되어 있는 자료를 통하여 상담소의 상담 결과에 대한 구체적이고 충실한 보고가 이루어져야 한다. 이후 상담소의 상담 결과 통보를 바탕으로 검찰은 불성실 상담자에 대하여 별도의 추가적인 조치를 취할 필요가 있는데, 재상담을 통한 해결을 우선시하고, 검사가 피의자에게 일정한 조건을 부담시키고 기소유예를 한 사건이라고 할지라도 검찰의 판단에 따라서는 얼마든지 다시 기소를 할 수 있다는 점을 보완하기 위하여, 상담조건부 기소유예처분에 대한 지침에서 행위자가 상담의 내용을 충실히 이수하였다는 보고가 되어 이것이 인정된 경우에 한해서는 동일한 가정폭력행위로 인하여 재기소를 할 수 없다고 명문의 규정을 두는 것도 생각해 볼 수 있다.

제20강 불량식품범죄에 대한 효과적인 대응방안

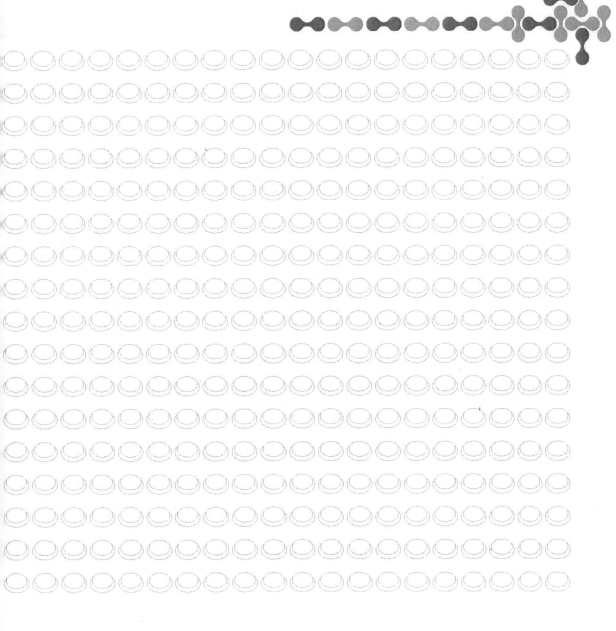

Ⅰ. 문제의 제기

지난 2012. 12. 16. 중앙선거방송토론위원회 주최로 서울 여의도 KBS 스튜디오에서 열린 TV토론에서 당시 박근혜 대통령 후보가 대선 공약의 하나로서 "국민이 행복하려면 불안해하지 않아야 하는데, 성폭력, 학교폭력, 불량식품, 가정파괴범 등 국민들을 아주 불안하게 만드는 4대악에 대해서는 반드시 확고하게 뿌리뽑겠다"고 강조하면서 불량식품범죄를 '성폭력, 학교폭력, 가정폭력'과 함께 4대악으로 규정하면서부터 이에 대한 본격적인 논의가 시작되었다.[1] 당시는 물론 현재까지도 불량식품범죄가 과연 성폭력, 학교폭력, 가정폭력 등과 비견될 수 있을 정도의 심각한 범죄에 해당하는지에 대한 의구심이 존재하는 것도 사실이지만, 새 정부 출범 이후 불량식품사범에 대한 단호한 대처와 척결의 의지는 그 어느 때보다도 강력하다고 평가할 수 있다. 실제로 경찰청은 국민건강을 위협하는 악의적 불량식품 제조 및 유통사범 근절을 통하여 먹거리 안전에 대한 불안을 해소하기 위하여 2013. 3. 8.부터 6. 15.까지 100일간 위해식품 수입·제조·유통·판매, 병든 동물·고기 등 판매, 식품·건강기능식품 등 허위·과장 광고, 농·수산물 원산지 거짓표시 등을 중점 대상으로 하는 불량식품 집중 단속을 실시하고 있는 중이며, 정부 조직을 개편하여 기존에 보건복지부 산하에 있던 식품의약품안전청을 국무총리 산하에 두고 식품의약품안전처로 승격함과 동시에 보건복지부의 식품·의약품 안전정책과 농림수산식품부의 농·축·수산물 위생안전 기능을 통합·수행하여 먹거리 안전의 컨트롤 타워로서의 역할을 수행하고 있다. 이는 기존의 식품안전 행정체계가 농산식품과 축산식품의 관리는 농림수산식품부, 식품의약품안전청이 담당하고 있지만, 생산·가공·유통 등 단계별로 담당부서가 바뀌고 있었고, 먹는 샘물은 환경부, 주류는 국세청, 수입식품은 관세청, 유전자조작농산물은 지식경제부, 학교급식은 교육과학기술부 등이 관할하는 등 담당부서의 분산으로 인하여 체계적인 관리와 감독의 미흡한 점[2]을 보완하기 위한 조치라

---

* 형사정책연구 제24권 제2호, 한국형사정책연구원, 2013. 6.

[1] 당시 박근혜 후보의 201개 공약이 담긴 공약집에 의하면 '먹을거리 관리로 식품안전 강국 구현'이라는 내용이 100번째 공약으로 들어가 있고, 성폭력·학교폭력·가정파괴범·불량식품 등 4대 사회악 뿌리 뽑기로 국민안심프로젝트를 추진하겠다고 명시되어 있었다. 공약집 253면에는 '식품안전관리 체계가 농림수산식품부와 보건복지부, 식약청으로 분산되어 있어서 긴밀한 정보공유 및 신속대응이 어려운 가운데 식품안전사고는 지속적으로 증가세'라며 '식품이력추적 관리의 낮은 실시도 및 제도의 낮은 인지도로 소비자의 알권리가 침해되고 있다'고 진단하고 있다.

[2] 류창호, 「식품안전법제의 체계화에 관한 연구」, 한국법제연구원 현안분석, 2004, 20면.

고 할 수 있다. 또한 제19대 국회에서는 박근혜 대통령이 불량식품 근절의지를 밝힌 2012. 12. 16. 이후 2013. 5. 21. 현재까지 총 18건의 식품위생법 일부개정법률안이 상정된 가운데, 지난 2013. 4. 29. 일부를 의결[3]하여 2013. 5. 10. 정부에 이송한 상태에 있다.

한편 국민의 식품안전 인식도는 2008년 31%에서 2012년 66.6%로 대폭 상승하였고, 식중독 환자수도 2007년 9,686명에서 2012년 6,102명으로 획기적으로 급감하는 등 국민 먹을거리 안전수준이 지표상으로는 크게 향상되었지만, 2012년 통계청의 사회조사에 따르면 여전히 국민의 33%는 식품안전에 대하여 불안감을 가지고 있는 것으로 나타났다.[4] 이는 불량식품에 대한 위험을 다른 사회적 위험보다 특별히 심각하게 인식하지는 않지만, 개인이 직접적으로 피해를 입을 가능성은 매우 높은 것으로 인식하는 것으로써, 먹거리 위험을 다른 위험보다 더욱 민감하게 받아들이고 있다는 징표로 보인다.[5] 이와 같이 최근의 먹거리 위해 사고는 특정 계층이나 연령대에 국한하지 않고 국민 전체에게 불안과 위험을 확산시키고 있는데, 이는 소비자들 내지 잠재적 피해자들의 개인적인 노력으로는 식품위생의 여러 요인들을 통제할 수 없다는 근본적인 한계점에 그 원인이 있다고 할 수 있다. 이것은 현 정부가 4대악으로 평가한 다른 범죄의 유형과 구별되는 가장 큰 특징인데, 불량식품범죄의 피해방지를 위해서는 사후피해의 보상이나 구제책보다는 사전예방책을 중시[6]하여 불특정 다수의 피해확산을 방지하는 것이 보다 적절한 형사정책이라고 평가할 수 있다. 실제로 식품위생법 관련 위반 사건의 수사단서별 분포를 살펴보더라도, 2011년 기준 총 12,211건의 범죄 중 고발 3,842건, 타인신고 2,726건, 현행범체포 1,513건, 진정 및 투서 184건 등이 주류를 이루고 있는 반면에, 피해자 신고(311건)와 고소(22건)에 의한 수사는 약 3% 미만으로써 거의 이루어지지 않고 있는 형상을 보여주고 있다.[7] 이러한 통계수치는 다른 형법범이나 특별형법범의 경우에 있어서의 수사단서별 검

---

3) 수입식품 등의 신고대행자가 수수료 기준을 위반한 경우를 대비하여 행정처분의 근거를 두고, 수출국 제조업소 등에 대한 현지실사의 근거를 마련하였으며, 식품이력추적관리 등록 유효기간의 폐지 및 조사·평가의 근거를 마련하는 것 등을 주요 내용으로 하고 있다.

4) 식품의약품안전처, 「안전한 식의약, 건강한 국민, 행복한 사회 – 주요정책 추진계획-」, 2013년도 업무계획, 2013. 3. 20, 2면.

5) 김철규·윤병선·김흥주, "먹거리 위험사회의 구조와 동학 – 식품보장과 식품안전 문제를 중심으로-", 경제와 사회 제96호, 비판사회학회, 2012. 12, 35면.

6) 위해식품에 대한 Risk 관리에 있어서 사전예방의 원칙은 위해식품으로 인한 Risk가 발생하지 않도록 국가가 사전적으로 필요한 예방적 조치를 충분히 취할 것을 요구하는 것이지만, 동 원칙은 적절한 형태로 비용편익분석에 의해 보완될 필요가 있다(허성욱, "위해식품관리에 있어서 사전예방의 원칙과 비용편익분석", 환경법연구 제29권 제3호, 한국환경법학회, 2007. 12, 472면).

7) 대검찰청, 「범죄분석(통권 제145호)」, 2012. 10, 222-223면.

거현황과 대조적인 모습을 보여주고 있는 것인데, 이는 단속반원에 의한 행정관청의 고발조치, 일반시민의 적극적인 신고, 특별사법경찰관리의 현장단속 등이 검거의 주된 양상이라는 점에 기인한 것이다.[8]

불량식품범죄와 관련된 이상과 같은 최근의 논의와 범죄의 특징 등을 바탕으로 본고에서는 이에 대한 효과적인 대응방안을 모색해 보도록 하는데, 이를 위하여 먼저 식품의약품안전처, 식품위생법 개정법률안, 식품위생법상의 형사처벌조항 등을 중심으로 불량식품범죄의 개념 및 발생원인, 처리현황 등을 중심으로 실태에 대하여 검토해 본 다음(Ⅱ), 조직의 개편, 식품이력추적제도의 단계적 의무화, 식품안전인증제도(HACCP)의 확대 시행 등을 중심으로 한 식품의약품안전처에서의 대처방안, 최저형량제도의 확대도입, 기존 형벌의 상향조정, 이익몰수제도의 확대도입 등을 중심으로 한 형사제재의 강화를 통한 대처방안, 신고포상금제도의 적극적인 활용, 위생점검 요청제 및 참여제의 개선, 특별사법경찰관리를 활용한 실효적인 단속 등을 중심으로 한 불량식품사범에 대한 단속강화방안 등을 살펴본 후(Ⅲ), 논의를 마무리하기로 한다(Ⅳ).

Ⅱ. 불량식품범죄의 개념 및 실태

1. 불량식품범죄의 개념

가. 식품의약품안전처가 제시하고 있는 불량식품범죄

불량식품범죄에 대한 대처방안을 강구하기 이전에 선결되어야 할 문제가 바로 불량식품의 개념설정작업이라고 하겠는데, 현행 식품위생법상에는 '불량식품'에 대한 개념정의가 되어 있지 않기 때문에 이는 전적으로 해석의 영역에 위임되어 있다고 할 수 있다. 사전적인 의미로써 '不良'식품이란 '인체에 유해한 물질 등을 사용하여 제조하고 가공한

---

8) 同旨 남재봉, "식품위생법 위반 범죄에 관한 연구", 사회과학연구 제15권 제2호, 충북대학교 사회과학연구소, 1999. 2, 37면.

식품'이라고 정의되고 있는데,[9] 불량식품의 가장 대표적인 예시가 '유해식품'이라고 할 수 있다. 여기서 '유해'란 식품, 식품첨가물, 기구 또는 용기·포장에 존재하는 위험요소로서 인체의 건강을 해치거나 해칠 우려가 있는 것을 말한다(제2조 제6호). 이에 대하여 식품의약품안전처는 불량식품을 '사전적으로 비위생적이고 품질이 낮은 식품을 의미하나, 통상 국민에게 불안감을 조장하는 모든 식품을 의미'한다고 하면서, 협의의 불량식품이란 부패·변질되거나 발암물질 등이 함유되어 인체에 유해한 식품을 말하지만, 광의의 불량식품이란 협의의 식품에 더하여 허위광고 등 소비자를 속이는 모든 식품[10]을 의미한다고 하여 다소 광범위하게 정의내리고 있다.[11] 식품의약품안전처는 이와 동시에 '① 사용이 금지된 원료나 물질을 식품에 사용하는 악덕 행위(유해·유독물질, 미승인 농약, 사료용 원료 등을 식품에 넣어 제조·가공·판매), ② 제품의 품질, 가격, 원산지 등을 속여 판매하는 기만 행위(가짜참기름, 신선도가 떨어지는 원료에 색소를 사용하여 판매), ③ 정식으로 인·허가나 신고되지 않은 식품을 판매하는 불법 행위(국내 무신고 제품 판매, 온라인 구매 대행을 통한 불법 수입식품 판매), ④ 저가·저품질 제품으로 어린이를 현혹하는 소비자 심리 악용 행위(담배, 화투 모양 과자 등 어린이 정서 저해식품이나 미끼상품 판매), ⑤ 비위생적으로 음식을 만들어 팔거나 재사용하는 비양심적 행위(세균수 초과 냉면, 식중독균 검출 김밥 등 판매, 사용반찬 재활용)' 등을 대표적인 불량식품범죄의 유형으로 세분화하여 제시하고 있다.[12]

나. 식품위생법 개정법률안에서 제시하고 있는 불량식품범죄

2013. 4. 12. 발의된 식품위생법 일부개정법률안(한선교의원 대표발의)[13]에 따르면,

---

9) http://dic.daum.net/search.do?q=%EB%B6%88%EB%9F%89%EC%8B%9D%ED%92%88&dic=kor&search_first=Y(2013. 5. 10. 최종검색).

10) 실제로 식품의약품안전처는 노인 등 사회 취약계층을 겨냥한 허위·과대광고에 대하여 당해 식품 자체를 불량식품으로 간주해 관리할 계획이라고 2013. 4. 1. 밝히기도 하였다.

11) 식품의약품안전처, 「안전한 식의약, 건강한 국민, 행복한 사회 - 주요정책 추진계획 - 」, 2013년도 업무계획, 2013. 3. 20, 13면.

12) 식품의약품안전처, 「안전한 식의약, 건강한 국민, 행복한 사회 - 주요정책 추진계획 - 」, 2013년도 업무계획, 2013. 3. 20, 14면.

13) 현행 법령상으로는 위해식품을 판매하다가 적발되는 경우 영업정지 및 영업취소 등의 행정처분을 부과할 수 있으나, 부정·불량식품에 대해서는 행정처분을 할 수 있는 관련 규정이 미비하거나 불확실하여 단속에 혼란을 주고 있다. 이에 부정식품과 불량식품에 대한 정의를 명확히 규정하고, 부정식품·불량식품을 판매하거나 판매할 목적으로 제조·수입·가공 등을 할 경우에는 행정처분을 부과할 수 있도록 함으로써 부정식품과 불량식품으로 인한 국민의 건강을 보호하고 증진시키려는 것이 동법의 제안이유이다.

'부정식품'이란 비정상적으로 제조된 식품으로 ① 내용물의 무게, 중량, 크기 등을 변조한 식품, ② 다른 회사의 제품으로 오인·혼동될 수 있도록 표시된 식품, ③ 다른 성분을 사용하거나 모방한 식품, ④ 허가·신고사항과 다르게 제조·표시되거나 다른 회사 제품에 포함시켜 판매하여 다른 회사 제품으로 오인·혼동하게 하는 식품, ⑤ 그 밖에 비정상적으로 제조된 식품으로 대통령령으로 정하는 식품 중의 어느 하나에 해당하는 식품을 말하고, '불량식품'이란 기준 및 규격이 부적합한 식품과 위해물질 함유식품으로 ① 값싼 원재료, 공업용 첨가제 등 품질을 저하시키는 물질을 혼합하거나 사용한 식품, ② 성분의 전체 또는 일부가 질이 낮은 다른 성분으로 대체된 식품, ③ 중요한 성분 및 영양소 등 반드시 필요한 특정성분이 빠져 있는 식품, ④ 쉽게 부패되는 물질을 사용하거나 상한 상태를 속이기 위하여 색깔을 입히거나 섞거나 분말(코팅)화한 식품, ⑤ 독성이 있거나 인체에 유독·유해한 물질을 사용한 식품, ⑥ 썩었거나 상하고 불결한 동물·식물 원료나 사료용 재료를 사용한 식품, ⑦ 그 밖에 기준 및 규격이 부적합한 식품과 위해물질 함유식품으로 대통령령으로 정하는 식품 중의 어느 하나에 해당하는 식품을 말하는데, 누구든지 부정식품·불량식품을 판매하거나 판매할 목적으로 채취·제조·수입·가공·사용·조리·저장·소분·운반 또는 진열하여서는 아니 된다고 규정하고 있다. 한편 2013. 3. 28. 발의된 식품위생법 일부개정법률안(신학용의원 대표발의)에 의하면 불량식품이란 '제조과정에서 인체에 유해한 원료를 사용하거나 건강을 해칠 우려가 있는 등 총리령으로 정하는 유해한 식품을 말한다'고 규정하고 있다.

다. 식품위생법상의 형사처벌 대상

식품위생법 제4조에 의하면 '위해식품등의 판매 등 금지'라는 표제하에 "누구든지 ① 썩거나 상하거나 설익어서 인체의 건강을 해칠 우려가 있는 것, ② 유독·유해물질이 들어 있거나 묻어 있는 것 또는 그러할 염려가 있는 것(다만 식품의약품안전처장이 인체의 건강을 해칠 우려가 없다고 인정하는 것은 제외한다), ③ 병을 일으키는 미생물에 오염되었거나 그러할 염려가 있어 인체의 건강을 해칠 우려가 있는 것, ④ 불결하거나 다른 물질이 섞이거나 첨가된 것 또는 그 밖의 사유로 인체의 건강을 해칠 우려가 있는 것,[14]

---

14) '그 밖의 사유로 인체의 건강을 해칠 우려가 있는 것'이라는 구성요건은 제1호 내지 제4호에서 누락된 내용을 포함하는 차원을 넘어서서 제1호 내지 제4호의 모든 내용을 포괄하는 것으로 해석될 수 있기 때문에 죄형법정주의 원칙상 명확성의 원칙에 위배될 소지가 있다(강석구·하상도·송봉규, 「위해식품의 제조·유통과정상 불법유형 및 실효적 단속방안」, 한국형사정책연구원, 2009. 12, 31면).

⑤ 안전성 평가 대상인 농·축·수산물 등 가운데 안전성 평가를 받지 아니하였거나 안전성 평가에서 식용으로 부적합하다고 인정된 것, ⑥ 수입이 금지된 것 또는 수입신고를 하지 아니하고 수입한 것, ⑦ 영업자가 아닌 자가 제조·가공·소분한 것의 어느 하나에 해당하는 식품등을 판매하거나 판매할 목적으로 채취·제조·수입·가공·사용·조리·저장·소분·운반 또는 진열하여서는 아니 된다"고 규정하고 있다.[15] 이는 제1호 내지 제4호 및 제5호 후단의 유형(제1유형)은 위해식품으로서 판매 등을 금지하는 반면에, 제5호 전단, 제6호, 제7호의 유형(제2유형)은 준위해식품으로써 위해식품은 아니지만 위해식품에 준해서 판매 등을 금지하는 것이라고 파악된다.[16] 어의적으로는 유해식품과 위해식품은 별개의 개념이라고 할 수 있겠지만, 유해에 대한 정의규정으로써 '인체의 건강을 해치거나 해칠 우려가 있는 것'이라고 두고 있는 것(제2조 제6호)을 감안할 때 양자의 개념은 법률상 동의어라고 판단하여도 무방하다고 본다.

〈표-1〉 식품위생법상 형사처벌 대상의 세부유형 및 법정형

조 항	형사처벌 대상의 세부유형	법정형
제93조	① 소해면상뇌증(광우병), 탄저병, 가금 인플루엔자 중의 어느 하나에 해당하는 질병에 걸린 동물을 사용하여 판매할 목적으로 식품 또는 식품첨가물을 제조·가공·수입·조리하는 행위	3년 이상의 징역
	② 마황, 부자, 천오, 초오, 백부자, 섬수, 백선피, 사리풀 중의 어느 하나에 해당하는 원료 또는 성분 등을 사용하여 판매할 목적으로 식품 또는 식품첨가물을 제조·가공·수입 또는 조리하는 행위	1년 이상의 징역
	③ ①과 ②의 제조·가공·수입·조리한 식품 또는 식품첨가물을 판매하는 행위	소매가격의 2배 이상 5배 이하에 해당하는 벌금을 병과

---

15) 이에 대하여 제4조는 risk(결과의 측면)가 아닌 hazard(원인의 측면)를 중심으로 조문이 구성되어 있어서 발생된 결과를 중시하는 형법학적 관점에서는 동 규정의 해석에 난점이 있다고 분석하는 견해(강석구·하상도·송봉규, 앞의 보고서, 18-19면)가 있다. 즉 법률용어로서의 '위해'는 risk를 의미하며, hazard는 식품학상의 '위험요소'를 의미하기 때문에 법률적으로 위해식품으로 평가되기 위해서는 '위험요소의 존재'만으로는 부족하고, 그 위험요소로 인하여 인체의 건강을 해하거나 해할 우려가 있어야 한다는 것이다. 하지만 식품위생에 대한 국가의 개입에 있어서 risk를 지나치게 강조할 경우에는 사후대처방안에 초점이 맞추어질 수밖에 없기 때문에 식품으로 인하여 생기는 위생상의 위해를 방지하여 국민보건의 증진에 이바지함을 목적으로 하는 행정형법의 일종인 식품위생법상의 존재목적(제1조)에 비추어 볼 때 사전예방의 일환으로써 hazard가 있는 위해식품을 미리 차단하는 것의 필요성도 무시할 수 없는 노릇이다. 또한 '일정한 유형'의 hazard가 있는 식품은 risk로 발전될 가능성이 매우 높다고 평가할 수 있기 때문에 불량식품범죄의 법적 성격을 침해범이 아닌 위험범으로 평가하면 형법학적인 접근이 전혀 불가능한 것도 아니다.

16) 제4조의 각호의 구성요건에 대하여 '인체의 건강을 해칠 우려가 있는 것'이라는 표지를 추가하자는 견해로는 강석구·하상도·송봉규, 앞의 보고서, 75-76면.

제94조	① 제4조 위반행위	7년 이하의 징역 또는 1억 원 이하의 벌금에 처하거나 이를 병과
	② 총리령으로 정하는 질병에 걸렸거나 걸렸을 염려가 있는 동물이나 그 질병에 걸려 죽은 동물의 고기·뼈·젖·장기 또는 혈액을 식품으로 판매하거나 판매할 목적으로 채취·수입·가공·사용·조리·저장·소분 또는 운반하거나 진열(제5조)	
	③ 제7조 제1항[17)]에 따라 기준·규격이 고시되지 아니한 화학적 합성품인 첨가물과 이를 함유한 물질을 식품첨가물로 사용하는 행위 및 이에 따른 식품첨가물이 함유된 식품을 판매하거나 판매할 목적으로 제조·수입·가공·사용·조리·저장·소분·운반 또는 진열하는 행위(제6조)	
	④ 유독·유해물질이 들어 있거나 묻어 있어 인체의 건강을 해칠 우려가 있는 기구 및 용기·포장과 식품 또는 식품첨가물에 직접 닿으면 해로운 영향을 끼쳐 인체의 건강을 해칠 우려가 있는 기구 및 용기·포장을 판매하거나 판매할 목적으로 제조·수입·저장·운반·진열하거나 영업하는 행위(제8조)	
	⑤ 무허가영업행위(제37조 제1항)	
제95조	① 기준과 규격에 맞지 아니하는 식품 또는 식품첨가물을 판매하거나 판매할 목적으로 제조·수입·가공·사용·조리·저장·소분·운반·보존 또는 진열하는 행위(제7조 제4항)	5년 이하의 징역 또는 5천만 원 이하의 벌금에 처하거나 이를 병과
	② 기준과 규격에 맞지 아니한 기구 및 용기·포장을 판매하거나 판매할 목적으로 제조·수입·저장·운반·진열하거나 영업에 사용하는 행위(제9조 제4항)	
	③ 판매를 목적으로 하거나 영업에 사용할 목적으로 식품등을 수입하려는 자가 식품의약품안전처장에게 신고하지 않은 행위(제19조 제1항)	
	④ 관계 공무원으로부터 식품등을 압류 또는 폐기하게 하거나 용도·처리 방법 등을 정하여 영업자에게 위해를 없애는 조치를 하도록 요구받거나 유통 중인 해당 식품등을 회수·폐기하게 하거나 해당 식품등의 원료, 제조 방법, 성분 또는 그 배합 비율을 변경할 것을 요구받고서도 이를 따르지 아니한 자(제72조 제1항 및 제72조 제3항)	
제97조	① 표시에 관한 기준이 정하여진 식품등을 그 기준에 맞는 표시가 없음에도 불구하고 판매하거나 판매할 목적으로 수입·진열·운반하거나 영업에 사용하는 행위(제10조 제2항)	3년 이하의 징역 또는 3천만 원 이하의 벌금
	② 표시하여야 하는 유전자재조합식품등의 표시가 없음에도 불구하고 이를 판매하거나 판매할 목적으로 수입·진열·운반하거나 영업에 사용하는 행위(제12조의2 제2항)	
	③ 식품등의 명칭·제조방법, 품질·영양 표시, 유전자재조합식품등 및 식품이력추적관리 표시에 관하여 질병의 예방 및 치료에 효능·효과가 있거나 의약품 또는 건강기능식품으로 오인·혼동할 우려가 있는 내용의 표시·광고, 사실과 다르거나 과장된 표시·광고, 소비자를 기만하거나 오인·혼동시킬 우려가 있는 표시·광고, 다른 업체 또는 그 제품을 비방하는 광고, 심의를 받지 아니하거나 심의받은 내용과 다른 내용의 표시·광고 및 과대포장행위(제13조 제1항)	

17) 제7조(식품 또는 식품첨가물에 관한 기준 및 규격) ① 식품의약품안전처장은 국민보건을 위하여 필요하

제97조	④ 식품의약품안전처장이 긴급대응이 필요하다고 판단되는 식품등에 대하여 그 위해 여부가 확인되기 전까지 해당 식품등의 제조·판매등을 금지하였음에도 불구하고 이를 제조·판매등을 하는 행위(제17조 제4항)	3년 이하의 징역 또는 3천만 원 이하의 벌금
	⑤ 식품등을 제조·가공하는 영업자가 제조·가공하는 식품등이 기준과 규격에 맞는지를 검사하지 아니하는 행위(제31조 제1항)	
	⑥ 식품을 제조·가공·조리·소분·유통하는 영업자가 식품의약품안전처장이 식품별로 고시한 위해요소중점관리기준을 지키지 아니하는 행위(제48조 제2항)	
	⑦ 위해요소중점관리기준적용업소의 영업자가 지정받은 식품을 다른 업소에 위탁하여 제조·가공하는 행위(제48조 제10항)	
	⑧ 시설기준에 맞는 시설을 갖추지 아니하는 행위(제36조)	
	⑨ 식품 또는 식품첨가물을 제조·가공하는 영업자와 그 종업원이 원료관리, 제조공정, 그 밖에 식품등의 위생적 관리를 위하여 총리령으로 정하는 사항을 지키지 아니하는 행위(제42조 제1항)	
	⑩ 식품접객영업자 등 대통령령으로 정하는 영업자와 그 종업원이 영업의 위생관리와 질서유지, 국민의 보건위생 증진을 위하여 총리령으로 정하는 사항을 지키지 아니하는 행위(제44조 제1항)	
	⑪ 제조정지 명령을 위반한 행위(제76조 제1항)	
제98조	① 판매의 목적으로 식품등을 제조·가공·소분·수입 또는 판매하는 영업자가 소비자로부터 판매제품에서 식품의 제조·가공·조리·유통 과정에서 정상적으로 사용된 원료 또는 재료가 아닌 것으로서 섭취할 때 위생상 위해가 발생할 우려가 있거나 섭취하기에 부적합한 물질을 발견한 사실을 신고받고 이를 거짓으로 보고하는 행위(제46조 제1항)	1년 이하의 징역 또는 300만 원 이하의 벌금
	② 이물의 발견을 거짓으로 신고하는 행위	

　주의할 점은 '위해식품'이라는 법률용어와는 달리 '부정식품'이라는 법률용어도 현재 사용되고 있는 것인데, 보건범죄 단속에 관한 특별조치법 제2조 제1항에서는 '부정식품 제조 등의 처벌'이라는 표제하에 "식품위생법 제37조 제1항 및 제4항의 허가를 받지 아니하거나 신고를 하지 아니하고 제조·가공한 사람, 건강기능식품에 관한 법률 제5조에 따른 허가를 받지 아니하고 건강기능식품을 제조·가공한 사람, 이미 허가받거나 신고된 식품, 식품첨가물 또는 건강기능식품과 유사하게 위조하거나 변조한 사람, 그 사실을 알고 판매하거나 판매할 목적으로 취득한 사람 및 판매를 알선한 사람, 식품위생법 제6조, 제7조 제4항 또는 건강기능식품에 관한 법률 제24조 제1항을 위반하여 제조·가공한 사

면 판매를 목적으로 하는 식품 또는 식품첨가물에 관한 다음 각 호의 사항을 정하여 고시한다. 다만, 식품첨가물 중 기구 및 용기·포장을 살균·소독하는 데에 쓰여서 간접적으로 식품으로 옮아갈 수 있는 물질은 그 성분명만을 고시할 수 있다. 1. 제조·가공·사용·조리·보존 방법에 관한 기준 2. 성분에 관한 규격.

람, 그 정황을 알고 판매하거나 판매할 목적으로 취득한 사람 및 판매를 알선한 사람에 대하여, 식품, 식품첨가물 또는 건강기능식품이 인체에 현저히 유해한 경우에는 무기 또는 5년 이상의 징역, 식품, 식품첨가물 또는 건강기능식품의 가액이 소매가격으로 연간 5천만 원 이상인 경우에는 무기 또는 3년 이상의 징역, 제1호의 죄를 범하여 사람을 사상에 이르게 한 경우에는 사형, 무기 또는 5년 이상의 징역에 처한다"고 규정하고 있다. 동법은 식품위생법 등의 위반행위자가 불법성이 보다 큰 행위를 행할 경우에 가중처벌을 하고 있다는 점에서 특별법적인 성격을 지닌 것이라고 할 수 있는데, 동법에 따르면 부정식품이란 '일정한 허가를 받지 아니하거나 신고를 하지 아니하고 제조·가공·판매된 식품'이라고 분석된다.

라. 검토

(1) 복잡한 식품범죄체계의 문제점

불량식품으로 인한 피해의 방지 및 이에 대한 대처방안을 논의하기 위해서는 그 전제로써 불량식품범죄의 개념설정을 위한 작업이 반드시 선행되어야 하는데, 이는 원칙적으로 현행 실정법상의 범주를 벗어나서는 안 된다고 본다. 즉 실정법상 일정한 유형의 식품관련 위반행위를 범죄로 규정하고 있는 처벌규정을 중심으로 불량식품범죄에 대한 정의를 내려야 하는 것이다. 하지만 이와 같이 개념설정을 하는 작업은 결코 쉬운 일이 아닌데, 그 이유는 현행법령상 불량식품과 관련된 사항을 규율하고 있는 규정들이 너무나도 복잡하게 산재해 있기 때문이다. 예를 들면 대법원 양형위원회가 제시한 식품범죄의 출처 법령을 살펴보면, 식품위생법, 농수산물의 원산지 표시에 관한 법률, 농수산물 품질관리법, 축산물위생관리법, 건강기능식품에 관한 법률, 보건범죄단속에 관한 특별조치법 등 총 6개의 법률에 이르지만, 그 밖에도 식품범죄로 평가할 수 있는 처벌규정을 두고 있는 법률로써 가축전염병예방법, 전염병예방법, 대외무역법, 국민건강증진법, 농어업·농어촌 및 식품산업 기본법, 식품산업진흥법, 축산법, 사료관리법, 비료관리법, 농약관리법, 인삼산업법, 친환경농업육성법, 학교급식법, 학교보건법, 수도법, 먹는물관리법, 염관리법, 주세법, 식품안전기본법, 유전자변형생물체의 국가 간 이동 등에 관한 법률, 친환경농어업 육성 및 유기식품 등의 관리·지원에 관한 법률, 양곡관리법 등도 존재하고 있는 것이다. 이와 같은 관련 법령의 산재(散在)와 형사처벌 조항의 복잡화는 식품위생에 대한 대표적인 전문가라고 할 수 있는 관계 공무원조차도 체계적인 이해를 하기 어렵게 만들고 있으며, 범죄수사를 하고 있는 일선 경찰들에게는 단속의 대상을 분간하는 것조차 힘들게 하고 있는 실정이다. 이는 비단 실무적인 법집행의 문제에 국한되는 것이 아니라 실정법 체계 내에서도 여러 가지 모순점을 야기하고 있는데, 예를 들면 식품위생법에 의하면 식품의약품안전처장은 긴급대응이 필요하다고 판단되는 식품등에 대하여는 그 위해 여부가 확인되기 전까지 해당 식품등의 제조·판매등을 금지하여야 하고, 이 경우 영업자는 해당 식품등에 대하여는 제조·판매등을 하여서는 아니 되며, 만약 이를 위반할 경우에는 3년 이하의 징역 또는 3천만 원 이하의 벌금에 처하지만(식품위생법 제17조 제3항, 제17조 제4항, 제97조 제1호), 식품안전기본법 제16조 제1항 및 제2항에 따르면 관계행정기관의 장은 긴급대응이 필요하다고 판단되는 식품등에 대하여 그 위해 여부가 확인되기 전까지 해당 식품등의 생산·판매등을 금지하여야 하고, 이에 따라 사업자는 생산·판매등이 금지된 식품등의 생산·판매등을 하여서는 아니 되지만, 이를 위반하였을 경우를 대비한 형사처벌 내지 행정처분에 대한 조치는 규정하고 있지 않다. 그리고 식품위생법상 허위과대광고에 대한 처벌은 3년 이하의 징역 또는 3천만 원 이하의 벌금을 부과하도록 하고 있지만, 건강기능식품에 관한 법률에서는 허위과대광고에 대하여 5년 이하의 징역 또는 5천만 원 이하의 벌금에 처하도록 하고 있다.[18] 또한 대법원 양형위원회가 제시하고 있는 허위표시범죄와 유해식품범죄의 세부유형은 식품위생법 제93조 제3항, 제94조 제3호, 제95조 제2호 내지 제5호, 제96조 제2호 내지 제9호, 제98조 등에 대한 형사처벌조항에 대해서 침묵하고 있다.

(2) 불량식품범죄 개념의 구체적인 검토

먼저 식품의약품안전처는 '국민에게 불안감을 조장하는 모든 식품' 또는 '소비자를 속이는 모든 식품'을 불량식품이라고 명명하면서 5가지의 구체적인 유형을 제시하고 있는데, 이 중 제1유형 내지 제3유형은 현행법령에 의해서도 범죄로 규정되어 있기 때문에 별 다른 무리가 없을 것으로 보이지만, 제4유형(저가·저품질 제품으로 어린이를 현혹하는 소비자 심리 악용 행위(담배, 화투 모양 과자 등 어린이 정서 저해식품이나 미끼 상품

---

18) 이에 2013. 4. 8. 발의된 식품위생법 일부개정법률안(최동익의원 대표발의)은 식품위생법 제95조 제1호 및 제97조 제1호를 개정하여, 제13조 제1항에 대한 법정형을 기존 '3년 이하의 징역 또는 3천만 원 이하의 벌금'에서 '5년 이하의 징역 또는 5천만 원 이하의 벌금'으로 상향조정하였다.

판매))과 제5유형(비위생적으로 음식을 만들어 팔거나 재사용하는 비양심적 행위(세균수 초과 냉면, 식중독균 검출 김밥 등 판매, 사용반찬 재활용))은 지나친 국가의 개입이라고 보인다. 특히 제4유형의 범죄를 근절하기 위하여 학교주변의 문방구점 등에서 이루어지는 식품 판매행위에 대한 금지를 추진한다고 하여 논란이 되고 있는데, 고의적·악질적·상습적인 불량식품사범에 대한 발본색원이라는 당초의 취지가 지나치게 확장되어 불필요한 행정력의 낭비가 초래될 위험성이 있다고 본다. 또한 제5유형의 사용반찬 재활용이라는 비'양심'적 행위는 업계의 자율적인 정화 내지 소비자의 선택이라는 도의적 영역에 남겨두고 형사법적인 제재는 지양해야 할 것이다. 과연 4대악 척결을 관철하고자 한 대통령의 의중이 동 유형을 염두에 둔 것인지는 재고의 여지가 없기 때문이다.

다음으로 최근 발의된 식품위생법 일부개정법률안은 불량식품의 개념규정을 두고자 한 기본취지는 바람직하다고 할 수 있지만, 세부적인 내용은 지나치게 모호하여 이를 그대로 수용하기는 힘들 것으로 보인다. '값싼 원재료', '품질을 저하시키는 물질', '성분의 일부', '질이 낮은 다른 성분', '중요한 성분 및 영양소', '반드시 필요한 특정성분', '쉽게 부패되는 물질', '상한 상태', '인체에 유독·유해한 물질', '썩었거나 상하고', '불결한 동물·식물 원료', '그 밖에 기준 및 규격이 부적합한 식품' 등은 명확성의 원칙 또는 성문법주의를 그 내용으로 하고 있는 죄형법정주의의 원칙에 정면으로 위배된다고 본다.

끝으로 식품위생법상의 위해식품이나 보건범죄 단속에 관한 특별조치법상의 부정식품 및 대법원 양형위원회가 제시하고 있는 허위표시범죄와 유해식품범죄 등은 현행 법률상의 형사처벌조항을 그 근거로 하고 있기 때문에 원칙적으로 죄형법정주의에는 부합한 것으로 평가할 수 있다. 하지만 불량식품범죄라는 범주에 포섭되지 아니한 여러 가지 범죄의 유형이 다른 식품관련 법률에 산재되어 있음을 감안할 때, 성폭력범죄의 처벌 등에 관한 특례법 제2조, 가정폭력범죄의 처벌 등에 관한 특례법 제2조 제3호, 학교폭력예방 및 대책에 관한 법률 제2조 등에서 성폭력, 가정폭력, 학교폭력 등에 대한 개념정의를 하고 있는 것과 같이 식품위생법에서 "'불량식품범죄'란 다음 각 호의 어느 하나에 해당하는 죄를 말한다"고 규정하는 것이 가장 바람직한 방안이라고 본다. 이에 더하여 세부적인 각호를 규정함에 있어서는 식품위생법 이외의 다른 식품 관련 법률의 형사처벌 규정을 편입시킬 필요성도 있는데, 식품범죄에 대한 관리와 감독이 식품의약품안전처로 집중된 것을 감안할 때 행정각부의 여러 부처에 산재되어 있는 법률들을 통합한 가칭 '특정식품범죄의 예방 및 처벌에 관한 특례법'의 제정도 고려해 볼 만하다.

2. 불량식품범죄의 실태

가. 불량식품범죄의 발생원인

우리나라에서는 그동안 광우병사건, 불량만두사건, 멜라민사건, 새우깡생쥐머리사건, 납꽃게사건, 수입식품파동, 부화 중지된 저질 계란의 대량 유통사건, 병든 소를 도축해 학교 급식업체나 식당 등에 납품하다가 적발된 사건, 식중독균이 검출된 김치사건, 기준치 이상의 농약성분이 발견된 고춧가루사건 등 식품안전을 저해하는 사고가 빈번하게 발생하고 있어 건강한 먹거리를 요구하는 국민들에게 식품안전에 대한 불안감을 가중시키고 있다. 식품의약품안전처가 2011. 12. 발간한 식품의약품통계연를 보더라도 부정·불량식품으로 신고되어 행정처분을 받은 건수는 2007년 338건, 2008년 1,289건, 2009년 1,256건, 2010년 2,061건, 2011년 3,318건으로 그 수가 점점 증가하는 것을 알 수 있다. 이와 같은 불량식품범죄의 발생원인은 여러 가지 측면에서 살펴볼 수 있는데, 첫째, 생산자 또는 공급자 측면에서는, 원산지 변조 등을 통하여 시세차익 등 경제적 이윤동기가 상존하고 있음에도 불구하고 적발 및 형사처분, 행정처분 등이 미약한 실정이라는 점,[19] 규제완화에 따른 식품영업자의 낮은 인·허가 장벽으로 영세한 산업구조[20]를 형성할 뿐만 아니라 영업재개가 가능하다는 점, 생산단계에서 토양·양식장의 오염, 제조과정에서 유해물질(내분비 장애물질 등) 검출 등 기존의 관리 영역 이외에 새로운 위해영역이 확대되고 있는 추세라는 점, 복잡한 생산·유통·판매 경로와 관리 책임의 다원화로 부처 간의 효율적인 정보공유 및 협력에 제약으로 작용하고 있다는 점 등을 지적할 수 있다. 둘째, 수요자 측면에서는, 특정품목(다이어트, 정력제 등)에 대한 인터넷 불법구매가 증가하고 있는 상황이라는 점,[21] 어린이들이 주로 이용하는 제품 자체가 저가식품 및 색소과다 첨가제품이라는 점, 전체 국민 중 43% 이상이 하루 한 끼 이상을 외식으로 해결하는 경향이 있다는 점, 과대[22]·허위표시에 의한 건강기능식품에 대한 노인 등 사회적 약자가

---

19) 2011. 7. 대법원 양형위원회가 제시한 양형기준 강화에도 불구하고 기소가 된 사건 중 약 90% 이상이 벌금형에 처해지고 있으며, 실형이 선고되는 비율은 1% 미만에 불과한 실정이다.

20) 종업원 10인 이하 사업장이 전체의 92%를 차지하고 있는 반면에, 종업원 51인 이상의 업체(3.4%)가 전체 매출액의 74.2%를 점유하고 있다.

21) 중량 대비 식품수입의존도는 34.1%에 달하고 있지만, 인터넷의 특성상 특정사이트 차단만으로는 실효성을 거두기 어려운 실정이다.

22) 식품 등의 표시사항을 용기나 포장에 표시할 때 특정성분의 명칭을 상표명으로 사용하거나 식품 등에 일부 함유된 성분을 상표명에 준하는 정도로 허위 또는 과장되게 표시하는 경우가 있어 몸에 알맞은 식품

손쉽게 구매가능한 환경이 조성되어 있다는 점 등을 지적할 수 있다. 셋째, 제도적인 측면에서는, 과징금 등 위반자에 대한 처벌에 비하여 부당이득이 더 큰 구조라는 점, 품목·업소 중심의 관리체계로 인하여 반복 위반자에 대한 관리가 미흡하다는 점, 관계 부처 간 정보 공유 및 활용이 부족하여 실효적인 단속이 어렵다는 점[23] 등을 지적할 수 있다. 넷째, 정책환경적인 측면에서는, 주변국에서의 식품안전사고, 위생취약국가를 통한 수입제품 증가 등 무국경(borderless)의 현상이 확산되고 있다는 점, 수입식품은 보통 수확 후 저장기간이 길고 장거리 수송을 거치면서 방부제 처리나 방사선 조사처리 등이 이루어진다는 점,[24] 수입식품의 경우 통관 이후의 관리체계로 근원적인 차단이 미흡하여 저가·저품질의 수입식품이 증가하고 있는 점, 수입식품은 전량 검사를 하는 것이 아니라 대상 중 약 0.01% 정도만을 검사하고 있다는 점 등을 지적할 수 있다.

나. 불량식품사범의 처리실태

식품안전에 대한 불안을 해소하고 선진국 수준의 안전한 먹을거리 확보를 위한 대책이 필요한 상황임에도 불구하고 식품위생법 위반으로 적발된 건수는 2008년 43,928건, 2009년 44,773건, 2010년 37,939건, 2011년 38,745건으로 먹을거리와 관련된 식품안전사고가 끊임없이 발생하고 있다. 또한 식품 위해정보의 수집건수도 2007년 5,224건에서 2012년 22,558건으로 약 4배 이상이 증가하였는데, 이는 2009년에 설립된 식품안전정보원의 역할이 중요한 원인으로 평가된다. 이 가운데 식품제조·가공업체 위반건수를 살펴

을 선택하려는 소비자에게 혼돈을 야기하고 있기 때문에 상표명으로 표시하거나 강조하여 표시하는 특정 성분의 함유량을 상표명에서 가까운 위치에 표시하도록 규정함으로써 소비자들에게 식품에 관한 올바른 정보의 제공을 도모할 필요성이 있다(2013. 2. 21. 발의된 식품위생법 일부개정법률안(안홍준의원 대표발의)). 또한 최근 시중에서 판매되고 있는 식품 등의 용기·포장의 표시면에 표시된 식품 첨가물의 함량이나 영양성분 등의 표기가 어떤 성분은 너무 작게 인쇄되어 내용을 확인하기가 어렵거나 특정 성분은 상대적으로 크게 인쇄되어 거래가 되고 있는 등 표기의 활자크기가 일정하지 아니하다. 이는 소비자들이 식품을 선택할 때 중요한 부분으로 생각하는 영양성분이나 식품첨가물 함량 등의 내용을 단지 활자크기만으로 혼돈하게 하거나 오인하도록 하고 있으므로 영양표시 기준을 개선해야 할 필요성이 있는 것인데, 이에 식품의 용기·포장의 표시면에 표기할 영양표시 중 원재료명 및 함량, 성분명 및 함량 또는 영양성분의 활자크기를 동일하게 정하도록 함으로써 소비자가 식품의 영양성분 등의 표시사항을 정확하게 읽고 이해하도록 하여 소비자가 올바른 식품을 선택·소비할 수 있도록 할 필요성도 있다(2013. 3. 12. 발의된 식품위생법 일부개정법률안(장병완의원 대표발의)).

23) 모든 식품의 유해물질 기준은 식품위생법에서 설정하고 있지만, 농산물의 생산단계 농약잔류기준과 축산물의 미생물 기준은 농림부에서 설정·운영하고 있어 일부 품목의 안전기준이 불일치하고 있는 경우도 발생하고 있다. 또한 식품 중 유해물질 검사기준, 회수 감면조치 등이 기관별로 달라 소비자의 혼란과 불안을 유발하고 있다.

24) 김종덕, "한국의 먹을거리 위험과 대응", 민주사회와 정책연구 제20호, 민주사회정책연구원, 2011. 7, 51면.

보면 2011년 총 8,590건을 기록하고 있는데, 식품제조·가공업체의 경우에는 성분규격 위반이, 즉석판매제조·가공업체와 식품판매업체의 경우에는 시설위반이 각각 다수를 점하고 있다. 하지만 위반사항에 대한 제재조치는 행정처분이 절대 다수를 차지하고 있고, 형사처분을 위한 고발조치는 극히 미미한 실정이다. 특히 식품판매업체의 경우 위반건수가 3,548건에 이르지만, 이에 대한 고발조치는 2건에 머무르고 있으며, 식품제조·가공업체의 경우 위반건수가 3,318건에 이르지만, 이에 대한 고발조치는 22건에 불과하다.[25]

Ⅲ. 불량식품범죄에 대한 최근의 대처방안

1. 식품의약품안전처에서의 대처방안

가. 조직의 개편

식품의약품안전처는 2013. 3. 25. 정부조직법 개편에 따른 먹을거리 안전의 컨트롤 타워로서 새롭게 탄생한 조직개편의 주요내용을 발표하였는데,[26] 이번 개편의 핵심과 특징은 새 정부의 국정철학과 처 승격의 취지를 살려, 빈번한 식의약 안전사고에 선제적으로 대응하고 국민의 먹을거리 안전을 책임지는 조직기반을 마련했다는 점이다. 그동안에는 식품안전관리체계가 부처 간 분산관리, 조정기능 미비 등으로 인하여 여러 가지 문제점이 지적되었으나 이제부터는 농·축·수산물과 가공식품 등 모든 식품 안전관리 체계가 생산부터 소비(farm-to-table)까지 통합·관리되어 보다 강력하고 책임 있는 관리체계로 변화될 것으로 보이는데, 식품의약품안전처가 보건복지부의 식품·의약품 안전정책과 농림수산식품부의 농·축·수산물 위생안전 기능을 통합하여 수행할 것이기 때문이다. 다만 국회 여야 합의에 따라 농장·도축장 및 집유장의 위생·질병·품질관리·검사 및

---

25) 식품의약품안전청, 「2012년도 식품의약품통계연보 제14호」, 2012. 12.

26) 식품의약품안전처, "식약처 출범과 조직개편 – 먹을거리 안전의 컨트롤타워 역할 수행을 위한 토대마련 – ", 행정관리담당관, 2013. 3. 25.

위해요소 중점관리 기준 운영에 관한 사항은 농림축산식품부장관에게, 학교급식, 먹는 물 관리는 교육부에 기존대로 각각 위탁하였으나, 축산물에 대한 기준설정, 제도운영, 식중독 사고 예방·대응, 식재료 공급업체 합동단속 등은 전체 식품안전관리의 큰 틀에서 식품의약품안전처 중심으로 지속적인 통합관리가 이루어질 것이다.

조직개편의 주요내용을 살펴보면, 본부는 소비자 중심의 식품안전 일원화 등 정책 수립·조정기능을 강화하였다. 먼저 농축수산물안전국을 신설하여 농림수산식품부에서 이관된 농·축·수산물의 위생안전 기능을 강화하고, 식품영양안전국을 확대 재편하여 영양·급식[27] 등 식생활 변화추세를 반영하였다. 아울러 처 단위 중앙부처로서 법령 제·개정 업무 등 정책지원 기능을 보강하고, 지도·단속·심사 등 집행기능은 소속기관으로 위임하였다. 다음으로 식품의약품안전평가원은 식품의 위해평가와 의약품·의료기기 허가관련 안전성·유효성 심사 기능을 연계하여 과학에 근거한 전문 심사·평가·연구 기관으로 거듭날 수 있도록 기능과 인력을 대폭 강화하였다. 끝으로 지방청은 민생 현장 중심의 신속한 안전관리 집행업무를 수행할 수 있도록 조직체계를 보강하였는데,[28] 농·축·수산물 안전관리와 의약품 및 의료기기 업체 등에 대한 실사업무 등 현장 집행업무를 위한 전담조직을 신설하였다. 또한 식·의약품 안전정책과 농·축·수산물 위생안전관리 통합[29]에 따라 보건복지부로부터 10명, 농림수산식품부로부터 260명이 각각 이관되었다. 그리하여 개편 전에 1관 5국 1정책관 4부, 평가원(3부), 6개 지방청, 8검사소, 1,483명이었던 것을 개편 후에 1관 7국[30] 1기획관, 평가원(6부), 6개 지방청, 13검사소, 1,760명(277명 증원)으로 변경하였다.

---

27) 이에 따라 집단급식 미신고대상에 해당하는 50명 미만 어린이집과 노인시설 등의 영양관리와 저소득층 급식관리 지원을 위해 어린이 급식관리지원센터를 2012년 22개소에서 2017년 100개소로 확대·설치할 예정이다. 또한 지하수를 사용하는 집단급식소에 염소 소독장치를 무상으로 지원할 계획인데, 2013년 1,100여 대, 2014-2015년에는 군부대 급식소에 1,400여 대를 보급할 예정이다. 이와 더불어 '학교급식 전자조달시스템'(조달청, aT센터)을 활용하여 동일 식재료를 공급받은 다른 학교에서도 알 수 있도록 식중독 조기경보를 신속히 발령하여 식중독의 확산 조기 차단할 예정이다.

28) 농축수산물안전과(서울·부산·경인·광주청)를 신설하는 한편 수입식품검사소 5개소를 추가로 신설(강릉·통영·여수·목포·군산)하였다.

29) 예를 들면 기존에는 肉 함량 75% 이상은 농림수산식품부, 75% 미만은 식약청이 관리하였고, 아이스크림(유지방 6% 이상)은 농림수산식품부, 빙과류(2% 미만)는 식약청이 관리하였고, 축산물과 가공식품을 함께 수입하는 영업자는 농림수산식품부와 식약청에 각각 신고하였다.

30) 이는 기존의 1국(식품안전국)을 3국(식품안전정책국, 식품영양안전국, 농축수산물안전국)으로 확대 개편한 것이다.

〈표-2〉 이관 인력(270명) 직급별 현황

구분	계	고공	4급	4.5급	5급	6급	7급	8급	연구관	연구사	기능 8급	기능 9급
계	270명	1	7	1	19	90	78	26	3	29	1	15
농림부	260명	1	6	1	16	87	78	24	3	29	1	14
복지부	10명		1		3	3		2				1

〈표-3〉 기구 및 조직

구분	개편 前(식약청)			개편 後(식약처)		
	본청	평가원	지방청	본부	평가원	지방청
기구	1관 5국 1정책관 4부·42과 1팀	3부 28과/팀	6개청 29과 2센터 8검사소	1관 7국 1기획관 44과	6부 39과/팀	6개청 33과 2센터 4팀 13검사소
인력	674명	242명	567명	579명	401명	780명

한편 식품의약품안전처는 먹을거리 안전관리 강화 방안을 골자로 하는 '13년 대통령 업무보고를 2013. 3. 21. 실시하였는데,[31] '범정부 불량식품 근절 추진단'을 설치하여 과거 불량식품 사례를 분석하여 집중감시를 강화하고, 지방청, 농산물품질관리원, 지방자치단체 등과의 합동단속을 상시화할 것을 제시하였다.[32] 이로써 식품안전 사고에 대한 신속한 조치와 대응이 가능해지고, 중복규제 해소와 민원편익 증대, 안전관리의 투명성과 신뢰성이 제고될 것이라고 밝혔다.

나. 식품이력추적제도의 단계적 의무화

식품의 경우 수입·제조·가공 및 판매 단계까지 각 단계별 이력등록이 선행되어야 하지만 국내 유통구조의 여건상 최종 유통·판매단계에서는 이력추적에 한계가 있다. 즉 각각의 유통·판매업체까지 이력추적을 위한 거래기록 의무가 선행되어야만 전 과정의

---

31) 국정과제 세부 추진계획을 구체적으로 살펴보면, 불량식품 근절 종합대책 추진, 식품안전기준 강화, 학교급식 등 집단급식소 위생점검 강화, 생산·제조단계 안전관리 강화, 부적합 식품 경보시스템 유통매장 확대, 식품이력추적시스템 단계적 의무 도입, 수입식품 안전관리 강화, 식품표시제도 개선으로 소비자 알권리 강화, 소통 전담조직 구축, 소비자 위생점검 요청제 및 참여제 확대 등이 있다.

32) 식품의약품안전청, "먹을거리 안전관리로 식품안전 강국 구현-'13년 대통령 업무 보고-", 보도자료, 2013. 3. 21.

이력추적이 가능하지만 복잡하고 다양한 국내 유통여건상 이는 사실상 곤란한 것이다. 또한 식품이력추적제도 도입에 따른 이익을 기대할 수 없고 제품의 차별성(등록내용이 표시사항과 동일)이 미흡한 점도 한 요인으로 손꼽히고 있다. 특히 해당 업체에서는 과징금으로 대체가 가능하다는 인식으로 인하여 식품이력추적제도의 실질적인 혜택을 느끼지 못하고 있는 실정이다. 게다가 식품이력추적제도의 도입에 따른 등록정보의 관리 및 운영을 위한 인력 등의 추가비용이 발생하고 기업비밀(출고량 등)이 노출될 우려도 있다. 이와 같이 현재의 식품이력추적제도는 의무가 아닌 업체의 자율적인 참여로 시행됨에 따라 등록률이 저조하고,[33] 식품이력추적관리를 위하여 업체마다 표시방법(바코드, QR, RFID 등)을 달리함에 따라 이력관리의 비효율성 및 소비자의 불편이 초래되고 있다.

이러한 문제점을 개선하기 위하여 위해사고 시 사회적 피해가 큰 식품, 예를 들면 영·유아식품, 어린이기호식품, 건강기능식품 등을 대상으로 산업체 및 소비자단체 등의 의견을 수렴한 후 의무화 우선적용 품목을 선정하고, 시장 점유율, 매출액 등이 높은 업체부터 단계적으로 이력추적관리제도의 도입을 의무화하고, 유통·물류단계에서는 일정규모(300㎡) 이상의 식품 유통·판매 업소의 거래내역을 전자화하여 보관하도록 의무화하고, 식품 등을 판매(취급)하는 모든 업소에 대하여 구입처, 판매처 등의 거래 기록을 관리하도록 의무화하는 방안을 추진할 계획이다.

다. 식품안전인증제도(HACCP)의 확대 시행

식품에 대한 안전관리는 유통·소비단계에서 위생관리 또는 수거검사 등을 통한 사후관리보다는 생산·가공단계에서부터 식품의 위해요소를 적극적으로 방지하고 차단하는 사전예방관리로 전환되는 것이 보다 효과적이라고 할 수 있다. 이를 위해 식품의약품안전처는 영세한 식품제조업계에 대한 식품안전인증제도의 확대가 필요한데, 어린이기호식품, 소비량이 많은 식품, 연매출액 100억 이상의 업소 등을 대상으로 단계별로 HACCP의 의무적인 적용을 실시할 예정이다. 최근에는 일반인보다 면역력이 약한 영유아, 임산부, 노인 등 특별히 보호가 필요한 대상을 위하여 특화된 식품의 출시가 증가되고 있는데, 이러한 식품의 섭취는 더욱 주의를 기울여야 함에도 불구하고, 해당 식품의 안전성에 대한 기준이 일반인에게 적용되는 것과 같이 그대로 적용되어 영유아, 임산부, 노인 등의 건강을 위협하고 있는 실정을 감안하여, 이들에게 적용되는 별도의 식품 안전성 기준을

---

33) 2012. 11. 현재 식품이력추적 등록 현황은 총 46개소, 401개 품목에 국한되어 있다.

마련하고, 인증제도를 도입할 필요성도 있다. 하지만 HACCP의 심사항목이 너무 많다는 점, 절차가 복잡하기 때문에 준비에만 최대 3년의 기간이 소요된다는 점, HACCP의 기준이 현실을 반영하지 못한 채 너무나 이론적이라는 점, HACCP 준비를 위한 시설비용이 과다하다는 점 등을 개선한 이후에 의무화 논의가 진행되어야 할 것이다. 그 밖에도 식품안전성 확보를 위하여 인력관리, 식품, 조리설비, 수원(水源), 수질(水質), 배수, 급수, 배관과 쓰레기, 물리적 시설, 유해물질 등의 항목을 구체화하여 식품안전을 검증할 필요성이 있다.

2. 형사제재의 강화를 통한 대처방안

가. 최저형량제도의 확대도입과 기존 형벌의 상향조정

식품위생법상 형량상한제로 되어 있는 불량식품 처벌조항을 살인, 강간, 강도 등 일부 중범죄에 한하여 적용되고 있는 '최저형량제'로 적용할 필요성이 대두되고 있다. 왜냐하면 식품위생법 위반사범에 대한 처벌은 벌금이나 행정처분이 대부분이어서 이러한 솜방망이 처벌이 식품안전사고가 끊이지 않고 발생하는 주요 원인이 되고 있기 때문에 식품위해사범에 대한 처벌을 강화하여 먹거리에 대한 안전을 확보하고 국민건강을 보호하며 증진할 필요성이 있다는 것이다. 그리하여 식품위생법 제94조 각 호 외의 부분 중 "7년 이하의 징역 또는 1억 원 이하의 벌금"을 "1년 이상 7년 이하의 징역 또는 1천만 원 이상 1억 원 이하의 벌금"으로 하고, 동법 제95조 각 호 외의 부분 중 "5년 이하의 징역 또는 5천만 원 이하의 벌금"을 "1년 이상 5년 이하의 징역 또는 1천만 원 이상 5천만 원 이하의 벌금"으로 개정하는 법안이 제출되어 있는 상태이다.[34]

같은 취지에서 식품위해사범에 대한 봐주기식 솜방망이 처벌이 먹을거리와 관련된 식품안전사고의 주요한 원인으로 파악된다는 분석에 따라 "식품위생법 제93조 제1항 각 호 외의 부분 중 '3년 이상의 징역'을 '5년 이상의 징역'으로 하고, 제93조 제2항 각 호 외의 부분 중 '1년 이상의 징역'을 '2(3)[35]년 이상의 징역'으로 한다. 제94조 각 호 외의 부분 중 '7년 이하의 징역 또는 1억 원 이하의 벌금'을 '10년 이하의 징역 또는 2(3)억

---

34) 2013. 1. 21. 발의된 식품위생법 일부개정법률안(김태원의원 대표발의).
35) 이하 ( )안의 법정형은 2012. 12. 28. 발의된 식품위생법 일부개정법률안(권은희의원 대표발의).

원 이하의 벌금'으로 한다. 제95조 각 호 외의 부분 중 '5년 이하의 징역 또는 5천만 원 이하의 벌금'을 '7년 이하의 징역 또는 1(2)억 원 이하의 벌금'으로 한다. 제96조 중 '3년 이하의 징역 또는 3천만 원 이하의 벌금'을 '5년 이하의 징역 또는 5천만 원 이하의 벌금'으로 한다. 제97조 각 호 외의 부분 중 '3년 이하의 징역 또는 3천만 원 이하의 벌금'을 '5년 이하의 징역 또는 5천만 원(1억 원) 이하의 벌금'으로 한다. 제98조 각 호 외의 부분 중 '1년 이하의 징역 또는 300만 원 이하의 벌금'을 '2년 이하의 징역 또는 500만 원(3천만 원) 이하의 벌금'으로 한다"는 내용의 법안들이 상정되었다.[36]

생각건대 식품위생법 위반사범에 대한 처벌이 벌금형이나 행정처분 위주로 운영되고 있는 반면에, 실형선고가 낮게 운영되고 있다는 점은 현행 법정형이 내포하고 있는 문제가 결코 아니라고 본다. 하지만 개정 법률안은 기존의 형벌을 단순히 상향조정하여 처벌을 강화하고 있는 것이 주류를 이루고 있는데, 이러한 방식의 접근은 불량식품사범 근절에 전혀 도움이 되지 않는 것이다. 불량식품범죄에 대한 형사처벌은 현행의 법정형으로도 충분하다고 보이며, 오히려 중형주의로의 대응보다는 처벌의 신속성, 확실성, 공평성 위주의 대안제시가 바람직한 것이다. 다만 굳이 기존의 형벌에 대한 문제점을 개선하고자 한다면 기존에 처벌의 대상에서 누락되어 있는 유형[37]이나 현존하는 구성요건을 보다 구체적이고 세분화하는 작업이 요구된다고 하겠다.

나. 이익몰수제도의 확대도입

현행 식품위생법 제93조 제3항에 의하면 제93조 제1항 및 제93조 제2항의 경우 제조·가공·수입·조리한 식품 또는 식품첨가물을 '판매'하였을 때에는 그 소매가격의 2배 이상 5배 이하에 해당하는 벌금을 병과한다고 규정하고 있으며, 보건범죄 단속에 관한 특별조치법 제2조 제1항을 위반한 경우에도 제조, 가공, 위조, 변조, 취득, 판매하거나 판매를 알선한 제품의 소매가격의 2배 이상 5배 이하에 상당하는 벌금을 병과하고 있다(보건범죄

---

36) 2012. 9. 25. 발의된 식품위생법 일부개정법률안(정희수의원 대표발의).

37) 현행법에서는 식품에 대한 허위·과대·비방의 표시·광고 금지를 규정하고 있는데도 주요 일간지 등에서 허위·과대광고를 지속적으로 게재하여 소비자를 현혹하고 있는 실정이며, 단속 기관이 위반사실을 적발하고도 해당 언론매체에 대해 광고게재의 중단을 요청할 권한이 없어 소비자들에게 경제적 피해를 주고 건강을 해칠 우려가 있는 실정이다. 이에 언론매체가 식품에 대한 허위·과대의 표시·광고를 하는 경우에 식품의약품안전처장에게 해당 언론매체에 대해 광고 등의 중단을 요구할 법적 권한을 부여하고 요구를 거부할 시 처벌을 강화할 필요도 있다(2013. 2. 5. 발의된 식품위생법 일부개정법률안(남인순의원 대표발의)).

단속에 관한 특별조치법 제2조 제2항).

　또한 식품의약품안전처장, 시·도지사 또는 시장·군수·구청장은 위해식품등의 판매
등 금지에 관한 제4조부터 제6조까지 또는 제8조를 위반한 경우에 제4조 제2호·제3호
및 제5호부터 제7호까지의 규정을 위반하여 제75조에 따라 영업정지 2개월 이상의 처분,
영업허가 및 등록의 취소 또는 영업소의 폐쇄명령을 받은 자 또는 제5조, 제6조 또는 제
8조를 위반하여 제75조에 따라 영업허가 및 등록의 취소 또는 영업소의 폐쇄명령을 받
은 자의 어느 하나에 해당하는 자에 대하여 그가 판매한 해당 식품등의 소매가격에 상당
하는 금액을 과징금으로 부과하는데(식품위생법 제83조 제1항), 부과하는 과징금의 금액
은 위해식품등의 판매량에 판매가격을 곱한 금액으로 하며(식품위생법 시행령 제57조 제
1항), 이에 따른 판매량은 위해식품등을 최초로 판매한 시점부터 적발시점까지의 출하량
에서 회수량 및 자연적 소모량을 제외한 수량으로 하고, 판매가격은 판매기간 중 가격이
변동된 경우에는 판매시기별로 가격을 산정한다(식품위생법 시행령 제57조 제2항). 이에
대하여 2013. 3. 28. 발의된 식품위생법 일부개정법률안(신학용의원 대표발의)에 의하면
불량식품을 제조·판매한 업체에 대해서는 매출액의 10배를 과징금으로 부과할 수 있도
록 규정하고 있으며, 추가적으로 식품위생법 제93조 제3항 위반자 등에 대하여 소매가격
의 10배 이하에 상당하는 벌금을 병과하는 방안도 제시되고 있다.

　생각건대 현행 '소매가격의 2배 이상 5배 이하에 해당하는 벌금병과규정'과 범죄수익
은닉의 규제 및 처벌 등에 관한 법률에 따라 '식품위생법 제94조(제8조 및 제37조 제1항
을 위반한 부분은 제외한다), 건강기능식품에 관한 법률 제43조(제23조를 위반한 경우만
해당한다) 및 보건범죄단속에 관한 특별조치법 제2조 제1항(식품위생법 제6조를 위반한
경우만 해당한다)의 죄'에 의하여 생긴 범죄수익, 범죄수익에서 유래한 재산 등은 이를
몰수·추징할 수 있는 규정 등을 통하여 재산범죄적인 성격을 지니고 있는 불량식품범죄
에 충분히 대처할 수 있기 때문에, 이에 더하여 추가적인 형태로 벌금이나 과징금을 부
과하는 조항의 신설은 불필요하다고 판단된다. 오히려 2012년 기준 부당이득 환수실적이
총 12건에 5억 6천만 원에 불과한 실정을 개선하여, 보다 확실하고 공평한 법집행에 노
력을 기울여야 할 것이다.

3. 불량식품사범에 대한 단속강화방안

가. 신고포상금제도의 적극적인 활용

식품의약품안전처장, 시·도지사 또는 시장·군수·구청장은 식품위생법에 위반되는 행위를 신고한 자에게 신고 내용별로 최대 1천만 원까지 포상금을 줄 수 있다(식품위생법 제90조 제1항). 이와 같은 신고포상금제도는 수사기관 등에 의한 불량식품사범의 단속에 있어서 발생하는 여러 가지 한계점을 극복함과 동시에 감시의 눈을 확대하여 사전에 범죄를 차단하는 일반예방효과에 기여하는 것으로 평가되고 있다.

〈표-4〉 부정·불량식품(1399) 등 신고처리 건수

연도	신고	행정처분 등 조치내역					허위신고	고발
		계	허가취소	영업정지	품목정지	시정명령등		
2005	8,505	4,887	68	579	89	4,151	2,272	1,228
2006	924	488	2	65	17	404	244	151
2007	885	338	2	70	16	250	372	148
2008	2,967	1,289	13	136	17	1,123	630	283
2009	4,538	1,256	3	209	70	974	2,618	323
2010	8,050	2,061	99	133	26	1,803	3,299	1,487
2011	8,411	1,927	37	193	55	1,642	5,036	1,448

출처: 식품의약품안전청, 「2012년도 식품의약품통계연보 제14호」, 2012. 12.

〈표-5〉 부정·불량식품(1399) 등 신고포상금 지급건수 및 금액

금액단위: 천 원

연도	신고	포상금지급		미지급
		건수	금액	
2005	8,505	3,780	146,855	4,725
2006	924	205	12,420	719
2007	885	152	10,386	733
2008	2,967	392	23,320	2,575
2009	4,538	480	45,190	4,058
2010	8,050	2,004	191,270	6,046
2011	8,411	1,614	159,408	6,797

출처: 식품의약품안전청, 「2012년도 식품의약품통계연보 제14호」, 2012. 12.

<표-4>와 <표-5>에서 보는 바와 같이 2011년 기준 1399를 통한 신고건수는 총 8,411건에 이르고 있는데, 문제는 허위신고의 건수가 상당수 존재하고 있다는 점이다. 이는 부정·불량식품 등의 제조·수입·유통·판매를 방지하기 위해 신고포상금 제도를 운영하고 있으나, 정확한 영업신고(허가)의 확인 없이 행해지는 식품접객업 및 생계형 소규모 업종인 즉석판매제조·가공업에 대한 무분별한 신고가 많다는 것을 보여주는 사례라고 할 수 있다. 이러한 문제점을 극복하고 신고포상금제도를 도입취지에 맞게 운영하기 위해 신고포상금을 합리적으로 조정하고자 2012. 12. 28. 정부는 신고포상금을 하향 조정하였는데, 이는 유해물질 사용 등 중대한 사안에 대한 신고를 활성화하여 신고포상금 지급의 취지를 살리고, 무분별한 신고를 방지하여 행정력 낭비 등을 예방하고자 한 것이다. 구체적으로 살펴보면, 영업허가를 받지 아니 하고 식품접객업의 영업을 하는 행위에 대한 신고의 경우에는 2만 원(기존에는 30만 원), 영업허가를 받지 아니 하고 식품접객업 이외의 영업을 하는 행위에 대한 신고의 경우에는 30만 원으로 하였고, 영업신고를 하지 아니 하고 즉석판매제조·가공업, 식품접객업의 영업을 하는 행위에 대한 신고의 경우에는 2만 원(기존에는 10만 원), 영업신고를 하지 아니 하고 즉석판매제조·가공업, 식품접객업 이외의 영업을 하는 행위에 대한 신고의 경우에는 10만 원(신설), 영업신고를 한 자가 그 영업 이외의 다른 영업을 하는 경우에 대한 신고의 경우에는 1만 원의 신고포상금을 각각 지급하도록 하였다.[38] 동 개정고시는 지난 2012. 10. 입법예고한 것을 공포한 것인데, 불량식품범죄가 이슈화되기 전에 개정과정이 진행된 것이라는 점에서 현 정부의 입장에서는 재고의 여지가 있다고 보인다. <표-4>에서 보여주는 바와 같은 허위신고의 방지를 위해서는 허위신고자에 대한 제재조치(경범죄처벌법상의 허위신고죄 또는 허위신고로 인한 손해배상의 청구 등)를 취하여 이를 근절하여야지 선량한 신고자에게 돌아가는 혜택을 줄이는 것은 신고포상제도 자체의 활용을 자칫 저해할 수 있기 때문에 포상금액수의 감액은 적절하지 않다고 본다.

나. 위생점검 요청제 및 참여제의 개선

식품안전을 위한 감시에 소비자의 참여를 확대하여 식품영업자의 책임을 강화하고자 지난 2009. 2. 식품위생법의 개정을 통하여, 식품의약품안전처장은 같은 영업소에 식품사

---

38) 식품의약품안전청, 부정불량식품 및 건강기능식품 등의 신고포상금 지급에 관한 규정 일부개정고시, 식품의약품안전청 고시 제2012-134호, 2012. 12. 28.

고로 인한 피해를 입은 20인 이상의 소비자 또는 소비자단체가 식품등 또는 영업시설 등에 대하여 출입·검사·수거 등의 위생검사등을 요청하는 경우에는 이에 따라야 하며, 이에 따라 위생검사등의 요청에 따르는 경우 14일 이내에 위생검사등을 하고 그 결과를 대통령령으로 정하는 바에 따라 위생검사등의 요청을 한 소비자 또는 소비자단체에 알리고 인터넷 홈페이지에 게시하여야 한다고 규정하였다(식품위생법 제16조). 하지만 소비자가 위생점검을 요청할 수 있는 조건이 까다로워서 실질적으로 식중독사고 이외에는 요청조건의 충족이 어려울 뿐만 아니라, 민간전문가의 위생점검에 따른 업계부담(비용발생) 등으로 현재까지 추진실적은 전무한 상황이다. 이에 따라 피해를 입지 않은 자라고 할지라도 소비자 5인 이상이나 소비자단체장 등이 지방자치단체에 위생점검을 요청할 수 있도록 개선하여 소비자 위생점검 요청제도의 신청요건을 완화하고, 위생점검기관도 현행 식품의약품안전처에서 지방자치단체까지로 확대할 예정이다.

또한 대통령령으로 정하는 영업자는 식품위생에 관한 전문적인 지식이 있는 자 또는 소비자기본법 제29조에 따라 등록한 소비자단체의 장이 추천한 자로서 식품의약품안전처장이 정하는 자에게 위생관리 상태를 점검받을 수 있지만(식품위생법 제35조 제1항), 식품위생점검 참여에 따른 시설개수 권고 등의 비용이 발생하므로 동 제도를 기피하며, 소비자 위생점검 참여제를 꺼리는 영업자의 특성상 인센티브 제공만으로 참여를 유도하기 곤란한 실정이다. 이에 따라 식품의약품안전처, 시·도, 시·군·구에서 실시하는 합동단속이나 기획점검에 희망하는 소비자를 참여시키고, 현행 소비자식품위생감시원과 유사한 수준(1일 4만 원)으로 수당을 지급하는 방식으로 소비자 위생점검 참여제의 운영방식을 개선할 예정이다.

다. 특별사법경찰관리를 활용한 실효적인 단속

(1) 일반사법경찰관리에 의한 단속의 문제점

식품의약품안전처장은 국내외에서 유해물질이 함유된 것으로 알려지는 등 위해의 우려가 제기되는 식품등이 제4조 또는 제8조에 따른 식품등에 해당한다고 의심되는 경우에는 그 식품등의 위해요소를 신속히 평가하여 그것이 위해식품등인지를 결정하여야 하는데, 이에 따른 위해평가가 끝나기 전까지 국민건강을 위하여 예방조치가 필요한 식품등에 대하여는 판매하거나 판매할 목적으로 채취·제조·수입·가공·사용·조리·저장·소분·

운반 또는 진열하는 것을 일시적으로 금지할 수 있다. 그렇지만 이와 같은 일시적 금지 조치를 하려면 미리 심의위원회의 심의·의결을 거쳐야 하며, 이해관계인의 의견을 들어야 한다(식품위생법 제15조). 이와 같이 불량식품 여부에 대한 판단주체는 원칙적으로 식품의약품안전처장이라고 할 수 있는데, 판단을 함에 있어서는 심의위원회의 심의와 의결, 이해관계인의 의견청취 등의 여러 가지 절차를 거쳐 전문적으로 판단하고 있다. 그렇기 때문에 식품범죄에 대하여 상대적으로 비전문가집단이라고 할 수 있는 일반사법경찰관리가 직접 불량식품의 여부를 판단하여 이를 수사한다는 것은 현실적으로 많은 무리수가 따르게 마련이다. 또한 현 정부가 척결의 대상으로 삼고 있는 4대악에 해당하는 범죄 중 성폭력, 학교폭력, 가정폭력 등의 수사만으로도 일선의 경찰력이 한계상황에 직면하게 되면서 불량식품 단속은 자연스럽게 각 지방자치단체의 특별사법경찰관리에 의존할 수밖에 없다. 지방자치단체와 농산물품질관리원 등 엄연히 식품 관련 단속업무를 하는 기관들이 존재하는 상황에서 불량식품 단속에다가 실적부담까지 떠안아야 하는 일선 수사형사들로서는 엎친 데 덮친 격으로 업무가 가중되어 불만과 피로감을 호소하는 사례도 늘고 있다. 각종 사건에 대한 수사에도 모자라 불량식품 단속까지 나서면서 '맛집 투어'를 빗댄 '불량식품 투어'를 하고 있는 것 같다는 푸념이 나올 정도이고, 범인을 잡아야 할 수사형사가 마트, 시장, 문구점까지 기웃거려가면서 식품을 들춰보고 있는 실정이다. 불량식품 단속의 특성상 위해식품임을 증명할 만한 수단이 마땅히 없는 경찰로서는 일일이 발로 뛰어야 할 뿐만 아니라 고유 업무가 아니기 때문에 첩보 수집 자체도 힘들기 때문이다.

(2) 특별사법경찰관리에 의한 실효적인 단속방안

'식품의약품안전처, 특별시·광역시·도 및 시·군·구에 근무하며 식품 단속 사무에 종사하는 4급부터 9급까지의 국가공무원 및 지방공무원' 중 그 소속 관서의 장의 제청에 의하여 그 근무지를 관할하는 지방검찰청검사장이 지명한 자는 사법경찰관리의 직무를 수행하는데, 이들은 소속 행정관서 관할 구역에서 발생하는 식품위생법 및 건강기능식품에 관한 법률에 규정된 범죄와 보건범죄단속에 관한 특별조치법 중 식품위생에 관한 범죄를 그 직무범위로 하고(사법경찰관리의 직무를 수행할 자와 그 직무범위에 관한 법률 제5조 제8호 및 동법 제6조 제6호), 농림축산식품부와 그 소속 기관, 해양수산부와 그 소속기관, 식품의약품안전처, 특별시·광역시·도 및 시·군·구에 근무하며 ① 농수산물의 원산지 표시에 관한 법률에 규정된 원산지 표시 등에 관한 단속 사무, ② 농수산물

품질관리법에 규정된 농수산물에 관한 단속 사무, ③ 친환경농어업 육성 및 유기식품 등의 관리·지원에 관한 법률에 규정된 친환경농산물에 관한 단속 사무, ④ 축산물위생관리법에 규정된 축산물에 관한 단속 사무, ⑤ 인삼산업법에 규정된 인삼에 관한 단속 사무, ⑥ 양곡관리법에 규정된 양곡에 관한 단속 사무 가운데 어느 하나에 해당하는 사무에 종사하는 4급부터 9급까지의 국가공무원 및 지방공무원도 그 소속 관서의 장의 제청에 의하여 그 근무지를 관할하는 지방검찰청검사장이 지명한 자는 사법경찰관리의 직무를 수행한다(사법경찰관리의 직무를 수행할 자와 그 직무범위에 관한 법률 제5조 제28호).

이와 같은 특별사법경찰관리는 기본적으로 행정범죄에 효과적으로 대처하기 위하여 전문성을 갖춘 행정공무원에게 그 범죄의 수사 등 사법경찰권을 부여하고 그들로 하여금 검사의 지휘를 받아 수사한 후 사건을 검찰에 송치하도록 하는 역할을 한다.[39] 비록 특별사법경찰관리는 해당 행정분야에서는 전문가이지만 수사와 관련한 부분에 있어서는 비전문가라고 할 수 있지만, 담당업무와 관련한 범죄사건에서 전문성을 바탕으로 실체적 진실을 규명하는데 가장 일차적이고 중요한 역할을 할 수 있다.[40] 그렇지만 식품관련 특별사법경찰관리제도의 효율성에 대해서는 여러 가지 의문이 제기되고 있는 상황인데, 수사에 대한 전문성 부족으로 안하여 위법행위의 인지, 입건, 수사, 검찰송치 등의 기능을 사실상 포기한 채 행정처분만 하는 경우가 많다는 점,[41] 전담부서나 사무실 하나 없이 단기간 교육을 받은 담당 공무원이 특별사법경찰 업무를 맡으면서 본연의 업무와 일반 업무를 병행할 수밖에 없다는 점, 잦은 인사이동으로 인한 전문성의 부족, 2012. 3. 기준 당시 식품의약품안전청 소속 특별사법경찰관리는 60명에 불과하여 담당인력이 턱없이 부족하다는 점, 특히 지방자치단체에서 특별사법경찰활동을 하고 있는 식품위생과 직원은 대체로 1-2명에 불과한 반면에 이들이 단속해야 하는 업소는 수천 개에 이른다는 점,[42] 불량식품 단속의 경우 주로 자기 지역에서 행해지기 때문에 단속공무원과 단속대상자가

---

39) 박경래·이원상, "특별사법경찰의 효율적 직무수행 방안에 관한 연구: 수사장구 사용 및 불심검문을 중심으로", 대검찰청 연구용역보고서, 한국형사정책연구원, 2009.

40) 박경래·승재현·신현기·김도우, 「특사경 전담조직 활성화 방안에 관한 연구」, 한국형사정책연구원, 2012. 12, 190면.

41) 국고로 편입되는 벌금과 달리 과태료는 부처 자체수입이나 지방자치단체의 세외수입으로 전환되기 때문에 범죄의 혐의를 발견하더라도 특별사법경찰이 이를 수사기관에 신고하지 아니하고 행정처분으로 자체적인 종결을 할 수 있는 문제점을 해결하기 위하여 가정폭력범죄의 처벌 등에 관한 특례법 제4조와 같이 식품 관련 공무원의 신고의무를 부여하자는 방안은 제시하고 있는 견해로는 강석구·하상도·송봉규, 앞의 보고서, 83면.

42) 이와 같이 식품위생분야에 대한 비중이 낮은 이유는 규제부서에 인력을 많이 배치하면 단속이 증가하여 단체장의 인기도가 하락되기 때문이라고 한다(강석구·하상도·송봉규, 앞의 보고서, 53면).

학연 및 지연으로 연결되어 있어 효과적인 단속이 어렵다는 점, 민선 지방자치단체장이 지역주민의 눈치를 보기 때문에 영업정지 또는 고발조치로 선뜻 나아가지 못하다는 점[43] 등이 문제점으로 지적되고 있다. 그러므로 식품안전에 대한 정보 공유, 식품사고 발생 시 신속한 조치를 위한 공조체계 확립, 불량식품에 대한 검사나 분석을 수행할 수 있는 기술·장비지원 및 교육실시,[44] 전문수사기법이나 HACCP 실무 교육, 소비자단체의 추천을 받거나 전문가, 유경험자로 구성된 소비자식품위생감시원[45]과의 협력을 통한 식품제조 및 유통업소 지도단속 실시, 지역연고와 온정주의를 배제하기 위해서 지역을 바꿔서 행하는 교차단속의 실시 등의 개선방안을 마련하여 보다 효과적인 제도의 활용에 이바지해야 할 것이다.

Ⅳ. 글을 마치며

지난 2013. 5. 8. 식품의약품안전처는 먹을거리 안전관리로 식품안전강국 구현을 위해 '범정부 중장기 5개년 계획'을 발표함과 동시에 '범정부 불량식품 근절 추진단'을 본격 가동하여, 생산·제조부터 유통소비까지 촘촘한 안전관리망을 구축하고 부처 간 소통으로 칸막이 해소 및 범부처 역량을 집중하는 데 중점을 두겠다고 밝혔다.[46] 이번 5개년 계획은 ① 부처별 활동에서 범정부적 연계강화로, ② 제품관리 중심에서 사람관리 중심으로, ③ 단속위주에서 근본원인 분석과 시스템적 관리로, ④ 정부주도에서 민·관 협력에 의한 식품안전 확보로, ⑤ 단시적 홍보·계도에서 생산자 및 소비자가 참여하는 안전문화 확산으로 먹을거리 안전관리 패러다임을 전환 시킨다는 데 목적이 있다. 이러한 계획의 근저에는 식품안전에 영향을 미치는 요소가 매우 다양하여 모든 식품안전 관련 기

---

43) 강석구·하상도·송봉규, 앞의 보고서, 51면.

44) 유통기한의 변조 여부 또는 성분이나 첨가물을 확인하기 위해서는 현장에서는 불가능하고, 표본을 추출하여 실험실에서 검사하여야 하기 때문에 단속예산이나 전문인력의 확보가 무엇보다도 중요하다.

45) 소비자식품위생감시원은 시·도 및 시·군·구의 부족한 식품위생 감시인력을 보강하여 학교주변 어린이 보호구역 식품판매업소 지도·점검 활동과 경로당, 노인복지관 등의 허위·과대광고 피해예방 홍보 활동 등을 통해 식품안전 지킴이 역할을 수행하고 있다.

46) 식품의약품안전처, "범정부 중장기 5개년 계획 발표-'범정부 불량식품근절추진단' 본격 가동-", 불량식품근절추진단T/F, 2013. 5. 8.

능을 통합하는 것은 사실상 불가능하므로, 식품의약품안전처가 주요기능을 수행하더라도 관련부처와의 협력은 필수적이라는 공감대가 형성된 것을 적극 반영한 결과라고 할 수 있다. 특히 먹거리 안전 일원화와 컨트롤타워 기능 수행 체계 확립을 위해 보건복지부, 농림축산식품부 등 관계부처와의 협력 관계를 지속적으로 유지하고, 정책연계를 강화해야 할 것이다. 하지만 불량식품범죄에 대한 위와 같은 적극적인 대처의 입장 표명에도 불구하고 구체적인 세부내용을 살펴보면, 보다 더 면밀히 검토되어야 할 부분이 산재해 있음도 부인할 수 없다. 먼저 식품위생법에서 "'불량식품범죄'란 다음 각 호의 어느 하나에 해당하는 죄를 말한다"고 규정하는 것이 불량식품범죄의 개념정의 방식으로는 가장 타당하다. 이에 더하여 세부적인 각호를 규정함에 있어서는 식품위생법 이외의 다른 식품 관련 법률의 형사처벌 규정을 편입시킬 필요성도 있으며, 행정각부의 여러 부처에 산재되어 있는 법률들을 통합한 가칭 '특정식품범죄의 예방 및 처벌에 관한 특례법'의 제정도 고려해 볼 만하다. 다음으로 식품위생법 위반사범에 대한 처벌이 벌금형이나 행정처분 위주로 운영되고 있는 반면에, 실형선고가 낮게 운영되고 있다는 점은 현행 법정형이 내포하고 있는 문제가 결코 아니다. 불량식품범죄에 대한 형사처벌은 현행의 법정형으로도 충분하다고 보이며, 오히려 중형주의로의 대응보다는 처벌의 신속성, 확실성, 공평성 위주의 대안제시가 바람직한 것이다. 다만 굳이 기존의 형벌에 대한 문제점을 개선하고자한다면 기존에 처벌의 대상에서 누락되어 있는 유형이나 현존하는 구성요건을 보다 구체적이고 세분화하는 작업이 요구된다고 하겠다. 또한 추가적인 형태로 벌금이나 과징금을 부과하는 조항의 신설은 불필요하다고 판단된다. 끝으로 허위신고의 방지를 위해서는 허위신고자에 대한 제재조치를 취하여 이를 근절하여야지 선량한 신고자에게 돌아가는 혜택을 줄이는 것은 신고포상제도 자체의 활용을 자칫 저해할 수 있기 때문에 포상금액수의 감액은 적절하지 않다고 본다.

박찬걸 ───

경희대학교 법과대학 졸업(법학사)
한양대학교 대학원 석사과정 졸업(법학석사)
한양대학교 대학원 박사과정 졸업(법학박사)
한양대학교, 건양대학교, 영동대학교 강사
육군3사관학교 법학과 교수
현) 대구가톨릭대학교 법정대학 경찰행정학과 교수
　　한국소년정책학회 재무이사, 한양법학회 이사, 한국법정책학회 학술간사
　　한국형사법학회, 한국비교형사법학회, 한국형사정책학회, 한국피해자학회, 한국형사판례연구회,
　　한국교정학회 정회원

『형법총론 쟁점연구』
『형법각론 쟁점연구』
『형사법 쟁점연구 제1권』
『생활법률』(공저)
「성매매죄의 합리화 방안에 관한 연구」 외 다수

형사법 쟁점연구 제2권

초판인쇄　2014년 11월 10일
초판발행　2014년 11월 10일

지은이　박찬걸
펴낸이　채종준
펴낸곳　한국학술정보㈜
주소　경기도 파주시 회동길 230(문발동)
전화　031) 908-3181(대표)
팩스　031) 908-3189
홈페이지　http://ebook.kstudy.com
전자우편　출판사업부　publish@kstudy.com
등록　제일산-115호(2000. 6. 19)

ISBN　978-89-268-6703-7　93360